MICHAEL COLLINS PIPER

ENDGÜLTIGES URTEIL

Das fehlende Glied in der Ermordung von JFK

Band II

MICHAEL COLLINS PIPER
(1960-2015)

Michael Collins Piper war ein US-amerikanischer politischer Autor und Radiomoderator. Er wurde 1960 in Pennsylvania, USA, geboren. Er war regelmäßiger Mitarbeiter von *The Spotlight* und dessen Nachfolgerin *American Free Press*, Zeitungen, die von Willis Carto unterstützt wurden. Er starb 2015 in Coeur d'Alene, Idaho, USA.

FINAL JUDGMENT
The Missing Link in the JFK Assassination Conspiracy
Erste Ausgabe (1993) The Wolfe Press
Sechste Auflage (2005) American Free Press
aus der die vorliegende Übersetzung stammt.

ENDGÜLTIGES URTEIL
Das fehlende Glied in der Ermordung von JFK
Band II

Aus dem Amerikanischen übersetzt und herausgegeben von
OMNIA VERITAS LTD

ⓞMNIA VERITAS®
www.omnia-veritas.com

© Omnia Veritas Ltd - 2025

Alle Rechte vorbehalten. Kein Teil dieser Veröffentlichung darf ohne vorherige Genehmigung des Herausgebers in irgendeiner Form vervielfältigt werden. Das Gesetz zum Schutz des geistigen Eigentums verbietet Kopien oder Vervielfältigungen zur gemeinsamen Nutzung. Jede vollständige oder teilweise Wiedergabe oder Vervielfältigung ohne die Zustimmung des Herausgebers, des Autors oder ihrer Rechtsnachfolger ist rechtswidrig und stellt einen Verstoß dar, der nach den Artikeln des Gesetzbuchs für geistiges Eigentum geahndet wird.

ANHANG 1 .... **15**
    Wo war George George Bush, die CIA und die Ermordung Kennedys War GHWB an der Ermordung von JFK beteiligt? 15
        INITIATION *16*
        GEORGES ERSTER JOB BEI DER CIA? *17*
        DIE BEIDEN GEORGES *17*
        ANTI-CASTRO-OPERATIONEN *18*
        DIE VERBINDUNG ZUM MOSSAD *20*
        DIE VERHEIMLICHUNG *21*
        EINE DROHUNG GEGEN JFK? *22*
        ISRAEL ENCORE.... .... *22*
        ADL NOCH... .... *23*
        WO WAR GEORGE? *24*
ANHANG 2 .... **25**
    Die „Nazi"-Connection von Lee Harvey Die wenig bekannten Verbindungen des angeblichen Mörders zu Geheimagenten des Neonazi-Netzwerks 25
        FRANKHAUSER UND OSWALD *30*
        VAN LOMAN UND DIE VERBINDUNG ZU JIM HARRIS *34*
ANHANG 3 .... **35**
    Kommunisten mit blutigen Händen Guy Banister & Kent und Phoebe Courtney Die Anführer der rechten Pro-Israel-Clique von New Orleans 35
        OSWALDS VERBINDUNGEN MIT DER ADL UND DEM FBI *37*
        JACK RUBY UND SEINE VERBINDUNGEN ZUR ADL UND ZUM FBI *39*
        DIE COURTNEY UND ISRAEL *40*
        GARRISON UND DIE „RECHTE" *42*
        DER ANGRIFF AUF DAS ENDURTEIL *43*
        EINE ANDERE VERBINDUNG mit „ISRAEL"? *44*
        DIE VERBINDUNG ZU BARRY SEAL *45*
        DIE ÜBERSICHT ÜBER „NEW ORLEANS" („THE BIG EASY") *46*
ANHANG 4 .... **47**
    Einflussagenten - ein unbequemes Thema Die jüdische Präsenz in der Warren-Kommission 47
        JÜDISCHE ANWÄLTE *49*
        DIE ANDEREN *52*
        GERALD FORDS VERBINDUNG MIT DEM MOSSAD und LANSKY *56*
        FISHER, ROSENBAUM UND DIE UNTERWELT *58*
        DIE VERBINDUNG ZU BILDERBERG *60*
        JOHN McCLOY *62*
        EINIGE SCHLUSSFOLGERUNGEN *63*
ANHANG 5 .... **64**
    Die Grünen Banknoten von Die Wahrheit über die Verbindung der Federal Reserve. Ein bisschen Wahrheit und viel Desinformation 64
        WAS MARRS SAGTE.... .... *65*
        FEHLINFORMATION *66*
        UND JETZT ZU DEN FAKTEN *66*

DIE DINGE KLARSTELLEN	68
DIE „RECHTE" UND DIE FEDERAL RESERVE	68
DIE BEWEISE WIDERLEGEN DEN MYTHOS	70
ANHANG 6	**71**
VERGELTUNG HATTEN DIE SELTSAMEN TODESFÄLLE VON WILLIAM COLBY UND JOHN PAISLEY ETWAS MIT DEM ATTENTAT AUF JFK ZU TUN?	71
ISRAEL, DIE QUELLE DER REIBUNG	72
EIN VERDREHTER GEIST	72
COLBY gegen ISRAEL	73
EIN SCHWERER RÜCKSCHLAG	73
COLBY UND DIE ARABER	74
DIE ÜBERNAHME DER CIA DURCH DIE ISRAELISCHE LOBBY	74
WER HAT COLBY GETÖTET?	76
EIN WEITERER SELTSAMER TOD	77
PAISLEY UND OSWALD	77
PAISLEY UND ANGLETON	78
PAISLEY gegen ISRAEL	78
TEAM-A gegen TEAM-B	79
PAISLEY gegen TEAM B	80
ISRAELISCHE DESINFORMATION	80
DIE KAMPAGNE EINES EINSAMEN MANNES	81
INMAN UND PAISLEY	81
EIN WEITERER KRITIKER ISRAELS	82
DIE VERBINDUNGEN VON CASEY	82
KOLLATERALSCHÄDEN	83
DIE VERBINDUNG MIT ANGLETON	84
ANHANG 7	**85**
„DEEP THROAT" DALLAS UND WATERGATE JAMES JESUS ANGLETON, ISRAEL UND DER STURZ VON RICHARD M. NIXON	85
NIXON: „BRING MIR DIE AKTEN..."	85
NIXON KREUZT ISRAELISCHE	87
„DIESELBEN KRÄFTE" STANDEN JFK UND NIXON GEGENÜBER	89
DIE VERBINDUNG VON VESCO MIT DEM PERMINDEX	89
NIXON UND DIE ERMORDUNG VON JFK	91
DIE EINBRECHER VON ANGLETON?	93
„DEEP THROAT" TRITT AUF	93
ANGLETON UND DIE WASHINGTON POST	94
DER MOSSAD IM WEISSEN HAUS?	97
EINE GEGENSPIONAGEOPERATION	99
DIE WAHRE „DALLAS- UND WATERGATE-VERBINDUNG"	100
DIE VERSCHWÖRUNG, AGNEW ZU „SCHNAPPEN"	101
AGNEW UND ISRAEL	102
DIE ERMORDUNG VON JOHN CONNALLY	104
NOCH EIN WEITERER MORD	106

ZWEI PRÄSIDENTEN, ZWEI STAATSSTREICHE - DIE GLEICHEN
VERSCHWÖRER ... 107
ANHANG 8 ... **108**
    DIE SCHLACHT DER BÜCHER EIN KOMMENTAR ZU DEN WICHTIGSTEN BÜCHERN
DIE ÜBER DAS ATTENTAT AUF JFK VERÖFFENTLICHT WURDEN ... 108
    DIE „OFFIZIELLE" GESCHICHTE ... 109
    MARK LANE ... 109
    EIN ÜBERBLICK ÜBER DIE BEWEISE ... 110
    DER „FIKTIVE" ANSATZ ... 112
    STUDIEN ZUM FALL GARRISON ... 113
    DIE „VERSETZTEN" WERKE ... 114
    WAR ES WIRKLICH „EIN TÖDLICHER FEHLER"? ... 115
    FLETCHER PROUTY ... 117
    JFKS POLITIK IM NAHEN OSTEN ... 117
    „DIE MAFIA HAT JFK GETÖTET" ... 118
    ROBERT MORROW ... 118
    HUGH McDONALD ... 119
    DIE FANTASIE VON HARRISON LIVINGSTONE ... 120
    DER FALL GERALD POSNER ... 121
    DIE WIDERSPRÜCHE POSNERS ... 122
    POSNERS BELEIDIGUNGEN ... 122
    POSNERS VERZERRUNGEN DER WAHRHEIT ... 123
    POSNERS GRÖSSTER SCHWINDEL ... 124
    SEYMOUR HERSH ... 125
    BILDEN SIE SICH IHR EIGENES ABSCHLIESSENDES URTEIL ... 127
ANHANG 9 ... **128**
    WAS IST EIN QUIPROQUO PEKINGS VERBINDUNG ZUR VERSCHWÖRUNG
ERMORDUNG VON JFK - ISRAELS GEHEIMES NUKLEARBÜNDNIS MIT DEM
KOMMUNISTISCHEN CHINA. ... 128
    ISRAEL UND ROTCHINA: DIE NUKLEARE VERBINDUNG ... 129
    JFKS PLAN FÜR EINEN ANGRIFF AUF CHINA ... 129
    DER NUKLEARE BEGINN CHINAS - UND DER ISRAELS? ... 132
    DIE GROSSE FRAGE (OHNE ANTWORT)... ... 134
    DER TRAUM VON BEN-GURION ... 135
    DIE GEHEIME NUKLEARE ALLIANZ ... 137
    DIE CHINESISCHE VERSCHWÖRUNG FÜR ISRAEL ... 137
    DER MOSSAD UND CHINA ... 139
    DIE VERBINDUNG MIT DER PERMINDEX ... 140
    DIE FRANZÖSISCHE VERBINDUNG VON EISENBERG ... 141
    DIE WAHRHEIT KOMMT AN DIE OBERFLÄCHE ... 142
    DIE ISRAELISCHE LOBBY REAGIERT ... 143
    BEN-GURIONS TRAUM IST WAHR GEWORDEN ... 144
ANHANG 10 ... **147**
    „DIE DUNKLE SEITE ISRAELS WAR DER ISRAELISCHE GEHEIMDIENST IN DIE
ERMORDUNG VON YITZHAK RABIN VERWICKELT? ... 147

JOHN F. KENNEDY Jr. SPRECHEN *149*
MORD ALS POLITISCHE WAFFE *150*
EPILOG **152**
    PERMANENTE TARNUNG... 152
    MARWELL UND DER MOSSAD.. *153*
    DIE VERBINDUNG ZU POSNER *155*
    VERÖFFENTLICHUNG VON VERZERRUNGEN.. *156*
    DIE ISRAELISCHE LOBBY ANTWORTET *158*
    WAS IST MIT DEN „FORSCHERN", DIE AN DER JFK-AFFÄRE ARBEITEN? . *161*
    HINWEISE, DIE NACH ISRAEL FÜHREN.. *163*
    ANALOGE SCHLUSSFOLGERUNGEN *164*
    DIE FRAGE „WARUM?" BEANTWORTEN... *165*
    WAS IST MIT KENNEDYS FAMILIE? *166*
    DAS „LETZTE URTEIL" DER MEDIEN *169*
    EIN ANTRAG AUF EINE DEBATTE... *170*
    DIE „BEWEISE" VON PRITIKIN *172*
    „BESTIMMTE GLAUBENSDOGMEN"... *173*
    DIE „WAHRE GESCHICHTE" DER ERMORDUNG VON JFK? *176*
    EINIGE SCHLUSSBEMERKUNGEN... *178*
POSTSKRIPTUM **179**
BIBLIOGRAFIE **182**
BEZÜGLICH DER QUELLEN **193**
URTEIL IN ABWESENHEIT **194**
    FRAGEN, ANTWORTEN UND ÜBERLEGUNGEN ÜBER DAS VERBRECHEN DES
    JAHRHUNDERTS 194
        EINE EINLEITENDE NOTIZ VON MICHAEL COLLINS PIPER......................... *194*
DAS LETZTE WORT?..**295**
    DAS BUCH, DAS SIE VERBIETEN WOLLTEN REFLEXION ÜBER DIE VERGANGENHEIT,
    GEGENWART UND ZUKUNFT VON *FINAL JUDGEMENT* UND SEINE UMSTRITTENE THESE ... 295
    „DAS VERBORGENE GELÄNDE".. *296*
    EIN „FORSCHER" BEKÄMPFT DIE FORSCHUNG *297*
    DIE RICHTUNG DER DISKUSSION ÄNDERN.. *299*
    „DAS WINZIGE KLEINE ISRAEL WÜRDE SO ETWAS NICHT TUN!"................. *300*
    UND DA SIND WIEDER DIE NAZIS *301*
    ISRAELS PROBLEM MIT DEM PERMINDEX *302*
    „DIE VERWAHRERIN" VS. „DIE AUTORIN". *303*
    HAT SHERMAN DAS BUCH GELESEN? *303*
    DIE BLINDGÄNGER DER GROSSEN ARTILLERIE... *304*
    CLAY SHAW - MEHR MOSSAD ALS CIA... *306*
    WIEDER EINMAL - DAS WINZIGE, KLEINE, WEHRLOSE ISRAEL.... .... *306*
    DARÜBER DISKUTIEREN, WORÜBER DAS BUCH NICHT SPRICHT......................... *307*
    EINE ANGEMESSENE KRITIK... *308*
    EINIGE FREUNDLICHE KRITIKEN... *309*
    GARRISON WIRD WEITERHIN VERUNGLIMPFT. *311*
    DIE GANZE NEUE DESINFORMATION NACH ART DES CIA-MOSSAD.................... *313*
    WO IST ANGLETON? WO IST ISRAEL? *314*

DAS VERGNÜGEN DER KRUMMEN DINGER *317*
DIE AKTUELLE MEDIENUMKEHR *319*
DIE KENNEDYS, DIESE SCHRECKLICHEN KINDER *322*
DIE OFFIZIELLE VERSION *324*
DER FALL SCHAUMBURG *325*
DIE ADL, WIEDER EINMAL *326*
METHODEN DES POLIZEISTAATS *327*
ISRAEL „BEDROHT" VON JFK *333*
JFK KONZENTRIERTE SICH AUF ISRAEL *335*
JFKS DRUCK AUF ISRAEL GEHT WEITER... .... *337*
„WENN KENNEDY ÜBERLEBT HÄTTE..." *338*
LÜGENDE BIBLIOTHEKARE *339*
ISRAEL UND DIE BOMBE: VON JFK BIS LBJ *341*
NICHT KORRUPTE GEISTER WIEGEN SCHWER *342*
BILL CLINTON GREIFT EIN - IN DER ART VON JFK *344*
DER FALL LEWINSKY *345*
DIE „RECHTE" VON WEM? *345*
DER DRUCK DER MEDIEN AUF CLINTON *347*
ERPRESSUNG DURCH DEN MOSSAD? *348*
HILLARY'S CUT? *349*
CLINTONS MENTOR *349*
DER RABBIN gegen DEN GENERAL *350*
DER LETZTE BRUDER *351*
DAS BUCH, DAS NICHT VERSCHWINDEN WIRD *352*
    EIN JÜDISCH-ISRAELISCHER FRIEDENSAKTIVIST APPROVED *FINAL JUDGEMENT* .. 354
    WARUM VERWIRFT DIE ISRAEL-LOBBY VIERZIG JAHRE GUT GEMEINTE UNTERSUCHUNGEN DURCH VON FORSCHERN IN BEZUG AUF DIE ERMORDUNG VON JFK? 355
    „EIN WEITERER ZUFALL" MIT BETEILIGUNG ISRAELS? JACK RUBYS RABBINER UND DIE WARREN-KOMMISSION. 357
    WIE DER MOSSAD SICH GESCHICKT VOR ALLER AUGEN VERSTECKTE: „DER UNÜBERSEHBARE FINGERABDRUCK" IN DER JFK-VERSCHWÖRUNG 359
    DIE FOLGENLOSE GRUPPE VON EXILKUBANERN WAR SIE EINE FASSADE DES MOSSAD? DIE SELTSAME GESCHICHTE VON PAULINO SIERRA UND PETER DALE SCOTT .. 361
    DIE VERBINDUNG DES MOSSAD ZUM GEHEIMDIENST VON NEW ORLEANS; DIE LANGE VERTUSCHTE GESCHICHTE VON FRED (EFRAIM) O'SULLIVAN 364
    PENN JONES, EIN ERFAHRENER UND ANGESEHENER FORSCHER, SAGTE: DER MOSSAD „EIN VÖLLIG ÜBERSEHENES THEMA" IM FALL JFK 366
EINE HERAUSFORDERUNG AN DIE LESER **368**
ANDERE PUBLIKATIONEN **375**

Illustrationen auf dem Titelbild
Meyer Lansky (links), James Jesus Angleton (rechts).

ANHANG 1

Wo war George
George Bush, die CIA und die Ermordung Kennedys
War GHWB an der Ermordung von JFK beteiligt?

Als Senator Edward M. Kennedy in einer flammenden Rede auf der Democratic National Convention 1988 zynisch fragte: „Wo war George?"', deutete der Senator damit vielleicht an, dass er etwas wusste, was wir nicht wussten? Hat Kennedy wirklich gefragt: „Wo war George Herbert Walker Bush am 22. November 1963?"'?

Neue Beweise legen stark nahe, dass George Bush nicht nur den größten Teil seines Erwachsenenlebens - eigentlich seit seiner Schulzeit - ein CIA-Agent war, sondern auch eine besonders enge Verbindung zu den Umständen rund um die Ermordung von JFK und der anschließenden Vertuschung auf höchster Ebene hatte.

In seinem Bestseller *Plausible Denial* hat der Autor Mark Lane der amerikanischen Öffentlichkeit einen großen Dienst erwiesen, indem er zwei wichtige Artikel, die in der Zeitschrift *The Nation* erschienen waren, aber außerhalb der elitären Kreise, die diese Zeitung lesen, wenig Beachtung fanden, in Form von Anhängen neu herausgegeben hat.

Infolgedessen erfuhren Hunderttausende von Amerikanern etwas, das sie sonst vielleicht nicht gewusst hätten: den unwiderlegbaren Beweis, dass George Herbert Walker Bush am 23. November 1963 ein CIA-Agent war.

Die von Richard McBride verfassten Artikel in *The Nation* (veröffentlicht in den Ausgaben vom 16. bis 23. Juli und vom 13. bis 20. August 1988) nahmen ein deklassifiziertes FBI-Memorandum vom 29. November 1963 zur Kenntnis. Das Memorandum, vom FBI-Direktor J. Edgar Hoover, war an den Direktor des Büros für Nachrichtendienst und Forschung des Außenministeriums gerichtet. Das Thema lautete: „Ermordung von Präsident John F. Kennedy - 22. November 1963". Die Notiz lautete wie folgt:

Unser Büro in Miami (Florida) berichtete am 23. November 1963, dass das Büro des Koordinators für kubanische Angelegenheiten in Miami mitgeteilt habe, dass das Außenministerium der Ansicht sei, dass eine fehlgeleitete Anti-Castro-Gruppe die aktuelle Situation ausnutzen und einen nicht genehmigten Überfall auf Kuba unternehmen könnte, da sie glaube, dass die Ermordung von Präsident John F. Kennedy einen Wandel in der US-Politik einläuten könnte, was jedoch nicht der Fall sei.

Unsere Quellen und Informanten, die mit den kubanischen Angelegenheiten in der Region Miami vertraut sind, berichten uns, dass die allgemeine Stimmung in der kubanischen Anti-Castro-Gemeinde ein Gefühl der Fassungslosigkeit ist, und selbst unter denen, die mit der Kuba-Politik des Präsidenten nicht ganz einverstanden waren, herrscht die Meinung vor, dass der Tod des Präsidenten nicht nur für die USA, sondern für ganz Lateinamerika einen großen Verlust darstellt. Diese Quellen kennen keine Pläne für nicht genehmigte Aktionen gegen Kuba.

Ein Informant, der in der Vergangenheit zuverlässige Informationen geliefert hat und einer kleinen Pro-Castro-Gruppe in Miami nahesteht, berichtete, dass diese Personen befürchten, dass die Ermordung des Präsidenten zu starken repressiven Maßnahmen gegen sie führen könnte, und dass sie, obwohl sie Pro-Castro sind, die Ermordung bedauern.

Der Großteil der oben genannten Informationen wurde George Bush von der CIA und Captain William Edwards von der Defense Intelligence Agency am 23. November 1963 von Mr. W. T. Forsyth von diesem Büro mündlich mitgeteilt. [1]

Kopien von Hoovers Memorandum wurden an eine Reihe von Personen verteilt, darunter unter anderem an den Direktor der CIA (John McCone), und auf den „Deputy Director, Plans" hingewiesen. (Dabei handelte es sich um Richard Helms).

Es versteht sich von selbst, dass die Existenz dieses Memorandums für George Bush ein Problem darstellte, da er behauptet hatte, vor seiner Ernennung zum CIA-Direktor im Jahr 1976 nie bei der CIA gearbeitet zu haben. Bushs Sprecher schlugen jedoch vor, dass es einen anderen „George Bush" geben müsse, der zu der fraglichen Zeit für die CIA arbeitete, und dass dieser in Hoovers umstrittenem Memo erwähnt worden sei.

Richard McBride, der Autor der Artikel in *The Nation*, führte einige Überprüfungen durch und fand heraus, dass es tatsächlich einen George William Bush gab, der damals - für eine sehr kurze Zeit - für die CIA gearbeitet hatte, und zwar nur als untergeordneter Forscher und Analyst. George William Bush erzählte McBride, dass er nie an einem behördenübergreifenden Informationstreffen teilgenommen hatte und dass er keine der im Memorandum erwähnten Personen kannte. Kurzum, dieser George Bush war nicht der George Bush aus dem Memorandum.[2]

INITIATION

Wo war George Herbert Walker Bush am 23. November 1963? Offensichtlich arbeitete er so, wie er es schon seit einiger Zeit getan hatte: als CIA-Agent. Neue Nachforschungen legen nahe, dass Bush bereits während seiner Zeit an der Yale-Universität bei der CIA war.

---

[1] *Washington Post*, 18. Mai 1999. Der betreffende Fall war Globe International v. Khawar, 98-1491.
[2] Mark Lane. *Rush to Judgment (Ansturm auf das Urteil)*. (New York: Thunder's Mouth Press, 1992), S. XXV-XXVI.

Anthony Kimery, ein investigativer Journalist, der George Bushs Beziehungen zur CIA untersucht hat, stellt fest: „Der bezahlte Vollzeit-Anwerber der CIA in Yale war der Trainer Allen" Skip „Waltz, ein ehemaliger Offizier des Marinegeheimdienstes, der einen guten Blick für Bush hatte. Als Mitglied der Yale Undergraduate Sports Association und des Undergraduate Diaconic Council musste Bush eng mit Waltz an den Leichtathletikprogrammen der Universität zusammenarbeiten, wo der Trainer die meisten der Männer auswählte, die er bei der CIA anleitete. Es unvorstellbar, dass Waltz nicht versucht hat, Bush anzuwerben, sagen ehemalige Beamte der Agentur, die in Yale rekrutiert wurden".[3]

Es war während seiner Zeit als Student in Yale, dass Bush Mitglied der geheimen Bruderschaft Skull and Bones war, die seit vielen Jahren als Rekrutierungsgebiet der CIA bekannt ist.

(Einer von Bushs „Verbindungsmitgliedern" war der Yale-Student William F. Buckley Jr., selbst ein ehemaliger CIA-Angehöriger, dessen besondere Verbindungen zu Schlüsselfiguren des JFK-Mordkomplotts in Kapitel 9 behandelt wurden).

GEORGES ERSTER JOB BEI DER CIA?

Mehr noch, es war ein anderes Mitglied der Bruderschaft, Henry Neil Mallon, langjähriger Vorstandsvorsitzender von Dresser Industries mit Sitz in Houston, der Bush seinen ersten Job in der Ölindustrie verschaffte. Mallon, ein Schulkamerad und enger Freund von Bushs Vater, Senator Prescott Bush, vermittelte dem jungen Bush eine Stelle als Verkäufer bei der International Derrick and Equipment Company (IDECO), einer Tochtergesellschaft von Dresser.

Wie Anthony Kimery jedoch anmerkt: „Bushs Job, IDECO-Dienstleistungen auch hinter dem Eisernen Vorhang zu verhökern, war angesichts Bushs Unerfahrenheit in der Ölindustrie oder in internationalen Beziehungen eine merkwürdige Verantwortung".[4] All dies deutet natürlich darauf hin, dass Bush in Wirklichkeit als CIA-Agent unter dem Deckmantel von Dresser Industries arbeitete, das laut Kimerys Quellen „routinemäßig als Tarnung für die CIA diente."[5]

DIE BEIDEN GEORGES

Es war Henry Mallon, der Bush offenbar mit einem internationalen Ölingenieur bekannt gemacht hatte, der sich später als einer der eigentlichen „mysteriösen Männer" im JFK-Mord herausstellte: Lee Harvey Oswalds Freund

---

[3] Mark Lane. *Plausible Denial.* (New York: Thunder's Mouth Press, 1991), S. 331.
[4] *Covert Action Information Bulletin*, Sommer 1992.
[5] *Ibid.*

George De Mohrenschildt, dessen Verbindungen zur CIA wir in Kapitel 9 untersucht haben und der verdächtigt wurde, ein CIA-Agent zu sein.

Die beiden Georges kannten sich in der Tat so gut, dass De Mohrenschildts Adressbuch nicht nur die Adresse und Telefonnummer von Bushs Haus in Midland, Texas, enthielt, wo Bush von 1953 bis 1959 lebte, sondern auch den Spitznamen des Öltankers aus seiner Kindheit, „Poppy". Kimery sagt, seine Quellen behaupteten, dass Bush und De Mohrenschildt sich weiterhin heimlich in Houston trafen, nachdem Bush Midland verlassen hatte, um das Houstoner Büro seiner Zapata Off-Shore Oil Company aufzubauen.

(Kimery weist darauf hin, dass De Mohrenschildt in seiner Aussage vor der Warren-Kommission zugab, dass er ab den späten 1950er Jahren häufig nach Houston gereist war, aber nur vage Erklärungen über den Zweck der Reisen abgegeben hatte).

Kimerys Recherchen legen nahe, dass die Beziehung zwischen Bush und De Mohrenschildt nicht nur aus ihren gemeinsamen Interessen im Ölsektor, sondern auch aus ihren gegenseitigen Erfahrungen im Geheimdienstbereich entstanden ist.

Laut Kimery war De Mohrenschildt Teil des Netzwerks des Spions (und späteren CIA-Direktors) Allen Dulles, das innerhalb der Nazi-Geheimdienstgemeinschaft geleitet wurde, und begann später für die CIA zu arbeiten „operating as a oil geological consultant specialized in transactions between US companies and the eastern block nations with which [De Mohrenschildt] was remarkably well connected."[6]

Daher ist es nicht überraschend, dass George Bush und George De Mohrenschildt, CIA-Agenten, die im Ostblock in der Ölbranche tätig waren, schließlich zusammenarbeiteten. Laut dem ehemaligen CIA-Beamten Victor Marchetti (der sich für die CIA auf sowjetische Angelegenheiten spezialisierte): „Es ist unvorstellbar, dass die CIA Bush nicht nach jedem Treffen [das Bush mit Vertretern des Ostblocks hatte] befragt hat. „Geschäftsleute wie [Bush] wurden regelmäßig befragt.[7]

Der gesamte Austausch zwischen Bush und De Mohrenschildt scheint ein harmloser, geheimer Handel zwischen zwei Spionen namens George zu sein, wenn da nicht die Tatsache wäre, dass je weiter man Bushs Verbindungen zurückverfolgt, desto mehr entdeckt man, dass der CIA-Agent noch tiefer in die Umstände rund um den Mord an John F. Kennedy verstrickt ist.

ANTI-CASTRO-OPERATIONEN

Tatsächlich deuten die Beweise stark darauf hin, dass Bush eine wichtige Rolle im Kampf der CIA zur Vernichtung von Fidel Castro spielte. Anthony Kimery zufolge „behaupten CIA-Veteranen, die am Krieg gegen Castro teilgenommen haben, dass Bush nicht nur zuließ, dass die CIA Zapata als Fassade für einige ihrer Operationen nutzte (einschließlich der Nutzung mehrerer Offshore-Bohrinseln),

---

[6] *Ibid.*
[7] *Ibid.*

sondern behaupten, dass Bush persönlich als Mittelsmann fungierte, über den die Agentur die vertraglichen Dienstleistungen finanzierte".[8]

Kimery behauptet, er habe mehrere Quellen gehabt, die unabhängig voneinander argumentieren, dass Bush tatsächlich tief in die Operationen der CIA involviert war, insbesondere in der Karibik und in der Kampagne gegen Castro. Dies scheint mit den Informationen von Oberst Fletcher Prouty übereinzustimmen, der betont, dass nicht nur der streng geheime CIA-Codename für die Invasion in der Schweinebucht „Operation Zapata" (wie Bushs Firma) lautete, sondern dass auch zwei der bei der Operation eingesetzten Schiffe auf die Namen *Houston* (Bushs Heimatbasis) und *Barbara* (Name von Bushs Frau) getauft wurden.[9]

Bushs Verbindungen zu den CIA-Operationen gegen Castro gehen jedoch noch weiter. Kimery meint: „Es gibt Beweise dafür, dass Bush vor seiner Ernennung zum CIA-Direktor im Jahr 1976 den legendären Spion Theodore George „Ted" Shackley gut kannte, der 1951 der Agentur beigetreten war. Als Bush nach Langley kam, war es für die alten Insider der Agentur klar, dass es eine Verbindung zwischen den beiden Männern gab, die viele Jahre zurückreichte."[10]

Es ist natürlich derselbe Theodore Shackley, den wir in Kapitel 8 zum ersten Mal als Freund des geheimen israelischen Atomentwicklungsprogramms kennengelernt haben. Shackley war Leiter des CIA-Büros in Miami, damals das wichtigste CIA-Büro der Welt und Basis für die CIA-Operationen gegen Castro, die gemeinsam mit Meyer Lanskys Handlanger-Syndikat geleitet wurden.

(Es sei nur am Rande erwähnt, dass der israelische Mossad einen seiner größten nordamerikanischen Stützpunkte in Miami, dem langjährigen Hauptquartier von Meyer Lansky, behalten hatte).[11]

Von der ehemaligen Agentin Marita Lorenz (Kapitel 9 und Kapitel 16) erfuhren wir, dass von der CIA-Basis in Miami ein Konvoi von zwei Autos mit Anti-Castro-Kubanern und mehreren CIA-Persönlichkeiten nach Dallas geschickt worden war, der kurz vor der Ermordung von Präsident John F. Kennedy ankam.

Kimery zitiert einen ehemaligen CIA-Agenten, der an Anti-Castro-Operationen beteiligt war: „Sie haben den alten George Liebling, der bei der Operation der Company (CIA) gegen Castro hilft, und Shackley, der Leiter der Station in Miami, der die Show leitet. Was glauben Sie, woher die beiden sich kennen, mein Freund? Es war eine sehr enge Beziehung, das ist immer noch so".[12]

Und wie wir in Kapitel 12 festgestellt haben, war es wiederum Shackley, der während des Vietnamkriegs Leiter des CIA-Büros in Laos war, zu einer Zeit, als die CIA und das Lansky-Syndikat gemeinsam lukrative Drogengeschäfte betrieben.

Kimery weist darauf hin, dass Bush 1976, kurz nachdem er Direktor der CIA geworden war, ohne um Rat zu fragen, Shackley zum Associate Deputy Director of Operations beförderte. In dieser Position war er der stellvertretende

---

[8] *Ibid.*
[9] *Ibid.*
[10] Mark Lane. *Plausible Denial.* S. 32-33.
[11] Newsletter zu geheimen Maßnahmen.
[12] *The Spotlight*, 22. März 1982.

Befehlshaber des [stellvertretenden Direktors für Operationen], der drittmächtigste Posten in der CIA und einer der wichtigsten in der gesamten Regierung."[13]

DIE VERBINDUNG ZUM MOSSAD

Nachdem er die CIA verlassen hatte, wie in Kapitel 12 festgestellt, stieg Bushs Freund Shackley anschließend in den internationalen Waffenhandel ein und arbeitete eng mit der Aviation Trade and Service Company zusammen, einer Kreation von Shaul Eisenberg, einer Figur aus dem israelischen Mossad.

Darüber hinaus entwickelte Bush auch enge Beziehungen zu Israel, die natürlich während seiner Dienstzeit als Direktor der CIA gefestigt worden waren. 1979 nahm der damalige republikanische Präsidentschaftskandidat Bush an der Jerusalemer Konferenz über den internationalen Terrorismus teil, einer Veranstaltung, die von der israelischen Regierung organisiert wurde und an der die meisten hochrangigen israelischen Geheimdienstmitarbeiter teilnahmen. Die US-Delegierten der Konferenz waren allesamt unfehlbare Freunde Israels, sowohl Demokraten als auch Republikaner.[14]

Bush wurde von Generalmajor George Keegan, dem ehemaligen Geheimdienstchef der U. S. Air Force, und dem Harvard-Professor Richard Pipes begleitet. Keegan und Pipes gehörten zu einer Elitegruppe, die Bush während seiner Zeit als CIA-Direktor gebildet hatte und die unter dem Namen „Team B." (das Team B) operierte.[15]

Bushs B-Team war ein neues geheimes Aufsichtsgremium der CIA, das die Aufgabe hatte, die Berichte des CIA-Geheimdienstes neu zu bewerten, zu kritisieren oder zurückzuweisen. Es ist jedoch wichtig zu beachten, dass das B-Team aus einer Clique hochrangiger Beamter bestand, die vor allem durch ihre Hingabe an die Verteidigung der Interessen Israels miteinander verbunden waren.

Zu den prominentesten Mitgliedern gehörten Richard Perle, der schließlich stellvertreter Verteidigungsminister für internationale Sicherheitspolitik wurde, und Perles alter Partner Stephen Bryen, ein ehemaliger Mitarbeiter des Senats, der von seinem Posten zurücktreten musste, nachdem bekannt geworden war, dass er amerikanische Verteidigungsgeheimnisse an den israelischen Mossad weitergegeben hatte.[16]

Die Tatsache, dass Bush so eng mit dieser kleinen Gruppe von Israel-Anhängern in Verbindung gebracht werden musste, ist faszinierend, insbesondere in Anbetracht von Bushs späteren Konflikten mit dem israelischen Mossad, die wir zuerst in Kapitel 2 untersucht haben.

---

[13] Newsletter zu geheimen Maßnahmen.
[14] *Ibid.*
[15] Informationsblatt zu geheimen Maßnahmen. Winter 1990.
[16] *Ibid.*

DIE VERHEIMLICHUNG

Während Bush CIA-Direktor war, untersuchte der Geheimdienstausschuss des Senats seinerseits die Verbindungen zwischen Jack Ruby, Lee Harvey Oswald, der CIA, dem organisierten Verbrechen und den Anti-Castro-Operationen, die von der CIA und ihren Mafia-Kollaborateuren durchgeführt wurden. Anthony Kimery kommentiert: „Da er mit diesen Operationen in Verbindung stand, war Bush nun dafür verantwortlich, was die CIA preisgeben wollte und was nicht."

„Als CIA-Direktor behinderte [Bush] die Anfragen des Komitee-Ermittlers nach spezifischen Informationen aus den Akten der Agentur über Oswald und Ruby und spielte die Enthüllungen über die Verwicklung der CIA herunter. Von Bush verfasste Memoranden über die Untersuchung des Geheimdienstausschusses zu Oswalds und Rubys Verbindungen zur CIA und zum organisierten Verbrechen zeigen, dass er ein besonderes Interesse an der Untersuchung des Ausschusses hatte, nicht nur darüber, was die CIA über die Ereignisse in Dallas wusste und der Warren-Kommission nicht berichtet hatte, sondern auch darüber, inwieweit die Agentur gegebenenfalls am Mord an Kennedy mitschuldig war."[17]

Kimery zitiert einen ehemaligen CIA-Agenten und Schweinebucht-Veteranen, der behauptet, mit Bush bei den Anti-Castro-Operationen der CIA in den frühen 60er Jahren zusammengearbeitet zu haben: „Bush was concerned about something during these investigations when he was Director of the CIA, ok. Er fürchtete, dass herauskommen könnte, dass er für die Company (die CIA) arbeitete und mit dem ganzen CIA-Kram in den späten 50er und frühen 60er Jahren in Verbindung stand."[18]

In der Zeitschrift *Spy* weist David Robb darauf hin, dass Bush, als er im Januar 1992 gefragt wurde, ob er sich während seiner Zeit als CIA-Direktor mit der Ermordung von JFK befasst habe oder nicht, antwortete: „Nein, ich hatte kein Interesse daran...".[19] Robb identifizierte jedoch eine Dienstmitteilung vom 15. September 1976 an den stellvertretenden Direktor des Zentralen Nachrichtendienstes, die wie folgt lautet:

„In einem kürzlich erschienenen Artikel von Jack Anderson wurde auf ein CIA-Telegramm vom November 1963 (?) verwiesen, in dem es darum ging, dass ein britischer Journalist Jack Ruby dabei beobachtet hatte, wie er [Santo] Trafficante im Gefängnis besuchte. Gibt es dieses Telegramm wirklich? Wenn ja, würde ich es gerne sehen. Es ist das gleiche Telegramm, das Mike Hadigan, der Anwalt der Minderheit für den SSC [Sonderausschuss des Senats], angefordert hatte".[20]

Das Memo war mit „GB" über dem maschinengeschriebenen Namen „George Bush" unterzeichnet. Offensichtlich war George Bush in Bezug auf die

---

[17] *The Spotlight*, 21. Juni 1982.
[18] Informationsblatt zu geheimen Maßnahmen. Sommer 1992.
[19] *Ibid*.
[20] *Spy*, August 1992.

Ermittlungen zum JFK-Mord nur ein wenig neugieriger, als er uns glauben machen wollte.

EINE DROHUNG GEGEN JFK?

Und interessanterweise gibt es diese interessante Information, die das Magazin *Spy* ausgegraben hat und die nahelegt, dass Bush ein übergroßes Interesse am Wohlergehen von John F. Kennedy hatte. Laut *Spy*: „Interne FBI-Notizen deuten darauf hin, dass am 22. November 1963 „der bekannte Geschäftsmann „George H. W. Bush am Telefon angab, er wolle über einige Hörensagen berichten, die er in den letzten Wochen gehört habe, Datum und Quelle unbekannt. Er sagte, ein gewisser James Parrott habe davon gesprochen, den Präsidenten zu töten, als er nach Houston gekommen sei".[21]

Parrott war ein 24-jähriger Republikaner, der regelmäßig gegen Beamte der Kennedy-Regierung demonstrierte, wenn diese nach Houston kamen. Das FBI fand außerdem heraus, dass der Geheimdienst - im Jahr 1961 - gewarnt worden war, dass Parrott gesagt hatte, er würde „Präsident Kennedy töten, wenn er ihm zu nahe käme". Parrott bestreitet die Anklage. Der Spion fragt - nicht gerade satirisch - „War Bush nur ein irregeleiteter Taugenichts? Oder wollte er das FBI von der Spur abbringen"?[22]

ISRAEL ENCORE....

Erst nachdem George Bush 1977 die CIA verlassen hatte, unterhielt er weiterhin enge Verbindungen zu Wirtschaftsinteressen, die wiederum enge Verbindungen zu Israel und seiner Lobby in unserem Land unterhielten.

Nach seiner Rückkehr nach Houston wurde Bush zum Vorsitzenden des Exekutivkomitees der First International Bank of Houston ernannt, dem Familienunternehmen der Erben des texanischen Milliardärs H. L. Hunt.

Die Hunts besaßen 15% der Mehrheitsanteile an der Gulf Resources and Chemical Corporation, einem Unternehmen mit Sitz in Houston, das die Hälfte der weltweiten Versorgung mit Lithium kontrollierte, einem wichtigen Bestandteil für die Herstellung von Wasserstoffbomben.

Zu den Mitgliedern des Vorstands der Gulf Resources gehörte George A. Butler, Präsident der Post Oak Bank in Houston, die von einem W. S. Farish, III, kontrolliert wurde, der oft als einer der engsten Vertrauten Bushs bezeichnet wird.

Gulf Resources hatte die Lithium Corporation of America einige Jahre zuvor als hundertprozentige Tochtergesellschaft erworben. Zu den Direktoren der Gulf Resources und der Lithium Corporation gehörte John Roger Menke, der auch Direktor des Hebrew Technical Institute in Israel war.

All dies ist insofern von Bedeutung, als Israel in dieser Zeit seine geheime Entwicklung von Atomwaffen fortsetzte, das größte Problem im Konflikt

---

[21] *Ibid.*
[22] *Ibid.*

zwischen John F. Kennedy und dem israelischen Premierminister David Ben-Gurion, der in Kapitel 5 ausführlich behandelt wurde.[23]

ADL NOCH

Es ist daher vielleicht nicht überraschend, dass Robert Allen, der Vorsitzende von Gulf Resources - ein Nichtjude, der nicht dafür bekannt war, zu jüdischen Anliegen beizutragen - den „Torch of Liberty"-Preis erhielt, der von der Anti-Defamation League (ADL) der B'nai B'rith verliehen wurde, der sogenannten „Bürgerrechtsorganisation", die als US-Geheimdienstzweig für den israelischen Mossad fungiert.

(In Kapitel 8 trafen wir zum ersten Mal auf einen weiteren Empfänger der Torch of Liberty, den Gangster Morris Dalitz, einen alten, prominenten Partner von Meyer Lansky und Investor der Firma Permindex, die, wie wir in Kapitel 15 gesehen haben, eine zentrale Rolle beim Mordkomplott gegen JFK gespielt hat.

Es sollte auch erwähnt werden, dass ein weiterer Direktor der Gulf Resources und der Lithium Corp. Samuel H. Rogers war, der seinerseits Direktor der Archer Daniel Midland Corp. war, die dem Industriellen Dwayne Andreas gehörte.[24]

Es stellte sich heraus, dass besagter Andreas seit vielen Jahren ein wichtiger finanzieller Unterstützer der ADL war und eng mit zwei hochrangigen nationalen ADL-Funktionären verbunden war: Burton Joseph, nationaler Präsident von 1976-1978, und Max M. Kampelman, nationaler Ehrenvizepräsident der ADL.[25]

All diese Faktoren zusammengenommen machen George Bush zum Mittelpunkt eines weitreichenden Netzwerks internationaler Unternehmen mit langjährigen Verbindungen zu Israel und seinen wichtigsten finanziellen Unterstützern, darunter auch ein Unternehmen mit besonderem Interesse an der Entwicklung von Atomwaffen.

Die Verbindung zu Hunt, der den Kreis aller Wechselwirkungen schließt, ist auch insofern interessant, als die mit dem JFK-Attentat befassten Forscher seit Jahren erfolglos versuchen, den verstorbenen H. zu identifizieren. L. Hunt als den Drahtzieher hinter dem JFK-Attentat zu identifizieren, der wahrscheinlich von seiner harten konservativen Opposition gegen Kennedys progressive Positionen in der Innen- und Außenpolitik getrieben wurde.

Was diejenigen, die mit dem Finger auf Hunt zeigten, jedoch nicht geschafft haben, ist, Hunts Verbindung zur Gulf Resources Corp. und seine engen Verbindungen zu Israel nachzuvollziehen.

Diese Fakten beweisen oder widerlegen nicht die Rolle, die H. L. Hunt oder George Bush, allein oder gemeinsam, beim JFK-Mordkomplott gespielt haben. Sie verdeutlichen jedoch die seltsame und wenig beachtete Rolle, die Israel und seine hochrangigen Unterstützer in den stets konvergierenden Kreisen rund um

---

[23] *Ibid.*
[24] Webster Griffin Tarpley und Anton Chaitkin. *George Bush: The Unauthorized Biography* [Washington, D.C.: Executive Intelligence Review, 1992], S. 247-248.
[25] *Ibid.*

das JFK-Mordkomplott spielten. Zur Erinnerung: Sie verdienen es, erwähnt zu werden.

WO WAR GEORGE?

Wie dem auch sei, Bushs engste Mitarbeiter während seiner Jahre bei der CIA, wie wir gesehen haben, und seine Aktivitäten haben alle Bush wiederholt mit Umständen in Verbindung gebracht, die die CIA und Meyer Lanskys Syndikat des organisierten Verbrechens in Joint Ventures nicht nur bei den Mordplänen gegen Castro Anfang der 60er Jahre, sondern auch bei den gemeinsamen Operationen der CIA und Lanskys im Drogenhandel in Südostasien verbanden. Bushs Verbindungen zur Israel-Lobby festigen also den Kreis.

Die Beweise, die wir hier untersucht haben, legen nahe, dass George Bush möglicherweise mehr über die Ermordung von John F. Kennedy weiß, als er zuzugeben bereit wäre. Die Frage, ob Bush beabsichtigt, sein Wissen preiszugeben, steht auf einem ganz anderen Blatt.

ANHANG 2

Die „Nazi"-Connection von Lee Harvey
Die wenig bekannten Verbindungen des angeblichen Mörders zu Geheimagenten des Neonazi-Netzwerks

Unter denjenigen, deren Namen in Lee Harvey Oswalds Adressbuch auftauchten, befand sich auch ein gewisser Daniel Burros. Burros war 1963 Nationalsekretär der amerikanischen Nazi-Partei von George Lincoln Rockwell. Nur zwei Jahre nach dem Attentat auf JFK starb Burros unter mysteriösen Umständen an mehreren Schusswunden. Trotz der seltsamen Umstände von Burros' Tod wurde er jedoch als selbstmordgefährdet eingestuft.

Burros' bizarrer Tod ereignete sich im Haus seines engen Mitarbeiters, des rätselhaften und allgegenwärtigen Roy Frankhauser, eines langjährigen Undercover-Bundesagenten der Minutemen, des Ku-Klux-Klans und der Kommunistischen Partei der Vereinigten Staaten. Es stellt sich heraus, dass Frankhauser behauptet, vor der Ermordung von John F. Kennedy mit Lee Harvey Oswald zusammengearbeitet zu haben.

Die Geschichte der möglichen Verbindung zwischen Lee Harvey Oswald und Daniel Burros wurde in keinem anderen Buch über das JFK-Attentat erforscht. Doch die Beweise deuten, wie wir sehen werden, darauf hin, dass die Verbindung zwischen Oswald und Burros viel komplexer ist, als man annehmen könnte.

Obwohl die Forscher lange Zeit damit beschäftigt waren, Listen von „mysteriösen Todesfällen" unter Personen zusammenzustellen, neu zusammenzustellen, zu bearbeiten und neu herauszugeben, die eine - sowohl tatsächliche als auch manchmal nur eingebildete - Verbindung zum JFK-Attentat hatten, taucht Burros' Name nie auf.

Die Umstände des Todes von Dan Burros scheinen bizarr zu sein. Nur einen Tag vor dem Tod des „Nazi"-Führers im Oktober 1965 hatte die *New York Times* enthüllt, dass er als Sohn jüdischer Eltern geboren worden war. Diese Enthüllung war der auffällige Auslöser, der Burros in den „Selbstmord" in Reading, Pennsylvania, im Haus seines „Nazi"-Kollegen Roy Frankhauser trieb.

Obwohl Burros' Tod in den Medien als Geschichte eines netten jüdischen Jungen, der durchgedreht war, verkündet wurde, ist es eine Tatsache, dass einige Mitglieder des amerikanischen Nazi-Widerstands seit langem der Ansicht waren, dass Burros kein jüdischer Apostat war, sondern stattdessen ein Informant und Agent provocateur der Anti-Defamation League (ADL) der B'nai B'rith, der in den Reihen der sogenannten „rassistischen Rechten" operierte.

Während seiner kurzen Karriere in der Unterwelt der politischen Welt war Dan Burros dafür bekannt, dass er eng mit den verdeckten Informanten der ADL verbunden war und vielleicht selbst einer dieser Informanten war, obwohl es unwahrscheinlich ist, dass wir jemals die Wahrheit erfahren werden.

Was wir jedoch wissen, ist, dass Burros eine Schlüsselfigur der National Renaissance Party war, einer kleinen Neonazi-Gruppe, die vom verstorbenen James H. Madole gegründet wurde und ihren Sitz in New York hatte. Obwohl Madole offenbar ein eingefleischter Nazi war, ist es eine bekannte Tatsache, dass seine Organisation von Agenten des ADL-Spionagenetzes infiltriert, teilweise finanziert und manipuliert wurde.

Der ADL-Agent im NRP war ein gewisser Emmanuel Trujillo, der auch Mana Truhill hieß. Truhill seinerseits arbeitete eng mit Sanford Griffith zusammen, dem damaligen Chefspion der ADL.

Zwei „rechte" Aktivisten aus den 1950er Jahren - der Autor Eustace Mullins und der Geschäftsmann DeWest Hooker (zitiert in Kapitel 4) - bestätigten dem Autor, dass die ADL damals tatsächlich eine aktive Rolle bei der „Infiltration" rechter Gruppen spielte und dass besagter Griffith eine vertraute Figur war, die sich zu dieser Zeit um die rechte Szene herum bewegte.

Auf dem Höhepunkt der von der ADL manipulierten Madole-Organisation hatte der bekannte New Yorker Verleger Lyle Stuart die ADL öffentlich beschuldigt, amerikanische Nazigruppen - wie Madoles Team - zu heimtückischen Zwecken zu finanzieren. Interessanterweise war Daniel Burros selbst ein integraler Bestandteil dieses speziellen, von der ADL manipulierten Zirkels. Doch es gibt noch viel mehr über die Verbindung zu Oswald und Burros zu sagen.

Einige Forscher konzentrierten sich auf die Verbindungen des Privatdetektivs von New Orleans und CIA-Agenten Guy Banister zu Robert De Pugh und der als Minutemen bekannten paramilitärischen Gruppe als Beweis dafür, dass „Rechtsextremisten" hinter der Ermordung von JFK stecken könnten. Wie in Kapitel 15 ausführlich angemerkt, gibt es jedoch stichhaltige Beweise, die darauf hindeuten, dass Banister auch von der Anti-Diffamierungs-Liga (ADL) der B'nai B'rith bei ihren eigenen Ermittlungsoperationen gegen linke Bürgerrechtsgruppen eingesetzt wurde.

Die Beweise in Bezug auf die Minutemen legen jedoch nahe, dass die Minutemen, wenn überhaupt, eine Gruppe von Rechtsextremisten waren, die von der Regierung infiltriert wurden - vielleicht sogar von der Regierung kontrolliert. Es ist die Verbindung der Minutemen in der Verbindung mit Oswald und Burros, die die Tür zu einigen sehr ungewöhnlichen Fakten über eine seltsame Person namens Roy Frankhauser öffnet, die sowohl mit Oswald als auch mit Burros in Verbindung gebracht zu werden scheint.

John George und Laird Wilcox haben uns in *Nazis, Communists, Klansmen, and Others on the Fringe* eine Fülle von Informationen über Frankhausers Operationen insbesondere innerhalb der Minutemen zur Verfügung gestellt. Hier ist, was George und Wilcox über die Infiltration der Minutemen durch die Regierung und die Rolle von Roy Frankhauser geschrieben haben. Die Langfassung des direkten Zitats von George und Wilcox lautet wie folgt:

„Die Minutemen gehörten in der Tat zu den am stärksten infiltrierten rechtsextremen Gruppen. Laut Eric Norden in seinem langen Essay über die paramilitärische Rechte, der in der Juni-Ausgabe 1969 des *Playboy-Magazins* erschien, wurden fast alle Fälle der Minutemen mit Hilfe von Spionen und Informanten der Regierung aufgeklärt.

„Einer dieser Informanten war ein Alptraum namens Roy Frankhauser, ein Regierungsmaulwurf, dessen Bündnis mit [Robert] De Pugh [von den Minutemen] in den frühen 1960er Jahren begann, kurz nachdem die Organisation gegründet worden war. Frankhauser war dafür bekannt, dass er sich dreiunddreißig Mal auf den fünften Verfassungszusatz berief, als er 1965 von der Kommission für unamerikanische Aktivitäten über seine Beteiligung am Ku-Klux-Klan befragt wurde. Da Norden Frankhausers Rolle nicht kannte, hatte er ihn für seinen Artikel ausführlich interviewt. Frankhauser, den De Pugh zum Regionalkoordinator ernannt hatte, beschrieb Nordens Minutemen als eine Neonazi-Organisation, die man fürchten und mit der man rechnen müsse:

„Hitler hatte die Juden, wir haben die Neger. Wir müssen natürlich den Schwerpunkt auf die Negerfrage legen, denn das ist es, was die Massen beschäftigt, aber wir vergessen nicht den Juden. Wenn die Juden wüssten, was passieren würde - und glauben Sie mir, es nähert sich so sicher wie der Morgen graut -, würden sie erkennen, dass das, was in Amerika passieren wird, Nazideutschland wie ein Sonntagspicknick aussehen lässt. Wir werden bessere Gaskammern bauen, in größerer Zahl, und dieses Mal wird es keine Flüchtlinge geben".

„ Norden merkt an, dass Frankhauser, nachdem er diese Aussage gemacht hatte, „eine Pause machte und einige Sekunden lang nachzudenken schien", und dann fortfuhr: „Natürlich gibt es gute Juden, wissen Sie, Juden wie Dan Burros, der ein Freund war. Einige meiner besten Freunde sind Juden. Dan Burros ist einer der patriotischsten und engagiertesten Amerikaner, die Sie je in Ihrem Leben getroffen haben."

„Norden kommentierte: 'Frankhauser blieb stumm. Burros war ein amerikanischer Nazi-Fanatiker, der jahrelang als Leutnant [in der amerikanischen Nazipartei] von [George Lincoln] Rockwell gedient hatte, dann 1962 ausgetreten war, um eine Zeitschrift namens *Kill* herauszugeben, und schließlich Klanführer wurde. Er war im Oktober 1965 in Frankhausers Haus gestürmt, hielt eine Ausgabe der *New York Times* hoch, in der seine jüdische Abstammung entlarvt wurde, griff an der Wand nach einer geladenen Pistole und schoss sich das Hirn weg."

„Was Norden nicht sagte, war, dass einige Verschwörungsfanatiker glaubten, dass Frankhauser mehr als nur eine Beteiligung an dem Mord gehabt hatte, obwohl nie eine Entscheidung darüber getroffen wurde und der Tod als selbstmörderisch eingestuft wurde. Eine andere, ebenfalls unbestätigte Theorie besagt, dass Frankhauser Burros zum Selbstmord ermutigt haben könnte, da seine Tarnung aufgeflogen war. Burros starb an drei Schusswunden, was bei einem echten Selbstmord ungewöhnlich ist. De Pugh, der die Pistole untersuchte, sagte, es sei unwahrscheinlich, dass Burros Selbstmord begangen habe.

„Andere Mitarbeiter von Frankhauser wagten sich an verwandte Ansichten heran. Was auch möglich ist, ist, dass Frankhauser 1965 als

Regierungsinformant arbeitete, ebenso wie Dan Burros, möglicherweise unter Frankhausers Leitung. Zum Zeitpunkt des Verfassens dieser Zeilen wohnt Frankhauser noch immer in dem Haus in Reading, Pennsylvania, in dem sich der Tod ereignete; Blutflecken sind noch immer in die Decke eingebettet.

„ Aber war Frankhauser so früh in seiner Karriere ein Regierungsinformant und Agent Provocateur? Frankhauser bestreitet dies, aber seine Akten der US-Armee lassen das Gegenteil vermuten. Während eines langen Interviews unter Eid, das vom 13. bis 18. Juli 1957 stattfand, enthüllten die Armeeakten Folgendes:

„ '(FRANKHAUSER) traf eine Entscheidung, Organisationen wie die Neonazi-Partei, die Kommunistische Partei und den Ku-Klux-Klan zu infiltrieren, um ihre Motive zu ermitteln, die Anführer zu identifizieren und diese Informationen dem zuständigen Geheimdienstorgan der US-Regierung zu melden, falls ihre Ziele als gegen die Interessen der Vereinigten Staaten gerichtet angesehen werden sollten. FRANKHAUSER gab an, dass er eine Tarnung geschaffen hatte, die vorsah, die Leute glauben zu lassen, er sei ein echter Kommunist oder Nazi, und die Schaffung einer Organisation, die eine große, gut organisierte Einheit sein sollte, die aber aus einem einzigen Mann - FRANKHAUSER- bestand. FRANKHAUSERs Ziel in Fort Bragg war es, die Klans aus dem Norden und die Klans aus dem Süden zusammenzubringen, um der US-Regierung die Gelegenheit zu geben, diese Organisationen zu zerstören'.

„In den 1960er Jahren waren die Minutemen in drei große Terrorakte verwickelt, bei denen Frankhauser als möglicher Informant direkt oder indirekt das FBI informiert hatte.

„1973, nach De Pughs Freilassung, wurde Frankhauser Chef des Geheimdienstes Minutemen... Im Oktober 1973 war De Pugh Ehrenredner bei der Jahresversammlung des Vorstands der Liberty Lobby in Kansas City, Missouri. Er war sechs Monate zuvor aus dem Gefängnis entlassen worden. Frankhauser war als Sicherheitsdirektor sein treuer Begleiter und hatte mehrere Wochen lang mit der Familie De Pugh in Norborne [Missouri] gelebt - die ganze Zeit über arbeitete er für das ATF („Bureau of Alcohol, Tobacco, Firearms and Explosives") als verdeckter Informant.

„Die Vergangenheit von Roy Frankhauser ist viel komplexer. Laut Unterlagen der US-Armee, die 1988 unter dem Gesetz über den freien Zugang zu Informationen veröffentlicht wurden, war Frankhauser schon lange vor seinem Eintritt in die Armee in schwere persönliche Probleme verstrickt. Als Opfer eines zerrütteten Elternhauses und einer alkoholkranken Mutter, die von Schulleitern und verschiedenen Arbeitgebern als emotional instabil und unzuverlässig eingestuft wurde, meldete er sich am 6. November 1956 zur US-Armee. Er hatte lange Zeit Nazi-Sammlerstücke gesammelt und sympathisierte schon als junger Mann mit dem Ku-Klux-Klan. Er war in eine Reihe von lahmen Verschwörungen verwickelt, die ihn sofort in den Fokus der Armeebehörden brachten.

„In den Militärberichten hieß es, dass Frankhauser in die Armee eingetreten war und sich freiwillig gemeldet hatte, um in Deutschland eingesetzt zu werden. Er entwickelte einen Plan, um sich offiziell für tot erklären zu lassen, damit er die Armee verlassen und sich der Neonazi-Bewegung anschließen konnte, in der Hoffnung, eine hochrangige Position zu erlangen.

„Am 2. Juli 1957 erklärte Frankhauser, dass er beabsichtige, aus der US-Armee zu desertieren und sich den revolutionären Kräften in Kuba anzuschließen. Tatsächlich desertierte er und kam am 5. Juli 1957 in Miami, Florida, an. Kurz darauf wurde er in Untersuchungshaft genommen und kehrte zu seiner Militäreinheit zurück. Aus den Armeeakten geht hervor, dass Frankhauser am 18. November 1957 gemäß den Bestimmungen von AR-635209 (untauglich für den Militärdienst) entlassen wurde.

„Frankhausers ziemlich unglaubliche Rolle als Informant der Regierung ist weitgehend belegt. Sie tauchte erstmals im Juli 1975 auf, als der *Washington Star* über seine Rolle bei einer vom Nationalen Sicherheitsrat genehmigten Undercover-Operation in Kanada berichtete; Frankhauser sollte die Terrororganisation „Black September" infiltrieren. Die *CBS Evening News* vom 28. Juli 1975 berichtete über Frankhauser, in dessen Verlauf der Moderator Fred Graham folgende Bemerkung machte:

„Eidesstattliche Erklärungen von Bundesagenten [besagen], dass Frankhauser eine Reihe von Undercover-Missionen für die Regierung durchgeführt hat, darunter eine Mission, die vom Nationalen Sicherheitsrat des Weißen Hauses genehmigt wurde.

Eine Regierungsquelle sagte, Frankhauser habe eine unglaubliche Fähigkeit, rechte und linke Gruppen zu infiltrieren, dass er noch helfen könne, diejenigen zu überführen, die den Sprengstoff geliefert hatten, der 1971 Schulbusse in Pontiac, Michigan, in die Luft gesprengt hatte."

„Frankhauser geriet schließlich mit seinen Vorgesetzten bei der ATF („Amt für Alkohol, Tabak, Feuerwaffen und Sprengstoffe") aneinander, weil er mit seinen Fallenplänen zu weit ging, ohne dass sie vorher von der ATF genehmigt worden waren. Am 28. Februar 1974 wurde er schließlich wegen Diebstahls von Sprengstoff angeklagt, woraufhin er seine Beziehung zur Agentur zu seiner Verteidigung nutzte. Er wurde schließlich für schuldig befunden und zu einer Bewährungsstrafe verurteilt, nach der die ATF einen Weg hatte, seine Kooperation zu stärken und sein erratisches Verhalten zu zügeln (oder zumindest glaubten sie, dass sie das taten). Ein Telex des FBI vom 17. Juni 1974 enthüllte, dass :

„Frankhauser hat über seinen Anwalt vorgeschlagen, dass er, wenn er sich schuldig bekennen darf und eine Bewährung für die aktuellen Anklagen wegen eines Bombenanschlags erhält, den Bundesagenten die Personen vorstellt, die ihn wegen seiner Aktivitäten angesprochen haben.

Der *Washington Star* *berichtete*: „Edward N. Slamon, Frankhausers Vorgesetzter bei der ATF, hatte mehrere interne Notizen verfasst, in denen Frankhauser als „exzellenter Penetrationsagent und ausgezeichneter Informant" beschrieben wurde."

„Roy Frankhausers Beteiligung als Agent Provocateur und Undercover-Regierungsagent begann in den 1960er Jahren und setzte sich episodisch bis 1986 fort, als er zusammen mit Lyndon LaRouche und mehreren anderen

Angeklagten im Boston-LaRouche-Fall wegen Kreditkartenbetrugs und anderer Anklagen angeklagt wurde. Frankhauser, der 1975 seinen ersten Kontakt mit der LaRouche-Organisation herstellte, war zu deren Sicherheitsdirektor aufgestiegen! Am 10. Dezember 1987 wurde Frankhauser für schuldig befunden, sich verschworen zu haben, eine bundesweite Untersuchung gegen die Gruppe zu behindern." [26]

[ZITAT ENDE]

Alles, was mit dieser Verschwörung zu tun hat, ist natürlich interessant. Ebenso interessant ist die Tatsache, dass Dan Burros unter mysteriösen Umständen im Haus eines langjährigen verdeckten Ermittlers ums Leben kam.

Es ist wahrscheinlich relevant, dass Peter Dale Scott, lange Zeit das Argument vorgebracht hat, dass Lee Harvey Oswald „für einen privaten Ermittler im Auftrag der Bundesregierung arbeitete, der die Verwendung von zwischenstaatlichen Kurierdiensten für illegale Waffenverkäufe untersuchte [und bemerkte], dass „... die amerikanische Nazipartei im Jahr 1963 Gegenstand einer Untersuchung der US-Regierung war... wegen ihres Waffenkaufs per Versandhandel."[27]

Die Tatsache, dass Oswald möglicherweise mit Burros in Kontakt stand (und es gab unbestätigte Gerüchte, dass Oswald selbst sich in der Gegend von Washington, D. C. aufgehalten haben könnte - insbesondere in Arlington, Virginia, wo Burros und die amerikanische Nazipartei ihren Hauptsitz hatten) und dass Burros wiederum eng mit einem verdeckten Informanten des BATF verbunden war, trägt zur Relevanz von Scotts Argument bei. Wie in Kapitel 15 festgestellt, ist es jedoch mehr als wahrscheinlich, dass Oswald tatsächlich - über Guy Banisters Büro - im Auftrag der ADL intervenierte, die ihrerseits regelmäßig dem FBI und anderen Regierungsstellen Bericht erstattete.

Aus offiziellen Dokumenten des Justizministeriums, die gemäß dem Gesetz über den freien Zugang zu Informationen veröffentlicht wurden, ist bekannt, dass die von der Regierung geförderten Undercover-Aktivitäten Frankhausers - in mindestens einem Fall - von einer jüdischen Gemeindeorganisation finanziert wurden. In diesem Fall war es das jüdische Gemeindezentrum in Reading, Pennsylvania.[28] Es ist daher sehr wahrscheinlich, dass die ADL auch eine Rolle bei Frankhausers Aktivitäten gespielt hat. Doch die Verschwörung wird immer dicker. Es gibt eine noch brisantere Verbindung zwischen Frankhauser und der Ermordung von JFK.

FRANKHAUSER UND OSWALD

Was bislang mit einer Ausnahme noch kein Forscher berichtet hat, ist, dass derselbe Roy Frankhauser behauptete, er habe sich mehrmals nicht nur mit Lee

---

[26] *Executive Intelligence Review*. Dope, Inc. (1992 edition), S. 608.
[27] John George und Laird Wilcox. *Nazis, Communists, Klansmen and Others on the Fringe*. (New York: Prometheus Books, 1992), S. 285-290.
[28] Peter Dale Scott. *Deep Politics and the Death of JFK*. (Berkley, California: University of California Press, 1993), S. 248-250.

Harvey Oswald, sondern auch mit John und Ruth Paine getroffen, dem texanischen Ehepaar, das in den letzten Monaten von Lee Harvey Oswalds Leben eine Schlüsselrolle spielte.

Ein Artikel über Frankhausers Verbindung zu Oswald von Scott M. Thompson, der in der Ausgabe vom 20. November 1975 der Zeitschrift *New Solidarity* erschien, wird hier in seinem relevanten Teil erneut veröffentlicht.

Die Aufnahme dieser Daten durch den Autor von *Final Judgement* soll keinesfalls als Zustimmung zu den damit verbundenen Informationen dienen, sondern lediglich eine möglichst umfassende Dokumentation aller wenig bekannten Aspekte der Forschung zum JFK-Mordkomplott liefern, die von unabhängigen Personen, die wirklich an der Wahrheitsfindung interessiert sind, untersucht werden können. In dem Artikel (hier eine Langfassung des Zitats) heißt es wie folgt:

„In einer Reihe von Exklusivinterviews mit der IPS (International Security Company) im letzten Monat hat der ehemalige Agent des Nationalen Sicherheitsrats Roy Frankhauser Informationen vorgelegt, die schlüssig belegen, dass der Nationale Sicherheitsrat die Ermordung von Präsident John F. Kennedy im November 1963 geplant und koordiniert hat. Frankhauser lieferte Details über zahlreiche Mordteams, die für die Kennedys und andere Operationen von bekannten CIA- und FBI-Agenten in Gruppen von der linken Sozialistischen Arbeiterpartei (SWP) und der Kommunistischen Partei (USA) bis hin zu rechten Gruppen wie dem paramilitärischen Team der Minutemen organisiert wurden.

„Zu den Vorbereitungen für das Attentat gehörten auch kubanische Exilgruppen (Gusanos), die amerikanische Nazipartei und CIA-Agenten wie G. Gordon Liddy, Frank Sturgis und E. Howard Hunt, der verurteilte Watergate-Dieb und enge Vertraute von William F. Buckley. Anfang 1963 erklärte Frankhauser gegenüber dem IPS: „Der Befehl, Kennedy zu töten, ist gefallen und überall tauchten von Agenten geleitete Teams auf".

„Frankhauser bestätigt, dass zwei Agenten in der Peripherie der Socialist Workers Party (SWP), die auch enge Verbindungen zur Kommunistischen Partei in den USA hatte, direkt an der Kennedy-Operation beteiligt waren. Frankhauser lernte die beiden, Ruth und John Paine, 1960 kennen, als er als Agent des Mississippi White Citizens Council und des Gouverneurs von Mississippi, Patterson, die SWP in New York infiltrierte. Die Paines waren beide über die Warren-Kommission und unabhängige Ermittler des Attentats eng mit Lee Harvey Oswald verbunden (der sich selbst als „Taube" im Kennedy-Mord bezeichnete, wenige Augenblicke bevor er im Gefängnis von Dallas erschossen wurde).

„In den Monaten vor dem Attentat lebten die Paines bei Marina und Lee Harvey Oswald in Dallas. Es war Ruth Paine, die Oswalds „radikale" Tarnung ausarbeitete. Sie war es, die Oswald nach Mexiko-Stadt fuhr, damit er von der CIA vor der sowjetischen Botschaft fotografiert werden konnte. Sie brachte Oswald auch nach New Orleans, wo sie gemeinsam ein SWP-Franchise eröffneten, Fair Play for Cuba, mit Zustimmung der nationalen SWP-Führer.

In New York hatten die Paines Frankhauser nach einer Reihe von gelegentlichen SWP-Treffen für eine „linke" paramilitärische Geheimorganisation rekrutiert. Sie behaupteten gegenüber Frankhauser, die Gruppe habe drei Ziele: 1) Martin Luther King aus dem Gefängnis zu holen, falls er verhaftet werden sollte; 2) den Sheriff von Alabama „Bull" Connor zu töten, der damals ein bekannter Gegner der Integration war; und 3) Präsident Eisenhower zu ermorden, falls die Revolution nicht „legal" angezettelt werden könne. Die Paines wiesen Frankhauser an, das SWP-Dokument *Militant* intensiv zu studieren, um „den Jargon der Linken zu lernen".

„Die tatsächliche militärische Ausbildung dieser Gruppe fand im Camp Midvale in den Ramapo-Bergen im Norden von New Jersey statt. Zu dieser Zeit war Midvale ein Lager, das von der Kommunistischen Partei der USA kontrolliert wurde. Obwohl alle Berichte Frankhausers über diese Operation vom Büro des Gouverneurs Patterson an das FBI von Mississippi weitergeleitet wurden, kam es zu keiner Verhaftung.

„Im selben Zeitraum traf Frankhauser zum ersten Mal auf Oswald bei einem Treffen der International Scientific Socialist in New York, zu dem die Paines ihn mitgenommen hatten.

„Frankhausers zweites Treffen mit Oswald fand in einem CIA-Trainingslager in der Nähe des Ponchartrain-Sees in Louisiana statt.

„Ab 1961 starteten Agenten des Nationalen Sicherheitsrats (NCS) eine Operation innerhalb der rechten Gruppe der Minutemen, die ein Jahr zuvor gegründet worden war, um sich auf den „Guerillakrieg" gegen [das, was die Minutemen für eine] kommunistische Übernahme der USA hielten, vorzubereiten. [Das] verwandelte die Organisation in einen Schlüsselpol des NCS für die Rekrutierung und Koordination des psychotischen Randes der rechten Gruppen in einen Schwarm von Attentatsteams, von denen einige speziell für das Kennedy-Attentat ausgewählt und ausgebildet worden waren.

„Diese Übernahme der Minutemen erfolgte unter der Schirmherrschaft der FBI-Operation COINTELPRO und der CIA-Operation Scorpion, und innerhalb kürzester Zeit bestand der gesamte nationale Exekutivausschuss der Minutemen aus Agenten - mit Ausnahme des Gründers der Organisation, Robert De Pugh, der seither eine Taube unter der Kontrolle des FBI geblieben ist.

„Frankhauser, damals CIA-Korrespondent, wurde innerhalb der Minutemen eingesetzt und schließlich zum Direktor des Ostküstengeheimdienstes und zum Direktor der nationalen Spionageabwehr befördert.

„Frankhauser erklärte, dass zu den Schlüsselfiguren auf Seiten der Minutemen bei der Operation zur Ermordung Kennedys Ken Duggan gehörte, der unter Frankhauser stellvertretender Direktor der Minutemen-Gegenspionage war. Ebenfalls als CIA-Korrespondent arbeitete Duggan im katholisch-faschistischen Terrornetzwerk der Buckley-Familie und rekrutierte Gusanos für die gescheiterte Invasion in der Schweinebucht. Duggan rekrutierte und bildete auch mehrere Teams aus, um das Attentat auf Kennedy vorzubereiten.

„Duggan, der später die Buckleys verriet, wurde vor etwa einem Monat im Gefängnis auf Rikers Island in New York ermordet. Er wurde aufgrund einer Anklage wegen versuchten Mordes inhaftiert, die von einem gewissen George Wilkie, einem Schützling der Anführer der Operation der Konservativen Partei der Buckleys, erhoben worden war.

„Zwei Minutemen-Agenten aus Connecticut, Vincent De Palma und Eugene Tabbett, waren ebenfalls am Profiling und an der Auswahl der Mitglieder des Kennedy-Attentatsteams sowie anderer Attentatsteams beteiligt. De Palma war einer der führenden Attentatsexperten der CIA in Lateinamerika gewesen, bevor er zum FBI versetzt wurde. Das FBI wiederum setzte ihn bei den Minutemen ein, wo er schnell zu einer nationalen Figur wurde. Tabbett hatte für das FBI im Geheimdienstbüro des Klans gearbeitet, bevor er zu De Palma nach Connecticut ging.

„[Frankhausers] Vorladung zur Zeugenaussage vor der Warren-Kommission aus dem Jahr 1964 wurde vom FBI aus Gründen der „nationalen Sicherheit" aufgehoben. Zu diesem Zeitpunkt wurde Frankhauser von zwei in Reading, Pennsylvania, ansässigen FBI-Agenten, Kaufman und Davis, bedroht, die ihm erklärt hatten, dass „wenn Sie Informationen über die Paines an die Kommission weitergeben, Sie ernsthafte Schwierigkeiten mit dem FBI bekommen werden". Einen Tag vor ihrem Besuch wurde Frankhauser beinahe von zwei Kugeln getroffen, die durch das Fenster seines Hauses in Reading abgefeuert wurden."[29] **[ZITAT ENDE]**

Der Wahrheitsgehalt von Frankhausers Behauptungen würde den Rahmen dieses Buches sprengen. Die Forscher, die sich bei der Untersuchung des Lebens von Lee Harvey Oswald auf die Füße getreten sind, haben jedoch besonders versagt, indem sie die Verbindungen von Frankhauser und Frankhauser & Burros zu Lee Harvey Oswald absichtlich ignoriert haben. Sie würden deutlich zu ihrer eigenen Forschung und zur Wahrheitsfindung beitragen, wenn sie diese Fragen vertiefen würden - wenn diese Forscher nach der Wahrheit suchen.

Interessant und nicht nur am Rande erwähnenswert sind die Verbindungen des besagten Ken Duggan, der laut Frankhauser mit einigen Aspekten des JFK-Mordkomplotts in Verbindung stand. Zu den Personen, mit denen Ken Duggan in Verbindung stand, gehörten niemand geringeres als die beiden kubanischen Brüder Guillermo und Ignacio Novo.

In Kapitel 9 und Kapitel 16 erfuhren wir von der Reise der Novo-Brüder nach Dallas, Texas, in Begleitung der CIA-Agentin Marita Lorenz sowie des langjährigen CIA-Agenten Frank Sturgis, der auch für den Mossad tätig war. Bei ihrer Ankunft in Dallas, einen Tag vor der Ermordung des Präsidenten, hatten sich die Novos und ihre Partner nicht nur mit E. Howard Hunt, einen CIA-Offizier, sondern auch Jack Ruby, der später Lee Harvey Oswald tötete, kennengelernt.

Die Novo-Brüder waren nicht nur auf die eine oder andere Weise in die Umstände rund um die JFK-Verschwörung verwickelt, sondern wurden später

---

[29] Brief von Robert Curran Staatsanwalt des Eastern District of Pennsylvania an Roy Frankhauser 21. November 1973.

auch für den Mord an dem chilenischen Diplomaten Orlando Letelier verurteilt. Wie wir in Kapitel 9 gesehen haben, war Michael Townley, ihr Komplize bei dem Verbrechen, als Agent für Investors Overseas Service tätig gewesen. IOS wurde natürlich von dem Finanzier Bernard Cornfeld geleitet, einem Handlanger von Tibor Rosenbaum, einem Veteranen des Mossad-Vertreters und einer der Schlüsselfiguren der Permindex, des dunklen Konzerns, der mit allen wichtigen Kräften hinter dem JFK-Attentat verbunden war.

Außerdem hatten die Novos, wie in Kapitel 9 festgestellt, im Büro des damaligen New Yorker Senators James L. Buckley (Bruder von William F. Buckley, Jr.) das Attentat auf Letelier geplant.

Wie wir in Kapitel 16 festgestellt haben, scheint es wahrscheinlich, dass es vor und während der Ermordung von JFK mindestens mehrere Mordteams in oder in der Nähe der Dealey Plaza gab, die alle Teil einer mehrstufigen Operation nach dem Muster „Falsches Banner" waren. Frankhausers Behauptungen stimmen in der Tat völlig mit den Schlussfolgerungen von *Final Judgement* überein.

VAN LOMAN UND DIE VERBINDUNG ZU JIM HARRIS

Der Autor ist Van Loman zu Dank verpflichtet, der meine Aufmerksamkeit auf das Ausmaß der wenig beachteten Beziehung zwischen Oswald und Burros gelenkt hat. Loman hatte eine besondere Verbindung zur Welt des Geheimdienstes. Als Teenager nahm Loman den hinterhältigen und lebhaften Jim Harris aus Cincinnati als Vaterfigur und Mentor an, einen aus Ohio stammenden Handwerker, dessen glänzende Karriere mit seinem Tod im Dezember 1994 endete.

Obwohl Harris sich öffentlich als Großer Drachen des Ohio-Klux-Klans ausgab, war er in Wirklichkeit schon lange Zeit ein FBI-Informant von J. Edgar Hoover und ein CIA-Agent, wie er sich selbst beschrieb, der aktiv an den Verschwörungen der CIA und der Mafia gegen Castro mitarbeitete - oder sogar noch mehr. Zu Harris' wichtigsten Geschäftspartnern gehörte niemand geringeres als Roy Frankhauser, sein Geheimdienstkollege. Über Harris lernte Loman vor vielen Jahren Roy Frankhauser kennen. Vielen Dank an Van Loman, dass er auf die Bedeutung der Verbindung zu Oswald und Burros hingewiesen hat.

Wenn man zu tief in dieser wenig erforschten Frage gräbt, wird man unweigerlich damit beginnen, Felsen auszugraben, unter denen sich die Tentakel der ADL und ihrer Kollaborateure beim US-Geheimdienst verbergen. Das erklärt vielleicht, warum einige Forscher dieses unangenehme Geheimnis völlig gemieden haben.

Der Autor ist der Ansicht, dass die Verbindung zu Oswald und Burros in der Tat ein weiterer Weg ist, den die für den JFK-Fall zuständigen Ermittler weiter erforschen sollten und der letztlich weitere überzeugende Beweise hinzufügt, die das Fundament festigen, auf dem unser abschließendes Urteil beruht.

ANHANG 3

Kommunisten mit blutigen Händen
Guy Banister & Kent und Phoebe Courtney
Die Anführer der rechten Pro-Israel-Clique
von New Orleans

Daran gibt es keinen Zweifel. Der ehemalige FBI-Agent und CIA-Agent Guy Banister war ein vehementer Anti-Kommunist und ein wahrhaft rechter Mann. Das weiß jeder. Was die meisten nicht wissen, ist, dass Banisters bekannteste Geschäftspartner Kent und Phoebe Courtney glühende Anhänger Israels waren und weithin verdächtigt wurden, Agenten der Anti-Diffamierungs-Liga (ADL) der B'nai B'rith zu sein. Die Wahrheit über die Courtneys wirft ein neues Licht auf die Verbindung zwischen Banister und dem Mordkomplott gegen JFK. Es gibt noch viel mehr über den New-Orleans-Teil der Verschwörung zu berichten.

Die JFK-Attentatsforscher (insbesondere die der so genannten „liberalen Bande") haben viel Zeit und Energie darauf verwendet, „rechtsextreme" Verbindungen aus verschiedenen Parteien (schuldig und unschuldig) „aufzuspüren", die in irgendeiner Form mit dem Mordkomplott gegen JFK in Verbindung gebracht wurden. Forscher, die sich einig sind, dass der ehemalige FBI-Agent und CIA-Agent Guy Banister aus New Orleans eine besondere Rolle dabei spielte, Lee Harvey Oswald als „Sündenbock" für das Attentat in die Falle zu locken, führen gerne Banisters „rechte" Verbindungen an.

Die am häufigsten vermerkte Verbindung ist Banisters zu einem extravaganten Paar - aktive Antikommunisten - Kent und Phoebe Courtney, Gründer einer Organisation, die als Conservative Society of America (Konservative Gesellschaft Amerikas) bekannt ist. Frau Courtney soll sogar ihre Steaks „blutrote Kommunisten" bestellt haben, und wir danken ihr für den Titel dieses Anhangs.

Die Courtneys sollen nach dem Attentat behauptet haben, Oswald habe versucht, während seines Aufenthalts in New Orleans im Sommer vor dem Attentat einen Job bei ihrer Zeitung, *The Independent American,* zu bekommen[30]. Was jedoch von liberalen Forschern, die versuchen, eine „rechte Verschwörung" hinter dem JFK-Attentat zu finden, am häufigsten betont wird, ist, dass nach Banisters Tod zumindest ein Teil seiner persönlichen Akten in den Besitz von Kent Courtney gelangte.[31]

---

[30] *New Solidarity newspaper,* 20. November 1975.
[31] Dick Russell. *The Man Who Knew Too Much* (New York: Carroll & Graf, 1992), S. 397.

In Wirklichkeit ist es ziemlich wichtig - obwohl „liberale" Forscher sicherlich nicht verstehen würden, warum, da ihre offensichtliche Voreingenommenheit und ihr Unverständnis für die Dynamik der politischen Labyrinthe des amerikanischen „Rechts" sie daran hindern, es zu durchschauen. Abgesehen davon, warum also ist Courtneys Rezeption der Banister-Akten im Lichte der These, die auf den Seiten von *Final Judgement* präsentiert wird, von Bedeutung?

Tatsache ist, dass viele Veteranen der amerikanischen „Rechten" mehrere Jahre lang vor der Ermordung von Präsident Kennedy (und bis heute) glaubten, Kent und Phoebe Courtney seien rechte „Undercover"-Agenten, die von der Anti-Defamation League (ADL) der B'nai B'rith, dem amerikanischen Zweig des israelischen Mossad, bezahlt worden seien.

Obwohl die Courtneys kommunistische Gegner waren, hatten sie unter ihren „konservativen" Kollegen viel Misstrauen und Uneinigkeit hervorgerufen, indem sie sich aktiv gegen „rechte" Persönlichkeiten stellten und sie angriffen, die von der ADL des „Antisemitismus" beschuldigt worden waren.

Das vielleicht bemerkenswerteste und am leichtesten belegbare Beispiel dafür stammt aus dem Jahr 1960, als sich eine große Gruppe amerikanischer Konservativer darauf vorbereitete, eine dritte Partei zu gründen, um bei den Präsidentschaftswahlen 1960 anzutreten. Vor diesem Treffen schickte Frau Courtney Briefe an etwa 30 Personen und Organisationen, in denen sie ihnen mitteilte, dass sie bei dem Treffen der sogenannten „Neuen Partei" nicht willkommen seien.

Alle von Frau Courtney ins Visier genommenen Personen und Organisationen waren Personen und Organisationen, die von der ADL als „antisemitisch" eingestuft worden waren. Natürlich löste Frau Courtneys Vorgehen in konservativen Kreisen eine heftige Kontroverse aus, und in der Februarausgabe 1960 von *Right*, einem Zentrum für Informationen und Ansichten über die „rechte" Bewegung, veröffentlichte Verne P. Kaub, der Vorsitzende des American Council on Christian Laymen, einen „Offenen Brief an Phoebe Courtney" als Antwort auf ihre Behauptung, dass die „Feinde" - zumindest wie Frau Courtney behauptet - „patriotische Organisationen infiltriert hätten, um Zwietracht zu säen".[32]

Kaub antwortete Frau Courtney: „Genau das Gegenteil ist der Fall. Diese Leute sind keine Feinde. Die Unterwanderer sind Vertreter kommunistischer und zionistischer Organisationen und Einflüsse. Es sind diese Kräfte der Täuschung und Uneinigkeit..., die den falschen Schrei des Antisemitismus erheben und damit auf die schlimmstmögliche Form des Sektierertums zurückgreifen.

„Ehrlich gesagt", sagte Kaub zu Frau Courtney, „dachte ich, dass Sie viel zu schlau sind, um zu glauben, dass Sie amerikanische Patrioten täuschen könnten, indem Sie die Lüge als Wahrheit akzeptieren, indem Sie „das Bild völlig umkehren" und versuchen, den Eindruck zu erwecken, dass die ADL zum Beispiel eine Organisation von schneeweißen Patrioten ist, während, wie Sie sehr wohl wissen, die ADL... alle wahren christlichen Patrioten als Nazis und Antisemiten etikettiert."

---

[32] *Right*, Februar 1960.

Aus redaktioneller Sicht fügte der *Right* seinerseits hinzu: „Es ist klar, dass die Courtneys unter koscherer Kontrolle stehen. Courtney gab zu, dass er „jedes Geld, das er kriegen kann" aus „links-jüdischen Quellen" nehmen würde." Außerdem wird der New Yorker Verlag Simon & Schuster beschuldigt, den Courtneys Geld zukommen zu lassen, und Phoebe bestreitet diesen Vorwurf nicht. Dieses Team ist knallrot und nur eine Fassade für die Anti-Diffamierungs-Liga (ADL). Wenn die ADL die Geigen bezahlt, wählt sie die Musik aus".[33]

Außerdem gab es in der „Rechten" weit verbreitete Gerüchte, dass nicht nur die Courtneys von der Stern-Familie aus New Orleans finanziert wurden, sondern auch, dass Frau Courtney mit den Sterns verwandt war. Paquita De Shishmareff, eine ehemalige Führerin der „Rechten", gehörte zu denjenigen, die dies für wahr hielten, aber es gab auch viele andere.[34] Wie auch immer, die Gerüchte spiegelten die allgemeine Wahrnehmung der „Rechten" wider, aus der die Courtneys stammten.

OSWALDS VERBINDUNGEN MIT DER ADL UND DEM FBI

In Kapitel 15 behandelten wir Guy Banisters enge Verbindung zu A. I. (Bee) Botnick, der das ADL-Büro in New Orleans leitete, das von der Familie Stern finanziert wurde, die sich selbst als „Super-Kommunistenjäger" beschreibt. Wir haben auch die sehr reale Möglichkeit untersucht, dass Lee Harvey Oswalds Aktivitäten in New Orleans in Wirklichkeit Teil einer ADL-Ermittlung waren, mit der Banisters Privatdetektei beauftragt wurde. In diesem Zusammenhang ist es daher angebracht, auf weitere interessante Details hinzuweisen, die in der Debatte über die Frage, wer Lee Harvey Oswald vor der Ermordung von Präsident Kennedy manipulierte, verloren gegangen sind.

1962 recherchierte Ned Touchstone, Chefredakteur des Verlagshauses Bossier Press in Bossier City, Louisiana, über einen Bombenanschlag auf eine schwarze Freimaurerloge in Louisiana. Während die übrigen Medien das Verbrechen als Tat des KKK darstellten, meinte Touchstone, da die meisten KKK-Führer in der Region Freimaurer waren, sei es unwahrscheinlich, dass sie eine Freimaurerloge zerstört hätten. Obwohl das FBI versuchte, ihn einzuschüchtern, damit er seine Ermittlungen einstellte, hatte Touchstone von dem „Piloten mit den schiefen Haaren",[35] (später als Banisters Geschäftspartner David Ferrie identifiziert) gehört, der vor der Explosion ein Flugzeug in der Region gelandet hatte.

So kam Touchstone ein Jahr vor dem Attentat auf JFK zu dem Schluss, dass Ferrie als Agent von COINTELPRO, dem Gegenspionageprogramm des FBI, in Verbindung mit Banisters ADL-Kontakt Botnick gearbeitet hatte, der im Zusammenhang mit dem Bombenattentat tatsächlich eng mit dem FBI zusammenarbeitete.

---

[33] *Ibid.*
[34] Interview mit Tony Blizzard. März 1997.
[35] *The Councilor*, 16. August 1975.

Am 15. März 1964 hatte Touchstone jedoch unabhängig Ferries Verbindung zum JFK-Attentat identifiziert[36], was aufgrund seiner Verbindungen zu Oswald und Banister umso relevanter war.

Obwohl Verschwörungskritiker wie Gerald Posner (Autor von *Case Closed*), der mit der CIA in Verbindung steht, versucht haben zu leugnen, dass Oswald eine Verbindung zu dem CIA-Agenten David Ferrie hatte, gibt es fotografische Beweise, die Posner und die Kritiker widerlegen. Vor kurzem wurde ein Foto aus dem Jahr 1955 entdeckt, das einen jungen Oswald zusammen mit Ferrie zeigt, der damals Oswalds Kommandeur in der zivilen Luftpatrouille war.[37]

Dennoch blieben Touchstones Entdeckungen gerade deshalb (oder zumindest teilweise) unerwähnt, weil sie direkt auf die Verbindungen der ADL zu diesen Schlüsselfiguren der JFK-Mordverschwörung hinwiesen, die ihrerseits im selben Zeitraum auch mit der Verschwörung des FBI und der CIA in Verbindung standen.

Und obwohl es Diskussionen über die Möglichkeit gab, dass Oswald eine Art FBI-Informant war und über seine Beziehung zum FBI-Agenten James Hosty in Dallas, berichteten Ray und Mary LaFontaine, die Autoren von *Oswald Talked*, schließlich, dass Hosty „ein Ermittler rechtsextremer Gruppierungen"[38] und „rechter Agitatoren" gewesen sei.[39]

Es besteht also kein Zweifel daran, dass Hosty in Wirklichkeit eng mit der Anti-Defamation League zusammenarbeitete, einer der beliebtesten „Quellen" des FBI in Bezug auf „rechtsextreme Gruppierungen" und „rechte Agitatoren". Die ADL wäre sicherlich einer von Hostys Hauptkontakten gewesen.

So haben wir nicht nur Guy Banister und David Ferrie, die beide eng mit der ADL verbunden sind und vor dem Mord mit Oswald in New Orleans zusammenarbeiten, sondern wir haben auch einen FBI-Agenten mit ADL-Verbindung in Dallas (Hosty), der in eine Art Verschwörung mit Oswald verwickelt ist, deren tatsächliche Details wahrscheinlich nie bekannt werden.

In diesem Sinne können wir also zu Recht sagen, dass Lee Harvey Oswald auf die eine oder andere Weise tatsächlich eine „Verbindung zur ADL" und damit eine „israelische Verbindung" hatte.

Die große Frage ist also: Was wusste die ADL über Lee Harvey Oswald und wann erfuhr sie es? Welche Informationen hatte Oswald von Guy Banister erhalten? Welche Informationen hatte Oswald von Hosty erhalten? Benutzte Banister Oswald tatsächlich im Rahmen einer ADL-Ermittlung?

Oder, wagen wir es zu sagen, war Oswald von Anfang an einfach nur bei der ADL angestellt? Finanzierte die ADL Oswalds Aktivitäten im Auftrag von Banister und/oder Hosty? Erklärt dies, warum es keine Dokumente gibt, die „beweisen", dass Oswald beim FBI angestellt war? Auch hierbei handelt es sich nur um Fragen.

---

[36] *Ibid.*, 15. April 1978.
[37] Ray und Mary LaFontaine. *Oswald Talked.* (Gretna, Louisiana: Pelican Press, 1996), S. 54.
[38] *Ibid.* S. 143.
[39] *Ibid.*, S. 175.

JACK RUBY UND SEINE VERBINDUNGEN ZUR ADL UND ZUM FBI

Darüber hinaus ist anzumerken, dass, während sich viele Forscher „rechtsextremen Hassgruppen" als mögliche Quelle für die Verschwörung gegen JFK zuwenden, dieselben Forscher nicht daran denken, dass dieselben Gruppen von der FBI-Operation COINTELPRO stark infiltriert wurden. Beispielsweise schätzte William Sullivan, der FBI-Beamte, der COINTELPRO leitete, dass sich unter 25 Ku-Klux-Klan-Mitgliedern drei COINTELPRO-Agenten befanden. Nehmen wir den Fall von Jack Ruby, dem Betreiber eines Nachtclubs in Dallas, der Lee Harvey Oswald erschossen hat.

Die Forscher sagen, dass Ruby etwa die Hälfte der 1200 Mitglieder der Polizei von Dallas kannte und dass er in seinem Club oft Gruppen von mehr als 30 Personen gleichzeitig unterhielt. Die Forscher behaupten, dass 50 % der Polizisten in Dallas entweder Mitglieder des KKK, der Minutemen oder anderer rechtsradikaler Gruppen waren. Nach den von Sullivan und den Forschern vorgelegten Zahlen ist es daher nicht verwunderlich, dass viele von Rubys „rechtsextremen" Kontakten bei der Polizei von Dallas in Wirklichkeit COINTELPRO-Agenten waren. Und wenn sie COINTELPRO-Agenten waren, hatten sie mit Sicherheit enge Verbindungen zur ADL.

Aber um auf Guy Banisters berüchtigte „rechtsextreme Partner" - Kent und Phoebe Courtney - zurückzukommen, können wir aus Banisters enger Verbindung mit „Bee" Botnick vom New-Orleans-Büro der ADL schließen, dass es nicht ausgeschlossen ist, dass Banisters gute Freunde Kent und Phoebe Courtney ebenfalls geheime Hilfe - vielleicht auch finanzielle Unterstützung - von der ADL erhielten.

In der Tat unterdrückten die Courtneys mit ihren Aktionen „antisemitische" Tendenzen innerhalb der amerikanischen „Rechten", was die ADL seit ihrer Gründung genau zu erreichen versucht hatte. Somit handelten die Courtneys für alle Zwecke als Agenten der ADL. Und es ist höchst unwahrscheinlich, dass sie sich so eng mit Guy Banister verbündet hätten, wenn sie ihn als einen der „Kritiker" wahrgenommen hätten, gegen die sie sich so vehement wehrten.

Die Courtneys waren glühende Anhänger von Guy Banisters ehemaligem Chef beim FBI, J. Edgar Hoover - und sie haben sicherlich Hoovers Aussage in seinem antikommunistischen Opus Magnum *Masters of Deceit* von 1958 zur Kenntnis genommen, dass „ein Teil der wirksamsten Opposition gegen den Kommunismus in den Vereinigten Staaten von jüdischen Organisationen wie... der Anti-Defamation League und einer Menge anderer jüdischer Gruppen ausging."[40] Aus diesem Grund hätte die ADL in jeder Hinsicht in der Gunst von Kent und Phoebe Courtney gestanden (in Kapitel 7 haben wir ausführlich über Verbindungen zwischen der ADL und Hoover berichtet).

---

[40] J. Edgar Hoover. *Masters of Deceit.* (New York: Henry Holt & Company, 1958), S. 238-239.

DIE COURTNEY UND ISRAEL

Es gibt jedoch noch einen weiteren wichtigen Aspekt, der beachtet werden muss: Kent und Phoebe Courtney, waren in Wirklichkeit engagierte Unterstützer Israels. Ihre Wahrnehmung des Zustands des Nahen Ostens war bemerkenswert ähnlich der von James Angleton von der CIA und jenen, die diese Denkweise hatten, Israel als eine Art Bollwerk gegen die sowjetische Aggression zu verkünden - eine Theorie, die nach dem Fall der Sowjetunion, die von den amerikanischen Antikommunisten als Ziel des Kalten Krieges wahrgenommen wurde, viel von ihrem Glanz verloren hat.

Wie dem auch sei, Kent Courtney legte diese Theorie in einem Leitartikel einer anderen seiner Zeitschriften, *The Patriot Tribune*, dar, die er in Pineville, Louisiana, herausgab. In einem Leitartikel vom 28. Mai 1970 mit dem Titel „Israel kann die russische Expansion stoppen" zerstreute Courtney jeden Zweifel an seiner Unterstützung für die zionistische Sache. Auszugsweise schrieb er

„Israel - die historische und ideologische Heimat der Juden - ist auch das Heiligtum aller Christen. Heute ist Israel von Feinden umgeben, die im Juni 1967 eine atemberaubende Niederlage erlitten haben. Israel befindet sich an einem traditionellen Scheideweg der Geschichte und wenn Israel zusammenbricht, wird alles, was sich auf die christliche Geschichte in Israel bezieht, von rachsüchtigen Arabern zerstört werden, und atheistische und nihilistische Kommunisten werden satanisch erfreut sein über die Zerstörung aller Symbole und Heiligtümer des Christentums...

„Israel steht heute mit dem Rücken zum Meer und ist von Feinden umgeben, und die Araber haben sich gegenseitig und der Welt versprochen, dass sie alle Juden in einem Vernichtungskrieg ins Meer zurückdrängen werden. Und die kommunistischen Russen, die selbst ständig Juden innerhalb der Sowjetunion verfolgen, stellen nun die Flugabwehrkanonen, Jagdflugzeuge, Bomber, Panzer, Artillerie, Piloten und Techniker zur Verfügung, die die untrainierten und unkontrollierten Araber nicht effektiv einsetzen können."[41]

Das Ziel der Sowjetunion, so erklärte Courtney, war die Eroberung der Welt, ohne ihre eigenen Truppen in eine direkte Konfrontation mit den USA zu verwickeln. Laut Courtney konnte der damalige Präsident Richard Nixon :

„Die westliche Zivilisation zu bewahren, indem man den unbeugsamen, mutigen und hochqualifizierten Verteidigungskräften Israels die Verteidigungswaffen, ja sogar die Waffen der Erlösung liefert...

„Wenn Mr. Nixon zu unseren Lebzeiten Frieden schaffen will, wird er allen antikommunistischen Ländern, die gegen die russische kommunistische imperialistische Aggression kämpfen wollen, Waffen, Munition und moralische Stärke zur Verfügung stellen. Und der Ort, an dem Präsident Nixon damit beginnen muss, ist Israel".[42]

Dies waren damals die Worte von Kent Courtney, dem „Rechtsextremisten", die einige Forscher als Beweis für Guy Banisters Verbindungen zum

---

[41] *Patriot Tribune*, Pineville, Louisiana, 28. Mai 1970.
[42] *Ibid.*

„Rechtsextremismus" bezeichnen. Offensichtlich können wir jedoch auch auf der Grundlage von Courtneys ideologischer Affinität zu Israel behaupten, dass der Beweis, dass Courtney (und sein Freund Banister) Sympathisanten der zionistischen Sache waren, ebenso logisch ist.

Das bedeutet nicht, dass Banister von einer Verbindung zum Mossad hinter dem Mordkomplott gegen JFK gewusst hat. Weit davon entfernt (obwohl er es hätte sein können).

Was es jedoch nahelegt, ist, dass Banister sich ganz klar in Kreisen bewegte, die den Interessen Israels wohlgesonnen waren. Und im Lichte des klassischen Bildes, das die Ermittler über Banister (und die Courtneys) präsentierten, zeigen die Daten, die wir gerade analysiert haben, tatsächlich ein ganz anderes Bild, das noch nie in einer Studie über das JFK-Attentat zu sehen war.

Courtneys Theorie über Israel (die die Theorie von James Angleton bei der CIA widerspiegelte) wurde von vielen der „Rechten" in Amerika übernommen und war - wie wir in unserem Anhang über George Bush und seine pro-israelischen Verbündeten im „B-Team" der CIA gesehen haben - die Leittheorie hinter einem Großteil der Waffenverbreitung in den USA während der Reagan-Ära in den 1980er Jahren.

Es ist irrelevant, ob die Courtneys tatsächlich Informanten oder Agenten der ADL waren, da es (wie wir gesehen haben) keinen Zweifel daran gibt, dass sie dieselbe Weltsicht wie die ADL teilen.

Es ist auch irrelevant, ob Mrs. Courtney (wie behauptet wird) in irgendeiner Weise mit der Familie Stern aus New Orleans verwandt war. Tatsache ist, dass sie sich in denselben Kreisen bewegten - viel mehr, als die meisten Menschen glauben.

Letztendlich kann man sich fragen, ob Edgar und Edith Stern aus New Orleans wirklich so „liberal" waren.

Wie wir in Kapitel 15 und 17 gesehen haben, war es die WDSU, das Radio- und Fernsehimperium, Sterns mediale Stimme in New Orleans, die eine entscheidende Rolle dabei spielte, im Sommer 1963 (und später nach der Ermordung) die Theorie zu fördern, dass Lee Harvey Oswald ein „Pro-Castro-Agitator" sei. Außerdem stellt sich jetzt heraus, dass die Sterns Mitglieder - und wichtige finanzielle Unterstützer - des New Orleans Information Council of the Americas waren, das von dem berüchtigten Antikommunisten Alton Ochsner Sr. geleitet wurde, der seit langem enge Verbindungen zur Geheimdienstgemeinde unterhielt[43]. Ochsner selbst hatte im Vorstand der New Orleans Foreign Policy Association gesessen, zusammen mit Clay Shaw, dem engen Freund von Stern[44], der auch im Vorstand der Permindex saß, die wirklich im Zentrum des JFK-Mordkomplotts stand.

---

[43] Edward T. Haslam. *Mary, Ferrie & the Monkey Virus*. (Albuquerque, New Mexico: Wordsworth Communications, 1995), S. 184 (Zitiert *nach* Arthur Carpenter, «*Social Origins of Anticommunism: The Information Council of the Americas*», « Louisiana History, Spring 1989, S. 129).
[44] *Ibid.*, S. 183.

Obwohl es also unwahrscheinlich ist, dass Edith Stern wie Phoebe Courtney - ihre Steaks als „blutrote Kommunisten" bestellt hätte, scheint es, dass Edith und Phoebe einige gemeinsame Interessen hatten, von denen eines eine starke Unterstützung für die zionistische Sache war. Und das wirft definitiv ein neues Licht auf die Verbindung zu Courtney, auch wenn es nicht etwas ist, das mit der gängigen Wahrnehmung von Kent und Phoebe Courtney übereinstimmt.

GARRISON UND DIE „RECHTE"

Und was besonders interessant zu bemerken ist, ist etwas, das „liberale" Forscher nur schwer erklären können, wenn sie versuchen zu suggerieren, dass „Rechtsextremisten" hinter der Ermordung von JFK steckten: Tatsächlich war es niemand anderes als *The Councilor*, eine offen antisemitische und antizionistische Zeitschrift, die von Ned Touchstone herausgegeben wurde, die tatsächlich hinter einem Großteil der ersten Arbeiten stand, die die Verbindungen zwischen David Ferrie und Lee Harvey Oswald vor der Ermordung von JFK aufdeckten[45], was viel Unterstützung für Jim Garrisons Ermittlungen brachte, die zur Anklage von Clay Shaw führten, einem Freund der Familie Stern mit Verbindungen zum Mossad.

Obwohl viele Berichte über Garrisons Ermittlungen darauf hindeuten, dass Garrison die JFK-Verschwörung als eine Art „rechte" Verschwörung betrachtete, wies er diese These zurück, als er Paris Flammonde sagte: „Es ist nicht wirklich rechts... es ist fast eine Art zentristisches Ding. Es ist eine Macht, die sich innerhalb der Regierung entwickelt hat.[46] „Eines der Dinge, die mir wirklich geholfen haben, das zu sehen, war, als ich zu bemerken begann, dass wir Hilfe von Leuten bekamen, die Minutemen und Mitglieder der John Birch Society waren. Als ich das sah, wurde mir klar, dass die Aspekte der rechten Verschwörung eher im Schein als in der Wirklichkeit lagen. Wir gruben weiter und landeten schließlich bei einem Abteil der CIA".[47]

Garrison fügte hinzu, dass die CIA tatsächlich viele Gruppen durchdrungen und für unlautere Zwecke in der Mordverschwörung benutzt hatte[48], obwohl Garrison, so könnte man anmerken, genauso gut hätte sagen können, dass der israelische Mossad - über die ADL - das Gleiche getan hatte. Wäre sich Garrison damals der vielen damals verborgenen Faktoren bewusst gewesen, die in *Final Judgement* dokumentiert sind, hätte er vielleicht tatsächlich die Mossad-Verbindungen entdeckt, die wir hier aufgedeckt haben und die er (natürlich) später selbst aufgedeckt hat.

---

[45] James Di Eugenio. *Destiny Betrayed.* (New York: Sheridan Square Press, 1992, S. 206. Siehe auch *Touchstones Councilor* von 1964, auch vom 1. Juni 1967, 12. Sept.-3. Okt. 1973, 12. Sept. 1968, 1. Jan. 1974, etc.
[46] Paris Flammonde. *The Kennedy Conspiracy.* (New York: Meredith Press, 1969), S. 280.
[47] *Ibid.*
[48] *Ibid.*

DER ANGRIFF AUF DAS ENDURTEIL

Interessant (und, wie wir sehen werden, nicht überraschend) ist, dass dieselben Personen - Ellen Ray und Bill Schaap -, deren Erinnerungen an Garrison, *On the Trail of the Assassins*, von der Sheridan Square Press veröffentlicht wurden, zu denjenigen gehören, die versucht haben, *Judgement Final* zu diskreditieren, obwohl es mit Garrisons grundlegenden Schlussfolgerungen übereinstimmt.

Die Ausgabe des *Covert Action Quarterly* vom Herbst 1994 (eine von Ray und Schaap herausgegebene Zeitschrift) enthielt einen Volltreffer gegen The *Spotlight*, die nationale Wochenzeitung, für die ich etwa 21 Jahre lang gearbeitet hatte. Besonders interessant an diesem Artikel war, dass der Angriff des CAQ The *Spotlight* dazu veranlasste, die Veröffentlichung von *Final Judgement* im Januar 1994 mit großem Pomp bekannt zu machen - was, so könnte man hinzufügen, dazu führte, dass innerhalb von zwei Wochen fast 8000 Exemplare verkauft wurden.

Obwohl CAQ viele nützliche Daten enthält und sich als „unabhängige" Stimme darstellt, die die CIA und ihre Vergehen kritisiert (und in der Tat auf den Seiten von *Final Judgement* zitiert wird), achtet CAQ darauf, die inzestuöse Beziehung der CIA zum Mossad niemals (außer beiläufig) zu erwähnen, selbst wenn der Mossad in vielen der Fälle, die CAQ angeblich im Auftrag der CIA seziert, eng an der Seite der CIA engagiert war.

Obwohl der CAQ erwähnte, dass Mark Lane, der bekannteste Ermittler im JFK-Mordfall und absolut kein „Rechtsextremist", wie jedermann zustimmen wird, The *Spotlight* repräsentierte, erwähnte der CAQ nicht ein einziges Mal die blendende Zerstörung von Agent E. Hunt. Howard Hunt durch Lane in Hunts Verleumdungsfall gegen The *Spotlight* (analysiert in Kapitel 9 und Kapitel 16 von *Final Judgement)*.

Tatsächlich wurden die Ergebnisse von Lanes Arbeit in diesem Fall im CAQ nie erwähnt. Dies ist zumindest ungewöhnlich, wenn man die angebliche Rolle des CAQ als Wachhund der CIA bedenkt.

Was erklärt dann die Voreingenommenheit von CAQ gegen The *Spotlight* und gegen *Final Judgement* im Besonderen? Vielleicht hat es etwas damit zu tun, dass das Media Analysis Institute (eine Medienbeobachtungsstelle, die ebenfalls von Ellen Ray und Bill Schaap gesponsert wird) erhebliche Mittel von einer einflussreichen Stiftung erhält, die als Stern Family Fund bekannt ist und von derselben Stern-Familie gefördert wird, über die wir in diesem Buch so viel gehört haben.[49]

Es wurde angedeutet, dass Ray und Schaap, die Herausgeber des CAQ, sich gezwungen sahen, den Angriff auf *The Spotlight* zu veröffentlichen, weil viele ihrer jüdischen Leser durch einen früheren Bericht des CAQ über den Skandal um den ADL-Spion in San Francisco im Jahr 1993 aufgebracht waren.[50] Indem es *The Spotlight* ins Visier nahm, konnte das CAQ den Lesern versichern, dass es gegenüber der ADL keine ähnliche Haltung einnahm wie The *Spotlight*, das bei der Berichterstattung über die Spionageoperationen der ADL Pionierarbeit

---

[49] *American Journalism Review*, April 1993.
[50] *Covert Action Quarterly,* Sommer 1993.

geleistet hatte. Tatsächlich konnte der CAQ den ADL-Spionageskandal nicht ignorieren, da selbst die „Mainstream"-Medien (einschließlich des Magazins *Editor & Publisher*) Berichte über den Skandal ausgestrahlt hatten.

Außerdem, weil viele „progressive" Gruppen und Einzelpersonen, wie sie sich selbst beschreiben, herausgefunden hatten, dass sie Ziel der Spionageoperationen der ADL waren, war die CAQ - aufgrund ihres Anspruchs, eine Stimme für eben diese Progressiven zu sein - gezwungen, die Angelegenheit zu kommentieren.

Wie bereits erwähnt, ist die CAQ jedoch ansonsten zurückhaltend, wenn es darum geht, Kritik am Mossad zu wagen. Daher sind die Bemühungen des CAQ, *Spotlight* und seine Werbung bezüglich *Judgement Final* zu diskreditieren, nicht wirklich überraschend, insbesondere angesichts der finanziellen Unterstützung, die die Herausgeber des CAQ von der Stern-Familie erhalten haben, die ein zentrales Element der in diesem Buch dokumentierten New-Orleans-Verschwörung ist.

Es scheint nicht nur, dass die Sterns durch ihre Verbindung mit dem INCA in der „Rechten" in New Orleans präsent sind, sondern sie sind durch ihre Finanzierung des mit der CAQ verbundenen Instituts für Medienanalyse auch in der „Linken" präsent. Interessanterweise sind die Sterns in vielerlei Hinsicht wirklich eng mit den Umständen rund um die Ermordung von John F. Kennedy verbunden.

(SCHLUSSBEMERKUNG ZUM CAQ: Seit dieses Buch geschrieben wurde, hat der CAQ seine Führung gewechselt und Israel und die Verschwörungen des Mossad offener kritisiert. Wir müssen daher dem Cäsar geben, was dem Cäsar zusteht).

EINE ANDERE VERBINDUNG mit „ISRAEL"?

Obwohl die Einzelheiten von Lee Harvey Oswalds Aufenthalt in New Orleans, im Einflussbereich von Banister-Courtney-Shaw-Stern, ausführlich dokumentiert wurden, gibt es immer noch einige Geheimnisse. Als Oswald beispielsweise nach einem Zimmer in New Orleans fragte, erzählte er etwas, das die mit der CIA verbundene Autorin Priscilla McMillan in ihrem Buch über Oswald etwas frei erfunden als „eine weitere seiner lustigen und nutzlosen Lügen" beschreibt.[51]

Laut McMillan sagte Oswald, dass er „für die Leon Israel Company in der 300 Magazine Street arbeitete".[52] Laut McMillan „existierte die Firma, aber es war nicht die Firma, die ihn angestellt hatte."[53] Was wir wissen, ist, dass die Leon Israel Company am Import von Kaffee beteiligt war. Was wir nicht wissen, ist, warum Lee Harvey Oswald sagte, dass er dort arbeitete. Eine weitere Sache, die wir ebenfalls nicht wissen, ist, warum die Forscher nicht mehr Zeit und Energie darauf verwendet haben, die Geschichte und den Hintergrund dieses Unternehmens zu erforschen. Obwohl sie sich sehr bemüht haben, praktisch jedes

---

[51] Priscilla Johnson McMillan. *Marina and Lee* (New York: Harper & Row Publishers, 1977), S. 385.
[52] *Ibid.*
[53] *Ibid.*

andere unbedeutende Detail über die Ereignisse rund um Oswalds Aufenthalt in New Orleans zu untersuchen, wurde nur sehr wenig oder gar nichts über diese Firma Leon Israel erzählt.

Die Beweise legen nahe, dass die Hauptfigur hinter der Leon Israel Company, Samuel Israel Jr., in der Zeit um die Ermordung von JFK - und vielleicht sogar noch viel länger - tatsächlich mit Clay Shaw und dem International Trade Mart verbunden war.

Laut *Who's Who in America* (die Ausgabe von 1964-65) war Israel mehr als nur ein Kaffee-Importeur. Israel war nicht nur Vizepräsident des Rats der Hafenkommissare von New Orleans und des Rats der Hafeninteressen von Lower Mississippi (was ihn sicherlich in den unmittelbaren Assoziationsbereich von Clay Shaw bringen würde), sondern Israel gewann auch auf ebenso intrigante Weise die französische Verdienstmedaille für seinen Dienst im Transportkorps der US-Armee in Europa.[54]

Dies wäre zu der Zeit gewesen, als Shaw selbst in Frankreich stationiert war und für seinen Dienst dort Auszeichnungen von den Franzosen gewann. Man kann also argumentieren, dass Shaw und Israel sich gut kannten und ihre Beziehungen möglicherweise bis zum Zweiten Weltkrieg zurückreichen.

Ist es möglich, dass Oswald ein Job bei der Leon Israel Company versprochen wurde - organisiert von Clay Shaw selbst - oder dass Oswald, im Gegensatz zu McMillan, tatsächlich (irgendwie) bei der Leon Israel Company angestellt war? Wenn ja, wofür war er angestellt?

Spielte diese Firma eine bislang unbekannte Rolle bei der Manipulation von Oswalds Aktivitäten in New Orleans? Dies sind nur einige der interessanten Fragen, die es zu beantworten gilt.

DIE VERBINDUNG ZU BARRY SEAL

Es gibt noch eine letzte Frage im Zusammenhang mit der Verbindung zu New Orleans, die erwähnt werden sollte. Im Frühjahr 2000 veröffentlichte der unabhängige Produzent Dan Hopsicker ein bemerkenswertes Video, *In Search of the American Drug Lords : Barry and the Boys - from Dallas to Mena*,[55] das sich auf Hopsickers dreijährige Untersuchung des CIA-Piloten und Drogenhändlers Barry Seal konzentrierte, der vor allem für seine Rolle bei den Geldwäsche- und Drogengeschäften der CIA von dem winzigen Flughafen Mena aus bekannt war, in Arkansas in den 1980er Jahren im Rahmen der berüchtigten

---

[54] *Who's Who in America* (Ausgabe von 1964-1965)
[55] Hopsicker hatte auch ein damals unveröffentlichtes Manuskript, *Barry and the Boys*, das sich mit der Karriere von Barry Seal befasst und das Hopsicker Michael Collins Piper Anfang 2000 zur Verfügung gestellt hatte. Das Buch ist mittlerweile veröffentlicht worden. Siehe www.madcowprod.com für weitere Einzelheiten.

Geldwäscheoperationen des Iran-Contra (die der amerikanischen Öffentlichkeit zu wenig bekannt sind), in die Israel und der Mossad enorm involviert waren.[56]

In seinem Film zeigt Hopsicker nicht nur, dass Lee Harvey Oswald eine langjährige Beziehung zu David Ferrie hatte (trotz des Versuchs, diese Tatsache zu widerlegen), sondern auch, dass es Ferrie war, der Seal für die CIA-Verschwörung rekrutierte, da Ferrie hochrangige Geheimdienstverbindungen hatte, die bis zu seinem Dienst als Pilot im Zweiten Weltkrieg zurückreichten.

Darüber hinaus hat Hopsicker neue Informationen entdeckt, die darauf hindeuten, dass Seal möglicherweise ein Fluchtpilot für einen oder mehrere der JFK-Attentäter gewesen sein könnte. Ferrie selbst war also möglicherweise kein Fluchtpilot an sich (wie lange vermutet wurde), sondern koordinierte vielmehr Seals Rolle in dieser Hinsicht, eine Rolle, die Ferries berühmte Amokfahrt durch Louisiana nach Texas unmittelbar nach dem Attentat erklären würde.

Und obwohl Hopsicker die Verbindung zum Mossad nicht untersucht, ist es eine Tatsache, dass die CIA und der Mossad im weltweiten Drogenhandel eng zusammenarbeiteten und dessen Ressourcen zur Finanzierung ihrer gemeinsamen internationalen Operationen nutzten. Es ist daher denkbar, dass wir dadurch eine weitere, noch unbestimmte Verbindung zum Mossad in Bezug auf die Aktivitäten von David Ferrie herstellen können.

DIE ÜBERSICHT ÜBER „NEW ORLEANS" („THE BIG EASY")

Dies sind die Art von Details - zusammengenommen -, die ein Bild zeichnen, das vollkommen mit der These vom *Jüngsten Gericht* übereinstimmt und die zeigen, dass die Verbindung zu New Orleans wesentlich ist, um die Kräfte hinter der Verschwörung um Lee Harvey Oswald vor dem Mord an Präsident Kennedy zu verstehen. Im Gegensatz zu dem, was einige Forscher behaupten könnten, deuten die Beweise keineswegs auf eine „rechte" Verschwörung hin, sondern vielmehr auf eine Verschwörung mit vielfältigen Verbindungen zur CIA und zum israelischen Mossad.

---

[56] Die Verbindung zwischen Israel und dem Iran-Kontrakt wird ausführlich in *The Iranian Triangle: The Untold Story of Israel's Role in the Iran-Contra Affair* von Samuel Segev beschrieben. (New York: The Free Press, 1988)

ANHANG 4

Einflussagenten - ein unbequemes Thema
Die jüdische Präsenz in der Warren-Kommission

Fakten sind Fakten: Von den 22 Anwälten der Warren-Kommission waren neun jüdisch. Ein weiterer war mit einer jüdischen Frau verheiratet. Mehrere andere hatten Verbindungen zur Israel-Lobby. Mehr noch: Eines der aktivsten Mitglieder der Kommission - Gerald R. Ford - war der Beschützer einer Figur, die lange Zeit mit dem Mossad und dem Lansky-Verbrechenssyndikat verbunden war. Ein weiteres Mitglied der Kommission, John McCloy, war eng mit einigen der mächtigsten Familien der jüdischen Elite verbunden. Wenn die Warren-Kommission bei der Untersuchung der JFK-Verschwörung aufrichtig gewesen wäre - und eine israelische Verbindung aufgedeckt hätte -, hätte die enorme „jüdische Präsenz" innerhalb der Kommission die Mittel zur Verschleierung dieser Verbindung liefern können.

Obwohl die Warren-Kommission fast vierzig Jahre lang durch die ganze Welt verdammt wurde, wissen nur wenige, wer hinter den Kulissen wirklich die Fäden zog, als dieses mittlerweile berüchtigte Gremium seine angebliche Untersuchung des Mordes an John F. Kennedy durchführte - oder wann die wahren Ursprünge der Kommission lagen.

Am 22. November 1964 veröffentlichte die *Washington Post* einen lobenden Unterstützungsartikel über den Bericht der Warren-Kommission, der von Eugene Rostow, dem damaligen Dekan der Yale Law School, verfasst worden war. Was jedoch weder die *Post* noch Rostow bei diesem Betrug an den Lesern erwähnten, *war, dass Rostow selbst die erste Person war, die Präsident Johnson vorschlug, dass eine Kommission wie die Warren-Kommission eingerichtet werden sollte!*

Rostow und die *Post* kamen ungeschoren davon, denn in Wahrheit wurde Rostows zentrale Rolle bei der Einrichtung der Kommission erst dreißig Jahre nach der Ermordung JFKs öffentlich detailliert dargelegt. In diesen dreißig Jahren war die „Idee" der Kommission anderen zugeschrieben worden. Im Jahr 1993 wurden jedoch erstmals die Transkripte der im Weißen Haus aufgezeichneten Telefongespräche veröffentlicht.

Laut dem Forscher Donald Gibson geht aus den Transkripten hervor, dass „die Idee einer Präsidentenkommission zur Rechenschaft über die Ermordung von Präsident Kennedy zuerst von Eugene Rostow in einem Telefongespräch mit Bill Moyers, dem Assistenten von LBJ, am Nachmittag des 24. November vorgeschlagen wurde"[57], nur wenige Minuten nach der Ermordung von Lee Harvey Oswald durch Jack Ruby.

Während viele Forscher Rostows Verbindungen zur „Außenpolitik der herrschenden Klasse" betonen, erwähnen sie nicht die spezifische Außenpolitik, die für Rostow während seiner gesamten Karriere von besonderem Interesse war.

Tatsächlich waren Rostows Hauptanliegen in der Außenpolitik die Interessen Israels, so sehr, dass Rostow sogar Mitglied des Vorstands des Jewish Institute for National Security Affairs war, das als „von Einzelpersonen geleitet, die eng mit israelischen Interessen verbunden sind, und als Quasi-Lobbyorganisation für den Staat Israel angesehen werden kann." beschrieben wurde.[58]

Die Wahrheit ist also, dass die Ursprünge der Warren-Kommission seit ihrer Gründung mit dem Druck einer einflussreichen Persönlichkeit innerhalb der Führungselite der Israel-Lobby verbunden waren - in der Tat ein kleines, aber sehr interessantes Detail.

Und weil wir heute wissen, dass nach dem Attentat „streng geheime" US-Geheimdienstdokumente im Umlauf waren, aus denen hervorging, dass die arabische Presse behauptete, „die Zionisten" steckten hinter der Ermordung von Präsident[59] - wobei beispielsweise angeführt wurde, dass Jack Ruby Jude gewesen sei -, können wir zu Recht annehmen, dass es sich dabei um „hässliche Gerüchte" in der ausländischen Presse handelte, die zu unterdrücken die Warren-Kommission ins Leben gerufen worden war.

Was nur wenige Forscher sich jemals die Mühe gemacht haben, zu untersuchen - oder zumindest öffentlich zu thematisieren - ist der Hintergrund der 22 Anwälte, die eigentlich für die tägliche Untersuchung und die Erstellung des Abschlussberichts zuständig waren und die von den Hinterzimmern aus die Daten bis zu den großen Namen, die den Bericht unterschrieben, gefiltert haben.

Die Fakten belegen, dass es auf dieser Personalebene eine bedeutende „jüdische Präsenz" gab, die einen wesentlichen Einfluss auf die Behandlung jeglicher Beweise für die Beteiligung des Mossad oder Verbindungen von Mossad-Personen hätte haben können, die im Laufe der Untersuchung sorgfältig geprüft wurden, vorausgesetzt, die Aussage der Anti-Defamation League (ADL) von B'nai B'rith, dass - amerikanische Juden „sensibel" für die Belange des Staates Israel sind - wahr ist.

Zur Erinnerung: Dieser Autor glaubt nicht an die Theorie, dass alle amerikanischen Juden zwangsläufig Israel unterstützen oder dazu gezwungen sind. Tatsächlich waren, um zu wiederholen, was hier bereits gesagt wurde, einige der schärfsten Kritiker Israels und seiner Untaten Amerikaner jüdischer Abstammung.

Da die ADL, die *Final Judgement* immer wieder angegriffen hat, jedoch behauptet, für die Anliegen der jüdischen Gemeinschaft zu sprechen, und

---

[57] Donald Gibson. *«The Creation of the Warren Commission»*. Umfrage, Mai-Juni 1996.
[58] Edward Herman. *The Terrorism Industry*. (New York: Random House, 1989), S. 89.
[59] Verschiedene Dokumente, die 1997 von der Kommission zur Überprüfung von Mordakten veröffentlicht wurden und im Internet unter nsa.govidocs/efoidreleasedijfichtml abrufbar sind.

behauptet, die These des Buches sei für die jüdische Gemeinschaft „beleidigend", werden wir daher die Behauptung der ADL akzeptieren, dass amerikanische Juden für die Anliegen Israels empfänglich sind. Daher ist es nicht unlogisch zu behaupten, dass im Falle von Beweisen, die eine Verbindung zwischen dem israelischen Mossad und der Ermordung von JFK herstellen, die amerikanischen Juden, die zum Personal des Ausschusses gehören, verfassungsgemäß dazu neigen würden, jegliche Beweise, die sich daraus ergeben könnten, zu vertuschen.

Nach all dem wollen wir uns - in Ermangelung einer besseren Beschreibung - die besonders allgegenwärtige „jüdische Präsenz" unter den Mitarbeitern der Warren-Kommission auf der Untersuchungsebene ansehen.

Dazu beginnen wir mit der Ausgabe des *National Law Journal* vom 28. November 1988, in der David A. Kaplan das Titelblatt einer Story mit dem Titel „Die JFK-Untersuchung - 25 Jahre danach" ziert. Die Geschichte enthielt biografische Zusammenfassungen der Anwälte der Warren-Kommission und beschrieb die 22 Anwälte des Kommissionspersonals als „die besten und klügsten ihrer Generation".[60]

Wer waren sie? Welche politischen Verbindungen hatten sie? Wie wurden sie in die Mitarbeiter der Kommission integriert? Kaplan beantwortet einige dieser Fragen, aber nicht alle. Das Folgende ist eine Zusammenfassung von Kaplans Details und anderen Informationen, die leicht öffentlich zugänglich sind. Man kann sich nur fragen, was es noch zu sagen gibt.

JÜDISCHE ANWÄLTE

Zunächst ein kurzer Blick auf die grundlegenden Statistiken: Von den vierzehn stellvertretenden Räten waren fünf jüdisch. Ein weiterer war mit einer jüdischen Frau verheiratet. Von den sieben in Kaplans Artikel genannten „sonstigen Mitarbeitern" (Anwälte und Rechtsgehilfen) waren vier jüdisch. Das bedeutet, dass von den 22 fraglichen Anwälten fast die Hälfte (einschließlich des Mitarbeiters, dessen Ehefrau Jüdin war) als eine „jüdische Präsenz" im Ausschuss beschrieben werden könnte. Wie wir jedoch sehen werden, lassen die politischen Verbindungen anderer angestellter Anwälte darauf schließen, dass die „jüdische Präsenz" noch größer war. Dies sind also die jüdischen Anwälte der Warren-Kommission :

Norman Redlich. Als Stellvertreter des ersten Chefanwalts der Kommission, J. Lee Rankin, ist Redlich der Autor des letzten dubiosen Dokuments, das als Bericht der Warren-Kommission bekannt wurde. Bevor er in den Dienst der Warren-Kommission trat, war er auf hoher Ebene in Angelegenheiten der jüdischen Gemeinschaft involviert, nachdem er 1962 als Mitglied des Ausschusses des American Jewish Congress für Recht und Sozialarbeit angeworben worden war; später war er Mitglied des Aufsichtsrats des Jewish Theological Seminary. Von 1966 bis 1974 arbeitete er im Vorstandsbüro der New York City Society. Im

---

[60] David Kaplan, *«The JFK Probe-25 Years Later».* The National Law Journal, 28. November 1988.

Jahr 1974 trat Redlich die Nachfolge seines Paten, des Rechtsberaters der Corporation J. Lee Rankin, an (zuvor war er der erste Rechtsberater der Warren-Kommission, mehr dazu später).

Melvin Aron Eisenberg. Vor und nach den Ermittlungen der Warren-Kommission war Eisenberg Partner in der New Yorker Anwaltskanzlei Kaye, Scholer, Fierman, Hays & Handler, die eine eng mit jüdischen Problemen verbundene Vergangenheit hat und allgemein als „jüdische" Anwaltskanzlei beschrieben werden kann. Diese Firma vertrat einst John Rees, einen düsteren konservativen Agenten, der für seine Verbindungen zum israelischen Geheimdienst bekannt war. Bei der Warren-Kommission war Eisenberg der Assistent von Norman Redlich und auch für die Analyse der wissenschaftlichen Beweise der Ballistik zuständig. Enthusiasten des JFK-Falls, die endlose Stunden damit verbringen, Themen wie „woher kamen die Schüsse" erneut zu untersuchen, können Eisenberg für seinen Beitrag zu ihrer Debatte danken, obwohl Eisenberg von seinem Kollegen in der Warren-Kommission, Arlen Specter, mit Schimpf und Schande überzogen wurde.

Arlen Specter. Specter war in den fünf Jahren vor seinem Aufstieg zu nationalem Ruhm stellvertretender Staatsanwalt der Demokraten als Erfinder (zusammen mit Redlich) der verpönten und hanebüchenen Theorie der „einzigen Kugel", die besagt, dass eine von Lee Harvey Oswald abgefeuerte Kugel besonders bemerkenswerte ballistische Pirouetten drehte und dabei sowohl John F. Kennedy als auch den Gouverneur John Connally von Texas durchschlug und dann unbefleckt wieder herauskam. Heute ist Specter nicht nur ein glühender Anhänger des Berichts der Warren-Kommission, sondern auch einer der wichtigsten legislativen Strategen der Israel-Lobby im Kongress. Specter reist häufig auf Kosten der amerikanischen Steuerzahler zu „offiziellen Angelegenheiten" nach Israel, wo seine amerikanischstämmige Schwester ihren Wohnsitz hat.
(Interessante Anmerkung dazu: Bevor der Autor die volle Bedeutung von Specters skandalösem Verhalten in der Warren-Kommission erkannte, hatte er - als Universitätsstudent - einen kleinen Beitrag zum Erfolg von Specters Senatskampagne 1980 in Pennsylvania geleistet, und später wurde ich - zu meiner Überraschung - [ungefragt] aufgefordert, meinen Lebenslauf für eine mögliche Anstellung bei Specters Mitarbeitern in Washington einzureichen - ein Angebot, das ich wohlweislich ablehnte).

David W. Belin. Bis zu seinem kürzlichen Ableben war Belin zweifellos der ehemalige Mitarbeiter, der die Warren-Kommission am vehementesten verteidigte. Belin, der als „angesehener republikanischer Anwalt aus dem Mittleren Westen, der dem Personal eine geografische Vielfalt hinzufügte"[61] beschrieben wird und vor seinem Eintritt in die Kommission Partner der renommierten Kanzlei Des Moines war, tauchte 1975 als Verwaltungsdirektor der

---

[61] *Ibid.*

sogenannten „Rockefeller-Kommission" auf, die von Belins ehemaligem Partner in der Warren-Kommission, Präsident Gerald Ford, eingesetzt worden war. Belin wurde demonstrativ damit beauftragt, die Missetaten der CIA zu untersuchen, und erwies sich als wertvoller Interessenvertreter der CIA. In der Untersuchung von 1975 bestand laut James Di Eugenio, einem Ermittler, der am Fall JFK arbeitete, eines von Belins Hauptanliegen darin, die Behauptung zu widerlegen, dass E. Howard Hunt von der CIA etwas mit den Ereignissen in Dallas zu tun hatte.[62] Damit unterdrückte Belin tatsächlich Hunts Verwicklung in Dallas mit Frank Sturgis, einem bekannten CIA- und Mossad-Agenten, der behauptete, eine Rolle bei dem Attentat gespielt zu haben.

Samuel A. Stern. Als ehemaliger Gerichtsmediziner des Kommissionsvorsitzenden Earl Warren von 1955-1956 war Stern daher in einer guten Position, um den Leiter der Kommission auf privater Ebene zu beeinflussen. Als Anwalt bei der amerikanischen Anwaltskanzlei Wilmer, Cutler & Pickering in Washington und später bei der Kanzlei Dickstein, Shapiro & Morin hatte Stern „eine umfangreiche internationale Praxis, insbesondere im Bereich der Finanzierung von Unternehmen in Schwellenländern".[63] „Dementsprechend hatte Stern im Rahmen seiner internationalen Aktivitäten fast immer Verbindungen zur Geheimdienstgemeinschaft. (Der Mossad, zur Erinnerung, ist ebenfalls in den „Schwellenländern „ aktiv).

Murray J. Laulicht. Als Mitglied des untergeordneten Personals kam dieser junge Anwalt nur wenige Stunden nach seinem Abschluss an der juristischen Fakultät der Columbia University zur Warren-Kommission. Er war von einem Jugendfreund, dem Staatsanwalt Nathan Lewin, empfohlen worden, der damals Sonderassistent im Büro des Generalbittstellers der Vereinigten Staaten war. Die beiden Männer waren „zusammen ins Ferienlager gefahren".[64] In den folgenden Jahren wurde Laulichts Patenonkel Lewin Anwalt in Washington und war für seine enge Beziehung zur Israel-Lobby bekannt.

Richard M. Mosk. Mosk war der Sohn von Richter Stanley Mosk vom Obersten Gerichtshof Kaliforniens, einem der prominentesten Mitglieder der mächtigen jüdischen Gemeinde in Los Angeles. Später Mitglied zweier „jüdischer" Anwaltskanzleien, diente Mosk von 1981 bis 1984 als Mitglied des Iran-US Claims Tribunal in Den Haag, das über Ansprüche gegen Israels schärfsten islamisch-fundamentalistischen Kritiker nach dem Sturz des iranischen Schahs entschied, der, wie wir in Kapitel 18 gesehen haben, ein enger Verbündeter des Mossad und der CIA war, die gemeinsam die gefürchtete SAVAK des Schahs ins Leben gerufen hatten.

---

[62] James Di Eugenio. *Destiny Betrayed.* (New York: Sheridan Square Press, 1992), S. 349.
[63] Kaplan. *Ibid.*
[64] *Ibid.*

Stuart R. Pollak. Als ehemaliger Hilfsjurist des Obersten Richters Warren arbeitete Pollak später im Justizministerium und als Anwalt in einer Privatkanzlei in San Francisco, die laut Sherman Skolnick, dem berühmten jüdischen Kämpfer gegen Korruption, ein amerikanisches Schlüssel-"Büro" für den israelischen Mossad war. 1993 enthüllte die Nachrichten- und Propagandaeinheit des Mossad - die ADL -, dass sie ihren besten verdeckten Informanten, Roy Edward Bullock, von San Francisco aus steuerte (Der Autor ist derjenige, der Bullock 1986 zum Entsetzen der ADL erstmals als ADL-Agenten bloßstellte).

Lloyd L. Weinreb. Nachdem Weinreb von 1963 bis 1964 für Richter John M. Harlan vom Obersten Gerichtshof der Vereinigten Staaten gearbeitet hatte, bevor er sich den Mitarbeitern der Warren-Kommission anschloss, unterstützte er Norman Redlich bei der Überprüfung und endgültigen Erstellung des Kommissionsberichts. Nach einer kurzen Tätigkeit in der Kriminalabteilung des Justizministeriums wurde Weinreb Professor für Rechtswissenschaften an der Harvard University.

DIE ANDEREN

Die anderen Anwälte der Warren-Kommission, die keine Juden waren, hatten dennoch in vielen Fällen klare Verbindungen zu politischen Interessen und Einzelpersonen, die wiederum mit den Interessen der mächtigen Israel-Lobby übereinstimmten. Lassen Sie uns diese untersuchen.

J. Lee Rankin. Der leitende Anwalt der Warren-Kommission, Rankin, kannte Warren aus der Zeit, als Rankin unter Präsident Eisenhower Generalbittsteller der Vereinigten Staaten war. Als ehemaliger Anwalt in Lincoln, Nebraska ließ sich Rankin später als Anwalt in Manhattan nieder und war dann von 1965 bis 1972 Rechtsberater der Stadt New York - eine Schlüsselposition in der amerikanischen Stadt, in der die Macht und der Einfluss der Juden supreme sind (Es war Rankin, der seinen jungen Kollegen aus der Warren-Kommission - besagten Redlich in das Büro des Rechtsberaters einführte, was ihm die Nachfolge in der Position erleichterte, als Rankin in den Ruhestand ging).

Howard P. Willens. Als „Wunderkind" des Justizministeriums, das von Norman Redlich als „Angestellter ohne Akte" beschrieben wurde, „half"[65] Willens dem Vorsitzenden der Kommission bei der Einstellung von Kommissionsmitarbeitern und war „der wichtigste Verwaltungsassistent der Untersuchung".[66] Obwohl er kein Jude war, war seine Frau Jüdin, daher kann Willens als eines der Kommissionsmitglieder betrachtet werden, das für jüdische Belange empfänglich ist.

---

[65] *Ibid.*
[66] *Ibid.*

Joseph A. Ball. Laut dem *National Law Journal* war er „einer der besten amerikanischen Anwälte seiner Generation",[67] Ball war ein alter Freund des Kommissionspräsidenten, der Warren aus „politischen Kreisen in Kalifornien" kannte. Kurz gesagt, Ball war ein politischer Freund des Kommissionsvorsitzenden und sicherlich nicht der Typ, der Wellen schlägt. Ball sollte der „Experte" der Kommission in Bezug auf Lee Harvey Oswald sein und kann aufgrund dieses Status zu Recht als einer der großen Mythenbildner aller Zeiten angesehen werden.

Albert E. Jenner, Jr. Hauptakteur der Chicagoer Rechtsgemeinschaft, Jenner wurde von Earl Warren persönlich für die Kommission angeworben. Jenner war ein erfahrenes Mitglied einer Gruppe der Kommission, die das falsche Profil von Lee Harvey Oswald erstellte, dem „einsamen Verwirrten", der keine Verbindung zur CIA oder anderen Geheimdiensten hatte. Jenner hatte auf seiner Seite eine interessante Verbindung. Zu der Zeit, als Jenner in den Ausschuss berufen wurde, war er der persönliche Ankläger von Henry Crown, einem Bau- und Immobilienmagnaten aus Chicago.[68] Als jüdischer Milliardär war Crown ein wichtiger Beitragszahler für jüdische Anliegen, u. a. für das Wiezmann-Institut in Israel,[69] Hauptkraft im israelischen Atomwaffenprogramm (gegen das sich JFK vehement gewehrt hatte). Obwohl Crown in seinen letzten Lebensjahren sehr „angesehen" war, hatte er einen großen Teil seines Einflusses in Chicago durch seine Verbindungen zum organisierten Verbrechen erlangt.[70] Crown investierte einen Großteil seines Vermögens in Rüstungsaufträge und war ein wichtiger Anteilseigner der General Dynamics Corporation (die Jenner ebenfalls vertrat), gegen die Kennedys Justizministerium vor der Ermordung JFKs ermittelte.[71] Und wie wir in Kapitel 15 festgestellt haben, war die Bronfman-Familie - Paten von Louis Bloomfield von der Mossad-Firma Permindex - ebenfalls Großaktionäre von General Dynamics. Jenner war später während des Watergate-Skandals der Hauptanwalt der Opposition im Justizausschuss des US-Repräsentantenhauses und war sicherlich voll in die CIA-Verschwörung zu dem Fall eingeweiht (die wir in Anhang 7 untersuchen werden). Wie dem auch sei, es ist klar, dass auch Jenner - aufgrund seiner Verbindung zu Crown - als Teil der „jüdischen Präsenz" in der Warren-Kommission betrachtet werden kann.

Wesley J. Liebeler. Der ehemalige New Yorker Anwalt Liebeler arbeitete eng mit Albert Jenner zusammen, um Lee Harvey Oswalds Vorgeschichte innerhalb der Geheimdienstgemeinschaft zu verschleiern, obwohl er in den kommenden Jahren zu einem Experten auf dem weniger faszinierenden Gebiet des

---

[67] *Ibid.*
[68] Peter Dale Scott. *Deep Politics and the Death of JFK*. (Berkeley, California: University of California Press, 1993), S. 341.
[69] *Moment,* Dezember 1996.
[70] Ovid Demaris. *Captive City.* (New York: Lyle Stuart, 1969), S. 214-222.
[71] Scott, *Ebd.*, S. 20.

Kartellrechts wurde (was darauf hindeutet, dass die Analyse von Geheimdienstverschwörungen anfangs nie sein Fachgebiet war).

Leon D. Hubert, Jr. Als ehemaliger Staatsanwalt von New Orleans, der Details über Lee Harvey Oswalds Aufenthalt in New Orleans hätte aufdecken können, wurde Hubert stattdessen mit der Untersuchung von Jack Rubys Aktivitäten in Dallas betraut. Obwohl er dem Ausschuss von einem seiner Mitglieder, dem Abgeordneten Hale Boggs, empfohlen worden war, zweifelte Hubert wie Boggs an vielen Schlussfolgerungen des Ausschusses. Interessanterweise wurde Boggs, der 1972 bei einem Flugzeugabsturz ums Leben kam, einst als „Kurier"[72] von Clay Shaws enger Freundin mit Mossad-Verbindung, Edith Stern, beschrieben, der Chefin des WDSU-Medienimperiums in New Orleans, die dazu beigetragen hatte, das öffentliche Bild von Lee Harvey Oswald als „Pro-Castro-Agitator" zu schaffen. So waren Boggs und Hubert in der Lage, die Ermittlungen gegen die Shaw-Banister-Ferrie-Einrichtung in New Orleans einzuschränken, die eng mit den Ausbildungsmaßnahmen des CIA- und Mossad-Agenten Frank Sturgis für Exilkubaner in Lake Ponchartrain verknüpft war.

Burt W. Griffin. Griffin war ein junger Rekrut in Leon Huberts Team der Kommission, die Jack Rubys Vorgeschichte untersuchen sollte, ein ehemaliger Assistent des US-Staatsanwalts und praktizierender Anwalt in Cleveland. Später, als Richter erster Instanz in Cleveland, äußerte Griffin wie Hubert schließlich Zweifel an den Schlussfolgerungen des Ausschusses, brachte seine Vorbehalte jedoch nie zum Ausdruck.

William T. Coleman, Jr. Zum Zeitpunkt seiner Berufung in die Kommission war Coleman einer der prominentesten schwarzen Anwälte des Landes und Teilhaber der „politischen" Anwaltskanzlei Dilworth, Paxon, Kalish, Levy & Coleman, die von dem ehemaligen demokratischen Bürgermeister von Philadelphia, Richardson Dilworth, geleitet wurde. Coleman stieg allmählich die politische und juristische Leiter hinauf, als er 1948-1949 als Praktikant für den Richter am Obersten Gerichtshof Felix Frankfurter, einen der eifrigsten Führer der jüdischen Gemeinde in Amerika, arbeitete. Colemans Praktikum fiel genau in die Zeit, in der der Staat Israel gegründet wurde. Innerhalb der Warren-Kommission war Coleman das wichtigste Mitglied eines Teams, das „mögliche ausländische Verschwörungen"[73] hinter der Ermordung von Präsident Kennedy untersuchte. Er enthüllte keine derartige Verschwörung.

W. David Slawson. Als Absolvent von Princeton und mit einem Master in theoretischer Physik arbeitete Slawson hauptsächlich als Assistent von William Coleman - elf Jahre älter als er - bei der „Erforschung von

---

[72] *The Councilor (Der Rat).* 1. Juni 1967.
[73] *The National Law Journal, Ibid.*

Verschwörungstheorien."⁷⁴ Es versteht sich von selbst, dass dies eine sehr unwahrscheinliche, zumindest aber unwahrscheinliche Position für einen jungen Mann mit einer Ausbildung in Physik war, der ausländische Verschwörungen untersuchen sollte, die hinter dem Attentat stecken könnten. Slawson gab seine Untersuchung internationaler Verschwörungen auf, nachdem er die Warren-Kommission verlassen hatte, und spezialisierte sich als Rechtsprofessor an der Universität von Südkalifornien auf die weit weniger theoretischen und höchst unwissenschaftlichen Bereiche des Vertragswesens und des Kartellrechts.

Francis W.H. Adams. Adams war von 1954 bis 1955 ehemaliger Polizeichef der Stadt New York und hätte wahrscheinlich ein führender Ermittler für die Kommission sein sollen. Es scheint jedoch, dass Adams nur eine Fassade war. Adams sollte im Team mit Arlen Specter die Aktivitäten von Präsident Kennedy in Dallas verfolgen und den motorisierten Autokorso untersuchen, doch laut dem *National Law Journal* war Adams „selten anwesend"⁷⁵ so sehr, dass Warren, der Vorsitzende der Kommission, ihn für einen Gerichtsmediziner hielt, der vor der Kommission aussagte.

Dem Ausschuss von Robert Wagner, dem Bürgermeister von New York, der seit langem für seine engen Beziehungen zur jüdischen Gemeinde in New York bekannt ist, empfohlen, könnte man mit Recht vorschlagen, dass Adams angesichts seiner früheren prestigeträchtigen Ernennung zum New Yorker Polizeichef besonders gut mit den jüdischen politischen Anliegen übereinstimmen würde.

Alfredda Scobey. Als einzige Frau im Ausschuss war sie wohl die am wenigsten bekannte Mitarbeiterin. Als Legistin des Neffen von Senator Richard Russell (D-Ga.), Richter in Georgia und Mitglied der Warren-Kommission, wurde Scobey, die damals 51 Jahre alt und damit erheblich älter als fast alle ihre Kollegen war, auf Empfehlung von Russell in den Mitarbeiterstab berufen. Sie war seine „Vertreterin", da der Senator an vielen der Sitzungen des Ausschusses nicht teilnahm. Da Russell später als einer der „Dissidenten" der Warren-Kommission erkannt wurde, musste Frau Scobey bei ihren Beobachtungen sehr wachsam sein. Unter allen Mitarbeitern der Kommission - und vielleicht gerade wegen ihrer Wachsamkeit - stieg Frau Scobey nie in eine wichtige Position auf, sie kehrte zurück und arbeitete bis zu ihrer Pensionierung als Rechtsanwaltsgehilfin.

Charles N. Shaffer, Jr. Als Mitarbeiter der Warren-Kommission ebenfalls fast vergessen, war Shaffer vor und nach der Warren-Kommission Assistent des Generalstaatsanwalts der Vereinigten Staaten. Shaffer verdankt seine Sternstunde seinem berühmtesten Klienten, John Dean, einer Watergate-Figur, die dabei half, die Nixon-Regierung zu stürzen. Letztendlich war der Watergate-Skandal, wie wir in Anhang 7 sehen werden, viel größer, als man annehmen könnte, und er steht tatsächlich mit der Ermordung Kennedys in Verbindung, allerdings nicht auf die

---

⁷⁴ *Ibid.*
⁷⁵ *Ibid.*

Art und Weise, wie so viele Forscher zu glauben scheinen. Shaffers Wiederauftauchen in der Watergate-Affäre ist vielleicht kein Zufall.

John Hart Ely. Ein weiterer wenig bekannter untergeordneter Angestellter - damals erst 24 Jahre alt - dieser Yale-Absolvent wurde für seinen Dienst bei der Warren-Kommission ausgezeichnet, nachdem er ein Praktikum unter dem Vorsitzenden Warren absolviert hatte, nachdem die Kommission geschlossen worden war. Ely wurde später Dekan der renommierten Stanford Law School.

Offensichtlich gab es unter den Mitarbeitern der Warren-Kommission in fast allen Schlüsselaspekten ihrer Untersuchungen tatsächlich eine regelrechte „jüdische Präsenz". Und selbst dort, wo ein Mitarbeiter von Warren nicht unbedingt jüdisch war, hatten viele dieser Mitarbeiter andere Verbindungen, die sie für jüdische Belange „empfänglich" machten. Dies ist kein angenehmes Thema und es ruft sicherlich Vorwürfe des „Antisemitismus" hervor, aber es ist ein Thema, das es wert ist, untersucht zu werden, insbesondere im Lichte dessen, was in *Judgement Final* angedeutet wird.

GERALD FORDS VERBINDUNG MIT DEM MOSSAD und LANSKY

Die „jüdische Präsenz" in der Warren-Kommission hat jedoch noch eine weitere interessante Facette - die nach dem Wissen des Autors noch nie anderswo erforscht wurde.

Obwohl sich die Forscher unermüdlich an der Tatsache abarbeiten, dass das Mitglied der Warren-Kommission (und spätere US-Präsident) Gerald Ford, damals ein republikanischer Kongressabgeordneter aus Michigan, der frische Informant von J. Edgar Hoover war, der das FBI während der gesamten Zeit der Kommission mit vertraulichen Erkenntnissen versorgt hatte, lässt sich ein ebenso überzeugendes Argument anführen, dass Ford zumindest ein potenzieller Mittelsmann des Lansky-Syndikats und des Mossad war.

Diese überraschende Behauptung mag auf den ersten Blick für manche etwas außergewöhnlich klingen, doch schauen wir uns die Fakten an. Zu der Zeit, als Ford in die Kommission berufen wurde, war einer seiner engsten politischen Verbündeten und einer seiner wichtigsten finanziellen Unterstützer eine Figur aus Detroit namens Max Fisher. Unmittelbar nach Fords Amtsantritt als Präsident 1974 - am Tag nach dem Watergate-Skandal - wurde Fisher als einer der „mysteriösen Männer hinter Gerald Ford" beschrieben, der „dem Präsidenten sagte, was er tun sollte und wann er es tun sollte".[76] Und im Lichte seines Status in Fords wachsenden politischen Interessen wissen wir, dass Fisher 1963 - als Ford in die Warren-Kommission berufen wurde - ebenfalls in der Lage war, Ford zu sagen, „was zu tun ist und wann es zu tun ist".

Wer ist Max Fisher? So beschrieb Gerald Ford Fisher in seinen Memoiren. Fisher, so sagte er, war „ein prominenter Geschäftsmann aus Detroit, der

---

[76] *The National Police Gazette*, Dezember 1974.

Vorsitzender der Jewish Agency for Israel war. Max war immer ein Republikaner und ein enger Freund gewesen. Er hatte Jahre lang als inoffizieller Botschafter zwischen den USA und Israel gedient, und seine Kontakte auf höchster Ebene der beiden Regierungen hatten uns oft geholfen, Missverständnisse zu überwinden".[77]

Edward Tivnans Porträt von Fisher in *The Lobby: Jewish Political Power and American Foreign Policy* ist noch detaillierter und zeigt Fishers große Rolle innerhalb der jüdischen Lobby in Amerika. Tivnan beschreibt Fisher unter anderem als: „ein ehemaliger Leiter des Rates der jüdischen Verbände und Versorgungskassen, Präsident des United Jewish Appeal, Mitglied des Exekutivausschusses des Komitees der amerikanischen Juden, ein Großspender der Republikanischen Partei".[78]

Was Fishers Status sowohl hier in den USA als auch in Israel betrifft, so schreibt Jean Baer in ihrem Buch *The Self Chosen* bewundernswert, dass Fisher" als inoffizieller Finanzberater der israelischen Regierung fungierte und als „wahrscheinlich wichtigster Republikaner des Landes" bezeichnet wurde.[79]

Obwohl es viele Sozialisten in der GOP (der Republikanischen Partei der USA) gibt, die Baers Behauptung, Fisher sei „der prominenteste Republikaner des Landes", bestreiten, hatte der Israel-Korrespondent Wolf Blitzer wahrscheinlich mehr Hintergrundwissen, als er erklärte, er sei „der prominenteste Republikaner des Landes", 1985, dass Fisher „seit langem der einflussreichste Jude in der Republikanischen Partei"[80] war - in den Augen aller sicherlich ein einzigartiger Status - und zu denjenigen gehörte, die, so Blitzer, „die nationalen Führer der Republikaner für die Belange der jüdischen Gemeinschaft in den USA sensibilisierten".[81]

In der jüdischen Macht: Innerhalb des American Jewish Establishment beschreibt J.J. Goldberg Fords wichtigsten Finanzengel als einen der „zwei wichtigsten Führer der organisierten jüdischen Gemeinschaft... [und] einen der reichsten Männer Amerikas... [der] stets betonte, dass er nicht für sich selbst, sondern für die jüdische Gemeinschaft Amerikas und ihre gewählten Führer spreche."[82] Wie wir sehen können, war Fisher also wirklich jemand, den man nicht unterschätzen sollte, um es milde auszudrücken.

Noch interessanter ist, dass Goldberg im Zusammenhang mit JFKs Kämpfen mit Israel, die wir in *Judgement Final* behandelt haben, Fisher mit den Worten zitiert, dass, selbst wenn jüdische Wähler politisch eher der Demokratischen Partei zugeneigt wären, „Kennedy keine Waffen"[83] nach Israel schicken würde (obwohl

---

[77] Gerald R. Ford. *A Time to Heal: The Autobiography of Gerald R. Ford* (New York: Harper & Row, 1979), S. 248.

[78] Edward Tivnan: *The Lobby: Jewish Political Power and American Foreign Policy* (New York: Simon & Schuster, 1987), S. 79.

[79] Jean Baer. *The Self Chosen.* (New York: Arbor House, 1982), S. 313.

[80] Wolf Blitzer. *Between Washington and Jerusalem* (New York: Oxford University Press, 1985), S. 132.

[81] *Ibid.*, S. 157.

[82] J. J. Goldberg. *Jewish Power: Inside the American Jewish Establishment.* (Reading, Massachusetts: Addison-Wesley Publishing Company, Inc., 1996), S. 169-170.

[83] *Ibid.*

Fisher fälschlicherweise hinzufügt, dass Lyndon Johnson dies auch nicht getan hat), was darauf hindeutet, dass diese mächtige Figur der amerikanischen jüdischen Gemeinschaft mit JFKs Haltung gegenüber Fishers bevorzugter fremder Nation nicht sehr zufrieden war.

FISHER, ROSENBAUM UND DIE UNTERWELT

Fishers weniger öffentliche politische und finanzielle Vorgeschichte - bevor er an Bedeutung gewann - ist jedoch viel interessanter, vor allem in Anbetracht seines Zugangs zur Warren-Kommission über Gerald Ford.

Zum Zeitpunkt der Ermordung von JFK war Fisher tatsächlich ein Geschäftspartner von Tibor Rosenbaum, einer historischen Figur des Mossad und Initiator der Permindex-Firma (die in Kapitel 15 ausführlich besprochen wurde), die eine zentrale Rolle in der Mordverschwörung spielte.

1957 erwarb Fisher in Partnerschaft mit Tibor Rosenbaums Swiss-Israel Trade Bank eine Mehrheitsbeteiligung am israelischen Konglomerat Paz, das sich seit langem im Besitz der Familie Rothschild in Europa befand, die weiterhin das Monopol auf israelische Petrochemie- und Ölinteressen innehatte.[84]

(Wie wir in Kapitel 7 - ziemlich bezeichnenderweise - festgestellt haben, war einer von Rosenbaums Partnern bei der Swiss-Israel Trade Bank Shaul Eisenberg, eine langjährige Figur des Mossad und einer der Hauptanstifter des israelischen Atombombenprogramms. Wie wir in Anhang 9 sehen werden, gibt es jedoch noch viele weitere Aspekte in Bezug auf Eisenberg, auf die später eingegangen wird.

Fishers Verbindungen zu Israel reichen jedoch viel weiter zurück und sind viel tiefgründiger. Fishers Mentor - was seine Rolle bei der Förderung der Interessen Israels betrifft - war niemand anderes als General Julius Klein, der ehemalige Offizier der US-Armee, der eine wichtige Rolle bei der Gründung des israelischen Mossad spielte und später Präsident der Swiss-Israel Trade Bank wurde. Klein selbst beschreibt Fisher als „meinen Schützling, den ich immer... über die Angelegenheiten des Geheimdienstes auf dem Laufenden gehalten habe".[85]

In den späten 40er und frühen 50er Jahren reiste Fisher zusammen mit Klein nach Israel und nahm im Rahmen der Aktivitäten des Sonneborn-Instituts, an denen niemand anderes als Major Louis Bloomfield beteiligt war, an der Ausbildung der israelischen Streitkräfte und Geheimdienste teil. Später fungierte Bloomfield natürlich als Präsident und Vorstandsvorsitzender von Tibor Rosenbaums Firma Permindex.[86]

In Kapitel 8 haben wir das Sonneborn-Institut besprochen, das gegründet wurde, um den jüdischen Widerstand in Palästina vor der Gründung Israels 1948 mit Waffen, Geld und anderen Formen der taktischen Unterstützung zu versorgen. Wie wir festgestellt haben, hatte das Institut nicht nur erhebliche Verbindungen zum Geheimdienst, sondern auch sehr enge Verbindungen zum Lansky-Syndikat.

---

[84] *Ibid.*, S. 465-466.
[85] *Executive Intelligence Review.* Dope, Inc. (Washington, DC: Executive Intelligence Review, 1992), S. 502.
[86] *Ibid.*, S. 505.

Es wird den Leser daher nicht überraschen zu erfahren, dass einer von Fishers Kontakten im Ölgeschäft und beim Waffenschmuggel an die jüdische Haganah über Sonneborn Morris Dalitz war, eine aufsteigende Figur im Lansky-Syndikat, der damals zur Purple-Gang in Detroit gehörte und einer der wichtigsten Händler des Mittleren Westens im Bereich der militärischen Überschüsse war.[87] Dalitz selbst sollte später zum Hauptinvestor der Permindex werden und zu einer der wichtigsten Figuren des Verbrechersyndikats aufsteigen.

(In Kapitel 10 haben wir zunächst Dalitz kennengelernt und uns mit der seltsamen Verbindung zwischen Dalitz und Robert Blakey, dem Direktor des Ausschusses des Repräsentantenhauses, befasst. In Kapitel 14 haben wir weiter untersucht, wie Blakey, während er verkündete, dass „die Mafia JFK getötet hat", mit dem Finger auf die Figuren der italo-amerikanischen Unterwelt zeigte, um die Aufmerksamkeit von den jüdischen Mitgliedern des Lansky-Syndikats abzuwenden.

Es ist interessant zu wissen, dass Fisher und Dalitz zu diesem Zeitpunkt zusammengearbeitet haben müssen, da Fisher in den frühen 30er Jahren - fast 20 Jahre zuvor - als „Kurier" für Dalitz' Purple Gang in Detroit tätig gewesen war und den Schmugglern der Bronfman-Familie in Kanada die Einnahmen als Vorauszahlung für die nächsten Lieferungen illegaler Waren überbracht hatte.[88] Durch die Beziehung zwischen Fisher und Dalitz schließt sich der Kreis. Die beiden Geschäftsleute, die in der unheimlichen Welt von Lanskys Verbrechersyndikat zu Wohlstand aufgestiegen waren, waren nun in geheime (und zweifellos profitable) Aktivitäten verwickelt, um die Sache Israels voranzutreiben.

Fishers Aktivitäten auf der öffentlichen Bühne im Namen Israels brachten ihn in die öffentliche Ehrbarkeit. Bis dahin war er lediglich als erfolgreicher Mann und kleiner Ölmagnat bekannt. Als er jedoch 1957 als Partner von Tibor Rosenbaum und Shaul Eisenberg in das israelische Konglomerat Paz eintrat, machten Fishers Schicksal und sein politischer Einfluss erhebliche Fortschritte.

1964 - als der damalige Abgeordnete Gerald Ford aus Michigan Mitglied der Warren-Kommission war - war Max Fisher der unbestrittene Finanzengel von Ford und der Republikanischen Partei von Michigan.

Darüber hinaus wuchs Fishers Vermögen weiter, ebenso wie sein Einfluss in der Republikanischen Partei auf nationaler Ebene und in der internationalen jüdischen Szene. 1975 übernahm der einflussreiche Mr. Fisher den Vorsitz von United Brands, ehemals United Fruit.[89] (Die Rolle von United Fruit beim Staatsstreich von 1954 in Guatemala - in Zusammenarbeit mit der CIA - wird unter anderem von David Wise und Thomas B. Ross in ihrem Buch *The Invisible Government* - einer der ersten, die die CIA anprangerten - diskutiert, die sich auf dieses Missgeschick in Mittelamerika als „der Bananenkrieg der CIA" beziehen."[90]

---

[87] *Ibid.*, S. 507.
[88] *Ibid.*, S. 503.
[89] *Ibid.*, S. 509.
[90] David Wise und Thomas B. Ross. *The Invisible Government (Die unsichtbare Regierung).* (New York: Random House, 1964), S. 168-171.

Max Fisher, der gemeinsame Freund von Tibor Rosenbaum und Gerald Ford, ist bis heute einer der mächtigsten Männer Amerikas, wenn nicht sogar der ganzen Welt. Aber Ford und Rosenbaum hatten noch einen weiteren interessanten gemeinsamen Freund. Und wie wir sehen werden, spielte dieser gemeinsame Freund - wie Max Fisher - in einem entscheidenden Moment eine zentrale Rolle bei der Förderung der politischen Karriere von Gerald Ford.

In ihrer sympathischen Biografie über Meyer Lansky präsentieren die Autoren Dennis Eisenberg, Uri Dan und Eli Landau ein ganzes Kapitel über Tibor Rosenbaum, Lanskys Partner beim Mossad, und gehen auf Rosenbaums farbenfrohe und faszinierende Verbindungen auf internationaler Ebene ein. Sie betonen in Bezug auf Rosenbaum :

„Ein weiterer guter Freund auf höchster Ebene war Prinz Bernhard, Gemahl der niederländischen Königin, der ihn in den Königspalast in Holland einlud, um vor führenden niederländischen Bankern Vorträge über gute Geschäftspraktiken zu halten. Auch hier folgte ein Skandal, als der Prinz ein Schloss, Warmelo, für 400.000 US-Dollar an ein liechtensteinisches Unternehmen, Evlyma, Inc. im Besitz von Rosenbaum [BCI], verkaufte. Der Grund, warum das Schloss für einen so genannten lächerlich niedrigen Preis an den Schweizer Bankier verkauft wurde, ist nie klar geworden".[91]

(Es versteht sich von selbst, dass der Ursprung dieser seltsamen Vereinbarung zwischen Bernhard und Rosenbaum Wasser auf die Mühlen der Verschwörungstheoretiker ist. War es eine Bestechung von Bernhard an Rosenbaum im Austausch für einen Gefallen - etwa dass Rosenbaum ein Attentat inszenierte und dabei seine Beziehungen zum Mossad für Bernhard und seine Partner nutzte?

(Oder war es vielleicht eher eine Regelung Bernhards aufgrund einer Erpressung Rosenbaums, der mit seinen Mossad-Quellen kompromittierende Informationen über den umstrittenen Prinzen hätte finden können, der als Emporkömmling und Schmuggler der übelsten Sorte bekannt war?

Wie auch immer - zur selben Zeit, als Bernhard in die Verschwörung mit Tibor Rosenbaum verwickelt war, brachte er auch Gerald Ford in die höchsten Kreise der internationalen Elite.

DIE VERBINDUNG ZU BILDERBERG

Bernhard, der Gründer des jährlichen internationalen privaten Treffens, das als die Bilderberg-Treffen bekannt ist, lud den Abgeordneten aus Michigan (gerade erst in die Warren-Kommission berufen) ein, am Bilderberg-Treffen 1964 teilzunehmen, das vom 20. bis 22. März des Jahres in Williamsburg, Virginia, stattfand. Die Treffen wurden seit 1954 regelmäßig weltweit abgehalten, benannt nach dem Bilderberg-Hotel in Holland, wo das erste Treffen dieser Art stattgefunden hatte.

---

[91] Dennis Eisenberg, Uri Dan und Eli Landau. *Meyer Lansky: Mogul des Mobs* (New York: Paddington Press Ltd., 1979), S. 272.

Am 11. April 1964 ergriff Senator Jacob Javits (R-N. Y.) im Senat das Wort und gab bekannt, dass er an dem Treffen 1964 in Williamsburg, Virginia, teilgenommen hatte. Gerald Ford war laut einer Teilnehmerliste, die Javits in den Kongressakten veröffentlichte, der einzige andere Kongressabgeordnete, der sich ihm bei dem Treffen angeschlossen hatte. John J. McCloy, der als „Anwalt und Diplomat" bezeichnet wurde, nahm ebenfalls an dem Treffen teil".[92] McCloy war zu dieser Zeit zusammen mit Ford auch Mitglied der Warren-Kommission.

Dieses internationale Treffen - das genau vier Monate nach dem Tod von Präsident Kennedy zu Ende ging - konnte nicht umhin, sich mit den Auswirkungen der Ermordung von JFK auf die Weltpolitik zu befassen. Mehr noch: Zweifellos wurden auch die Verzweigungen einer möglichen Mordverschwörung - insbesondere einer solchen, die von einer ausländischen Quelle ausging (sei es Castros Kuba, der sowjetische KGB oder der Mossad) - diskutiert. Daher ist es sehr unwahrscheinlich, dass die beiden anwesenden Mitglieder der Warren-Kommission im Rahmen des dreitägigen inoffiziellen Treffens nicht über die laufenden Ermittlungen diskutiert haben.

Obwohl das Thema Bilderberg und seine Auswirkungen auf das Weltgeschehen den Rahmen dieses Buches sprengen würde - und an anderer Stelle (vor allem in der Zeitung *The Spotlight* und jetzt in *American Free Press*) aus einer viel besseren Perspektive analysiert wurde -, besteht kein Zweifel daran, dass Bernhard Ford in höhere Ränge katapultiert hatte, als er jemals zuvor gewesen war.

Zu den Teilnehmern der Bilderberg-Elitetreffen - in der Regel nicht mehr als 100 bis 120 Personen - gehören die reichsten und mächtigsten Menschen der Welt. Die Bilderberg-Treffen werden, obwohl sie von Bernhard „geleitet" werden, gemeinsam von den Familien Rockefeller und Rothschild finanziert, deren Vertreter sehr präsent sind, sowie von einer Handvoll Politiker aus den USA und Westeuropa, zu denen sich ausgewählte Persönlichkeiten aus großen Stiftungen, der akademischen Welt und der Arbeitswelt gesellen.

Auch große Namen aus den Medien sind anwesend, wobei sie einen Eid ablegen, die Geheimhaltung zu wahren und niemals über private Gespräche, die während der Konferenz stattfinden, zu berichten. Beispiel: Der ehemalige CIA-Agent William F. Buckley Jr. wurde 1975 zum Bilderberg-Treffen in Cesme, Türkei, eingeladen[93], doch Buckleys „konservative" Zeitschrift *National Review* versicherte ihren Lesern stets, dass es nichts „Verschwörerisches" über die Bilderberg-Gruppe gebe.

(Die in Kapitel 9 behandelten Verbindungen der Buckley-Familie zu israelischen Ölinteressen sind interessant, zumal die Rothschild-Familie, wie wir gesehen haben, zunächst die israelische Ölindustrie dominierte und dann wesentliche Anteile ihres PazKonglomerats an Tibor Rosenbaum und Max Fisher, den Gönner von Gerald Ford in Michigan, verkauft hat).

---

[92] *Congressional Record*, 11. April 1964.
[93] Liberty Lobby. *Spotlight on the Bilderbergers.* (Washington, DC: Liberty Lobby, 1997), S. 33.

Wie dem auch sei, Gerald Ford selbst war sich der großen Ehre bewusst, die ihm Prinz Bernhard zuteil werden ließ, als er zu diesem Treffen eingeladen wurde. „Sie gehören nicht wirklich zur Organisation; und Sie erhalten eine Einladung vom Prinzen", hatte Ford 1965 geprahlt.[94] (der 1966 erneut von Tibor Rosenbaums gutem Freund Prinz Bernhard eingeladen wurde, an diesem wichtigen internationalen Konklave teilzunehmen).[95]

Allerdings war Fords erste Teilnahme am Bilderberg-Treffen im Jahr 1964 in Wirklichkeit nicht sein erstes Mal. 1961 war Ford ebenfalls zu einem Bilderberg-Treffen in Quebec eingeladen worden, doch aufgrund seiner hohen Arbeitsbelastung und familiärer Probleme - seine Kinder „litten an Scharlach" - konnte der junge Kongressabgeordnete Ford nicht an dem Konzil teilnehmen, das nur der Elite vorbehalten war.[96]

Es bedarf also keiner großen Vorstellungskraft - und auch keiner „Verschwörungstheorie" - um zu suggerieren, dass Gerald Fords Aufstieg in eine höhere Position gerade wegen seines Dienstes in der Warren-Kommission (der gleichzeitig mit seinem Eintritt in die Bilderberg-Elite gekoppelt war) gesichert war. Andere Forscher hatten dies selbst angedeutet, aber sie haben Fords Verbindungen nie so erforscht, wie wir es hier getan haben.

In dieser Hinsicht, wie auch bei anderen Aspekten im Zusammenhang mit der Verschwörung und der Vertuschung des Mordes an JFK, nimmt das *Jüngste Gericht* kein Blatt vor den Mund, wenn es das Gesamtbild untersucht: die andere Seite des Puzzles.

Die tiefen Verbindungen der herrschenden internationalen Bankenklasse und der zionistischen Elite in die Geschäfte der Warren-Kommission finden sich jedoch im Lebenslauf eines anderen Kommissionsmitglieds.

JOHN McCLOY

Wir wären fahrlässig, wenn wir nicht auch die anderen interessanten (und wenig bekannten) Verbindungen von John McCloy, Fords Kollegen, der 1964 am Bilderberg-Treffen teilnahm (und Mitglied der Warren-Kommission war), diskutieren würden. Obwohl er von Forschern als Teil des sogenannten „WASP-Establishments" betrachtet wurde, hatte McCloy selbst enge Verbindungen zu den höchsten Vertretern der jüdischen Elite, die eine wichtige Rolle in der pro-israelischen Lobby in Amerika und als Förderer Israels spielten. McCloy war nicht nur Treuhänder des Empire Trust[97], einem finanziellen Joint Venture, an dem so mächtige internationale jüdische Familien wie die Lehmans, Loebs und Bronfmans[98] beteiligt waren, sondern „seine Karriere war schon lange eng mit den

---

[94] *The Danbury News-Times*, 21. Juni 1974.
[95] *Congressional Record*, 15. September 1971.
[96] Ein Brief vom 21. Februar 1961 von Gerald Ford (unterzeichnet mit «Jerry») an Gabriel Hauge, eine langjährige Figur der Bilderberg-Treffen, der unter Hauges privaten Papieren an der Stanford University registriert ist.
[97] Malachi Martin. *The Keys of This Blood*. (New York: Simon & Schuster, 1990), S. 335.
[98] Stephen Birmingham. *Our Crowd*. (New York: Harper & Row, 1967), S. 378.

Warburgs[99] verbunden", da er mit ihnen gemeinsam Eigentum besaß[100], sondern er war auch als Rechtsberater für Familienmitglieder tätig.[101] Seine Beziehung zu den Warburgs war so eng, dass seine Mutter, die Friseurin war, Frieda Warburg, eine der Grand Dames der Familie, frisierte.[102] Die Warburgs erschienen neben dem genannten Max Fisher, dem Mentor von Gerald Ford und dessen Geschäftspartner Shaul Eisenberg, als wichtige Figuren in Israels Finanzgeschäften. Und 1964 war ihr enger Partner John McCloy passenderweise in der Warren-Kommission tätig, die sorgfältig platziert wurde, um jede israelische Verbindung zum JFK-Fall, die auftauchen könnte, zu verschleiern.

EINIGE SCHLUSSFOLGERUNGEN

Wir können angesichts von Fords Loyalität gegenüber Max Fisher sicher sein, dass, wenn Fisher und seine Freunde bei der Mafia und dem Mossad „Tipps" zu den Ermittlungen der Warren-Kommission haben wollten, Ford bereit und in der Lage war, ihnen das zu liefern, was sie brauchten. Ähnliche Schlussfolgerungen können zu Recht über John McCloy gezogen werden, angesichts seiner engen Verbindungen zur Warburg-Familie und anderen Interessen, die eng mit dem Schicksal des Staates Israel verbunden sind.

Gab es einen „jüdischen Einfluss" oder eine „jüdische Präsenz" in der Warren-Kommission? Ja, sehr wahrscheinlich. Was bedeutet das für die Schlussfolgerungen der Kommission? Ganz einfach: Wenn die in *Final Judgement* aufgestellte Theorie richtig ist, dass der israelische Mossad eine Rolle bei der Ermordung von Präsident John F. Kennedy gespielt hat, dann war der Vertuschungsmechanismus von Anfang an vorhanden. Die Warren-Kommission hätte niemals die Wahrheit ermitteln können.

---

[99] Ron Chernow. *The Warburgs.* (NewYork: Vintage Books, 1994), S.575- 576.
[100] *Ibid.*, S. 619.
[101] *Ibid.*, S. 576.
[102] *Ibid.*

ANHANG 5

Die Grünen Banknoten von Die Wahrheit über die Verbindung der Federal Reserve. Ein bisschen Wahrheit und viel Desinformation

Judgement Final war das erste Buch, das die Tatsache dokumentierte, dass die Kennedy-Dynastie tatsächlich die Absicht hatte, das Finanzmonopol der Federal Reserve über das amerikanische Währungssystem zu brechen. Dennoch gibt es immer noch diejenigen, die - in voller Aufrichtigkeit - versehentlich falsche Informationen über das JFK-Attentat verbreiten, indem sie behaupten, JFK habe - per Dekret - während seiner Amtszeit nicht von der Federal Reserve kontrollierte US-Banknoten („U.S Notes") wieder in die amerikanische Wirtschaft eingeführt. Ja, die U.S. Notes wurden unter der Kennedy-Regierung ausgegeben - daran besteht kein Zweifel -, aber es gibt noch viel mehr zu berichten.

Die Geschichte, dass „die Federal Reserve JFK getötet hat", ist ein Teil der Legende der Kontroverse um das JFK-Mordkomplott. Gleichzeitig gibt es jedoch viel Desinformation zu diesem Thema, und ich werde hier versuchen, die Frage anzusprechen, obwohl ich mir sicher bin, dass es, egal was ich sage, jene „wahren Gläubigen" geben wird, die sich nicht für die Fakten interessieren, und sei es nur, weil die Fakten dem widersprechen, was sie seit langem als Glaubensartikel geglaubt haben.

Unmittelbar nach der Freigabe der ersten Ausgabe von *Final Judgement* erhielt ich mehrere unzufriedene Leserbriefe, in denen es im Wesentlichen um Folgendes ging:

Warum erklären Sie in *Judgement Final* nicht, dass Präsident Kennedy ein Dekret erließ, das Fiat-Geld (manchmal auch als „Greenbacks" bezeichnet) in die amerikanische Wirtschaft einführte und damit das verfassungswidrige Geldmonopol der US-Notenbank Federal Reserve umging, das von den internationalen Banken kontrolliert wurde? Mit diesem Vorgehen schuf JFK eine echte Lücke in der Rüstung der Fed. Dies war sicherlich der Hauptgrund für seine Ermordung, aber Sie erwähnen die Fed nur am Rande. Sogar Jim Marrs erwähnt sie in seinem Buch *Crossfire*.

Zu meiner Überraschung erhielt ich derartige Beschwerden, obwohl ich in Kapitel 4 von *Final Judgement* - zum ersten Mal - die Absichten der Kennedy-Familie, gegen die Fed zu kämpfen, aufgezeigt hatte. Joe Kennedy hatte dies bei einem privaten Treffen mit DeWest Hooker, einem alten, engen Freund von mir, einem internationalen Geschäftsmann und langjährigen patriotischen Führer, einige Jahre bevor JFK zum Präsidenten gewählt wurde, unterstrichen. Es besteht also kein Zweifel daran, dass die Kennedys vorsichtig waren, was die Methoden der Fed betraf, und bestrebt, diese in Einklang zu bringen, wann immer sie konnten. Das ist eine Tatsache. Offen gesagt scheint es jedoch ziemlich offensichtlich, dass JFK politisch schlau genug war, um zu wissen, dass er während seiner ersten Amtszeit, als er sich einer schwierigen Wiederwahlkampagne gegenübersah, keine ernsthaften Maßnahmen gegen die Fed ergreifen konnte. Während seiner zweiten Amtszeit könnte es jedoch durchaus sein, dass er solche Initiativen ergriffen hat.

Wenn er die Absichten der Familie gegenüber der Fed diskutierte, sprach Joe Kennedy langfristig. Er wusste, dass es unmöglich sein würde, die Fed und ihre Regulierungsbehörden innerhalb der internationalen Bankengemeinschaft über Nacht zu entthronen. Daher war es das ultimative Ziel der Kennedy-Familie, ihre Macht zu festigen und die Fed bloßzustellen.

Tatsache ist, dass während der Kennedy-Regierung zinsfreie U.S. Notes ausgegeben wurden, wie ich bereits in *Final Judgement* betont habe. Ich hatte einige davon in der Hand, aber hier ist das Wichtigste: Sie wurden im Einklang mit einer langjährigen Bundespolitik ausgegeben, die darin bestand, regelmäßig eine bestimmte Anzahl von US-Noten zu emittieren. Diese Banknoten wären unabhängig davon ausgegeben worden, wer damals Präsident war, es sei denn natürlich, ein populistischer Präsident wäre an die Macht gekommen und hätte die Federal Reserve völlig ausgeknockt. Aber das ist nicht passiert.

WAS MARRS SAGTE....

Nun, für diejenigen, die Marrs' Buch als Quelle bezüglich dieser Geschichte zitiert haben, werde ich wortwörtlich wiederholen, was Marrs gesagt hat (und was andere Verfechter dieser Theorie behaupten):

„Ein weiterer vernachlässigter Aspekt in Bezug auf Kennedys Versuch, die amerikanische Gesellschaft zu reformieren, betrifft das Geld. Kennedy war offenbar der Ansicht, dass durch eine Rückkehr zur Verfassung, die besagt, dass nur der Kongress Münzen prägen und die Währung regulieren darf, die ausufernde Staatsverschuldung reduziert werden könnte, indem man den Bankern der Federal Reserve keine Zinsen zahlt, die Papiergeld drucken [und] es dann mit Zinsen an die Regierung verleihen.

„Er entschied sich am 4. Juni 1963, in diesem Bereich zu intervenieren, indem er die Verfügung 11 110 unterzeichnete, die die Ausgabe von US-Banknoten im Wert von 4.292.893.815 $ durch das US-Finanzministerium statt durch das traditionelle System der US-Notenbank forderte. Am selben Tag unterzeichnete Kennedy einen Gesetzentwurf, der die Goldbindung des Geldes für die Ein- und Zwei-Dollar-Noten änderte und der geschwächten US-Währung zusätzliche Stärke verlieh... Eine Reihe von „Kennedy-Noten" wurden tatsächlich ausgegeben

- der Autor hat eine Fünf-Dollar-Note in seinem Besitz mit der Aufschrift „United States Note"-, wurden aber nach Kennedys Tod schnell wieder eingezogen".[103]

FEHLINFORMATION

Aufmerksame Leser von Marrs' Buch werden also wahrscheinlich in seinen Referenznotizen nach seiner Quelle für diese Information suchen. Ich muss leider mitteilen, dass er meine frühere Zeitung *The Spotlight*, genauer gesagt deren Ausgabe vom 31. Oktober 1988 (Seite 2), als Quelle für diese Information anführt.

Der Grund, warum ich mich entschuldige, ist, dass unsere Wochenzeitung in der allerneuesten Ausgabe eine entschuldigende Korrektur des Chefredakteurs veröffentlicht hat, in der es heißt, dass die Information falsch war und nie hätte veröffentlicht werden dürfen.

Ein unerfahrener untergeordneter Redakteur hatte einen kurzen Artikel in eine Spalte der Zeitung eingefügt, und er war den anderen Redakteuren entgangen.

Die Nachricht basierte in Wirklichkeit auf Fehlinformationen, die seit einigen Jahren unter einer Auswahl anderer Newsletter kursierten, die blindlings Wort für Wort nachgedruckt worden waren. Unser stellvertretender Chefredakteur hatte die Geschichte gesehen, fand sie anregend und druckte sie ab.

Jetzt, nach dem, was wir berichtet haben, hat die Geschichte eine neue Dimension erreicht, vor allem seit Jim Marrs sie zitiert hat und Tausende andere Marrs' Interpretation gesehen und sie als Tatsache akzeptiert haben. Seitdem wurde Marrs immer wieder zitiert, vor allem im Internet.

UND JETZT ZU DEN FAKTEN....

Die Frage ist also eigentlich, ob der Erlass (EO) 11, 110, der von JFK am 4. Juni 1963 unterzeichnet und angeblich von LBJ in den Stunden nach JFKs Tod aufgehoben wurde, mehr als 4 Milliarden Dollar in U.S. Notes genehmigte, die direkt vom Finanzministerium ausgegeben wurden, anstelle von Federal Reserve Notes, die den Federal Reserve Banken Zinsen einbrachten.

Tatsächlich war es die Reagan-Regierung - und nicht LBJ -, die E0 11, 110 schließlich aufhob. Und dieser E0 befasste sich mit Geldzertifikaten - und nicht mit „grünen Scheinen" -, als Reagan den OT 12 608 unterzeichnete, der mehrere veraltete Dekrete widerrief.

EO 11.110 betraf die Ermächtigung des Finanzministers zum Erlass von Regeln und Vorschriften, die es dem Minister ermöglichen sollten, ohne präsidiale Genehmigung bei Verkäufen von Silberbarren zu handeln. Als Präsident widerrief JFK diese beiden Änderungen mit EO 11, 110.

Ich wiederhole: Die Ausgabe von „Greenbacks" (technisch als United States Notes bekannt) war nicht einmal Gegenstand von OE 11, 110 von JFK.

Die unter der Kennedy-Regierung ausgegebenen Greenbacks wurden aufgrund eines langjährigen Bundesgesetzes ausgegeben, das vorschreibt, dass eine

---

[103] Jim Marrs, *Crossfire* (New York: Carroll & Graf, 1995), S. 275.

bestimmte Anzahl von U.S. Notes über das Finanzministerium noch im Umlauf sein muss.

Für diejenigen, die mit den Feinheiten der Finanzwelt und der Kontroverse um die Federal Reserve nicht vertraut sind, hier eine kurze Beschreibung der amerikanischen Banknoten (U.S. Notes), die von der verstorbenen Gertrude Coogan verfasst wurde, die sich seit langem mit dem Thema Geld beschäftigte:
„Amerikanische Banknoten (U.S. notes) sind die Art von Geld, für die der Privatbankier keine Zinsen von den Steuerzahlern verlangt. Sie sind echtes Geld und gehen heute als Währung durch, die vollständig gesetzliches Zahlungsmittel ist. Wenn das gesamte in diesem Land verwendete Geld von der US-Regierung ausgegeben würde, gäbe es keine Zeiten, in denen die Geldmenge aus einem „mysteriösen" Grund plötzlich abnimmt. Amerikanische Banknoten sind bei ihrer Herstellung zinsfrei und können nicht widerrufen werden".[104] Kurz gesagt: Amerikanische Banknoten bringen privaten Banken keinen Gewinn, im Gegensatz zu den Banknoten der Federal Reserve.

Zur Erinnerung sei hier jedoch die genaue Erklärung angeführt, warum 1) US-Banknoten tatsächlich zur Zeit Kennedys ausgegeben wurden und warum 2) US-Banknoten nun scheinbar „aus dem Verkehr gezogen" wurden.

Tatsache ist, dass ein am 31. Mai 1878 verabschiedetes Gesetz des Kongresses festlegte, dass das US-Schatzamt verpflichtet ist, jederzeit 322.539.016 $ in US-Banknoten im Umlauf zu halten.

Wie Rudy Villareal, der damalige Direktor der Abteilung für Devisengeschäfte im US-Finanzministerium, 1982 in einem Interview mit dem *Spotlight* zugab, gab das Finanzministerium selbst jedoch keine umlaufenden US-Banknoten aus, obwohl es durch ein Gesetz des Kongresses schon lange dazu beauftragt worden war. Er erklärte, dass die US-Banknoten in den sogenannten Emissionstresor gelegt würden, aber, wie *Spotlight* bemerkte: „Es scheint, dass die Bürokraten diese immobilisierten Banknoten in einer Art semantischem Zauber als „umlaufendes" Geld betrachten.[105]

Tatsächlich scheint es so zu sein, dass das letzte Mal, als amerikanische Banknoten in die Wirtschaft eingeführt wurden, während der Regierung von JFK war, aber, ich wiederhole, es war nicht durch den Sondererlass des Präsidenten, der so oft von denen zitiert wird, die sagen, dass „die Federal Reserve JFK getötet hat".

Stattdessen erfolgte die Ausgabe von US-Banknoten während der Kennedy-Ära aufgrund eines bereits in Kraft getretenen Gesetzes. Wer einen Exekutiverlass von JFK zitiert, der sich in Wirklichkeit auf Silberzertifikate bezieht, begeht einen schweren Fehler und erweist - ob unbeabsichtigt oder nicht - der ernsthaften Erforschung des JFK-Attentatskomplotts keinen Dienst. Ich kann diese Tatsache nicht genug betonen.

Spotlight veröffentlichte diese Geschichten, um den Fehlinformationen, zu deren Verbreitung es beigetragen hatte, entgegenzuwirken, nur um festzustellen, dass so viele Menschen in die Geschichte involviert und so entschlossen waren,

---

[104] *The Spotlight*, 15. Februar 1982 und 20. April 1992.
[105] *Ibid.*

zu beweisen, dass „die Federal Reserve JFK getötet hatte", dass sie an den Bemühungen von *Spotlight*, die Fakten richtig zu stellen, Anstoß nahmen.

DIE DINGE KLARSTELLEN

Ich möchte mich darauf beschränken zu sagen, dass das *Spotlight* nicht Teil einer „Vertuschung" der Fed-Beteiligung war. Stattdessen versuchte *Spotlight*, die Wahrheit zu finden, koste es, was es wolle, und versuchte, aufrichtige Patrioten und Kritiker der Fed davon abzuhalten, sich durch die Verbreitung falscher Informationen zu blamieren, die sie nur als dumm dastehen lassen und der Fed weitere Munition liefern würden, wenn sie versucht, ihre Kritiker zu diskreditieren.

Ich hoffe in der Tat, dass dies die Dinge wieder ins rechte Licht rücken wird. Wie ich bereits sagte, besteht kein Zweifel daran, dass die spätere Kennedy-Dynastie große Pläne hatte, um das Monopol der Federal Reserve auf das Geld der Vereinigten Staaten zu zerstören, aber der OT 11 110 war absolut nicht Teil dieses langfristigen Plans.

Diese Geschichte taucht immer wieder auf, trotz der Bemühungen von *Spotlight* und anderen, die Dinge richtig zu stellen, diese Geschichte hat ihre eigene Existenz und ich habe wirklich Angst, dass die Geschichte nie begraben werden wird.

Zum Abschluss dieses Überblicks über die „Verbindung" zwischen der Federal Reserve und dem JFK-Mord ist es an dieser Stelle wohl angebracht, noch einmal, wenn auch aus einem anderen Blickwinkel, auf den grundlegenden Fehler der (unter den „liberalen" JFK-Forschern beliebten) Theorie einzugehen, dass die Verschwörung hinter dem Attentat von Natur aus „rechts" war.

Walt Browns sehr informatives Buch *Treachery in Dallas* ist vielleicht das beste Beispiel dafür, wie falsch diese Theorie wirklich ist (und wie die Theorie selbst auf einem Missverständnis dessen beruht, was genau das ''rechte'' Denken in Amerika ausmacht), dieses Buch ist eine der besten neueren Initiativen, um das JFK-Puzzle zu verstehen.

DIE „RECHTE" UND DIE FEDERAL RESERVE

Obwohl Brown ganz aufrichtig zu sein scheint und sicherlich nicht versucht, schlechte Informationen zu verbreiten, stellt er ein „rechtes" Motiv für die Ermordung von Präsident Kennedy heraus, das einfach kein „rechtes" Motiv ist. Brown befasst sich mit der heiklen Frage, wie JFK zum privaten Geldmonopol, bekannt als die US-Notenbank, stand, und wiederholt den populären Mythos, den wir oben seziert haben.

In *Treachery in Dallas* schreibt Brown: „Als die „amerikanischen Banknoten" 1962 auftauchten, kostete das die großen Unternehmen viel Geld, ebenso wie die Bankzinsen, weil die Regierung, nicht die Banken, zum Broker geworden war.

Diese 'amerikanischen Banknoten' verschwanden nach dem 22. November so plötzlich, wie sie aufgetaucht waren".[106] Er fügt weiter hinzu:

Die „Hochfinanz" in den Vereinigten Staaten nahm wohlwollend zur Kenntnis, dass Kennedy zu Beginn der Ausgabe der „amerikanischen Banknoten" - Geld, das nach und nach in unsere Wirtschaft eingeführt wurde, als es gebraucht wurde - festgestellt hatte, dass von allen Gruppen das US-Finanzministerium verfassungsrechtlich dazu verpflichtet war. Weitere Gelder waren von der Federal Reserve in das System „transferiert" worden, die in der Verfassung nicht erwähnt werden, die sich über private Unternehmen, die die Ausgabe von US-Geld kontrollieren, ausschweigt".[107]

Während Browns grundlegende Analyse, wie die Fed funktioniert, fundamental ist (aber objektiv falsch, was die tatsächlichen Details betrifft, warum die US-Noten ausgegeben wurden), begeht Brown einen monumentalen Fehler, wenn er die Ausgabe von US-Noten als Teil seines Beweises anführt, dass es ein „rechtes" Motiv gab, das den Wunsch motivierte, John F. Kennedy aus dem Weißen Haus zu entfernen.

Tatsache ist, dass Browns Wahrnehmung dessen, was in der amerikanischen Politik die „Rechte" im Vergleich zur „Linken" (oder irgendeiner Partei, nebenbei bemerkt) ausmacht, natürlich irrelevant ist, denn wenn Brown nur den Anschein einer Untersuchung gemacht hätte, hätte er herausgefunden, dass es die amerikanische „Rechte" ist, die der Federal Reserve so heftig kritisch gegenübersteht.

Mit wenigen Ausnahmen, wie den beiden texanischen Linkspopulisten Wright Patman und Henry Gonzalez, sowie Jerry Voorhis, dem kalifornischen Demokraten, gegen den Richard Nixon bei seiner Wiederwahl ins Repräsentantenhaus antrat, die heftigsten und vehementesten Kritiker der Federal Reserve und ihrer Geldmanipulation waren „rechte" Populisten, von Pater Charles Coughlin, einem Radiopriester aus den 1930er Jahren, bis zu Oberst James „Bo" Gritz, dem hochdekorierten Helden des Vietnamkriegs, der bei den Wahlen 1992 als unabhängiger Kandidat antrat. Gritz behauptete, das erste, was er nach seiner Wahl zum Präsidenten tun würde, wäre, JFKs Erlass über die Ausgabe von US-Banknoten in der Wirtschaft wieder einzuführen. Doch wie wir gesehen haben, gab es ein solches Dekret nicht.

JFKs Haltung gegenüber der Federal Reserve war also eine „rechte" Haltung, eher als eine „liberale" oder „progressive" Haltung, vor allem wenn man bedenkt, dass - wie wir zuvor in *Endgericht* in Kapitel 4 gesehen haben - JFKs Vater ihm alle „rechten" Grundlagen in Bezug auf diese Frage beigebracht hatte.

Interessanterweise führt besagter Jim Marrs in seinem *Crossfire-Kapitel* „Rednecks and Oilmen-Right wing Extremists and Texas Millionaires" auch die Theorie ein, dass „die Federal Reserve JFK getötet hat" - meine Beschreibung des Mythos, nicht seine -, als ob es eine gewisse Verbindung zwischen den Interessen der „Rechtsextremisten" und den Kontrolleuren der Federal Reserve gäbe. Auch dies beruht, wie wir gesehen haben, bestenfalls auf einer falschen Wahrnehmung

---

[106] Walt Brown. *Treachery in Dallas.* (New York: Carroll & Graf, 1995), S. 85.
[107] Brown, S. 318.

und schlimmstenfalls auf schlechter Recherche, verwischt aber noch mehr die Spuren eines bereits kontroversen Elements zu einem noch kontroverseren allgemeinen Thema.

Die Federal Reserve hat sicherlich die Macht, „Rechtsextremisten" für ihre eigenen Zwecke zu manipulieren. Wie wir jedoch in unserem Anhang über Guy Banister und seine „rechten" Partner gesehen haben, lässt sich eine „rechte" Verbindung (sozusagen) mit der Verschwörung zum Mord an JFK erkennen, aber es gibt sicherlich noch viel mehr zu sagen, als Brown, Marrs und andere klar verstehen (oder zu sagen wagen können).

Die Bankinteressen, die vom Monopol der *Federal* Reserve profitieren, sind, das muss betont werden, eng mit der europäischen Rothschild-Dynastie verbunden, wie aus Werken wie Eustace Mullins' monumentaler Studie *The Federal Reserve Conspiracy* hervorgeht, *die* zweifellos das wichtigste Werk zu diesem Thema ist und den Grundstein für alle späteren Schriften zu diesem Thema bildete.

Wenn man sich also vor Augen führt, dass die Familie Rothschild in der Tat einer der größten Förderer des Staates Israel war, kann man daher leicht vorschlagen, dass sogar die Theorie, dass „die Federal Reserve JFK tötete", ihren eigenen legitimen Akzent der Wahrheit hat, da die Rolle des israelischen Mossad in Verbindung mit der CIA und der Lansky-Mafia tatsächlich auf eine Verbindung zwischen Rothschild und der Federal Reserve mit dem Mordkomplott verweist...

DIE BEWEISE WIDERLEGEN DEN MYTHOS....

Ein letzter wichtiger Punkt sollte noch erwähnt werden: In der Fotosektion von *Judgement Final* gibt es eine Abbildung einer US-Banknote von 1966. Ich habe diese amerikanische Banknote aus dem Jahr 1966 in meinen Händen gehalten. Er ist echt. Sie befindet sich im Besitz eines ehemaligen Kritikers des Federal Reserve Systems.

Allein die Tatsache, dass es diese US-Banknote von 1966 gibt, beweist, dass es ein absoluter Mythos ist, dass nach 1963 keine US-Banknoten mehr ausgegeben wurden. Es ist also ein Mythos, dass Präsident Johnson bei seinem Amtsantritt nach dem Tod von JFK alle US-Banknoten aus dem Verkehr gezogen hat.

Letztendlich erweisen diejenigen, die wirklich nach den Fakten über das JFK-Mordkomplott suchen, keinen Dienst, wenn sie falsche Informationen über die Verbindung zur Federal Reserve verbreiten. Ich freue mich daher, dass ich diese Gelegenheit nutzen kann, um zu versuchen, die Dinge richtig zu stellen.

ANHANG 6

Vergeltung
Hatten die seltsamen Todesfälle von William Colby und John Paisley etwas mit dem Attentat auf JFK zu tun?

Der Tod des ehemaligen CIA-Direktors William Colby bei einem seltsamen „Bootsunfall" im Frühjahr 1996 war viel Wasser auf die Mühlen der Verschwörungstheoretiker. Colbys Tod erinnerte an den ebenso bizarren Tod des ehemaligen CIA-Beamten John Paisley im Jahr 1978. Sowohl Colby als auch Paisley waren scharfe Kritiker des israelischen Einflusses innerhalb der CIA und Colby bereitete sich - vor seinem Tod - darauf vor, eine aktive Arbeit für die arabische Sache aufzunehmen. Es gibt in der Tat starke historische Beweise, die nahelegen, dass beide Männer gerade wegen ihrer Ablehnung Israels starben. Und zumindest im Fall von Paisley gibt es eine besondere Verbindung zwischen der Ermordung von JFK und der von Paisley, die unbedingt weiter untersucht werden muss.

Die Ausgabe der Boulevardzeitung *Sun* vom 20. August 1996 enthielt eine interessante „Eilmeldung", in der es hieß: „Der Tod des CIA-Chefs sollte endlich den Schleier über der Ermordung von JFK lüften".[108] Die Boulevardzeitung kündigte an, dass der ehemalige CIA-Direktor William Colby plane, die Ermordung von Präsident Kennedy aufzudecken. Obwohl die Boulevardzeitung keine Beweise dafür vorlegte, dass dies tatsächlich der Fall war, besteht kein Zweifel daran, dass Colbys seltsames Verschwinden vielen Menschen - und nicht nur den sogenannten „Verschwörungstheoretikern" - einen Grund zum Innehalten gab. Colby hatte in einem Interview kurz vor seinem Tod mysteriöse Bemerkungen über die Ermordung von JFK gemacht, sodass es zweifellos Grund zur Vorsicht gibt.

Wie wir später sehen werden, gibt es jedoch starke Indizien, die darauf hindeuten, dass Colby, wenn William Colby tatsächlich Hinweise auf die Ermordung von Präsident Kennedy hatte und wusste, dass der israelische Geheimdienst tatsächlich involviert war, wahrscheinlich der ehemalige hochrangige Geheimdienstmitarbeiter gewesen wäre, der am ehesten die Notbremse hätte ziehen können.

Auf welcher Grundlage kann man eine solche Behauptung aufstellen? Tatsache ist, dass William Colby während seiner Zeit als CIA-Direktor als feindlich gegenüber den Interessen Israels galt, so sehr, dass es Colby war, der

---

[108] *The Sun*, 20. August 1996.

tatsächlich James Jesus Angleton entließ, den langjährigen Mossad-Agenten der CIA, der in „*Judgement Final*" als CIA-Schlüsselfigur beim JFK-Mordkomplott festgehalten wurde.

ISRAEL, DIE QUELLE DER REIBUNG

Offensichtlich wurde in den meisten der damaligen Zeitungsartikel, in denen Colbys Entlassung Angletons beschrieben wurde, nicht die ganze Geschichte erzählt. Laut Wolf Blitzer, dem langjährigen Korrespondenten der *Jerusalem Post* in Washington, :

„*CBS News* berichtete 1975, dass Angleton im Dezember 1974 seinen Job wegen politischer Auseinandersetzungen über Israel verloren hatte und nicht wegen der Behauptungen, dass die CIA im Inland spioniert habe, wie ursprünglich berichtet worden war... Es hieß, Angleton habe sich auch mit dem CIA-Direktor William Colby über Fragen der Nahostpolitik gestritten".[109] Tatsächlich dauerte es laut Blitzer eine Woche, bis die *New York Times* erstmals einen Artikel von Seymour Hersh veröffentlichte, in dem behauptet wurde, die CIA betreibe Inlandsspionage und Colby habe Angleton gesagt, dass er sich nicht mehr um das israelische Büro der CIA kümmern könne, woraufhin Angleton zurücktrat - in Wirklichkeit von Colby vertrieben wurde.[110]

EIN VERDREHTER GEIST

Bereits 1967 war Angletons Verhalten so bizarr geworden, dass John Denley Walker, der Leiter des CIA-Büros in Israel, bei einer seiner Reisen nach Israel glaubte, Angleton sei „am Rande eines Nervenzusammenbruchs".[111] Als er die CIA im Dezember 1974 verließ, schien es jedoch, dass Angleton möglicherweise über die Stränge geschlagen hatte.

Der *CBS-News-Reporter* Daniel Schorr beschrieb seine Begegnung mit Angleton kurz nachdem dieser von Colby entlassen worden war. Schorr berichtete, Angleton habe „geschwafelt, das Gespräch war zerfahren. Er war dreißig Mal in Israel gewesen. Er hatte Howard Hunt noch nie getroffen...".[112] (Auch hier wieder Angletons Weigerung, zuzugeben, dass er Hunt kannte, von dem wir in Kapitel 16 berichtet haben). Angleton fügte hinzu: „Zweiundzwanzig Jahre lang habe ich mich mit israelischen Angelegenheiten befasst. Israel war das einzige Land im Nahen Osten, das geistig gesund war".[113] Während Angletons Wahnvorstellungen

---

[109] Wolf Blitzer. *Between Washington and Jerusalem* (New York: Oxford University Press, 1985), S. 89.
[110] *Ibid.*
[111] David Wise. *Molehunt.* (New York: Avon Books, 1992), S. 257.
[112] *Ibid.*, S. 272.
[113] *Ibid.*

weitergingen, entschied Schorr, dass Angleton „wirklich verrückt war."[114] Schorr erklärte, Angleton „fuhr fort zu sprechen, als wäre ich nicht anwesend. Er sprach, als ob er seinen eigenen Verstand untersuchen würde".[115]

So war der größte Unterstützer Israels innerhalb der CIA völlig durchgedreht - und der neue CIA-Direktor William Colby wurde als feindselig gegenüber Angletons Freunden in Israel wahrgenommen.

COLBY gegen ISRAEL

Wolf Blitzer beschrieb, wie viele hochrangige amerikanische Geheimdienstler Angletons Begeisterung für Israel nicht teilten, und nannte Colby als konkretes Beispiel: „Eine große Zahl [der Geheimdienstcharaktere] sorgte sich viel mehr um die Position der Vereinigten Staaten in der arabischen Welt. Ihre Einschätzung des nationalen Interesses der Vereinigten Staaten stimmte eher mit der traditionellen arabistischen Sichtweise des Außenministeriums überein als mit Angletons Denkweise...

„1975 waren beispielsweise israelische Geheimdienstbeamte zunehmend besorgt über das, was sich bei mehreren hochrangigen CIA-Analysten als eine zunehmend pro-arabische Tendenz abzuzeichnen schien. Die im November 1975 hinter verschlossenen Türen abgegebene Aussage über das Waffengleichgewicht im Nahen Osten, die der scheidende CIA-Direktor William Colby angeboten hatte, war einer der ersten Hinweise auf diese Haltung.

„Colby, der gerade von Präsident Ford seines Amtes enthoben worden war, aber gebeten wurde, im Amt zu bleiben, bis sein designierter Nachfolger, Botschafter George Bush, aus China zurückkehrte und die Bestätigung des Senats erhielt, argumentierte in seiner Zeugenaussage, dass sich das Machtgleichgewicht im Nahen Osten zugunsten Israels verschoben habe. Seine Aussage, die die von israelischen Beamten vorgelegten Zahlen bestreitet, wird weithin als Untergrabung der Forderung nach 1,5 Milliarden Dollar Militärhilfe für Israel angesehen, die die Regierung selbst in diesem Haushaltsjahr beim Kongress eingereicht hatte.

EIN SCHWERER RÜCKSCHLAG

„Die Sache Israels innerhalb der CIA-Bürokratie hatte natürlich Anfang des Jahres einen schweren Rückschlag erlitten, als Colby Angleton entließ... dessen harte Haltung gegen die Sowjets ihn zu der Überzeugung gebracht hatte, dass die nationalen Interessen der USA ein starkes Israel im Nahen Osten erforderten, um den zunehmenden sowjetischen Vorstößen entgegenzuwirken... [und dementsprechend][... Colbys umstrittene Aussage gegen Israel war ein weiterer Ausdruck derselben Einstellungen, die Angleton von der CIA inspiriert hatten.

---

[114] *Ibid.*
[115] *Ibid.*

„Daniel Schorr, der Washingtoner Korrespondent, der 1975 für CBS arbeitete, berichtete, dass es innerhalb der CIA eine starke pro-arabische Fraktion und nur eine kleine pro-israelische Fraktion gab, und er erklärte, dass diese pro-arabische Gruppe die Entscheidungen stark beeinflusst habe.... So dass Außenminister Henry Kissinger versuchte, Colbys Argumente für ein Rüstungsgleichgewicht im Nahen Osten zu schwächen"[116], wobei er frühere Fehler in den CIA-Bewertungen zum Nahen Osten anführte, die in ihrer Position als „pro-arabisch" wahrgenommen wurden.

So wurde William Colby selbst schließlich aus der CIA entlassen, nachdem er aus Israel und seiner Lobby in Washington geflohen war. Es ist daher für die Leser nicht überraschend zu erfahren, dass Colby kurz vor seinem „Unfall"-Tod Verhandlungen aufgenommen hatte, um eine hochrangige Beratertätigkeit für arabische Interessen aufzunehmen - ein kleines, interessantes Detail, das in einem Großteil der Spekulationen um Colbys Tod vergessen worden zu sein scheint.

COLBY UND DIE ARABER

Im Frühjahr 1996 kontaktierte Colby einen erfahrenen Journalisten, von dem er wusste, dass er mit den höchsten arabischen Vertretern der Diplomatie, des Militärs und des Geheimdienstes respektvoll umging, und bat den Journalisten, Colby dazu zu bringen, sich mit einem hohen arabischen Beamten zu treffen.[117]

(Der Autor von *Endgericht* erfuhr von Colbys Treffen mit dem arabischen Leiter nach Colbys anfänglichem Verschwinden, aber bevor Colbys Leiche am 5. Mai 1996 wieder auftauchte. Die Informationsquelle des Autors war der Journalist, der das Treffen organisiert hatte).

Laut einem ehemaligen Bundessicherheitsadministrator, der an einem der Treffen teilnahm, hatten Colby und sein arabischer Partner „gemeinsame Sorgen". Beide Männer wussten, dass ihre jeweiligen Regierungen von israelischen Agenten infiltriert und manipuliert wurden. Beide hatten diese Bewegung lange bekämpft".[118] Im Anschluss an diese Treffen erklärte sich Colby bereit, als vertraulicher Berater für arabische Interessen zu arbeiten. *Man kann sich nur vorstellen, wie Israel auf diese Entscheidung eines ehemaligen CIA-Direktors, der sich an den Interessen ihrer Erzfeinde, der Araber, orientierte, reagierte.*

DIE ÜBERNAHME DER CIA DURCH DIE ISRAELISCHE LOBBY

Interessant ist außerdem, dass Colbys Tod zu einem kritischen Zeitpunkt eintrat, als die Israel-Lobby in Washington hinter den Kulissen große Anstrengungen unternahm, um die Macht der CIA und ihres damaligen Direktors

---

[116] *Ibid.*, S. 91-92.
[117] Interview des Autors mit Andrew St. George, dem Journalisten, der das Treffen organisiert hat.
[118] *The Spotlight*, 20. Mai 1996.

John Deutch, eines jüdischen Flüchtlings belgischer Herkunft und einer Washingtoner Figur, die seit langem für ihre engen Verbindungen zum israelischen Geheimdienst bekannt war, erheblich zu steigern.

Die sogenannten „Reform"-Maßnahmen - die darauf ausgelegt waren, die Macht des CIA-Direktors zu erhöhen - waren von solcher Art, dass ein echter CIA-Reformer wie William Colby sicherlich als sehr lauter und öffentlichkeitswirksamer Kritiker dieser Vorschläge aufgetreten wäre, zumal die Israel-Lobby hinter den Kulissen sehr deutlich am Werk war.

Am 24. April 1996, zwei Tage bevor Colby verschwand, legte eine wenig beachtete Abstimmung im Senatsausschuss den Grundstein für einen bizarren und beispiellosen Vorschlag zur Umstrukturierung des zivilen und militärischen Geheimdienstsystems der Vereinigten Staaten.

Senator Arlen Specter - der berüchtigte ehemalige Staatsanwalt der Warren-Kommission -, jetzt republikanischer Vorsitzender des Geheimdienstausschusses des Senats (und großer Unterstützer Israels im Kongress), setzte eine Maßnahme durch, mit der die Verantwortung des CIA-Direktors auf die Kontrolle der Budgets aller US-Geheimdienste ausgeweitet werden sollte, von denen die meisten damals den Militärdivisionen unterstanden.

Nach Specters Vorschlag (der von Deutch voll und ganz unterstützt wurde) wäre der CIA-Direktor auch berechtigt gewesen, eine wichtige Rolle bei der Ernennung der Direktoren der verschiedenen Geheimdienste, einschließlich derer des Pentagon, zu spielen. Damit hätte Deutch nicht nur die CIA, sondern auch die National Security Agency, das National Reconnaissance Bureau und die Defense Intelligence Agency sowie die Army, die Navy, die Air Force und die Maritime Intelligence Groups kontrollieren können.[119]

Am 25. April sah sich sogar die *Washington* Post veranlasst, sich (zu Recht) dazu zu äußern, dass „eine derart radikale Änderung auf starken Widerstand stoßen könnte, nicht nur von den Militärdiensten selbst, sondern auch von anderen Kongressausschüssen, die der Aufsicht des Pentagons unterstehen". Der Senatsausschuss für bewaffnete Dienste hatte bereits einen Brief an Specter geschickt, in dem er erklärte, dass er alle Maßnahmen in Bezug auf Reformen, die die Befugnisse des Pentagons einschränken würden, verzögern wolle, wie etwa den Vorschlag, dem CIA-Direktor eine Rolle bei der Ernennung von Führungskräften der Behörde zu übertragen".[120]

Sicherlich war dieser Vorschlag, gelinde gesagt, ungewöhnlich, aber er war voll und ganz Teil der (damals) anhaltenden Bemühungen, den Einfluss der CIA und ihres derzeitigen Direktors John Deutch zu vergrößern.

Nachdem Deutch sein Amt bei der CIA angetreten hatte, wurde er von zahlreichen lobenden Artikeln in den Mainstream-Medien begrüßt, die verkündeten, dass es - wie das *Parade-Magazin* in einer positiven Titelgeschichte sang - eine „neue CIA"[121] unter der Kontrolle von Deutch gegeben habe. Diese Analyse war insofern tatsächlich wahr, als der israelische Geheimdienst nie zuvor

---

[119] *The Spotlight,* 13. Mai 1996.
[120] *The Washington Post,* 25. April 1996.
[121] *Parade,* 19. November 1995.

(nicht einmal zu Zeiten von James Angleton) einen derartigen Einfluss auf allen Ebenen der CIA gehabt hatte.

Auch die *Time-Ausgabe* vom 6. Mai 1996 (im Besitz der Bronfman-Familie, Israels Hauptförderer) brachte einen vierseitigen Artikel über „den großartigen John Deutch"[122], den Bronfmans Magazin als „den mächtigsten CIA-Chef bis heute" feierte, wobei[123] mit den Worten schloss: „Was gut ist für John Deutch, ist gut für die CIA".[124]

Letztendlich wurde die von israelischen Sympathisanten in Washington orchestrierte Machtübernahme durch die CIA schließlich zurückgewiesen, aber in der Zwischenzeit war natürlich der Mann, der einer ihrer wirksamsten Gegner gewesen wäre, William Colby, von der Bühne verschwunden.

WER HAT COLBY GETÖTET?

Nachdem Colbys Leiche gefunden worden war, äußerte sich einer seiner arabischen Geschäftspartner zu Colbys Verschwinden: „Suchen Sie bei den Juden"[125], bemerkte er. Es wird auch behauptet, dass Frau Colby nicht dumm war und nicht glaubte, dass der Tod ihres Mannes ein Unfall gewesen sei. Als erfahrene Diplomatin, die die gefährlichen Wege der Geheimdienstwelt kennt, hat sie jedoch kein Interesse daran, ihren Verdacht öffentlich zu machen, und wird es wahrscheinlich auch nie tun.

Es ist daher sehr unwahrscheinlich, dass Colbys wahre Ansichten über die Ermordung von JFK jemals an die Öffentlichkeit gelangen werden. Wir kennen jedoch seine Ansichten über Israel und seinen Einfluss auf die Gestaltung der US-Politik.

Es ist also wahrscheinlich kein Zufall, dass einer von Colbys Schützlingen aus den Tagen, als Colby in Vietnam für die CIA diente, wie sein Mentor ist - ein scharfer Kritiker der israelischen Verschwörung. John De Camp, ein ehemaliger Offizier der Armee in Vietnam, der unter Colby diente und heute ein prominenter, antikonformistischer Anwalt in Nebraska ist, hatte bereits in den Jahren, in denen er (De Camp) in der Legislative von Nebraska diente, mit der Israel-Lobby zu tun gehabt.

De Camp erinnert sich an Colbys mahnende Worte, die hier zweifellos hervorgehoben werden sollten, insbesondere angesichts von Colbys Verschwinden: „Manchmal gibt es Kräfte und Ereignisse, die so groß und mächtig sind und bei denen für bestimmte Personen oder Institutionen so viel auf dem Spiel steht, dass Sie nichts gegen sie unternehmen können, egal, wie viel Schaden oder Schaden sie anrichten und egal, wie engagiert oder aufrichtig Sie sind oder welche

---

[122] *Zeit*, 6. Mai 1996.
[123] *Ibid.*
[124] *Ibid.*
[125] Interview des Autors mit Andrew St. George, der das Treffen organisiert hat.

Beweise Sie auch immer haben. Es ist einfach eine der harten Realitäten des Lebens, mit denen Sie sich auseinandersetzen müssen".[126]

EIN WEITERER SELTSAMER TOD

Colbys Worte sind ziemlich auffällig, wenn man bedenkt, dass Colbys Tod im Wasser auf viele ähnliche seltsame Todesfälle verwies und auf einen Tod, der tatsächlich in gewisser Weise wirklich mit der Verschwörung zum Mord an JFK in Verbindung gebracht werden kann und einen weiteren Versuch eines CIA-Beamten beinhaltet, sich der israelischen Verschwörung in Washington zu widersetzen.

Wir beziehen uns auf den Tod -den Mord- von John Paisley, dem ehemaligen langjährigen stellvertretenden Direktor des C.I.A.-Büros für strategische Forschung, der am 1. November 1978 in der Chesapeake Bay treibend aufgefunden wurde, tot durch einen Kopfschuss. Obwohl sein Tod als „Selbstmord" angesehen wurde, glaubten damals nur wenige Menschen daran und auch heute glauben nur wenige daran.

Es waren nicht nur die ähnlichen Umstände beim Tod der beiden Männer, die Beobachter als so faszinierend empfanden. Auffälliger war, dass Paisley wie Colby entschlossen versucht hatte, sich einer hochrangigen israelischen Verschwörung zu widersetzen. Paisley hatte eine große israelische Penetrationsoperation aufgedeckt - und versucht, sie zu blockieren -, die auf das Büro des Nationalen Ausgabenhaushalts der CIA abzielte, in dem die hochrangigen Geheimdienstberichte zusammengestellt wurden, die die Entscheidungen des amerikanischen Präsidenten leiten.

Mehr noch: Es besteht kein Zweifel daran, dass Paisley - vielleicht sogar mehr als Colby - gute Gründe hatte, in die lange verborgenen Geheimdienstgeheimnisse über die Manipulation des mutmaßlichen JFK-Attentäters Lee Harvey Oswald durch die CIA eingeweiht zu sein. Es ist daher wahrscheinlich kein Zufall, dass Paisley an einem entscheidenden Wendepunkt der Ermittlungen des Attentatsausschusses des Repräsentantenhauses starb, als der Ausschuss mögliche Verbindungen der CIA zu Lee Harvey Oswald und der Ermordung von Präsident Kennedy erforschte - oder zumindest so tat, als würde er sie erforschen.

PAISLEY UND OSWALD

Obwohl Paisleys Name während der Untersuchung der Kommission nie erwähnt wurde, hieß es in einem ihrer Berichte, dass ein ehemaliger CIA-Mitarbeiter enthüllt hatte, dass „die CIA eine große Menge an Informationen über die [sowjetische] Fabrik für Radiogeräte, in der Oswald gearbeitet hatte, aufbewahrte". Die Informationen wurden im Büro für Forschung und Berichte

---

[126] John De Camp. *The Franklin Cover-Up.* (Lincoln, Nebraska: AWT, Inc., 1996), S. IX-X.

aufbewahrt"[127] - was damals Paisleys Büro gewesen sein soll. *Wenn Oswald also in Wirklichkeit ein CIA-Agent war, während er sich in der Sowjetunion als „Deserteur" ausgab, wie viele vermuten, dann war es John Paisley, wenn jemand davon wusste.*

PAISLEY UND ANGLETON

Es gibt noch ein weiteres Detail in der Paisley-Geschichte, das wahrscheinlich erwähnenswert ist: Laut Tad Szulc, dem erfahrenen Geheimdienstjournalisten, wurde der 25-jährige Paisley 1948 für die CIA rekrutiert, als er als Funker für die UN-Friedensmission nach Palästina reiste. Und laut Szulc war es kein anderer als James Angleton, Israels Freund bei der CIA, der Paisley damals rekrutiert hatte.[128]

Das ist insofern interessant, als Angleton laut dem Journalisten Jim Hougan „unter Eid vor dem Senat und bei einem Drink mit einem Mitglied von Paisleys Familie schwor, dass er Paisley nie getroffen habe"[129]. Wie Hougan betont, gibt es jedoch viele, die es „unglaublich"[130] finden, dass Angleton und Paisley, beide Karriereoffiziere der CIA mit Verantwortlichkeiten in der Spionageabwehr, die die Sowjetunion involvieren, sich nie getroffen haben.

Angletons Weigerung, zuzugeben, Paisley gekannt zu haben, erinnert an seine ähnliche Weigerung (dokumentiert in Kapitel 16 von *Final Judgement)*, zuzugeben, E. Howard Hunt gekannt zu haben, obwohl alle Beweise auf das Gegenteil hindeuten.

Dick Russell, ein ehemaliger Ermittler, der an der Aufklärung des JFK-Mordes gearbeitet hatte, befasste sich mit dem Fall Paisley. Und während Russell darauf achtete, niemals die Möglichkeit einer israelischen Verbindung zum JFK-Mord zu erwähnen, kam Russell in Bezug auf Paisleys Tod zu folgender Schlussfolgerung: „Was immer Paisley in seinen letzten Jahren bis zum Zeitpunkt seines Verschwindens getan hat, *es geht offenbar auf die Kennedy-Zeit zurück.* Und ich glaube nicht, dass der Zeitpunkt seines Verschwindens, der stattfand, als der Kongress sich darauf konzentrierte, was die CIA und die Sowjets über Lee Harvey Oswald wussten, ein Zufall war."[131] (Hervorhebung durch den Autor)

PAISLEY gegen ISRAEL

In was war Paisley kurz vor seinem Tod verwickelt? Die Antwort auf diese Frage führt direkt zur Lösung der Frage, wer Paisley getötet hat und warum. Und das bezieht sich wiederum - genau - auf die Schlussfolgerungen, zu denen wir in

---

[127] Russell, S. 208.
[128] Dick Russell. *The Man Who Knew Too Much* (New York: Carroll & Graf), S. 209. Zitat aus einem Artikel von Tad Szulc im *New York Times Magazine*, 7. Januar 1979.
[129] Jim Houghan. *Secret Agenda: Watergate, Deep Throat and the CIA* (New York: Random House, 1984), S. 318.
[130] *Ibid.*
[131] *Ibid.*, S. 214.

„*Judgement Final*" bezüglich der Frage gelangt sind, wer John F. Kennedy getötet hat und warum.

Obwohl der Tod von John Paisley diejenigen faszinierte, die die geheimen Kriege zwischen der CIA und dem KGB katalogisiert hatten (zu denen auch James Angleton gehörte), ist es durchaus bemerkenswert, dass diejenigen, die sich mit Paisleys Tod befassten, wie Dick Russell nicht bereit waren, die ganz offensichtliche Verbindung des Mossad zu dem Fall zu erörtern.

In den Jahren vor Paisleys Verschwinden übten die kriegstreiberischen Fraktionen der israelischen Regierung in Washington starken Druck aus, um mehr Rüstungshilfe und Bargeldzuführungen über das Auslandshilfeprogramm der USA zu erhalten. Loyale Unterstützer Israels, wie Senator Henry Jackson (D-Wash.), argumentierten, dass Israel mehr militärische Macht benötige, um den Nahen Osten vor der „sowjetischen Aggression" zu schützen - ein Argument, das die kompromisslosen Antikommunisten beider politischer Parteien erfreute.[132]

Amerikanische Geheimdienstanalysten kümmerten sich jedoch nicht um Israels Angstschreie. Angeführt von erfahrenen Analysten des Büros für den nationalen Ausgabenhaushalt beruhigten sie das Weiße Haus mit der Behauptung, dass die Sowjets zumindest im Moment weder die Absicht hätten noch in der Lage seien, ein wichtiges und lebenswichtiges Ziel der USA, wie die ölreichen Golfstaaten, anzugreifen.[133]

TEAM-A gegen TEAM-B

Dennoch versuchten Israels Verbündete in Washington, die Schlussfolgerungen des Nationalen Geheimdienstrates zu konterkarieren. So stimmte Präsident Gerald Ford unter politischem Druck Mitte 1976 (als George Bush CIA-Direktor war) der Einführung eines sogenannten „Audits" der von den eigenen nationalen CIA-Geheimdienstmitarbeitern (später „Team A") gelieferten Geheimdienstdaten durch einen Ausschuss „unabhängiger" Experten - bekannt als „Team B" - zu.[134]

Die Haupttriebfeder hinter dem Konzept einer solchen Prüfung war Leo Cherne, ein Veteran der Israel-Lobby, der auch langjährige Verbindungen zur Bush-Familie hatte.

1962 gründeten Cherne, Prescott Bush Senior und Prescott Bush Junior, Vater und Bruder des späteren CIA-Direktors, sowie ein weiterer späterer CIA-Direktor, William Casey, das National Strategy Intelligence Center, das als Verteilzentrum für von der CIA genehmigte „Informationen" diente, die an rund 300 Zeitungen auf internationaler Ebene versandt wurden.[135]

Wie wir jedoch in Anhang 1 von *Final Judgement* festgestellt haben, ist das B-Team, die neu gegründete und angeblich „unabhängige" Gruppe unter der Leitung

---

[132] *The Spotlight,* 5. Februar 1996.
[133] *Ibid.*
[134] *Ibid.*
[135] *George Bush: The Unauthorized Biography.* Webster Tarpley und Anton Chaitkin. (Washington, DC: Executive Intelligence Review, 1992), S. 80.

des Harvard-Professors Richard Pipes, einem glühenden Anhänger Israels, zu einem Vorposten des israelischen Einflusses geworden. Und natürlich wurde CIA-Direktor George Bush angesichts seiner familiären Verbundenheit mit dem Paten des B-Teams, Leo Cherne, zu einem Befürworter der Schlussfolgerungen des B-Teams, was nicht überrascht.

PAISLEY gegen TEAM B

Es war John Paisley, ein kürzlich pensionierter CIA-Mitarbeiter, der damit beauftragt wurde, als Verbindungsmann und Berater zwischen dem CIA-internen A-Team und dem B-Team zu fungieren. Paisley war jedoch nicht begeistert von den Maßnahmen, die das B-Team durchführte. Laut Meade Rowington, einem ehemaligen Analysten der amerikanischen Spionageabwehr: „Paisley wurde schnell klar, dass diese kosmopolitischen Intellektuellen lediglich versuchten, die Empfehlungen der CIA zu diskreditieren und sie durch eine alarmistische Sicht der sowjetischen Absichten zu ersetzen, die von den israelischen Schätzern begünstigt wurden."[136]

Folglich startete Paisley in den folgenden zwei Jahren seine eigene Kampagne gegen den israelischen Versuch, die Politikgestaltung der USA zu manipulieren. Er begann auch, mit Journalisten und Ermittlern des Kongresses in Washington zu sprechen und legte dar, was er sah. Einer von Paisleys Freunden sagte: „Er traf sich mit Physikern und anderen Wissenschaftlern, die wussten, dass Israel die militärischen Fähigkeiten und Kriegspläne der Sowjets maßlos übertrieb. Aber wir haben ihm unter vier Augen immer wieder gesagt, dass wir nichts dagegen tun können".[137]

Anfang 1978 hatte das B-Team seine Überprüfung der CIA-Verfahren und -Programme abgeschlossen und einen langen Bericht veröffentlicht, in dem fast alle in den vergangenen Jahren gefundenen amerikanischen Informationen über die sowjetische Militärmacht und ihre geplante Verwendung scharf kritisiert wurden.

ISRAELISCHE DESINFORMATION

In dem von Israel beeinflussten Bericht des B-Teams hieß es, die Sowjets entwickelten heimlich eine sogenannte „Erstschlag"-Fähigkeit, weil die sowjetische strategische Doktrin davon ausging, dass ein hinterhältiger Angriff dieser Art sie zu den Gewinnern eines atomaren Schlagabtauschs mit den USA machen würde. Das B-Team wies die Einschätzungen von Analysten wie Paisley und anderen zurück, die davon ausgingen, dass Moskau wahrscheinlich keinen Atomkonflikt auslösen würde, wenn es nicht angegriffen würde. Letztendlich setzten sich natürlich die Schlussfolgerungen von Team B durch und die direkte Folge war, dass das Wettrüsten quasi wieder aufgenommen wurde und Israel in

---

[136] *The Spotlight*, 5. Februar 1996.
[137] *Ibid.*

den 1980er Jahren erneut eine massive Infusion von amerikanischer und anderer Militärhilfe erhielt.[138]

Der Bericht des B-Teams stützte sich auf betrügerische Schätzungen des israelischen Geheimdienstes und beruhte auf der Warnung, dass die Sowjetunion unter akutem Energiemangel leide. Dementsprechend prognostizierte das B-Team, dass es ab 1980 zu schweren Engpässen in der sowjetischen Ölproduktion kommen würde, was Moskau dazu zwingen würde, bis zu 4, 5 Millionen Barrel pro Tag für seinen Grundbedarf zu importieren. Da die Sowjets - wie von der israelischen Desinformation behauptet - nach Öl hungerten, würden sie in den Iran oder einen anderen ölreichen Golfstaat einmarschieren, selbst wenn dies eine nukleare Konfrontation mit den USA bedeutete.[139]

DIE KAMPAGNE EINES EINSAMEN MANNES

Nichts davon war auch nur ansatzweise wahr - und John Paisley und andere wussten das auch. Dennoch setzte Paisley seine persönliche Kampagne fort, um den Verzerrungen, Übertreibungen und dem israelischen Einfluss hinter den Argumenten des B-Teams entgegenzuwirken. Obwohl der Abschlussbericht des Teams geheim war, da der Zugang nur einer Handvoll Regierungschefs vorbehalten war, soll Paisley im Sommer 1978 eine Kopie des Berichts in die Hände gefallen sein und sich an die Arbeit gemacht haben, eine detaillierte Kritik zu verfassen, die diese israelische Desinformation zerstört hätte.[140] Paisley wurde jedoch ermordet, bevor er seine Aufgabe erfüllen konnte.

Richard Clement, der während der Reagan-Regierung das Interagency Committee on the Fighting of Errors leitete, sagte: „Die Israelis hatten keine Skrupel, amerikanische Schlüsselbeamte des Geheimdienstes zu „terminieren", wenn diese drohten, sie zu verpfeifen. Diejenigen von uns, die den Fall Paisley kennen, wissen, dass er vom Mossad getötet wurde. Aber niemand, nicht einmal im Kongress, will das öffentlich sagen".[141]

INMAN UND PAISLEY

Orlando Trommer, ein pensionierter Bundessicherheitsbeamter, sagte: „Natürlich hatte Paisley Recht".[142] Trommer sagte, als er hörte, wie Ex-Admiral Bobby Ray Inman, ein ehemaliger stellvertretender Direktor der CIA (und wie Paisley ein Kritiker des B-Teams), öffentlich dazu aufrief, die CIA aufzulösen und ihr die Aufgaben der Nachrichtenbeschaffung zu entziehen, habe Trommer gedacht: „Ich weiß, was er gemeint hat. Das ist eine für dich, John".[143]

---

[138] *Ibid.*
[139] *Ibid.*
[140] *Ibid.*, 4. März 1996.
[141] *Ibid.*
[142] *Ibid.*, 5. Februar 1996.
[143] *Ibid.*

Die Leser werden sich daran erinnern, dass, als Präsident Bill Clinton den oben erwähnten Admiral Inman zum Verteidigungsminister ernannte, Inman seinen Namen auf einer Pressekonferenz am 18. Januar 1994 plötzlich aus allen Überlegungen herausnahm.

Zu diesem Zeitpunkt sagte Inman in unmissverständlichen Worten, dass er sich zurückziehe, weil er nicht den Wunsch habe, sich dem zu unterwerfen, was er als „neuen McCarthyismus" bezeichnete.[144] Mit anderen Worten: Inman sagte, er werde in den Medien - insbesondere von dem syndizierten Kolumnisten William Safire - angegriffen, weil er (Inman) vor Safire und der Israel-Lobby Jahre zuvor geflohen sei.

EIN WEITERER KRITIKER ISRAELS

Inman erklärte, wie er (Inman) 1981, als die Israelis den irakischen Atomreaktor bombardierten, herausgefunden hatte, dass die Israelis 1981 ihre Tat gerade deshalb ausführen konnten, weil sie Zugang zu hochrangigen Satellitenaufklärungsdateien des Pentagons gehabt hatten. Zu diesem Zeitpunkt erteilte Inman, der damals während der Abwesenheit des CIA-Direktors William Casey Interimsdirektor der CIA war, Befehle, die den israelischen Zugang zu diesen nationalen strategischen Informationen einschränkten. Als Reaktion darauf, so Inman: „Der [israelische] Verteidigungsminister General Sharon war so wütend, dass er in die USA reiste, um bei Weinberger zu protestieren."[145] Weinberger, selbst ein Israelkritiker, hatte Inman jedoch unterstützt.

Nach Caseys Rückkehr als CIA-Direktor in die USA beschwerte sich William Safire - ein langjähriger Freund und ehemaliger Wahlkampfleiter Caseys, als Casey einen erfolglosen Versuch unternahm, in den Kongress einzuziehen - bei Casey, der Inmans Entscheidung rückgängig machte. Laut Inman „war es von diesem Zeitpunkt an, wenn man die Berichterstattung [über Inman] zurückverfolgt, aggressiv".[146]

DIE VERBINDUNGEN VON CASEY

Eine interessante Bemerkung zu William Casey: Als CIA-Direktor war Casey ein wertvoller Verbündeter Israels in Washington, und unter seiner Führung verstrickte sich die CIA in die berüchtigte Iran-Contra-Affäre, bei der Israel eine führende Rolle spielte.

Caseys Verbindungen deuten in gewisser Weise auf eine langjährige Verbindung nicht nur zum israelischen Geheimdienst, sondern auch zu anderen Elementen hin, die im Zuge der Ermittlungen zum JFK-Mordkomplott ans Licht kamen. Laut dem Schriftsteller für organisierte Kriminalität Dan Moldea war Casey Gründer, Generalanwalt und Vorstandsmitglied von Multiponics, einem

---

[144] Pressemitteilung von Bobby Ray Inman, 18. Januar 1994.
[145] *Ibid.*
[146] *Ibid.*

agroindustriellen Unternehmen, das in mehreren Südstaaten, darunter Louisiana, rund 44.000 Acres Ackerland besaß.[147] Einer von Caseys Partnern in dem Unternehmen war ein Carl Biehl, den Moldea als „Partner der Unterweltfiguren aus der Verbrecherfamilie von Carlos Marcello in New Orleans" beschreibt.[148] (In Kapitel 10 haben wir uns natürlich ausführlich mit der Verbindung des Syndikats von Marcello und Lansky befasst).

Besonders interessant ist jedoch, dass die Firma Multiponics von Casey und Marcellos Partner, als sie 1971 Konkurs anmeldete, rund 20,6 Millionen Dollar an verschiedene Gläubiger schuldete, darunter niemand geringeres als Bernard Cornfeld von Investors Overseas Services[149], den wir in Kapitel 7 kennengelernt haben und der eine führende Rolle bei Tibor Rosenbaums internationalen Geldwäscheaktivitäten für den Mossad spielte. (Und wir müssen uns natürlich fragen, ob Caseys IOS-Deal in Wirklichkeit nicht eine Art Geheimunternehmen war - oder sogar die Mittel, um vom Mossad Geld zu bekommen, getarnt als ein schlecht gelaufenes Darlehen. Das ist zwar Spekulation, aber es bietet Stoff zum Nachdenken.

Später, nachdem Casey CIA-Direktor geworden war, ernannte er zum stellvertretenden Direktor für Operationen, der für verdeckte Aktionen und die Sammlung geheimer Informationen in Übersee zuständig war (der frühere Posten von James Angleton), eine ebenso interessante Figur: einen gewissen Max Hugel, einen Beamten der Centronics Data Computer Corporation.

Dan Moldea: „Ein Teil von Centronics gehörte bis 1974 Caesar's World, dem Casino-Spielunternehmen, gegen das auf Bundesebene wegen angeblichen versteckten Mafia-Eigentums ermittelt wurde, als Brother International Corporation, Hugels ehemaliges Unternehmen, die Anteile von Caesar's World an Centronics aufkaufte. Centronics hatte auch eine Beraterfirma mit dem Gangster Moe Dalitz und seinen Casinos in Las Vegas".[150]

In Kapitel 10 und Kapitel 15 sowie in unserem Anhang über die Warren-Kommission haben wir die Geschichte von Moe Dalitz und seine engen Verbindungen zu Lanskys Syndikat und Tibor Rosenbaums Permindex, die mit dem JFK-Mordkomplott in Verbindung stand, untersucht. Wir finden nun eine weitere Verbindung zu Dalitz auf den höchsten Ebenen der CIA.

KOLLATERALSCHÄDEN

Unnötig zu sagen, dass es einen sehr langen, kategorischen und entscheidenden Einfluss des Mossad innerhalb der CIA gab, und wir können daher verstehen, warum der stellvertretende Direktor der CIA, Admiral Bobby Ray Inman, als er zu Recht den Einfluss des Mossad in Frage stellte, von William Casey bei mehr als einer Gelegenheit abgewiesen wurde.

---

[147] Dan Moldea. *Dark Victory.* (New York: Viking Press, 1986), S. 294.
[148] *Ibid.*
[149] *Ibid.*
[150] *Ibid.*, S. 295.

Obwohl er (scheinbar) keinen direkten Einfluss auf die Ermordung von JFK hatte, ist Bobby Ray Inmans Konflikt mit Israel und seiner mächtigen Lobby in Washington ein gutes Beispiel dafür, was mit hohen amerikanischen Beamten geschehen kann, die Israel angreifen, indem sie seine Macht und seinen Einfluss auf die Gestaltung der amerikanischen Politik in Frage stellen. Inman war auf seine Weise ebenso ein Opfer der geheimen Kriege hinter den Kulissen mit Israel wie seine Vorgänger William Colby, John Paisley und John F. Kennedy.

Ob es tatsächlich eine direkte Verbindung zwischen dem Tod von Colby und Paisley und dem Tod von John F. Kennedy gibt, werden wir wahrscheinlich nie erfahren. Die Fakten über ihren Tod deuten jedoch alle auf eine Verbindung zu Israel hin. Allein aus diesem Grund sollte dies hier in „*Judgement Final*" vermerkt werden.

DIE VERBINDUNG MIT ANGLETON

Seien Sie versichert, dass wir jedoch noch nicht Israels letzten Verbündeten bei der CIA oder Colbys Nemesis, James Angleton, auf den Seiten von „*Judgement Final*" gesehen haben. In Anhang 7 werden wir seine unbekannte Rolle in diesem anderen Staatsstreich, der als „Watergate" bekannt ist, erforschen. Und wir werden sehen, dass es tatsächlich eine Verbindung zwischen Watergate und der Ermordung von JFK gibt - und diese Verbindung ist Angleton.

ANHANG 7

„Deep Throat" Dallas und Watergate
James Jesus Angleton, Israel und
der Sturz von Richard M. Nixon

Seit dem Sturz von Richard Nixon im Jahr 1974 hat die Verbindung zu Dallas und Watergate für eine unglaubliche Menge an Fehlinformationen und Falschinformationen gesorgt. Es gibt tatsächlich eine Verbindung zu Dallas und Watergate, aber selbst die unerschrockensten Forscher scheinen etwas übersehen zu haben. Die wahre Verbindung zu Dallas und Watergate ist die lange verborgene Rolle von James Jesus Angleton, dem Mann Israels innerhalb der CIA- die Haupttriebfeder der CIA nicht nur hinter der Ermordung von JFK, sondern auch hinter dem erzwungenen Rücktritt von Richard M. Nixon.

Seit Jahren bemüht sich ein breites Spektrum an Forschern darum, eine „Verbindung zu Dallas und Watergate" zu finden. Peter Dale Scott und Carl Oglesby haben ausführlich über das Thema geschrieben. Auch viele andere haben sich mit dem Thema befasst. Die Forscher scheinen sich hauptsächlich auf eine Sache zu konzentrieren: die Tatsache, dass das „ehemalige" CIA-Mitglied E. Howard Hunt, der Leiter des Teams, das in die Zentrale der Demokratischen Partei im Watergate-Komplex in Washington einbrach, in den Jahren der CIA-Mordkomplotte gegen Fidel Castro der Kontaktmann der CIA zu kubanischen Anti-Castro-Exilanten gewesen war.

Wie wir in diesem Anhang sehen werden, steckt jedoch viel mehr hinter der „Dallas-Watergate-Verbindung", als es den Anschein hat, und wenn man der Wahrheit glaubt, ist die wahre Verbindung die verborgene Rolle, die Israels CIA-Verbündeter James Jesus Angleton nicht nur bei der Ermordung von Präsident Kennedy, sondern auch bei der Watergate-Intrige spielte, die zum Sturz von Richard Nixon führte.

Wie wir sehen werden, hatte Nixon - wie JFK - tatsächlich begonnen, die Israelis anzugreifen, und wie JFK - wurde er ins Visier genommen, um beseitigt zu werden.

NIXON: „BRING MIR DIE AKTEN..."

Angesichts dessen, was wir heute über John F. Kennedys erbitterten Konflikt mit Israel über dessen entschlossene Absicht, ein Atomwaffenarsenal zu entwickeln, wissen, ist es laut der Journalistin Leslie Cockburn sehr interessant zu erfahren, dass „als Nixon an die Macht kam, das zweite, was er J. Edgar Hoover bat, für ihn zu tun, war: „Bring mir die Akten über israelische Atomspionage".[151] Und wenn man die engen Verbindungen Hoovers zur Anti-Defamation League (ADL) der B'nai B'rith, dem Vermittler des amerikanischen Geheimdienstes für den israelischen Mossad, bedenkt, kommt man nicht umhin, sich zu fragen, ob die Nachricht von Nixons besonderem Interesse an diesem Thema nicht bis zum Mossad-Hauptquartier in Tel Aviv gelangt ist.

Obwohl Richard Nixon als Präsident allgemein als Freund Israels galt, war die jüdische Gemeinschaft in den USA im Allgemeinen misstrauisch gegenüber Nixon. Mit Mühe gewann er 1968 die Präsidentschaft und schlug Hubert Humphrey, einen starken Befürworter Israels, der bei jüdischen Wählern sehr beliebt war, knapp.

1972 wurde Nixon jedoch in einem der größten Volksumwälzungen in der amerikanischen Geschichte mit überwältigender Mehrheit wiedergewählt, und an diesem Punkt entschied Nixon offensichtlich, dass er ein legitimes Mandat hatte, um mit der Ausübung eines echten Einflusses zu beginnen.

Tatsächlich hatte der Präsident, wie der ehemalige Stabschef des Weißen Hauses, H. R. Haldeman, in seinem Buch *The Ends of Power* schrieb, die Absicht, die gesamte Bundesbürokratie umzugestalten und sie unter die direkte Kontrolle seiner eigenen, handverlesenen Loyalisten im inneren Kreis des Weißen Hauses zu stellen - vertrauenswürdige, langjährige Kollegen, die nicht zur Elite der herrschenden Klasse gehörten.

„Die Reorganisation", erklärte Haldeman, sei die geheime Geschichte von Watergate. Diese Reorganisation im Winter 1972 - die der amerikanischen Öffentlichkeit kaum bekannt ist - trieb schließlich die großen Machtblöcke in Washington gegen Nixon an.

„Als der so verhasste Nixon immer mehr dazu überging, die Exekutive im Weißen Haus zu kontrollieren, weil er das verfassungsmäßige Mandat dazu hatte, sahen sie alle, dass er eine Gefahr darstellte. Was sie befürchteten, war real. Nixon hatte wirklich vor, die Regierungsgeschäfte in die Hand zu nehmen, und wenn die Kongressabgeordneten von einem Gespräch des Präsidenten vom 15. September 1972 gewusst hätten, wären sie noch ängstlicher gewesen".[152]

Laut Haldeman erklärte Nixon: „Wir werden aufräumen. Es ist Zeit für ein neues Team. Punkt. Ich werde [dem amerikanischen Volk] sagen, dass wir das vorher nicht getan haben, aber jetzt haben wir ein Mandat. Und eines der Mandate ist es, die Aufräumarbeiten zu erledigen, die wir 1968 nicht erledigt haben."[153] Haldeman beschrieb die vorgeschlagene Säuberung wie folgt: „Nicht nur würde [Nixon] alle Zügel der Regierung durch acht hochrangige Führungskräfte im Weißen Haus eng kontrollieren, sondern er würde auch seine eigenen „Agenten" in Schlüsselpositionen in allen Regierungsbehörden installieren."[154]

Offensichtlich hatte Nixon große Pläne: Er wollte sich tatsächlich behaupten und versuchen, die Kontrolle über die Exekutive und ihre zahllosen Behörden zu

---

[151] Leslie Cockburn über Notizen von C-SPAN, 1. September 1991.
[152] H.R. Haldeman. *The Ends of Power*. (New York: Times Books, 1978), S. 168-169.
[153] *Ibid.*, S. 172.
[154] *Ibid.*, S. 191.

erlangen. Es versteht sich von selbst, dass dieser Schritt vielen Mitgliedern der jüdischen Gemeinschaft in den USA unangenehm war. Gerüchte über Nixons „Listen" von Juden, die hochrangige Positionen in der Exekutive und den Agenturen innehatten, begannen zu kursieren und nährten den seit langem bestehenden Verdacht gegen Nixon. Und während sich all dies in den Vereinigten Staaten abspielte, verlieh der Ausbruch der Ereignisse im Nahen Osten der Wahrnehmung, die Israel vom amerikanischen Präsidenten hatte, einen neuen Ton.

NIXON KREUZT ISRAELISCHE

Nach seinem massiven Wahlsieg 1972 überschritt Nixon die Grenzen, was seine Unterstützung für Israel betraf.

1973 erfuhr die Nixon-Regierung von dem geplanten Angriff Syriens und Ägyptens auf Israel dreißig Stunden, bevor die USA Israel informierten.[155]

Laut Nixons pro-israelischen Kritikern John Loftus und Mark Aarons hatte Nixons Stab „mindestens zwei Tage Vorlauf, um davor zu warnen, dass ein Angriff bevorstand"... aber niemand in Nixons Weißem Haus warnte die Juden bis in die letzten Stunden des Tages des Angriffs".[156]

Loftus und Aarons erklärten: „Obwohl unsere Quellen glauben, dass Inkompetenz und nicht Böswilligkeit der Grund für die Verzögerung der Warnung war, hatte Nixon sicherlich ein Rachemotiv...". Nixon war sich sehr wohl bewusst, dass außer J. Edgar Hoover nur die Israelis genug über seine Vergangenheit wussten, um ihm größeren politischen Schaden zuzufügen.[157]

„Wie die Watergate-Aufzeichnungen zeigen, hatte Nixon schreckliche Angst vor den Juden. Er erstellte Listen seiner Feinde und verfolgte die amerikanischen Juden in seiner Regierung... Was auch immer das Motiv gewesen sein mag, im September und Oktober 1973 verschloss Nixons Weißes Haus die Augen vor Sadats Plänen für einen Überraschungsangriff auf die Juden".[158]

Es gibt weitere Beweise dafür, dass Nixon inoffiziell versuchte, die Macht und den Einfluss der Israel-Lobby zu überlisten, trotz der heute weit verbreiteten Auffassung, Nixon sei irgendwie ein „Freund" Israels gewesen.

Der angesehene britische Journalist Alan Hart stellte beispielsweise fest, dass Nixons Außenminister Henry Kissinger bereits 1973 die israelische Regierung gewarnt hatte, dass Nixon sich wahrscheinlich darauf vorbereite, Israel den Geldhahn zuzudrehen.

Die Wahrheit ist, dass Nixon sich, wie Hart betonte, aktiv (inoffiziell) mit König Feisal von Saudi-Arabien abgestimmt hatte, um zu versuchen, den israelisch-palästinensischen Konflikt ein für alle Mal zu lösen.

---

[155] John Loftus und Mark Aarons. *The Secret War Against the Jews* (*Der geheime Krieg gegen die Juden*) (New York: St. Martins Press, 1994), S. 309.
[156] *Ibid.*
[157] *Ibid.*
[158] *Ibid.*, S. 309-310.

Hart erläuterte die Bemühungen Nixons (durch die guten Dienste von König Feisal), den Palästinenserführer Jassir Arafat auf Umwegen in Verhandlungen über eine umfassende Friedensregelung für den Nahen Osten zu verwickeln. Als Kissinger jedoch von den Verhandlungen erfuhr (die zunächst hinter seinem Rücken geführt worden waren), griff er ein und bremste die Friedensbemühungen von Nixon und Feisal, die er offensichtlich als eine Bedrohung für Israel betrachtete.

Darüber hinaus hatte Hart seinen Quellen zufolge festgestellt, dass Nixon selbst König Feisal zu einem bestimmten Zeitpunkt erklärt hatte, dass er - Nixon - die feste Absicht habe, seine vorbereitete Rede zur Lage der Nation zu zerreißen und im nationalen Fernsehen und Radio aufzutreten, um dem amerikanischen Volk zu erklären, wie Israel und seine amerikanische Lobby das wahre Hindernis für den Frieden seien, wenn die Israelis und ihre amerikanische Lobby weiterhin Nixons Bemühungen um eine Lösung des Nahostkonflikts durchkreuzen würden.

(Für einen vollständigen Überblick über diese Fragen - und viel mehr über Israels Intrige - siehe Alan Harts Buch von 1984, *Arafat-Terrorist or Peacemaker?* Veröffentlicht von Sidgwick & Jackson in London)

Offensichtlich gab es in den schicksalhaften Jahren 1973 und 1974, in denen sich der Watergate-Skandal zuzuspitzen begann und schließlich Richard Nixon zu Fall brachte, hinter den Kulissen viel mehr Wendungen. Er war, wie John F. Kennedy vor ihm, in einen geheimen Krieg mit Israel verwickelt, und im Verlauf dieses Kapitels werden wir genau sehen, wie dieselben Kräfte, die JFK geschwächt hatten, schließlich auch Nixon ausweideten.

Tatsächlich gibt es Beweise dafür, dass es bereits hochrangige Pläne gab, sich gegen Nixon zu stellen - sogar schon vor seinem großen Sieg bei der Wiederwahl 1972.

In einem Interview vom 24. März 1974 mit Walter Cronkite von CBS hatte der internationale Finanzier Robert Vesco (der damals im Exil in Costa Rica lebte und vor der Strafverfolgung in den USA floh) einige interessante Behauptungen aufgestellt, die fast nie zur Kenntnis genommen worden waren.

Der relevante Teil der Transkription des Interviews spricht für sich selbst:

> **CRONKITE: Herr Vesco, Sie haben gesagt... dass sechs Monate vor dem Watergate-Einbruch die Demokraten Ihnen einen Plan zur Absetzung des Präsidenten vorgelegt hatten. Können Sie uns sagen, wie dieser Plan aussah?**
>
> **VESCO: Lassen Sie mich Sie kurz korrigieren. Ich glaube nicht, dass ich gesagt habe, dass die Demokraten zu mir gekommen sind. Ich habe gesagt, dass es eine Gruppe war. Ich glaube nicht, dass ich identifiziert habe, wer. Der Plan bestand im Wesentlichen darin, wie ich bereits sagte, zu versuchen, Anklagen gegen bestimmte hochrangige Beamte zu erwirken und sie als Sprungbrett zu benutzen, um die öffentliche Meinung zu ihren Gunsten zu gewinnen, indem man die Medien in großem Umfang**

nutzt. Ziel war es, das Ergebnis der Präsidentschaftswahlen von 1972 umzukehren.[159]

Vesco behauptete, dass die „Gruppe", mit der er sich getroffen hatte, aus drei Personen bestand, deren Namen wohlbekannt waren und die in früheren Regierungen, die er nicht nannte, hohe Positionen innegehabt hatten. Seiner Meinung nach waren die Verschwörer an ihn herangetreten, weil sie glaubten, dass er weitere Informationen über eine geheime Geldspende an die Republikanische Partei kannte (oder Zugang dazu hatte), die dazu dienen könnten, einen Skandal zu schaffen, der dazu benutzt werden könnte, die Nixon-Regierung zu stürzen.

„DIESELBEN KRÄFTE" STANDEN JFK UND NIXON GEGENÜBER

Noch merkwürdiger, insbesondere im Hinblick auf das, was wir später behandeln werden, ist, dass Vesco (nach Nixons Rücktritt 1974) auch sagte, dass „die Kräfte, die mich bedroht haben, politisch die gleichen sind wie die, die Präsident Kennedy und dann Präsident Nixon beseitigt haben und die alle Partner von Nixon beseitigen wollen".[160]

Obwohl der Ermittler Carl Oglesby in *The Yankee and Cowboy War* kommentiert, dass Vesco „ideologisch nicht sehr klar"[161] war, indem er andeutet, dass die gleichen Kräfte, die JFK beseitigten, auch hinter Nixons Entlassung steckten, scheint es im Gegenteil so, dass Vesco tatsächlich ziemlich Recht hatte. Weil Oglesby nie die Tatsache berücksichtigt, dass der „liberale Demokrat" (Kennedy) und der „konservative Republikaner" (Nixon) mit Israel und seiner amerikanischen Lobby in Konflikt gerieten, und weil er von der „liberal-konservativen" Dichotomie geblendet ist, gelingt es Oglesby daher nicht, das Gesamtbild zu verstehen. Es ist klar, dass, wie Vesco sagte, die Kräfte, die ihn bedrohten, „politisch die gleichen" waren, die John F. Kennedy ermordeten, bevor sie sich gegen Richard Nixon wandten.

DIE VERBINDUNG VON VESCO MIT DEM PERMINDEX

Vesco ist in der Tat eine sehr gute Quelle für diesen wenig verstandenen Aspekt der „Verbindung zu Dallas und Watergate". Tatsächlich kam Vescos Aufstieg zur Macht in der Finanzwelt zustande, als er die Kontrolle über den Investors Overseas Service (IOS) des extravaganten Finanziers Bernard Cornfeld[162] übernahm, der, wie wir in Kapitel 7 und Kapitel 15 gesehen haben, integraler Bestandteil des Permindex-Netzwerks war, das mit der Ermordung

---

[159] Zitiert von Carl Oglesby in *The Yankee and Cowboy War: Conspiracies From Dallas to Watergate* (Kansas City, Kansas: Sheed, Andrews & McMeel, 1976), S. 269-270.
[160] *Boston Globe*, 6. Dezember 1974. Zitiert in *Oglesby*, S. 270.
[161] *Oglesby*, S. 270.
[162] Robert Hutchison. *Vesco*. (New York: Praeger Publishers, 1974)

Kennedys in Verbindung stand und von Tibor Rosenbaum, einem langjährigen Top-Agenten des Mossad, aufgebaut worden war.

Und wie wir in Kapitel 9 festgestellt haben, war es Michael Townley - der zum Zeitpunkt der Ermordung von JFK in Wirklichkeit IOS-Agent war -, der später für den Mord an dem chilenischen Diplomaten Orlando Letelier verurteilt wurde. Townleys Mitverschwörer bei diesem Verbrechen waren die Exilkubaner (und CIA-Agenten) Guillermo und Ignacio Novo, die, wie wir gesehen haben, am 21. November 1963 in Dallas ankamen und sich mit dem CIA-Mitarbeiter E. Howard Hunt unterhielten; sie spielten offensichtlich zusammen mit Hunt eine Rolle bei den Umständen um die Ereignisse in Dallas, die mit der Mordverschwörung zusammenhingen.

Vesco selbst verstrickte sich nach dem folgenden IOS-Finanzskandal so sehr in arabische Interessen, dass der investigative Journalist Jim Hougan ironisch (und weise) kommentierte, Vesco „hätte die Araber leicht davon überzeugen können, dass die IOS ein politisches Instrument Israels war, indem er auf die Investitionen in Millionenhöhe in israelische Anleihen und Vermögenswerte und seine Verbindungen zu so bekannten Zionisten wie Cornfeld, Rosenbaum, Rothschild... hingewiesen hätte.".

„Mit ein paar Madison-Avenue-Profis auf seiner Seite", so Hougan, „hätte Vesco die nationalistischen Gefühle im Nahen Osten manipulieren können, indem er in der arabischen Sichtweise als politischer Flüchtling auftauchte, der Opfer einer finsteren zionistischen Verschwörung geworden war. Schließlich hätte man, wie [Vesco] gerne betonte, all seinen Ärger diesen „verdammten" jüdischen Bastarden (sic) der SEC (US-Bundesbehörde für die Regulierung und Überwachung der Finanzmärkte) zuschreiben können. Und es hätte eine gewisse immanente Gerechtigkeit gegeben, falls Vesco mit dieser Masche Erfolg gehabt hätte",[163] fügte er hinzu.

Angesichts der engen Verbindungen Vescos zum Permindex-Netzwerk hinter dem Mordkomplott gegen JFK ist es also in der Tat wahrscheinlich, dass Vesco von den Fakten über die Komplizenschaft des Mossad mit der CIA im Fall JFK wusste und daher seinen Einfluss nutzte, um diejenigen zu treffen, die versuchten, ihn in die USA zu bringen, damit er vor Gericht gestellt werden konnte.

Mit Fidel Castros Zustimmung flüchtete er schließlich in das antizionistische Kuba und ließ Castro dort zweifellos hören, was er - er Vesco - über den JFK-Fall wusste.

Dies wäre für Castro natürlich insofern besonders interessant gewesen, als die Verschwörer hinter dem JFK-Attentat alles daran setzten, den mutmaßlichen Präsidentenmörder Lee Harvey Oswald als Castro-Sympathisanten zu „verkleiden". Letztendlich zerstritt sich Castro natürlich mit Vesco und der berühmte „flüchtige Finanzier" wurde von seinem alten Gastgeber ins Gefängnis gesteckt, weil er beschuldigt wurde, in den Drogenhandel verwickelt zu sein.

Vescos endgültiges Schicksal bleibt abzuwarten, aber es besteht kein Zweifel daran, dass seine Behauptungen, die Kräfte hinter Watergate hätten auch hinter dem Mordkomplott gegen JFK gestanden, sehr relevant und glaubwürdig sind,

---

[163] Jim Hougan. *Spooks*. (New York: William Morrow & Company, 1978), S. 227.

zumal wir wissen, dass zu dem Zeitpunkt, als der Watergate-Skandal seinen Lauf nahm, das Thema Kennedy-Mord Richard Nixon zu beschäftigen schien.

NIXON UND DIE ERMORDUNG VON JFK

Forscher, die auf der Suche nach der viel diskutierten „Verbindung zu Dallas und Watergate" waren, zitieren häufig die Memoiren von Nixons ehemaligem Stabschef im Weißen Haus, H. R. Haldeman, in denen Haldeman erklärte, wie Nixon die CIA dazu bringen wollte, sich einzumischen, um zu verhindern, dass der aufkeimende Watergate-Skandal weitergeht. Nixon wies Haldeman darauf hin, wie er (Haldeman) an Richard Helms, den damaligen Direktor der CIA, herantreten und Helms zur Zusammenarbeit bewegen sollte.

Nixon riet Haldeman, Helms daran zu erinnern, dass E. Howard Hunt, der ehemalige CIA-Mitarbeiter, einer der Watergate-Einbrecher war. „Hunt... wird viele Dinge enthüllen", erklärte Nixon.

„Wenn Sie diesen Schurken öffnen, wird eine ganze Menge Zeug herauskommen... sagen Sie ihnen, dass wir glauben, dass es sehr schädlich wäre, weiter zu gehen. Das betrifft diese Kubaner, Hunt und viele andere Verstrickungen, die nichts mit uns zu tun haben".[164]

Haldeman sagte damals, er habe keine Ahnung, was „Nixon" mit „Tricks" meinte. Aber Nixon fügte hinzu: „Wenn wir die Leute von der CIA sagen: „Das Problem ist, dass dadurch die ganze Schweinebucht-Affäre wieder aufgerollt wird. Also sollten sie das FBI einschalten und zum Wohle des Landes nicht weiter in dieser Angelegenheit tätig werden. Punkt."[165]

Später, bei einem anschließenden Treffen, griff Nixon das mysteriöse Thema erneut auf und sagte: „Sagen Sie ihnen, wenn das rauskommt, wirft das ein schlechtes Licht auf die CIA, ein schlechtes Licht auf Hunt, und es ist wahrscheinlich, dass es die ganze Schweinebucht in die Luft sprengt, was sehr unglücklich für die CIA wäre".[166]

Tatsächlich ging Haldeman zu Helms und überbrachte die Nachricht. Die Reaktion des CIA-Direktors erstaunte Haldeman, der sie in seinen Memoiren erläuterte: „Unruhe im Raum, Helms griff nach seinem vorgebeugten Stuhl und schrie: „Die Schweinebucht hat damit nichts zu tun. Ich mache mir keine Sorgen um die Schweinebucht". Laut Haldeman: „Ich saß einfach nur da. Ich war absolut schockiert von Helms' heftiger Reaktion. Wieder einmal habe ich mich gefragt, was dieses *Dynamit* in der Geschichte der Schweinebucht zu suchen hat?"[167] (Hervorhebung von Haldeman).

Interessant ist, dass Haldeman erklärte, dass er später, nachdem er begonnen hatte, die Dinge aufeinander abzustimmen, zu dem Schluss kam, dass „es scheint,

---

[164] Haldeman, S. 33.
[165] *Ibid.*
[166] *Ibid.*
[167] *Ibid.*, S. 38.

dass er sich bei all diesen Hinweisen Nixons auf die Schweinebucht in Wirklichkeit auf die Ermordung Kennedys bezog."[168]

(Kurz vor seinem Tod und Jahre nach der Veröffentlichung der Memoiren behauptete Haldeman, der Co-Autor seiner Memoiren, Joe DiMona, habe den Hinweis auf die „Schweinebucht" und die Ermordung Kennedys in seine Memoiren eingefügt, er sei ohne sein Wissen veröffentlicht worden und es sei schlichtweg nicht wahr. Haldeman erklärte jedoch nicht, warum er seine eigenen Memoiren nie vor der Veröffentlichung gelesen hatte oder warum er die fragwürdigen - aber oft beachteten - Behauptungen seines Co-Autors unmittelbar nach der Veröffentlichung des Buches nicht zurückwies)

Andere glaubten, dass die CIA den Watergate-Skandal inszeniert hatte. Selbst die *Washington Post* (die zur wichtigsten Medienstimme in der Watergate-Affäre wurde) berichtete :

> „Charles W. Colson (einer von Nixons besten Beratern) stellte eine Reihe überraschender Behauptungen über Nixons Befürchtungen auf, dass die CIA in den Watergate-Skandal verwickelt sei. Colson stellte den Präsidenten als einen Quasi-Gefangenen im Oval Office von mutmaßlichen hochrangigen Verschwörern aus Geheimdienstkreisen dar, gegen die er aus Angst vor internationalen und nationalen politischen Auswirkungen nichts zu unternehmen wagte. Seine grundlegende Befürchtung war, dass die CIA die Watergate-Einbrüche geplant hatte. Das Motiv: Den engen Kreis der Berater des Präsidenten zu diskreditieren:'.[169]

Es scheint tatsächlich so, dass Nixon die CIA wegen ihrer Beteiligung an der Ermordung von JFK erpresste und versuchte, diese Information gegen die CIA zu verwenden, um nach dem Beginn der Watergate-Affäre politischen Einfluss auszuüben. Es ist jedoch sehr wahrscheinlich, dass der gescheiterte Watergate-Einbruch vom ersten Tag an in Wirklichkeit ein abgekartetes Spiel war, das scheitern sollte. Und die CIA steckte hinter diesem abgekartetes Spiel.

Viele Ermittler, die sich mit der Watergate-Affäre befassten, darunter auch Carl Oglesby, kamen zu dem Schluss, dass die Watergate-Einbrecher in Wirklichkeit von einem „Doppelagenten" oder von Agenten infiltriert waren, die absichtlich dafür sorgten, dass die Watergate-Einbrecher auf frischer Tat ertappt wurden: Ein „versehentlich" über einem Türschnapper zurückgelassenes Stück Maskierungsband - horizontal statt vertikal, wodurch es entdeckt wurde - alarmierte den Watergate-Sicherheitsdienst, dass irgendwelche Machenschaften im Gange waren.

---

[168] *Ibid.*, S. 39.
[169] Zitiert in *the Richmond, California Independent-Gazette*, 27. Juni 1974.

DIE EINBRECHER VON ANGLETON?

Obwohl angedeutet wurde, dass E. Howard Hunt selbst einer derjenigen war, die halfen, den Einbruch zu „vermasseln" - eine Ansicht, die von G. Gordon Liddy und sicherlich Eugenio Martinez,[170] zwei der anderen Einbrecher, vertreten wurde - war James McCord wahrscheinlich der andere Doppelagent, der direkt für die Vortäuschung der Aufnahme verantwortlich war.

Obwohl er vor dem Watergate-Skandal der Öffentlichkeit nicht bekannt war, war McCord kein gewöhnlicher „CIA-Agent". Er war nicht nur der oberste Sicherheitsbeamte der CIA in Europa gewesen, sondern hatte später auch als Sicherheitsbeauftragter in der CIA-Zentrale in Langley gearbeitet,[171] das waren alles andere als unbedeutende Posten. Doch scheinbar im „Ruhestand" gelang es dem hochrangigen Sicherheitsexperten der CIA, einen billigen Einbruch zu „vermasseln".

McCord selbst erklärte später, Nixon habe versucht, „die politische Kontrolle über die CIA zu erlangen"[172] und das habe ihm nicht gefallen - und auch nicht James Angleton, dem Mossad-Verbündeten und Chef der CIA-Gegenspionage. Tatsächlich, und das ist sehr wichtig, war McCord ein enger Freund von Angleton,[173] und als alter Sicherheitsbeamter der CIA arbeitete McCord direkt mit Angleton zusammen. Darüber hinaus teilte McCord als bibelzitierender Christ Angletons Hingabe an Israel.

Die Beweise legen also nicht nur nahe, dass die Watergate-Operation gegen Nixon zumindest teilweise ausgelöst wurde, weil Nixon (wie JFK vor ihm) eine Bedrohung für Israel war, sondern dass die Ursprünge von Watergate direkt auf Angletons Büro bei der CIA zurückgingen.

Darüber hinaus ist die Tatsache, dass wir auch einen ehemaligen Mossad-Agenten, den CIA-Agenten Frank Sturgis, und seinen ehemaligen CIA-Partner E. Howard Hunt, der bei dem missglückten Einbruch wieder in die Schleife gerät, ist ebenfalls bedeutsam.

Wie wir nun sehen werden, war es Angleton, der - über einen Agenten des Weißen Hauses - die ständigen Lecks zur *Washington Post* orchestrierte, die zu dem landesweiten Medienrummel führten, an den man sich heute als „Watergate" erinnert.

„DEEP THROAT" TRITT AUF

Die Quelle im Weißen Haus, die den jungen *Washington Post*-Journalisten Robert Woodward und Carl Bernstein den Strick lieferte, den sie brauchten, um

---

[170] Eugenio Martinez. *«Mission Impossible»* in *Nixon: An Oliver Stone Film,* herausgegeben von Eric Hamburg (New York: Hyperion Books, 1995), siehe S. 61- 72.
[171] *Oglesby,* S. 282-284.
[172] Deborah Davis. *Katharine the Great* (New York: Sheridan Square Press, 1991), S. 259.
[173] *George Bush: The Unauthorized Biography.* Webster Tarpley und Anton Chaitkin. (Washington, DC: Executive Intelligence Review, 1992), S. 251.

Richard Nixon für die Watergate-Vertuschung zu hängen, wurde als „Deep Throat" bezeichnet.

Jahrelang wurde über die wahre Identität von „Deep Throat" spekuliert, und einer der Kandidaten, dessen Name oft genannt wurde - obwohl er dies bestritt - ist General Alexander Haig, der zum Zeitpunkt von Nixons Verschwinden Stabschef im Weißen Haus war.

Zu denjenigen, die Haig als „Deep Throat" identifizieren, gehören die besagten pro-israelischen Schriftsteller John Loftus und Aarons. Sie spekulieren, dass Haig (selbst ein glühender Verfechter Israels) im Oktober 1973 über Präsident Nixons antijüdische Wutausbrüche und Aggressivität verbittert wurde und noch wütender darüber, dass Nixon Israel fast einem arabischen Überraschungsangriff überlassen hätte, „den Stier bei den Hörnern packte"[174] und zu „Deep Throat" wurde, mit dem Ziel, es Nixon zu zeigen und ihn zu zwingen, seinen Posten zu räumen.

Dies ist eine interessante Theorie, nicht zuletzt, weil sie die Tatsache unterstreicht, dass es pro-israelische Quellen gab, die nahelegen, dass die Zerstörung Richard Nixons das Werk eines glühenden Zionisten war, der im Weißen Haus sehr gut situiert war: in diesem Fall Alexander Haig.

Es gibt jedoch weitaus stärkere Beweise, die darauf hindeuten, dass wir den Ehrenkranz auf James Angletons Grab niederlegen sollten. Angleton war zwar nicht „Deep Throat" im eigentlichen Sinne, aber er war sicherlich der Aufseher von „Deep Throat" für die CIA - und damit letztlich für die Vernichtung von Richard M. Nixon verantwortlich. Werfen wir also einen Blick auf die Beweise.

Wir wenden uns der Arbeit der investigativen Journalistin Deborah Davis zu, deren scharfsinniges Buch *Katharine the Great: Katharine Graham and Her Washington Post Empire* bei seiner Erstveröffentlichung einen ziemlichen Wirbel verursachte. Das Buch war so brandgefährlich, dass Frau Graham ihren immensen Einfluss geltend machte, das Buch aus den Buchhandlungen entfernen ließ und es zu Papierbrei verarbeitete.

Noch faszinierender ist jedoch die Tatsache, dass Davis' Buch möglicherweise (bislang) das einzige Werk war, das Angletons lange verborgene Verbindung zur Watergate-Affäre dokumentiert (die jedoch unbemerkt und vergessen blieb).

ANGLETON UND DIE WASHINGTON POST

Zunächst beschreibt Davis Angletons langjährige und intime Beziehung zu Benjamin Bradlee, dem Chefredakteur der *Washington Post,* der die Journalisten Robert Woodward und Carl Bernstein bei der Berichterstattung der *Post* über den Watergate-Skandal betreute:

„ Neunzehnhundertsechsundfünfzig. Ben Bradlee, der kürzlich wieder geheiratet hat, ist Europakorrespondent für *Newsweek*. Er verließ die [amerikanische] Botschaft in Paris, wo er 1953 als Pressesprecher bei *Newsweek* arbeitete, ein Jahr bevor CIA-Direktor Allen Dulles einen seiner geschicktesten und hartnäckigsten Agenten, den ehemaligen OSS-Agenten James Angleton,

---

[174] *Ibid.*, S. 317.

ermächtigte, ein Gegenspionageteam aufzubauen. Als Leiter der Spionageabwehr wurde Angleton zum Ansprechpartner für alle alliierten Geheimdienste und ihm wurde die Kontrolle über das heikle Israel-Büro übertragen, über das die CIA achtzig Prozent ihrer Informationen über den KGB erhielt.

„Bradlee ist in der Lage, Angleton mit den Israelis in Paris zu helfen, und sie sind auch auf anderen Ebenen miteinander verbunden: Bradlees Ehefrau Tony Pinchot, Absolventin von Vassar 44, und ihre Schwester Mary Pinchot Meyer, Absolventin von Vassar 42, sind enge Freundinnen von Autremont de Cicely, Absolventin von Vassar 44, die James Angleton heiratete, als sie noch auf der High School war, in dem Jahr, in dem er seinen Abschluss an der Harvard Law School machte und von einem seiner ehemaligen Professoren bei Yale für den OSS rekrutiert wurde.„[175]

Davis führt auch eine weitere Verbindung zwischen Bradlee und Angleton an, die während der Watergate-Phase eine entscheidende Rolle spielte:

„Ben Bradlee und Richard Ober, ein junger Mann, der später Angletons wichtigster Stellvertreter in der Spionageabwehr wurde und während der gesamten fünfziger, sechziger und siebziger Jahre in Europa und Washington mit dem Meister zusammenarbeitete, waren Anfang der 1940er Jahre ebenfalls in Harvard.

„Der Harvard-Almanach von 1943/44 zeigt, dass Bradlee und Ober, die vier Monate auseinander lagen, beide als Studienanfänger im Hasty Pudding Club waren; dies ist ein Vier-Jahres-Club und die Studenten treten ihm während ihres ersten Studienjahres bei. Laut einem Historiker des Hasty Pudding Clubs hatten „die gastronomischen Zirkel in Harvard damals nur etwa 40 Mitglieder" und waren oft der Grund für große, ja sogar dauerhafte Freundschaften zwischen jungen Leuten...".[176]

Trotz all dessen bestritt Bradlee, Ober damals - oder später - gekannt zu haben. Es besteht jedoch kein Zweifel daran, dass Ober zu der Zeit, als Bradlee seine Arbeit für *Newsweek* aufgenommen hatte und mit James Angleton und „den Israelis in Paris" zusammenarbeitete, Angletons vertrauter Stellvertreter war. Und das zu einer Zeit, als Angletons Operationen, die die französische korsische Mafia (beschrieben in Kapitel 9 von *Judgement Final*) involvierten, auf ihrem Höhepunkt waren.

Davis beschreibt die Rolle, die Bradlee und andere Journalisten, die mit Angletons Netzwerk verbunden waren, spielten: „Er und seine Kollegen schreiben aus der Perspektive des Kalten Krieges. Angleton und Ober sind Geheimdienstler, die zwischen Washington und Paris, London und Rom hin und her reisen. In Washington philosophieren und schmieden diese Patrioten an privaten Orten wie dem Wohnzimmer von Philip und Katharine Graham Pläne; in ausländischen Städten versuchen sie, den europäischen Kommunismus mit allen Mitteln zu kontrollieren - indem sie negative Geschichten streuen, Gewerkschaften infiltrieren, politische Führer unterstützen oder diskreditieren -, um eine antikommunistische Stimmung zu erzeugen."[177]

---

[175] Davis, S. 214-215.
[176] *Ibid.*
[177] *Ibid.* S. 214-216.

Bradlee schaffte es auch, in die Algerien-Kontroverse hineingezogen zu werden, in die sich der junge Senator John F. Kennedy nach seiner Rückkehr in die USA verstrickte, sehr zum Missfallen der Anhänger Israels, die sich gegen das Konzept der Unabhängigkeit des arabischen Algeriens (damals noch französische Kolonie) wandten.

Davis zufolge „bestand Bradlees bemerkenswerteste Leistung als Auslandskorrespondent darin, ein Interview mit der FLN, den algerischen Guerillakämpfern, die sich damals in einer Revolution gegen die französische Regierung befanden, zu bekommen. Das Interview, das alle Merkmale einer Geheimdienstoperation aufwies... veranlasste die Franzosen, Bradlee 1957 des Landes zu verweisen."[178]

Wie dem auch sei, überraschenderweise finden wir Bradlee - während er 17 Jahre vor Watergate mit Angleton zusammenarbeitete - inmitten eines anderen Projekts wieder, das für Israel von besonderem Interesse ist und schließlich Teil der sogenannten „French Connection" des JFK-Mordkomplotts wurde, in dem Angleton eine zentrale Rolle spielte.

Kurz nach der Ermordung von JFK treffen wir jedoch erneut auf Angleton und Bradlee, die heimlich im Hintergrund zusammenarbeiten. Wie in Kapitel 16 betont, hatte Angleton nach dem Tod von JFKs Geliebter Mary Pinchot Meyer (Bradlees Schwägerin und Ehefrau des hochrangigen CIA-Beamten Cord Meyer), die am 12. Oktober 1964 (bei einem angeblichen Raubüberfall) erschossen worden war, (mit Bradlees Hilfe) das Tagebuch von Mrs. Meyer beschafft und es im CIA-Hauptquartier vernichtet.

Einige Jahre später, nachdem James Truitt, der Chefredakteur der *Washington Post*, mit Bradlee in Konflikt geraten war, brachte Truitt die Geschichte, wie Angleton und Bradlee Mrs. Meyers Zeitung aufkauften, an die Öffentlichkeit. Angleton hatte es bis dahin geschafft, das Rampenlicht zu meiden, doch seine Verbindung zu Mary Meyers Intrige verschaffte ihm unerwünschte öffentliche Anerkennung. Laut Deborah Davis hatte „Truitts Streit mit Bradlee Angleton unnötigerweise bloßgestellt und bei ihm einen bitteren Geschmack und Groll hinterlassen".[179]

Während Israel 1967 die bedingungslose Unterstützung der Johnson-Regierung sicherstellte, leitete Angletons Büro bei der CIA die mittlerweile berühmte Operation CHAOS, die ein „Programm zur Sammlung von Informationen mit spezifischen Aspekten der inländischen Gegenspionage"[180] war - kurz gesagt, eine Spionageoperation, die sich gegen US-Bürger richtete, die es wagten, die Politik der CIA und der Johnson-Regierung in Frage zu stellen.

Die Operation wurde für Angleton von seinem alten Stellvertreter, besagtem Richard Ober, geleitet. Als Richard Nixon 1969 an die Macht kam, begann Nixons

---

[178] *Ibid*, S. 134.
[179] *Ibid*, S. 219.
[180] *Ibid.*, S. 230-231.

Weißes Haus, eng mit Angletons Operationen zusammenzuarbeiten und Ober in den inneren Kreis des Weißen Hauses aufzunehmen.[181]

DER MOSSAD IM WEISSEN HAUS?

Es gab jedoch noch eine zusätzliche Falschfaltung. Diese besondere Tatsache - von Deborah Davis berichtet - wurde offenbar in der ganzen Fülle von Informationen, die im Zusammenhang mit Watergate und der damaligen Intrige veröffentlicht wurden, nirgendwo sonst erwähnt. Davis' Enthüllung ist entscheidend für das Verständnis der geheimen Kräfte hinter dem Putsch, der Richard Nixon aus dem Amt des Präsidenten warf...

Laut Davis versetzte Kissinger im Rahmen einer angeblichen Lösung für drei von Außenminister Kissinger wahrgenommene Probleme - nämlich „Spannungsabbau, arabisch-israelische Kriege und innere Subversion"[182] - Angleton tatsächlich „ins Weiße Haus und übertrug ihm die Verantwortung für ein israelisches Büro für Spionageabwehr, das theoretisch unabhängig und größer als das israelische Büro bei der CIA war."[183]

Davis merkt an, dass „Angleton eng mit Kissinger zusammenarbeitete und fast alles wusste, was er tat, während Kissinger dieses Privileg in Bezug auf Angleton nicht hatte."[184]

Angletons Stellvertreter Richard Ober kümmerte sich um die Angelegenheiten von Angletons israelischem Büro im Weißen Haus, einem echten Außenposten des Mossad. Daher waren Angleton und Ober in der entscheidenden Phase, in der Richard Nixon nach seiner triumphalen Wiederwahl siegestrunken agierte, um seine Autorität über die CIA und gegen Israel zu festigen, gut positioniert.

Wie wir gesehen haben, hatte der schäbige, gescheiterte Watergate-Einbruch von 1972 bereits stattgefunden, und Nixon und seine Entourage hatten eine lächerliche Vertuschungsaktion versucht. Doch die Beweise deuteten darauf hin, dass der Einbruch von Anfang an ein abgekartetes Spiel war. Und Nixon fiel auf den Trick herein.

Es war James Angletons alter Verbündeter bei der *Washington Post*, Ben Bradlee, der die Medienkampagne in Gang setzte, die „Watergate" zu einem geläufigen Wort machte und zu der Reihe von offiziellen Untersuchungen führte, die Nixon zu Fall brachten. Doch die *Post* hätte die öffentliche Empörung nicht orchestrieren können, wenn sie nicht die Unterstützung von „Deep Throat" gehabt hätte - einem hochrangigen Insider des Weißen Hauses, der die *Post-Journalisten* Bob Woodward und Carl Bernstein mit den Informationen versorgen konnte, die sie brauchten, um aus Watergate eine große, große Geschichte zu machen.

Deborah Davis liefert eine Zusammenfassung der Parameter der Verschwörung zwischen „Deep Throat" und der *Washington Post*, die zweifelsfrei belegt, dass die Watergate-Berichterstattung der *Post* nicht einfach nur eine Sache

---

[181] *Ibid.*
[182] *Ibid*, S. 256.
[183] *Ibid*, S. 256.
[184] *Ibid* S. 257.

von jungen, hartgesottenen Journalisten war, die einen fantastischen Job bei der Jagd nach Korruption machten, sondern dass hinter den Kulissen viel mehr passierte:

„Dass Woodward von Deep Throat manipuliert oder „geleitet," wurde, wird in [Woodwards und Bernsteins Watergate-Buch] *All the President's Men* sehr deutlich, was ein weiterer Grund dafür ist, dass das Buch ein unglaubliches Dokument ist. Es ist offensichtlich, dass Deep Throat ein großes Interesse daran hat, dass die *Post* bei ihren Ermittlungen erfolgreich ist.... Er erwartet Ergebnisse. Er wird ihr nicht sagen, woher er weiß, was er weiß, oder warum er Woodward helfen will, Nixon zu verwickeln...".[185]

Davis kam zu dem Schluss, dass es sich bei der „Stimme" der Quelle, Deep Throat, tatsächlich um Angletons Stellvertreter Richard Ober handelte. Und das bedeutet natürlich, dass Ober mit Sicherheit Angletons Anruf als Teil einer Kampagne beantwortet hat, die darauf abzielte, Richard Nixon zu Fall zu bringen.

Die große Frage in Bezug auf Davis ist, ob „Deep Throat" an Woodward herangetreten ist oder ob Woodwards Verleger Ben Bradlee Woodward mit „Deep Throat" in Kontakt gebracht hat.

In beiden Fällen war eindeutig die Hand von James Angleton am Werk. Entweder schickte Angleton Ober zu Woodward oder Angleton wies Bradlee, seinen langjährigen Verbündeten bei der *Post,* an, seinen Reporter Woodward auf die Suche nach Ober zu schicken. Davis merkt an: „Die kleinere Enttäuschung in [*All President's Men*] ist, dass nur Woodward wusste, wer Deep Throat war. Auch Bradlee kannte ihn höchstwahrscheinlich und schon viel länger als Woodward".[186]

Davis fügte hinzu: „Es besteht die Möglichkeit, dass Woodward [Deep Throat] traf, während er [bevor er Reporter der *Post* wurde] als Geheimdienst-Verbindungsmann zwischen dem Pentagon und dem Weißen Haus arbeitete, wo Deep Throat sein Büro hatte, und dass er Woodward für vertrauenswürdig oder nützlich hielt und begann, mit ihm zu sprechen, als die Zeit dafür reif war".

„Es ist jedoch ebenso wahrscheinlich", so Davis, „dass Bradlee, der Woodward weitere Quellen zu anderen Geschichten gegeben hatte, die beiden nach Woodwards erstem Tag in der Geschichte zusammenbrachte, als der Watergate-Einbrecher James McCord bei seiner Anklageverhandlung erklärte, er habe bereits für die CIA gearbeitet."[187]

In Davis' Urteil: „Unabhängig davon, ob Bradlee die Quelle angegeben hatte oder nicht, räumte er ein, dass McCords Aussage vor Gericht sehr merkwürdig war. CIA-Mitarbeiter geben, wenn sie in eine illegale Handlung verwickelt sind, nicht zu, dass sie für die CIA arbeiten, es sei denn, dies ist Teil des Plans. McCord hatte keinen guten Grund, die CIA überhaupt zu erwähnen, außer offenbar, um die Aufmerksamkeit auf den Einbruch zu lenken, denn er war aufgefordert worden,

---

[185] *Ibid.*, S. 255.
[186] *Ibid.*, S. 255.
[187] *Ibid,* S. 255.

nur seine derzeitige Beschäftigung anzugeben, und er hatte seit mehreren Jahren nicht mehr für die CIA gearbeitet."[188]

EINE GEGENSPIONAGEOPERATION

Davis' Schlussfolgerung ist wirklich sehr mächtig: „Wenn Deep Throat Richard Ober war, mit dem Bradlee in Harvard zu Abend gegessen hatte und den Woodward höchstwahrscheinlich während seiner Zeit im Pentagon kannte; wenn es Ober war, der als Leiter der Operation CHAOS und sowohl als Agent des Weißen Hauses als auch der nationalen Sicherheit einer der wenigen Männer war, die mehr über Nixon wissen konnten als Nixon selbst; wenn Deep Throat derselbe Mann war, der Abgeordneter und Schützling von James Angleton, dem CIA-Meister der schmutzigen Tricks, gewesen war - dann besteht kein Zweifel daran, dass die Nutzung der *Washington Post* zur Erschießung Nixons unter sowohl eine Spionageabwehroperation auf höchster Ebene als auch ein schmutziger Trick par excellence war."[189]

„Entscheidend ist", schloss Davis völlig korrekt, „nicht, wie die Verbindung zu Deep Throat hergestellt wurde, sondern warum. Warum erlaubte Bradlee Woodward, sich so stark auf ihn zu stützen, und warum wollten letztlich die Führer der Geheimdienstgemeinschaft, für die Deep Throat sprach, dass der Präsident der Vereinigten Staaten stürzt?".[190]

Es scheint offensichtlich, dass wir hier in *Doomsday* endlich eine Antwort auf Davis' Frage geben können, warum die Führer der Geheimdienstgemeinschaft, für die Deep Throat gesprochen hat, wollten, dass Richard Nixon das Präsidentenamt abgibt. Die Antwort liegt in dem einfachen Vorschlag, dass John F. Kennedy, wie Nixon vor ihm, (wie wir gesehen haben) als eine Bedrohung für das Überleben Israels wahrgenommen wurde. So wurde die Watergate-Operation ausgelöst, um Nixon aus dem Weißen Haus zu entfernen.

Sobald Nixon und sein innerer Kreis im Netz gefangen waren und mit ihren lächerlichen Vertuschungsversuchen begannen (was natürlich ihre eigene Schuld war), halfen sie dabei, den Boden für ihren eigenen Untergang zu bereiten. Außerdem begann Nixon, Erpressungsversuche gegen die CIA zu unternehmen und drohte der Behörde - wie wir gesehen haben - eindeutig mit dem, was er über die Verwicklung der CIA in die Ermordung von JFK wusste (und angesichts all dessen, was wir heute wissen, ist es wahrscheinlich, dass Nixon auch die Verwicklung des Mossad kannte oder vermutete).

Nachdem sich die *Washington Post* jedoch - auf Angletons Anregung hin - aktiv in die Kampagne gegen Nixon eingeschaltet hatte, war das Schicksal des Präsidenten besiegelt. Die hochgelobte Untersuchung der Watergate-Affäre durch den Senat wurde zu einem täglichen Bestandteil der Fernsehberichterstattung und das Repräsentantenhaus leitete das Amtsenthebungsverfahren ein.

---

[188] *Ibid*, S. 255.
[189] *Ibid*, S. 260.
[190] *Ibid*, S. 255.

Und Sam Dash, ehemaliger nationaler Kommissar und Mitglied des nationalen Beirats der Anti-Defamation League (ADL) von B'nai B'rith[191] - dem Vermittler des US-Geheimdienstes für den israelischen Mossad - war als leitender Rechtsberater des Watergate-Ausschusses des Senats sehr hoch in die Verschwörung gegen Nixon involviert.

Albert Jenner, den wir in Anhang 4 als ehemaligen Mitarbeiter der Warren-Kommission mit engen Verbindungen zum Chicagoer Imperium des zionistischen Milliardärs Henry Crown mit Verbindungen zur Mafia kennengelernt haben, war der „republikanische" Anwalt der Minderheit, der gut positioniert war, um die Verteidiger von Nixons GOP zu überwachen. Wir können also sicher sein, dass alle interessierten Parteien vollständig über die Geheimnisse der Watergate-Affäre und ihre Fortschritte informiert wurden.

Kurzum, Nixon war umzingelt. Seine einzige Überlebenschance wäre, nachdem sich Watergate gelöst hatte, ein echter Gegenputsch gewesen.

In diesem Zusammenhang wissen wir, dass der andere wichtige Unterstützer Israels im Weißen Haus, Alexander Haig, sich aktiv dafür einsetzte, Nixon an Versuchen eines Gegenschlags zu hindern. In zahlreichen veröffentlichten Berichten wurde dargelegt, wie Haig die Streitkräfte anwies, jeden militärischen Befehl von Präsident Nixon zu ignorieren, sofern er nicht zuvor von Haig selbst autorisiert worden war.

Darüber hinaus gab es auch Berichte, dass Haig selbst eine diskrete, inoffizielle Untersuchung von Nixons Beziehung zum organisierten Verbrechen eingeleitet hatte, natürlich als Teil der Bemühungen, die Schlinge um Nixons Hals noch enger zu ziehen, falls der Präsident sich weigern sollte, freiwillig zu gehen. Wir können uns vorstellen, wie die Öffentlichkeit reagieren würde, wenn sie erfahren würde, dass ihr Präsident - der erklärt hatte, er sei kein „Betrüger" - von der *Washington Post* als geheimer Verbündeter der „Mafia" entlarvt worden war. Tatsächlich mussten Angleton, Haig und die *Post* nie ihre „Mafia"-Karte gegen Nixon ausspielen. Der geschlagene Präsident trat am 9. August 1974 zurück.

DIE WAHRE „DALLAS -UND WATERGATE-VERBINDUNG"

Kann man vor dem Hintergrund dessen, was wir also betrachtet haben, daran zweifeln, dass Watergate in Wirklichkeit eine gemeinsame Operation der CIA und des Mossad war, die von James Angleton inszeniert wurde, um Nixon aus dem Amt des Präsidenten zu entfernen, eine Operation, die der Verschwörung ähnelt, die zur Ermordung von John F. Kennedy führte? Die Beweise sind da, für diejenigen, die das große Ganze sehen können.

Man könnte, wenn auch nur im Nachhinein, hinzufügen, dass es so aussieht, als sei die Wahl des Spitznamens „Deep Throat" eine Art „privater Scherz" von Woodward und seinen Kollegen von der *Post* gewesen. Angleton war natürlich als starker Trinker und starker Raucher bekannt, der oft in einen Nebel aus Rauch gehüllt war. „Deep Throat" galt auch als ziemlich literarisch und es war bekannt,

---

[191] ADL-Bulletin (Datum nicht verfügbar, um 1974)

dass der junge James Angleton, während er in Yale war, sehr dichterisch veranlagt war und eine Literaturzeitschrift herausgegeben hatte.

Die Verwendung des Codenamens „Deep Throat" war also offensichtlich eine Möglichkeit, den Vertraulichen im offiziellen Kreis in Washington zu sagen, dass die wahre Kraft hinter dem Informationsleck an die *Post* in Wirklichkeit der israelische CIA-Verbündete James Angleton war. Und so würde jeder in der Schleife sofort erkennen, dass Richard Nixons „Watergating" ein schmutziger Trick war, der über Angletons Büro im Weißen Haus orchestriert wurde. *Obwohl Richard Ober die eigentliche „Stimme" von „Deep Throat" gewesen zu sein scheint, war James Angleton der Bauchredner hinter den Kulissen.*

Richard Curtiss, Chefredakteur des *Washington Report on Middle East Affairs*, erklärte 1995 freimütig: „Wir sind schon lange der Meinung, dass wer auch immer die Rolle des „Deep Throat" spielte, in Wirklichkeit nur ein Mittelsmann für die Weitergabe von Informationen war, die vom israelischen Mossad gesammelt und dazu benutzt wurden, Nixon zu diskreditieren",[192] und dass Nixons Versuch, die amerikanischen Beziehungen zu Israel zu überprüfen, „der Katalysator waren, der direkt zu seinem Sturz führte".[193]

Bis zur vierten Auflage von *Judgement Final* wurden Richard Nixons Schritte zur Festigung der Macht und zur Kontrolle der CIA und die anschließende Watergate-Intrige nie mit Nixons aufkeimendem Konflikt mit Israel in Verbindung gebracht. Aber es gibt keinen Zweifel daran, dass dies alles in allem der wahre Schlüssel zum Verständnis von Watergate und der „Dallas-Watergate-Connection" ist, die so lange betrachtet, aber nie vollständig verstanden wurde - bis jetzt.

Nachdem er im Zentrum der politischen Umwälzungen gestanden hatte, die die Amerikaner im Jahrzehnt nach dem Attentat auf John F. Kennedy (in dem James Angleton eine der Hauptrollen spielte) zerrissen hatten, war Angleton wirklich „der Mann, der zu viel wusste".

Neben anderen Gründen ist es nicht verwunderlich, dass William Colby Angleton 1974 zwang, die CIA zu verlassen. Angletons Rauswurf aus der CIA war für Israel und seinen Mossad in einem entscheidenden Moment sicherlich ein Rückschlag, aber Angleton war alt und krank (laut unfreundlichen Erzählungen vielleicht sogar am Rande des klinischen Wahnsinns) und wäre allein aus diesem Grund letztlich gezwungen gewesen, in den Ruhestand zu gehen. Letztendlich war Angleton ein nutzloser Anachronismus, der in seiner Blütezeit seinen israelischen Verbündeten gute Dienste geleistet hatte.

DIE VERSCHWÖRUNG, AGNEW ZU „SCHNAPPEN"

Es gibt auch andere Hinweise darauf, dass die israelische Verbindung eine wichtige Rolle bei Watergate (und den damit verbundenen Ereignissen danach) gespielt hat. Die israelische Verbindung lässt sich in den Skandalen um Vizepräsident Spiro Agnew und den ehemaligen Gouverneur von Texas, John

---

[192] *The Washington Report on Middle East Affairs*, Oct/Nov. 1995.
[193] *The Washington Report on Middle East Affairs*, Oct/Nov. 1999.

Connally, zurückverfolgen, der sich Nixons Regierung als Finanzminister angeschlossen hatte und 1976 Nixons erste Wahl (sogar nach Agnew) für seinen Nachfolger war.

Ein Teil der Watergate-Verschwörung gegen Nixon - ein wesentlicher Teil, um genau zu sein - bestand darin, dass Agnew zuerst als Vizepräsident abgesetzt werden sollte, bevor Nixon gestürzt wurde. Und wie sich ironischerweise herausstellte, wie Agnew in seinen Memoiren *Go Quietly... or Else* betonte, wäre Nixon selbst vielleicht nicht zum Rücktritt gezwungen gewesen, wenn Nixon standhaft geblieben wäre und Agnew unterstützt hätte, als Agnew angeschossen wurde. Tatsächlich war er nach Agnews Meinung von den Mächtigen noch mehr gehasst als Nixon.

Weil sich Präsident Nixon jedoch aufgrund des aufkeimenden Watergate-Skandals bereits in einer prekären Lage befand, weigerte er sich, sich Agnews Verteidigung anzuschließen und unternahm keinen Versuch, die Ermittlungen gegen Agnew einzustellen, was schließlich zu seinem Rücktritt führte.

Rückblickend besteht kein Zweifel daran, dass der Skandal, der Agnew zu Fall brachte, so künstlich war wie jeder andere in der amerikanischen Geschichte. Mitten in der Watergate-"Krise" erhob Barnet Skolnik, ein liberaler jüdischer Staatsanwalt der US-Staatsanwaltschaft in Maryland, Korruptionsvorwürfe gegen Agnew, die - wie die Beweislage zeigt - bis heute verdächtig sind.

Skolnik bekam die Chance, Agnew „unter die Haut zu gehen", als Lester Matz, ein bekannter jüdischer Geschäftsmann, gegen den wegen Bestechung von Maryland-Beamten im Gegenzug für County- und Staatsverträge ermittelt wurde, seine frühere Beziehung zu Agnew während der Jahre des Vizepräsidenten in der Politik von Maryland ausgrub.

In einer Vereinbarung mit Skolnik behauptete Matz, er habe Agnew Schmiergeld gezahlt. Später, dem Beispiel von Matz folgend, behaupteten zwei weitere Nachahmer, gegen die ebenfalls ermittelt wurde, I. M. Hammerman und Jerome Wolff, ebenfalls, den ehemaligen Gouverneur von Maryland bezahlt zu haben.

Agnew gab zu, dass er oft Wahlkampfspenden von Firmen erhalten hatte, die mit dem Staat Geschäfte machten - eine gängige Praxis in Maryland und anderswo -, aber er bestand darauf, dass er niemals Geld für seinen persönlichen Gebrauch annahm. Die Bundesstaatsanwälte waren jedoch begierig darauf, einen Fall gegen Agnew aufzubauen, um ihn zu zwingen, das Amt des Vizepräsidenten abzugeben."[194]

AGNEW UND ISRAEL

Herr Hirsh Goldberg, schrieb in der *Times of Israel* über die Karriere von Agnew. In einem Artikel mit dem Titel „Die Juden bei der Eröffnung... Die Juden bei der Schließung" erklärte Goldberg: „Es war ein politisches Leben, das auf seltsame Weise untrennbar mit den Juden verbunden war. Der raketengleiche

---

[194] Allgemein beschrieben von Agnew in seinen Memoiren *Go Quietly or Else* (New York: William Morrow & Company, 1980).

schnelle Aufstieg des 4. Juli, der plötzliche Fall der politischen Eleganz - beides beinhaltete Juden. Es war ein ironischer und fast unbemerkter Aspekt einer politischen Karriere, die sich so sehr an das tiefste Amerika richtete... und doch so stark abhängig von jüdischen Gehirnen, jüdischem Talent, jüdischem Geld und - am Ende - so schwer beschädigt durch das Zeugnis der Juden."[195]

Letztendlich trat Agnew angesichts einer möglichen Haftstrafe, falls er zum Prozess erschien und schuldig gesprochen wurde, vom Amt des Vizepräsidenten zurück und plädierte nicht gegen die Vorwürfe der Korruption und Steuerhinterziehung, die sich aus seiner angeblichen Annahme von Bestechungsgeldern ergaben (was Agnew bis zum Tag seines Todes weiterhin bestritt). Keiner von Agnews Anklägern war jemals im Gefängnis.

Elliot Richardson war der republikanische Generalstaatsanwalt, der die Kampagne des US-Staatsanwalts Sachs gegen Agnew förderte, Er trat schließlich „aus Ekel" aus der Nixon-Regierung zurück und wurde zum „Watergate-Helden" erklärt. In seinen Memoiren betont Agnew, dass Richardson jemanden in der Nachfolge des Präsidenten wollte, der „Israel verteidigen würde, egal wie groß das Risiko für die USA ist".[196]

Agnew stand wegen seiner Angriffe auf die Medien bereits unter dem Verdacht des „Antisemitismus" und wurde, wie Agnew feststellte, zwei Jahre nach seinem Ausscheiden aus dem Amt beschossen, „weil er gesagt hatte, dass unsere Haltung gegenüber Israel durch die Dominanz von Israel-Sympathisanten in den Mainstream-Medien beeinträchtigt wird."[197]

Nach seinem Ausscheiden aus dem Amt schrieb Agnew *The Canfield Decision*, einen umstrittenen, wenn auch wenig gelesenen Roman über politische Verschwörungen auf höchster Ebene, den einige Kritiker als „antisemitisch" bezeichneten, was den ehemaligen Vizepräsidenten erneut in die Schlagzeilen brachte. Agnews Roman wurde von einem pro-israelischen Kolumnisten so beschrieben, dass er nahelegt, dass „die Juden in den Medien eine „zionistische Lobby" bilden, die uns im Nahen Osten in die Katastrophe führt."[198]

Später, privat, in einem Brief vom 20. April 1988 an seinen Freund, den ehemaligen Republikaner Paul Findley (R-III.), selbst ein scharfer Kritiker der Israel-Lobby, erklärte Agnew: „Ich führe den Beginn meiner Schwierigkeiten auf eine Konfrontation mit ebendieser Lobby zurück".[199] Doch Agnew wird in Erinnerung bleiben als ein Betrüger, der Vizepräsident war. Nicht als Opfer einer israelischen Verschwörung, wie er es ungeachtet der Gegner sicherlich war.

---

[195] *The Times of Israel*, Mai 1974.
[196] Spiro T. Agnew. *Go Quietly or Else*. (New York: William Morrow & Company, 1980), S. 195.
[197] *Ibid.*, S. 163.
[198] *New York Times*, 24. Mai 1976.
[199] Erwähnt von Findley in *the Washington Report on Middle East Affairs*.

DIE ERMORDUNG VON JOHN CONNALLY

Inzwischen wurde auch John Connally, wie Agnew, unter Umständen, die auf ein weiteres kalkuliertes „abgekartetes Spiel" hindeuten, wegen Korruption angeklagt. Ein Lobbyist der Milchindustrie, Jake Jacobson, behauptete, der Multimillionär Connally habe (während er das Amt des Finanzministers bekleidete) ein Bestechungsgeld in Höhe von 10.000 Dollar angenommen, um im Gegenzug dazu beizutragen, dass die Regierung 1971 die Milchpreise stärker unterstützte. Tatsache ist jedoch, dass Connally in seiner Eigenschaft als Finanzsekretär keine offizielle Befugnis hatte, die Milchpreisstützungsprogramme des Landwirtschaftsministeriums zu regulieren.

Jacobson, Connallys Ankläger, war bereits vom Justizministerium wegen Veruntreuung angeklagt worden, bei der es um fast eine Million Dollar in Form von Darlehen aus Sparguthaben und einem Darlehen aus Texas ging - doch als die Anwälte des Justizministeriums erfuhren, dass er bereits mit Connally in Verbindung gebracht worden war, erinnerte sich Jacobson plötzlich an das „Bestechungsgeld", das er Connally angeblich gegeben hatte, und schloss eine Vereinbarung über ein Plädoyer ab. Um nicht ins Gefängnis gehen zu müssen, wurde Jacobson zum „Starzeugen" gegen Connally.

Connally wurde zwar freigesprochen, aber seine Ambitionen, 1976 ins Weiße Haus einzuziehen, wurden zerschlagen, obwohl die Beweise gegen ihn von einem zwielichtigen Kriminellen vorgelegt worden waren, der in einem nicht verwandten Kriminalfall eine Strafmilderung erreichen wollte. Wie im Fall Agnew räumten die Medien den Anschuldigungen gegen Connally jedoch vollen Raum ein und trugen dazu bei, den Eindruck zu verstärken, dass Nixon und seine engen Vertrauten ein weitverbreitetes kriminelles Verhalten an den Tag legten. Tatsächlich landeten die meisten von Nixons wichtigsten Leutnants, mit der bemerkenswerten Ausnahme von Außenminister Henry Kissinger, Stabschef Alexander Haig und Rechtsberater Leonard Garment - pro-israelische Unterstützer -, im Gefängnis.

Doch obwohl einige Antisemiten behaupteten, Jacobson (der Jude war) sei Teil einer „jüdischen Verschwörung" gewesen, um John Connally „fertigzumachen", ist es eine Tatsache, dass der aufrechte Texaner schließlich Opfer einer sehr realen „jüdischen Verschwörung" wurde, die ihn daran hinderte, die Präsidentschaft zu erreichen.

Als Connally 1979 eine gut finanzierte Kandidatur für die republikanische Präsidentschaftsnominierung 1980 startete, bestritt er öffentlich die Macht der Israel-Lobby in einer sehr umstrittenen Rede, die Connallys Präsidentschaftsambitionen nach Meinung aller ein für alle Mal beendete.

Interessant ist jedoch, dass Conallys Rede von den Israelis und ihren amerikanischen Unterstützern als so brandgefährlich angesehen wurde, dass ein prominenter israelischer Pädagoge und Philosoph, Emmanuel Rackman, Präsident der Bal Ilan Universität, die Ermordung von Connally forderte.

Rackman - ein Rabbiner - verglich Connally mit Haman, dem ehemaligen Feind des jüdischen Volkes, und rief in der Ausgabe vom 18. November 1979 von *The Jewish Week-American Examiner*, der Publikation der der israelischen

Regierung gehörenden Jewish Telegraph Agency, einer internationalen Unterabteilung der Jewish Agency, zur Ermordung Connallys auf.

Rackmans scharfer Angriff auf Connally trug den Titel: „John Connallys Kampagne als direkte Bedrohung für Israel und die jüdische Gemeinschaft wahrgenommen." Rackman zitierte den Kolumnisten der *New York Times*, William Safire, mit der Aussage, dass zum „ersten Mal ein Präsidentschaftskandidat eine wichtige Ansprache gehalten hat, von der er wusste, dass sie alle amerikanischen Unterstützer Israels verwirren und bestürzen würde".[200]

Rackman kommentierte: „Das stimmt. Aber bedeutet diese Beobachtung nicht mehr, als sie aussagt? Bedeutet sie nicht, dass wir in Connally zum ersten Mal einen Kandidaten haben, der dem amerikanischen Volk in unmissverständlichen Worten sagt, dass er die Unterstützung der Juden nicht will und dass er beweisen will, dass man auch ohne die Unterstützung der Juden zum Präsidenten gewählt werden kann.

„Bedeutet das nicht außerdem, dass wir endlich einen Kandidaten haben, der hofft, gewählt zu werden, indem er die Unterstützung all derer mobilisiert, die seine völlige Missachtung dessen, was Juden für ihn empfinden, teilen, und ist das nicht eine Einladung an alle Antisemiten, sich hinter ihm zu versammeln? Ich bin normalerweise kein Panikmacher, aber nichts in der amerikanischen Politik der letzten Jahre hat mich mehr gestört als Connallys subtile Botschaft an die Juden, dass sie „zur Hölle fahren" können. Selbst die Nixon-Kassetten waren nicht so erschütternd.

„Die jüdische Gemeinschaft in Amerika muss alarmiert sein. Wenn wir Hitler nur früh genug gestoppt hätten, wären Millionen von Juden noch am Leben. Und Connally muss um jeden Preis gestoppt werden. Er darf nicht einmal in die Nähe der Nominierung kommen! Er muss, zumindest politisch, so schnell wie möglich vernichtet werden. Es ist noch früh genug, um Connally lächerlich zu machen und ihn ohne Blutvergießen politisch zu vernichten.

„Vielleicht übertreibe ich", sagte Rackman. Aber wenn ich etwas Bestimmtes aus der rabbinischen Sicht der biblischen Geschichte gelernt habe, dann ist es, dass wir weniger ängstlich und nachsichtig gegenüber Feinden sind, die uns zumindest ein Minimum an Respekt entgegenbringen, als gegenüber Feinden, die uns verächtlich, mit Verachtung behandeln. Das macht Arafat akzeptabler als Connally".[201]

Rackman verglich Connally mit Amalek, einem weiteren Feind des jüdischen Volkes: „Erinnert euch an Amalek", wird uns gesagt. „Vergesst nicht." Löscht ihn vom Angesicht der Erde aus. Ganz einfach, weil Amalek keinen Respekt vor uns hatte. Er begegnete uns auf seinem Weg und versuchte zufällig, uns wie Ungeziefer auszurotten. Es ist mein inbrünstiges Gebet", erklärte dieser jüdische Religionsführer, „dass die amerikanischen Juden die Bedeutung der

---

[200] *The Jewish Week-American Examiner*, 18. November 1979.
[201] *Ibid.*

Herausforderung, die ihnen gestellt wurde, nicht herunterspielen und dass sie schnell und mit verheerender Effizienz handeln werden."[202]

John Connally wurde nicht ausgerottet, wie Rackman es gefordert hatte. Seine politische Karriere kam jedoch zum Stillstand, nachdem die großen Medien eine Kampagne gegen ihn gestartet hatten. Als John Connally 1993 starb, sagten die Ärzte jedoch, dass Connallys tödliches Lungenleiden eine direkte Folge der Brustverletzungen war, die er bei der Schießerei in Dallas am 22. November 1963 erlitten hatte. Letztendlich erwies sich John Connally also als ein weiteres Opfer Israels, genauso sehr, wie wenn er am selben Tag wie John F. Kennedy gestorben wäre.

NOCH EIN WEITERER MORD....

Aber das war noch nicht das Ende. Es gab noch einen weiteren politischen Mord, der von den - mit den Geheimdiensten verbundenen - Medien inszeniert wurde und der seine eigene (wenn auch indirekte) Verbindung mit dem Mord an John F. Kennedy hat. Wir beziehen uns auf das Debakel, das dazu führte, dass sich Senator Gary Hart aus Colorado 1988 aus dem Rennen um die demokratische Präsidentschaftsnominierung zurückzog.

Als Mitglied des Senats war der Dissident Hart an vorderster Front der Untersuchungen nicht nur des JFK-Mordes, sondern auch der CIA-Verschwörung im Allgemeinen gewesen, einschließlich ihrer Verwicklung mit dem Lansky-Syndikat und der Mafia in die Mordversuche gegen Fidel Castro. Unnötig zu erwähnen, dass Hart sich in bestimmten Kreisen nicht viele Freunde gemacht hat. Selbst Tampas Boss Santo Trafficante (Myer Lanskys ergebener Leutnant) hatte einmal über Hart gesagt: „Wir müssen den Hurensohn loswerden".[203]

Tatsächlich wurde Hart von jemandem beseitigt. Seine Affäre mit einer jungen Frau namens Donna Rice wurde von der Presse aufgedeckt, was Hart dazu zwang, das Rennen um die Präsidentschaft aufzugeben. Hinter den Kulissen war jedoch viel mehr am Werk, wie Roger Morris, ehemaliges Mitglied des Nationalen Sicherheitsrats, betonte:

„Obwohl es etwas zu spät kam, um sein Schicksal zu beeinflussen, gäbe es noch mehr Beweise dafür, dass Harts Untergang nicht das war, was er damals zu sein schien... Einige der Personen, die an Harts Miami-Bimini-Wochenende beteiligt waren, hatten nachweislich Verbindungen zum organisierten Verbrechen und Kokainhandel und in den darüber hinausgehenden Kreisen zu den Verbrecherbossen der jüdischen und italienischen Syndikate, die wiederum Verbindungen zur amerikanischen Geheimdienstgemeinschaft besaßen, die bis in die Schweinebucht und auch davor zurückreichten. Tatsächlich war Hart, wie eine anschließende unabhängige Untersuchung zeigen würde, vor „[204] den Ereignissen, die zu dem Skandal führten, der zu seinem Sturz führte, tagelang und vielleicht sogar wochenlang von Unbekannten überwacht worden.

---

[202] *Ibid.*
[203] Roger Morris. *Partners in Power.* (New York: Henry Holt, 1996), S. 434.
[204] *Ibid.*

Ein weiterer Politiker, der vor der CIA, dem Mossad und dem Lansky-Syndikat geflohen war, wurde somit von der Bühne entfernt.

ZWEI PRÄSIDENTEN, ZWEI STAATSSTREICHE - DIE GLEICHEN VERSCHWÖRER

Was wir hier gesehen haben, beschreibt in der Tat die „Verbindung zu Dallas und Watergate", wie sie noch nie zuvor beschrieben wurde, zum ersten Mal in ihrer Gesamtheit in die Akten gegeben. Watergate war - wie die Ermordung Kennedys - ein Staatsstreich, der von Verrätern innerhalb der US-Regierung durchgeführt wurde, die unter die strenge Kontrolle desselben ausländischen Einflusses fielen.

Es ist kein Zufall, dass James Angleton und Frank Sturgis (beide langjährige Mossad-Treue) zwei Schlüsselfiguren der CIA in der Watergate-Affäre - ganz zu schweigen von E. Howard Hun - erneut im Mittelpunkt des Drehbuchs stehen.

Zwei verschiedene US-Präsidenten aus zwei verschiedenen politischen Parteien wurden von Israel niedergeschlagen und die Ergebnisse von zwei Wahlen somit annulliert. Und wie schon bei der Ermordung von JFK spielten die Medien eine entscheidende Rolle, indem sie die Fakten vor dem amerikanischen Volk geheim hielten. Gibt es etwas, was der amerikanischen Demokratie mehr schadet als dies?

ANHANG 8

Die Schlacht der Bücher
Ein Kommentar zu den wichtigsten Büchern
die über das Attentat auf JFK veröffentlicht wurden

Ich habe keineswegs alle Bücher über das Attentat auf JFK gelesen, aber ich habe sicherlich die Hauptwerke (sowie einige weniger bekannte Bände) gelesen und kenne alle Theorien über das Attentat, die im Laufe der Jahre aufgestellt wurden. Daher möchte ich mich zu einigen dieser Bände äußern.

Ich möchte meinen Kommentar in mehrere Abschnitte unterteilen, da die Bücher über Mord aus vielen verschiedenen Ansätzen stammen, daher möchte ich diese Bände aus dieser Perspektive betrachten.

- Zunächst einmal gibt es Bücher, die die Schwachstellen der Warren-Kommission untersuchen. Dies sind vor allem die ersten Bücher, die zum Thema des Attentats veröffentlicht wurden. Im Laufe der Zeit gab es dann eine Reihe von Büchern, die Einblicke in die Theorien boten, die sich über das Attentat entwickelten.

- Mit der Einleitung der Klage von Jim Garrison gegen Clay Shaw wurden eine Reihe von Büchern ausschließlich zu diesem Thema geschrieben, und dies eröffnete ein völlig neues Feld im Bereich der Untersuchung des JFK-Falls - was meiner Meinung nach eine entscheidende Übergangszeit in der Untersuchung darstellt.

- Später erschien eine Reihe interessanter Bücher, hauptsächlich Romane - Fiktion. Obwohl es sich um Romane handelte, waren sie wichtig, weil einige von ihnen einen wahren Kern enthielten. Ich denke, diese Romane sind wichtig, weil sie Ihnen einen Einblick in die verschiedenen Perspektiven in Bezug auf das Attentat geben.

- Es gab auch eine Reihe von Büchern, die die verschiedenen möglichen Verschwörungen aufzeigten, die zu dem Attentat führten - Bücher, die dem Ansatz meines eigenen Buches insofern ähneln, als sie sich mit der Politik der jeweiligen Macht befassen.

- Dann gibt es die „originelleren" Bücher, die von verschiedenen Zeitzeugen oder Studien veröffentlicht wurden, die in den für diese Bände typischen Bereichen stöbern.

- Es gibt auch mehrere Bücher von Autoren, die über verschiedene Aspekte des Falls geschrieben haben, und ich möchte mich besonders auf diese Autoren und das, was sie geschrieben haben, konzentrieren, insbesondere auf das viel beachtete *Case Closed* des inzwischen berühmten Gerald Posner.

Natürlich wurde Posner zum Handlanger Nummer eins der Medien, der dazu berufen ist, zu handeln, um alle Forscher, die sich mit dem JFK-Fall befassen, einschließlich meiner Wenigkeit, zu diskreditieren und in den Schmutz zu ziehen. Wie wir jedoch sehen werden, ist Posner eine bemerkenswerte Fallstudie an sich. *Schauen wir uns also einige dieser Bücher an....*

DIE „OFFIZIELLE" GESCHICHTE

Wer unabhängig von Verschwörungstheorien eine gute Perspektive auf die „offizielle" Geschichte der Ermordung von JFK haben möchte, sollte zunächst die Bücher *The Death of a President* von William Manchester und *The Day Kennedy Was Shot* von Jim Bishop lesen.

Obwohl beide Autoren die grundlegenden Schlussfolgerungen der Warren-Kommission akzeptieren, bieten die Bände einen guten historischen Kontext und einen allgemeinen Überblick über das Attentat und die unmittelbaren Ereignisse danach.

Es ist wichtig, dass die Menschen diese Bücher lesen, um sich mit dem Thema vertraut zu machen. Es kostet nichts, den Bericht der Warren-Kommission oder die vielen Bände mit schwer zu findenden Beweisen zu lesen, die gleichzeitig mit dem Bericht veröffentlicht wurden.

MARK LANE

Rush to Judgment von Mark Lane war offensichtlich das erste große Buch, das die Behauptung des Warren-Berichts, Lee Harvey Oswald sei ein Einzeltäter gewesen, als Schwindel entlarvte. Und obwohl das Buch mittlerweile fast 30 Jahre alt ist, ist es immer noch das einzige Buch, das jeder lesen muss, wenn er verstehen will, warum die Menschen begannen, den Warren-Bericht anzuzweifeln.

Dieses Buch löste die Explosion der Forschung über das JFK-Attentat aus, die mich schließlich dazu brachte, das Buch Rush *For Judgement* zu schreiben. Schließlich war es *Rush to Judgment*, das Jim Garrison zu seiner monumentalen Untersuchung führte, die meiner Meinung nach am nächsten an alles herankam, indem sie die Wahrheit über die Ermordung von JFK enthüllte.

Mark Lane schrieb auch ein Buch mit dem Titel *A Citizen's Dissent*, das 1975 - viele Jahre später - erschien, aber leider ist dieses Werk nicht das Buch, das viele Menschen kennen.

Ich selbst habe Mark gesagt, dass ich dieses Buch aus mehreren Gründen für noch besser als *Rush to Judgment* halte. Zunächst einmal, weil es später veröffentlicht wurde und viele von Marks neuen Erkenntnissen in die Fortsetzung von *Rush to Judgment* einfließen.

Zweitens, und das ist noch wichtiger, ist es sehr wichtig zu betonen, dass Mark in diesem zweiten Buch untersucht, wie die Medien mit seinen Ermittlungen zum JFK-Mord umgingen und wie das FBI, die CIA und der Rest der herrschenden Klasse reagierten.

Obwohl das Buch schwer zu finden ist, würde ich sagen, dass jeder, der eine überraschende Perspektive darauf haben möchte, wie die Regierung auf das reagierte, was Mark „den Dissens eines Bürgers" nannte, diesen Band gelesen hat.

Mark Lanes letzter Band über das JFK-Attentat, *Plausible Denial*, den ich auf diesen Seiten bereits ausführlich besprochen habe, stellt in vielerlei Hinsicht Marks einzigartige Langzeitperspektive dar und legt meiner Meinung nach den Grundstein für *Judgement Final*.

In vielerlei Hinsicht ist „*Judgement* Day" vielleicht eine Fortsetzung von „*Plausible Denial*" - oder zumindest wurde dies angedeutet.

EIN ÜBERBLICK ÜBER DIE BEWEISE

Accessories After the Fact von Sylvia Meagher ist in mancher Hinsicht eine Ergänzung zu *Rush to Judgment*. Es handelt sich um eine sehr detaillierte Überprüfung des Warren-Berichts, der eine wertvolle Darstellung aller Schwachstellen im Fall Lee Harvey Oswald ist. Dieses Buch ist für alle interessant, die von Ballistik, Autopsiebeweisen usw. fasziniert sind.

Six Seconds in Dallas von Josiah Thompson ist eine wahre Meisterleistung. Dieses Buch ist eine fantastische Analyse von Zapruders Film. Tiefgründig illustriert, zeigt dieser Band, dass es keinen Zweifel daran gibt, dass es mehrere Mörder am Dealey Plaza gab und dass die offiziellen Autopsiebeweise nicht mit der Wahrheit übereinstimmen. Es handelt sich um ein klassisches Werk. Wer sich für fotografische Beweise interessiert, sollte *The Killing of a President* von Robert Groden lesen.

James Fetzer's Assassination Science von James Fetzer ist der letzte Blick auf die wissenschaftlichen Beweise. (Fetzer weigert sich übrigens, zuzugeben, dass er Kenntnis von *Final Judgement* hat, obwohl ich ihm eine Kopie geschickt und ihm zweimal geschrieben habe!)

Im Bereich der Bücher, die das Attentat auf JFK aus einer breiteren Perspektive betrachten, ist *Crossfire* von Jim Marrs wahrscheinlich das beste. Dieses Buch ist größtenteils unvollkommen, weil Marrs mehrere Theorien aufstellt, eine nach der anderen, und nicht wirklich zu soliden Schlussfolgerungen gelangt. Wer glaubt, dass er in dem Buch die Lösung für das Attentat findet, wird höchstwahrscheinlich von den vielen Theorien überwältigt werden.

Marrs etabliert nie fest im Bewusstsein des Lesers, dass es mehrere Interessen geben kann, die zusammenarbeiten, um das gleiche Ziel zu erreichen. Er scheint den Mord in dem Kontext zu behandeln, dass entweder A, B oder C verantwortlich ist, ohne jemals wirklich anzudeuten, dass eine Kombination von Elementen verantwortlich ist.

Who Shot JFK? von Bob Callahan ist ein leicht zu lesender Ratgeber, der in viele interessante Kästen aufgegliedert und angenehm mit wunderschönen Karikaturen illustriert ist, die einem sehr schweren Thema einen satirischen Touch verleihen.

Anthony Summers' *Conspiracy* ist eine interessante Behandlung der Kontroverse um JFK bis hin zu den Ermittlungen des Ausschusses des Repräsentantenhauses in den späten 1970er Jahren. Der Hauptvorwurf, den ich Summers machen würde, ist, dass er es in seiner überarbeiteten Ausgabe versäumt, die Informationen anzuerkennen, die er von Gary Wean erhalten hat, dem ehemaligen Detektiv aus Los Angeles, der von Mickey Cohens Verbindung zu

Israel und von JFKs berühmter Affäre mit Marilyn Monroe wusste (die ich natürlich in *End Judgment* behandelt habe*)*.

Summers hat auch ein Buch über das Leben von Marilyn Monroe geschrieben (in dem er Wean erwähnt), aber er lässt den Leser mit der Idee zurück, dass die Kennedy-Familie in ihren Tod verwickelt ist, sei es ein Unfall oder ein Mord. Wie dem auch sei, Summers' Buch ist ziemlich interessant. In seiner überarbeiteten Ausgabe patzt Summers auch, indem er es versäumt, der französischen Verbindung, von der er spricht, die Analyse zu geben, die sie verdient.

Reasonable Doubt von Henry Hurt ist ein weiterer guter Überblick. Es hat seine Schwächen, aber nichts Substanzielles. Es lohnt sich wahrscheinlich, von ernsthaften Forschern gelesen zu werden. Ebenso ist *They've Killed the President* von Robert Sam Anson ein interessantes Buch. Ich beeile mich jedoch hinzuzufügen, dass ich Anson's Angriff auf Jim Garrison verwerflich finde.

Selbst nachdem Oliver Stones *JFK* in die Kinos gekommen war, machte sich Anson an die Arbeit und veröffentlichte Angriffe auf Garrison und andere Wissenschaftler, die sich mit dem JFK-Fall befassten. In einem der Artikel behauptete Anson, dass Garrison in seinem eigenen Buch nie erwähnt habe, dass er (Garrison) wegen Korruption und Steuerhinterziehung angeklagt worden war. Tatsache ist, dass Garrison in seinem Buch ein ganzes Kapitel zu diesem Thema hat, und das lässt mich glauben, dass Anson das Buch nicht gelesen hatte.

JFK: The Facts & the Theories von Carl Oglesby ist ziemlich gut, aber meine Sorge mit Oglesby ist, dass er zwar die Verbindung zur Permindex anerkennt, aber in diese bizarre Falle tappt, dass er die Permindex als eine Art „Nazi-Verbindung" zum JFK-Attentat bezeichnet, wenn, wie wir gesehen haben, nichts falscher ist. Abgesehen davon lohnt es sich, das Buch für einen guten Überblick zu lesen.

Crime & Cover-Up: The Dallas-Watergate Connection von Peter Dale Scott, eine schmale Monografie zu diesem Thema, ist faszinierend. Er untersucht die besonderen Interessengruppen in Washington, die sich gegen JFK stellten, und ihre Verbindungen zum organisierten Verbrechen und zur Geheimdienstgemeinde. Es versteht sich von selbst, dass Scott nicht in die israelische Verbindung einsteigt.

Ähnlich verhält es sich mit seinem ebenso faszinierenden, viel längeren und neueren *Deep Politics and The Death of JFK*. Dieses Buch ist insofern sehr unvollkommen, als dass gerade in dem Moment, in dem man denkt, Scott sei dabei, in die Israel-Connection einzusteigen (sei es durch seine Diskussion über das organisierte Verbrechen oder durch die CIA), er sich vorsichtig auf Zehenspitzen von ihr entfernt.

Scotts Recherchen sind insofern unvollständig, als er trotz der Tiefe und Breite seiner Arbeit nie in die Garrison-Untersuchung einsteigt. Meiner Meinung nach ist dies ein weiterer sehr schwerwiegender Fehler. Man weiß nie genau, wen Scott verdächtigt, für das Attentat verantwortlich zu sein. Wie gesagt, Scott sagt viel, aber gleichzeitig sagt er auch sehr wenig. Nichtsdestotrotz sind seine Schriften die Mühe wert.

DER „FIKTIVE" ANSATZ

An dieser Stelle möchte ich auf einige der Romane eingehen, die im Laufe der Jahre über das Attentat auf JFK erschienen sind. Am bemerkenswertesten ist *Executive Action* von Mark Lane und Donald Freed, das am Tag nach dem gleichnamigen Film erschien (Mark Lane war der Initiator des Films, war aber schließlich vom Endprodukt enttäuscht). Das Buch zeigt, wie hohe und einflussreiche Personen das Attentat hätten inszenieren können.

Robert Morrows Roman *Betrayal* ähnelt in vielerlei Hinsicht dem Buch *Executive Action*. Er wird als eine romantisierte Annäherung an Morrows eigene angebliche Erfahrungen als CIA-Agent dargestellt, der unfreiwillig in das Attentat auf JFK verwickelt war. Morrow beschuldigt Clay Shaw, einer der Verschwörer - vielleicht der Hauptverschwörer - zu sein, und beschreibt ihn als eine Art „korrupten" CIA-Agenten, der ohne offizielle Genehmigung der CIA handelte. In den folgenden Jahren veröffentlichte Morrow eine überarbeitete Ausgabe dieses Buches in einer nicht fiktiven Version, auf die ich später eingehen werde.

Winter Kills von Richard Condon, eine vage verschleierte Aufarbeitung des JFK-Attentats, ist eine Satire, aber die Leute können sie interessant finden. Ich finde es interessant, weil es einen guten Überblick über die Verschwörung in einer Familie wie den Kennedys und ihre Interaktion mit der herrschenden Klasse Amerikas gibt. (Dieses Buch wurde später zu einem Hollywood-Film verarbeitet, der als Videokassette erhältlich ist).

Promises to Keep von George Bernau - ein weiterer Roman - zeichnet einen Präsidenten, der Kennedy ähnelt, der den Mordversuch überlebt, und zeigt die Verschwörung nach dem Versuch, in die einige sehr wiedererkennbare Personen verwickelt sind. Abschließend erklärt er, wie es zu dem Attentatsversuch kam. Es handelt sich natürlich nur um einen Roman, aber er ist interessant.

Libra von Don De Lillo hat Lee Harvey Oswald als Hauptfigur und zeigt, wie Oswald bei der Mordverschwörung von Verschwörern mit Verbindungen zur CIA manipuliert worden sein könnte. Dieses eher surreale Werk könnte sogar einige Nuggets der Wahrheit enthalten. Es gibt eine Figur in dem Buch, die ein CIA-Agent in der Nachfolge von E. Howard Hunt ist, und diese Figur wird dargestellt, wie sie einen „fiktiven" Mordanschlag inszeniert, den die anderen in die Realität umwandeln. (Wie ich bereits in *„Final Judgement"* erwähnt habe, denke ich, dass dies wahrscheinlich so geschehen ist).

American Tabloid von James Elliott stellt die Interaktion zwischen dem organisierten Verbrechen, Jimmy Hoffa, dem FBI und der Kennedy-Familie dar und endet mit der Ermordung von JFK. Sehr gute Lektüre, das Buch ist insofern interessant, als es den Ton angibt, der wahrscheinlich einen großen Teil der Interaktion zwischen diesen Persönlichkeiten aus dem wirklichen Leben, die als Figuren im Buch auftreten, ausgemacht hat. Es mag einige „fiktive" Elemente geben, die nicht allzu weit von der Realität entfernt sind.

STUDIEN ZUM FALL GARRISON

Die Bücher, die über den Fall Jim Garrison-Clay Shaw erschienen sind, gehören zu einer eigenen Kategorie und sind wichtig. Das erste große Buch zu diesem Thema war *The Kennedy Conspiracy* von Paris Flammonde. Es ist ein sehr schwer zu findender Band, der ein Klassiker zu diesem Thema ist. Das Buch enthält viele Informationen über die Verbindung zu Shaws Permindex (und das ist vielleicht einer der Gründe, warum das Buch nie nachgedruckt wurde, wenn ich für einen Moment vom paranoiden Verschwörungsdenken abweichen darf). Obwohl das Buch vor dem Ende von Shaws Prozess veröffentlicht wurde, enthält es viele wertvolle Dokumente und ist eine interessante Lektüre. Ich möchte betonen, dass Flammonde zwar den Permindex erwähnt, aber die israelische Verbindung nicht so zeichnet, wie er es hätte tun können und sollen. Aber das ist nur ein kleiner Fehler in einem wunderbaren Buch, das für alle Forscher eine „Pflichtlektüre" sein sollte.

American Grotesque von James Kirkwood übt heftige Kritik an Garrison. Kirkwood war ein wichtiger Motor für Shaw, aber das Buch enthält viele Daten direkt aus Shaws Prozess und enthält viele Details über viele der interessanten Personen, die während der Garrison-Ermittlungen erschienen sind. Ehrlich gesagt, jedes Mal, wenn ich das Buch erneut lese, bin ich immer noch erstaunt, dass der Autor nicht gesehen hat, wie viele Beweise es tatsächlich gegen Shaw gab, und das sind tatsächlich die Beweise, die Kirkwood in seinem Buch präsentiert.

Counterplot von Edward Jay Epstein ist ein weiteres Buch über Garrisons Ermittlungen gegen Clay Shaw. Es ist ein vernichtender Angriff auf Garrison - ein dünnes Buch, das ich nicht erwähnen würde, wenn es nicht von Epstein geschrieben worden wäre.

Das ist insofern wichtig, wie ich in *Final Judgement* angemerkt habe, als Epstein ein enger Mitarbeiter des CIA-Mannes James Angleton war und Epstein auch das Buch *Legend* (eine Biografie von Lee Harvey Oswald) geschrieben hat, das Angletons Geschichte über den JFK-Fall am genauesten wiedergibt, wonach letztlich der sowjetische KGB hinter der Ermordung von Präsident Kennedy steckte, sei es versehentlich oder absichtlich. Epstein legt nahe, dass Oswald vom KGB kooptiert worden war und das Verbrechen im Alleingang begangen hatte, mit oder ohne Anweisung seiner KGB-Vorgesetzten. Das Buch wurde von den Medien der herrschenden Klasse weit verbreitet.

Interessanterweise hat Epstein auch das Buch *Inquest* geschrieben, *das* von den Medien als wichtige Kritik am Bericht der Warren-Kommission begrüßt wurde. Ich hatte jedoch immer den Eindruck, dass es sich bei diesem Buch um eine „Inszenierung" der herrschenden Klasse handelte, die nahelegte, dass es zwar Probleme mit der Art und Weise gab, wie die Warren-Kommission ihre Untersuchung durchführte, dass es aber letztlich keinen Grund zur Sorge gab. Wie auch immer, keines von Epsteins Büchern hat einen realen Wert.

Jim Garrison schrieb einen eigenen Bericht über seine Ermittlungen. Es trägt den Titel *On the Trail of the Assassins* und ist ein interessantes und gut geschriebenes Buch. Ich würde jedoch sagen, dass das Buch etwas enttäuschend ist, da es sich eher um eine persönliche Erinnerung an den Fall handelt als um einen ausführlichen Bericht über die Ermittlungen, den viele als wesentlich informativer empfunden hätten.

Die jüngste Studie, die sich mit der Garrison-Untersuchung befasst, ist *Destiny Betrayed* von James Di Eugenio. Es ist ein wichtiges Buch, da es einen Großteil der Beweise aus der Garrison-Untersuchung untersucht (mehr als Garrisons eigenes Buch) und im Wesentlichen beweist, dass Garrison Recht hatte, als er Clay Shaw wegen seiner Beteiligung an der Verschwörung zum Mord an JFK ins Visier nahm. Wir wissen nicht genau, welche Rolle Shaw in der Verschwörung spielte, aber Di Eugenio belegt, dass er zweifellos irgendwo in die Verschwörung verwickelt war.

Es gibt einige Probleme mit dem Buch. Ich finde Di Eugenios heroische Verehrung für JFK ein wenig überwältigend. Man könnte meinen, JFK sei fast ein Gott gewesen. Weil Di Eugenio eine etwas naive Pro-Kennedy-Voreingenommenheit zu verraten scheint, die aus einer liberalen Perspektive kommt, tappt Di Eugenio in die Falle, Clay Shaw als „rechts" wahrzunehmen und darzustellen. Wie ich Di Eugenio in einem Brief mitteilte, scheitert sein Buch insofern, als es die Verbindung zu Shaws Permindex mit seiner ultimativen israelischen Verbindung nicht weiter verfolgt.

Dafür könnte es eine Erklärung geben. Das Buch wurde unter der Schirmherrschaft der Sheridan Square Press (die übrigens auch Garrisons Buch veröffentlicht hat) veröffentlicht, die dem Institute for Media Analysis angegliedert ist. Wie bereits in Anhang 3 erwähnt, erhält dieses Institut Gelder von den Family Stern Funds.

Diese Stiftung wurde von der Familie Stern aus New Orleans gegründet, die nicht nur enge Freunde von Clay Shaw waren, sondern auch die wichtigsten finanziellen Unterstützer des Büros der Anti-Defamation League (ADL) in New Orleans, das Guy Banister unterstellt war. Ihnen gehörte auch die Radio- und Fernsehanstalt WDSU, die dazu beitrug, Lee Harvey Oswald als „Pro-Castro-Agitator" darzustellen.

Dies sind die wichtigsten Bücher über den Fall Garrison. Wäre Garrisons Untersuchung nicht so wiederholt und unerbittlich sabotiert worden, hätte sie die Wahrheit über die Ermordung von JFK vielleicht schon lange vor Veröffentlichung von *Judgement Final* ans Licht gebracht. Ich schlage dringend vor, dass sich die Leute auf Garrisons Ermittlungen konzentrieren. Wenn wir Licht in das Dunkel bringen, was Clay Shaw, Guy Banister und David Ferrie in New Orleans mit Lee Harvey Oswald trieben, können wir der Wahrheit über die Ermordung von JFK ein Stückchen näher kommen.

DIE „VERSETZTEN" WERKE

Die nächste Reihe von Büchern in den Annalen des JFK-Attentats sind solche, die man in Ermangelung eines besseren Begriffs als von „abseitiger" Natur beschreiben könnte. Es gibt zahlreiche Bücher dieser Art, aber ich möchte mich auf eine Handvoll davon konzentrieren.

Derjenige, der einem sofort in den Sinn kommt, ist *The Assassination Tapes* von George O'Toole, dem ehemaligen Psychoanalytiker der CIA. Das Buch beschreibt, wie O'Toole die Stimmstressanalyse einsetzte, um festzustellen, ob wichtige Zeugen im Fall JFK (deren Stimmen irgendwann einmal aufgezeichnet wurden) gelogen haben. Er kommt zu dem Schluss, dass Oswald nicht gelogen hat, als er bestritt, den Präsidenten erschossen zu haben, und dass einige der Polizisten in Dallas vielleicht auch nicht die Wahrheit gesagt haben.

Als ehemaliges Mitglied der CIA ist O'Toole insofern etwas voreingenommen, als er anzudeuten scheint, dass das FBI in gewisser Weise an der Vertuschung des JFK-Mordes schuldig gewesen sein könnte (was ehrlich gesagt nur wenige bezweifeln), aber alles in dem Buch ist lesenswert und die Leute werden es unterhaltsam finden.

Die berühmte *Best Evidence* von David Lifton, behauptet, dass es postmortale Retuschen an den Wunden von Präsident Kennedy gab, noch bevor die offizielle Autopsie in Washington stattgefunden hat. Dieses Buch ist ein umfangreicher und ziemlich detaillierter Band, aber ich muss sagen, dass er so massiv ist, dass man sich darin verliert. Ein Großteil der technischen Beweise liegt jenseits des Verständnisses des Durchschnittslesers und aufgrund dessen, so fürchte ich, leistet das Buch keinen weiteren wichtigen Beitrag, außer noch mehr Verwirrung bezüglich der Kontroverse um die Ermordung von JFK zu stiften.

Flashback von Ron Lewis ist eine besonders interessante persönliche Erzählung. Lewis war über Guy Banisters vertraglich geregelte Operation mit der CIA in New Orleans mit Lee Harvey Oswald in Verbindung gebracht worden. Einige Leute stellen Lewis' Referenzen in Frage, aber sein Buch liefert einen Bericht über Oswalds Verbindung mit Banister aus einer einzigartigen direkten Perspektive. Ich habe in Lewis' Buch nichts gefunden, was in irgendeiner Weise meinen eigenen Schlussfolgerungen aus *Final Judgement* bezüglich der seltsamen Aktivitäten außerhalb von Banisters Büro widerspricht. Es ist ein schwer zu findendes Buch, aber es lohnt sich, es zu lesen.

Ein weiteres wenig bekanntes und durchaus einzigartiges Buch ist *The Second Plot* von Matthew Smith, einem englischen Schriftsteller, der Lee Harvey Oswald als patriotischen Geheimdienstmitarbeiter darstellt, der zufällig auf ein Komplott zum Mord an JFK stieß und versuchte, es aufzudecken. Ein durchaus interessantes Buch.

JFK: Conspiracy of Silence von Dr. Charles Crenshaw präsentiert einen persönlichen Bericht über das, was der Arzt in der Notaufnahme in Dallas gesehen hat, und zeigt, dass die „offiziellen" Autopsieberichte über JFK Mist waren. Crenshaw wurde viel kritisiert, weil er es wagte, sein Wissen an die Öffentlichkeit zu bringen, und er verdient ein wenig Anerkennung dafür, dass er es getan hat.

WAR ES WIRKLICH „EIN TÖDLICHER FEHLER"?

Mortal Error von Bonar Menninger ist ein weiteres Buch, das ich erwähnen muss (weil ich mehrmals nach dem Buch gefragt wurde). In diesem Buch wird behauptet, dass der tödliche Schuss, der den Präsidenten tötete, versehentlich von einem Geheimdienstmitarbeiter aus dem Auto abgegeben wurde, das der Limousine von JFK folgte. Ich habe das Buch gelesen und möchte vorwegnehmen, dass es nicht wie die absurde und unsinnige (von manchen mit religiösem Eifer geglaubte) Geschichte klingt, dass JFK (absichtlich) durch einen Schuss getötet wurde, den sein Fahrer vom Secret Service abfeuerte. Stattdessen ist Menningers Buch gut geschrieben und gründlich recherchiert. Jeder, der das Buch gelesen hat (und absolut nichts anderes über die Ermordung von JFK gewusst hat), konnte zu dem Schluss kommen, dass es sich tatsächlich um das „Endgericht" handelt.

Die These des Buches ist, dass jemand (wahrscheinlich Lee Harvey Oswald) JFK aus dem Schulbuchlager in krimineller Absicht erschossen hat, der Schuss aber von der Waffe eines Geheimdienstagenten ausging und den Job des inkompetenten Oswald beendet hatte.

Es gibt auf jeden Fall ein Problem mit dieser These: Es ist unwahrscheinlich, dass Oswald an diesem Tag einen Schuss auf der Dealey Plaza abgegeben hat, und es gibt auch eine berechtigte Debatte darüber, ob tatsächlich Schüsse aus dem Fenster abgegeben wurden, aus dem Oswald angeblich geschossen haben soll. Sollte die These jedoch durch Pech richtig sein, steht sie nicht grundsätzlich im Widerspruch zur allgemeinen These von *Final Judgement*, da *Final Judgement* behauptet, Oswald habe sich inmitten von Kreisen befunden, die sich gegen den Präsidenten verschworen und versucht hätten, Oswald eine Falle zu stellen, damit es so aussieht, als habe er aus dem Buchlager heraus geschossen. Wenn tatsächlich versehentlich ein Schuss vom Geheimdienst auf JFK abgegeben wurde, ändert dies nichts an der Tatsache, dass der Schuss als Reaktion auf einen Mordversuch von anderer Seite abgegeben wurde.

Abgesehen davon muss ich sagen, dass das Buch, egal wie aufrichtig die Autoren sind, eine wahnwitzige Ablenkung für eifrige Studenten der JFK-Verschwörung ist. Es ist eine ziemlich einfallsreiche Theorie, aber ich glaube nicht, dass sie viel Glaubwürdigkeit besitzt, um ganz ehrlich zu sein.

Es gibt noch ein weiteres Buch, das ich erwähnen sollte. Es handelt sich um *Kill Zone* von Craig Roberts. Obwohl das Buch eine klassische Erzählung der grundlegenden Fakten über den breiten Charakter der JFK-Verschwörung ist, typische Akteure wie die CIA und die Mafia erwähnt und sogar in die sogenannte „französische" Verbindung einsteigt (ohne so weit zu gehen, die unleugbare Verbindung zu Israel herzustellen), ist das Buch insofern interessant und erfrischend, als der Autor nicht davor zurückschreckt, die Möglichkeit anzusprechen, dass bei der Ermordung von JFK hochrangige internationale Einflüsse am Werk waren. Ich beziehe mich speziell auf Roberts' Diskussion über den als Council on Foreign Relations (CFR) bekannten Machtblock und über die plutokratischen internationalen monetären Kräfte, die den CFR kontrollieren.

Ich glaube nicht, dass Sie Beweise dafür finden können, dass das CFR den Mord an JFK initiiert hat (und der Autor auch nicht), aber ich muss dem Cäsar geben, was des Cäsars ist: Es ist immerhin eines der ersten Bücher über JFK, das den Mut hat, anzudeuten, dass es tatsächlich solche hochrangigen Gruppen geben könnte, die heute in der Welt jenseits der CIA tätig sind.

Dies treibt die sogenannte „Verschwörungstheorie" auf die Spitze, denn es gibt nichts Altmodischeres, als über geheime Gruppen wie das CFR zu sprechen. Wer heute über das CFR und ähnliche Gruppen spricht, die mit der internationalen Finanzwelt verbunden sind, lädt die Anschuldigungen des „Antisemitismus" geradezu ein. Dies ist daher in Bezug auf die Forschung zum Fall JFK einzigartig und kann einige Augen öffnen. Meiner Meinung nach zeugt dieses Buch also im Wesentlichen von einer neuen Horizonterweiterung in Bezug auf die Forschung im Zusammenhang mit dem Fall JFK.

FLETCHER PROUTY

Werfen wir nun einen Blick auf die Sachbücher von Oberst L. L. Fletcher Prouty, einem ehemaligen Verbindungsoffizier zwischen dem Pentagon und der CIA während der Kennedy-Jahre. Prouty, diente natürlich als Vorbild für die Figur des „Mister X", des geheimnisvollen Mannes in Oliver Stones Film *JFK*. Proutys Buch *The Secret Team* behandelt zwar nicht die Ermordung von JFK an sich, ist aber eine Studie über die Machtpolitik in der ganzen Welt, die durch die CIA-Verschwörungen beeinflusst wurde. Der Untertitel seines Buches ist recht anschaulich: „Die CIA und ihre Verbündeten kontrollieren die Vereinigten Staaten und die Welt".

Proutys Buch ist eine Studie über die Ursprünge, das Wachstum, die Entwicklung und die Exzesse der CIA. Leider möchte ich anmerken, dass Prouty, wenn es darum geht, die „Verbündeten" der CIA zu diskutieren, nicht ausführlich auf den Mossad eingeht. Ansonsten ist es ein sehr wichtiges Buch und die CIA hat ihr Bestes getan, um das Buch geheim zu halten.

Proutys anderes Buch *JFK* (Untertitel: „*The CIA, Vietnam and the Plot to Assassinate John F. Kennedy*") ist nicht minder interessant. Der Titel selbst ist etwas irreführend, wie Oberst Prouty selbst erklärte und anmerkte, dass es sein Verleger war, der auf den Titel bestanden hatte. Tatsächlich konzentriert sich das Buch auf die Rolle der USA in Indochina und die jahrelangen Manöver hinter den Kulissen, die zur amerikanischen Verwicklung in diese Tragödie führten. Das Buch ist insofern wichtig, als es schlüssig nachweist, dass Präsident Kennedy Indochina verlassen wollte und sich dem Widerstand der Machtkräfte - sowohl national als auch international - gegenübersah, was eine der Schlüsselüberlegungen der CIA bei ihrer Entscheidung war, sich an dem Mordkomplott gegen JFK zu beteiligen.

JFKS POLITIK IM NAHEN OSTEN

Wer sich für JFKs Nahostpolitik interessiert, sollte die in *Final Judgement* zitierten Bücher lesen, insbesondere *Taking Sides* von Stephen Green, *Dangerous Liaisons* von Andrew und Leslie Cockburns und *The Samson Option* von Seymour Hersh. Ich beeile mich hinzuzufügen, dass keines dieser Werke einen Zusammenhang zwischen JFKs Konflikten mit Israel und seiner Ermordung nahelegt. Wenn man diese Bände einmal studiert hat, besteht kein Zweifel daran, dass die populäre Wahrnehmung, JFK sei ein „Freund" Israels gewesen - zumindest in den Köpfen der damaligen israelischen Führung - weit von der Wahrheit entfernt ist. Und das ist eine Untertreibung.

Es besteht kein Zweifel daran, dass JFK zum Zeitpunkt seines Todes von der israelischen Führung als eine Bedrohung für das Überleben Israels angesehen wurde. Wer auch immer irgendwelche Ambitionen hat, eine Autorität in Sachen JFK-Attentat zu sein, kann, ich wiederhole es, das Attentat nicht untersuchen, ohne diese Bücher zu lesen, die diesen Aspekt von JFKs Außenpolitik berühren. Diejenigen, die das Thema meiden, haben offensichtlich Angst, durch die israelische Verbindung beschmutzt zu werden.

„DIE MAFIA HAT JFK GETÖTET"

Obwohl Bücher, die nahelegen, dass „die Mafia JFK getötet hat", eine eigene Themenkategorie darstellen, werde ich diesen Büchern in diesem historischen bibliografischen Überblick über Bücher über das Attentat keine weiteren Debatten widmen. Ich habe diese Bücher und ihre sehr unvollkommene These bereits an verschiedenen Stellen im Laufe der Seiten des *Final Judgement* diskutiert. Dennoch wurde in den Medien der herrschenden Klasse ausführlich über diese Bücher berichtet, denn ich bin mir sicher, dass dies die Aufmerksamkeit von den eigentlichen Verschwörern ablenkt. Aber seien Sie beruhigt: Die Mafia hat JFK NICHT getötet.

ROBERT MORROW

Ich möchte nun auf die Werke von Robert Morrow eingehen. Ich habe vorhin seinen Roman *„Betrayal"* erwähnt. Seine überarbeitete, „nicht-fiktionale" Ausgabe dieses Buches, die wesentlich verbessert und erweitert wurde, ist *First-Hand Knowledge* mit dem Untertitel *„How I Participated in the CIA-Mafia Murder of President Kennedy"* (Wie ich an dem von der CIA und der Mafia organisierten Mord an Präsident Kennedy beteiligt war). Es ist ein interessantes Buch, aber ich bin bei diesem Werk vorsichtig, schon aus dem einfachen Grund, wie ich in *Final Judgement* hervorgehoben habe, dass es von einem US-amerikanischen Affiliate eines israelischen Verlagshauses gedruckt wurde. Abgesehen davon möchte ich sagen, dass es meiner Meinung nach keinen Zweifel daran gibt, dass Morrow selbst in die Verschwörung rund um das Attentat verwickelt war, insbesondere mit den CIA-Mitarbeitern, die mit den kubanischen Anti-Castro-Exilanten zusammenarbeiteten.

Wie ich bereits angedeutet habe, ist meine eigene Sichtweise jedoch, dass der kubanische Aspekt des Mordkomplotts von den meisten Forschern übertrieben wurde. Das heißt, in dem Sinne, dass ich die Exilkubaner nicht wirklich als echte Verschwörer sehe, sondern eher als „Vermittler" - oder sogar als Sündenböcke -, die genauso manipuliert wurden wie Lee Harvey Oswald.

Die Hauptrolle, die die Kubaner in der Verschwörung spielten, bestand darin, dass sie halfen, die Grundlage für die Geschichte zu legen, dass der unglückliche Oswald ein „pro-Castro-Agitator" gewesen sei. Die Kubaner, ob für oder gegen Castro, waren meiner Meinung nach nur zusätzliche „falsche Banner", die von den ultimativen Verantwortlichen für das Verbrechen inmitten der Landschaft des Mordkomplotts aufgestellt wurden.

In *Judgement Final* habe ich mich bei der Beschaffung von Informationen über die Ermordung von Senator Robert F. Kennedy stark auf Morrows Buch *The Senator Must Die* gestützt. Das Buch legt nahe, dass die SAVAK, die iranische Geheimpolizei, den Mord an RFK auf der Grundlage eines Vertrags mit der CIA begangen hat. Ich habe keine Beweise dafür gesehen, dass Morrow in diesem Punkt nicht teilweise Recht hat, und in *Final Judgement* habe ich angemerkt, dass die SAVAK eine gemeinsame Schöpfung des Mossad und der CIA war.

Es gab seit langem eine enge geheime Verbindung zwischen dem Mossad, der CIA und den Iranern, auch wenn viele Menschen davon nichts wussten. Wenn RFK also von der SAVAK getötet wurde, wie Morrow sagt, deutet dies für mich darauf hin, dass wir weiter in Richtung einer israelischen Verbindung in diese Richtung untersuchen sollten, auch wenn Morrow dies natürlich nicht erwähnt.

Ich muss sagen, dass ich an Morrows allgemeiner Zuverlässigkeit insofern zweifle, als es manchmal sehr schwierig ist, festzustellen, was er direkt weiß, was er denkt oder was andere ihm gesagt haben.

Morrows Bücher sind interessant und bieten viele faszinierende Anhaltspunkte. Daran gibt es keinen Zweifel. Ich bin jedoch zutiefst besorgt darüber, dass Morrow offenbar andeutet, dass James Angleton von der CIA in Bezug auf die Ermordung von JFK und die Vertuschung gewissermaßen aus dem Verkehr gezogen wurde - und nichts könnte weiter von der Wahrheit entfernt sein.

Die Tatsache, dass Morrow ein CIA-Agent war, der sich in zwielichtigen Kreisen bewegte, ist ein weiterer Faktor, der bei all dem in Betracht gezogen werden muss. Menschen in einer solchen Position wissen nicht immer, für wen sie wirklich arbeiten. Manchmal denken sie, dass sie für einen Zweck arbeiten, obwohl sie in Wirklichkeit für einen anderen Zweck arbeiten. Und sie kennen nicht immer alle Fakten. So wurden Morrows eigene Erfahrungen (und seine Erzählung über seine Erfahrungen) zwangsläufig von all dem gefärbt. Ich sage nicht, dass Morrow eine Taube oder Marionette war, aber ich schlage vor, dass wir seine Erzählung aus erster Hand mit Vorsicht prüfen sollten.

Zu wissen: Mir wurde mit Sicherheit mitgeteilt, dass Morrow sehr wohl Kenntnis von der in *End Judgement* aufgestellten These hat und dass er zu diesem Zeitpunkt das Buch gelesen haben könnte. Er hat sich jedoch noch nicht mit mir in Verbindung gesetzt.

HUGH McDONALD

In *Final Judgement* habe ich die Bücher *Appointment in Dallas* und *LBJ & the JFK Conspiracy* besprochen, beide von Hugh McDonald, einem weiteren ehemaligen FBI- und CIA-Agenten. Ich habe darauf hingewiesen, dass ich keines dieser Werke für besonders glaubwürdig halte. Der erste Band wurde von Geoffrey Bocca mitverfasst, einem ehemaligen Propagandisten der von Israel unterstützten französischen OAS, und es versteht sich angesichts all dessen, was ich bereits angesprochen habe, von selbst, dass dies an sich schon einen Grund liefert, die Zuverlässigkeit des Buches in Frage zu stellen.

Das zweite Buch, das von Robin Moore mitverfasst wurde, der seit langem Verbindungen zur Geheimdienstgemeinde unterhielt, greift die gleiche Aussage von James Angleton auf, wonach die Sowjets hinter der Ermordung von JFK steckten. In dem Buch heißt es auch, dass der KGB Lyndon Johnson manipuliert habe, um die sowjetische Verbindung zu verschleiern. Soweit zu McDonalds Werken. Der einzige Grund, warum ich sie hier erwähne, ist, dass mich immer wieder Leute bitten, ihren Inhalt zu kommentieren.

DIE FANTASIE VON HARRISON LIVINGSTONE

An dieser Stelle müssen wir eine schwere Bürde auf uns nehmen, indem wir vier besondere Bücher untersuchen, die von einem besonderen Mann geschrieben wurden: Harrison Livingstone. Die Bücher heißen *High Treason*, *High Treason II*, *Killing the Truth* und *Killing Kennedy* und sind alle bei Carroll & Graf erschienen. Ich muss sagen, dass der dritte Titel eine ziemlich treffende Zusammenfassung dessen ist, was die vier Bände wirklich tun.

Als Schriftsteller selbst hasse ich es, die Schreibstile anderer Autoren zu kritisieren. Ich habe die Motive anderer Schriftsteller im Zusammenhang mit dem JFK-Fall kritisiert und erkannt, dass sie etwas zu klären haben und bestimmte Interessen hinter sich haben, um ihre Bemühungen für oftmals weniger als edle Anliegen zu fördern. Im Fall von Harrison Livingstone bin ich jedoch erstaunt, dass seine Bücher nie zuerst veröffentlicht wurden. Vielleicht ist das eher eine Reflexion über seinen Verleger als über Livingstone selbst. Die vier Bände sind, gelinde gesagt, merkwürdig. Vor allem der zweite und dritte Band scheinen überhaupt nicht überarbeitet worden zu sein. Man hat den Eindruck, dass die Herausgeber Livingstone freie Hand ließen, um zu schwafeln und ohne jede Einschränkung von einem Thema zum anderen zu wandern.

Manchmal scheinen Livingstones Kommentare an Verleumdung zu grenzen. Er greift seine eigenen Kritiker auf sehr persönliche Weise an und suggeriert, dass er der einzige Autor sei, der etwas über die Ermordung von JFK geschrieben habe, das es wert sei, gelesen zu werden. Er springt zwischen der Analyse von Autopsiebeweisen, fotografischen Beweisen und Augenzeugenberichten hin und her, und obwohl es nicht den Anschein hat, dass Livingstone in irgendeinem der Bereiche, die er mit solch moralisierender Autorität und Empörung behandelt, irgendeine offizielle Ausbildung genossen hat, möchte Livingstone Sie glauben machen, dass jeder, der mit seinen Interpretationen nicht einverstanden ist, bestenfalls ein Lügner und schlimmstenfalls ein vorsätzlicher Teilnehmer an der Vertuschung des Attentats ist! Sein Mitautor der ersten Ausgabe von *High Treason*, Robert Groden, ein hoch angesehener Forscher, wird in diesen Bänden ebenfalls Opfer wilder Angriffe von Livingstone. Ich bin überrascht, dass Groden keine Verleumdungsklage eingereicht hat.

Livingstone verunglimpft insbesondere Mark Lane. Er sagt eigentlich, dass Lane, weil er einen „linken" Ruf hatte, keinen Grund hatte, sich an der Erforschung der Fakten über die Ermordung von JFK zu beteiligen. Dadurch wird laut Livingstone deutlich, dass nur „Linke" an dem Attentat interessiert waren und der Durchschnittsamerikaner nicht. Livingstone macht sich auch über die Behauptung lustig, dass die CIA in das Attentat verwickelt war. Er behauptet auch, dass Lane, weil er Liberty Lobby im Fall E. Howard Hunt wegen Verleumdung vertrat, möglicherweise dazu beigetragen habe, die sogenannten texanischen Ölbarone zu verschleiern, die in das Attentat verwickelt waren und laut Livingstone die Geldgeber von Liberty Lobby sind (was, wie ich schnell hinzufügen möchte, trotz Livingstones wahnhafter Ausschweifungen einfach nicht stimmt).

Diese gigantischen Werke tragen absolut nichts zur Erforschung des JFK-Attentats bei, und dennoch nahm ein großer Verlag diese Bände auf, druckte sie und verbreitete sie in großem Stil. Zwei dieser Bände schafften es sogar auf die Bestsellerliste der *New York Times*! Livingstone entfremdete sich mit seinem seltsamen Verhalten von allen wichtigen Forschern, die an der Ermordung von JFK arbeiteten, und dennoch erhielten seine Bücher seltsamerweise diese exzessive Verbreitung. Ich denke, hinter der weitverbreiteten Verbreitung von Livingstones Absurditäten steckt ein Plan: die Karten noch weiter zu verwischen und der breiten Öffentlichkeit den eher eigenwilligen Charakter Livingstones als Definition dessen zu präsentieren, was einen „erfolgreichen Forscher" ausmacht.

Ich muss betonen, dass Livingstone sogar vorschlägt, dass vielleicht Abraham Zapruder, der den berühmten Amateurfilm von der Ermordung gedreht hat, Teil der Verschwörung gewesen sein könnte, der am Tatort platziert wurde, um den Verschwörern eine Aufzeichnung der Ermordung zu liefern! Es gibt jedoch immer mehr Beweise dafür, dass der Zapruder-Film selbst manipuliert wurde.

Wie gesagt, der einzige Grund, warum ich so viel Zeit damit verbracht habe, über Livingstones Bücher zu diskutieren, ist, dass mich die Tatsache beunruhigt, dass sie so weit verbreitet wurden, wie sie es waren. Ich mache Livingstone keinen Vorwurf und betone, dass ich nicht an seiner persönlichen Aufrichtigkeit zweifle, aber ich zweifle an den Motiven und der Rechtschaffenheit seines Verlegers.

DER FALL GERALD POSNER

Der Fall Gerald Posner verdient zumindest eine besondere Analyse. Obwohl die Medien Gerald Posners *Case Closed* weitgehend als „das letzte Wort" über das JFK-Mordkomplott gefeiert haben, ist es eine Tatsache, dass das Buch in vielerlei Hinsicht genauer als „das erste Wort" beschrieben werden würde. Ich persönlich habe mehr als eine Handvoll eklatanter Widersprüche und Verzerrungen entdeckt, die auf den Seiten des Buches nach nur einer kurzen oberflächlichen Prüfung auftauchten. Als ich das Buch dann las, wurde mir klar, dass es sich lediglich um eine Erinnerung an den biografischen Überblick über das Leben von Lee Harvey Oswald handelte, der im Bericht der Warren-Kommission enthalten war.

So haben wir mit *Case Closed* tatsächlich den Kreis zu diesem viel gepriesenen Buch geschlossen, das kaum mehr ist als eine überarbeitete Bekräftigung des „ersten Wortes" - des Warren-Berichts -, gepaart mit heftigen und bösartigen persönlichen Angriffen auf Forscher und Zeugen, deren Ansichten der Warren-Kommission widersprechen.

Es gibt eine große Anzahl von Kritiken zu *Case Closed* von vielen, vielen Leuten, aber ich werde Ihnen einen Einblick in einige meiner eigenen Kommentare geben, die aus meiner eigenen Überprüfung des Buches stammen. Wenn ich mehr Zeit damit verbracht hätte, Posners Band zu prüfen, hätte ich sicher noch viel mehr Widersprüche finden können, aber die, die ich hier anführe, sind meiner Meinung nach sehr repräsentativ für seine sehr irreführende Arbeit.

DIE WIDERSPRÜCHE POSNERS

- Im gesamten Buch zitiert Posner die Schlussfolgerungen der Sonderkommission des Repräsentantenhauses zu den Mordfällen, die mit seiner These übereinstimmen, dass Oswald das Verbrechen allein begangen hat. Wenn jedoch eine Schlussfolgerung der HSCA nicht mit Posner übereinstimmt, lehnt er die HSCA von vornherein ab. Zweitens: Obwohl Posner aktiv versucht, den am Fall JFK arbeitenden Forscher Anthony Summers zu diskreditieren, zitiert er Summers im gesamten Buch als Quelle (z. B. auf Seite 144), indem er Summers mit den Worten zitiert, Jim Garrisons Fall gegen Clay Shaw sei „extrem schwach" gewesen. Mit anderen Worten: Summers ist eine unzuverlässige Quelle, wenn seine Schlussfolgerungen auf eine Verschwörung hindeuten, aber wenn seine Schlussfolgerungen zu bestimmten Fragen sogar vage mit denen Posners übereinstimmen, findet Posner, dass Summers es wert ist, zitiert zu werden, um seine eigenen Ansichten zu untermauern.
- Posner zitiert einen Zeugen namens Jack Tatum, der gesehen haben will, wie Oswald den Tatort des Mordes an dem Dallas-Polizisten J. D. Tippit verließ, und erklärt, Tatum „erzählte seine Geschichte zum ersten Mal den Ermittlern der Sonderkommission des Repräsentantenhauses für Mordfälle". Das ist interessant, denn in anderen Fällen, in denen andere Zeugen, die Posners These widersprechen, ihre Sicht der Dinge zunächst nicht offengelegt haben, stellt Posner deren Zuverlässigkeit in Frage. Wenn jedoch ein zu spät kommender Zeuge wie dieser Posners These zu bestätigen scheint, zitiert er einen solchen Zeugen als zuverlässig und als „Beweis" für seine Richtigkeit.

POSNERS BELEIDIGUNGEN

- Posners Haupttalent ist es, Zeugen ad homenim anzugreifen, deren Aussagen nicht mit seinen Schlussfolgerungen übereinstimmen, die natürlich nichts anderes sind als die gleichen Schlussfolgerungen, zu denen die Warren-Kommission rund 30 Jahre zuvor gelangt war. Beispielsweise bezeichnet Posner einen der Zeugen als „anerkannten Trunkenbold" (was wohl darauf hindeutet, dass Trunkenbolde verfassungsrechtlich unfähig sind, über irgendetwas die Wahrheit zu sagen). Aber das ist nur ein Beispiel von vielen.
- In einem Versuch, Delphine Roberts, die Sekretärin und Geliebte des CIA-Agenten Guy Banister war, zu diskreditieren, greift Posner einige ihrer eher exotischen politischen und religiösen Überzeugungen an - die absolut nichts mit der Tatsache zu tun haben, dass Frau Roberts behauptet, Lee Harvey Oswald habe eine enge Verbindung zu Banister und seinen Aktivitäten gehabt.
- Als Posner auf die Behauptungen über Oswalds Verbindungen zur CIA eingeht, die von Gerry Patrick Hemming, einem bekannten ehemaligen CIA-Agenten, aufgestellt wurden, bezeichnet Posner Hemming als „Selbstdarsteller",

der „extravagante und unbewiesene Enthüllungen" über die Ermordung von JFK geliefert habe. Noch mehr Beleidigungen.

- Als Posner versucht, Mrs. Jean Hills Behauptung, sie sei von Arlen Specter, der Anwältin der Warren-Kommission, eingeschüchtert und misshandelt worden, zu diskreditieren, sagt Posner, dass „es in der in extenso Abschrift der Aussage durch den Stenografen nichts gibt, was einem solchen Verhalten von Specter nahe käme".

Posner erzählt seinen Lesern jedoch nie, dass Frau Hill ständig wiederholte, dass die Abschrift der Aussage ungenau sei und verzerrt wiedergebe, was sie Specter zu Beginn gesagt hatte. Außerdem scheint es offensichtlich unwahrscheinlich, dass Specter ihre bedrohlichen Äußerungen ohnehin Teil des Protokolls hätte werden lassen. Dennoch ist dies ein weiteres hervorragendes Beispiel dafür, wie Posner mit den Fakten umgeht.

- In einem anderen Fall versucht Posner, einen von Jim Garrisons Zeugen zu diskreditieren, der berichtet, er habe das FBI wegen Oswald (nach dem Attentat) kontaktiert, um über einen offensichtlichen Besuch Oswalds (vor dem Attentat) in Clinton, Louisiana, zu berichten. Laut Posner „gibt es keinen Hinweis auf einen solchen Anruf". Das legt natürlich nahe, dass das FBI bei der Untersuchung des JFK-Mordes absolut ehrlich war und Akten über alle Fragen in Bezug auf Oswald und das JFK-Mordkomplott führte - was, wie wir wissen, nicht der Wahrheit entspricht. Aber Posner glaubt an das Wort des FBI zu diesem Thema und für Posner ist die Sache damit erledigt.

- Obwohl Posner später in seinem Buch versuchte, die Kommentare, die Lee Harvey Oswald irgendwann machte, zu analysieren und zu psychoanalysieren, hat Posner nie die Tatsache kommentiert - oder erwähnt -, dass Oswald auch sagte, er sei ein „Sündenbock". Posner wollte uns glauben machen, dass Oswald gerade die größte Leistung seines erbärmlichen Lebens vollbracht hatte und dass er nichts mehr dazu zu sagen hatte.

- Bei dem Versuch, die Möglichkeit, dass Oswald ein CIA-Agent war, zu verwerfen, verlässt sich Posner auf die eigene Abweisung der CIA einer Beschwerde eines ehemaligen CIA-Mitarbeiters, dass Oswald tatsächlich bei der CIA angestellt war (natürlich, Gerald, wird die CIA das als Erste zugeben!).

- Posner sagt auf Seite 49 einerseits, dass der KGB kein Interesse an Oswald hatte, und zehn Seiten später, auf Seite 59, sagt er, dass nicht weniger als zwanzig KGB-Agenten ein Auge auf Oswald geworfen haben. (Das müsste man wissen!)

POSNERS VERZERRUNGEN DER WAHRHEIT

- In seinem Anhang über mehrere der mysteriösen Todesfälle rund um die Ermordung von JFK begeht Posner eine Reihe von Schandtaten gegen die Wahrheit. Es versteht sich von selbst, dass viele dieser sogenannten „mysteriösen Todesfälle" gar nicht so mysteriös sind. Ich persönlich glaube, dass viele Forscher übertrieben haben, als sie eine Reihe dieser Todesfälle mit Verschwörungen in

Verbindung brachten. Im Fall von Posner gibt es jedoch mindestens zwei eklatante Fälle, in denen Posner - wieder einmal - die Fakten manipuliert.

(1) In Bezug auf den Tod von Maurice Gatlin sagt Posner einfach, dass Gatlin an den „Verletzungen eines Sturzes" gestorben sei. Tatsächlich starb Gatlin, nachdem er aus einem Hotelfenster gefallen war - vielleicht natürlich, nachdem er gestoßen worden war. Posner erwähnt die Umstände jedoch nie. Posner sagt auch, dass Gatlins Name „wahrscheinlich auf der Liste steht, weil er bereits von Guy Banister für eine Untersuchung ohne Zusammenhang angeheuert wurde". Posner erwähnt nicht, dass Gatlin angeblich der Kurier war, der mehrere hunderttausend Dollar in bar nach Europa transportierte und den mit Israel verbundenen OAS-Verschwörern zugeteilt wurde, die sich auch gegen das Leben des französischen Präsidenten Charles De Gaulle verschworen hatten. Interessant, um das Mindeste zu sagen.

(2) Ein weiterer mysteriöser Tod, den Posner als nicht so mysteriös und wahrscheinlich in irgendeiner Weise vom Attentat abgekoppelt zu suggerieren versucht, ist der Tod von Thomas Eli Davis III durch Stromschlag. Posner sagt, Davis sei ein Waffenhändler gewesen, der „auch Ruby kannte", und deutet an, dass es nichts gibt, was ihn wirklich mit der JFK-Verschwörung in Verbindung bringt. Posner erwähnt nicht, dass Davis Waffen an die französische OAS verkaufte und kurz vor der Ermordung von JFK in Nordafrika verhaftet worden war. Zu diesem Zeitpunkt wurde ursprünglich berichtet, dass er Briefe in seinem Besitz gehabt hatte, die sich auf Lee Harvey Oswald bezogen.

(Es sei darauf hingewiesen, dass inzwischen festgestellt wurde, dass es sich bei den bei Davis gefundenen Dokumenten um Empfehlungsschreiben an Victor Oswald, einen in Spanien ansässigen Waffenhändler, handelte. Allerdings erzählt Posner nicht die ganze Geschichte).

POSNERS GRÖSSTER SCHWINDEL

Der vielleicht eklatanteste Angriff auf die Leser durch Posner, der von seinen Förderern in den Medien der herrschenden Klasse aktiv unterstützt und ermutigt wurde, ist seine Behauptung, das Rätsel um JFK durch die zweifellos unbestreitbare Magie von Computern gelöst zu haben. In seinem Buch stützt sich Posner stark auf eine computergenerierte Analyse des JFK-Mordes durch eine als Failure Analysis Associates bekannte Firma, die „beweist", dass Lee Harvey Oswald allein gehandelt haben soll.

Posner lässt seine Leser im Wesentlichen glauben, dass die Computeranalyse gewissermaßen ausschließlich für seinen persönlichen Gebrauch vorbereitet wurde, während sie in Wirklichkeit für ein von der American Bar Association geleitetes Scheinverfahren gegen Lee Harvey Oswald vorbereitet wurde (das übrigens mit einer Suspendierung der Geschworenen endete).

Außerdem verschweigt Posner seinen Lesern, dass die Computerfirma auch eine alternative computergestützte Analyse des Attentats erstellt hat, die eine völlig andere These aufstellte: Sie besagte, dass mehr als ein Attentäter an der Ermordung von Präsident Kennedy beteiligt gewesen sein könnte. Das Hauptverkaufsargument für Posners Buch - die berühmte Computeranalyse des

Attentats -, über das die Medien ausführlich berichtet haben, beruht also selbst auf Verzerrungen der Wahrheit, wie sie auf den Seiten von Posners Buch auftauchten.
Es gibt noch einen weiteren interessanten Punkt, der es wert ist, wiederholt zu werden. Wie ich bereits früher in *Judgement Final* hervorgehoben habe, ist einer von Posners Mitarbeitern, Johann Rush, der Posner eine „verbesserte" Version von Zapruders berühmtem Film über das Attentat lieferte, zufällig auch derselbe Johann Rush, der einer der Kameramänner der WDSU in New Orleans war (der der mit ADL- und Clay Shaw verbundenen Stern-Familie gehört), der immer anwesend zu sein schien, wenn Lee Harvey Oswald „pro-Castro"-Erklärungen abgab. Rush ist offenbar immer noch im Einsatz. So viel zu Gerald Posner. Niemand nimmt sein Buch wirklich ernst, nicht einmal, wie ich vermute, seine Auftraggeber hinter den Kulissen. Sie wissen, wer JFK getötet hat, aber sie wollen nicht, dass Sie es erfahren, und deshalb halten sie Leute wie Posner bereit, die immer bereit sind, etwas aus dem Hut zu zaubern.

SEYMOUR HERSH

Vergessen Sie, wer John F. Kennedy getötet hat und warum. Stattdessen sollten Sie sich auf die persönlichen Kavaliersdelikte von JFK konzentrieren. Das ist die Botschaft, die die staatlich kontrollierten Medien in diesem Land nach der Veröffentlichung des neuen Buches von Seymour Hersh, *The Dark Side of Camelot*, verbreiten. Diejenigen, die noch nichts von Hershs Buch gehört haben, in dem er die Figur des John F. Kennedy angreift, lasen am 34. Jahrestag der Ermordung von JFK nicht die Mainstream-Presse. Das Buch wurde nach allen Seiten hin beworben, einschließlich einer Titelgeschichte in der Ausgabe des *Time* Magazine vom 17. November.
Die Kritiker - und sogar der Artikel in *Time* - legten einstimmig nahe, dass es Fragen zu Hershs Glaubwürdigkeit gab, aber selbst diese Kritiker hatten die Wirkung, so viel „Negatives" über JFK zu verbreiten, dass die Leser fast automatisch annehmen, dass „wo Rauch ist, da ist auch Feuer" ist.
Was ist so neu an Hershs Buch? Eigentlich nichts. Dutzende - vielleicht Hunderte - anderer Bücher haben über die Verbindungen der Kennedy-Familie zur Mafia, über JFKs Wüstlingtum usw. berichtet. Selbst *Time* weist (zu Recht) darauf hin, dass es seit den 1970er Jahren eine große Anzahl von Büchern gegeben hat, die das tun, was Hershs Buch tut: „JFK entmystifizieren".
Warum also der Drang, sich erneut mit den Missetaten von JFK zu befassen? Wir alle haben von den ehemaligen Kennedy-Familienmitgliedern gehört - seit fast dreißig Jahren das Thema einer nicht enden wollenden Berichterstattung in den Medien. Das ist so, seit Mark Lane begonnen hat, Fragen darüber zu stellen, wer John F. Kennedy wirklich getötet hat und warum. Lanes Buch *Rush to Judgment* stellte die Leute, die den Mord an JFK und seine Vertuschung inszeniert hatten, vor einige echte Probleme. Die Reaktion der „Mainstream-Medien" bestand darin, dass sie zu sagen versuchten: „John F. Kennedy war wohl doch kein so guter Kerl." (Damit wurde suggeriert, dass er es vielleicht verdient hatte, erschossen zu werden, oder dass er zumindest den Boden für seinen eigenen Tod bereitet hatte). Als dann in *Plausible Denial* Lane die Verbindung zwischen der

CIA und dem Attentat dokumentierte, bestimmte die herrschende Klasse, dass die Verschwörungstheorien über das Attentat eingedämmt werden müssten. Akzeptabel" sind Theorien, die besagen, dass es „die Mafia war" und die Schuld auf Mafiosi schieben, die schon lange tot sind.

Das *Time Magazine*, das die neue „Entmystifizierung" von JFK propagiert, gehört der Großfamilie Bronfman. Und natürlich spielte, wie *Final Judgement* zeigt, Louis M. Bloomfield, ein Handlanger der Bronfman-Familie, eine Schlüsselrolle bei der Verschwörung zum Mord an JFK.

Was ist mit Hersh in all dem? Es war Hershs Buch *The Samson Option*, das erstmals enthüllte, dass JFK sich mit dem israelischen Premierminister David Ben-Gurion in einen langen, hinter den Kulissen verborgenen Krieg über Israels Bemühungen um den Bau einer Atombombe eingelassen hatte. *Final Judgement* zitiert Hershs Arbeit ausgiebig - sehr zum Missfallen derjenigen, die das dunkle und tiefe Geheimnis von Israels Krieg mit JFK von den Bewunderern Präsident Kennedys fernhalten wollen.

Aber hier ist etwas sehr Interessantes: Die Ausgabe der Zeitschrift *Vanity Fair* vom November 1997 enthüllte, dass Hersh eng mit Michael Ewing zusammengearbeitet hatte, der 1978 an den Ermittlungen des Ausschusses des Repräsentantenhauses zum Mord am Präsidenten beteiligt gewesen war. Wie wir in *Final Judgement* berichteten, zitierte Ewing die besondere „französische Verbindung" zum JFK-Mord, der Gegenstand der Ermittlungen war, als der Ausschuss des Repräsentantenhauses den Laden dicht machte.

Jugement Final zeigt, dass die „französische Verbindung" in Wirklichkeit die israelische Verbindung ist. Hersh hat sicherlich Ewing in Bezug auf die „Französische Verbindung" zugehört. Und angesichts dessen, was Hersh eindeutig über JFK und Israel wusste, ist es offensichtlich, dass er nicht hätte helfen können, aber eine Ahnung von der israelischen Verbindung hatte. Zugegeben, natürlich wusste Hersh, dass Israel ein Motiv hatte.

Laut *Vanity Fair* warf Hersh seine eigenen Recherchen in einem Buch über die Ermordung von JFK über Bord und wandte sich den persönlichen Machenschaften von JFK zu. Dies geschah offenbar nach dem Erscheinen von *Final Judgement* im Januar 1994, so dass es scheint, dass *Final Judgement* Hersh die Show gestohlen hat.

Hersh sagt nun, er habe nie auch nur den geringsten Beweis dafür gefunden, dass hinter dem Mord an JFK eine Verschwörung steckte. Die einzigen Beweise, die er findet, sind die Tatsache, dass JFK ein sehr interessantes Privatleben hatte und dass er in Mordkomplotte gegen andere verwickelt gewesen sein soll. Allerdings gibt es auch diejenigen, die Hershs „Beweise" anzweifeln, wie *Time* zugab.

Ist Hershs Buch seine Art, sich dafür zu rehabilitieren, dass er erstaunliche und unbekannte Fakten über JFKs geheimen Krieg mit Israel enthüllt hat, Beweise, die zum Schreiben von *Judgement Final* führten? Und ist die Betonung der Medien auf Hershs Glaubwürdigkeit in Wirklichkeit eine subtile Art und Weise, Hershs frühere Schrift über JFK und Israel zu entmystifizieren und damit indirekt *Judgement Final* zu diskreditieren?

Wie dem auch sei, Hershs neues Buch regurgitiert alte Behauptungen über Kennedy und bringt sie damit erneut in Umlauf. Deshalb sind diejenigen, die hinter dem Attentat standen, nur zu gerne bereit, Hershs Buch all die kostenlose Publicity zu geben, die es erhält.

BILDEN SIE SICH IHR EIGENES ABSCHLIESSENDES URTEIL

All dies ist eine ausführliche Zusammenfassung meiner persönlichen Reaktionen und Meinungen zu den Büchern über die Ermordung von JFK. Wenn Sie die von mir empfohlenen Bücher noch nicht gelesen haben, schlage ich vor, dass Sie das tun. Sobald Sie alle diese Bücher gelesen haben, ich denke, können Sie sich Ihr eigenes, endgültiges Urteil bilden - und ich glaube nicht, dass Sie feststellen werden, dass meine allgemeinen Schlussfolgerungen überhaupt nicht zutreffen.

Diejenigen, die daran interessiert sind, ihre eigenen Bücher über das JFK-Attentat zu schreiben, fordere ich auf, Ablenkungen zu vermeiden, unsinnige Bereiche, die ernsthafte Recherchen verstopfen. Und versuchen Sie nicht, einen weiteren Einblick in die Verschwörung des Attentats zu schreiben. Das habe ich zwar getan, aber ich habe einen neuen Blickwinkel hinzugefügt, der zuvor noch nie berücksichtigt worden war.

Ich denke, dass ich auf den Seiten von *Final Judgement* die Grundlage für eine gründliche Recherche in einer Reihe neuer Bereiche gelegt habe, die wenig erforscht sind oder noch nie erforscht wurden. Dazu möchte ich die Menschen ermutigen. Finden Sie ein neues Interessengebiet, das mit der Ermordung von JFK in Verbindung steht, und erforschen Sie es auf jede erdenkliche Weise. Es gibt noch viel mehr zu tun.

ANHANG 9

Was ist ein Quiproquo
Pekings Verbindung zur Verschwörung Ermordung von JFK - Israels geheimes Nuklearbündnis mit dem kommunistischen China.

Nicht nur, dass sich die amerikanische Politik gegenüber Israel nach der Ermordung von JFK umkehrte. Es wurde auch praktisch übersehen, dass John F. Kennedy in den Monaten vor seiner Ermordung einen Militärschlag gegen die rotchinesischen Atomwaffenentwicklungsanlagen plante. Einen Monat nach JFKs Tod strich Lyndon Johnson jedoch den Plan und erlaubte China, mit der Montage seines Atomwaffenarsenals fortzufahren. Das große Geheimnis ist, dass zum Zeitpunkt der Ermordung von JFK die israelischen Geheimdienste Mossad und Rotchina hinter den Kulissen an der gemeinsamen Entwicklung von Atomwaffen arbeiteten. Die Beweise legen nahe, dass „die chinesische Karte" eine kritische (geheime) Rolle bei der Beteiligung Israels am Mordkomplott gegen JFK gespielt hat.

Anfang November 1997, als ich die vierte Ausgabe von „*Judgement Final*" vorbereitete, entdeckte ich ziemlich unerwartet einen Artikel, der inmitten eines Stapels von Zeitungsausschnitten über das Attentat auf JFK vergraben war. Es handelte sich um eine 1970 veröffentlichte Kolumne von Paul Scott, einem erfahrenen Washingtoner Experten, in der er betonte, dass John Kennedy kurz vor seiner Ermordung einen Militärschlag gegen Rotchinas Programm zur Entwicklung von Atomwaffen geplant hatte.

Außerdem ordnete Scott zufolge sein Nachfolger, Präsident Johnson, einen Monat nach der Ermordung von JFK an, den bevorstehenden Angriff zu stoppen.

Ich fand es in der Tat interessant, dass JFK nicht nur daran arbeitete, Israels Atombombenprogramm zu vereiteln (wie ich es in „*Judgement Final*" dokumentiert habe*)*, sondern auch aktive Schritte unternahm, um das Programm Rotchinas zu vereiteln.

Da ich wusste, dass Israel heute wahrscheinlich der größte Waffenlieferant Chinas ist, begann ich, über ein ganz neues Thema zu recherchieren, von dem ich noch nie gehört hatte: die geheimen Beziehungen zwischen Israel und Rotchina. Ich fragte mich, ob es eine Art „Chinese Connection „ mit der Rolle des Mossad bei der Verschwörung zum Mord an JFK geben könnte.

Dann habe ich nach einer kurzen Suche - an den richtigen Stellen - diesen Link gefunden. Das hat mich sogar überrascht. Ich denke, die Leser werden ebenfalls fasziniert sein und zustimmen, dass das, was hier beschrieben wird, in Richtung einer Rolle des Mossad bei der Verschwörung zur Ermordung von JFK deutet.

Kurz darauf erfuhr ich, dass eine Forschergruppe, die sich mit dem JFK-Fall befasst, sich mit dem Thema „China und das JFK-Attentat" auseinandersetzt. Seitdem habe ich jedoch noch nirgends - außer auf den Seiten des *Final Judgement* - einen Hinweis auf die Verbindung des Mossad mit der „China-Karte" im JFK-Mordkomplott gesehen. Das überrascht mich natürlich nicht, aber es ist eine Tragödie, dass selbst die „Wahrheitssucher" sich weigern, den Beweisen ins Auge zu sehen.

Wie die Leser von *Final Judgement* höchstwahrscheinlich sehen werden, können Sie das Thema „China und das JFK-Attentat" nicht ernsthaft in seiner Gesamtheit untersuchen, ohne auch die Verbindung zu Israel zu betrachten. Und so ist es mit praktisch allen Schlüsselpunkten in der großen Vielfalt der Bereiche, die mit der Erforschung des JFK-Mordkomplotts verbunden sind.

ISRAEL UND ROTCHINA: DIE NUKLEARE VERBINDUNG

Worin besteht also die Verbindung? Tatsache ist, dass sich Rotchina und Israel 1963 im Hintergrund heimlich an der gemeinsamen Entwicklung von Atomwaffen beteiligten. Mehr noch, die Schlüsselfigur in den Beziehungen zwischen Rotchina und Israel war kein Geringerer als der verstorbene Shaul Eisenberg, langjähriger Geschäftspartner des Mossad-Finanz- und Waffenbeschaffungsleiters Tibor Rosenbaum, dem Initiator der Permindex-Firma, die eine zentrale Rolle im JFK-Mordkomplott spielte.

Obwohl es also in den Kreisen, die sich mit dem JFK-Attentat befassen, mittlerweile scheinbar „akzeptabel" ist, zu vermuten, dass JFK vielleicht ermordet wurde, weil er Rotchinas Programm zur Entwicklung einer Atombombe behinderte, gilt es immer noch als „bizarr" (und „antisemitisch") zu vermuten, dass JFKs geheimer Krieg mit Israel über Israels Atombombenprogramm eine Rolle bei seiner Ermordung gespielt hat. Aber die Fakten sind für diejenigen da, die daran interessiert sind, sie zu finden, so wie ich es getan habe.

Als Nächstes betrachten wir die Verbindung zwischen Peking und der Verschwörung zum Mord an JFK. Wie die „Französische Verbindung" ist auch die „Chinesische Verbindung" in Wirklichkeit ein Wegweiser, der auf die israelische Verbindung hinweist.

JFKS PLAN FÜR EINEN ANGRIFF AUF CHINA

Lassen Sie uns zunächst untersuchen, was der hochrangige „konservative" Kolumnist Paul Scott am 13. Februar 1970, also etwas mehr als sechs Jahre nach der Ermordung Kennedys, schrieb. Laut Scott

„Rusk spielte eine Schlüsselrolle bei der Annullierung der Notfallpläne für die Zerstörung der Atomkraftwerke des kommunistischen China, die der verstorbene Präsident Kennedy in Auftrag gegeben hatte. Von Kennedy etwa zehn Wochen vor seiner Ermordung autorisiert, hob Präsident Johnson die Notfallpläne kurz nach seinem Amtsantritt abrupt auf.

„Obwohl die Akten des Weißen Hauses Kennedys Rolle bei der Planung des Abbaus von Chinas nuklearer Kapazität offenbaren, gibt es keine offiziellen Dokumente, die zeigen, warum das streng geheime Projekt im Dezember 1963 - oder etwa einen Monat nach Kennedys Tod - gestoppt wurde.

„Bei der Recherche über die Chinapolitik der Kennedy- und Johnson-Regierung konnten die hohen Beamten der Nixon-Regierung nur erfahren, dass das Projekt offiziell aufgelöst wurde, nachdem Rusk Präsident Johnson über das Projekt informiert hatte, als dieser Präsident wurde.

„Die Information, dass Rusk empfohlen habe, das Projekt zu stoppen, stammt von einem CIA-Beamten, der bei der Erstellung der Pläne helfen sollte. Er sagt aus, dass die Notfallplanungsgruppe erfahren hatte, dass Rusk gegen das Projekt war, seit Kennedy es im September 1963 ins Leben gerufen hatte...

„Die große Bedeutung, die Kennedy diesem streng geheimen Projekt beimaß, wurde durch eine Erzählung deutlich, die Stewart Alsop nach Kennedys Tod darüber verfasste, wie es zu dem Projekt gekommen war. Kurz vor seinem Tod, so berichtet Alsop, hatte Präsident Kennedy einen der führenden Regierungsexperten für den Fernen Osten zu einer Konferenz in sein Büro bestellt.

„Das Gespräch betraf ein Thema, das... den verstorbenen Präsidenten tiefer als jedes andere beunruhigte, nämlich die Entwicklung der chinesischen Nuklearkapazität. Er fragte, ob es eine Chance gebe, mit den chinesischen Kommunisten einen „Kompromiss" zu finden. Als der Fernost-Experte mit „Nein" antwortete, schien der Präsident damit einverstanden zu sein. Er fragte den Experten, was zu tun sei.

„Ich habe viel über diese Frage nachgedacht", antwortete der Experte. Es sollte in diesem Stadium ihrer nuklearen Entwicklung technisch möglich sein, die chinesischen Kernkraftwerke so zu zerstören, dass sie wie ein atomarer Unfall aussehen. Die Sache könnte in Form einer chirurgischen Operation geschehen, ohne Atomwaffen, unter Verwendung starker Sprengstoffe", fuhr der Beamte fort. „Wir könnten Pläne für Sie haben, mit verschiedenen operativen Mitteln, um die Fabriken in naher Zukunft zu zerstören." Der Beamte sagte Alsop, Kennedy habe auf ihn gezeigt und ihm gesagt: „Tun Sie das."

„Unmittelbar nach dieser Sitzung im Weißen Haus wurde innerhalb der Kennedy-Regierung eine Notfallplanungsgruppe eingerichtet, die das Super-Geheimprojekt in Angriff nehmen sollte. Bei ihrem ersten Treffen wurde die Gruppe darüber informiert, dass Präsident Kennedy theoretisch entschieden hatte, dass China mit allen Mitteln daran gehindert werden sollte, eine Atommacht zu werden.

„Laut einem Mitglied der Gruppe verlief die Planung im September, Oktober und November 1963 reibungslos.... Aus den Akten des Weißen Hauses geht hervor, dass Präsident Johnson kurz nach Kennedys Tod von Rusk über das Projekt informiert wurde. Es war kurz nach diesem Briefing, dass das Projekt abgebrochen wurde".[205]

---

[205] Paul Scott Kolumne vom 13. Februar 1970

Der Wissenschaftler Dick Russell, der beiläufig über JFKs Pläne bezüglich Chinas Atomanlagen schrieb, berichtet, dass „die Sowjets die USA dazu drängten, den vorgeschlagenen Angriff fortzusetzen."[206]

Zu den Amerikanern, die Johnson dazu drängten, den Angriff fortzusetzen und sich gegen Chinas nukleare Entwicklung zu stellen, gehörte auch der CIA-Direktor John McCone. Laut Seymour Hersh in *The Samson Option* (seiner Studie über das geheime israelische Atomentwicklungsprogramm): „McCone bekam den Verlust von John Kennedy schmerzlich zu spüren; seine Beziehung zu Lyndon Johnson war viel weniger intim und sein Rat war nicht immer willkommen.

„McCones Lösung für die chinesische Bombe... war, die Luftwaffe zu schicken. „McCone hat einfach die Hölle entfesselt" über die chinesische Bombe, erinnert sich [sein langjähriger Assistent] Walt Elder.

„Er wollte die Erlaubnis, über das Testgelände fliegen zu dürfen, und seine Bitte wurde abgelehnt." Der CIA-Direktor ließ sich nicht entmutigen; er warf dann „die Idee in den Raum, was passieren würde, wenn wir eindringen und die chinesische Nuklearkapazität mitnehmen würden." Man dachte daran, banalisierte Bomber zu verwenden, um die Chinesen zu treffen und so eine Identifizierung zu vermeiden."[207]

Wie wir jedoch gesehen haben, lehnte Präsident Johnson den Plan - und die Ratschläge der Sowjets und von McCone - ab. Nach Johnsons Entscheidung, nicht zu handeln, zündete China am 18. Oktober 1964, weniger als ein Jahr nach der Ermordung von JFK, seine erste Atombombe.

Es ist mehr als interessant, dass der CIA-Direktor McCone, der laut Hersh „dem Konzept der Nichtverbreitung von Atomwaffen verpflichtet"[208] war und den Angriff auf chinesische Atomanlagen forderte, auch eine der wichtigsten Kräfte war, die JFK ermutigten, sich gegen die israelische Atomwaffenverbreitung zu stellen. Wie wir in Kapitel 5 gesehen haben, war es McCones Büro bei der CIA, in dem die Kennedy-Regierung ihre geheime Überwachung des israelischen Programms zur Herstellung von Atombomben durchführte. Kennedy vertraute eindeutig seinem langjährigen Freund McCone - aber nicht der CIA als Institution -, um diese heikle und streng geheime Geheimdienstoperation zu leiten.

JFK wusste wahrscheinlich, dass, wie in Kapitel 8 angemerkt, der israelische CIA-Loyalist James Angleton Israel in den späten 1950er Jahren mit geheimen nuklearen Informationen versorgt hatte, lange bevor JFK selbst sein Amt antrat. Noch interessanter ist jedoch, dass JFKs Verbündeter McCone das israelische Atombombenprogramm bekämpft hatte, noch bevor er den Posten des CIA-Direktors in der Kennedy-Regierung annahm, nachdem JFK 1961 nach der Schweinebucht-Katastrophe den CIA-Direktor Allen Dulles entlassen hatte.

Während der vorherigen Regierung Eisenhowers war McCone Mitglied der Atomenergiekommission (AEC) gewesen, und 1960, als sich Eisenhowers Amtszeit dem Ende zuneigte und er seinen Rücktritt einreichte, war es McCone,

---

[206] Dick Russell, *The Man Who Knew Too Much* (New York: Carroll & Graf, 1992), S. 353.
[207] Seymour Hersh. *The Samson Option (Die Samson-Option).* (New York: Random House, 1991), S. 150-151.
[208] Hersh, S. 73.

der dem Journalisten John Finney zum ersten Mal enthüllte, dass Israel einen Atomreaktor zur Plutoniumproduktion baute.[209]

Die höchst umstrittene Enthüllung wurde am 19. Dezember 1960 auf der Titelseite der *New York Times* veröffentlicht.[210] Laut Finney war „McCone verrückt, verrückt vor Wut",[211] gegenüber Israel und sagte „Sie haben uns belogen".[212] Laut Walt Elder, McCones langjährigem Assistenten, „sagte er sich: „Ich bin am Ende [beim AEC] und es ist meine Pflicht, die Öffentlichkeit davon wissen zu lassen".[213] Eine andere Frage, so Elder, war das, was Hersh als „McCones Frustration über Israels ständige Lügen"[214] über sein nukleares Entwicklungsprogramm beschrieb.

Aber McCone war offensichtlich mehr als nur frustriert. Laut Elder: „Es gab eine Dynamik, um an ihre Haut zu kommen".[215] Das sind in der Tat starke Worte: „eine Dynamik, um ihre Haut zu bekommen". Man kann sich nur vorstellen, wie die verhärteten Israelis und ihre Verbündeten in Washington reagierten, als sie von McCones Widerstand erfuhren. Und als McCone später JFKs CIA-Direktor wurde und den Auftrag erhielt, Israels nukleare Entwicklung zu überwachen, können wir sicherlich verstehen, warum Israel JFK in der Tat als eine Gefahr für das Überleben Israels selbst betrachten würde.

Der frustrierte McCone trat 1965 von seinem Posten als CIA-Direktor in der Johnson-Regierung zurück und erklärte einem Kollegen: „Wenn ich meine Berichte nicht vom Präsidenten lesen lassen kann, ist es an der Zeit, zu gehen.[216] Laut Seymour Hersh verstand McCone „auch, was die anhaltende Weigerung Israels, umfassende internationale Inspektionen seines Atomprogramms zuzulassen, bedeutete]".[217] Das heißt, dass alles, was er (McCone) und John F. Kennedy getan hatten, um Israel am Bau der Atombombe zu hindern, gescheitert war und Israel mit seinem zu diesem Zweck entschlossenen Programm vorankam.

Darüber hinaus hatte McCone offensichtlich auch gute Gründe, sich über Chinas nuklearen Erfolg Sorgen zu machen, trotz seiner früheren energischen Bemühungen (die von JFK gebilligt und von LBJ zurückgewiesen wurden), China daran zu hindern, eine nukleare Waffenfähigkeit zu erlangen.

DER NUKLEARE BEGINN CHINAS - UND DER ISRAELS?

An dieser Stelle wenden wir uns nun der „israelischen Verbindung" zum roten China zu und stellen fest, dass da viel mehr dahinter steckt, als wir zunächst erkennen konnten. Tatsächlich kann man zu Recht argumentieren, dass es Israel -

---

[209] Hersh, S. 72-73.
[210] *Ibid.*, S. 326.
[211] *Ibid.*, S. 71.
[212] *Ibid.*
[213] Hersh, S. 73.
[214] *Ibid.*
[215] *Ibid.*
[216] Hersh, S. 151.
[217] Hersh, S. 151.

hinter den Kulissen arbeitend - war, das China (das bereits dabei war, seine Bombe zu entwickeln) den erfolgreichen Start seines ersten Atomtests ermöglichte. *Letztendlich werden wir, wenn die Wahrheit jemals ans Licht kommt, wahrscheinlich herausfinden, dass Chinas erste Atomexplosion in Wirklichkeit eine israelisch-chinesische Gemeinschaftsleistung war. Im Moment ist das natürlich noch reine Spekulation. Aber die Fakten, die uns vorliegen, lassen uns zu dieser Schlussfolgerung kommen.*

Seymour Hersh selbst weist darauf hin, dass der erste chinesische Atomtest den Westen völlig überraschte. Er schreibt: „Die amerikanische Atomgemeinschaft war bereits im Oktober 1964 erschüttert worden, als sie erfuhr, dass Chinas erste Atombombe mit Uran und nicht mit Plutonium gezündet worden war, wie die CIA und andere Geheimdienste weitgehend vorausgesehen hatten."[218]

Was Hersh erneut hinzufügt, ist besonders interessant: „Sofort wurde China verdächtigt, angereichertes Uran für seine Bombe auf dem Schwarzmarkt gekauft - oder gestohlen - zu haben (Die CIA würde erst etwa ein weiteres Jahr später erfahren, dass China viel früher als erwartet eine riesige Diffusionsanlage fertiggestellt hatte.).[219] Im Klartext: Rotchina hatte bei seinem nuklearen Expansionsvorhaben viel größere Fortschritte gemacht, als jemals vermutet worden war. China erhielt von irgendwoher Hilfe. Natürlich geschah dies zur gleichen Zeit, als Israel mit seinem eigenen nuklearen Ausbauprogramm allmählich Fortschritte machte.

In der Zwischenzeit und in den folgenden Jahrzehnten war eine seltsame Spionagegeschichte, in die ein amerikanisches Atomunternehmen verwickelt war, in vollem Gange. In seinem Buch *The Samson Option* untersuchte Hersh die byzantinische Fabel der Nuclear Materials and Equipment Corporation (NUMEC), die in Apollo, Pennsylvania (in der Nähe von Pittsburgh) ansässig war.

NUMEC gehörte dem amerikanischen Juden Zalman Shapiro, der seit langem enge Beziehungen zu Israel unterhielt. 1965 stellte sich bei einer Prüfung von NUMEC durch die Atomenergiekommission heraus, dass große Mengen angereicherten Urans in den vergangenen Jahren aus dem Bestand von NUMEC „verschwunden" zu sein schienen.

Der unmittelbare Verdacht - oder zumindest das, was erzählt wurde - war, dass Shapiro die Ressourcen der NUMEC genutzt und das angereicherte Uran nach Israel umgeleitet hatte. In den folgenden Jahren wurde die NUMEC-Geschichte für investigative Journalisten und innerhalb der Geheimdienstgemeinde zur Nebensache, und die Geschichte schaffte es schließlich - mehrfach - in die wichtigsten Medien der USA und der ganzen Welt.

Aber hier ist der Haken: Seymour Hersh kam zu dem Schluss, dass es keine stichhaltigen Beweise dafür gab, dass Shapiro und NUMEC in Wirklichkeit für die Umleitung der nuklearen Ressourcen nach Israel verantwortlich waren. Weder Shapiro noch seine Firma wurden jemals für schuldig befunden.

Bis heute bestehen einige jedoch weiterhin darauf (und glauben offensichtlich), dass NUMEC eine Hauptquelle für das angereicherte Uran war,

---

[218] *Ibid.*, S. 246.
[219] *Ibid.*

das für die israelische Atombombe benötigt wurde. Doch wie wir festgestellt haben, gibt es keine wirklichen Beweise für diese Schlussfolgerung, so aufregend sie auch sein mag.

Kurz gesagt, es scheint - auch wenn Hersh das selbst nie sagt -, dass die ganze NUMEC-Geschichte ein sorgfältig geplantes, absichtlich geleaktes Ablenkungsmanöver gewesen zu sein scheint, das als Tarnung für die wahre Quelle von Israels endgültigem nuklearen Erfolg diente. Einige Israel-Kritiker (die immer begierig darauf sind, israelische Spionage am Werk zu finden) sprangen auf die Geschichte auf und verbreiteten sie in großem Stil, und mindestens ein CIA-Beamter setzte auf seinen Ruf. Doch es gab - zumindest laut Hersh - nie eine reale Grundlage für die Vorwürfe, die erhoben worden waren.

DIE GROSSE FRAGE (OHNE ANTWORT)...

Das lässt uns also mit der großen Frage zurück: Woher hat Israel die Ressourcen, die es braucht, um seine Fähigkeit zur Herstellung von Atombomben zu erreichen?

Wie wir sehen werden, legen die öffentlich zugänglichen Fakten (wenn sie gesammelt und in ihrem gesamten Kontext untersucht werden) tatsächlich nahe, dass Israel sein altes Ziel, die Atombombe zu bauen, nur dank einer streng geheimen Zusammenarbeit mit Rotchina erreichen konnte.

Wir argumentieren hier auf den Seiten von *Endgericht*, dass es tatsächlich diese gemeinsame Zusammenarbeit zwischen Israel und Rotchina war, die eine Rolle bei der Ermordung von John F. Kennedy und den daraus resultierenden Folgen spielte: der Erlangung von nuklearen Kapazitäten für Israel und Rotchina. Auf dieser Feststellung aufbauend, schauen wir uns die Beweise an.

Aus historischer Sicht war China - vielleicht das einzige unter vielen Nationen - eines der wenigen Länder, in denen das jüdische Volk wachsen und gedeihen konnte. Antisemitismus war nie ein Kriterium. Der Verweis auf jede traditionelle Geschichte wird bestätigen, dass es nicht nur seit Jahrhunderten eine kleine (frei blühende) jüdische Gemeinde in China gab, sondern dass auch in den letzten Jahren - vor dem Zweiten Weltkrieg - viele europäische Juden in China Zuflucht gesucht hatten, nachdem Hitler in Deutschland an die Macht gekommen war und die deutsche Militärmacht sich in ganz Europa ausgebreitet hatte.

Der jüdische Schriftsteller S. M. Perlmann bringt es in seiner *Geschichte der Juden in China auf den* Punkt: „Um dieser alten und kultivierten chinesischen Nation gegenüber fair zu sein, [muss man sagen], dass die Juden in China sich nie über Intoleranz beklagen mussten; sie wurden nie außergewöhnlichen Gesetzen unterworfen; sie wurden nie wegen ihrer Religion verfolgt oder verachtet. Sie hatten immer die gleichen Rechte wie das chinesische Volk".[220]

---

[220] S. M. Perlmann, *History of the Jews in China* (London, 1913), S. 4.

DER TRAUM VON BEN-GURION....

Es ist daher nicht verwunderlich, dass David Ben-Gurion, der große alte Mann des Zionismus, zur Zeit der Gründung des Staates Israel begierig darauf war, Beziehungen zur neu etablierten kommunistischen Regierung in Peking aufzubauen - die damals ihre Macht nach den Kämpfen der Nachkriegszeit noch konsolidierte. Laut dem israelischen Schriftsteller Uri Dan war es „der Traum"[221] des Gründungsvaters Israels, David Ben-Gurion, Beziehungen zu den Chinesen zu knüpfen und „zwei der ältesten Völker der Welt zusammenzubringen".[222]

Laut Ben-Gurions Biographen Dan Kurzman hatte Ben-Gurion „dem amerikanischen Druck trotzend"[223] das neue kommunistische Regime anerkannt, aber es war „ein schwerer Schlag"[224], als Peking im Gegenzug Israel nicht anerkannte.

Ben-Gourion, so Kurzman, „hatte sich tief in die chinesische Geschichte und Kultur eingearbeitet und sogar buddhistisches Gedankengut studiert. China, so war er überzeugt, würde sich unweigerlich zur größten Macht auf der Erde entwickeln, und seine Unterstützung würde von unschätzbarem Wert sein. Die chinesischen Führer waren zwar militante Kommunisten, aber der beste Weg, sie zu mäßigen, bestand laut Ben-Gurion darin, mit ihnen zu reden und Handel zu treiben, und nicht darin, sie in die Isolation zu zwingen. David Hacohen, der israelische Gesandte in Birma, hatte sich in Rangun mit dem chinesischen Premierminister Chou En-lai getroffen, der andeutete, dass es diplomatische und wirtschaftliche Verbindungen gab".[225]

Benjamin Beit-Hallahmi, ein israelischer Historiker, der sich mit Israels Verbindungen zur Dritten Welt befasst hat, stellt fest: „Die Regierung Israels, damals erst neunzehn Monate alt, gehörte zu den ersten, die die Volksrepublik China anerkannten. Im Januar 1950 befand sich Israel noch in Gesprächen mit der Sowjetunion und war theoretisch blockfrei. Als das Jahrzehnt voranschritt, waren es die Chinesen, die sich für die Entwicklung der Beziehungen interessierten.

„Aber zu diesem Zeitpunkt", so Beit-Hallahmi, „hatte sich Israel eindeutig auf die Seite der USA geschlagen. Die chinesischen Eröffnungen auf der Suche nach offiziellen diplomatischen Beziehungen wurden 1954 und erneut 1955 zurückgewiesen; Israel wollte offensichtlich die Wünsche der USA nicht mit Füßen treten."[226]

Obwohl sich die Chinesen 1955 mit dem arabischen Führer Gamal Abdel Nasser aus Ägypten,[227], auf eine Linie stellten und Israel bis heute nicht öffentlich

---

[221] Uri Dan, in *the New York Post,* 30. März 1997.
[222] *Ibid.*
[223] Dan Kurzman. *Ben-Gurion: Prophet of Fire.* (New York: Simon & Schuster, 1983), S. 403.
[224] *Ibid.*
[225] *Ibid.*
[226] Benjamin Beit-Hallahmi. *The Israeli Connection (Die israelische Verbindung).* (New York: Pantheon Books, 1987), S. 36.
[227] Kurzman, *Ibid.*

anerkannten, waren hinter den Kulissen viele unsichtbare Kräfte am Werk. Tatsächlich waren der israelische Mossad und der chinesische Geheimdienst auf den höchsten (und intimsten) Ebenen in eine diskrete Diplomatie involviert.

Obwohl die Welt bis Ende der 1970er Jahre zu der Annahme verleitet wurde, dass Rotchina die palästinensische Sache in Opposition zu Israel aktiv unterstützte, enthüllte der Geheimdiensthistoriker Richard Deacon 1977 Folgendes: „Die frühen Berichte über Chinas Beteiligung an den palästinensischen Guerillabewegungen können nun fast vollständig zurückgewiesen werden. Sie sind wahrscheinlich ursprünglich entstanden, weil China die erste große Nation war, die Al Fatah diplomatische Anerkennung gewährte und palästinensische Guerillakämpfer an der Militärakademie in Nanking ausbildete."[228]

Deacon merkte jedoch an: „Die Zeitungs- und Rundfunkberichte über die chinesische Infiltration der palästinensischen Guerillabewegung waren nicht nur grob übertrieben, sondern in vielen Fällen schlichtweg nicht wahr, obwohl ursprünglich sowohl China als auch Russland enge Beziehungen zu Al Fatah aufbauten. Man darf nicht vergessen, dass China ebenfalls ein großes Interesse am Öl des Nahen Ostens hat und begierig darauf ist, dem sowjetischen Interesse in diesem Teil der Welt entgegenzuwirken".[229]

„Die Wahrheit hinter all diesen Befürchtungen einer chinesischen Intervention gegen Israel an der Guerilla-Front war eine ganz andere", berichtete Deacon. „Die Chinesen hatten ihre Lektion aus ihren offen aggressiven und etwas ungeschickten Spionagebemühungen in Afrika in den frühen 1960er Jahren gelernt... (Als) die Chinesen in Afrika eine Niederlage nach der anderen erlitten, weil sie versuchten, zu früh und zu schnell mit der russischen Infiltration zu konkurrieren."[230]

„Was auch immer ihre öffentlichen Erklärungen zum Nahen Osten sein mögen", schrieb Deacon, „privat erkennen die Chinesen an, dass Israel in Wirklichkeit ein Verbündeter in allen Fragen ist, die mit der Sowjetunion zu tun haben."[231]

Deacon fügt hinzu: „Die private Seite des chinesischen Geheimdienstes ist oft völlig anders als die propagandistische öffentliche Stimme der chinesischen Regierung. Zum Teil wegen der Misserfolge in Afrika, aber auch weil es im Laufe der Geschichte immer wieder enge Verbindungen zwischen Chinesen und Juden gab (eine Reihe von Geheimdienstberatern und -offizieren bei früheren chinesischen Regierungen waren Juden), wurde Chinas Haltung gegenüber der arabisch-israelischen Konfrontation [zunehmend] zweideutig".[232]

---

[228] Richard Deacon. *The Israeli Secret Service (Der israelische Geheimdienst).* (New York: Taplinger Publishing Co., 1978), S. 198-199.
[229] *Ibid.*
[230] *Ibid.*, S. 199.
[231] *Ibid.*, S. 205.
[232] *Ibid.*

DIE GEHEIME NUKLEARE ALLIANZ

Deacon ist es zu verdanken, dass wir die nicht unbedeutende Enthüllung erhalten haben, dass Israel und Rotchina lange Zeit hinter den Kulissen an geheimen nuklearen Entwicklungsprogrammen beteiligt waren. Laut Deacon „Die Israelis haben auch eine ähnliche Technik wie die Chinesen angewandt, um an nukleare Geheimnisse zu gelangen und sich über die Vorgänge auf diesem Gebiet außerhalb ihres Landes auf dem Laufenden zu halten: Sie haben es sich zur Aufgabe gemacht, sorgfältig die Hilfe von nicht-israelischen Juden aus der ganzen Welt anzuwerben, die entweder Wissenschaftler oder Studenten der Kernphysik sind, während sie geduldig alle auf legitime Weise verfügbaren Informationen aus wissenschaftlichen Zeitschriften und Konferenzen sammeln und die Ergebnisse analysieren.

„Diese Taktiken", stellte Deacon fest, „haben es den Chinesen ermöglicht, die westliche Welt so weit einzuholen, dass sie nun über eine mächtige nukleare Abschreckungskraft verfügen. Israels Fähigkeit, eine solche Waffe zu produzieren", fügte Deacon 1977 hinzu, „ist inzwischen unbestritten."[233]

Wie Herr Deacon bemerkte, war die Produktion von Atombomben tatsächlich ein wichtiger Teil der geheimen Beziehungen zwischen Israel und Rotchina, die über ihre jeweiligen Geheimdienste abgewickelt wurden - obwohl dies ein entscheidender Punkt ist, der ansonsten sorgfältig unterdrückt wurde.

Deacon: „[Die Produktion von Atombomben] war einer der Bereiche, in denen sich Israelis und Chinesen tatsächlich gegenseitig geholfen haben - nicht offiziell, sondern diskret über die Geheimdienste. Die „vermittelnden Dritten, die in solche Abkommen involviert waren, waren manchmal nicht-israelische Juden, die für die Chinesen arbeiteten, und manchmal sogar Albaner".[234] Von gleicher Bedeutung ist, was Deacon weiter unten betonte: „Es ist ein Thema, das von Schriftstellern, die sich mit Nahostangelegenheiten befassen, selten angesprochen wird, aber so streng überwachte Kontakte, wie sie die beiden Geheimdienste pflegen, haben für beide Seiten einen Bonus. Insgesamt haben die Chinesen vielleicht am meisten von diesem relativ bescheidenen und vorsichtigen Austausch profitiert."[235]

Diese geheime nukleare Beziehung zwischen Rotchina und Israel festigte die Verbindungen zwischen den beiden Nationen so sehr, dass sie auch in anderen Bereichen zunehmend zusammenarbeiteten und ihre langjährigen Kontakte hinter den Kulissen durch ihre beiden Geheimdienste allmählich anerkannten.

DIE CHINESISCHE VERSCHWÖRUNG FÜR ISRAEL

Nach Israels Rolle in der Verschwörung, die John F. Kennedy die Präsidentschaft nahm und die chinesischen Einrichtungen zur Entwicklung von Atombomben vor der Zerstörung durch die US-Streitkräfte rettete, begannen die

---

[233] *Ibid.*, S. 204.
[234] *Ibid.*, S. 204-205.
[235] *Ibid.*

Chinesen, gegen ihren ehemaligen arabischen Verbündeten, den ägyptischen Präsidenten Nasser, zu intrigieren.

Deacon schrieb über die Chinesen: „1965 waren sie so verrückt, sich in ein arabisch-kommunistisches Komplott zur Ermordung [Nassers] verwickeln zu lassen, und der chinesische Botschafter musste das Land verlassen, nachdem die ägyptische Polizei Verbindungen zwischen den Drahtziehern des Komplotts und dem Chef der New China News Agency, der angeblich zur Finanzierung des Staatsstreichs beigetragen hatte, festgestellt hatte."[236]

Die Israelis waren immer schnell dabei, Uneinigkeit in den arabischen Reihen festzustellen, und der Mossad hat sie mehr als einmal ausgenutzt.[237] Es ist daher offensichtlich, dass Chinas Rolle in der Verschwörung gegen Nasser eindeutig im Namen seines geheimen Verbündeten Mossad arbeitete.

Außerdem, so Deacon, „war es zum Teil den Informationen zu verdanken, die an Chinesen und einige Iraker weitergegeben wurden, dass der Irak seine Verbindungen zum KGB abbrach und sich mit der pro-sowjetischen Regierung in Syrien überwarf".[238]

Laut Deacon war es in dieser Zeit (die wohlgemerkt auf die Ermordung Kennedys folgte), dass „China allmählich seine Illusionen über die die seiner Ansicht nach „bürgerlichen arabischen Militärregimes" im Nahen Osten verlor und dass Chinas Unterstützung für die palästinensischen Guerillas Anfang der 1970er Jahre nachließ, als Pekings Anklagen gegen Israel etwas gemäßigt erschienen".[239]

„1973", so betonte Deacon, „soll ein israelischer Doppelagent israelisch-chinesische Geheimdienstoperationen in Afrika geleitet haben."[240] Und angesichts der engen Verbindungen Israels zu Fraktionen des französischen Geheimdienstes (ganz zu schweigen von der französischen Rolle bei der nuklearen Entwicklung Israels) ist es mehr als interessant, wie Deacon feststellte: „In Khartum wurde dem chinesischen Geheimdienst Anfang der 1970er Jahre zugute gehalten, dass er besondere Verbindungen zum französischen Geheimdienst in den nördlichen und südlichen Nachbargebieten sowie zu Israel aufgebaut hatte."[241]

Es ist sehr klar, dass es viele Bereiche gab, in denen Israel und Rotchina gemeinsame Interessen hatten. Richard Deacon sagte zu Recht, dass einer dieser Bereiche „in einer gemeinsamen Anstrengung lag, dem russischen Einfluss im Nahen Osten entgegenzuwirken"[242], was in den kommenden Jahren dazu führte, dass sich beide Länder an einer Vielzahl von Initiativen beteiligten, obwohl Israel und der kommunistische Riese Asiens öffentlich scheinbar uneins waren.

Wie Benjamin Beit-Hallahman feststellte, unterstützte zum Beispiel in den 1970er Jahren die Kombination Israel, Saudi-Arabien und China die

---

[236] *Ibid.*, S. 199.
[237] *Ibid.*, S. 205.
[238] *Ibid.*
[239] *Ibid.*, S. 200.
[240] *Ibid.*, S. 205.
[241] *Ibid.*, S. 306.
[242] Deacon, S. 200.

antisowjetischen Kräfte in Afghanistan.²⁴³ China und sein Feind Taiwan schlossen sich auch Israel an, um den Iran während des Iran-Irak-Kriegs mit Waffen zu versorgen.²⁴⁴

Bei der Lieferung von Waffen an den Iran bestand Israels Logik laut dem damaligen israelischen Botschafter in den USA, der sich 1982 äußerte, darin, „die Wege zur iranischen Armee offen zu halten, mit dem ultimativen Ziel, das Khomeini-Regime zu stürzen"²⁴⁵ Laut Verteidigungsminister Ariel Sharon „wollte Israel, dass der Iran gegen den Irak gewinnt, der ein feindlicher arabischer Staat ist".²⁴⁶

DER MOSSAD UND CHINA

Die israelischen Historiker Dan Raviv und Yossi Melman haben in ihrer Geschichte des israelischen Geheimdienstes die Natur der geheimen Beziehungen zwischen Israel und Rotchina, wie sie vom Mossad geführt wurden, zusammengefasst:

„Weitgehend als alternativer diplomatischer Dienst agierend, hat der Mossad Türen geöffnet und Beziehungen zu Dutzenden von Ländern gepflegt, die es vorziehen, dass diese Verbindungen nicht bekannt werden... Der Mossad bietet anderen Nationen lediglich einen einfachen Weg, sich der militärischen, medizinischen und landwirtschaftlichen Beratung durch allzu enthusiastische Israelis zu entziehen, ohne einen wirtschaftlichen oder politischen Boykott der arabischen Welt zu riskieren...

„Sowohl die diplomatischen Spione als auch die offiziellen Diplomaten Israels sind eigentlich begeistert, wenn eine ausländische Nation zustimmt, offene Beziehungen mit dem jüdischen Staat aufzunehmen... in den meisten Fällen muss Israel jedoch mit der Realität leben, dass viele ausländische Staaten darauf bestehen, dies auf geheime Weise zu tun. Aus Angst vor undichten Stellen in der Presse weigern sie sich, mit dem israelischen Außenministerium zu verhandeln. Sie profitieren jedoch von einer bilateralen Beziehung und haben volles Vertrauen in die Fähigkeit des Mossad gewonnen, der große Hüter des Geheimnisses zu sein."²⁴⁷ Und natürlich war China eines dieser Länder, so Raviv und Melman.²⁴⁸

All dies weist natürlich auf eine sehr klare (aber lange Zeit geheime) Verbindung zwischen Israel und Rotchina im Nuklearbereich hin - genau zu der Zeit, als JFK nicht nur versuchte, Israels nukleare Expansion zu stoppen, sondern tatsächlich einen Militärschlag gegen Chinas Bemühungen plante.

Wenn wir jedoch den genauen Namen der Person lokalisieren, die in dieser kritischen Zeit als Bindeglied zwischen den Israelis und den kommunistischen

---

²⁴³ Benjamin Beit-Hallahmi. *The Israeli Connection (Die israelische Verbindung).* (New York: Pantheon Books, 1987), S. 32.
²⁴⁴ *Ibid.* S. 13
²⁴⁵ *Ibid.*
²⁴⁶ *Ibid.*
²⁴⁷ Raviv und Melman, S. 431.
²⁴⁸ *Ibid.*

Chinesen fungierte, sehen wir in der Tat, dass es eine „chinesische Verbindung" (über die Israelis) zur Verschwörung zum Mord an JFK gibt.

DIE VERBINDUNG MIT DER PERMINDEX....

Israels alter Vermittler in den geheimen Beziehungen des Mossad zu China - Shaul Eisenberg - war so tief in die Beziehungen zu Rotchina verstrickt, dass er, als er am 27. März 1997 im Alter von 76 Jahren an einem plötzlichen Herzinfarkt starb, nicht einmal in Israel, sondern in Peking war.

Eisenberg - dem wir in Kapitel 7 zum ersten Mal begegnet sind - war (zum Zeitpunkt der Ermordung von JFK) eng und direkt mit der Permindex verbunden, die das Netz der Verschwörung im JFK-Mord gesponnen hat. Eisenberg, der von einem israelischen Schriftsteller als „der reichste Jude der Welt"[249] beschrieben wurde, war, wie wir gesehen haben, nicht nur eine Schlüsselfigur der israelischen Atomentwicklungsprogramme, sondern auch ein Partner des Permindex-Bankers Tibor Rosenbaum in dem als Swiss-Israel Trade Bank bekannten Finanzunternehmen des Mossad.

Dan Raviv und Yossi Melman beschreiben Eisenberg und seine lange geheime Geschichte als Israels Kontakt zu Rotchina:

„Eisenberg, der reichste Geschäftsmann Israels, wurde in Europa geboren und fand während des Zweiten Weltkriegs im Fernen Osten Zuflucht. Er ließ sich in Japan nieder, wo er eine Japanerin heiratete und mit dem Verkauf von Kriegsüberschüssen und Schrott ein Vermögen machte.

„Eisenberg etablierte sich schnell als einer der besten Vermittler in der Region. Dennoch verlor er nie das Bewusstsein, Jude zu sein, und seine emotionalen Bindungen führten dazu, dass er Unternehmen in Israel gründete und später seine Familie dort ansiedelte. Er behielt seine Interessen im Fernen Osten bei und konnte Ende der 1970er Jahre den Weg nach Peking für israelische Militärexporte ebnen.

„Sein gefürchtetstes Werkzeug war sein Privatjet, in dem er die offizielle Feindschaft zwischen den beiden Nationen ignorieren und hochrangige Israelis direkt nach China befördern konnte. Eisenberg unternahm unzählige Reisen und transportierte Beamte [der Sicherheitsunterstützung], Armeeberater, Finanziers und Militärverkäufer für das, was die Israelis als ihre „härtesten Verhandlungen aller Zeiten" bezeichneten.

„Nachdem Eisenberg einen ersten soliden Kontakt hergestellt hatte, überließ er die Koordination der geheimen Transaktionen und Expeditionen dem Mossad, der seine traditionelle Rolle als Israels alternatives geheimes Außenministerium spielte."[250] Eisenberg, der 20 Unternehmen leitete, die in mehr als 30 Ländern Geschäfte machten[251], war eindeutig eine zentrale Figur und von entscheidender Bedeutung für Israels Überleben und seine Positionierung auf der Weltbühne.

---

[249] Uri Dan, in *the New York Post*, 30. März 1997.
[250] Dan Raviv und Yossi Melman. *Every Spy a Prince* (*Jeder Spion ein Prinz*) (Boston: Houghton Mifflin Co, 1990), S. 346.
[251] *Washington Times*, 31. März 1997.

Die *Washington Times* beschrieb Eisenbergs Ansiedlung in Israel nach seinen Jahren im Ausland: „Indem er sich in Israel niederließ, wurde Herr Eisenberg zum mächtigsten Magnaten in seiner Geschichte. Das „Eisenberg-Gesetz" wurde in den 1970er Jahren verabschiedet, um ihn von der enormen Steuerlast des Landes zu befreien, damit er von dort aus weiter operieren konnte... Er kontrollierte die gigantische Holdinggesellschaft Israel Corporation und hielt eine 49-prozentige Beteiligung an der staatlichen Reederei Zim, einer der größten Schifffahrts- und Transportgesellschaften der Welt. Er beherrschte auch Israel Chemicals".[252]

Eisenbergs bedeutende Rolle in der israelischen Chemieindustrie ist natürlich insofern interessant, als wir in Anhang 4 festgehalten haben, dass 1957 in Partnerschaft mit der von Rosenbaum und Eisenberg kontrollierten Swiss-Israel Trade Bank der Industrielle Max Fisher aus Michigan - der politische Herrschermacher hinter Gerald Ford und Mitglied der Warren-Kommission - eine Mehrheitsbeteiligung an dem israelischen Konglomerat erwarb, das die petrochemische Industrie in Israel beherrschte. Eisenberg selbst hatte also eine direkte Verbindung zu einem der angeblich „mysteriösen Männer hinter Gerald Ford", der ihm sagte, „was er tun soll und wann er es tun soll".

DIE FRANZÖSISCHE VERBINDUNG VON EISENBERG

In Bezug auf die Reederei Zim sei daran erinnert, dass es, wie in Kapitel 9 angemerkt, Zim war, die Eisenberg und der israelischen Regierung gemeinsam gehörte, die den französischen General Maurice Challe, einen der Hauptverschwörer der von der Permindex unterstützten OAS, anstellte, nachdem Challe wegen seiner Beteiligung an Verschwörungen gegen Charles De Gaulle aus dem Gefängnis entlassen worden war.

Offensichtlich war Eisenberg in vielerlei Hinsicht höchstwahrscheinlich ein „Mittelsmann" in Bezug auf die wichtigsten Akteure und Ereignisse, die mit den engeren Kreisen der Verschwörung, die zur Ermordung von JFK führte, in Verbindung standen.

Doch trotz aller immensen Reichtümer Eisenbergs, so die *Washington Times*, „Was [Eisenberg] am interessantesten machte, waren seine Verbindungen zum israelischen Geheimdienst, dem Mossad. Israelische Geheimdienstquellen behaupten, dass er jahrzehntelang Informationen mit dem Mossad geteilt hat und dass er viele ehemalige hohe Offiziere des Geheimdienstes und der Armee beschäftigt hat."[253]

Die „offizielle" Geschichte ist, dass Eisenbergs Beziehungen zu China (zumindest im Bereich des Waffentransfers) erst 1979 begannen. In der *New York Post* berichtete Uri Dan, dass zu dieser Zeit der israelische Premierminister Menachem Begin von den USA die Genehmigung erhalten hatte, dass Eisenberg ein Abkommen über 10 Milliarden Dollar über einen Zeitraum von zehn Jahren abschließen durfte, um die chinesischen Streitkräfte zu modernisieren und damit

---

[252] *Ibid.*
[253] *Ibid.*

„das Gegengewicht zur sowjetischen Militärmacht zu stärken".[254] Dan beschreibt dieses Abkommen als „eines der wichtigsten in der Geschichte Israels"[255] und dass „die Chinesen auf absolute Geheimhaltung bestanden.... Aber Geheimhaltung war für Eisenberg kein Problem".[256]

Es scheint, dass Israel bereits kalkuliert hatte, dass es einfach keine direkten diplomatischen Beziehungen und Handelsabkommen mit Rotchina - in erster Linie - eröffnen konnte, bevor die USA nicht bereits die Tür geöffnet hatten. 1969 hatte Yigal Allon, der damalige stellvertretende Ministerpräsident Israels, öffentlich erklärt: „Vielleicht wird, wenn es zu einer positiven Veränderung in den Beziehungen zwischen den USA und China kommt, auch eine Art Veränderung in der chinesischen Haltung uns gegenüber eintreten."[257] Nachdem also Richard Nixon als US-Präsident die Tür für Rotchina geöffnet hatte, begannen Israels Manöver und Eisenberg leitete die geheimen „offiziellen" Transaktionen ein, die schließlich öffentlich bekannt wurden.

Tatsächlich begannen die westlichen Mainstream-Medien erst lange nach Eisenbergs geheimer (aber nicht so geheimer) Vereinbarung über die ersten Waffenverkäufe an China im Jahr 1979, (unkommentiert) über die Enthüllungen über Israels Waffengeschäfte mit Rotchina zu berichten - dem riesigen asiatischen Koloss, der uns als feindlich gegenüber dem winzigen Israel dargestellt worden war.

DIE WAHRHEIT KOMMT AN DIE OBERFLÄCHE

Die erste Erwähnung einer bedeutenden Waffenbeziehung zwischen China und Israel erschien in der spießigen und wenig gelesenen (aber sehr einflussreichen) britischen Zeitung *Jane's Defense Weekly* im November 1980,[258] fünf Jahre, nachdem Eisenberg im Namen Israels „offiziell" in die Verhandlungen mit China eingestiegen war. Das *Jane's* schätzte den Wert des israelischen Waffenhandels mit China auf bis zu 3 Milliarden US-Dollar, doch Israels jährliche Waffenexporte beliefen sich damals auf rund 4 Milliarden US-Dollar[259], was bedeutete, dass 75% der israelischen Waffenexporte nach China gingen, was das Land eindeutig zu seinem besten Kunden machte.

Es war etwa drei Monate später, als die Öffentlichkeit in den großen Medien von den *Jane-Enthüllungen* über Waffengeschäfte zwischen Israelis und dem kommunistischen China hörte. Am 24. Januar 1985 berichtete beispielsweise die *Washington Times*, dass „Israel etwa 200 Militärberater in China haben und Waffenbestellungen im Wert von über einer Milliarde Dollar aus Peking erfüllen würde."[260]

---

[254] Uri Dan, in *the New York Post*, 30. März 1997.
[255] *Ibid.*
[256] *Ibid.*
[257] *Ibid.*, S. 37.
[258] *Washington Times*, 24. Januar 1985.
[259] *Ibid.*
[260] *Washington Times*, 24. Januar 1985.

Die *Times* berichtete, dass ein Sprecher der chinesischen Botschaft erklärt habe, dass seine Regierung keine Waffen von Israel kaufe; gleichzeitig erklärte ein Sprecher der israelischen Botschaft in Washington, dass er Berichte über gemeinsame Waffentransfers zwischen China und Israel „weder bestätigen noch dementieren" könne[261].

So begannen die westlichen Medien nach fast vierzig Jahren geheimer Operationen zwischen dem Mossad und dem chinesischen Geheimdienst, über die nie in der Presse berichtet worden war, ihre Leser darüber zu informieren, dass Israel Milliarden von Waffen an China verkauft hatte, seit Shaul Eisenberg 1979 das Abkommen abgeschlossen hatte.

Wie wir jedoch gesehen haben, scheint die geheime Beziehung um 1963 fest verankert gewesen zu sein, wahrscheinlich am 22. November, als John F. Kennedys Pläne für einen Militärschlag gegen die Atomanlagen Rotchinas ein jähes Ende fanden. Und weniger als ein Jahr später zündete Rotchina seine erste Atombombe.

Handelte es sich in Wirklichkeit um eine gemeinsame chinesisch-israelische Operation? Obwohl es heute ein „offenes Geheimnis" ist, dass Israel Atomwaffen besitzt, muss Israel seine Fähigkeiten irgendwo getestet haben. Und 1964, so scheint es heute wahrscheinlich, testete Israel seine erste Atombombe in geheimer Verbindung mit seinem geheimen Verbündeten, der Volksrepublik China. Die „offizielle" Geschichte besagt, dass Israel „vielleicht" 1979 seinen „ersten" Atomtest vor der Küste Südafrikas durchführte, aber wie wir gesehen haben, gibt es Beweise für das Gegenteil.

Die Ermordung John F. Kennedys durch den geheimen Verbündeten Rotchinas, den Mossad, in Zusammenarbeit mit den anderen Verbündeten des Mossad innerhalb der CIA und Lanskys Verbrechersyndikat ermöglichte den Erfolg des gemeinsamen israelisch-chinesischen Atombombenprojekts, das vereitelt worden wäre, wenn JFK überlebt hätte.

DIE ISRAELISCHE LOBBY REAGIERT

In den USA scheinen der Israel-Lobbyismus - und die Unterstützer Israels in der damaligen „kompromisslos antikommunistischen" Regierung von Ronald Reagan - von Israels „neuer" Allianz mit Rotchina restlos begeistert zu sein (als ob sie sich dessen natürlich nicht schon bewusst gewesen wären).

So berichtete die *Washington Times* beispielsweise: „Der stellvertretende Verteidigungsminister Richard Perle, der Beamte der [Reagan]-Regierung, der am meisten dafür verantwortlich ist, dass er versucht hat, den kommunistischen Ländern (des Ostblocks) die amerikanische Waffentechnologie vorzuenthalten, würde die Waffenverbindung zwischen Israel und China befürworten. Stephen Bryen, ein stellvertretender Unterstaatssekretär im Verteidigungsministerium, [Bryans wichtigster Stellvertreter] der zuvor Vorsitzender des Jewish Institute for

---

[261] *Ibid.*

National Security Affairs" war,"[262] eine einflussreiche Lobby für Israel, wäre ebenfalls dafür.

So präsentierten sich die mächtigen jüdischen Broker in den höchsten Rängen der Reagan-Regierung, die für ihre Hingabe an die Sache Israels (und für ihre heftige Kritik an der Sowjetunion) bekannt waren, als starke Befürworter des israelisch-chinesischen Bündnisses. Natürlich kann man sich fragen, wie „Antikommunisten" wie Bryen und Perle wirklich antikommunistisch waren (angesichts der Tatsache, dass Rotchina natürlich ein kommunistisches Land ist). Es ist jedoch klar, dass Bryen und Perle u. a. einfach die neue Politik unterstützten, weil Israel genau das wollte.

Und natürlich war es 2003 - als die USA mit kräftiger Unterstützung pro-israelischer Anhänger eine „präventive" Invasion im Irak starteten - der bereits erwähnte Richard Perle, der als Zeremonienmeister die Öffentlichkeitsarbeit im Namen des Krieges leitete.

Wie dem auch sei, obwohl die Fakten dieser Allianz zwischen Israel und China für diejenigen, die sich dafür interessierten, vorhanden waren, berichtete die Presse (während dieser Zeit) nicht allzu viel über die offenen Beziehungen zwischen Rotchina und Israel, da dies vor dem Fall der Sowjetunion geschah und der Kalte Krieg inoffiziell noch im Gange war. Mehr noch, der sowjetische und der chinesische Kommunismus lösten bei Teilen der amerikanischen Bevölkerung noch immer große Besorgnis aus, insbesondere bei den Anhängern der „christlichen Rechten" in Israel, die vor allem von Jerry Falwell und Pat Robertson angeführt wurde. Oft war es einfach nicht etwas, worüber Israel sprechen wollte.

Tatsächlich berichtete die *Washington Post* mehrere Jahre nach den ersten Berichten über neue Geschäfte zwischen Israelis und kommunistischen Chinesen am 23. Mai 1988 (und zu Recht) unverblümt, dass „in den USA wenig über die blühenden Waffenbeziehungen zwischen Israel und China veröffentlicht worden sei"[263], stellte aber fest, dass eine „seltene Diskussion über die Verbindung"[264] im April 1988 von der US-Agentur für Rüstungskontrolle und Abrüstung veröffentlicht worden war, ein Forum, das für den durchschnittlichen amerikanischen Wähler, der Fragen zu Israels Beziehungen zum kommunistischen Reich haben könnte, schwer lesbar ist.

BEN-GURIONS TRAUM IST WAHR GEWORDEN

Wie dem auch sei, am 13. Juni 1990 berichtete die *Los Angeles Times*, dass Israel Chinas größter Lieferant von modernster Militärtechnologie geworden war[265]. Im Juni 1991 unterzeichneten China und Israel ein bilaterales Abkommen über wissenschaftliche Zusammenarbeit. Am 24. Januar 1992 nahmen China und Israel unter großem Pomp in der Weltpresse und mit viel Jubel in den jüdischen Medien weltweit formelle diplomatische Beziehungen auf.

---

[262] *Ibid.*
[263] *Washington Post*, 23. Mai 1988.
[264] *Ibid.*
[265] *Los Angeles Times*, 13. Juni 1990.

Bei der Betrachtung der israelisch-chinesischen Beziehungen erklärte der israelische Historiker Benjamin Beit-Hallahmi: „Die Aufnahme diplomatischer Beziehungen mit China wäre der größte Erfolg in der Geschichte der israelischen Diplomatie in der Dritten Welt."[266] So war nach jahrelangen heiklen und geheimen taktischen Manövern zwischen dem Mossad und den Chinesen der große Traum von John F. Kennedys erbittertem Gegner David Ben-Gurion endlich in Erfüllung gegangen und „zwei der ältesten Völker der Welt" waren zusammengekommen.

Zusammengenommen und analysiert deuten die Beweise darauf hin, dass die Einheit zwischen Israel und Rotchina größtenteils durch die Rolle des Mossad bei der Ermordung von John F. Kennedy geschmiedet wurde.

Als der Geheimdiensthistoriker Richard Deacon einige Jahre vor der offenen Einheit zwischen Israel und Rotchina schrieb, stellte er zu Recht fest, dass „die Chinesen und die Israelis die Tatsache schätzen, dass sie viele gemeinsame Interessen haben."[267] Und eines dieser gemeinsamen Interessen war der gemeinsame Erfolg ihrer jeweiligen Bemühungen um den Aufbau von Atomwaffenarsenalen.

Auf der Grundlage all dessen, was wir in „*Judgement Final*" berücksichtigt haben - scheint es also wahrscheinlich, dass es tatsächlich einen Ausgleich zwischen Israel und Rotchina gegeben hat: Als Gegenleistung für Pekings Unterstützung der israelischen Atomwaffenprojekte sorgte Israel dafür, dass Präsident Johnson den geplanten Angriff von JFK auf die chinesischen Atomanlagen absagte, nachdem der Mossad zusammen mit seinen Verbündeten bei der CIA und der Unterwelt LBJ im Weißen Haus installiert hatte.

Es scheint auch, dass die Chinesen frühzeitig über die bevorstehende Ermordung von Präsident Kennedy informiert worden waren, wahrscheinlich von niemand anderem als Shaul Eisenberg, der sich in dem Kreis des Mossad bewegte, der direkt an der Ermordung von JFK beteiligt war.

Obwohl Rotchina sicherlich vom Tod John F. Kennedys profitierte, waren die antisowjetischen [und pro-israelischen] Fanatiker der CIA wie James Angleton damit beschäftigt, mit dem Finger auf Kuba und die UdSSR zu zeigen. Die Möglichkeit, dass Rotchina in den Fall verwickelt war, wurde nie erwähnt, obwohl ein chinesisches Motiv natürlich logischer war als jede Verbindung zu Kuba oder Sowjetrussland.

Rotchina zu beschuldigen hätte in der Tat einige Leute dazu bringen können, sich Israel zuzuwenden, wenn jemals die ganze Wahrheit über Chinas geheime nukleare Absprachen mit Israel ans Licht gekommen wäre. Wenn das Thema, dass JFK gegen Chinas Atomwaffenprogramm war, in Frage gestellt worden wäre, wäre es durchaus möglich gewesen, dass jemand es gewagt hätte, darauf hinzuweisen, dass JFK auch gegen Israels nukleare Absichten war. Und das konnte nur eine Büchse der Pandora öffnen, die Israel natürlich geschlossen halten wollte.

Als Israel die Gesamtsituation aus einer langfristigen Perspektive betrachtete, entschied es, dass seine Interessen in einem Bündnis mit Rotchina lagen (wie es

---

[266] Beit-Hallahmi, S. 37.
[267] Deacon, S. 205.

David Ben-Gurion schon seit langem gedacht hatte). Als John F. Kennedy also begann, Maßnahmen zu ergreifen, um die beiden (heimlich) verbündeten Länder an der Herstellung von Atomwaffen zu hindern, ergriff Israel positive Maßnahmen, um dem amerikanischen Präsidenten entgegenzuwirken.

Obwohl also Shaul Eisenberg in den „offiziellen" Geschichten weitgehend als die legendäre Figur in Erinnerung bleiben wird, die Rotchina für Israel „geöffnet" hat, ist auch klar (für diejenigen, die auch das Gesamtbild sehen können), dass Eisenberg sicherlich eine zentrale Figur bei der Organisation des Ausgleichs zwischen Rotchina und Israel war, die eine Rolle bei der Verschwörung zum Mord an JFK spielte.

Es ist daher passend, dass der israelische Schriftsteller Uri Dan den mächtigen Waffenhändler des Mossad als „letzten jüdischen Mandarin"[268] bezeichnet hat (ein „Mandarin" ist natürlich ein chinesischer Warlord). Shaul Eisenberg half nicht nur Israel, eine kritische Phase seiner Geschichte zu überleben (als David Ben-Gurion JFK als Bedrohung für das Überleben Israels wahrnahm), sondern auch Israels chinesischen Verbündeten, das nukleare Gewicht zu entwickeln, das sie brauchten, um zu wichtigen Akteuren auf der Weltbühne zu werden.

Obwohl sich einige Forscher nun also dem roten China zuwenden, gibt es wirklich nichts Neues an der „neuen" Theorie, dass die Chinesen in die Ermordung von JFK verwickelt gewesen sein könnten. Denn falls sie es getan haben sollten, taten die Chinesen dies ganz offensichtlich im Bündnis mit ihren Verbündeten vom israelischen Mossad.

Zusammenfassend lässt sich sagen, dass die „chinesische Verbindung" zur Ermordung von JFK - wie die „französische Verbindung"- in Wirklichkeit die israelische Verbindung ist. Dies ist eine Geschichte, die bislang noch nie erzählt wurde.

---

[268] Uri Dan, in *the New York Post*, 30. März 1997.

ANHANG 10

„ Die dunkle Seite Israels
War der israelische Geheimdienst in die Ermordung von Yitzhak Rabin verwickelt?

Viele Israelis glauben heute, dass der israelische Geheimdienst eine Rolle bei der Ermordung des israelischen Premierministers Yitzhak Rabin gespielt hat. Ist es wirklich so außergewöhnlich, zu vermuten, dass der israelische Geheimdienst eine Rolle bei der Ermordung von John F. Kennedy gespielt hat? Denken Sie darüber nach.

In den letzten Monaten des Jahres 1997 kam es in Israel zu einer sehr intensiven politischen Raserei, die bis heute anhält. Die Kontroverse geht auf (von israelischen Bürgern vorgebrachte) Behauptungen zurück, wonach Mitglieder des israelischen Geheimdienstes in die Ermordung des israelischen Premierministers Yitzhak Rabin am 4. November 1995 verwickelt gewesen sein sollen.

Die britische Zeitung *The Guardian* beschreibt den „vorherrschenden Ton von Verbitterung und Spaltung"[269] in Israel, der nach Rabins Tod herrschte, als zwischen rivalisierenden politischen Fraktionen Anschuldigungen und Gegenbeschuldigungen erhoben wurden. Shimon Peres, Rabins Nachfolger als Ministerpräsident, griff die Verschwörungstheoretiker an und behauptete, ihre Behauptungen seien ein „Gerücht gegen den Staat und seine Institutionen".[270]

Der Konflikt bestand im Wesentlichen aus einer Debatte darüber, welche Fraktion - die Arbeitspartei und ihre Verbündeten oder die Likud-Partei und ihre Verbündeten - sich am ehesten für das Überleben des Staates Israel einsetzt. Diese Debatte gibt es schon lange, aber die Ermordung Rabins hat sie erheblich verschärft. In einem Interview wenige Tage nach Rabins Ermordung sprach David Axelrod, ein gebürtiger Amerikaner, der im von Israel besetzten Westjordanland lebt, die Meinung vieler Israelis (und einiger amerikanischer Juden) aus, als er zu Rabins Ermordung sagte: „Es ist kein Jude, der ermordet wurde. Es war ein Verräter, der hingerichtet wurde."[271]

Obwohl Axelrod wegen dieser sehr hetzerischen Äußerung angeklagt wurde, wurde er schließlich freigesprochen, was zeigt, dass seine Ansichten in Israel breite Unterstützung genießen. Darüber hinaus wird die Unterstützung der Bevölkerung für Axelrods Ansichten auch durch eine Umfrage unter erwachsenen jüdischen Israelis bestätigt, die anlässlich des Jahrestags der Ermordung Rabins veröffentlicht wurde.

---

[269] *The Guardian*, 5. November 1997.
[270] *Ibid*.
[271] *Ibid*.

Die Ergebnisse der Umfrage als die „dunkle Seite Israels" widerspiegelnd beschreibend,[272] erklärte die Zeitung *Washington Jewish Week*, dass es auf der Grundlage der Anzahl derjenigen, die die Umfrage beantwortet haben, 300.000 Israelis gibt, „die politischen Mord theoretisch rechtfertigen und unterstützen,"[273] 180.000 Israelis „die es unterstützen, jedem Premierminister zu schaden, der Land für den Frieden tauschen würde, einschließlich Yitzhak Rabin,"[274] 45.000 Israelis „die politischen Mord offen unterstützen",[275] und 1000 Israelis „die selbst den Abzug unterstützen würden."[276]

Offensichtlich nimmt das israelische Volk das Überleben seiner Nation ernst - und viele von ihnen wären bereit, einen ihrer eigenen Premierminister zu töten, um dies sicherzustellen. Man könnte sogar so weit gehen zu sagen, dass Israel vielleicht „eine Nation der Gewalt" ist.

Faszinierend ist, dass die israelischen Verschwörungstheorien zum Mord an Rabin mindestens so komplex sind wie einige der Theorien, die sich nach der Ermordung von Präsident John F. Kennedy herauskristallisiert haben.

Laut der amerikanischen jüdischen Wochenzeitung *Forward* „konzentrieren sich die meisten dieser Theorien auf die Handlungen von Avishai Raviv, einem Agent Provocateur, der das ihm vom Allgemeinen Sicherheitsdienst [Israels] erteilte Mandat, rechtsextreme Gruppen zu infiltrieren und über sie zu berichten, die sie hervorgebracht haben"[277] den Mörder von Premierminister Rabin, Yigar Amir, überschritten hat. In Zusammenarbeit mit Amir organisierte Raviv eine paramilitärische Ausbildung für den eigentlichen Kreis der Rechtsextremisten, in den Raviv eindrang. Laut *Forward* behaupten Verschwörungstheoretiker, dass „Herr Raviv den Emir zur Gewalt getrieben habe, indem er andeutete, dass seine Männlichkeit davon abhänge, seinen Eifer in Taten umzusetzen".[278]

Mehr noch, stellte *Forward* fest, die israelische Zeitung der Nationalreligiösen Partei *Hatzofeh* beschuldigte laut *Forward*: „Rabin wusste von dem Mordkomplott und ließ es unter der Bedingung weitergehen, dass die Kugeln aus Amirs Gewehr durch Platzpatronen ersetzt würden. Dieser Logik folgend würde ein gescheiterter Versuch Rabin die Möglichkeit geben, rechte Oppositionelle zu unterdrücken, die glaubten, dass seine Zugeständnisse an die Palästinenser das biblische Erbe verschleudern und den Staat gefährden würden.

„In letzter Minute entschied *Hatzofeh*, [Chimon] Peres und ein Beamter des Geheimdienstes hätten sich zusammengetan, um die Platzpatronen durch echte Kugeln zu ersetzen. Der Theorie zufolge war dem Sicherheitsbeamten ein hochrangiger Posten beim Allgemeinen Sicherheitsdienst versprochen worden.

---

[272] *Washington Jewish Week*, 13. November 1997.
[273] *Ibid.*
[274] *Ibid.*
[275] *Ibid.*
[276] *Ibid.*
[277] *Vorwärts,* 4. November 1997.
[278] *Ibid.*

Peres (zu der Zeit Außenminister) erbte natürlich die Rolle des Premierministers".²⁷⁹

JOHN F. KENNEDY Jr. SPRECHEN

Um es für Israel noch schlimmer zu machen, konzentrierte sich die internationale Aufmerksamkeit auf den wachsenden Konflikt, der sich aus der Ermordung Rabins und den sich daraus entwickelnden Verschwörungstheorien ergab. Der erste größere Bericht in den Mainstream-Medien in Amerika über die Kontroverse in Israel kam aus einer sehr interessanten Quelle, vor allem wenn man bedenkt, was wir auf den Seiten von *Endgericht* erforscht haben.

In der Märzausgabe 1997 seines Magazins *George* veröffentlichte John F. Kennedy Jr. einen Artikel der Mutter des Mörders von Yitzhak Rabin, in dem die Frau, Geula Amir, behauptet, dass ihr Sohn, Yigal Amir, am 5. November 1995 von Avishai Raviv, der als Undercover-Agent für den israelischen Sicherheitsdienst Shin Bet tätig war, zum Mord an Rabin angestiftet worden sei.

Der Artikel war sehr umstritten und einige beschuldigten den jungen Kennedy, sich in die politischen Angelegenheiten Israels einzumischen, nicht nur, weil er der Mutter des Attentäters ein Forum für die Diskussion ihrer Verschwörungstheorie bot, sondern auch, weil er den amerikanischen Lesern eine weniger als positive Sicht auf die israelischen Angelegenheiten vermittelte, die sie beim Lesen amerikanisch-jüdischer Zeitungen nicht erhalten hätten.

In einer redaktionellen Notiz erklärte Kennedy, er habe das Interview mit der Mutter des Attentäters in der Hoffnung veröffentlicht, dass „meine Familiengeschichte die Aufmerksamkeit auf ihre Geschichte lenken würde."²⁸⁰ Es handelte sich jedoch eindeutig um eine Einmischung des jungen Kennedy in die internen politischen Angelegenheiten Israels - ein sehr ungewöhnlicher Schritt, der in vielen Kreisen nicht sehr beliebt war. Tatsächlich verließ kurz darauf der Freund von JFK Jr., Geschäftspartner und Mitherausgeber von JFK, Michael Berman, das *George* Magazine und führte Differenzen mit seinem Partner an. Einige Beobachter haben angedeutet, dass es genau dieser hetzerische Artikel war, der Berman beleidigte, der Jude ist und als glühender Verfechter Israels bekannt ist.

Leah Rabin - die Witwe des ermordeten Premierministers - reagierte wütend auf den Artikel von JFK Jr. und fragte: „Wie konnte er, mehr als jeder andere, so etwas tun? Frau Rabin sagte, dass sie nie über den Mord an ihrem Mann spreche, aber sie machte eine Ausnahme, um Kennedys Artikel anzuprangern, indem sie sagte, dass JFK Jr. die „rote Linie"²⁸¹ überschritten habe, indem er „der Mutter des Mörders meines Mannes eine Plattform in seinem Magazin" gegeben habe.²⁸² „In Fairness gegenüber Frau Rabin forderte sie jedoch später öffentlich die

---

²⁷⁹ *Ibid.*
²⁸⁰ *George*, März 1997.
²⁸¹ *Washington Times*, 3. April 1997.
²⁸² *Ibid.*

Wiederaufnahme der Untersuchung des Mordes an ihrem Mann und sagte, dass noch viele Fragen offen seien".[283]

Schließlich - insbesondere nach dem tragischen Tod von JFK Jr. im Jahr 1999 - deuteten viele Menschen, darunter der israelische Journalist Barry Chamish, an, dass „John John" möglicherweise vom Jüngsten *Gericht* gehört hatte, und seine Entscheidung, die Geschichte von Rabins Ermordung zu veröffentlichen, war ein Zeichen dafür.

Später werden wir im Frage-und-Antwort-Teil über den seltsamen Tod von JFK Jr. diskutieren und die besondere Rolle aufzeigen, die ein „ehemaliger" Mossad-Agent in den Ereignissen um diese Tragödie spielte.

MORD ALS POLITISCHE WAFFE

Umso ironischer ist es, dass, obwohl all diese Anschuldigungen und Gegenbeschuldigungen in Israel erhoben wurden, sein Auslandsgeheimdienst Mossad in einen peinlichen und erfolglosen Mordversuch an einem palästinensischen Führer in Jordanien verwickelt wurde. Der gescheiterte Anschlag zeigte, dass der Mossad auch auf ausländischem Boden Attentatsversuche unternimmt. Doch wie die internationale Presse wiederholt berichtete, waren die meisten Israelis nicht besonders besorgt über die Tatsache, dass der Mossad solche Aktivitäten durchführte. Es scheint, dass die Israelis zu einem großen Teil darüber beunruhigt waren, dass ihr Geheimdienst den Job vermasselt hatte, was zu einer internationalen Verurteilung Israels führte.

Die *Washington Post* brachte es in einer provokanten Schlagzeile auf der Titelseite sehr gut auf den Punkt: „Für viele Israelis ist das Attentat genauso schlimm wie seine Ausführung."[284] Die *Post* berichtete unverblümt: „In der nationalen Selbstkasteiung nach dem gescheiterten Attentatsversuch in Jordanien sezieren die Israelis alle taktischen, technischen und verfahrenstechnischen Mängel des Falls".

„Eine Frage, die man anderswo erwarten würde, ist in der Debatte jedoch erstaunlich abwesend: Sollte die Regierung Attentäter schicken, um ihre Feinde im Ausland zu töten? Für israelische Juden, die sich noch im 50. Jahr ihrer Staatlichkeit befinden, scheint die Antwort selbstverständlich zu sein."[285] Anstatt über die Moral des politischen Mordes zu diskutieren, so die *Post*, „debattieren die Israelis eher über die Mechanismen des Mordversuchs und die Kalibrierung des politischen Risikos. Unter den Israelis sind die einzigen grundlegenden Kritiker des Mordes als Politik seine arabischen Bürger".[286]

Laut der *Post* erklärte ein Sprecher des derzeitigen israelischen Premierministers Benjamin Netanjahu, dass Netanjahu, indem er den Mordversuch des Mossad in Jordanien anordnete, „das getan hat, was alle anderen

---

[283] Interview mit Peter Arnett, 9. August 1999 auf foreigntv.
[284] *Washington Post*, 12. Oktober 1997, S. 1
[285] *Ibid.*
[286] *Ibid.*

Premierminister getan hätten".²⁸⁷ Die *Post* erklärte, dass „die Israelis behaupten, sie seien in einem Kampf um Leben und Tod eingeschlossen und hätten keine praktische Wahl an Handlungsmöglichkeiten.

Noch etwas ist interessant an dem, was die *Post* berichtet: Israelische Beamte erklärten, dass die Israelis angesichts feindlich gesinnter Regierungen - im Gegensatz zu Terroristen - „andere Druckmittel haben und nicht auf Mord zurückgreifen". Aber Terroristen... können nur auf diese Weise bekämpft werden".²⁸⁸

Israel hat in der Tat das, was die *Baltimore Sun* als eine „unerkannte, aber umfassend dokumentierte Vergangenheit der Ermordung seiner Feinde" beschrieb.²⁸⁹ und jetzt Jüngstes *Gericht* wurde zum ersten Buch, das nicht nur berichtet, warum Israel John F. Kennedy als Feind wahrnahm, sondern auch, wie Israel eine Rolle bei seiner Ermordung im Jahr 1963 spielte.

Obwohl die pro-israelische Lobby in Amerika ziemlich hysterisch auf die Behauptungen in *Judgement Final* reagiert hat, haben wir gesehen, dass nicht nur viele Israelis es für möglich halten, dass ihr eigener nationaler Geheimdienst eine Rolle bei der Ermordung von Yitzhak Rabin gespielt hat, sondern dass auch viele Israelis diese Ermordung befürworten und ihren eigenen Premierminister als eine Bedrohung für das Überleben Israels ansehen.

Die Israelis glauben im Allgemeinen, dass Mord eine Kraft für politische Veränderungen und ein Mittel ist, um das Überleben ihres geliebten Landes zu sichern. Wie viele amerikanische Konservative sagen: „Diese Israelis sind wirklich zäh. Sie werden den Quatsch von niemandem schlucken".

Ist es vor diesem Hintergrund wirklich so „unvorstellbar", anzudeuten, dass der Mossad 1963 - als der israelische Premierminister David Ben-Gurion John F. Kennedy als Bedrohung für das Überleben Israels betrachtete - damals an einer Verschwörung zur Ermordung des US-Präsidenten beteiligt war?

Wenn, wie Umfragen nahelegen, viele Israelis das Leben ihres eigenen Premierministers Yitzhak Rabin (den viele Israelis für einen „Verräter" halten) so wenig wertschätzen und selbst „abdrücken" würden, ist es dann wirklich so „lächerlich" zu vermuten, dass der Mossad tatsächlich eine Rolle bei der Ermordung von John F. Kennedy gespielt hat? Was denken Sie?

---

²⁸⁷ *Ibid.*
²⁸⁸ *Ibid.*
²⁸⁹ Doug Struck, in *the Baltimore Sun*, 15. Januar 1996.

Epilog

Permanente Tarnung

Heute sind Millionen von Amerikanern - und Menschen aus aller Welt - davon überzeugt, dass hinter der Ermordung des fünfunddreißigsten Präsidenten der Vereinigten Staaten eine Verschwörung steckt und dass die US-Regierung bereitwillig an der Vertuschung mitgewirkt hat.

Infolge des wiedererwachten öffentlichen Interesses, das vor allem durch Oliver Stones kontroversen Film *JFK* angeregt wurde, erreichten die wachsenden Forderungen nach der Veröffentlichung der von der Regierung gehaltenen geheimen JFK-Akten ihren Höhepunkt. Letztendlich gab es tatsächlich einen vom Kongress verabschiedeten Gesetzesentwurf, der die Veröffentlichung der Archive forderte, und so wurden viele - wenn auch nicht alle - Dokumente der Öffentlichkeit zugänglich gemacht.

In Bezug auf die Gesetzgebung zur Öffnung der Akten waren nicht wenige der Meinung, dass die Gesetzgebung selbst verdächtig sei. Hier die Gründe: Zunächst einmal war die Person, die seine Expertise als Hauptarchitekt des Gesetzentwurfs in Anspruch nahm, der umstrittene G. Robert Blakey, der ehemalige Direktor des Ausschusses des Repräsentantenhauses.

In Kapitel 10 haben wir natürlich Blakeys irreführende Schlussfolgerungen untersucht, die im Wesentlichen nahelegten, dass „die Mafia JFK getötet hatte", und wir haben auch Blakeys enge Beziehung zur CIA untersucht, die seine Kritiker zu der Vermutung veranlasste, dass die Ermittlungen der Kommission möglicherweise von innen heraus sabotiert wurden. Darüber hinaus untersuchten wir auch Blakeys rätselhafte Beziehung zu Morris Dalitz, einem der engsten und langjährigsten Partner von Meyer Lansky und einem der wichtigsten Finanziers der Israel-Lobby in diesem Land.

Mit all dieser Vergangenheit - die zumindest der breiten Öffentlichkeit kaum bekannt ist - war Blakey eine seltsame Wahl, es sei denn natürlich, der Kongress (wie viele Verdächtige) wollte die Wahrheit nicht wirklich wissen.

Das Gesetz, das Blakey entwarf, war jedoch ebenso umstritten. Nach Blakeys Vorschlag würde das US-Bezirksberufungsgericht in Washington einen Rat aus fünf Bürgermitgliedern ernennen, der die Veröffentlichung der Ermittlungsunterlagen zu dem Attentat prüfen und darüber entscheiden sollte.

In dem Gesetz wurde festgelegt, dass jede Person, die bereits an einer Untersuchung der Ermordung von JFK beteiligt war, nicht für eine Ernennung in den Vorstand in Frage kommt. Tatsächlich scheint es, dass der Gesetzentwurf selbst Teil der Tarnung war - ein Mittel, um die Öffentlichkeit zu besänftigen -, um den Eindruck zu erwecken, dass „etwas getan wird, um das Rätsel um den JFK-Mord zu lösen".

Der Grund, warum der Kongress und Blakey das Bundesberufungsgericht in Washington D.C. als das Gremium auswählten, das die Kommission zur

Überprüfung der Akten des „Blauen Bandes" auswählen sollte, ist nicht so sehr ein Geheimnis - wenn man glaubt, dass die herrschende Klasse immer noch versucht, die Wahrheit über das Attentat zu verbergen und für immer zu begraben. Es scheint, dass die vorgeschlagene Expertengruppe nichts anderes als eine von der Regierung gesponserte CIA-Wäscherei war, die dafür sorgen würde, dass jegliches kompromittierendes Beweismaterial in den Akten nie ans Tageslicht kommt.

Gemäß dem Blakey-Gesetz war einer der Richter dieses Berufungsgerichts, der das Panel auswählen würde, der ehemalige Senator James L. Buckley, Bruder des ehemaligen CIA-Bruders William F. Buckley Jr. und langjähriger Freund von E. Howard Hunt, der selbst in den Mord an JFK verwickelt war. Buckley hatte in einer noch früheren Inkarnation vor seiner einmaligen Amtszeit im Senat, bevor er von den Wählern in New York aus dem Amt gedrängt wurde, lukrative familiäre Ölgeschäfte in Israel getätigt.

Wie wir in Kapitel 9 gesehen haben, war es im New Yorker Büro des ehemaligen Senators Buckley, wo sich die kubanischen Anti-Castro-Brüder Guillermo und Ignacio Novo mit dem Söldner Michael Townley, der mit dem Mossad in Verbindung stand, trafen, um die Ermordung des chilenischen Diplomaten Orlando Letelier zu planen. Die Novo-Brüder wurden natürlich von der ehemaligen CIA-Agentin Marita Lorenz als eine der Personen genannt, die in einem Konvoi mit zwei Autos von Miami nach Dallas reisten und dort am 21. November 1963 ankamen. Bei ihrer Ankunft in Dallas wurden die CIA-Mitarbeiter von ihrem Vorgesetzten E. Howard Hunt begrüßt. Jack Ruby, der Wachmann des Nachtclubs in Dallas, besuchte sie ebenfalls in ihrem Quartier in Dallas.

Richter James L. Buckley wäre also einer derjenigen gewesen, die eine zentrale Rolle bei der Auswahl der letzten Schiedsrichter darüber gespielt hätten, was die Öffentlichkeit von den Akten über den JFK-Mord zu sehen bekam - natürlich nachdem diese Akten von der CIA sorgfältig gewaschen worden waren.

Nach Lage der Dinge handelte der Kongress nach langen Debatten und verabschiedete einen regierungsweiten Gesetzesentwurf, der die Offenlegung der Morddokumente verlangte. Das Gesetz zur Offenlegung setzte einen fünfköpfigen Überprüfungsausschuss ein, der befugt war, Attentatsakten von jeder Regierungsstelle, der CIA und dem FBI sowie von Kongressausschüssen zu erhalten. Der Vorstand begann tatsächlich, zahlreiche Dokumente zu veröffentlichen - einige davon natürlich interessant, aber nichts so Aufreizendes, dass eine neue Untersuchung erforderlich gewesen wäre.

MARWELL UND DER MOSSAD

Offen gesagt war die Veröffentlichung von Dokumenten durch die Kommission für die Überprüfung der Unterlagen zum JFK-Attentat eine sinnlose Übung. Die kürzlich veröffentlichten Dokumente lassen nur den Amateuren in Sachen JFK-Attentat das Wasser im Mund zusammenlaufen. Bisher wurde nichts wirklich Brisantes veröffentlicht. Die veröffentlichten Dokumente scheinen nur all das bestätigt zu haben, was bereits Teil der JFK-Geschichte war.

Tatsächlich deutete das Beweismaterial darauf hin, dass der Fuchs in der Kommission zur Überprüfung der Akten des JFK-Mordes den Hühnerstall hütete. David Marwell, der erste Leiter der Überprüfungskommission, ist ein ehemaliger Historiker des Büros für Sonderermittlungen (OSI) des Justizministeriums, der „Nazi"-Jagdeinheit des Justizministeriums.

Das OSI ist natürlich vor allem dafür bekannt, dass es die Speerspitze der rücksichtslosen und inzwischen weitgehend diskreditierten Verfolgung des Ukrainisch-Amerikaners John Demjanjuk war, des Mannes aus Ohio, der von einem israelischen Gericht von den OSI-Anschuldigungen freigesprochen wurde, nach fast einem Jahrzehnt kontroverser internationaler Ermittlungen, bei denen Demjanjuk fast am Strick des Henkers gestorben wäre.

Nun mögen sich einige fragen, warum Marwells Verbindung zum OSI so umstritten sein sollte, da die „Nazijagd" allgemein als ein höchst bewundernswerter Beruf angesehen wird? Dafür gibt es mehrere bemerkenswerte Gründe:

Erstens: Da es immer noch einige (aber nicht viele) Forscher gibt, die glauben, dass der sowjetische KGB oder Mitglieder unter seinem Einfluss möglicherweise bei der Orchestrierung der Ermordung von JFK mitgewirkt haben, könnte sich Marwells frühere Mitgliedschaft im OSI als peinlich erweisen.

Immerhin stützte sich das OSI im Fall Demjanjuk (als Beispiel) stark auf gefälschte KGB-Dokumente (die fälschlicherweise den Eindruck erweckten, Demjanjuk sei ein Aufseher in einem Nazi-Konzentrationslager gewesen), um Demjanjuk aus den USA für einen Prozess in Israel abzuschieben (wo er natürlich schließlich freigesprochen wurde). Tatsache ist, dass das OSI vom KGB ernsthaft kompromittiert worden war.

Wenn der KGB also tatsächlich in irgendeiner Form eine Rolle bei der Ermordung von JFK gespielt hat, gibt Marwells frühere Verbindung zum OSI Anlass zur Sorge, dass Marwell alle sensiblen Informationen aus den JFK-Dateien offenlegen wollte.

Nun wird die KGB-Frage, so beunruhigend sie auch sein mag, noch mehr von Marwells unvermeidlichen Beziehungen (als OSI-Beamter) zum israelischen Mossad überschattet. Der Mossad unterhält seit langem enge Beziehungen zum OSI, sodass es keinen Grund gibt, daran zu zweifeln, dass der Mossad wie der KGB seine Talente dazu genutzt hat, diese US-Behörde zu kompromittieren.

(Zur Erinnerung: Ein Akademiker hat auf die Verbindungen zwischen dem OSI und den Israelis hingewiesen. Wayne Madsen bemerkte im *International Journal of Intelligence and Counterintelligence*: „Es gibt eine seltsame Beziehung zwischen der Abteilung für die Untersuchung von Nazi-Verbrechen des israelischen Justizministeriums und dem Büro für Justizprogramme des US-Justizministeriums (das OJP), das früher das Büro für Sonderermittlungen war... Es ist wahrscheinlich, dass keine andere Behörde wie das OJP des Justizministeriums regelmäßig die zahlreichen Computerdateien durchsucht, die

die Bundesregierung über ihre Bürger speichert, und vertrauliche persönliche Informationen an die Israelis weitergibt."[290])

Können wir daher wirklich sicher sein, dass Marwell in der Lage wäre, verborgene Dokumente freizugeben, die, wie wahrscheinlich auch immer, den Mossad in irgendeinen Aspekt der Verschwörung zur Ermordung von JFK verwickeln würden, sei es direkt oder indirekt? Was wäre, wenn es zum Beispiel ein Dokument gäbe, das in einer JFK-Datei unter Marwells Zuständigkeit vergraben war und in dem es unmissverständlich hieß: „Der Geschäftsmann Clay Shaw aus New Orleans wird von einigen als Mossad-Agent angesehen." Wird dieses Dokument jemals veröffentlicht werden? Das bezweifle ich.

Aber es gibt noch viel mehr. Es gibt einen zweiten Grund, warum wir Marwells Anwesenheit in der Kommission zur Überprüfung der Akten des JFK-Mordes als beunruhigend empfinden könnten. Dieser Grund ist besonders faszinierend und sollte sogar den Forschern, die meine Theorie der Mossad-Beteiligung ablehnen, Anlass geben, Marwells Zuverlässigkeit in Frage zu stellen.

Während seiner Verbindung mit dem OSI spielte Marwell laut der Ausgabe des *Forward* vom 8. September 1995, der einflussreichen jüdischen Wochenzeitung, „eine Schlüsselrolle bei der Jagd nach Josef Mengele und ist ein Experte in Bezug auf den Auschwitz-Arzt."[291] Das allein ist schon ein Ärgernis für Marwells Glaubwürdigkeit, und zwar aus einem sehr interessanten und faszinierenden Grund.

DIE VERBINDUNG ZU POSNER

Sehen Sie, besagter Gerald Posner, Autor des weithin beworbenen Buches *Case Closed* (das die betrügerischen Schlussfolgerungen der Warren-Kommission wiederholt), hat mehrere Bücher geschrieben, und sein erstes, 1986 veröffentlichtes, war *Mengele: The Complete Story*. Posners Buch war ein Bericht über die Bemühungen von Marwell und dem OSI, den berüchtigten Arzt von Auschwitz zu finden. Es ist also zumindest in meinen Augen kein seltsamer Zufall, dass zwei „alte Bekannte" aus der Elite und der Glamourwelt der von der herrschenden Klasse gesponserten „Nazi-Jagd" und ihrer literarischen Förderung (fast zehn Jahre später) als „Experten" in einem anderen umstrittenen Bereich auftauchen: der Ermordung von JFK.

Allein die Tatsache, dass zwei Personen mit engen Verbindungen zur Welt der Geheimdienste und mit besonderem Interesse und Fachwissen in einem Bereich von immensem Interesse für den Mossad (nämlich der Jagd auf Nazis) als zwei der Hauptakteure in der aktuellen Kontroverse um die Ermordung von JFK erscheinen sollten, ist interessant, insbesondere im Lichte meiner eigenen These über die israelische Verwicklung in den JFK-Fall. Natürlich halte ich angesichts all dessen Marwell - oder seine Kommission zur Überprüfung der Mordakten - nicht für glaubwürdig.

---

[290] Wayne Madsen, «*Intelligence Agency Threats to Computer Security,* « *International Journal of Intelligence and Counterintelligence*. Winter 1993.
[291] *Forward*. 8. September 1995.

Tatsächlich gibt es diejenigen, die behaupten, dass der Mossad schon seit Jahren, lange vor der offiziell angekündigten „Entdeckung" von Mengeles Tod, wusste, dass Mengele tatsächlich tot war und dass es keinen Grund gab, diesen Arzt weiterhin zu jagen. Doch der Mossad hielt das alles geheim und ermöglichte es den Nazijägern und jüdischen Spendensammlern, weiterhin Mengeles Erinnerungen und das Gespenst auszugraben, dass der deutsche Arzt noch am Leben war, als er in den Dschungeln Südamerikas an jüdischen Babys experimentierte. Was wusste Marwell und wann erfuhr er es? Das ist die Frage, die ich stelle.

Die belastenden Dokumente, die in den Akten zum JFK-Attentat vergraben waren, sollen schon vor langer Zeit geschreddert worden sein, und die kompromittierendsten Dokumente sollen nie zu Papier gebracht worden sein. Rechnen Sie nicht damit, dass etwas wirklich Erbauliches entdeckt worden wäre, zumal Posners Freund Marwell für die Veröffentlichung der Dokumente verantwortlich war.

Marwell und sein Stellvertreter in der Revisionskommission, ein gewisser Douglas Home, gingen auf grünere und lukrativere Weiden. Sie arbeiten jetzt für das Holocaust-Gedenkmuseum in Washington, das - unnötig zu erwähnen - bei verschiedenen Unternehmungen, die für die jüdische Weltgemeinschaft von Interesse sind, sehr eng mit der israelischen Regierung (und dem Mossad) zusammenarbeitet. Das ist eine Tatsache. Nennen Sie mich nicht „antisemitisch", weil ich das gesagt habe. Also finden wir Mr. Marwell wieder einmal in Geschäfte verwickelt, die eng mit dem Staat Israel verbunden sind. Zweifellos nur ein Zufall, da bin ich mir sicher.

Die Aktivitäten der Revisionskommission stellten eine interessante Ablenkung dar und waren eigentlich ein integraler Bestandteil der kontinuierlichen Tarnung.

VERÖFFENTLICHUNG VON VERZERRUNGEN

Es gibt viele Aspekte des fortgesetzten Vertuschens, wie ich erfuhr, als ich zum ersten Mal versuchte, dieses Buch veröffentlichen zu lassen. Da ich wusste, dass der Verlag Shapolsky Publishers in New York zwei Bücher über das Attentat auf JFK veröffentlicht hatte, schickte mein Werbeagent ihnen eine Vorschau auf *Judgement Final*. Kurze Zeit später erhielten wir eine handgeschriebene Postkarte von Isaac Mozeson, dem Redaktionsleiter von Shapolsky.

Ich hatte noch nie so viel Wildheit und Hysterie gesehen, wie ich sie in Mozesons Antwort gelesen hatte. Er beschrieb die in *Judgement Final* skizzierte Theorie als „kindisch" und sprach von der „Hilflosigkeit" des israelischen Mossad. Ich war ehrlich gesagt amüsiert über seine Antwort, aber fasziniert von der Wut.

Ich habe daher einige Überprüfungen vorgenommen. Die Ausgabe des *Writer's Market* von 1992 enthüllt, dass 40% der Veröffentlichungen von Shapolsky von „jüdischem Interesse" sind.[292] Es stellte sich heraus, dass er auch

---

[292] *Writer's Market.* Ausgabe von 1992.

ein Affiliate des israelischen Verlagshauses Steimatsky of North America ist.[293] Interessant, nicht wahr?
Die beiden Bücher von Shapolsky über das Attentat verdienen es, angemerkt zu werden. Shapolskys erstes Gebräu war *Contract on America* von David Scheim, das bemerkenswert ist, weil es hauptsächlich eine Wiederholung des Buches von Lanskys Syndikatsmitglied und CIA-Verteidiger Robert Blakey, *The Plot to Kill the President*, ist, in dem „Die Mafia" beschuldigt wird.

Scheim möchte uns, wie wir in Kapitel 10 festgestellt haben, glauben machen, dass Meyer Lansky ein kleiner Fisch in einem sehr großen Teich war - mit sehr wenig Einfluss. Er macht sich auch über Jim Garrisons Klage gegen Clay Shaw lustig, einen unschuldigen Zuschauer, der sich nur der Restaurierung schöner alter Gebäude im French Quarter von New Orleans schuldig gemacht hatte.

Shapolskys zweites Buch, *First Hand Knowledge*, von dem ehemaligen CIA-Agenten Robert Morrow, hat den Untertitel „How I Participated in the CIA- Mafia Murder of President Kennedy." („Wie ich an dem von der CIA und der Mafia organisierten Mord an Präsident Kennedy beteiligt war.").

Dieses Buch, eine Darstellung von Morrows früherem Werk *Betrayal*, enthält zweifellos viele nützliche Informationen und wurde offensichtlich von jemandem geschrieben, der zum Zeitpunkt des Attentats über einen Großteil der Vorgänge in der CIA Bescheid wusste.

Bemerkenswert an dem Buch ist jedoch, dass Morrow speziell den Mossad-Kontaktmann der CIA, James J. Angleton, so darstellt, als sei er in Bezug auf das Attentat und die Vertuschung gewissermaßen aus der Schusslinie geraten. Wie wir gesehen haben, ist dies schlichtweg nicht wahr. Morrow deutete an anderer Stelle sogar an, dass Angleton und Robert F. Kennedy berühmte Freunde waren, ohne dieses unwahrscheinliche Szenario zu dokumentieren.

Und obwohl Morrow Clay Shaw kategorisch beschuldigt, an der Mordverschwörung beteiligt gewesen zu sein, selbst wenn er die Verbindung zur Permindex - die er als CIA-Unternehmen darstellt und die nicht direkt mit der Mordverschwörung in Verbindung steht - anmerkt, möchte er den Leser glauben machen, dass die Verschwörung gegen JFK durch CIA-Mitglieder nicht höher als Shaw ging.

Morrows Argument ist, dass Shaw ein „rebellisches" Element anführte, das in New Orleans ansässig war und außerhalb der Kontrolle des CIA-Hauptquartiers in Langley operierte, wo Angletons Einfluss damals überragend war.

Seltsamerweise - was auch immer das wert ist - als Morrow wegen seiner Beteiligung an einem von der CIA inszenierten Plan zur Fälschung kubanischer Währung verhaftet wurde, wanderte der Anwalt, der seine Verteidigung übernahm, Fred Weisgal, im Jahr nach der Ermordung JFKs nach Israel ein und wurde schnell zum stellvertretenden Justizminister Israels, eine große Ehre. Vielleicht hat Morrow uns nicht alles erzählt, was er wirklich weiß, und vielleicht

---

[293] *Made in Israel.* Ausgabe von 1986. Herausgegeben von der American-Israel Chamber of Commerce.

war Weisgals hoher Posten eine Belohnung dafür, dass er auf die eine oder andere Weise geholfen hatte, die Ermordung JFKs zu vertuschen.

DIE ISRAELISCHE LOBBY ANTWORTET

Die Reaktion der Israel-Lobby auf die Veröffentlichung der ersten Ausgabe von *Judgement Final* war, gelinde gesagt, interessant. Die *Washington Jewish Week* (WJW), die wichtigste Zeitung der pro-israelischen Lobby in der nationalen Hauptstadt, veröffentlichte in ihrer Ausgabe vom 28. April 1994 in einem ganzseitigen Angriff eine Explosion von Beleidigungen gegen *Judgement Final*.

Die Wochenzeitung greift das Buch wild als „Verschwörungstheorie"[294] an, die die „neueste Fantasie über den Mord an JFK" präsentiert.[295] Laut WJW: „Neues rechtsradikales Buch beschuldigt Israel".[296]

Der Vorwurf, das Jüngste Gericht sei in seiner Ausrichtung irgendwie „rechtsverrückt", ist natürlich bestenfalls irreführend, da viele der Hauptquellen für die Daten von JFKs erbittertem Kampf hinter den Kulissen mit Israel alles andere als „rechts" und schon gar nicht „rechts-verrückt" sind.

Niemand hat den Pulitzerpreisträger Seymour Hersh (heute Kritiker von JFK), Andrew und Leslie Cockburn, den ehemaligen Botschafter George Ball, den Historiker Alfred Lilienthal oder Stephen Green u. a. jemals beschuldigt, „rechtsverrückt" zu sein. Und in der Tat hat keiner der in *„Judgement Final"* zitierten Theoretiker der JFK-Verschwörung den Ruf, etwas anderes als gute, altmodische Liberale zu sein.

Die *Washington Jewish Week* behauptete, dass „Piper den Großteil seiner 302 Seiten damit verbringt, aus dem Zusammenhang gerissene Sekundärquellen zu zitieren, zerbrechliche, unwahrscheinliche Verbindungen herzustellen und immer wieder Unwahrheiten zu behaupten, als ob ihre Wiederholung ihnen auf magische Weise Gültigkeit verleihen würde."[297] Kurzum, das WJW legte nahe, dass dieser Autor seine Fakten schlicht und einfach „erfand". Das WJW sagte, die in *Judgement Final* aufgestellte These sei „spekulativ[und] bizarr",[298], hat aber natürlich nie bewiesen, wie oder warum.

Laut dem WJW ist das Buch „grundsätzlich antijüdisch"[299], was gut keinen Sinn ergibt. Tatsächlich befanden sich unter denjenigen, die das Buch vor seiner Veröffentlichung gelesen hatten, jüdische Autoren: der Anwalt Mark Lane, der führende Experte des Landes für die Ermordung von JFK, und Dr. Alfred Lilienthal, ein Pionier der amerikanisch-jüdischen Kritik an Israel und seiner mächtigen Lobby in diesem Land. Beide hielten das Buch nicht für „antijüdisch".

---

[294] *Washington Jewish Week*, 28. April 1994.
[295] *Ibid.*
[296] *Ibid.*
[297] *Ibid.*
[298] *Ibid.*
[299] *Ibid.*

Mit dem Versuch, die israelische Verbindung zum JFK-Mordkomplott zu diskreditieren, hat sich das WJW verrannt und in der Tat die Brisanz der Fakten über die israelische Verbindung zum JFK-Mordkomplott bestätigt.

Das WJW versuchte, die Verbindung der Permindex mit der Ermordung von JFK zu diskreditieren, indem es darauf hinwies, dass *Final Judgement* festgestellt hatte, dass die Permindex in Oliver Stones Film *JFK* erwähnt wird. Dann fügte das WJW hinzu, dass Stones Film „nie vorgibt, faktisch zu sein",[300] und damit andeutet, dass die Verbindung mit Clay Shaws Permindex eine der Instanzen der künstlerischen Lizenz ist, die Stone bei der Herstellung des Films verwendet hat (und ironischerweise, wie wir gesehen haben, war Stone selbst schüchtern, als es darum ging, sich mit der sogenannten „französischen Verbindung", d. h. der israelischen Verbindung, auseinander zu setzen).

Kurz gesagt, das WJW kritisierte den Film mit einer Kombination aus Beleidigungen, Unterstellungen und Andeutungen, während es die Fakten manipulierte und indirekt zugab, dass *Judgement Final* offensichtlich vielleicht zu nahe an der Wahrheit ist.

Dann, im Jahr 1995, warf die Anti-Defamation League (ADL) der B'nai B'rith, des amerikanischen Geheimdienst- und Propagandamittels für den Mossad, mit einigen unwahren und verleumderischen Verleumdungen über *Judgement Final* ins Gewicht. Die Kommentare erschienen in einem Essay, der in einer ziemlich türkischen Anthologie erschien, die von Jerome Chanes herausgegeben wurde und den Titel *Antisemitism in America Today: Outspoken Experts Explode the Myths* trägt. Der fragliche Aufsatz - „Antisemitismus in Amerika: Die Sicht der „Verteidigungs"-Agenturen" stammte aus der Feder des nationalen Direktors der ADL, Abe Foxman.

Laut Foxman von der ADL: „Liberty Lobby, die größte antisemitische Propagandafabrik des Landes, hat sich ebenfalls dem Hype um die JFK-Verschwörung angeschlossen und ein Buch mit dem Titel *Final Judgement* veröffentlicht, das angeblich darlegt, „wie die CIA, der Mossad und Meyer Lanskys Verbrechersyndikat beim Mord an John F. Kennedy zusammengearbeitet haben...". Das Buch präsentiert auch neue Enthüllungen, die nun zeigen, dass die sogenannte „französische Verbindung" zur Ermordung von JFK in Wirklichkeit die israelische Verbindung ist... [Das Buch] liefert neue Beweise, die den ehemaligen Präsidenten George Bush mit der JFK-Verschwörung in Verbindung bringen." Natürlich hatte der Chefanwalt von Liberty Lobby, Mark Lane, bereits ein Buch über die JFK-Verschwörung mit dem Titel *Plausible Denial* geschrieben; die Leidenschaft der Organisation für Verschwörungen scheint jedoch inklusiv genug zu sein, um beide Thesen gleichzusetzen. Es ist leicht zu verstehen, wie sehr sich die Hassgruppen bemühen, solche hanebüchenen Ideen zu verwenden, um Leichtgläubige anzulocken und sie dazu zu bringen, ihre Programme oder zumindest einen Teil davon zu akzeptieren".[301]

---

[300] *Ibid*
[301] Jerome Chanes, Ed. *Anti-Semitism in America Today* (New York: Birch Lane Press, 1995), S. 328.

Foxman hat das Werbematerial von *Judgement Final* genau zitiert, aber ich stimme natürlich nicht mit Foxmans Beschreibung der Liberty Lobby überein. Ich möchte auch anmerken, dass der Sprecher der ADL das Interesse der Amerikaner an der Ermordung von JFK als „Schwärmerei" bezeichnet, was die mangelnde Wertschätzung der ADL für die Sorgen vieler Amerikaner über eine mögliche Verschwörung hinter der Ermordung eines amerikanischen Präsidenten widerspiegelt.

Beachten Sie auch, dass die ADL Mark Lane einfach als „Chefanwalt von Liberty Lobby" abtut, als ob dies Lanes einziger Anspruch auf Ruhm wäre und seine eigene Pionierarbeit auf dem Gebiet des JFK-Mordes - lange vor seiner Verbindung mit Liberty Lobby - keine Rolle spielen würde. Die ADL will, dass die Menschen vergessen, dass es Lanes Buch *Rush to Judgment* war, das die Begeisterung für JFK auslöste.

Interessanterweise hat die ADL darauf hingewiesen, dass die sogenannte „Leidenschaft" der Liberty Lobby „inklusiv genug war, um beide Thesen zu assimilieren" [präsentiert, wahrscheinlich in *Judgement Final* und *Plausible Denial*]. Offensichtlich werden in den Büchern jedoch keineswegs zwei verschiedene Thesen präsentiert, aber es liegt nicht im Interesse der ADL, genau über die spezifischen Details zu berichten, die in dem einen oder anderen Band auftauchen.

Die ADL weist diese „verrückten Ideen" zurück, doch interessanterweise sah sich die ADL gezwungen, auf den Seiten dieser Essaysammlung das Buch *„Judgement Final"* anzugreifen. Offensichtlich machte das Buch zwei Jahre nach der Veröffentlichung der ersten Auflage von *Endgericht* seine Wirkung bemerkbar - und die ADL wusste das. Es gab genügend Leute, die das Buch ernst zu nehmen begannen, so dass die ADL es für notwendig hielt, darauf zu reagieren.

Später, als die ADL 1996 ihren eigenen haarsträubenden Bericht mit dem Titel *Danger: Extremism-The Major Vehicles and Voices on America's Far Right Fringe* veröffentlichte, überarbeitete die ADL Foxmans früheren Aufsatz und fügte kostenlos und fälschlicherweise hinzu, dass *Judgement Final* „versucht, die Schuld für die Ermordung von Präsident Kennedy den Juden in die Schuhe zu schieben".[302]

Obwohl ich ehrlich gesagt versucht war, die ADL wegen Verleumdung zu verklagen, hätte dies mehr Zeit, Geld und Ärger gekostet, als es wert gewesen wäre. Wäre die Klage jedoch vor Gericht gekommen - wie die Klage von E. Howard Hunt gegen *The Spotlight* in Bezug auf die Ermordung von JFK (beschrieben in Kapitel 16) -, hätte sie zu interessanten Enthüllungen führen können.

Wie dem auch sei, es ist offensichtlich, dass *„Judgement Final"* zu diesem Zeitpunkt ein echtes Anliegen der ADL war. Sie erkannten, dass dieses Buch nicht ignoriert werden konnte. So war es nicht verwunderlich, dass im Herbst 1997 - als ich gebeten wurde, das Buch bei einem Seminar an einer öffentlichen Hochschule in Orange County, Kalifornien, zu thematisieren - die Hölle losbrach.

---

[302] *Danger:Extremism-TheMajorVehiclesandVoicesonAmerica'sFar- Right Fringe.* (New York: Anti-Diffamation League, 1996), S. 253.

Im Vorwort zu dieser vierten Ausgabe von *Endurteil* beschreibe ich diese Kontroverse ausführlich. Aber es versteht sich von selbst, wie ich bereits sagte, dass die ADL das letzte Endurteil nicht gehört hat. Es ist nur der Anfang. Obwohl Uri Palti, ein israelischer Diplomat aus Los Angeles, gegenüber der Presse erklärte, dass die in *Final Judgement* aufgestellte These „absurd" sei, besteht das große Problem für die ADL und für Israel darin, dass offensichtlich viele Menschen nicht einverstanden sind.

Angesichts all dieser von der ADL in ihrem Versuch, mich zum Schweigen zu bringen, angeregten Hektik komme ich nicht umhin, die Worte eines Verbündeten der ADL, des Superjuristen Alan Dershowitz, wiederzugeben, der sich lautstark zum Verteidiger der akademischen Freiheit erklärte und sich für einen anderen umstrittenen Forscher einsetzte, der wegen seiner Studien über angebliche Entführungen von Ausländern Kritik einstecken musste. Dershowitz sagte, wer Kritik an dieser Forschung habe, solle „inhaltlich darauf antworten - mit eigenen Prüfungen, Widerlegungen, Debatten und Büchern". Der Markt für akademische Ideen ist weit geöffnet... Die Wahrheit wird irgendwann ans Licht kommen. Das ist es, was eine Universität ausmacht".[303]

Ich kann nicht umhin, mich zu fragen, ob Dershowitz die gleichen Bedenken hinsichtlich des Angriffs der ADL auf meine Forschung teilte. In einem Punkt hatte Dershowitz jedoch Recht: Die Wahrheit wird irgendwann ans Licht kommen. Und die Tatsache, dass bislang niemand in der Lage war, *Endgericht* zu widerlegen, ist sehr aufschlussreich.

Interessant ist, dass die in *Judgement Final* aufgestellten Behauptungen für die Menschen in der arabischen Welt offensichtlich nichts Neues zu sein scheinen. Der Arabisch-Amerikaner M. Ali schreibt in der Dezemberausgabe 1997 des *Washington Report on Middle East Affairs*: „Während die Amerikaner ständig mit neuen Theorien über die Ermordung von John F. Kennedy im Jahr 1963 spielen, ist dies für die Araber eine beschlossene Sache. Sie sind sich sicher, dass der junge amerikanische Präsident getötet wurde, weil er Amerikas pro-israelische Politik im israelisch-palästinensischen Konflikt neu bewertete."[304]

WAS IST MIT DEN „FORSCHERN", DIE AN DER JFK-AFFÄRE ARBEITEN?

Rückblickend ist es durchaus möglich, dass Oliver Stones erstaunlicher Erfolg mit dem Film *JFK* der Erforschung der Kontroverse um das Attentat auf JFK vielleicht mehr geschadet als genutzt hat. Wie wir in Kapitel 17 festgestellt haben, hat Stones Film ein neues öffentliches Interesse an der Kontroverse geweckt und Millionen von Amerikanern und Menschen auf der ganzen Welt eine neue Perspektive auf den Fall vermittelt. Die Wirkung des Films war am Ende wahrscheinlich größer als ein Dutzend erfolgreicher Bücher über das Attentat.

---

[303] *Washington Times*, 31. Mai 1993.
[304] *Washington Report on Middle East Affairs*, Dezember 1997.

Angesichts von Stones offensichtlicher Entschlossenheit, die sogenannte „französische Verbindung" zu vermeiden (wie in Kapitel 17 dokumentiert), und angesichts der vielfältigen Verbindungen zur Israel-Lansky-Kombination seitens Stones finanzieller Unterstützer müssen wir uns jedoch tatsächlich die Frage nach der tatsächlichen Motivation hinter der Entscheidung stellen, eine bearbeitete und falsch verzerrte Darstellung der Fakten rund um die Kontroverse um den JFK-Mord zu veröffentlichen.

Denn seit sich Stones Finanzengel Arnon Milchan als Israels größter Waffenhändler entpuppt hat, könnte man zu dem Schluss kommen, dass Stones Film nichts weiter als geheime Propaganda und gewinnorientierte Propaganda war, die sehr gut verpackt und stark beworben wurde!

Weil viele der prominenten und angesehenen Forscher auf dem Gebiet des JFK-Mordes Geld von Stone und seinen finanziellen Unterstützern genommen haben - allen voran Jim Marrs, der 300.000 Dollar für die Rechte an seinem Buch *Crossfire* erhielt -, sind sie vielleicht unbeabsichtigt kompromittiert worden. Sie befinden sich in einer unangenehmen Position, in der sie eher miserabel aussehen werden, wenn sie sich dafür entscheiden, Stone zu kritisieren.

Können Forscher Oliver Stone nun ehrlich kritisieren? Können sie zugeben, dass Stones Version des Mordkomplotts falsch ist? Können sie erkennen, dass Stones Anhänger enge Verbindungen zu den sehr mächtigen Kräften unterhalten, die von JFKs Rückzug aus dem Weißen Haus profitieren würden? Das sind Fragen, die Wahrheitssuchende den Forschern stellen müssen.

Selbst James Di Eugenio, Autor von *Destiny Betrayed* und glühender Verehrer von JFK, muss sich fragen, ob er seinen Lesern gegenüber völlig ehrlich war. In seinem sehr gut geschriebenen Buch, das nichts weniger als eine Hymne auf Jim Garrison war, stellte Di Eugenio eine überzeugende Apologie des Falls Garrison gegen Clay Shaw, ein Vorstandsmitglied der Permindex, und dessen Rolle im Mordkomplott gegen JFK zusammen. Dennoch war Di Eugenio bei seiner Sezierung von Shaws Verbindung zur Permindex eher vorsichtig. Nie vertiefte sich Di Eugenio in die israelische Verbindung.

Und obwohl Di Eugenio sogar so weit ging, Clay Shaws Beziehung zu der mächtigen Stern-Familie aus New Orleans zu erwähnen, den Besitzern des Radio- und Fernsehsenders WDSU, die eine so zentrale Rolle bei der Darstellung von Lee Harvey Oswald als „Pro-Castro-Extremist" spielten, blieb Di Eugenio zumindest vorsichtig, was die Behandlung der Verbindung zu Stern und Shaw anging.

Laut Di Eugenio war das Motiv der Familie Stern, Shaw zu unterstützen, „offensichtlich". Laut Di Eugenio: „Sie wollten nicht, dass ihre Stadt durch die Verurteilung eines ihrer Tenöre wegen der Verschwörung zur Ermordung von Präsident Kennedy befleckt wird."[305] War ihre Motivation wirklich so „offensichtlich" oder kreiste Di Eugenio um die Wahrheit?

Di Eugenio hat trotz seiner umfangreichen Recherchen zu anderen Aspekten der Verbindung zwischen New Orleans und dem Attentat nie die Verbindungen des CIA-Agenten Guy Banister mit der Agentin A erwähnt. L. (Bee) Botnick von der ADL, deren New-Orleans-Büro der pro-israelischen ADL erhebliche

---

[305] James Di Eugenio. *Destiny Betrayed.* (New York: Sheridan Square Press, 1992), S. 157.

finanzielle Mittel von der Familie Stern erhielt (obwohl dies fairerweise auch ein Versehen hätte sein können).

Wie wir gesehen haben, ist es jedoch nicht so abwegig anzunehmen, dass der Auftrag von Lee Harvey Oswald, für Guy Banister zu arbeiten - der das öffentliche Bild von Oswald als „Pro-Castro-Extremist" geprägt hat - tatsächlich Teil einer von der ADL gesponserten und von Banisters Detektivagentur durchgeführten „Untersuchung" gewesen sein könnte.

Di Eugenio hatte eigentlich gute Gründe dafür, dass er so zögerlich war, kein Blatt vor den Mund zu nehmen. Immerhin war es die Sheridan Square Press, die sein Buch veröffentlichte. Die Hauptinitiatoren von Sheridan Square sind Ellen Ray und William Schapp, die Gründer des Instituts für Medienanalyse, das, wie bereits in *Final Judgement* erwähnt, den Stern Family Fund zu seinen Geldgebern zählt, der von Clay Shaws Freunden, der mächtigen Stern-Familie aus New Orleans, gegründet wurde.

All dies jedenfalls zeigt vielleicht, wie selbst die engagiertesten JFK-Forscher bei ihren eigenen Bemühungen um die Wahrheitssuche abgelenkt oder fehlgeleitet werden können.

Obwohl ich um die Gelegenheit bat, auf dem Symposium des JFK-Attentats-Informationszentrums 1994 in Dallas und der Konferenz des Komitees für politische Morde 1996 in Washington sprechen zu dürfen, weigerten sich die herrschenden Cliquen, mir das Wort zu erteilen. Ebenso haben weder James Di Eugenio noch einer der anderen „großen Namen" unter den mit dem JFK-Mord befassten Forschern versucht, irgendeine der substanziellen Behauptungen auf den Seiten des *Final Judgement* zu widerlegen. Wenn meine These verrückt oder fehlgeleitet ist oder daneben liegt, könnte man meinen, dass es ein einfacher Prozess wäre, dieses Buch zu diskreditieren.

HINWEISE, DIE NACH ISRAEL FÜHREN...

Peter Dale Scott, einer der berühmtesten und erfahrensten Forscher auf dem Gebiet der Attentate, der auf den Seiten des *Endgerichts* ausgiebig zitiert wurde, näherte sich der Erwähnung möglicher israelischer Verbindungen, die in den dunklen Tiefen des JFK-Mordkomplotts vergraben waren.

In seinem ausgezeichneten Buch *Deep Politics and the Death of JFK* ging Scott weiter als die meisten Forscher zum JFK-Mord, indem er beispielsweise Meyer Lanskys wiederkehrende Verbindung zu Jack Ruby und der CIA untersuchte und die besondere Rolle des CIA-Mitarbeiters James Jesus Angleton in der JFK-Kontroverse, die wir auf diesen Seiten ausführlich beschrieben haben, hervorhob.

In diesen und anderen Bereichen hat Scott eindeutig recherchiert, aber man kann sein Buch nicht lesen, ohne zu denken, dass Scott auch über die israelische Verbindung recherchiert hat, aber er weigerte sich, für seine Leser offensichtliche Schlussfolgerungen zu ziehen. Scott sagt viel über viele Dinge, aber nichts über die Verbindungen zwischen Israel und der Ermordung von JFK, die in *„Judgement Final"* ausführlich dokumentiert wurden. Und trotz seiner umfangreichen Recherchen zu einer Vielzahl von Themen im Zusammenhang mit der JFK-

Kontroverse hat Scott absolut nichts über die Verbindung zu Clay Shaws Permindex zu sagen. Scott würde es offensichtlich vorziehen, diese Frage nicht zu diskutieren.

Interessanterweise finden sich in seinen Danksagungen für die Hilfe bei der Vorbereitung seines Buches zwei ziemlich interessante Quellen: Wesley McCune von Group Research, Inc. und Michael Lerner.[306] Obwohl Group Research angeblich eine „unabhängige" Forschungsorganisation ist, wurde sie von ihren Kritikern im Allgemeinen als „Fassade" der Anti-Defamation League (ADL) der B'nai B'rith beschrieben, der einflussreichen und selbsternannten „Bürgerrechts"- Organisation, die als Geheimdienst- und Propagandavermittler für den israelischen Mossad entlarvt worden ist.

Wie in Kapitel 17 angemerkt, wurde die vermutete langjährige Verbindung zwischen der ADL und dem Mossad im Zuge einer groß angelegten Untersuchung der Polizei von San Francisco über die geheimen internen Spionageoperationen der ADL aufgedeckt, die sich gegen ein breites Spektrum politischer Gruppen in den USA richtete, sowohl „von rechts als auch von links". Scotts andere Quelle, Michael Lerner, ein prominenter liberaler Philosoph, ist auch Herausgeber des Magazins *Tikkun*, einer jüdischen Zeitung, die zu einer wichtigen Stimme für die Israel-Lobby geworden ist.

Die Tatsache, dass diese Quellen bei Scotts endgültigem Urteil (wenn man es als solches bezeichnen kann) eine Rolle spielten, erklärt vielleicht zum Teil Scotts klare und wiederholte Bemühungen, die israelische Verbindung zum Mord an Präsident Kennedy nicht zu thematisieren.

Der Autor kann nur zu dem Schluss kommen, dass diese „Forscher", die sich in der JFK-Affäre herumgetrieben und enorm viel Zeit, Energie und Geld (ganz zu schweigen davon, dass sie damit Geld verdient haben) aufgewendet haben, es sozusagen vorziehen, die Trennlinie nicht zu überschreiten. Ich verstehe natürlich ihre Argumentation, aber gleichzeitig bin ich gezwungen, ihre Integrität in Frage zu stellen.

Eine Reihe von langjährigen JFK-Forschern haben jedoch das *Endurteil privat* und die Substanz seiner Behauptungen wohlwollend anerkannt, unabhängig davon, ob sie mit den Schlussfolgerungen in ihrer Gesamtheit einverstanden sind oder nicht. Ich werde sie hier nicht namentlich nennen und sie daher nicht mit der Möglichkeit belasten, als „Antisemiten" beschmutzt zu werden - der Lieblingsbegriff für diejenigen, die es wagen, die Handlungen Israels zu kritisieren -, aber sie wissen, wer sie sind, und ihre Unterstützung wurde geschätzt.

ANALOGE SCHLUSSFOLGERUNGEN

Kurz vor der Veröffentlichung von *Doomsday* war ich erfreut zu erfahren, dass Philip Ten Brink, ein langjähriger Forscher in Sachen JFK-Attentat, der völlig unabhängig von diesem Autor arbeitete, ohne große Überraschung zu denselben Schlussfolgerungen wie *Doomsday* kam und sogar so weit ging, eine Reihe von

---

[306] Peter Dale Scott. *Deep Politics and the Death of JFK*. (Berkeley, California: University of California Press, 1993), S. VIII.

Feinheiten einzubauen, die manche vielleicht für etwas esoterisch hielten. Ich bin gezwungen, den alten Glaubenssatz zu wiederholen, dass „die Großen sich treffen", aber damit würde ich übertreiben. Es ist einfach so, dass die Fakten für diejenigen da sind, die sie als das anerkennen wollen, was sie sind.

Ten Brink hat am eigenen Leib erfahren, dass es keine gute Kommunikation ist, mit dem Finger auf Israel und den Mossad zu zeigen. Als Ten Brink 1993 auf dem Symposium des JFK-Attentat-Informationszentrums in Dallas über seine Erkenntnisse berichtete, teilte er mir mit, dass es vielen Leuten, gelinde gesagt, unangenehm war, dass jemand in ihren Reihen „politisch unkorrekt" war. Hut ab vor Ten Brink, dass er den Mut hatte, die Führung zu übernehmen. Das kann man von Forschern, die die Wahrheit sehen, aber Angst haben, sie zuzugeben, nicht behaupten.

Nach der Veröffentlichung der vierten Auflage von *Judgement Final* erfuhr ich von einem anderen Forscher, Dave Sharp, der seit einiger Zeit in Internet-Newsgroups aktiv war und behauptete, dass jüdische politische Interessen - insbesondere die Bronfman-Familie aus Kanada - hinter der Ermordung von JFK steckten. Zu diesem Zeitpunkt hatte Sharp, da *er „Judgement Final"* noch nicht gelesen hatte, offenbar keine Ahnung von dem Konflikt zwischen JFK und Ben-Gurion über die israelische Atombombe, es scheint also, dass *„Judgement Final"* tatsächlich ein fehlendes Puzzleteil für Sharp gefüllt.

Sharp selbst hat jedoch seither *Final Judgement* kritisiert *und* vorgeschlagen, ich hätte meine Aufgabe nicht erfüllt, indem ich den Holocaust und die Art und Weise, wie er von der Israel-Lobby als politisches Werkzeug benutzt wurde, nicht erwähnt habe. Das ist natürlich Sharps Meinung, aber wie ich bereits mehrfach gesagt habe, in *Judgement Final* um die Ermordung von JFK und nicht um den Holocaust.

Ich bin Sharp jedoch zu Dank verpflichtet, weil er mir wertvolle Daten über die Finanzgeschäfte der Bronfman-Familie geliefert hat - einschließlich ihrer wenig bekannten Verbindungen zu den „Texas Oil Interests", die oft mit dem Mord an JFK in Verbindung gebracht werden - in der Tat ein interessanter Punkt.

DIE FRAGE „WARUM?" BEANTWORTEN

Leider sind die meisten derjenigen, die angeblich versuchen, die Wahrheit über die Ermordung von JFK herauszufinden, nicht bereit, so weit zu gehen. Werden die „Forscher" weiterhin esoterische Fragen stellen wie „Wie viele Kugeln wurden abgefeuert?" oder „Wo schlugen die Kugeln ein?" oder werden sie ein für alle Mal versuchen, die überwältigende und wichtigste aller Fragen zu beantworten: Warum wurde John F. Kennedy ermordet und wer war letztendlich dafür verantwortlich?

Um diese Frage zu beantworten, kommt man nicht um die bis heute geheime Tatsache herum, dass JFK darum kämpfte, Israel am Bau der Atombombe zu hindern, weil Israel - wie seine Verbündeten aus dem organisierten Verbrechen und der CIA - starke Gründe hatte, gegen JFK vorzugehen, und es auch tat.

Was ist mit Israel und seiner aggressiven Kampagne zum Bau der Atombombe - die Kontroverse, die bei den Ereignissen, die zur Ermordung von John F.

Kennedy führten, eine so zentrale Rolle spielte? Letztendlich war es Israel - und nicht JFK -, das in dieser Frage das letzte Wort hatte.

In der Novemberausgabe 1994 von *Jane's Intelligence Review* wurde berichtet, dass Israel zu diesem Zeitpunkt sieben Atomanlagen und bis zu 200 Atomwaffen entwickelt hatte - genug, um das winzige Israel zur sechstgrößten Atommacht der Welt zu machen. In einer Zusammenfassung des *Jane-Berichts*, die am 19. November 1994 in der *Associated Press* erschien, heißt es: „Die israelische Regierung hat weder bestätigt noch dementiert, dass sie Atomwaffen hat, und hat versucht, das Atomprogramm des Landes geheim zu halten. Es hat den Atomwaffensperrvertrag nicht unterzeichnet, der seine Anlagen für eine internationale Inspektion öffnen würde."[307]

So viel zu JFKs hartnäckigen Bemühungen, die nukleare Expansion im Nahen Osten zu stoppen. Alle Hoffnung auf Erfolg endete am 22. November 1963.

WAS IST MIT KENNEDYS FAMILIE?

Viele Leser von *Final Judgement* haben gefragt, ob die Kennedy-Familie auf die Behauptungen in diesem Band geantwortet hat. Nicht öffentlich, auf jeden Fall. Aber wir können sicher sein, dass die Kennedy-Familie - mehr als alles andere - die Wahrheit über die Ermordung von JFK sehr gut kennt. Erwarten Sie aber nicht, dass die Familie alle Informationen über die Beteiligung des Mossad an diesem Fall öffentlich macht. Das wird niemals geschehen. Zu viel steht auf dem Spiel.

Kurz nach dem Erscheinen der ersten Ausgabe von *Judgement Final* erfuhr ich, dass jemand aus Massachusetts, der der Kennedy-Familie nahestand, fünf Exemplare des Buches gekauft hatte.

Und erst kürzlich habe ich Exemplare von *Judgement Final* nicht nur an John F. Kennedy Jr. geschickt, sondern auch an alle Chefredakteure seines Monatsmagazins *George*. Ich bin mir sicher, dass die Redakteure eine interessante Zeit damit verbracht haben, das Buch zu lesen und untereinander darüber zu diskutieren, aber ich erwarte ehrlich gesagt nicht, dass ich in *George* eine Geschichte darüber lesen werde...

Ich weiß jedoch, dass Mitglieder der Kennedy-Familie von „*Judgement* Day" gehört haben. Zunächst einmal traf ein Freund von mir, der in Rhode Island lebt, den Kongressabgeordneten Patrick Kennedy (Sohn des Senators Ted Kennedy aus Massachusetts) bei einem öffentlichen Empfang. Dort zeigte er dem jungen Kennedy ein Exemplar von *Judgement Final* und wies darauf hin, dass das Buch den Mossad und Lanskys Verbrechersyndikat in das Attentat verwickelt. Meinem Freund zufolge wich der junge Abgeordnete vor Entsetzen zurück.

Ich bin nicht überrascht. Schließlich möchte kein Politiker in Amerika mit einer israelkritischen Verschwörungstheorie identifiziert werden - insbesondere natürlich nach dem, was John F. Kennedy widerfahren ist, als er sich mit Israel anlegte. Und wie gesagt, wenn jemand weiß, wer JFK wirklich getötet hat, dann

---

[307] *Associated Press Report*, 19. November 1994.

ist es seine Familie, zu hören, dass ein Buch darüber geschrieben wurde, muss eine echte Überraschung gewesen sein.

Aber schließlich hatte ich am 20. Dezember 1995 zum ersten Mal die Gelegenheit, mich kurz mit einem Mitglied der Kennedy-Familie über dieses Buch zu unterhalten. Ich befand mich auf dem Bahnhof Union Station in Washington D. C. und zu meiner Überraschung lief der Kongressabgeordnete Joe Kennedy, der Sohn des verstorbenen Robert Kennedy, in meine Richtung. Er blieb weniger als drei Meter von mir entfernt stehen. Er war in Begleitung einer attraktiven Frau, die ich später als seine zweite Ehefrau identifizierte.

Ehrlich gesagt, wollte ich ihn nicht belästigen. Er ist eine öffentliche Person und Mitglied einer sehr öffentlichen Familie, die von den großen amerikanischen Medien genauestens unter die Lupe genommen wurde (dieselben Medien, die die Wahrheit über die Ermordung seines Vaters und seines Onkels verborgen gehalten haben). Andererseits hatte ich aber ein Buch über dieses Thema geschrieben (und zu diesem Zeitpunkt war es ein Buch, das die Leute anfingen, sehr ernst zu nehmen). Ich fühlte mich daher verpflichtet, mit ihr zu sprechen.

Der Abgeordnete schaute in meine Richtung und unsere Augen trafen sich. Er wusste, dass ich ihn erkannte, und ich vermutete, dass er auch wusste, dass ich mit ihm sprechen wollte, also beschloss ich, dies zu tun. Ich ging auf ihn zu und sagte: „Herr Abgeordneter, ich möchte nur 22 Sekunden Ihrer Zeit". Er lächelte. Ich wusste, dass er schon so oft entsprechende Worte gehört hatte, dass ich mich bewusst für diesen Ansatz entschieden hatte, und ich glaube, er genoss die Ironie, da ich in einem amüsierten Ton sprach, als wollte ich sagen: „Ja, ich weiß, dass Sie das schon gehört haben."

Er nickte und ich sagte zu ihm: „Ich muss mich erst einmal vorstellen. Ich bin der Autor eines Buches mit dem Titel *Endgericht*. Haben Sie schon einmal davon gehört?" Er schüttelte verneinend den Kopf, während er den Titel in seinem Kopf wieder und wieder durchging. Ich sagte ihm nicht, dass ich ein Exemplar an sein Büro geschickt hatte (was ich getan hatte). Ich wollte die 22 Sekunden, die mir zur Verfügung standen, nicht verlieren.

Ich fuhr fort. „Das Buch berichtet über die Rolle einer Nation im Nahen Osten, die hier in Washington eine sehr starke Lobby hat, bei der Ermordung Ihres Onkels." (Ich wollte das Wort „Israel" nicht sagen.) Kennedys Augen flackerten, als wollte er sagen: „Jetzt geht es wieder los." Ich sah seine Reaktion und schloss mit den Worten: „Ich denke, Sie sollten ehrlich gesagt wissen, dass viele Leute, die sich für die Ermordung von JFK interessieren, dieses Buch sehr ernst nehmen."

Ich wich zurück. Ich sah, dass ihm die Art dessen, was ich ihm vorschlug - nämlich die israelische Beteiligung - unangenehm war, und ich wollte nicht, dass er dachte, ich sei eine der Personen, die weiterhin seinen Raum besetzen würden. Ich wollte, dass er sieht, dass ich das Thema nicht weiter vorantreiben würde. Ich war ihm völlig fremd und nach allem, was er wusste, hätte ich jemand sein können, der versuchte, ihn zu einer der antijüdischen Äußerungen zu bewegen, für die vor allem sein Vater (zumindest privat) bekannt war.

Jedenfalls antwortete der Abgeordnete Kennedy, als ich ging: „Ich hoffe, das ist nicht wahr." (das war eine diplomatische Antwort, wenn es eine ist.) Ich lächelte, nickte und machte eine freundliche Welle und einen Abschiedsgruß, um ihm zu sagen: „Danke für Ihre Aufmerksamkeit".

Wollte Kennedy damit sagen, dass er hoffte, es sei nicht wahr, dass Israel an der Ermordung seines Onkels beteiligt war, oder dass er hoffte, die Leute würden meine These nicht ernst nehmen - oder beides? Letztendlich ist das natürlich nicht wirklich wichtig, da nur der Abgeordnete Kennedy genau weiß, was er meinte.

Tatsache ist jedoch, dass ich nun mit Sicherheit sagen kann, dass die Kennedy-Familie tatsächlich von *Final Judgement* weiß. Ich zweifle nicht daran, dass die beiden jungen Kongressabgeordneten eines Tages auf die eine oder andere Weise mit ihrer Familie über die Anschuldigungen in *Judgement Final* sprechen werden. Was die Familie mit den Informationen macht, bleibt jedoch abzuwarten.

In der Tat wurde die Kennedy-Familie fest vom Mossad selbst kooptiert. Der Schlüssel, um dies zu verstehen, ist Jacqueline Kennedy Onassis, eine zehnjährige Beziehung - vor ihrem Tod - mit dem rätselhaften jüdischen Diamantenhändler belgischer Herkunft Maurice Tempelsman.

Nachdem Tempelsman sich als ständige Figur im Zentrum von Jacquelines Leben positioniert und sich später als ihr ständiger Begleiter im eleganten Penthouse der Kennedy-Witwe in Manhattan angemeldet hatte, soll er Jacquelines bereits beträchtliches Vermögen verdoppelt (laut einigen Berichten vielleicht sogar verdreifacht) haben.

Obwohl die Mainstream-Medien nach ihrem Tod die Liebesgeschichte von Jacqueline und ihrem Lebensgefährten dramatisierten, wurde Tempelsmans langjährige Rolle als internationaler Agent in spe, der in und außerhalb Afrikas für den israelischen Mossad und seine Verbündeten innerhalb der CIA operierte, von den Medien nie erwähnt. So kam es, dass in Jacquelines letzten Tagen der israelische Mossad in den engsten Kreisen der Kennedy-Familie vertreten war.

Allerdings scheint es jetzt - laut Edward Klein, der in seinem neuen Buch *The Kennedy Curse* schreibt, dass der junge JFK Jr. nach Jacquelines Tod Templesman anwies, die Wohnung, die er mit Frau Onassis teilte, zu verlassen. Offensichtlich war der junge John nicht so sehr in den internationalen Intriganten verliebt, der John John angeblich vor den Gefahren des Fliegens gewarnt hatte.

Ironischerweise ist es für Kennedys Familie am Ende vielleicht gar nicht so wichtig, wer letztendlich hinter der Ermordung des Präsidenten und seines Bruders stand. Zwei Familienmitglieder starben gewaltsam und auf tragische Weise, wer auch immer dafür verantwortlich war. Der Verlust der Familie war viel zu persönlich, weit jenseits aller anderen internationalen geopolitischen Verästelungen, die die für die beiden Morde verantwortlichen Verschwörer sehr interessieren würden. Die Wahrheit darüber zu verfolgen, was wirklich geschehen war, war nie eine Option.

Senator Edward M. Kennedy selbst kann sich wahrscheinlich glücklich schätzen, noch am Leben zu sein, aber er hat seinen Traum, das Weiße Haus für die Kennedy-Dynastie zu beanspruchen, nie verwirklicht. Die Wahrscheinlichkeit, dass andere zukünftige Familienmitglieder erneut das Oval Office besetzen, ist im besten Fall gering.

Der Plan des Abgeordneten Joe Kennedy, als Gouverneur von Massachusetts zu kandidieren, wurde schon früh durch eine harte Medienkampagne gegen ihn sabotiert. Seine persönlichen Probleme, die sich aus einem Konflikt mit seiner Ex-Frau ergaben, die ein vielbeachtetes Buch über ihre Ehe geschrieben hatte, sowie Behauptungen, sein jüngerer Bruder habe außereheliche Beziehungen zu einem Teenager gehabt, wurden von den Medien angeprangert, und Kennedy sah sich gezwungen, sich aus dem Rennen zurückzuziehen.

Irgendwann, nachdem Kennedy aus dem Rennen geworfen worden war, erwog Steven Grossman, ein Druckerei-Magnat aus Massachusetts, der zum nationalen Vorsitzenden der Demokratischen Partei ernannt worden war, in das Rennen um Kennedys politischen Tod einzusteigen, doch Grossman änderte plötzlich seine Meinung. Angesichts dessen, was ich in *End Judgement* berichtet habe, ist es wahrscheinlich erwähnenswert, dass Grossman, bevor er nationaler Vorsitzender der Demokratischen Partei wurde, an der Spitze der AIPAC, der autorisierten Israel-Lobby, gestanden hatte. Dabei handelt es sich wahrscheinlich nur um einen Zufall, der aber dennoch interessant ist.

Um ehrlich zu sein, hat die Kennedy-Familie auf ihre Weise enorm von der Doppeltragödie profitiert, indem sie sich einen Platz in der Geschichte und eine Legende gesichert hat, die ansonsten verloren gegangen wäre, wenn JFK seine Amtszeit noch erlebt hätte. Doch wie wir gesehen haben, greifen die Medien zunehmend die Kennedy-Erben und JFK selbst an.

DAS „LETZTE URTEIL" DER MEDIEN

In der *Washington Post* vom 25. November 1993 entfernte sich der bekannte Wirtschaftswissenschaftler Robert Samuelson von seinem Fachgebiet und befasste sich mit Kennedys Erbe.

Seine prominente Kolumne, die sich rechts neben dem Leitartikel befindet, ist eine echte Hommage an das Andenken von John F. Kennedy im Zuge des 30. Jahrestags des vielleicht atemberaubendsten öffentlichen Ereignisses in der Geschichte unseres Landes.

„Wir haben eine weitere Kennedy-Erinnerungsorgie hinter uns", klagte Samuelson, „und ich muss gestehen, dass ich schließlich genug davon habe. Es ist nicht nur, dass sein Leben und seine Ermordung dramatisiert wurden und ihn von einer politischen Figur in ein Unterhaltungsphänomen mit einem Platz in der Popkultur verwandelten, der näher an Elvis als an Harry Truman liegt.

Dissens geht noch weiter. Unsere Besessenheit von Kennedy vernebelt etwas Entscheidendes. Bestenfalls war er ein mittelmäßiger Präsident oder, weniger barmherzig, ein schlechter Präsident". [308]

Samuelson gab dann Kennedy die Schuld an der Tragödie des Vietnamkriegs. „Es war Kennedy, der die kritische Verpflichtung gegenüber Vietnam einging. Alle anschließenden Spekulationen darüber, ob er diese Verpflichtung erhöht hätte oder nicht, wie Johnson es getan hat, sind wirklich irrelevant. Wir werden nie wissen können, was Kennedy getan hätte, sondern nur, was er getan hat. Und was er tat, war, sich militärisch (und politisch) in einem Land zu engagieren, dessen

---

[308] *Washington Post,* 25. November 1993.

Überleben kein vitales nationales Interesse war, und uns damit in einen Konflikt zu verwickeln, den wir politisch nicht unterstützen konnten. Als dies einmal geschehen war, gab es keinen einfachen Ausweg mehr. Es war eine Fehleinschätzung".[309]

Der meinungsbildende Kolumnist stellte fest, dass es JFK an „Weisheit oder Instinkt" mangelte und dass er „nicht über das Wissen oder die Werte verfügte, um selbst gute Entscheidungen zu treffen".[310]

Der Kennedy, der jenseits des Grabes lebt", so Samuelson abschließend, „bestellt weder meine Sympathie noch mein Interesse. Er wird vereinfacht, romantisiert und ausgebeutet. Er ist keine Person, sondern eine populäre Illusion".[311]

So viel zum Gedenken an John F. Kennedy im Urteil eines der angesehensten Meinungsmacher der Nation. Es ist daher vielleicht nicht überraschend, dass am 22. November 1994, dem 31. Jahrestag der Ermordung von JFK, die *Washington Post*, die offizielle politische Zeitung der Vereinigten Staaten, kein einziges Wort zum Gedenken an diesen tragischen Tag verlor.

Am 22. November 1997, also vier Jahre nach Samuelsons hartem Angriff auf John Kennedy, war die große „Nachricht" des Tages die Veröffentlichung von *The Dark Side of Camelot*, Seymour Hershs Buch über die JFK-Jahre (das früher auf diesen Seiten besprochen wurde). Offensichtlich besteht der Impuls der neuen Medien darin, dass John F. Kennedy doch nicht so ein toller Kerl war und dass vielleicht, wie Malcolm X zum Zeitpunkt der Ermordung von JFK sagte, die Hühner von selbst in den Stall zurückgekehrt waren.

EIN ANTRAG AUF EINE DEBATTE

Kurz vor der Veröffentlichung der dritten Auflage von *Judgement Final* schickte ich Exemplare der zweiten Auflage an eine Reihe von Personen und lud sie ein, die These von *Judgement Final* mit mir im Radio, in einem öffentlichen Forum oder schriftlich zu diskutieren. Ich gab ihnen die Gelegenheit, das Buch auf die von ihnen gewünschte Weise zu widerlegen. Das war kein unfaires Angebot, denke ich.

Hier sind diejenigen, die Exemplare von *Endgericht* und die Einladung zu einer Diskussion erhalten haben:

Jack Anderson - Der gewerkschaftlich organisierte Kolumnist und internationale Radhändler, der eine Reihe von widersprüchlichen Theorien über die Ermordung von JFK förderte, darunter den Mythos „Castro hat JFK getötet".

Robert Dornan - Als nächstes, GOP-Kongressabgeordneter aus Orange County, Kalifornien, und ein Israel-Fanatiker, schloss sich Dornan mit seiner Erzfeindin Loretta Sanchez zusammen, um am 19. September 1998 eine Spendensammlung mitzuorganisieren, um der ADL zu helfen, Steve Frogue zu

---

[309] *Ibid.*
[310] *Ibid.*
[311] *Ibid.*

stürzen, den Direktor der Universität, der es gewagt hatte, mich einzuladen, um in Orange County über das *Jüngste Gericht* zu sprechen.

Jack Shafer - Damals Chefredakteur des beliebten *City Paper in Washington*, einer liberalen „alternativen" Zeitung, die im Leerlauf betrieben wurde.

John Loftus - Autor von *The Secret War Against the Jews*, einem neuen Buch, in dem behauptet wird, dass anti-israelische Anhänger der US-Geheimdienstgemeinschaft versucht hätten, den Staat Israel zu sabotieren (Loftus ist ein ehemaliger Anwalt des Büros für Sonderermittlungen bei der Jagd auf Nazis).

Roland Pritikin - Brigadegeneral im Ruhestand und international anerkannter Arzt und Gründer des Zentrums für globale Sicherheit, einer pro-israelischen Ad-hoc-Lobbygruppe, zu deren Beratern Luis Kutner, ein ehemaliger Anwalt von Jack Ruby, und General Julius Klein, der US-Militäroffizier, der bei der Gründung des Mossad eine wichtige Rolle spielte, gehörten.

Bob Grant - der umstrittene Moderator des New Yorker Radiosenders WABC, der oft mit seinen freundschaftlichen Beziehungen zur Anti-Defamation League (ADL) der B'nai B'rith und seiner tiefen Hingabe (die eine offensichtliche und unterwürfige Zuhälterei ist) an den Staat Israel geprahlt hat.

Rush Limbaugh - Der größte Name im „konservativen" Radio, der dafür bekannt ist, ein unverschämter und kühner Kritiker von allem außer Israels Missetaten zu sein.

Chuck Harder - Als Moderator der Radiosendung „*For the People*" weigert sich Harder, die Rolle Israels bei internationalen Missetaten zu erwähnen, obwohl er bald unter fast jedem Felsen Verschwörung und Korruption findet.

G. Gordon Liddy - Ehemaliger CIA- und FBI-Agent, der den Mut hatte, sich einem Bundesrichter zu widersetzen und ins Gefängnis zu gehen, weil er sich weigerte, seine Freunde zu verraten. Früher oft als Nazi-Sympathisant beschuldigt, ist Liddy heute ein beliebter Radiomoderator, aber nie ein Kritiker Israels.

William F. Jasper - Chefredakteur der amerikanischen Zeitschrift *New American* der John Birch Society, der ein glühender Verfechter des Staates Israel ist und immer noch in James Jesus Angleton verliebt ist, einem CIA-Mitglied, das mit dem Mossad verbündet ist.

David Scheim - Autor von *Contract on America*, das behauptet, „Die Mafia hat JFK getötet" und die volle Rolle des israelischen Loyalisten und CIA-Mitarbeiters Meyer Lansky im internationalen Verbrechersyndikat ignoriert. Scheim war eine wichtige Figur in der Gemeinschaft der „Forscher" des JFK-Mordes, aber wie wir auf diesen Seiten festgestellt haben, weigert er sich, die Möglichkeit einer Beteiligung der CIA an dem Verbrechen anzuerkennen.

Jack Newfield - Liberaler Kolumnist der *New York Post*. Der israeltreue Newfield behauptete, der verschwundene Chef der Teamster-Gewerkschaft, Jimmy Hoffa, sei der Hauptanstifter des JFK-Attentats gewesen.

Die Veröffentlichung eines Aufrufs zur Debatte war keine Suche nach Publicity für *Final Judgement*, obwohl jede Publicity willkommen und in der Tat sehr bemerkenswert gewesen wäre. Was ich aufrichtig suchte, war, dass jemand kommt, um mir zu beweisen, dass ich falsch liege - um mir zu zeigen, wo die Schlussfolgerungen von *Final Judgement* nicht fundiert waren.

Von dem breiten Spektrum an Personen, die zur Debatte eingeladen worden waren, hatte bis zum 1er Januar 1998 nur General Pritikin geantwortet. In Pritikins langem Brief hieß es: „Alle Behauptungen in Ihrem Buch können widerlegt werden, aber es ist nicht meine Aufgabe, dies zu tun."[312] Pritikin erzählte mir, dass General Mark Clark gesagt hatte: „Ich wäre nicht überrascht, wenn dreißig oder vierzig Jahre nach der Ermordung von John F. Kennedy Bücher herauskämen, in denen die Juden beschuldigt werden."[313]

„Ihr Buch", schrieb Pritikin, „sowie die Schriften von Grace Halsell und George Ball (der eine lange Akte wegen Hochverrats hatte) werden [von den Arabern] als das Triptychon für die Zerstörung der Vereinigten Staaten und die Ausrottung des amerikanischen Volkes betrachtet."[314]

(Grace Halsell ist eine langjährige und angesehene professionelle Journalistin mit liberaler Gesinnung, die Israel gegenüber recht kritisch eingestellt war. Der ehemalige stellvertretende Außenminister George Ball ist desselben Verbrechens schuldig. Offenbar sind Halsell, Ball und ich in Bezug auf General Pritikin eines Verbrechens gleichen Ausmaßes schuldig).

„Sie sagen in Ihrem Brief", schrieb Pritikin, „dass sich niemand gemeldet hat, um die in Ihrem Buch enthaltenen Behauptungen zu widerlegen. Dies ist darauf zurückzuführen, dass es keinen Index hat. Es ist im Stil von Victor Hugo und Alexander Dumas geschrieben. Es liest sich wie ein schöner fiktiver Roman, weil es keinen Index hat. Das ist der Grund, warum niemand etwas beanstandet hat".[315] (Die ersten beiden Ausgaben von *Judgement Final* wurden nicht indiziert).

Pritikin fügte hinzu: „Die Entdeckung von Öl auf der arabischen Halbinsel in den 1930er Jahren führte zum Untergang der freien westlichen Zivilisation, weil die USA nicht die Weitsicht, den Mut und den kompromisslosen Willen hatten, die ölreichen Scheichs zu bekämpfen, und weil wir Verräter wie Michael Collins Piper, Grace Halsell und George Ball hatten".[316]

DIE „BEWEISE" VON PRITIKIN

In seinem Brief nannte General Pritikin das Vorhandensein einer wunderschönen Gedenkstätte für John F. Kennedy in Israel als „Beweis" dafür, dass die Israelis JFK mehr als jeden anderen amerikanischen Präsidenten liebten.

Das ist in der Tat ein dürftiger „Beweis": Ein Zyniker könnte so grob sein, um anzudeuten, dass die Gedenkstätte nichts weiter war als eine Hommage der Israelis an eine ihrer skandalösesten öffentlichen Hinrichtungen und die Geschicklichkeit, mit der sie durchgeführt wurde.

Aus Angst jedoch, dass einige pro-israelische Fanatiker behaupten könnten, dies sei meine These, sage ich für die Rezension, dass dies nicht der Fall ist. Was ich sage, ist, dass ein solches Denkmal nichts beweist: nur, dass die vom Mossad

---

[312] Brief von General Roland Pritikin an den Autor.
[313] *Ibid.*
[314] *Ibid.*
[315] *Ibid.*
[316] *Ibid.*

dominierte israelische Führungsschicht in den Akten geschrieben sehen will - obwohl die Fakten das Gegenteil zeigen -, dass Israel JFK liebte.

Vielleicht bewunderten die einfachen Leute in Tel Aviv tatsächlich John F. Kennedy. Aber Premierminister David Ben Gurion, der Mossad-Chefmörder Yitzhak Shamir und ihre Verbündeten von der CIA und dem Lansky-Verbrechenssyndikat bewunderten ihn nicht.

Wie dem auch sei, ich kann nur zu dem Schluss kommen, dass die Weigerung dieser „großen Namen", mit mir öffentlich zu debattieren oder zu versuchen, meine Arbeit in irgendeiner Weise zu verwerfen, gerade darin begründet liegt, dass sie es nicht können. *Jugement Final* ist daher meiner Meinung nach, ganz praktisch gesprochen, das endgültige Urteil über das, was in Dallas wirklich passiert ist. Ich habe, wie gesagt, tatsächlich ein Versäumnisurteil erhalten, einfach weil niemand das Wort ergriffen hat, um auf meine Anschuldigungen zu antworten.

„BESTIMMTE GLAUBENSDOGMEN"

Obwohl Noam Chomsky, ein prominenter rebellischer Linguist, Israel mit seiner Kritik an dessen internationalen Untaten verärgert hat, weigert sich Chomsky selbst, sich in jede Debatte über die Ermordung von JFK einzumischen. Tatsächlich beschrieb Chomsky den nicht enden wollenden Strom von Briefen, die er zu diesem Thema erhielt, und betonte, dass er gezwungen war, auf einen Standardbrief zurückzugreifen, der die Gründe beschreibt, warum er das Thema nicht diskutieren will. Als Kritiker Israels erkennt Chomsky jedoch, wie sehr die öffentliche Debatte über kontroverse Themen von den Medien und der akademischen Gemeinschaft beeinflusst wurde. In einer Einleitung zu einem Buch, in dem die israelische Intrige dargelegt wird, schrieb Chomsky:

Die Geschichte, insbesondere die jüngere Geschichte, präsentiert sich der breiten Öffentlichkeit auf charakteristische Weise im Rahmen eines doktrinären Systems, das auf bestimmten grundlegenden Dogmen beruht. Im Fall totalitärer Gesellschaften ist das Thema zu offensichtlich, um einen Kommentar zu erfordern.

Am faszinierendsten ist die Situation in Gesellschaften, denen es an grausameren Formen der Unterdrückung und ideologischen Kontrolle mangelt. Die Vereinigten Staaten zum Beispiel sind in Bezug auf die Freiheit der Untersuchung und der Meinungsäußerung sicherlich eine der am wenigsten repressiven Gesellschaften der vergangenen oder gegenwärtigen Geschichte. Dennoch erreicht eine Analyse entscheidender historischer Ereignisse nur selten ein breites Publikum, es sei denn, sie entspricht bestimmten Glaubensdoktrinen...[317]

Die Glaubenslehren - im Fall der Debatte über die Ermordung von JFK - sind sehr restriktiv: Kurz gesagt, es gibt keine Debatte. Der Fall ist abgeschlossen. Lee

---

[317] Noam Chomsky, schreibt in der Einleitung von : *Livia Rokach. Israel's Sacred Terrorism.* (Belmont, Massachusetts: Association of Arab-American University Graduates, 1980), S. XIII-XV.

Harvey Oswald handelte allein. Es gab keine Verschwörung. Jeder, der behauptet, es habe eine Verschwörung gegeben, ist - Gott bewahre - ein „Verschwörungstheoretiker", und jeder, der an Verschwörungstheorien glaubt, könnte die Art von Person sein, die ein Bundesgebäude in Oklahoma City in die Luft sprengen und 168 unschuldige Männer, Frauen und Kinder ermorden würde. Genau dieses Argument wurde in den „Mainstream"-Medien im Anschluss an diese Tragödie vorgebracht.

Das Argument lautete: Die Milizbewegung hat Timothy McVeigh beeinflusst. Die Milizen glauben an Verschwörungstheorien. Tim McVeigh hat das Bundesgebäude in Oklahoma City in die Luft gesprengt. Wenn Sie also an Verschwörungstheorien glauben, sind Sie böse. Sie sind gegen die Regierung. Sie sind gegen Amerika. Sie unterstützen die schrecklichen Taten von McVeigh in Oklahoma. Glauben Sie nicht an Verschwörungstheorien - und dazu gehört auch die Theorie, dass hinter der Ermordung von JFK eine Verschwörung steckte.

Das ergibt natürlich keinen logischen Sinn, aber genau das ist es, was die Mainstream-Medien vermitteln wollen, und es ist zum ständigen Tenor geworden. Verschwörungstheorien sind einfach „schlecht". Und wenn Sie daran glauben, sind Sie die Art von Person, die es in Erwägung ziehen könnte, ein Bundesgebäude in Oklahoma City oder anderswo in die Luft zu sprengen.

Chomsky fährt in seinem eigenen unnachahmlichen Stil fort:

> **Um das Dogma zu akzeptieren, muss eine Person, die nicht in der Lage ist, auch nur ein begrenztes Maß an innerem Widerspruch zu tolerieren, sorgfältig dokumentarische Beweise vermeiden, an denen es in einer freien Gesellschaft nicht mangelt...**[318]

Im Fall von *Judgement Final* müssen natürlich diejenigen, die das offizielle Dogma akzeptieren und die in *Judgement Final* dargelegten Schlussfolgerungen zurückweisen wollen, alle Beweise ignorieren (die lange vor der Veröffentlichung dieses Buches veröffentlicht wurden), die nicht nur nahelegen, dass a) Israel ein Motiv hatte, sich an dem Mordkomplott gegen JFK zu beteiligen; und b) dass es vielfältige israelische Verbindungen zu dem Komplott gibt, die tatsächlich nachgewiesen werden können. Chomsky :

> **Innerhalb der akademischen Berufe und der Medien kann man sich in der Regel darauf verlassen, dass die Intelligenzia die Reihen schließt; sie weigern sich, Glaubenslehren einer kritischen Analyse zu unterziehen, beschneiden die historischen und dokumentarischen Akten, um diese Lehren von der Prüfung zu isolieren, und gehen dazu über, eine Version der Geschichte zu präsentieren, die frei von der Gefahr einer institutionellen Kritik oder Analyse ist.**[319]

Die Medien spielten in der Tat eine Rolle bei der Verschleierung der Schlussfolgerungen des Jüngsten *Gerichts*.

Obwohl das Buch nun dank der Bemühungen der ADL, mich daran zu hindern, auf dem Seminar der Orange County Public University zu sprechen, eine gewisse Publizität erhalten hatte, waren die Medienberichte, die veröffentlicht wurden, mit

---

[318] *Ibid.*
[319] *Ibid.*

der Behauptung verbunden, ich sei eine Art „Holocaust-Leugner" und daher nicht glaubwürdig.

Auch sogenannte „Gelehrte" wie Professor Roy Bauer von der Irvine Valley University weigerten sich, mir die Gelegenheit zu geben, meinen Fall darzulegen. Bauer ließ es nicht zu, dass Glaubenslehren einer kritischen Analyse unterzogen werden. Chomsky :

Gelegentliche Abweichungen von der Orthodoxie sind von geringer Bedeutung, solange sie sich auf enge Kreise beschränken, die ignoriert oder als „unverantwortlich", „naiv" oder „unverständlich" oder „unfähig, die Komplexität der Geschichte zu verstehen" abgetan oder anderweitig mit inakzeptablen, vertrauten Codewörtern identifiziert werden können...[320]

Judgement Final war eine Abweichung von der Orthodoxie und wurde mit „Codewörtern" (wie „Antisemitismus") zurückgewiesen und - in der Tat - als „inakzeptabel" beschrieben. Weil *Endgericht* jedoch plötzlich die Gelegenheit hatte, von einem akademischen Publikum gehört zu werden - und nicht nur von einer begrenzten Liste von Buchkäufern, die Zugang zu dem Werk hatten -, gerieten die Verteidiger der Glaubenslehren in einen regelrechten Wahn. Chomsky :

Von wenigen Ausnahmen abgesehen, muss man bestimmte Glaubenslehren annehmen, um in die Arena der Debatte zu treten - zumindest vor einem substanziellen Teil der Öffentlichkeit...[321]

Im Fall der Debatte über die Ermordung von JFK ist eine der „neuen Glaubenslehren", die man akzeptieren muss, um „die Arena der Debatte zu betreten", dass man - unter keinen Umständen - Folgendes vorschlagen darf:

1) dass Israel ein Land ist, das John F. Kennedy feindlich gesinnt ist.

2) dass die US-Politik im Nahen Osten nach dem Tod von John F. Kennedy eine 180-Grad-Wende vollzogen hat;

3) dass der israelische Mossad irgendeine Rolle - überhaupt keine Rolle - bei der Ermordung von John F. Kennedy gespielt hat.

Sie können glauben, dass es eine Art „Verbindung zu einer fliegenden Untertasse" gab. Oder dass die Nazis schuldig waren. Oder, was am populärsten ist, dass die Mafia JFK getötet hat. Man kann sogar sagen, dass es einige „schmierige Typen" bei der CIA gegeben habe. Aber erwähnen Sie niemals Israel und den Mossad. Hier werden Sie „unverantwortlich" und überschreiten die Grenze. Tun Sie das nicht!

Wenn ja, werden sie Sie als „Antisemit" bezeichnen - oder vielleicht sogar als „Holocaust-Leugner", was offensichtlich der letzte Trick der laufenden Bemühungen ist, diejenigen zum Schweigen zu bringen, die (wie ich) es gewagt haben, öffentlich die Rolle Israels bei dem Verbrechen des Jahrhunderts zu identifizieren. Dies ist etwas, das offensichtlich vielleicht nicht getan wird.

---

[320] *Ibid.*
[321] *Ibid.*

DIE „WAHRE GESCHICHTE" DER ERMORDUNG VON JFK?

Die *Washington Post* - stets ein Verfechter der Interessen der CIA und ihrer Verbündeten vom Mossad - ließ ihre Leser vor kurzem wissen, dass es vielleicht eine „offizielle" Volksentscheidung - einen „Konsens" - über die „wahre Geschichte der Ermordung Kennedys" geben könnte.[322] Das heißt, eine „Geschichte", die praktisch alle zufriedenstellt. Mit anderen Worten: Die wahre Wahrheit darüber, wer John F. Kennedy ermordet hat - und warum - wird man alles gesehen haben.

Bei der Förderung dieser angeblich bevorstehenden „wahren Geschichte" veröffentlichte die *Post* ein bemerkenswert aufschlussreiches „Denkstück", das von einem ihrer Chefredakteure, Jefferson Morley, verfasst worden war und in dem der junge Morley behauptete, dass „wir näher als je zuvor daran sind, eine solide Faktenbasis für einen Konsens über das Attentat zu haben".[323]

Morley geht es in der Tat weniger darum, wer für die Ermordung des US-Präsidenten verantwortlich ist, sondern vielmehr darum, das Vertrauen des amerikanischen Volkes in die Regierung wiederherzustellen, deren Geheimdienst CIA eine zentrale Rolle bei der Ermordung und Vertuschung gespielt hat. Morley meint: „Die Ermordung Kennedys ist ein Faktor in der Legitimitätskrise, die nun die Fähigkeit der US-Regierung untergräbt, eine Vielzahl öffentlicher Probleme in Angriff zu nehmen. Die Unfähigkeit der Regierung, eine glaubwürdige Erklärung dafür vorzulegen, wie Kennedy getötet wurde, ist weder der einzige noch der Hauptgrund für diesen Niedergang. Aber sie hat sicherlich eine Rolle gespielt. Ein gemeinsames Verständnis der Kausalkette der Ereignisse, die zu Kennedys Ermordung führten, zu erreichen, wäre ein wichtiger symbolischer Schritt auf dem Weg zur Wiederherstellung des Vertrauens in die amerikanische Demokratie."[324]

Morley sagt, dass „wir uns nicht [Betonung liegt auf Morley] die Mühe machen sollten, einen Konsens zu erzielen, weil wir befürchten, dass hypothetische Personen, die an der Ermordung von Präsident Kennedy beteiligt waren, heute eine Bedrohung für die Demokratie darstellen. Das ist die paranoide Position...".[325] (Mit anderen Worten: Jeder, der versucht, jemandem die Schuld zu geben - zu diesem späten Zeitpunkt - ist ein störender launischer Verschwörungstheoretiker und damit eine Bedrohung für die Demokratie).

Obwohl Morley einräumt, dass es Beweise dafür gibt, dass die Verschwörung hinter der Ermordung von JFK wichtiger war als ein „einsamer Stalker",[326] deutet er auch an, dass das wichtigste Ziel nicht darin besteht, herauszufinden, wer John F. Kennedy wirklich getötet hat, sondern stattdessen zu erkennen, dass die Kontroverse über das Attentat aus der „Geheimhaltung der Regierung über das

---

[322] Kolumne in *der Washington Post, die* ursprünglich in der vierteljährlich erscheinenden Zeitschrift des Assassination Archives and Research Center veröffentlicht wurde.
[323] *Ibid.*
[324] *Ibid.*
[325] *Ibid.*
[326] *Ibid.*

Attentat und die Folgen der Untersuchung" resultierte.[327] Diese Geheimhaltung, so behauptet er zu Recht, war falsch, aber er sagt, dass „der Schleier der Geheimhaltung endlich gelüftet wurde[328] durch die Kommission zur Überprüfung der Attentatsakten. Nun, so Morley, macht die Arbeit der Revisionskommission, tatsächlich alle „Kontroversen [darüber, wer hinter dem Mord steckte]" altmodisch.[329]

Morley räumt ein, dass „die wahrscheinlichste Erklärung für die Ursache von Kennedys Tod in seiner Politik liegt" (und damit hat er sicherlich Recht), aber Morley fügt hinzu, dass wir bei der Suche nach einem „Konsens" „keine Personen, Gruppen, politischen Überzeugungen oder Institutionen als Sündenböcke benutzen sollten".[330] (Mit anderen Worten: Keine Person oder Institution - wie die CIA oder der Mossad - sollte letztlich für das Verbrechen verantwortlich gemacht werden).

[331] Morley fügt hinzu, dass „wir die Komplexität der Geschichte respektieren müssen", und behauptet, dass „sich die Grundlagen für einen Konsens herausbilden und dass „die Geschichte der Ermordung Kennedys und das Geheimnis, das sie umgab, nicht die Sage einer riesigen, monolithischen Verschwörung ist. Es ist auch nicht die Geschichte eines einzelnen, einsamen Verwirrten. Es handelt sich vielmehr um ein Kapitel in der Geschichte des Kalten Krieges, eine Warnung an künftige Generationen über die Gefahren der Geheimhaltung in einer Demokratie".[332]

So ist laut Morley das eigentliche Problem die Geheimhaltung der Regierung. Die große Frage ist nicht, wer John F. Kennedy wirklich ermordet hat - und warum. In Morleys verzerrter Wahrnehmung scheint es am Ende nicht wirklich wichtig zu sein, warum John F. Kennedy ermordet wurde oder wer dafür verantwortlich war. Die schwerwiegendste Sorge ist, das Vertrauen der Amerikaner in ihre Regierung wiederherzustellen.

Ich stimme weder mit Jefferson Morley und der *Washington Post* noch mit den meisten Amerikanern überein.

Die Amerikaner sind, um Noam Chomsky zu zitieren, „diejenigen, die daran interessiert sind, die wirkliche Welt hinter der offiziellen Geschichte zu entdecken"[333] und die nicht an der Art von künstlichem „Konsens" interessiert sind, der von der *Washington Post* gepriesen *wird*. Und es ist diese Art von neuer Herangehensweise an das JFK-Attentat, die wir berücksichtigen müssen, wenn wir überlegen, wie die Wahrheit über das Attentat von den Medien behandelt wird und wie die Fakten und sogenannten Fakten an die Öffentlichkeit gelangen.

---

[327] *Ibid.*
[328] *Ibid.*
[329] *Ibid.*
[330] *Ibid.*
[331] *Ibid.*
[332] *Ibid.*
[333] Chomsky, *Ibid.*

EINIGE SCHLUSSBEMERKUNGEN...

Diejenigen, die demonstrativ nach der Wahrheit über die Ermordung von Präsident Kennedy suchen, aber die ganz klare Rolle, die Israel und sein Mossad bei dem Attentat spielten, weiterhin ignorieren, sind vielleicht letztlich die größten Feinde der Wahrheit.

Wenn ich mich in Bezug auf die Beteiligung des Mossad irre, bitte ich meine Kritiker, mir zu zeigen, wo ich mich irre. Wenn selbst die Bewunderer von JFK nicht in der Lage sind, sich der Wahrheit zu stellen und sie ans Tageslicht zu bringen, dann stehen Amerika und die Welt vor einer sehr ernsten Krise.

Ich finde es ehrlich gesagt frustrierend - aber ich verstehe auch, warum -, dass sich andere von diesem umstrittenen Forschungsbereich, der so wichtig für die Aufklärung der Ermordung von Präsident Kennedy ist, abgewendet haben.

Jahrestag des Attentats, indem sie versuchte, die „Verschwörungstheorien" zu widerlegen - insbesondere die im Buch „*Endgericht*", das *Forward* als eines der „unheimlichsten" bezeichnete.[334]

Ich bereue es nicht, die Entscheidung getroffen zu haben, dieses Buch zu schreiben. Einige Leute haben vorgeschlagen, ich hätte ein Pseudonym annehmen sollen, um mich vor den unvermeidlichen Empörungsschreien zu schützen, die daraufhin folgten. Hätte ich dies jedoch getan, wäre ich nicht in der Lage gewesen, meine eigene Arbeit öffentlich zu verteidigen, wenn ich mich dafür entschieden hätte, mich hinter einem Pseudonym zu verstecken.

Letztendlich glaube ich, dass ich ein sinnvolles Werk versteift habe und dass die meisten aufgeschlossenen Menschen, wenn sie das Buch einmal gelesen haben, zustimmen werden, dass es eine sinnvolle These aufstellt.

Die meisten - wahrscheinlich alle -, die das Buch angegriffen haben, haben es nicht gelesen. Sie zogen es vor, an der Seitenlinie zu bleiben und die These anzugreifen, nicht aber die Beweise, die sie stützen. Die Fakten sprechen eine deutliche Sprache. Es tut mir leid, dass diese Fakten so viele Menschen erschüttert haben.

Ich hoffe, dass *Judgement Final* in gewisser Weise zu einem vollständigen Verständnis nicht nur des Todes von John F. Kennedy, sondern auch all der erschütternden Ereignisse danach beitragen wird - Ereignisse, die die Geschichte verändert haben. Noch wichtiger ist jedoch, dass ich hoffe, dass wir daraus gelernt haben und dass das amerikanische Volk alle notwendigen Schritte unternimmt, um dieses große Unrecht zu korrigieren.

- **MICHAEL COLLINS PIPER**

---

[334] *Forward*, 28. November 2003.

POSTSKRIPTUM

Ein hochrangiger französischer Diplomat, Bernard Ledun, starb am 1er Februar 1994 in Paris. Sein plötzlicher Tod im Alter von 50 Jahren, möglicherweise infolge eines Herzinfarkts, könnte ein weiterer der „nützlichen" Todesfälle im Zuge des JFK-Attentats und seiner Vertuschung sein, die eine direkte Folge der Ankündigung vom 22. November 1993 war, dass die Veröffentlichung der ersten Auflage von *Judgement Final* unmittelbar bevorstehe.

Ledun hatte Kenntnis von „internen" Informationen, die den hohen Geheimdienstgrad der französischen Quelle bestätigten - die in Kapitel 16 von *Final Judgement* zitiert wird - und die dem Autor diese Information lieferte, die belegt, dass die viel diskutierte „französische Verbindung" zum Kennedy-Mord in Wirklichkeit falsch benannt ist und es sich vielmehr um die israelische Verbindung handelt.

Kurz vor seinem plötzlichen Tod sollte Ledun, ein Berufsoffizier im französischen diplomatischen Corps, französischer Generalkonsul in Johannesburg, Südafrika, werden. Von Oktober 1989 bis Dezember 1993 war er Generalkonsul seines Heimatlandes in Vancouver, British Columbia, Kanada.

Während er in Vancouver stationiert war, beging Herr Ledun einen schweren - wenn auch ehrlichen - Fehler, der möglicherweise sein eigenes Schicksal besiegelte. Seine unbeabsichtigte Handlung bewies den hochrangigen französischen Geheimdienststatus der Quelle, die in *Final Judgement* zitiert wird. Die Quelle, Pierre Neuville, behauptete (aufgrund ihres eigenen Insiderwissens), dass der israelische Geheimdienst Mossad die Beziehungen des französischen Geheimdienstes nutzte, um einen oder mehrere Attentäter anzuheuern, die an der Erschießung von Präsident Kennedy beteiligt waren.

1976, als Ledun im französischen Konsulat in Vancouver, Kanada, war, übergab er Pierre Kopien von Dokumenten des französischen Inlandsgeheimdienstes und bestätigte damit, dass Pierre tatsächlich ein französischer Geheimdienstmitarbeiter gewesen war, der über brisante Staatsgeheimnisse Bescheid wusste.

Aufgrund der aufhetzenden Natur der Informationen, von denen Pierre Kenntnis erlangt hatte, hatte der französische Geheimdienst jahrelang bestritten, dass Pierre in Geheimdienstarbeit für sein Heimatland verwickelt war. Die Veröffentlichung der Dokumente durch Ledun lieferte jedoch handfeste Beweise für das Gegenteil.

Pierre hatte nicht nur genaue Details darüber erfahren, wie der französische Geheimdienst bei der Verschwörung zum Mord an JFK vom Mossad manipuliert worden war - eine Information, die von seinen eigenen Verbündeten im französischen Geheimdienst geliefert wurde -, sondern Pierre selbst war in ein früheres Mordkomplott verwickelt gewesen, das der Mossad und der französische Geheimdienst gemeinsam durchgeführt hatten.

Der Mossad hatte mit Oberst Georges De Lannurien, seinem Schlüsselkontakt im französischen Geheimdienst, einen Vertrag geschlossen, damit Pierre unfreiwillig die Rolle des „Sündenbocks" (im Stil von Lee Harvey Oswald) in einem Mossad-Komplott zur Ermordung des ägyptischen Präsidenten Gamal Abdel Nasser in der letzten Oktoberwoche 1956, kurz vor der Invasion von Port Said während der Suez-Krise, spielen sollte.

(Es handelte sich um De Lannurien, wie wir in Kapitel 16 anmerkten, der später der Hauptvermittler zwischen Yitzhak Shamir vom Mossad und James J. Angleton von der CIA im JFK-Mordkomplott war).

Als Pierre erkannte, dass er in Wirklichkeit Nassers Verschwörung inszeniert hatte, stellte er sich dem ägyptischen Geheimdienst am internationalen Flughafen von Kairo.

Weil er sich weigerte, sein Leben in einer vom Mossad gesponserten Verschwörung aufzugeben, wurde Pierre, Sohn einer vornehmen Familie und Sohn des berühmten französischen Diplomaten René Neuville, der bis zu seinem Tod 1952 Chef des französischen Generalkonsulats in Jerusalem war, zu einem Mann ohne Land.

Nachdem er nach Südamerika und später nach Kanada geflohen war, wurde Pierre in Abwesenheit von einem französischen Militärgericht verurteilt und wegen „Hochverrats" und „Gefährdung der äußeren Sicherheit des Staates" zu 24 Jahren Zwangsarbeit verurteilt.

Als Pierre 1976, immer noch im Exil, um Gnade bat, indem er sich an das französische Generalkonsulat in Vancouver, Kanada, wandte, wo er damals lebte, wurde sein Antrag abgelehnt.

Damals teilte das französische Verteidigungsministerium dem französischen Generalkonsul in Vancouver in einem Dokument vom „5. OCT 1976" mit, dass Pierres Antrag abgelehnt worden war. Es war Bernard Ledun im französischen Generalkonsulat, der Pierre dieses Ablehnungsschreiben überreichte, da er sich der Brisanz des Dokuments nicht bewusst war.

Wie Pierre sagt, war der französische Geheimdienst „wütend über diesen Fauxpas von Herrn Ledun, eine sehr verräterische Handlung, nämlich ein Schreiben des Verteidigungsministers an Ausländer weiterzugeben, das meinen Behauptungen Glauben schenkte, dass ich als Diplomat und Geheimdienstoffizier Frankreich in Libyen und Italien gedient hatte".

„Sie können argumentieren", räumt Pierre ein, „dass dieser Brief nicht beweist, dass ich der französischen Regierung gedient habe. Nun, wo haben Sie gesehen, dass ein einfacher französischer Bürger, der des Verrats und der „Gefährdung der Staatssicherheit" angeklagt war, zu der schrecklichen Strafe von 20 Jahren Zwangsarbeit verurteilt wurde?

„Nur wenn Sie an den Weihnachtsmann glauben", kommentiert Pierre, „könnten Sie glauben, dass jemand sich so schrecklicher Verbrechen schuldig machen könnte, ohne Kenntnis von Staatsgeheimnissen zu haben. Und übrigens: „atteinte a la sureté de l'État" bedeutet auf gutem Englisch „Versuch, den Staat durch eine subversive Handlung zu stürzen".

„Sie geht davon aus, dass ich in dem genannten Zeitraum die Macht hatte, den französischen Staat zu verraten und ihm zu schaden. Das heißt in den 1950er Jahren. Das ist der ganze Verdienst meiner Behauptungen. Und deshalb musste Herr Ledun den Preis für seinen Irrtum mit dem Tod bezahlen.

Pierre behauptet: „Herr Ledun wurde am 1. Februar 1994 in Paris vom französischen Geheimdienst ermordet. Er hat mir die Waffe gegeben, mit der ich meine Behauptungen untermauern kann. Wenn ich einmal des „Verrats" für schuldig befunden wurde, warum dann nicht ein zweites Mal?

„Ohne diesen Brief würde der französische Geheimdienst auf Ihre Behauptungen in *Jugement Final* antworten, dass sie noch nie von mir gehört haben, dass ich ein Betrüger oder eine Art Spinner, Verrückter, Maniac oder was auch immer bin. Aber dieser verdammte Brief liegt in Ihren Händen. Wenn Sie sich entschließen, weitere Fragen zu stellen, sagen sie Ihnen vielleicht, dass ich ein „armer Hurensohn" bin. Ja!

„Beten Sie für die Seele von Herrn Ledun, der ein wahrer Gentleman war, das erste Opfer des Jüngsten *Gerichts.*

„Ich danke Ihnen daher für *Judgement Final*", schrieb Pierre in einem Brief an den Autor. „Ihr Buch ist Gerechtigkeit. Ich kann nun in Frieden sterben. Wie Dag Hammarskjold, der verstorbene Generalsekretär der Vereinten Nationen, sagte: „Die Wahrheit ist so einfach, dass man sie für eine anmaßende Banalität hält. „

Pierre glaubt unbestreitbar, dass Ledun als Vergeltung für seinen Fehler nach der bevorstehenden Veröffentlichung von *Jugement Final* ermordet wurde. Hier ist der Grund dafür

Die erste öffentliche Bekanntmachung der Behauptungen in *„Judgement Final"*, sehen Sie, wurde am 22. November 1993 in Dallas, Texas, im Programm des jährlichen Symposiums unter der Leitung des JFK Attentat-Informationszentrums in einer ganzseitigen Sonderwerbung veröffentlicht.

Die Ankündigung enthüllte, dass *Final Judgement* sich teilweise auf eine französische Informationsquelle gestützt hatte, in der die Verbindung des israelischen Mossad zur Ermordung von JFK und die Rolle des französischen Geheimdienstes in diesem Fall detailliert dargelegt wurden.

Pierre glaubt, dass diese Anzeige den Mossad und den französischen Geheimdienst darüber informiert hat, dass er die in *Endgericht* genannte Quelle war. Demnach war der Mord an Ledun ein Racheakt an Ledun für seinen Fehler viele Jahre zuvor und bestätigte, dass Pierre tatsächlich (wenn auch unfreiwillig) in eine sensible und hochrangige Zusammenarbeit zwischen dem Mossad und dem französischen Geheimdienst verwickelt war.

Hätte Pierre sich nicht mutig geäußert und das fehlende Glied in der Verschwörung zur Ermordung von JFK vervollständigt, hätte Bernard Ledun vielleicht den Rest seines Lebens in Frieden gelebt... aber die Wahrheit über die Ermordung Kennedys wäre vielleicht nie ans Licht gekommen.

Pierre Neuville kann sich sicher sein, dass er eine wichtige Rolle bei der Lösung des größten Rätsels unserer modernen Zeit gespielt hat: der Frage, wer den Tod von John F. Kennedy wirklich inszeniert hat und warum.

- **MICHAEL COLLINS PIPER**

BIBLIOGRAFIE

Adelson, Alan. *The Ruby-Oswald Affair*. Seattle, Washington: Romar Books, Ltd., 1988.

Agnew, Spiro T. *Go Quietly or else*. New York: William Morrow & Company, 1980.

Anson, Robert Sam. *They've killed the president! The Search for the Murderes of John F. Kennedy (Die Suche nach den Mördern von John F. Kennedy)*. New York: Bantam Books, 1975.

Baer, Jean. *The Self Chosen (Die Selbstwahl)*. New York: Arbor House, 1982.

Ball, George und Douglas Ball. *The Passionate Attachment: America's Involvement With Israel, 1947 to the Present*. New York: W. W. Norton & Company, 1992.

Bass, Warren. *Support Any Friend (Unterstützung jedes Freundes)*. New York: Oxford University Press, 2003.

Beit-Hallahmi, Benjamin. *The Israeli Connection-Who Israel Arms and Why*. New York: Pantheon Books, 1987.

Birmingham, Stephen. *Our Crowd (Unsere Gemeinde)*. New York: Harper & Row, 1967.

Blakey, G. Robert & Richard N. Billings. *The Plot to Kill the President: Organized Crime Assassinated JFK-The Definitive Story*. New York: Times Books, 1981.

Blitzer, Wolf. *Between Washington and Jerusalem*. New York: Oxford University Press, 1985.

Blumenthal, Sid. Ed. *Government by Gunplay*. New York: Signet Books, 1976.

Brown, Walt. *Treachery in Dallas*. New York: Carroll & Graf, 1995.

Bruck, Connie. *Master of the Game (Meister des Spiels)*. New York: Simon & Schuster, 1994.

Canfield, Michael & Alan J. Weberman. *Coup d'État in America: The CIA and the Assassination of John F. Kennedy.* New York: The Third Press, 1975.

Chamish, Barry. *The Fall of Israel.* Edinburgh, Scotland: Canongate Publishers, 1992.

Chamish, Barry. *Who Murdered Yitzhak Rabin?* Venice, California: Feral House Press, 1998.

Chernow, Ron. *The Warburgs (Die Warburgs).* New York: Vintage Books, 1994.

Cockburn, Andrew und Leslie Cockburn. *Dangerous Liaison (Gefährliche Verbindung).* New York: Harper Collins Publishers, 1991.

Cohen, Avner. *Israel and the Bomb (Israel und die Bombe).* New York: Columbia University Press, 1998.

Cohen, Mickey mit John Peer Nugent. *Mickey Cohen: In My Own Words.* Englewood Cliffs, New Jersey: Prentice-Hall, Inc., 1975.

Corbitt, Michael mit Sam Giancana. *Double Deal.* New York: William Morrow, 2003.

Curtiss, Richard. A *Changing Image: American Perceptions of the Arab-Israeli Dispute.* Washington, D.C.: American Educational Trust, 1986.

Davis, Deborah. *Katharine the Great (Katharine die Große).* New York: Sheridan Square Press, 1991.

Davis, John H. *Mafia Kingfish: Carlos Marcello and the Assassination of John F. Kennedy.* New York: McGraw-Hill Publishing Company, 1989.

Deacon, Richard. *The Israeli Secret Service (Der israelische Geheimdienst).* New York: Taplinger Publishing Co, Inc, 1978.

De Camp, John. *The Franklin Cover-Up.* Lincoln, Nebraska: AWT, Inc. 1996.

Demaret, Pierre und Christian Plume. *Target De Gaulle.* New York: Dial Press, 1975.

Demaris, Ovid. *Captive City (Gefangene Stadt)*. New York: Lyle Stuart, 1969.
Demaris, Ovid. *The Last Mafioso: The Treacherous World of Jimmy Fratianno*. New York: Bantam Books, 1981.

Di Eugenio, James. *Betrayed Destiny (Verratenes Schicksal)*. New York: Sheridan Square Press, 1992.

Ehrenfeld, Rachel. *Evil Money: Encounters Along the Money Trail*. New York: Harper Collins Publishers, 1992.

Eisenberg, Dennis und Uri Dan und Eli Landau. *Meyer Lansky: Mogul des Mobs*. New York: Paddington Press, 1979.

Eveland, Wilbur Crane. *Ropes of Sand: America's Failure in the*

Middle East (Mittlerer Osten). New York: W. W. Norton & Company, 1980.

Executive Intelligence Review. *Dope, Inc.* New York: New Benjamin Franklin House, First edition, 1978; second edition, 1986.

Executive Intelligence Review. *Moscow's Secret Weapon: Ariel Sharon and the Israeli Mafia*. Washington, D.C.: Executive Intelligence Review, 1986.

Executive Intelligence Review. *Project Democracy: The 'Parallel Government' Behind the Iran-Contra Affair*. Washington, D.C.: Executive Intelligence Review, April, 1987.

Executive Intelligence Review. *The Ugly Truth About the ADL*. Washington, D.C.: Executive Intelligence Review, 1992.

Fensterwald, Bernard und das Komitee zur Untersuchung von Mordfällen. *Coincidence or Conspiracy?* New York: Zebra Books, 1977.

Findley, Paul. *They Dare to Speak Out: People and Institutions Confront Israel's Lobby*. Westport, Connecticut: Lawrence Hill & Company, 1985.

Flammonde, Paris. *The Kennedy Conspiracy: An Uncommissioned Report on the Jim Garrison Investigation*. New York: Meredith Press, 1969.

Ford, Gerald R. *A Time to Heal: The Autobiography of Gerald R. Ford*. New York: Harper & Row, 1979.

Forster, Arnold. *Square One*. New York: Donald I. Fine, Inc. 1988.

Forsyth, Frederick. *The Day of the Jackal (Der Tag des Schakals).* New York: Bantam Books, 1972.

Fox, Stephen. *Blood and Power: Organized Crime in Twentieth Century America.* New York: William Morrow & Company, 1989.

Friedman, Robert I. *The False Prophet: Rabbi Meir Kahane: From FBI Informant to Knesset Member.* New York: Lawrence Hill Books, 1990.

Furiati, Claudia. *ZR Rifle: The Plot to Kill Kennedy and Castro.* Victoria, Australia: Ocean Press, 1994.

Garrison, Jim. *On the Trail of the Assassins: My Investigation & Prosecution of the Murder of President Kennedy.* New York: Sheridan Square Press, 1988.

Gentry, Curt. *J. Edgar Hoover: The Man and the Secrets (J. Edgar Hoover: Der Mann und die Geheimnisse).* New York: W. W. Norton & Company, 1991.

Ghareed, Edmund (ed). *Split Vision: The Portrayal of Arabs in the American Media.* Washington, D.C.: American-Arab Affairs Council, 1983.

Giancana, Sam und Chuck Giancana. *Double Cross: The Explosive Inside Story of the Mobster Who Controlled America.* New York: Warner Books, 1992.

Gosch, Martin A. und Richard Hammer. *The Last Testament of Lucky Luciano.* Boston: Little Brown and Company, 1974.

Green, Stephen. *Taking Sides: America's Secret Relations With a Militant Israel.* New York: William Morrow & Company, 1984.

Goldberg, J. J. *Jewish Power: Inside the American Jewish Establishment.* Reading, Massachusetts: Addison-Wesley Publishing Company, Inc., 1996.

Haldeman, H. R. *The Ends of Power.* New York: Times Books, 1978. Hamburg, Eric. ed. *Nixon: An Oliver Stone Film.* New York: Hyperion Books, 1995.

Harrison, Alexander. *Challenging De Gaulle: The OAS and the Counterrevolution in Algeria.* New York: Praeger Publishers, 1989.

Hart, Alan. *Arafat-Terrorist or Peacemaker?* London: Sidgwick & Jackson, 1984.

Haslam, Edward T. *Mary, Ferrie & the Monkey Virus.* Albuquerque, New Mexico: Wordsworth Communications, 1995.

Henissart, Paul. *Wolves in the City: The Death of French Algeria.* New York: Simon and Schuster, Inc. 1970.

Hepburn, James. *Farewell America.* Liechtenstein: Frontiers Company, 1968.

Hersh, Seymour M. *The Samson Option: Israel's Nuclear Arsenal and American Foreign Policy.* New York: Random House, 1991.

Hinckle, Warren und William W. Turner. *Deadly Secrets: The CIA-Mafia War Against Castro and the Assassination of JFK (Tödliche Geheimnisse: Der CIA-Mafia-Krieg gegen Castro und die Ermordung von JFK).* New York: Thunder's Mouth Press, 1992.

Hoover, J. Edgar. *Masters of Deceit (Meister des Verbrechens).* New York: Henry Holt & Company, 1958.

Horne, Alistair. A *Savage War of Peace.* Middlesex, England: Penguin Books, 1977.

Hougan, Jim. *Secret Agenda: Watergate, Deep Throat and the CIA.* New York: Random House, 1984.

Hougan, Jim. *Spooks: The Haunting of America-The Private Use of Secret Agents.* New York: William Morrow & Company, Inc. 1988.

House Select Committee on Assassinations, *The Final Assassinations Report.* New York: Bantam Books, 1979.

Hurt, Henry. *Reasonable Doubt (Vernünftige Zweifel).* New York: Holt, Rinehart & Winston, 1985.

Hutchison, Robert. *Vesco.* New York: Praeger Publishers, 1974. Kantor, Seth. *Who Was Jack Ruby?* New York: Everest House, 1978.

Katz, Leonard. *Uncle Frank: The Biography of Frank Costello.* New York: Drake Publishers, Inc. 1973.

Kenan, I. L. *Israel's Defense Line: Her Friends and Foes in Washington.* Buffalo: Prometheus Books, 1981.

Kirkwood, James. *American Grotesque: An Account of the Clay Shaw- Jim Garrison Affair in New Orleans.* New York: Simon & Schuster, 1970.

Krefetz, Gerald. *Jews and Money: The Myths and the Reality.* New York: Ticknor & Fields, 1982.

Kurzman, Dan. *Ben-Gurion: Prophet des Feuers.* New York: Simon & Schuster, 1983.

Kwitny, Jonathan. *The Crimes of Patriots: A True Tale of Dope, Dirty Money, and the CIA.* New York: W. W. Norton & Company, 1987.

Kwitny, Jonathan. *Endless Enemies: The Making of an Unfriendly World (Endlose Feinde: Die Entstehung einer unfreundlichen Welt).* New York: Penguin Books, 1986.

Lacey, Robert. *Little Man: Meyer Lansky and the Gangster Life.* Boston: Little, Brown & Company, 1991.

Lacouture, Jean. *De Gaulle: The Ruler.* New York: W.W. Norton & Company, 1993.

LaFontaine, Ray und Mary. *Oswald Talked.* Gretna, Louisiana: Pelican Publishing, 1996.

Lambert, Patricia. *False Witness (Falscher Zeuge).* New York: M. Evans & Company, 1998.

Lane, Mark. A *Citizen's Dissent.* New York: Dell, 1975.

Lane, Mark. *Plausible Denial (Plausible Denial).* New York: Thunders Mouth Press, 1991.

Lane, Mark. *Rush to Judgment (Ansturm auf das Urteil).* New York: Thunder's Mouth Press, 1992.

Lane, Mark und Donald Freed. *Executive Action.* New York: Dell Books, 1973.

Lasky, Victor. *JFK: The Man & The Myth.* New York: Arlington House Publishers, 1966.

Leek, Sybil and Burt Sugar. *The Assassination Chain (Die Mordkette).* New York: Corwin Books, 1976.

Lewis, Ron. *Flashback (Rückblende)*. Medford, Oregon: Lewcom Productions, 1933.

Liberty Lobby. *Spotlight on the Bilderbergers*. Washington, DC: Liberty Lobby, 1997.

Lilienthal, Alfred M. *The Zionist Connection II*. New Brunswick, New Jersey: North American, 1982.

Loftus, John und Mark Aarons. *The Secret War Against the Jews*, New York: St. Martin's Press, 1994.

Mangold, Tom. *Cold Warrior-James Jesus Angleton: The CIA's Master Spy Hunter*. New York: Simon & Schuster, 1991.

Marrs, Jim. *Crossfire: The Plot That Killed Kennedy*. New York: Carroll & Graf Publishers, Inc. 1989.

Marshall, Jonathan und Peter Dale Scott und Jane Hunter. *The Iran- Contra Connection*. Boston: South End Press, 1987.

Martin, David C. *Wilderness of Mirrors*. New York: Harper & Row, 1980.

Martin, Malachi. *The Keys of This Blood (Die Schlüssel dieses Blutes)*. New York: Simon & Schuster, 1990.

McClellan, Barr: *Blood, Money & Power*. New York: Hannover House, 2003.

McCoy, Alfred W. *The Politics of Heroin: CIA Complicity in the Global Drug Trade*. Chicago: Lawrence Hill Books, 1991.

Messick, Hank. *Lansky*. New York: Berkley Medallion Books, 1971.

Messick, Hank und Burt Goldblatt. *The Mobs and The Mafia*. New York: Ballantine Books, 1972.

Messick, Hank. *Secret File (Geheimakte)*. New York: G. P. Putnam's Sons, 1969.

Milan, Michael. *The Squad: The U.S. Government's Secret Alliance With Organized Crime (Der Squad: Die geheime Allianz der US-Regierung mit dem organisierten Verbrechen)*. New York: Shapolsky Publishers, Inc. 1989.

Miller, Marvin. *The Breaking of a President: The Nixon Connection.* Covina, California: Classic Publications, 1975.

Moldea, Dan. *Dark Victory (Dunkler Sieg).* New York: Viking Press, 1986.

Moldea, Dan. *The Hoffa Wars: Teamsters, Rebels, Politicians and The Mob.* New York: Paddington Press, 1978.

Morris, Roger. *Partners in Power.* New York: Henry Holt & Company, 1996.

Morrow, Robert D. *Betrayal: A Reconstruction of Certain Clandestine Events from the Bay of Pigs to the Assassination of John F. Kennedy.* Chicago: Henry Regnery Co, 1976.

Morrow, Robert D. *The Senator Must Die: The Murder of Robert F. Kennedy.* Santa Monica, California: Roundtable Publishing, Inc. 1988.

Mullins, Eustace. *The World Order (Die Weltordnung).* Staunton, Virginia: The Ezra Pound Institute, 1992.

Nelson, Jack. *Terror in the Night: The Klan's Campaign Against the Jews (Terror in der Nacht: Die Kampagne des Klans gegen die Juden).* New York: Simon & Schuster, 1993.

Newman, John. *Oswald and the CIA.* New York: Carroll & Graf Publishers, 1995.

O'Brien, Lee. *American Jewish Organizations and Israel.* Washington, D.C.: Institute for Palestine Studies, 1986.

Oglesby, Carl. *The JFK Assassination: The Facts and The Theories.* New York: Signet Books, 1992.

Oglesby, Carl. *The Yankee and Cowboy War.* Kansas City, Kansas: Sheed Andrews & McMeel, Inc. 1976.

O'Leary, Brad und L. E. Seymour. *Triangle of Death*, Nashville: WND Books, 2003.

Ostrovsky, Victor und Claire Hoy. *By Way of Deception: The Making and Unmaking of a Mossad Officer.* New York: St. Martin's Press, 1990.

Ostrovsky, Victor. *The Other Side of Deception (Die andere Seite der Täuschung).* New York: HarperCollins, 1994.

Pepper, William. *An Act of State.* New York: Verso Books, 2003. Pepper, William. *Orders to Kill (Befehle zum Töten).* New York: Carroll & Graf, 1995. Perlmann, S. M. *History of the Jews in China.* London, 1913.

Pilat, Oliver. *Drew Pearson: An Unauthorized Biography.* New York: Harper's Magazine Press, 1973.

Prouty, L. Fletcher. *The Secret Team: The CIA and Its Allies in Control of the United States and the World.* Costa Mesa, California: Institute for Historical Review, 1992.

Rafizadeh, Mansur. *Witness: From the Shah to the Secret Arms Deal-An Insider's Account of U.S. Involvement in Iran.* New York: William Morrow & Company, 1987.

Rappleye, Charles und Ed Becker. *All American Mafioso: The Johnny Rosselli Story.* New York: Doubleday, 1991.

Raviv, Dan und Yossi Melman. *Every Spy a Prince (Jeder Spion ein Prinz).* Boston: Houghton Mifflin Co., 1990.

Reid, Ed. *The Grim Reapers: The Anatomy of Organized Crime in America, City by City.* New York: Bantam Books, 1970.

Reid, Ed, and Ovid Demaris. *The Green Felt Jungle (Der grüne Filzdschungel).* New York: Pocket Books edition, 1964.

Riebling, Mark. *Wedge: The Secret War Between the FBI and the CIA.* New York: Alfred A. Knopf, 1994.

Riordan, James. *Stone.* New York: Hyperion Books, 1995.

Rockwell, George Lincoln. *This Time the World.* Liverpool, West Virginia: White Power Publications, 1963.

Roemer, William F. *War of the Godfathers.* New York: Donald I. Fine, Inc. 1990.

Rokach, Livia. *Israel's Sacred Terrorism.* Belmont, Massachusetts: AAUG Press, 1986.

Russell, Dick. *The Man Who Knew Too Much.* New York: Carroll & Graf Publishers, 1992.

Russo, Gus. *Live By the Sword.* Baltimore: Bancroft Press, 1998. Ryskind, Allan H. *Hubert.* New York: Arlington House, 1968.

Sale, Kirkpatrick. *Power Shift: The Rise of the Southern Rim and its Challenge to the Eastern Establishment.* New York: Random House, 1975.

Scheim, David E. *Contract on America: The Mafia Murder of President John F. Kennedy.* New York: Shapolsky Publishers, Inc. 1988.

Schoenbaum, David. *The United States and the State of Israel.* New York: Oxford University Press, 1993.

Scott, Peter Dale. *Crime and Cover-Up* Berkeley, California: Westworks Publishers, 1977.

Scott, Peter Dale. *Deep Politics and the Death of JFK.* Berkley, California: University of California Press, 1993.

Segev, Samuel. *The Iranian Triangle (Das iranische Dreieck).* New York: The Free Press, 1998.

Sheridan, Walter. *The Fall and Rise of Jimmy Hoffa.* New York: Saturday Review Press, 1972.

Smith, Richard Norton. *Thomas E. Dewey & His Times.* New York: Simon & Schuster, Inc. 1982.

Steven, Stewart. *The Spymasters of Israel.* New York: Ballantine Books, 1980.

Summers, Anthony. *Conspiracy (Verschwörung).* New York: McGraw-Hill Book Company, 1980.

Summers, Anthony. *Official and Confidential: The Secret Life of J. Edgar Hoover*, New York: G. P. Putnam's Sons, 1993.

Tarpley, Webster Griffin und Anton Chaitkin. *George Bush: The Unauthorized Biography.* Washington, D.C.: Executive Intelligence Review, 1992.

Thompson, Scott. *The Buckley Family: Wall Street Fabians in the Conservative Movement.* New York: Campaigner Publications. (unated; ca. 1980).

Tivnan, Edward. *The Lobby: Jewish Political Power and American Foreign Policy.* New York: Simon & Schuster, 1987.

Truman, Margaret. *Harry S. Truman.* New York: William Morrow & Company, Inc. 1973.

Wean, Gary L. *There's a Fish in the Courthouse.* Oak View, California: Casitas Books, 1987.

Whalen, Richard J. *The Founding Father: The Story of Joseph P. Kennedy.* New York: New American Library, 1964.

Winks, Robin W. *Cloak and Gown.* New Haven, Connecticut: Yale University Press, 1996 (second edition).

Winter-Berger, Robert N. *The Washington Pay-off. An Insider's View of Corruption in Government.* Secaucus, New Jersey: Lyle Stuart, Inc. 1972.

Wise, David. *The American Police State: The Government Against the People (Der amerikanische Polizeistaat: Die Regierung gegen das Volk).* New York: Random House, 1976.

Wise, David und Thomas B. Ross. *The Invisible Government (Die unsichtbare Regierung).* New York: Random House, 1964.

Wise, David. *Molehunt.* New York: Avon Books, 1992.

BEZÜGLICH DER QUELLEN

Damit meine Kritiker nicht sagen, ich hätte „einige Zitate ausgelassen", möchte ich anmerken, dass im Buch eine Handvoll direkter Zitate auftauchen, die an sich keine Fußnoten sind, sondern im Text des Buches selbst eindeutig hinsichtlich der Quelle zitiert werden.

Angesichts der skandalösen und bösartigen (und zugegebenermaßen erfolglosen) Versuche, frühere Ausgaben von *Judgement Final* zu widerlegen - insbesondere die Verleumdungen und krassen Falschdarstellungen und Verzerrungen einer zielorientierten Clique in der Schaumburg Library in Illinois, einem erbärmlichen „Team" unter der Leitung des Israeli, Uri Toch - fühle ich mich zu solchen Anmerkungen verpflichtet.

(Der besagte Fall Shaumburg wird in der Fortsetzung dieses Buches ausführlich beschrieben - „Das letzte Wort?", das, wie der Titel schon andeutet, darauf hinweist, dass es am Ende wahrscheinlich noch viel mehr über die in *Judgement Final* dargelegte These zu sagen gibt*).*

Darüber hinaus gehe ich im Frage-und-Antwort-Teil mit dem Titel „Fehlurteil" auf eine Reihe präziser Behauptungen einer Handvoll Kritiker ein, die (fälschlicherweise) behaupteten, meine These beruhe auf „voreingenommenen", „extremistischen" oder „anti-israelischen" Quellen.

Wie jeder ehrliche Leser anhand der bloßen Bezugnahme auf die Referenzhinweise und das Literaturverzeichnis erkennen kann, gibt es trotz der Behauptungen meiner Kritiker absolut keine Möglichkeit, argumentieren, dass *Final Judgement* (auch nur am Rande) auf Quellen „außerhalb des Mainstreams" beruht.

Und wie ich in der „Herausforderung an die Leser" auf den letzten Seiten von *Endgericht* vermerke, fordere ich meine Kritiker eifrig auf, zu zeigen, wo ich die Schriften anderer falsch dargestellt, falsch interpretiert oder falsch zitiert habe. Bisher hat das noch niemand geschafft.

Wie Sie jedoch sehen werden, ist es meinen Kritikern in der Schaumburger Bibliothek gelungen, nicht nur mich, sondern auch andere Schriftsteller falsch zu zitieren und das, was andere (und ich) geschrieben haben, zu verzerren. Solche gemeinen Tricks, wie sie den meisten meiner Kritiker gemeinsam sind, lassen mich glauben, dass meine These auf dem richtigen Weg ist. Wenn Kritiker auf Lügen und falsche Darstellungen zurückgreifen müssen, sollte man ihre Motive hinterfragen.

Aufgrund der kontroversen Natur meiner Dissertation bin ich wahrscheinlich einer der wenigen Schriftsteller, die ihre Arbeit so genau verteidigen müssen. Dennoch tue ich dies gerne. Ich habe keine Entschuldigungen zu machen.

-MCP

Urteil in Abwesenheit

Fragen, Antworten und Überlegungen über das Verbrechen des Jahrhunderts

Eine Sammlung relevanter Fragen an Michael Collins Piper, den Autor von *Judgement Final*, und Pipers Antworten.

DEDICACE

An Pierre Neuville.
Dieser mutige französische Patriot, der sein Leben riskierte, um Israels Plan, den ägyptischen Präsidenten Gamal Abdel Nasser zu ermorden, aufzudecken, versorgte mich mit Informationen und kritischen Ideen, die mir halfen, die in Endgericht aufgestellte Thesen zu perfektionieren.

EINE EINLEITENDE NOTIZ VON MICHAEL COLLINS PIPER

Der Titel dieser Serie von Fragen und Antworten zum Attentat auf JFK hat eine doppelte Bedeutung. Einerseits handelt es sich um ein Spiel im Zusammenhang mit dem Titel *Final Judgement*, mit allen Verdiensten von Mark Lane, dessen *Rush to Judgment*, das erste größere Werk war, das den Bericht der Warren-Kommission sprengte. Andererseits ist es jedoch entscheidend, genau zu verstehen, was ein „Versäumnisurteil" ist, um die Ironie des Titels zu würdigen: Ein Versäumnisurteil ist das, was vor einem Gericht zugunsten einer Person gefällt wird, wenn die Gegenseite nicht vor Gericht erscheint, um sich gegen Ihre Behauptungen zu verteidigen. Ich glaube, dass ich im Wesentlichen ein Versäumnisurteil im Fall des JFK-Mordkomplotts gewonnen habe. Die Gründe dafür sind folgende:

In *Final Judgement* habe ich meiner Meinung nach ein vollständiges Bild gemalt, das im Wesentlichen alle am häufigsten akzeptierten Theorien der Verschwörung zum Mord an JFK zu einem dichten Format verknüpfte, das erklärte, wie und warum sich die Verschwörung zum Mord an John F. Kennedy entwickelte und wer genau hinter dieser Verschwörung stand. Inzwischen sind in den USA (und weltweit) mehr als 25.000 Exemplare von *Judgement Final* im Umlauf, aber bisher hat noch keine Person auch nur eine einzige Tatsache im Zusammenhang mit meiner Theorie, wie sie in *Judgement Final* erscheint, in irgendeiner Weise widerlegt.

Ich habe daher den Eindruck, dass ich im Fall JFK ein unbestrittenes „Versäumnisurteil" gewonnen habe und dass die Grundthese des Buches bestätigt wurde, nicht nur, weil niemand sie widerlegen konnte, sondern vor allem, weil die vielen lahmen Versuche, das Buch zu widerlegen, fehlgeschlagen sind.

Ich versuche nun, auf viele der Fragen und Kommentare sowie auf einige Kritikpunkte einzugehen, die mir von vielen Lesern mitgeteilt wurden. Ich freue mich sagen zu können, dass von mehreren hundert Karten, Anrufen und Briefen, die ich von Lesern erhalten habe, nur ein einziger mir sagte, dass ihm das Buch nicht gefalle, und sich darüber beschwerte, dass mein Schreibstil „prätentiös" sei. Aber er hatte keine substanzielle Kritik am Inhalt des Buches selbst. Offen gesagt schien es mir, dass die Person sich nur beschweren wollte.

Eine andere Person, der sehr bekannte Kolumnist Sam Francis, sagte jemandem, dass er, obwohl *das Endurteil* das enthielt, was er „viele wertvolle Informationen" nannte, immer noch glaube, dass Lee Harvey Oswald bei der Ermordung von JFK allein gehandelt habe. (Ich werde das nicht kommentieren).

Insgesamt war ich mit der Anzahl der faszinierenden und anregenden Fragen, die mir von meinen Lesern gestellt wurden, zufrieden. Oft hatten sie sehr spezifische Fragen und fragten mich, warum ich das eine oder andere Thema nicht anspreche oder warum ich ein Thema meide, das ihrer Meinung nach eine weitere Diskussion verdient hätte.

In Urteil in Abwesenheit, das nun in einem aktualisierten und überarbeiteten Format als Beilage zu *Urteil* in Abwesenheit veröffentlicht wird, sind viele der gestellten Fragen solche, die mir direkt von den Lesern von *Urteil* in Abwesenheit gestellt wurden. In anderen Fällen haben wir eine Reihe von verwandten Anfragen aus verschiedenen Quellen zusammengefasst. Und interessanterweise sprachen viele, viele Leute in ihren Fragen genau die gleichen Interessen an.

Obwohl es keine bestimmte Reihenfolge gibt, in der die Fragen und Antworten auf diesen Seiten erscheinen, haben wir versucht, die Fragen auf eine fließende Weise zu kategorisieren, die logisch von einem Thema zum nächsten führt. Die Fragen betreffen ein breites Spektrum an Themen und sind so angeordnet, dass auch jemand, der *Endurteil* nicht gelesen hat, das Thema verstehen kann, obwohl es unnötig ist zu sagen, dass der Leser vor der Lektüre dieses Dokuments zuerst *Endurteil* lesen sollte.

Ich denke, die Leute werden den Inhalt informativ finden und den Lesern neue Einblicke in verschiedene Aspekte der Kontroverse um die Ermordung von JFK geben. Sollte ich etwas übersehen haben, hoffe ich, dass die Leute sich frei fühlen, mir zu schreiben und mich um die Beantwortung von Fragen zu bitten, die sie haben könnten. Ich glaube, dass das *Urteil* in Abwesenheit ein endgültiges Urteil ist, zumindest für den Moment, das letzte Wort über die Ermordung von JFK, aber ich glaube auch, dass Urteil in Abwesenheit dazu beiträgt, einige der Grauzonen zu beleuchten, zu denen die Menschen Fragen haben könnten. Also ja, ich glaube, dass ein Versäumnisurteil zugunsten von *Final Judgement* gefällt wurde.

- MICHAEL COLLINS PIPER

Im Folgenden finden Sie Fragen an Michael Collins Piper, den Autor von *Judgement Final*, und seine Antworten auf diese Fragen. Die Fragen beziehen sich sowohl auf ein breites Spektrum der besprochenen Themen als auch auf Themen, die nur auf den Seiten von *Judgement Final* erwähnt werden. Die Fragen erscheinen in Fettschrift. Pipers Antworten erscheinen in regulärem Text.

Wie sind Sie auf die Theorie gestoßen, dass der israelische Geheimdienst Mossad an der Ermordung von Präsident Kennedy beteiligt gewesen sein soll? Dies ist eine sehr umstrittene Behauptung, wenn man all die anderen Theorien bedenkt, die aufgestellt wurden. Wie sind Sie auf die Recherche und das Schreiben dieses Buches gekommen?

Diese Frage ist nicht leicht zu beantworten, denn der Prozess der Entwicklung der Buchidee war etwas, von dem ich annehme, dass es aus der ganz frühen Zeit stammt, als ich in der Grundschule Ende der 1960er Jahre anfing, Bücher über das JFK-Attentat zu lesen. Ich habe auf den Seiten von *Endgericht* verschiedene Aspekte der Antwort auf diese Frage angesprochen, aber da viele Leute diese Frage immer noch stellen, werde ich sie weiter ausführen und den Lesern vielleicht neue Ideen liefern.

Wie jeder, der auch nur vage mit dem Thema vertraut ist, sehr gut weiß, wurden buchstäblich Tausende von Büchern zu diesem Thema geschrieben. Ich selbst habe wahrscheinlich höchstens hundert davon gelesen. Ich habe eine umfangreiche persönliche Bibliothek zu diesem Thema (und auch zu vielen anderen Themen, insbesondere zur amerikanischen Nahostpolitik) und ich habe im Laufe der Jahre viele, viele Bücher über JFK sehr, sehr oft gelesen und dabei die wichtigsten Details in mich aufgenommen.

Ich erinnere mich, dass ich einmal, als ich an der Universität war und mit meiner Mutter (die selbst viel darüber wusste) über das Attentat auf JFK diskutierte, sagte sie zu mir: „Warum schreibst du nicht ein Buch darüber?". Ich antwortete: „Nun, das wäre im Grunde genommen Zeitverschwendung. Es gibt nur sehr wenig neue Informationen, die man schreiben könnte. Die Bücher sind bereits geschrieben worden". (Ich hatte keine Ahnung, was ich später herausfinden würde!)

Wie dem auch sei, es war im Wesentlichen um 1992 herum, dass mein Interesse an Mord stärker wurde, was größtenteils darauf zurückzuführen war, dass *The Spotlight*, die Zeitung, für die ich zehn Jahre lang gearbeitet hatte, in den Verleumdungsprozess gegen E. Howard Hunt verwickelt war. 1991 kam Mark Lanes Buch *Plausible Denial* heraus, das die Umstände von Hunts Verleumdungsklage gegen *The Spotlight* beschrieb, und es war auch die Zeit, in der *JFK*, der Film von Oliver Stone, gedreht und veröffentlicht wurde. Infolgedessen gab es ein erneutes Interesse an der Ermordung von JFK.

Als ich das Buch von Mark Lane las, das sich auf die Rolle der CIA bei der Ermordung von Präsident Kennedy konzentrierte, wurde mir klar, dass einer der wichtigsten hochrangigen Akteure der CIA, der hinter den Kulissen die Ereignisse manipulierte, die den mutmaßlichen Präsidentenmörder Lee Harvey Oswald als eine Art „Pro-Castro-Agitator" mit Verbindungen zu den Sowjets erscheinen ließen, James Jesus Angleton, der Direktor der CIA, war.

Angleton war nicht nur die Nummer drei der CIA und einer ihrer Veteranen, sondern stand in unserem Kontext vor allem dem israelischen Mossad aufgrund seiner Rolle als äußerst eifersüchtiger Aufpasser des Mossad-Büros der CIA sehr nahe. Diese Information ist längst Allgemeingut. Angletons Verbindungen zum Mossad waren nicht wirklich überraschend.

Die Tatsache selbst, dass Angleton der zentrale Akteur in der Beziehung der CIA zu den Umständen rund um die Ermordung von JFK war, interessierte mich jedoch insofern, als im Laufe der Jahre zwar viel geforscht und untersucht wurde, was man als „Wer ist wer bei der Ermordung von JFK"? und Verschwörung und Vertuschung bezeichnen könnte, Angletons herausragende Rolle jedoch nie so gründlich untersucht worden war, wie sie es verdient hätte. Er wird in einigen (aber nicht allen) Büchern zu diesem Thema erwähnt, aber meist nur am Rande. Tatsächlich wird Angleton nur als eine Art „rechter Antikommunist" betrachtet, der in die CIA involviert war.

Nebenbei bemerkt muss ich sagen, dass viele der Forscher, die die CIA-Intrige im Zusammenhang mit dem Attentat untersucht haben, den Wunsch zu haben scheinen, jegliche institutionelle Beteiligung der CIA zu leugnen und die CIA-Verschwörer oder diejenigen, die mit der CIA in Verbindung standen und in das Attentat verwickelt waren, als eine Art „korrupte Elemente" darzustellen.

Wie Lane in *Plausible Denial* aufzeigte und wie ich es in *Final Judgement* wohl fest verstärke, funktionierten diese CIA-Mitglieder jedoch institutionell. Sie waren keine „zwielichtigen Elemente", sondern arbeiteten im Namen der CIA selbst, in Zusammenarbeit mit dem israelischen Mossad und Mitgliedern des organisierten Verbrechens, mit denen sie seit langem eng verbunden waren. Wie auch immer, *Plausible Denial* hat in meinem Kopf die Tatsache verstärkt, dass der CIA-Akteur - in diesem Fall Angleton -, der in das Mordkomplott verwickelt war, in Wirklichkeit der Schlüsselmann des Mossad innerhalb der CIA war.

In derselben Zeitspanne gab es andere Dinge, die mich dazu veranlassten, weiter in die Richtung des Mossad zu blicken. Ich muss dem Cäsar geben, was dem Cäsar zusteht. Die Zeitschrift von Lyndon LaRouches Organisation, *Executive Intelligence Review*, hatte Mitte der 1980er Jahre ein gut recherchiertes Buch mit dem Titel *Dope, Inc.* veröffentlicht und in diesem Buch die Rolle der Firma Permindex hervorgehoben, deren Vorstand von Clay Shaw geleitet wurde.

Shaw war der kaufmännische Direktor von New Orleans, den der Staatsanwalt von New Orleans, Jim Garrison, der Beteiligung an dem Mordkomplott beschuldigte. Der Prozess gegen Shaw-Garrison war natürlich auch Gegenstand des Films *JFK* von Oliver Stone. In *Dope, Inc.* betonten die Redakteure die Tatsache, dass zwei der wichtigsten Triebfedern hinter dem Geheimbund Permindex Major Louis M. Bloomfield und Rabbi Tibor Rosenbaum waren.

Allerdings muss ich ehrlich gesagt zugeben, dass ich, obwohl ich *Dope, Inc.* gelesen habe, nie verstanden habe, warum die Israelis als solche ein Interesse daran haben sollten, sich an einem Komplott zur Ermordung von JFK zu beteiligen. In dem Buch behaupten die Verfasser, dass der israelische Mossad nichts anderes als ein Werkzeug des britischen Geheimdienstes sei und dass der britische Geheimdienst für die Ermordung von Präsident Kennedy verantwortlich sei.

Ich stimme dieser Analyse nicht zu, aber das bedeutet nicht, dass die LaRouche-Organisation keine zuverlässige Quelle ist. Tatsächlich haben viele Menschen (einschließlich ihrer Kritiker) die hervorragende und umfangreiche Forschung anerkannt, die von den Leuten bei LaRouche durchgeführt wurde, auch wenn die Kritiker nicht unbedingt mit den besonderen Schlussfolgerungen der LaRouche-Organisation übereinstimmen. Was die Daten zu Permindex betrifft, so stützte sich LaRouche weitgehend auf bereits in der europäischen Presse veröffentlichte Dokumente, so dass die Dokumente keineswegs etwas Außergewöhnliches waren.

Allerdings untersucht *Dope, Inc.* niemals die Politik JFKs im Nahen Osten, die natürlich das Hauptinteresse der Israelis in ihrem nationalen Kontext war und die gleichzeitig das Interesse von Bloomfield und Rosenbaum erklärte, sich an der Verschwörung zu beteiligen, um bei der Finanzierung und Orchestrierung des JFK-Mordes zu helfen.

Ich muss auch einen Monolog zur Kenntnis nehmen, der von einem gewissen John Coleman aufgezeichnet wurde, der sagte, er sei ein ehemaliger britischer Geheimdienstmitarbeiter. Coleman behauptete in seinem Bericht, dass, wie er sagte, „der Zionismus" hinter der Ermordung von JFK steckte, und er knüpfte im Wesentlichen an die bereits dokumentierten Verbindungen der Permindex zwischen Bloomfield, Shaw, der Permindex usw. an. In mancher Hinsicht lag Dr. Coleman jedoch mit einigen seiner „Fakten" über die Ermordung von JFK tatsächlich falsch. Ich war daher mit seiner Arbeit vertraut, beeile mich aber zu betonen, dass er nie erklärt hat, warum, wie er sagte, „der Zionismus", Gründe hatte, JFK aus dem Weißen Haus zu entfernen.

Sie sehen also, es gab eine gewisse literarische Grundlage für die Behauptungen, die ich in *Endgericht* aufgestellt habe (und die ich, glaube ich, zu einem hübschen, sinnvollen Paket zusammengestellt habe), aber diese Behauptungen wurden in einem Haufen anderer Dokumente vergraben. Ehrlich gesagt bin ich überrascht, dass sich keiner meiner Vorgänger mit dieser anderen Recherche befasst hat.

Es gab noch einen weiteren Punkt, auf den ich gestoßen bin, der mich lange Zeit fasziniert hat. Er erschien in Paris Flammondes *The Kennedy Conspiracy*, einer sehr sympathischen und faszinierenden Erzählung über Jim Garrisons Ermittlungen gegen Clay Shaw. In diesem Buch weist Flammonde darauf hin, dass die Hauptperson, die an der Liquidierung von Permindex und seiner Überführung von Rom, Italien, nach Südafrika beteiligt war, Dr. David Biegun war.

Biegun wurde als „hochrangige finanzielle Unterstützung" der Permindex beschrieben und war der nationale Sekretär des Nationalen Komitees der Arbeiter Israels in New York. Hier haben wir also eine weitere Schlüsselfigur des israelischen Netzwerks, die eine zentrale Rolle bei der Operation Permindex spielte. Heute wurde diese Tatsache erneut in dem Buch *Coup d'État in America* von A. J. Weberman und Michael Canfield festgehalten. Sie weisen darauf hin, dass der ehemalige CIA-Offizier Philip Agee das National Committee of Workers of Israel als eine Art CIA-Besitzer beschrieb.

Das ist alles schön und gut, aber Tatsache ist, dass es eine ganz klare Verbindung zu Israel gibt.

Was Weberman und Canfield betrifft, so ist es wahrscheinlich erwähnenswert (wie ich in *Final Judgement* betone), dass sie die Quelle für das waren, was ich vielleicht am faszinierendsten fand - und tatsächlich der erste echte Hinweis auf jegliche Andeutung, dass es in gewisser Weise eine „jüdische Verbindung", sozusagen, mit der Ermordung von JFK gab.

Ich beziehe mich auf ihre Aussage in ihrem Buch, wonach „Nach dem Attentat berichtete ein Informant des Geheimdienstes und des FBI, der eine Gruppe von Exilkubanern infiltriert hatte und gerade dabei war, ihnen Maschinengewehre zu verkaufen, dass ihm am 21. November 1963 erzählt wurde: „Sobald sie sich um JFK gekümmert haben, werden wir viel Geld haben von nun an - unsere neuen Geldgeber sind die Juden". Dieser Mann hatte in der Vergangenheit zuverlässige Informationen geliefert.

Es war das erste Mal, dass ich etwas sah, das darauf hindeutete, dass „die Juden" in die Ermordung von JFK verwickelt waren. Ich hatte das Buch und das Zitat zum ersten Mal 1978 gelesen (lange bevor ich von der Recherche in *Dope, Inc.* oder anderen Behauptungen von Dr. John Coleman u. a. gehört hatte).

Als ich dann in den folgenden Jahren immer wieder *Coup d'État in America* durchblätterte und erneut las, begannen sich die Bedeutung und die Wirkung dieses ungewöhnlichen Verweises zu zeigen, während ich nicht nur die verschiedenen Facetten der Ermordung von JFK, sondern auch all die verschiedenen Kräfte erforschte, die sich zum Zeitpunkt der Ermordung des amerikanischen Präsidenten gegen ihn stellten.

Natürlich war es keine „jüdische Verschwörung", JFK zu ermorden, aber ich erkannte natürlich irgendwann, dass es tatsächlich eine israelische Verbindung zu dem Mord gab, an dem hochrangige Personen beteiligt waren, die zufällig Juden waren und ein Interesse daran hatten, die Verschwörung zu fördern, um die Interessen des jüdischen Staates voranzutreiben.

Viele der naiveren und vielleicht „liberaleren" Forscher, die an der Ermordung von JFK arbeiten (insbesondere diejenigen, die nie JFKs Nahostpolitik erforscht haben, die ihn in Konflikt mit Israel brachte), wären wahrscheinlich von der Andeutung, dass „die Juden" irgendeinen Wunsch hatten, John F. Kennedy zu „erschlagen", verwirrt und verunsichert worden. Schließlich hat es einer meiner jungen Kritiker so ausgedrückt: „Warum sollten die Juden John F. Kennedy umbringen wollen? Sie haben 1960 für ihn gestimmt". Ich sagte ihm: „Lesen Sie *Final Judgement*. Das Buch wird Ihre Frage beantworten". (Nachdem er das Buch schließlich gelesen hatte, kommentierte er: „Es ist ziemlich interessant. Das wusste ich nicht". Und es erübrigt sich zu sagen, dass ich diesen Kommentar ziemlich oft gehört habe).

Unnötig zu sagen, dass ich trotz all dieser Behauptungen und der Anschuldigung von Dr. John Coleman, dass der „Zionismus" hinter der Ermordung von JFK steckte, nie ein Motiv gefunden habe. Mir wurde immer gesagt, dass jede Mordermittlung mögliche Motive untersuchen muss. Nun, während meine eigenen Nachforschungen weitergingen, begann ich tatsächlich, Motive für eine israelische Beteiligung an der Ermordung von JFK zu finden.

Mein erster Hinweis auf ein israelisches Motiv kam, als 1991 Seymour Herschs Buch *The Samson Option: Israel's Nuclear Arsenal and American Foreign Policy* veröffentlicht wurde. In diesem Buch beschreibt Hersh sehr deutlich die Tatsache, dass JFK und Israel ernsthaft und gefährlich uneins über Israels Bereitschaft waren, eine Atombombe zu bauen, die von Israel als überlebenswichtig wahrgenommen wurde. Hersh befasst sich auch mit James J. Angletons Status als wichtigster Verteidiger Israels innerhalb der CIA.

Zur gleichen Zeit wurde ein weiteres zentrales Buch veröffentlicht: *Dangerous Liaison: The Inside Story of the U. S. -Israeli Covert Relationship* von Andrew und Leslie Cockburn. Dieses Buch erforschte den Konflikt zwischen JFK und Israel in denselben Details und begann, wie Hershs Buch, ein neues und interessantes Licht (für mich und andere) auf eine wenig bekannte Facette von JFKs Außenpolitik zu werfen, und ich begann zu sehen, wie das alles direkt mit einigen der gleichen Kräfte verbunden war, die ein Interesse an seiner Ermordung hatten.

Danach begann ich, über die Aspekte der Beteiligung des organisierten Verbrechens an der Ermordung von JFK nachzudenken und darüber, wie es eine Verbindung zwischen Israel und dem organisierten Verbrechen geben könnte.

Ich begann, die Verbindungen zwischen dem organisierten Verbrechen und der CIA und von dort zum israelischen Mossad zu untersuchen. Ich wusste, dass Meyer Lansky, die Figur des organisierten Verbrechens, sich tatsächlich in Israel niedergelassen hatte, aber mir war bis zum Beginn meiner Nachforschungen nie bewusst gewesen, wie eng er mit dem jüdischen Staat verbunden war. Mir war auch nicht klar, wie ungenau der Begriff „Mafia" ist, wenn ich das Syndikat des organisierten Verbrechens beschrieb.

Letztendlich kann man, wenn man die Geschichte des organisierten Verbrechens ernsthaft untersuchen will, diese Geschichte absolut nicht realistisch betrachten, ohne die Rolle von Meyer Lansky zu berücksichtigen. Das ist unerlässlich, denn wenn man Lanskys Grabstein umdreht, findet man dort die Würmer der CIA und des israelischen Mossad kriechen, vielleicht sogar sich gegenseitig fressend.

Ich begann also festzustellen, dass es sehr enge Verbindungen zwischen der CIA und dem Mossad und dem organisierten Verbrechen gab und dass die drei nicht nur in einer Reihe von Einflusssphären über einen langen Zeitraum hinweg zusammenarbeiteten, sondern dass sie alle ein ausgeprägtes Motiv hatten, JFK aus dem Amt des US-Präsidenten entfernen zu wollen.

Wie es natürlich im Laufe der Jahre der Fall ist, scheuen sich viele derjenigen, die angedeutet haben, dass die CIA eine Rolle bei dem Attentat gespielt hat, davor, eine institutionelle Rolle anzudeuten, und sagen stattdessen, sie seien „korrupte" Elemente der CIA gewesen. Meiner Meinung nach ist dies eine recht zaghafte Position.

Meines Wissens war der einzige Autor (außer mir natürlich), der behauptete, dass die CIA eine institutionelle Rolle in diesem Fall spielte, Mark Lane in *Plausible Denial*. Aus irgendeinem Grund wollten also viele „Forscher" nicht oder waren nicht in der Lage, die Tiefe der Details zu erkennen, die in *Plausible Denial* ans Licht kamen und die die institutionelle Beteiligung der CIA an der Ermordung des Präsidenten identifizieren.

Nun würde ich meine Pflicht verletzen, wenn ich nicht den ehemaligen Polizeidetektiv von Los Angeles Gary Wean würdigen würde, dessen Buch *There's a Fish in the Courthouse* mir viele wertvolle Informationen lieferte, die auf eine israelische Beteiligung an der Ermordung von JFK hindeuteten.

Garys wenig bekanntes Buch enthält besonders interessante Informationen über seltsame CIA-Aktivitäten in Dallas, die mit Gary und dem ehemaligen Sheriff von Dallas, Bill Decker, in Verbindung stehen, zusammen mit dem verstorbenen Schauspieler und Kriegshelden Audie Murphy (einem gemeinsamen Freund von Wean und Decker), und ich war froh, Garys Buch eine zusätzliche Publicity verschaffen zu können, die es sonst nicht erhalten hätte.

Ironischerweise hat Gary jedoch seither vorgeschlagen, dass *Final Judgement* auf dem Holzweg sei, weil sich mein Buch auf den Mossad konzentriere und nicht die jüdische Gemeinschaft im Allgemeinen für die Ermordung von JFK beschuldige. Er griff mich auch an mehreren Stellen an. Man kann es nicht allen recht machen.

Die eigentliche „Geburt" des Buches, *Endgericht*, fand eines Abends statt, nehme ich an, als ich mich mit einem Stück Papier hinsetzte und acht oder neun Schlüsselsätze aufschrieb, darunter: „JFKs Politik im Nahen Osten", „Mossad", „Lansky", „Die Mafia" und einige Schlüsselnamen. In diesem Moment begann ich, eine Reihe von Büchern aus den Regalen zu holen und begann zu recherchieren, genau in diesem Moment entwickelte sich der Verdacht nicht mehr in meinem Kopf, sondern dort direkt vor meinen Augen.

Ich war überrascht von dem, was ich herausfand. Ich war erstaunt darüber, was ich aus Stephen Greens Buch *Taking Sides: America's Secret Relations With a Militant Israel* (1984) herauslesen konnte, es war eine Goldmine. Ironischerweise hatte ich das Buch etwa sieben Jahre zuvor gelesen, aber es war mir damals nicht aufgefallen, dass Green darauf hingewiesen hatte - und ich denke, das ist ziemlich tiefgründig -, dass die amerikanische Nahostpolitik von JFK bei seiner Ermordung eine unglaubliche 180-Grad-Kehrtwendung vollzogen hatte.

Das traf mich wie ein Vorschlaghammer, denn ich hatte mich erst mit Greens Buch befasst, nachdem sich meine Grundthese für *Judgement Final* zu entwickeln begonnen hatte. Es brachte mich auf den Weg zu einer Recherche, die mich, ehrlich gesagt, im Laufe der Zeit mit der Menge an faktischen Details, die auf eine israelische Verbindung hinwiesen, die ich in sogenannten „Mainstream"-Quellen entdeckte, verblüffte.

Ironischerweise habe ich auch festgestellt, dass ich mich bei meinen Recherchen nicht unbedingt sehr stark auf die Bücher über das JFK-Attentat gestützt habe, um viele der Details zu erfahren, die schließlich in *„Judgement Final"* veröffentlicht wurden. Das ist an sich schon interessant, nicht zuletzt, weil es die Tatsache hervorhebt, dass kein Forscher jemals eine ernsthafte Untersuchung einer möglichen israelischen Rolle durchgeführt hat.

Wie ich bereits mehrfach gesagt und wiederholt habe, bin ich bereit, die Nachlässigkeit vieler Forscher zu entschuldigen, schon allein aus dem Grund, dass es bis vor relativ kurzer Zeit (vielleicht beginnend mit Greens Buch, aber sicherlich zusammen mit den Büchern von Hersh und Cockburn) nur sehr wenige öffentliche Informationen über die sehr schwierige Beziehung zwischen Israel und JFK gab. Allerdings hatte ich dies natürlich selbst bei der Lektüre von Greens Buch übersehen.

Natürlich gibt es all diese Bücher über „Die Mafia" hinter der Ermordung von JFK usw., aber wie wir später sehen werden (und wie ich in „*Endgericht*" erwähnt habe*)*, können Sie Ihre Recherchen über das organisierte Verbrechen nicht beenden, wenn Sie bei Carlos Marcello, dem Mafiaboss von New Orleans, und Santo Trafficante, dem Mafiaboss von Tampa, angelangt sind.

Man muss weiter schauen, und das geht zu Meyer Lansky. Der Blick auf Lansky führt Sie zurück zu den amerikanischen und israelischen Geheimdiensten. Wie ich in *Endgericht* dargelegt habe, stellen Sie fest, dass sich all diese Aspekte und Personen am 22. November 1963 auf der Dealey Plaza in Dallas sehr deutlich überschneiden.

Die Recherche für „*Final Judgement*" war also in vollem Gange. Das eigentliche Schreiben des Buches erforderte die Einrichtung verschiedener Abschnitte, die schließlich zu Kapiteln im Buch wurden, und ich ordnete die Forschungsdaten in diesen Kapiteln an. Währenddessen stellte ich fest, dass es tatsächlich eine Menge verfügbarer Literatur gab, und ich fand einen Großteil davon in meiner persönlichen Bibliothek. Das Ganze ähnelte sehr dem Zusammensetzen eines Puzzles. Alles in allem war es ein sehr interessanter Prozess.

Die anfängliche Recherche und das Zusammenstellen der Materialien, die in das Buch aufgenommen werden sollten, haben wahrscheinlich ungefähr zwei Monate gedauert. Das eigentliche Schreiben war ein ganz anderer Prozess, aber ich muss sagen, dass ich während des Schreibens ständig über das, was ich schrieb, recherchierte und mich auch mit anderen Bereichen beschäftigte. Ich stellte immer wieder fest, dass es eine Geschichte zu erzählen gab.

Obwohl ich bis ganz zum Schluss des Schreibprozesses dachte, ich würde Fakten oder Details finden, die meiner These widersprechen würden, habe ich nie auch nur ein einziges Mal etwas gefunden, was das getan hätte. Es gab Zeiten, in denen ich dachte, vielleicht überschätze ich den Fall, und als ich so weit wie möglich die Fakten und Details überprüfte, fand ich nie etwas, was dem widersprach.

Während ich bereits an dem Buch schrieb, stieß ich auf einen Artikel des ehemaligen Kongressabgeordneten Paul Findley (R-Ill.) in der Märzausgabe 1992 des *Washington Report on Middle East Affairs*, einer Publikation, die von einer Gruppe ehemaliger US-Diplomaten herausgegeben wird, die Israel gegenüber etwas feindlich eingestellt sind (gelinde gesagt). Ich war überrascht, als Findley sagte: „Es ist interessant - aber nicht überraschend - dass in all den Worten, die über die Ermordung Kennedys geschrieben und gesprochen wurden, der israelische Geheimdienst Mossad nie erwähnt wurde. Dabei ist ein Motiv des Mossad offensichtlich.... Die Mitschuld des Mossad ist genauso plausibel wie alle anderen Theorien".

Unnötig zu sagen, dass ich bereits vier Monate vor der Fertigstellung des Buches stand. Ich war erstaunt und erfreut, dass Findley sich die Mühe gemacht hatte, eine solch kontroverse Kolumne zu schreiben, aber er hatte sicherlich keine Werbung außerhalb der Seiten dieser Zeitschrift mit begrenzter Auflage erhalten. Obwohl Findley also keine stichhaltigen Beweise vorlegte, hatte ich den Eindruck, dass vielleicht jemand mit Findley gesprochen hatte und dass es „eingeweihte" Leute gab, die über die Möglichkeit einer Beteiligung des Mossad sprachen, und das fand ich sehr ermutigend.

Ich erzählte nur sehr wenigen Leuten, dass ich das Buch schrieb, um ehrlich zu sein, weil mir klar wurde, dass die These absolut sensationell war. Als ich einem Menschen davon erzählte, sagte er etwas sarkastisch: „Jeder will alles auf die Juden schieben." Das war die ultimative Behauptung. Dennoch war ich beim Schreiben des Buches absolut davon überzeugt, dass ich wirklich in einem Bereich der Ermordung von JFK grub, der zuvor noch nie ernsthaft erforscht worden war. In gewisser Weise, so vermute ich, war es eine Goldmine, die noch nicht entdeckt worden war. Ich kann also verstehen, warum viele Leute nie in diese Richtung geschaut haben.

Eine weitere wichtige Sache, die man in Bezug auf all das bedenken sollte, ist, dass die Forschung zum JFK-Mord ein bemerkenswert und besonders inzestuöses Feld war (und weiterhin ist). Die Leute stützten sich auf die Forschungen anderer, schrieben die Informationen um und bearbeiteten sie so sehr, dass kein wirklich neues Terrain erschlossen wurde.

Nebenbei bemerkt muss ich sagen, dass nach dem Erscheinen von Mark Lanes *Rush to Judgment* die meisten Bücher über die Ermordung von JFK (mit einigen bemerkenswerten Ausnahmen) die ursprünglichen Daten, die Mark entdeckt hatte, im Wesentlichen umformuliert haben. Er legte den Grundstein für die nationale und internationale Meinung, dass es eine andere Geschichte zu erzählen gab: dass der Bericht der Warren-Kommission ein Schwindel war und dass Lee Harvey Oswald keineswegs „ein einsamer Stalker" war.

Ich möchte mich damit begnügen, zu sagen, dass *Rush to Judgment* den Grundstein für alle zukünftigen Bemühungen gelegt hat. Hätten die zukünftigen „Forscher" jedoch gründlicher recherchiert, hätte ein oder zwei Jahre nach der Veröffentlichung von *Rush to Judgment* ein Buch ähnlich wie *Judgement Final* geschrieben werden können. Nach Lage der Dinge war dies nicht der Fall, und das gesamte umstrittene Projekt musste in meinem Schoß landen.

Haben Sie geheime Quellen, die Sie nicht anrufen können?

Nein, ich hatte an sich keine „geheimen Quellen". Das meiste Material, das ich bei der Vorbereitung von *Judgement Final* verwendete, war im Wesentlichen gemeinfrei, da es alle veröffentlicht war - alles erschien in populären Zeitschriften, Büchern, die von angesehenen, renommierten Verlagen vertrieben wurden, usw. Die meisten Daten wurden mit Fußnoten versehen. Alles wurde sorgfältig dokumentiert und es gab allein in der dritten Auflage insgesamt 746 Fußnoten (gegenüber 677 Fußnoten in den vorherigen Auflagen). Natürlich ist die vierte Auflage heute erheblich umfangreicher und noch besser dokumentiert.

Offen gesagt war die einzige „unabhängige" Quelle, die bei der Erstellung von *Final Judgement* verwendet wurde, das Material, das von der LaRouche

Intelligence Review der Organisation vorbereitet wurde. Heute betrafen die meisten Daten die Geheimorganisation Permindex, aber in Wirklichkeit war ein Großteil dieser Daten ein Aufguss von Informationen, die ursprünglich in Paris Flammondes *The Kennedy Conspiracy* erschienen waren (der sich wiederum auf ausländische Presseberichte über Permindex stützte).

Nichts von dem, was ich verwendet habe, war „ungewöhnlich" - keine extremistische Literatur von „rechts" oder „links" (wie auch immer man das definiert). Ich habe auch keine „antisemitischen" Quellen verwendet. Selbst Quellen, die Israel kritisierten, konnten kaum als „antisemitisch" bezeichnet werden, insbesondere die Werke von Stephen Green und Seymour Hersh, die beide angesehene Autoren und selbst Juden sind.

Meine Quellen waren auch nicht „die alternative" oder „abgehobene" Presse. Das gesamte Rohmaterial zu allen Schlüsselpunkten von *„Judgement Final"* stammte aus „respektablen", „gängigen" und „verantwortungsvollen" Quellen.

Die einzige „geheime Quelle", auf die ich mich verließ, war ein ehemaliger französischer Geheimdienstmitarbeiter, Pierre Neuville, dessen Namen ich bis zu dieser fünften Ausgabe von *Endgericht* geheim gehalten hatte.

Ich muss jedoch betonen, dass ich mich bis zum Ende des ersten Entwurfs von *Final Judgement* nicht auf Pierre als Quelle berufen habe. Und als Pierre kam, war ich schließlich davon überzeugt, dass die in *Endgericht* aufgestellte These vollständig und ausgereift war und dass ich alle verfügbaren Ressourcen ausgeschöpft hatte. Aber ich erlebte eine faszinierende Überraschung, als Pierre Neuville auftauchte.

Wie sind Sie mit Ihrer französischen Quelle Pierre in Kontakt gekommen?

Die Umstände, unter denen ich auf diese Quelle stieß, sind an sich schon interessant. Als der erste Entwurf von *„Judgement Final"* fertiggestellt war, telefonierte ich mit Paul Findley (Rill.), einem ehemaligen langjährigen Kongressabgeordneten, der als „Liberaler" sehr bekannt war und Israel und seine Lobby in den USA etwas kritisiert hatte.

Ich dachte, Findley könnte das Buch interessant finden und rief ihn an, um ihm zu sagen: „Ich würde Ihnen gerne ein Exemplar schicken." Er kannte mich nicht, aber er war mit der Zeitung *The Spotlight* vertraut (die ihn in der Tat in der Vergangenheit kritisiert hatte), und ich schickte ihm ein Exemplar des ersten Entwurfs des Buches (das, wie ich zu diesem Zeitpunkt dachte, im Wesentlichen die endgültige Fassung war und auf eine Reihe kleinerer Bearbeitungsempfehlungen wartete usw.).

Ich war überrascht, als er den Empfang des Buches mit folgenden Worten bestätigte: „Ich werde erwähnen, dass ich in den letzten vier Jahren eine lange Korrespondenz mit einem pensionierten Diplomaten einer westeuropäischen Nation geführt habe, dessen Familie (einschließlich seiner selbst) katastrophale Erfahrungen mit Israel und dem Mossad gemacht hat. Er hat mich dazu gedrängt, das zu tun, was Sie getan haben".

Wie Sie sich vorstellen können, habe ich all diese Zeit damit verbracht, das Buch zu schreiben und zu versuchen, es veröffentlichen zu lassen, und hier ist ein angesehener ehemaliger Kongressabgeordneter (und ganz sicher kein „Extremist"), der mir erzählt, dass ein pensionierter Diplomat ihn gedrängt habe, ein Buch zu schreiben, das genau die These enthält, die in *Judgement Final* aufgestellt wurde.

Ich merkte, dass ich nicht der Einzige war, der so dachte, wie ich dachte. Er sagte mir, dass er das Manuskript mit meiner Erlaubnis an den Diplomaten schicken würde, und ich sagte natürlich: „Bitte, tun Sie das".

Später war ich überrascht, als ich einen Brief von Findley erhielt, in dem er schrieb, dass er es zwar für ein gutes Buch halte, es aber nicht schlüssig sei und ich meine These nicht bewiesen habe. Das war, nachdem ich den ersten Entwurf gelesen hatte. (Ehrlich gesagt hatte ich nicht damit gerechnet, dass er ihn unterstützen würde. Er möchte einfach nicht als „Verschwörungstheoretiker" beschuldigt werden, abgesehen davon, dass er oft als „Antisemit" beschuldigt wird, weil er Israel kritisiert.

Jedenfalls muss ich rückblickend und in Kenntnis dessen, was in diesem ersten Entwurf stand (und den ich für gut hielt), sagen, dass die endgültige Fassung - das, was schließlich veröffentlicht wurde - bei weitem von besserer Qualität und viel umfassender war.

Nachdem das geklärt war, erhielt ich auch einen Brief von dem Geheimdienstmitarbeiter, der jetzt in Kanada lebte. Dieser Herr, der mir sagte, dass er ein ehemaliger französischer Geheimdienstler sei, gab seinen Namen nicht bekannt, aber er lieferte mir Details, die die Lücken füllten und auf das hindeuteten, was wir in Stenografie als „Die französische Verbindung" bezeichnen würden."

Einerseits deutete der Franzose an, dass ich in die richtige Richtung ging, andererseits bestand er darauf, dass ich nicht die richtige Munition verwendete. Ich versuchte, einen Elefanten mit einer Pistole oder einer Schrotflinte zu Fall zu bringen, obwohl ich eigentlich ein Gewehr gebraucht hätte.

Wie auch immer, der Franzose lieferte mir das, was ich brauchte, damit meine Theorie ihr Ziel erreichen konnte. Er erklärte mir ausdrücklich, dass die ihm bekannten Informationen meine Behauptung aus dem ersten Entwurf des Buches bestätigten, dass James J. Angleton, Israels Mann im Mossad-Büro der CIA, direkt in das Mordkomplott verwickelt gewesen sei.

Er nannte auch speziell Oberst Georges De Lannurien, einen hochrangigen Mitarbeiter des französischen Geheimdienstes SDECE, der maßgeblich an der Verschwörung beteiligt gewesen sein soll. Er nannte auch Yitzhak Shamir als Verschwörer, und in meinem ersten Entwurf für *Final* hatte ich betont, dass Shamir der Leiter des europäischen Mossad-Büros mit Sitz in Paris gewesen war und, was noch wichtiger war, dass er der Leiter des speziellen Mossad-Attentatsteams gewesen war, das von einer israelischen Zeitung veröffentlicht worden war, als ich an *Judgement Final* schrieb.

Der Franzose erzählte mir, dass Shamir mit Hilfe von De Lannurien ein französisches Mordteam organisiert hatte, das in den Mord an JFK verwickelt war. Diese Information wies sozusagen auf einen neuen Winkel in der Verschwörung zur Ermordung von JFK hin. Er fügte der Verschwörung ein weiteres Element hinzu, das ich damals ehrlich gesagt nicht ganz verstanden hatte.

Allerdings war diese sogenannte „französische Verbindung" etwas, worüber andere Forscher gesprochen hatten, das sie aber nicht bis zu seinem Höhepunkt, nämlich der israelischen Verbindung, verfolgen wollten oder nicht verstanden. Das heißt, um es noch einmal zu sagen: Die „französische Verbindung", die man auch die „algerische Verbindung" nennen könnte, ist zweifellos die israelische Verbindung.

Ich war also alarmiert und begann, alle Informationen, die ich über die Beziehungen zwischen Frankreich, seiner langjährigen Kolonie Algerien, Israel und den USA und allen beteiligten Schlüsselakteuren finden konnte, zu sichten.

Für diejenigen, die mit diesem Aspekt nicht sofort vertraut sind, verweise ich auf den berühmten Roman von Frederick Forsyth und den auf dem Roman basierenden Film *The Day of the Jackal*. Der auf Tatsachen beruhende Roman erklärt die Geschichte einer Verschwörung ehemaliger hochrangiger französischer Militärs und Diplomaten, die den französischen Präsidenten Charles De Gaulle töten wollten. Sie waren, vereinfacht gesagt, wütend auf ihn wegen seiner Entscheidung, der langjährigen französischen Kolonie Algerien, einem großen arabischen Staat in Nordafrika, die Unabhängigkeit zu gewähren.

Diese französischen Nationalisten betrachteten Algerien als einen separaten Teil Frankreichs und betrachteten De Gaulles Kapitulation vor Algerien und den nationalistischen algerischen Rebellen als Verrat an Frankreich. Infolgedessen bildeten französische Kritiker De Gaulles die sogenannte Organisation de l'Armée Secrète, die als OAS bekannt wurde. Die OAS funktionierte in Opposition zu De Gaulle sowohl in Frankreich als auch in Algerien und sogar in der ganzen Welt. Da es die OAS und französische Elemente waren, die für und gegen die OAS arbeiteten, handelte es sich um eine erstaunliche und faszinierende Kreuzung der französischen Gesellschaft und insbesondere des französischen Geheimdienstes.

Obwohl De Gaulle in der Tat eine lange und freundschaftliche Beziehung zu Israel hatte und den jüdischen Staat mit lebenswichtigen Materialien versorgte, die in seiner nuklearen Entwicklung verwendet wurden, ganz zu schweigen von anderen Unterstützungen, war die Tatsache, dass die algerische Unabhängigkeit nicht etwas war, was die Israelis wollten, da dies natürlich einen neuen riesigen arabischen Staat schaffen würde, der in Opposition zu Israel stehen würde.

Infolgedessen begannen die Israelis, ein starkes und separates Bündnis mit Teilen der französischen Armee und des französischen Geheimdienstes aufzubauen, das sich gegen De Gaulles Entscheidung, Algerien die Unabhängigkeit zu gewähren, richtete. Dies stellte eine interessante Konfiguration von Konflikten dar. Sie hatten De Gaulle an der Spitze der Hierarchie, der über eine gespaltene Nation herrschte.

Sie hatten die sogenannten Elemente der französischen Mafia, die mit Lanskys Verbrechersyndikat verbündet waren und sich in der Vergangenheit auch mit der CIA verbündet hatten, nachdem die CIA die korsische Mafia eingesetzt hatte, um die kommunistische Infiltration der französischen Gewerkschaften nach dem Zweiten Weltkrieg zu bekämpfen. Dennoch hatten Sie zur gleichen Zeit auch diese

Mitglieder der französischen korsischen Mafia, die von De Gaulles Geheimdienst gegen die verbündete israelische OAS eingesetzt wurden.

Das ist an sich schon interessant, denn man findet die Korsen in einem seltsamen Dreiecksverhältnis. Einerseits waren die Korsen mit Lanskys Syndikat des Verbrechens verbunden, das wiederum dem israelischen Mossad nahestand. Andererseits erledigten die Korsen De Gaulles Arbeit im Kampf gegen die OAS. Die OAS arbeitete jedoch ihrerseits mit dem israelischen Mossad und interessanterweise mit einer jüdischen antikommunistischen Gruppe, die als Jüdische Antikommunistische Liga (JACL, um es kurz zu machen) bekannt war, zusammen, die alle in der Algerienfrage gegen De Gaulle kämpften. Sie dürfen auch nicht vergessen, dass die OAS selbst auch geheime Unterstützung von den Verbündeten des Mossad innerhalb der CIA erhielt. Kurzum, was Sie hatten, waren verschiedene französische Elemente, die mit jenen interagierten, die für und gegen die Interessen Israels arbeiteten.

Es war die gleiche OAS-Gruppe, die daran arbeitete, De Gaulle und Guy Banister in New Orleans zu Fall zu bringen. Banister war natürlich der ehemalige FBI-Agent, der als CIA-Agent in der Zeit vor der Ermordung von JFK kubanische Exilanten, die gegen Castro waren, finanziert und versorgt hatte. Und es war Banister, der eine sehr enge und besondere Beziehung zu keinem geringeren als Lee Harvey Oswald während Oswalds besonderer Zeit in New Orleans hatte.

All dies, ganz zu schweigen von der Tatsache, dass, wie in *Final Judgement* hervorgehoben (und sogar von einigen Forschern, die die israelische Verbindung allerdings vermeiden), die Geheimgesellschaft Permindex, in deren Vorstand der Geschäftsmann Clay Shaw aus New Orleans saß, auch mit den OAS-Anschlägen auf Charles De Gaulle in Verbindung stand, wobei das Geld über die Bank De Credit des israelischen Vertreters Tibor Rosenbaum gewaschen wurde. In der Tat eine kleine Welt.

Letztendlich ist diese „Französische Verbindung" oder „Algerische Verbindung" wirklich die israelische Verbindung zum Mord an JFK, egal wie man es betrachtet.

Um auf meine französische Quelle zurückzukommen: Er hatte mich zu diesem Zeitpunkt in eine Richtung gelenkt, die ich nicht vollständig verstand. Ich musste immense zusätzliche Nachforschungen anstellen, um die Geschichte von Französisch-Algerien, De Gaulles Konflikte mit der OAS, De Gaulles Bündnis mit der korsischen Mafia, die in seinem Namen gegen die OAS kämpfte, und natürlich die Konflikte innerhalb De Gaulles Geheimdienst zu verstehen, wo es angesichts der Algerien-Kontroverse immense Loyalitätskonflikte gab.

All das war mir nicht vertraut, und am Ende wurde klar, dass es sich um ein Gebiet handelte, mit dem selbst viele „erfahrene" Forscher nicht vertraut waren, obwohl viele von ihnen von der „Französischen Verbindung" gesprochen hatten. Henry Hurt in *Reasonable Doubt* und Dick Russell in *The Man Who Know Too Much* hatten über die französische Perspektive geschrieben, aber keiner von ihnen hatte versucht, die gesamte Dynamik zu analysieren, die in der „Connexion française" am Werk war. Diejenigen, die De Gaulle bekämpften, waren eben mit dem israelischen Geheimdienst verbündet, aber das haben diese Forscher sozusagen einfach nicht verstanden.

Selbst die Geschichten der herrschenden Klasse über den Algerienkonflikt gaben zu, dass in Wirklichkeit die Israelis und das mit den Interessen Israels sympathisierende Volk mit der OAS zusammenarbeiteten. Das steht alles in den Geschichtsbüchern. Wenn also jemand versuchen will, die OAS für die Ermordung von JFK verantwortlich zu machen, kann er dies ehrlicherweise nicht tun, ohne die israelische Verbindung zu berühren.

Wer die Verbindung zu Israel leugnet, erweist der Forschung einen Bärendienst. Die Verbindungen zwischen Israelis und der OAS gehen auf Clay Shaw aus New Orleans und natürlich auf Guy Banister zurück. Sie können die israelische Verbindung zu Permindex im Zusammenhang mit der Ermordung von JFK nicht ignorieren, ebenso wenig wie Sie die wesentliche israelische Verbindung zu Permindex im Zusammenhang mit den Versuchen der OAS, Charles De Gaulle zu ermorden, ignorieren können.

Der Grund, warum die Permindex Charles De Gaulle töten wollte, war, dass die Permindex eine israelische Fassade war und dass De Gaulles Algerienpolitik den Interessen Israels zuwiderlief, so wie wiederum die Politik von JFK Israel feindlich gesinnt war. Daher ist jeder, der es vorzieht, all dies zu ignorieren, gelinde gesagt unehrlich. Die französische Verbindung ist für das Verständnis der Ermordung von JFK von entscheidender Bedeutung.

Angesichts all dieser französischen Links habe ich den ersten Entwurf von *„Judgement Final"* jedenfalls grundlegend überarbeitet, was mich etwas überrascht hat, da ich nicht damit gerechnet hatte, dies tun zu müssen, da ich mit dem ersten Entwurf selbst sehr zufrieden war.

Nachdem ich jedoch die französische Verbindung weiterverfolgt hatte, stellte ich fest, dass es tatsächlich eine französische Verbindung gab, die natürlich letztendlich die israelische Verbindung war. Daraufhin überarbeitete ich das Buch und es wurde an die Presse geschickt.

Als die erste Ausgabe erschien, schickte ich *Final Judgement* an den französischen Diplomaten, der mir zurückschrieb: „Gute Arbeit", und ich fügte hinzu, dass JFK stolz auf mich gewesen wäre. Das war zumindest zufriedenstellend.

Wie zuverlässig war Ihre französische Quelle, Pierre Neuville?

Ehrlich gesagt weiß ich nicht, wie zuverlässig er ist, genauso wenig wie jeder weiß, wie zuverlässig eine Quelle in Bezug auf jeden Aspekt von allem, was mit dem Mord an JFK zu tun hat, ist. Niemand kann die absolute Zuverlässigkeit irgendeiner Quelle garantieren. Doch alles, was ich über ihn weiß (basierend auf den Informationen, die er über sich selbst gegeben hat, plus die Unterstützung, die er von dem ehemaligen Parlamentsabgeordneten Paul Findley erhielt, der mich mit ihm in Kontakt brachte), lässt mich glauben, dass meine französische Quelle nicht nur aufrichtig, sondern absolut zuverlässig ist.

Pierre Neuville selbst hat einmal gesagt: „In verdächtigen Fällen gibt es keine Guten, nur Bösewichte." Mit anderen Worten: Was in „verdächtigen Angelegenheiten" [d. h. in der Welt der Geheimdienste] als „freundliche" Quellen erscheint, könnte in Wirklichkeit von Feinden stammen, die Sie mit

Desinformationen und falschen Informationen versorgen. Und es war sogar der Mossad-Mann der CIA, James Jesus Angleton, der die Welt der Geheimdienste als „Spiegelwüste" bezeichnet hat.

Wie dem auch sei, das Wichtigste ist, dass *Jugement Final* nach seinen eigenen Verdiensten beurteilt werden kann, ohne den spezifischen Beitrag dieser französischen Quelle. Außerdem hätte ich, wie bereits erwähnt, das Buch leicht veröffentlichen können, ohne die französische Verbindung zu durchsuchen, und trotz allem bin ich der Meinung, dass es den Lesern ein sehr starkes Argument für eine Beteiligung des Mossad an der Ermordung von JFK geliefert hat.

Was ich jedoch glaube, in *„Judgement Final"* getan zu haben, ist, eine sehr feine und bedeutsame Trennlinie zwischen der französischen Verbindung zum JFK-Mord und der Verbindung zu New Orleans (sozusagen) zu ziehen, die die beiden CIA-Aktiven Guy Banister und Clay Shaw einbezieht, bis hin zu der Verbindung zu Israel. Jeder hätte dies ohne meine französische Quelle tun können.

Hat jemand nach der Veröffentlichung des endgültigen Urteils „interne" Informationen geliefert, die in der Originalausgabe nicht enthalten waren?

Ich erhielt nichts anderes als die Mitteilungen meiner französischen Quelle, die sich schließlich mit ihrem Namen identifizierte und mir ihre vollständige Geschichte gab, einschließlich ziemlich auffälliger Details über ihre interessante Familie und ihren Hintergrund. Im Postskriptum zu *Judgement Final* habe ich Informationen über Pierres persönliche Erfahrungen mit dem Mossad geliefert. Scit der Veröffentlichung des Buches hat jedoch niemand neue Informationen „interner" Natur beigesteuert. Ich selbst habe weitere veröffentlichte Informationen entdeckt, die andere Details bestätigen, die in der Originalausgabe von *Final Judgement* und in den überarbeiteten Ausgaben, einschließlich dieser neuesten Ausgabe, enthalten waren.

Wie lange haben Sie für das Buch gebraucht?

Von dem Moment an, als sich die Idee in meinem Kopf zu formulieren begann, als ich mit der ernsthaften Recherche begann, bis zu dem Moment, als der erste Entwurf fertiggestellt war, vergingen etwa sieben Monate. Nachdem ich mit der Recherche über die französische Verbindung begonnen hatte, nachdem meine französische Quelle den ersten Entwurf gelesen und mich in diese Richtung gelenkt hatte, brauchte ich weitere drei Monate, um mein Manuskript zu verfeinern und die neuen Entdeckungen, die ich gemacht hatte, hinzuzufügen. Allerdings war dies ein endloser Prozess, wie ich nach der Veröffentlichung des Buches feststellte, und deshalb habe ich in die dritte Auflage des Buches viele, viele neue Details aufgenommen, die die These abschlossen. Die folgenden Auflagen enthalten noch viel mehr. Ich bin erstaunt, wie weit ich gekommen bin.

Ich kann nicht umhin, mich daran zu erinnern, dass ich buchstäblich einen Tag, bevor das Buch zum ersten Mal in die Druckerei ging und ich das Gefühl hatte, dass ich alles, was ich in die Buchseiten hineinpacken konnte, in das Buch hineingepackt hatte, und froh war, dass das Buch vollständig war (einschließlich aller zusätzlichen Informationen über die sogenannte Frankreich-Verbindung), zufällig auf dem Boden meines Wohnzimmers saß und in einem gebundenen Werk eines inzwischen verschwundenen Newsletters blätterte. Zu dieser Zeit stieß ich auf etwas, das mich buchstäblich dazu brachte, laut zu sagen: „Oh mein Gott!". Ich hatte noch etwas entdeckt, das ich dem Manuskript unbedingt hinzufügen musste.

Ich hatte eine sehr, sehr wichtige Tatsache entdeckt, die schließlich in Kapitel 15 von *Endgericht* auftauchte, wo ich das Geheimnis der Permindex sezierte: die Verbindungen zwischen dem Mossad, der CIA, dem Lansky-Syndikat, der französischen OAS und dem Komplott zur Ermordung von JFK. Was ich herausgefunden habe, sind Details über einen Mann, der den Staatsanwalt von New Orleans, Jim Garrison, besucht hatte, als dieser noch in den ersten Phasen seiner Ermittlungen zum Attentat war.

Man darf nicht vergessen, dass Garrison zu diesem Zeitpunkt noch nicht auf den Namen Clay Shaw gekommen war. Zu dieser Zeit erhielt Garrison Besuch von einem Geschäftsmann namens John King. Kings Besuch wurde in mehreren Büchern über JFK erwähnt und die Autoren sprechen weiterhin von King als einem „Ölmann aus Denver" mit Verbindungen zur Republikanischen Partei etc. Andere Autoren, die sich mit JFK befassen, legen nahe, dass King daran interessiert war, sich in Garrisons Ermittlungen einzumischen, natürlich, weil er ein böser Mensch war und wahrscheinlich versuchte, dabei zu helfen, jemanden zu decken, wahrscheinlich die Republikanische Partei, Richard Nixon und andere Bösewichte.

Nun, King wusste offensichtlich, dass Garrison auf dem richtigen Weg war, und er bot Garrison einen Deal an: Wenn Garrison die Ermittlungen einstellte, versprach King, die Ernennung Garrisons zum Bundesrichter zu organisieren. Ich wiederhole noch einmal, dass dies geschah, bevor der Name Clay Shaw auftauchte. Es ist jedoch so, wie ich in *Final Judgement* hervorgehoben habe, dass genau zur Zeit von Kings Besuch in New Orleans auch dieser „Ölmann aus Denver" in lukrative internationale Handelsgeschäfte verwickelt war, die gemeinsam mit Bernard Cornfeld, dem Direktor des korrupten Finanzunternehmens, das als Investors Overseas Services (IOS) bekannt ist, durchgeführt wurden.

Cornfeld war in der Tat ein enger Freund und Namensgeber von Tibor Rosenbaum, dem israelischen Diplomatenveteran und Mossad-Beamten, der eine finanzielle Schlüsselfigur hinter der Permindex war, in deren Vorstand Clay Shaw diente!

Andere Forscher hatten sich auf Kings „republikanische" Verbindungen und seine Verbindungen zur Ölindustrie konzentriert, aber sie hatten den eklatanten Hinweis übersehen: King hatte sehr enge Verbindungen zu Clay Shaw, dem Vorstandsmitglied der Permindex, den Garrison noch nicht einmal als Verdächtigen in der Verschwörung identifiziert hatte. Irgendjemand irgendwo (und wir wissen jetzt, wer) hatte ein Interesse daran, Garrison daran zu hindern, weiterzumachen und sich an Clay Shaw zu klammern (was Garrison natürlich tat).

King - der sogenannte „Ölmann von Denver"- ist eine weitere israelische Verbindung im JFK-Mordkomplott, so schwierig es auch für Forscher sein mag, die versuchen, Kings Einmischung in Garrisons Ermittlungen als „Beweis" dafür zu verwenden, dass zum Beispiel Kings Freund Richard Nixon hinter dem JFK-Mord steckte (Nixon ist als Bösewicht wirklich praktisch, nicht wahr?).

Ich war selbst überrascht, als ich von Kings Verbindung zu Israel erfuhr, insofern als ich King bereits kannte. Aber wie gesagt, von seiner Verbindung zum Permindex erfuhr ich nur einen Tag, bevor ich mich darauf vorbereitete, *das Endgericht* an die Druckerei zu schicken.

Dies ist nur ein weiteres, aber bedeutsames Beispiel für den ununterbrochenen Prozess der Erforschung des JFK-Attentatskomplotts. Ich nehme an, dass Sie letztlich, wenn Sie nicht alle Informationen, die Sie benötigen, vor sich haben (und viele Forscher über viele Jahre hinweg haben dies nicht getan), kein, sagen wir, „endgültiges Urteil" fällen können.

Vielleicht wird es eines Tages in ferner Zukunft tatsächlich ein Endgericht geben, den Titel meines eigenen Buches ungeachtet dessen, wenn jemand alles, was ich geschrieben habe, und alles andere, was geschrieben werden wird und was in **DEM** Endgericht zusammengestellt werden kann, vor sich hat.

Ist es möglich, dass es im Mossad sogenannte „korrupte" Elemente gab, die an der Ermordung von JFK beteiligt waren, und dass sie allein und ohne jede offizielle Genehmigung handelten?

Das ist nicht möglich. Die Beteiligung des Mossad an der Ermordung von JFK wurde auf höchster Ebene angeordnet. Aufgrund dessen, was ich über die Struktur des Mossad erfahren habe, bin ich der festen Überzeugung, dass der israelische Premierminister David Ben-Gurion die Person war, die die Mitarbeit des Mossad an dem Mordkomplott anordnete, und dass dies wahrscheinlich seine letzte Handlung war, bevor er von seinem Amt zurücktrat, weil er von JFKs Haltung gegenüber Israel angewidert war. Ich glaube, dass die Beteiligung des Mossad institutioneller Natur war. Ich würde hinzufügen, dass es bei der CIA genauso war.

Im Fall der Verwicklung des französischen SDECE-Obersts Georges De Lannurien - wie ich in *Final Judgement* betone - handelte es sich jedoch um einen klassischen Fall eines „korrupten" Agenten. Dieser französische Verschwörer reagierte sicherlich nicht auf die Ausschreibung des französischen Präsidenten Charles De Gaulle, sondern half seinem Mossad-Verbündeten Yitzhak Shamir und seinem CIA-Verbündeten James Angleton,, mit dem De Lannurien am 22. November 1963 den Tag im CIA-Hauptquartier in Langley verbrachte. Und Sie können das Familiensilber wetten, dass De Lannurien und Angleton an diesem Tag nicht zusammen waren, um über das Wetter zu diskutieren.

Was sagte Mark Lane über das Endgericht?

Ich habe Mark während der Arbeit an *„Endgericht"* nicht mitgeteilt, dass ich das Buch schreibe. Wie ich bereits betont habe, habe ich nur sehr wenigen Leuten erzählt, dass ich das Buch schreibe. Ich wollte nicht, dass Mark - oder jemand anderes - das Buch beurteilt, bevor es anhand einer groben Vorschau fertiggestellt wurde. Ich wollte, dass Mark (und andere) das Buch in seiner Gesamtheit lesen.

Ich legte ihm den ersten Entwurf vor und sagte: „Lassen Sie mich wissen, was Sie davon halten".

Marks Antwort war ermutigend. Er sagte, dass das Buch ein „starkes Argument" für die Beteiligung des Mossad darstelle und dass er nicht glaube, dass das Buch in irgendeiner Weise mit seinem eigenen Buch *Plausible Denial* kollidiere, das die Rolle der CIA bei der Ermordung von Präsident Kennedy beleuchtete.

Unabhängig davon, ob die eigentliche Idee des Attentats von der CIA oder vom Mossad lanciert wurde, bleibt es dabei, dass diejenigen, die in der CIA die Hauptakteure der Attentatsverschwörung waren, eng mit dem Mossad verbunden waren und in dessen Einflussbereich operierten, einschließlich der so genannten „French Connection". So waren die CIA und der Mossad bei der Ermordung von JFK im Wesentlichen die zwei Seiten einer Münze.

Was Mark Lanes Meinung zu *Judgement Final* betrifft, so wurde mir vor der Veröffentlichung vorgeschlagen, ich solle ihn bitten, eine Einleitung zu dem Buch zu schreiben. Ich lehnte diesen Vorschlag von vornherein ab. Nicht, dass es nicht eine Ehre und ein Privileg gewesen wäre, wenn Mark die Einleitung geschrieben hätte.

Tatsache ist jedoch, dass Mark mit seinen eigenen Büchern über das Attentat auf JFK und andere Themen einen Tritt in den Ameisenhaufen gegeben hatte.

Mark hatte den Aspekt des Mossad nicht so recherchiert wie ich, und daher hielt ich es nicht für angemessen zu erwarten, dass er seinen Namen zur Verteidigung oder Unterstützung einer - wie ich annehme, ziemlich revolutionären - These einsetzt, die er nicht selbst aufgestellt hat. Außerdem hielt ich es gerade wegen der Tatsache, dass das Jüngste *Gericht* Israel mit der Ermordung von JFK in Verbindung bringt, nicht für angemessen, dass Mark seinen Namen einer Einleitung zum Buch hinzufügt, gerade weil Mark selbst in die Nahost-Kontroverse verwickelt war und ein Kritiker Israels gewesen war.

Ich habe eingeräumt, dass die These von *Endgericht* an sich brandgefährlich ist, und ich wollte Mark nicht in die Lage versetzen, meine Arbeit verteidigen zu müssen. Er hat genug zu tun, denn er kämpft gegen die Bemühungen der CIA, des FBI und der Medien, seine eigenen Bemühungen zu ignorieren, zu unterdrücken oder zu verzerren.

Steht Final Judgement nicht im Widerspruch zu Mark Lanes Buch Plausible Denial, in dem er behauptet, dass die CIA für die Ermordung von JFK verantwortlich ist?

Es gibt keinen Konflikt. *Plausible Denial* ist in erster Linie ein Bericht über die Verteidigung von Mark Lane von der Zeitung *The Spotlight* gegen die Verleumdungsklage von E. Howard Hunt. *Final Judgement* erweitert meiner Meinung nach viele der Feststellungen von *Plausible Denial*, bestätigt die Schlussfolgerungen von *Plausible Denial* noch mehr und fügt weitere Details hinzu, die belegen, dass die CIA tatsächlich an dem Attentat beteiligt war. Die größte Stärke von Marks Buch liegt meiner Meinung nach darin, dass er mit dem Mythos aufräumt, es seien „korrupte Elemente" der CIA in die Ermordung des

Präsidenten verwickelt gewesen. Es waren keine „korrupten Elemente". Die Ermordung war eine Tat, an der die CIA auf höchster Ebene beteiligt war, insbesondere James Angleton, der Mossad-Verbündete innerhalb der CIA.

Jemand hat *„Judgement Final"* einmal als „Fortsetzung" *von Plausible Denial* beschrieben, und ich würde gerne glauben, dass dies eine genaue Beschreibung ist. Aber Sie können sich nicht ernsthaft mit dem JFK-Attentat beschäftigen, ohne *Plausible Denial* gelesen zu haben.

Was haben Kritiker innerhalb der Medien über „Judgement Final" gesagt?

Mit Ausnahme der hektischen Medienberichterstattung, die ich in der Einleitung im Januar 1998 erwähnt habe, gab es keine offizielle Kritik an *Judgement Final* in den wichtigen „Mainstream"-Medien, obwohl es eine Handvoll solcher Kritiken gab:

Die erste Rezension erschien in meiner eigenen nationalen Wochenzeitung, *The Spotlight*, und es wird wahrscheinlich niemanden überraschen, dass die Rezension recht lobenswert war. Ich freue mich jedoch, sagen zu können, dass die fragliche Kritik nicht erbeten war und von keinem Geringeren als Eustace Mullins eingereicht wurde, einem der angesehensten und produktivsten Schriftsteller und Wissenschaftler der populistischen Bewegung in Amerika. Die zweite Kritik an *Judgement Final* erschien am 28. April 1994 in der *Washington Jewish Week* und wird im Epilog von *Judgement Final* besprochen.

Der dritte Artikel erschien in der undatierten Ausgabe Nr. 11 der oben erwähnten *Steamshovel Press*. Obwohl der Rezensent andeutete, dass das Buch möglicherweise einen antisemitischen Unterton hatte, sagte er zu meiner Behauptung, dass der Mossad möglicherweise eine Rolle bei der Verschwörung gespielt habe, Folgendes: „Die These wurde in der Vergangenheit sicherlich zu wenig untersucht und wirft interessante historische Fragen über die Beziehung zwischen den Kennedys und Israel auf, die auf Joseph Kennedys Haltung zurückgehen, die Nazis wie Neville Chamberlain zu begrüßen".

Abgesehen von diesem vorsichtigen Kommentar war Steamshovel bemerkenswert zurückhaltend, das Buch zu erwähnen oder mir auf seinen Seiten die Gelegenheit zu geben, beispielsweise über einen Dave Emory zu diskutieren, der tatsächlich behauptet, es gebe eine „Nazi"-Verbindung zum JFK-Attentat.

Abgesehen von diesen Rezensionen (zusammen mit einigen anderen, die an anderer Stelle auf diesen Seiten erwähnt werden) gab es keine weiteren, obwohl ich Exemplare an alle wichtigen Redaktionsmitglieder der *Washington Post, der Washington Post Book World* und der *New York Times*, neben vielen anderen Medien, geschickt habe. Michael Isikoff von *Newsweek* habe ich persönlich ein Exemplar des Buches überreicht, aber ich habe noch kein einziges Stöhnen von ihm gehört).

Ich denke, die ohrenbetäubende Stille spricht für sich selbst.

Auf welche Quellen stützten Sie sich bei der Abfassung von „Final Judgement"?

Nach der Veröffentlichung früherer Ausgaben von *Judgement Final* gab es mehrere Versuche, zu suggerieren, das Buch stütze sich auf unzuverlässige Quellen - dass meine Quellen voreingenommen seien, dass sie „anti-israelisch" seien oder dass sie vielleicht von Natur aus „zu rechts" seien. Das ist alles Unsinn. Glauben Sie das nicht. Lassen Sie uns zur Erinnerung die von mir zitierten Quellen noch einmal durchgehen.

In den Augen aller stammten von den 111 Werken, die in der Bibliografie der dritten Auflage von *Endgericht* zitiert wurden, mindestens 85% der Quellen von „Mainstream"-Verlagen oder „wichtigen" Verlagen. Darüber hinaus hatten rund 73% der zitierten Literaturstellen nichts mit der Ermordung von JFK selbst zu tun.

Meiner Meinung nach stammen nur 2% der in der dritten Auflage zitierten Quellen aus „pro-arabischen" Verlagen. Außerdem stammen meine Hauptquellen zu JFKs Kampf gegen Israel, wie ich in *Final Judgement* bemerkte, aus Quellen wie Seymour Hersh, Stephen Green und Andrew und Leslie Cockburn, von denen keiner als Extremist bezeichnet werden kann.

Nur 7% der in der Bibliografie der dritten Auflage genannten Quellen könnten eindeutig als aus Quellen stammend bezeichnet werden, die „rechter" Natur sind, und eine dieser Quellen - die Memoiren des ehemaligen Führers der amerikanischen Nazipartei George Lincoln Rockwell - wird in der Bibliografie nur deshalb erwähnt, weil ich kurz darauf anspiele, dass Rockwell sein Buch einem Mann namens DeWest Hooker gewidmet hat, der in *Judgement Final* zitiert wird.

Rockwells Buch wurde in der Bibliografie nur für das Dossier referenziert und nicht als „Beweis" oder „Zeugnis" für die Beteiligung Israels an der Ermordung von JFK zur Verfügung gestellt. Also bitte, liebe Kritiker, versuchen Sie nicht, Rockwell als eine meiner Quellen zu zitieren. Damit würden Sie nur zeigen, wie entschlossen Sie versuchen, meine Theorie in irgendeiner Weise zu diskreditieren.

Die Versuche, meine Forschung zu diskreditieren, haben nichts gebracht, wenn man sich die Fakten ansieht. Werfen Sie einen Blick auf den Trick, den Richard Morrock von *Bay Terrace* in New York anwandte, als er einen Brief an Steamshovel Press schrieb (der kommentarlos veröffentlicht wurde), in dem er behauptete, dass „etwa ein Drittel" der in *Judgement Final* zitierten Quellen aus Veröffentlichungen der Lyndon LaRouche-Organisation stammten. Tatsächlich stammten von den 746 Zitaten in der dritten Auflage von *Judgement Final* nur 30 - vier Prozent - aus LaRouche-Quellen, und die meisten von ihnen waren flüchtige historische Verweise, die die These von *Judgement Final* nicht einmal berührten. Und zur Erinnerung folgt eine Analyse der LaRouche-Zitate.

- Acht (d. h. 27 %) der 30 Notizen, in denen LaRouches Veröffentlichungen zitiert wurden, waren kurze Hinweise auf die Anti-Defamation League der B'nai B'rith und ihre Verbindung zu einer Reihe von Bankern mit Verbindungen zum Lansky-Syndikat etc. Nur einer dieser Verweise auf die ADL hatte einen direkten Bezug zum JFK-Mord an sich: die Tatsache, dass der New-Orleans-Geheimdienstler Guy Banister dem von der ADL selbst als „Superkommunistenjäger" bezeichneten A. I. Botnick nahestand.

- Vier der Fußnoten in LaRouches Zitat (13% der Gesamtzahl) befanden sich in zwei Anhängen (der dritten Auflage), die zusätzlicher Natur waren und nicht im Mittelpunkt der Grundthese des Buches standen. (Einer der betreffenden Anhänge, der sich mit den seltsamen Aktivitäten des Regierungsinformanten Roy Frankhauser befasst, wurde erstmals hinzugefügt, als die dritte Auflage von *Endgericht* erschien).
- Zwei Notizen waren biografische Details über Rabbi Tibor Rosenbaum und eine handelte von einem israelischen Bankier, der im Vorstand von Rosenbaums International Credit Bank saß.
- In zwei Notizen war von einer Schießerei in Israel in den 1940er Jahren die Rede. Eine weitere Notiz dieser Art betonte, dass der Bruder eines Permindex-Gründers aktiv am Waffenhandel für Israels Irgun beteiligt gewesen war.
- Eine davon betraf Meyer Lanskys Verbindungen zur berüchtigten „Operation Underworld", die sich der Unterwelt gegen die Achsenmächte bediente.
- Drei Notizen betrafen verschiedene Bank- und Geschäftsverbindungen mit der Mafia und dem Mossad, die nicht direkt mit dem Mord an Kennedy selbst in Verbindung standen.
- In einer Notiz wurde hervorgehoben, dass die Anwaltskanzlei des Permindex-Vorsitzenden Louis Bloomfield Verbindungen zu Bronfmans Interessen hatte.
- Vier Notizen enthielten allgemeine Informationen über vier Personen, die mit Tibor Rosenbaums Permindex in Verbindung standen.
- In einer Notiz ging es darum, dass die französische OAS angeblich Geld von Guy Banister erhalten hatte.
- Eine Notiz befasste sich mit den Verbindungen des ehemaligen FBI-Agenten Walter Sheridan zu Resorts International.
- Eine Notiz befasste sich mit den möglichen Verbindungen der Familie Hunt zur israelischen Nuklearentwicklung. (Zwei weitere derartige Notizen befanden sich unter den bereits erwähnten, die sich beiläufig mit der ADL befassten).
- Eine Anmerkung ist ein ausführliches Zitat des ehemaligen Undercover-Bundesinformanten Roy Frankhauser, zu dem ich sagte: „Vieles von dem, was Frankhauser als wahr bezeichnet, geht über den Umfang dieses Buches hinaus." Tatsächlich ist dies das einzige Zitat von LaRouche zum Thema JFK-Attentat an sich.
- Ich weise außerdem darauf hin, dass ein Großteil der oben genannten Dokumente aus LaRouche-Quellen auch in anderen Büchern über die Ermordung von JFK, die Geschichte des organisierten Verbrechens u. a. enthalten ist.
- Als ich den besagten Morrock kontaktierte - der mir gestand, dass er sich als „Zionist" betrachte - und ihn mit Desinformation konfrontierte, teilte er mir in klaren Worten mit, dass er „nichts" von dem glauben würde, was ich sagen würde. Er gab auch zu, dass er den Mord an JFK nie gründlich untersucht hatte - eine Tatsache, die darauf hindeutet, dass seine eigentliche Motivation, mich diskreditieren zu wollen, zum großen Teil durch die Tatsache angeregt wurde, dass

ich es gewagt hatte, Israel ins Bild zu setzen. Morrow hatte auch die haarsträubende Behauptung, es sei klar, dass mein Arbeitgeber, Willis Carto, im Wesentlichen der wahre Autor des Buches sei und dass Carto das Buch „diktiert" habe, was natürlich schlichtweg nicht stimmt. Aber das ist die Art von Kritik, mit der ich mich auseinandersetzen musste.

- In dieser Ausgabe von *Final Judgement* habe ich eine ganze Reihe neuer Informationen aus zusätzlichen Quellen eingearbeitet und weitere Informationen aus verschiedenen Quellen, die in den Referenzhinweisen früherer Ausgaben genannt wurden, eingearbeitet. Ich möchte jedoch zur Erinnerung hinzufügen, dass die Aufnahme dieser neuen Informationen die oben erwähnten Statistiken nicht verändert. Meine Quellen sind vielfältig und stammen aus unterschiedlichen Blickwinkeln. Die überwiegende Mehrheit von ihnen wird (wie in früheren Ausgaben) zum ersten Mal in einem Buch über die Ermordung von JFK zitiert. Ich bin nach wie vor recht zufrieden mit meiner Quellenauswahl und denke, dass der aufgeschlossene Leser zustimmen wird, dass sich die Quellen recht gut ergänzen. Wie immer überlasse ich das endgültige Urteil dem Leser.

Woher wussten Sie, welche Quellen zuverlässig waren?

Wie ich bereits erwähnt habe, habe ich auf eine große Anzahl von Quellen gesetzt, und die überwältigende Mehrheit dieser Quellen sind „Mainstream"-Quellen, sogar solche, die Teil der Bücher über das JFK-Mordkomplott sind. Ich habe zu keinem wichtigen Punkt in irgendeinem Teil des Buches etwas gefunden, das nicht durch andere Quellen gestützt zu werden scheint. Tatsache ist, dass sich das Buch auf klassische Quellen stützt. Ich vermute, dass das größte Problem bei der Recherche in einem Bereich wie diesem darin besteht, dass man viele Quellen findet, die tendenziöse Propaganda betreiben: Desinformation, die darauf ausgelegt ist, Verwirrung zu stiften. Dennoch habe ich mich ernsthaft bemüht, kontinuierlich (vor allem dort, wo ich Zweifel hatte) eine Reihe von Quellen zu bemühen, die die grundlegenden Fakten des bestimmten Bereichs, über den ich schrieb, bestätigten.

Was haben die Autoren anderer Bücher über JFK zu Final Judgement gesagt?

Das ist zumindest eine sehr interessante Frage. Nehmen wir zum Beispiel Jim Marrs. Marrs ist der Autor des monumentalen Buches *Crossfire*, in dem er fast alle Verschwörungen zur Ermordung von JFK untersucht. Dieses Buch erschien vor *Judgement Final* und Marrs' Buch geht zu seiner Verteidigung in die Verbindung mit Permindex ein und zitiert den *Executive Intelligence Review* der LaRouche-Organisation in Bezug auf Permindex.

Marrs geht jedoch nicht weiter, außer die Möglichkeit zu erwähnen - obwohl er sie nie unbedingt als Tatsache anerkennt -, dass die Permindex Verbindungen zum internationalen Drogenhandel hatte. (Marrs erwähnt Lansky nie. Es heißt nur „die Mafia" in Bezug auf ihn). Und natürlich geht Marrs nie auf die israelische Verbindung ein, obwohl, wie ich bereits betont habe, Marrs' Quelle, die *Executive*

Intelligence Review, sich auf die Rolle der Mossad-Figur Tibor Rosenbaum innerhalb der Permindex konzentriert.

Wie dem auch sei, ich schickte Marrs ein Exemplar von *Final Judgement*, nachdem es erstmals veröffentlicht worden war. Ich muss jedoch zugeben, dass ich in meinem Brief an Marrs einige Dinge über Oliver Stone anmerkte, die mich dazu veranlassten, Stones Beweggründe für seine Art, *JFK* auf die Leinwand zu bringen, zu misstrauen. Ich wies Marrs darauf hin, dass mir gesagt worden war (obwohl ich das nie wirklich bestätigt habe, um ganz ehrlich zu sein), dass Stone ein wichtiger Beitragszahler der AIPAC, der registrierten Israel-Lobby, sei. Ich wies auch darauf hin, dass Stone die „französische Verbindung" ignoriert hatte (wie ich zuvor angemerkt hatte).

Von nun an werde ich erwähnen (wie ich es bereits in *Final Judgement* getan habe), dass Oliver Stone Jim Marrs etwa 200 000 Dollar oder mehr zahlte, als Stone gerade dabei war, *JFK* zu schneiden. Ich verstehe daher, warum Marrs zögerte, einen Mann zu kritisieren oder Kritik anzuerkennen, der ihn offensichtlich über Nacht reich gemacht hatte.

Und vergessen Sie nicht, dass das „große Tier" hinter Oliver Stone und dem *JFK-Film* Arnon Milchan war, der ausführende Produzent des Films, der von dem liberalen Kolumnisten Alexander Cockburn als „Israels größter Waffenhändler" bezeichnet wurde. Dies wobei, in jüngerer Zeit äußerte sich Marrs freundlich über *Judgement Final*, obwohl er den Film nicht vollständig unterstützte.

Ich schickte auch ein Exemplar des Buches an William Turner, der Attentatsermittler und Co-Autor von *Deadly Secrets* (früher *The Fish is Red*) war, in dem es um die gemeinsamen Verschwörungen der CIA und des organisierten Verbrechens gegen Fidel Castro geht, die sich mit dem Mordkomplott gegen JFK zu überschneiden scheinen. Ich schickte auch Gaeton Fonzi, dem Autor von *The Last Investigation*, der Ermittler bei der von der Attentatskommission durchgeführten Untersuchung des JFK-Mordes war, ein Exemplar von *Judgement Final*. Ich wies Fonzi sogar darauf hin, dass er und ich zumindest einen gemeinsamen Bekannten hatten. Ich habe jedoch weder von Turner noch von Fonzi jemals eine Empfangsbestätigung erhalten.

Auch Jack Newfield von der *New York Post*, dem ich ein Exemplar des Buches geschickt habe, habe ich nicht gehört. Newfields jüngste Äußerung ist seine Geschichte, dass der Chef der Teamster-Gewerkschaft, Jimmy Hoffa, hinter dem Mord an JFK steckte. Newfields Geschichte, dass „Hoffa JFK getötet hat", entstand durch seine Beziehung zu Frank Ragano, einem ehemaligen Anwalt von Hoffa und Santo Trafficante, dem Mafiaboss von Tampa. Ich forderte Newfield sogar heraus, dieses Thema im Rahmen einer landesweiten Radiosendung namens Radio Free America zu diskutieren, die von meinem *Spotlight-Kollegen* Tom Valentine moderiert wurde.

Ich habe auch ein Exemplar meines Buches an David Scheim geschickt, den Autor von *Contract on America*, der behauptet, die Mafia habe JFK getötet. Scheims Buch ist meiner Meinung nach als Autor und Redakteur, der sich aufmerksam mit diesen Fragen beschäftigt, nichts anderes als eine angereicherte und erweiterte Neufassung des Buches *The Plot to Kill the President* von G. Robert Blakey, der Untersuchungsleiter der Attentatskommission war und in dieser Funktion entschlossen war, keine Verwicklung der CIA, des FBI oder der Geheimdienstgemeinschaft in die Ermordung des Präsidenten zu finden.

Wie ich in *Final Judgement* hervorgehoben habe, neigte Scheim dazu, Meyer Lansky als unbedeutende Figur darzustellen, die eine niedrige Mafiafigur war, ein Versager der Mafia, obwohl er offensichtlich viel größer war als das. Scheim-wage ich es zu sagen? -, ist Jude und es könnte durchaus sein, dass dies ein Faktor für seine Voreingenommenheit war. Nichtsdestotrotz genießt Scheim, unabhängig von seiner Voreingenommenheit, in bestimmten Kreisen eine gewisse Glaubwürdigkeit. Dennoch hat er den Erhalt des Buches nie bestätigt und war auch nicht bereit, mit mir zu diskutieren, wie ich es verlangt hatte.

Wenn meine Theorie so lächerlich ist, denke ich, dass Scheim gerne die Gelegenheit hätte, sie zu zerpflücken, nicht nur weil er glaubt, dass „Die Mafia hat JFK getötet", sondern weil er als amerikanischer Jude (und vielleicht als treuer Anhänger Israels) die Chance hätte, die Behauptung zu widerlegen, dass der jüdische Staat eine Rolle bei der Ermordung gespielt hat. Ich dachte, er würde diese goldene Gelegenheit nutzen, um mich öffentlich zu demontieren. Doch Scheim ging nie auf mein Angebot einer Debatte ein.

Ein guter Freund von mir, Donald L. Kimball, hat drei Bücher über das Attentat auf JFK geschrieben. Er ist ein produktiver Schriftsteller und ein engagierter Amerikaner, aber soweit ich weiß, hat er *„Judgement Final"* nie gelesen. Und ich habe erfahren, dass Don *„Judgment Final"* von vornherein abgelehnt hatte, nachdem er von der Veröffentlichung des Buches gehört hatte und sagte: „Oh, na ja, Mike stürzt sich in all dieses Mossad-Zeug."

Was kann ich dazu sagen? Ich denke, Don hat die gleiche Einstellung wie die bekanntesten Forscher zum JFK-Mord, und die lautet, dass sie bereit sind, über den JFK-Mord zu schreiben und zu sprechen, solange sie Israel und seiner US-Lobby nicht auf die Füße treten.

Sehen wir den Tatsachen ins Auge: Die Israel-Lobby unterhält enge Verbindungen zu den US-Medien, insbesondere zur Verlags- und Vertriebsindustrie. Jeder, der leugnet, dass es in den amerikanischen Medien eine starke pro-israelische Voreingenommenheit gibt, ist wieder einmal ein Lügner oder ein Dummkopf oder beides. Ich verstehe daher, warum die Autoren der Bücher über die Ermordung von JFK sich nicht mit den Medien auseinandersetzen wollen. Es liegt nicht in ihrem finanziellen Interesse, dies zu tun.

Im Abschnitt „Ein letztes Wort?" dieses Buches erörtere ich meine Abenteuer in den Internet-Diskussionsforen zum JFK-Attentat, bei denen ich mit außergewöhnlich eklektischen Personengruppen Ideen (und Beleidigungen) austauschte - einige aufgeschlossen, andere engstirnig, aber alle mit unterschiedlichen Meinungen. Zwar gab es viel Feindseligkeit gegenüber meinem speziellen Ansatz, aber ich war angenehm überrascht (wie Sie sehen werden), dass ich viele Menschen fand, die bereit waren, mir ihre freundliche Meinung zu sagen, und die nicht bereit waren, meine Theorie völlig abzulehnen. Gleichzeitig stellte ich jedoch fest, dass selbst einige der kompetentesten Kritiker meiner Theorie tatsächlich nicht in der Lage waren, meine Theorie zu widerlegen (zumindest was mich betraf), und das war eine Erleichterung für mich, denn ich befürchtete ehrlich gesagt, dass ich irgendwo ein Detail übersehen haben könnte, das die These vom

Endgericht zum Einsturz bringen würde. Aber das ist nicht passiert - und ich glaube auch nicht, dass es jemals passieren wird.

Und was ist mit dem Forschungs- und Informationszentrum für die Ermordung von JFK in Dallas? Bis das Zentrum vor kurzem geschlossen wurde, veranstalteten sie ein jährliches Treffen, bei dem JFK-Enthusiasten und Fanatiker nach Dallas kamen, um über ihr Lieblingsthema zu sprechen - um über alle möglichen Theorien darüber nachzudenken, ob der tödliche Schuss aus einem Regenwasserkanal oder von einer fliegenden Untertasse abgegeben wurde. Sie debattieren stundenlang über diese Themen. Als ich jedoch darum bat, nach Dallas kommen zu dürfen, um über das Buch „Das *jüngste Gericht"* zu sprechen, von in ganz Amerika bereits 8000 Exemplare verkauft worden waren, erhielt ich nicht einmal Anerkennung von diesen Leuten, die sich angeblich der Wahrheitsfindung verschrieben haben.

Heute bin ich entweder ein Irrer oder ich habe Recht und sie wollen nicht darüber reden. Ich überlasse den Lesern von *Final Judgement*, ihre eigene Entscheidung zu treffen. Ich glaube nicht, dass mich jemand, der *Final Judgement* mit einem offenen und ehrlichen Ansatz gelesen hat, für einen Irren hält. Dennoch haben die Leute im JFK Center in Dallas die Haltung meines Freundes Don Kimball eingenommen, der Angst hat, sich in alles einzumischen, was mit dem Mossad zu tun hat.

Das JFK-Zentrum war ein lukratives Unternehmen, das auf Publicity angewiesen war. Sie würden keine gute Publicity (oder überhaupt keine Publicity) erhalten, wenn sie anfingen, über eine mögliche israelische Beteiligung an dem Attentat zu sprechen.

Ich machte 1993 im Programm der Jahreskonferenz des JFK-Zentrums Werbung für *Judgement Final* und verschickte es per Post an etwa 300 Teilnehmer dieser Konferenz und erhielt mehrere freundliche Briefe von einer Reihe von Wissenschaftlern. Ich kam jedoch zu dem Schluss, dass diese Leute eher daran interessiert sind, Dinge zu diskutieren, die man nie beantworten kann: wie viele Schüsse abgefeuert wurden, welche Art von Kugeln verwendet wurden, wo die Kugeln landeten etc. Die Liste dieser Fragen - und der fehlenden Antworten - ist lang.

Dies sind jedoch nicht die Fragen, die wir lösen müssen. Was wir lösen müssen, ist die Frage, wer John F. Kennedy wirklich ermordet hat und warum. Dieser Frage nachzugehen, bedeutet, die unangenehmste Antwort zu finden: dass die Israelis tatsächlich in das Komplott zur Ermordung von JFK verwickelt waren. Das ist etwas, was aufgescheuchte Hühner nicht zugeben wollen.

Haben Sie seit der ersten Veröffentlichung des Buches größere Änderungen an den Schlussfolgerungen vorgenommen, zu denen Sie im abschließenden Urteil gelangt sind?

In früheren Ausgaben des Buches gab es viele typografische Fehler. Noch wichtiger ist jedoch, dass kleinere sachliche Fehler, die in früheren Ausgaben auftraten, korrigiert wurden. In meinem Special „Herausforderung an die Leser" habe ich diese Fehler für die Rezension skizziert und betont, dass sie nichts mit der These des Buches zu tun haben. Abgesehen von diesen Korrekturen habe ich die ursprüngliche These, wie sie in der ersten Auflage präsentiert wurde, nicht überarbeitet.

Ich habe das Buch hier und da gestärkt, aber keine Hintergrundinformationen über die These selbst gestrichen. Das Buch ist also im Wesentlichen so, wie es ursprünglich geschrieben wurde, aber es ist heute viel solider und viel umfassender als je zuvor und deckt Bereiche im Zusammenhang mit Mord und Vertuschung ab, die in früheren Ausgaben nicht behandelt wurden, insbesondere die neuen Erkenntnisse, die ich über die verkannte Arbeit von Frank Sturgis, einem langjährigen CIA-Agenten für den Mossad, ans Licht gebracht habe - in der Tat ein brisantes Detail.

Seit dem Erscheinen der ersten Ausgabe bin ich ebenfalls zu dem Schluss gekommen, dass die sogenannte „Mafia"-Verbindung mit dem Mord an JFK eher eine Ablenkung ist, und bei der Zusammenfassung meiner Erkenntnisse habe ich diese Neubewertung zum Nutzen der Leser zitiert, obwohl diejenigen, die sogar die erste Ausgabe gelesen haben, feststellen werden, dass ich von Anfang an sehr sorgfältig die Wahrscheinlichkeit definiert hatte, dass die Beteiligung der „Mafia" bestenfalls oberflächlich war.

Sie haben den Film JFK von Oliver Stone kritisiert. Warum ist das so? Hat Stone nicht gute Arbeit geleistet, indem er neue Fakten über die Ermordung von JFK einem breiteren Publikum darlegte, wie es zuvor noch niemand getan hatte?

Stones Verteidiger haben darauf hingewiesen, dass Stone ein sehr kompliziertes Thema im Film zu behandeln hatte und nicht alles einbauen konnte, und das ist absolut richtig. Dem kann ich nicht widersprechen. Stones Verteidiger sagen auch: „Nun, wenn er wenigstens einen Teil der Geschichte herausbringen wollte, konnte Stone nicht wirklich in die Verbindung mit Israel eintauchen - selbst wenn er es wollte -, weil er keine Finanzierung oder keinen Vertrieb für den Film hätte bekommen können." Das ist die Wahrheit.

Die finanziellen Interessen, die hinter der Produktion, dem Vertrieb und der Werbung für Oliver Stones „alternative Geschichte" oder „alternative Theorie" der Ermordung von JFK stehen, sind jedoch sowohl mit Israel als auch mit Lanskys Verbrechersyndikat verbunden, das wiederum sowohl mit dem Mossad als auch mit der CIA verbunden ist, oder sogar insbesondere während der Zeit der Verschwörungen der CIA und der Unterwelt gegen Castro, die allen Forschern zufolge zumindest eine periphere Rolle bei den Ereignissen gespielt zu haben scheinen, die zur Ermordung des Präsidenten führten.

Ich muss daher Stones Verteidiger fragen: Wie ist ihre Meinung zu Stones Film im Lichte dessen, was ich für einen bedeutenden Beweis dafür halte, dass der Mossad eine Schlüsselrolle bei der Ermordung von JFK gespielt hat? War Stones Film in Wirklichkeit „tendenziöse Propaganda", die darauf ausgelegt war, dem amerikanischen Volk sozusagen ein popularisiertes „Endurteil" darüber zu geben, was in Dallas passiert sein soll? Das hat der Film in der Tat getan, und zwar auf eine Art und Weise, dass die „Lösung" weit davon entfernt ist.

Wie ist Ihre Meinung zu dem Film *Executive Action*?

Mark Lane war einer der Hauptinitiatoren des Films, aber Lane war schließlich mit der endgültigen Fassung des Films unzufrieden, da er seiner Meinung nach die Rolle der CIA bei der Ermordung von Präsident Kennedy nicht ausreichend behandelt hatte. Insgesamt ist *Executive Action* jedoch ein guter und sehr gut aufgebauter Film, und es besteht kein Zweifel daran, dass Stone sich bei der Strukturierung seines eigenen Films stark auf die von *Executive Action* gelegten Grundlagen gestützt hat. Wie Stones Film nennt auch *Executive Action* keine hochrangigen Verschwörer an sich. Der Film verrät, wie Stones Film, eine gewisse „liberale" Voreingenommenheit, wenn Sie so wollen. Ich finde es jedoch immer noch sehr lehrreich, den Film anzusehen, da er in sehr prägnanter Form eine Theorie skizziert, wie eine kleine Gruppe von Verschwörern die Ermordung von JFK hätte durchführen können. Ich lade alle, die einen Einblick in die Verschwörung zur Ermordung von JFK erhalten möchten, ein, sich *Executive Action* anzusehen.

Wie hat die arabische Welt auf Ihr Buch reagiert, insofern es Israel für die Ermordung von JFK verantwortlich macht?

Arabischstämmige Amerikaner, die das Buch gelesen haben, sagten, es sei ein ausgezeichnetes Buch. Ein arabisch-amerikanischer christlicher Pastor, der übrigens kein Stereotyp des „reichen Arabers" ist, kaufte nicht weniger als 102 Exemplare. Ich schickte Exemplare an alle arabischen Botschaften und erhielt einen Dankesbrief, in dem es hieß: „Ich freue mich darauf, Ihr Buch zu lesen".

Die libysche Botschaft in New York kaufte drei weitere Exemplare des Buches, nachdem sie mein kostenloses Exemplar erhalten hatte. Aber das Buch wurde nicht von den Arabern subventioniert und es ist keine arabische Propaganda. Es wurde auch nicht von den Arabern entworfen. Erst nach der Veröffentlichung der vierten Auflage entschied sich schließlich ein arabischer Verlag, eine arabische Übersetzung des Buches zu veröffentlichen. Arabisches Geld war also nie ein Faktor hinter der Veröffentlichung und dem Vertrieb der Erstveröffentlichung des Buches und die Wahrheit ist, dass selbst der arabischsprachige Verleger des Buches dem Buch nicht die Art von Vertrieb verschafft hat, die ich mir gewünscht hätte.

Ich muss jedoch sagen, dass ich mich sehr über die Einladung gefreut habe, auf dem zweiten Grünen Dialog für eine alternative Weltordnung zu sprechen, der unter der Schirmherrschaft der Wiener Jamahir Society for Philosophy and Culture in Tripolis, Libyen, stattfand.

Leider konnte ich aufgrund der Einreisebeschränkungen für Libyen (die den Amerikanern auf Druck der Israel-Lobby auferlegt wurden) nicht daran teilnehmen. Die Organisatoren baten mich jedoch, eine schriftliche Erklärung einzureichen, die den Teilnehmern aus allen Teilen der Welt vorgelesen wurde. Im Anschluss daran erhielt ich wunderbare Briefe von Menschen aus Malta, Ghana, Guyana und Neuseeland, die anscheinend zutiefst überrascht waren, dass einige Amerikaner sich nicht scheuen, Fragen zu den Beziehungen zwischen den USA und Israel aufzuwerfen. Ich bin dankbar für die Menschen aus der so genannten „Dritten Welt", die sich die Zeit genommen haben, zu schreiben, und ich bin dankbar, dass es einige Orte gibt, an denen die Meinungsfreiheit (wenn es um die israelische Intrige geht) noch existiert.

Ich könnte noch erwähnen, dass, als mein Verleger versuchte, eine ganzseitige Anzeige für *Judgement Final* auf den Seiten einer „pro-arabischen" Publikation, *The Washington Report on Middle East Affairs*, zu kaufen, die Chefredakteure dies ablehnten. Nicht, weil die Anzeige „kontrovers" war, sondern weil die Redakteure befürchteten, dass die Anti-Diffamierungs-Liga (ADL) der B'nai B'rith die Veröffentlichung der Anzeige nutzen würde, um anzudeuten, dass sie in irgendeiner Weise mit meinem damaligen Arbeitgeber Liberty Lobby verbunden waren, den die ADL als „antisemitisch" bezeichnet hatte. (Der *Washington Report* veröffentlichte jedoch einen Brief von mir an den Chefredakteur - ein geringfügiges Zugeständnis, wie ich annehme). Der Einfluss der ADL ist jedoch selbst bei denjenigen zu spüren, die der „arabischsprachigen" Sichtweise zugeneigt sind.

Erst in der Oktober/November-Ausgabe 1999 des *Washington Report* erklärte der Briefschreiber Tim Hanley: „Es gibt erhebliche Beweise, die eine Verbindung zwischen den Israelis und der Ermordung von JFK herstellen. Es ist ein zu heißes Thema, um im [*Washington Report*] behandelt zu werden, aber es gibt dennoch Beweise... Wie kommt es, dass ich bezweifle, dass dieses Thema öffentlich diskutiert wird"?

Der Chefredakteur antwortete auf den Brief von Herrn Hanley folgendermaßen:"... Fügen wir hinzu, dass wir zwar wissen, dass viele Menschen im Nahen Osten die Ermordung von JFK mit der Möglichkeit in Verbindung bringen, dass er im Begriff war, die amerikanische Nahostpolitik in Richtung eines unparteiischeren Ansatzes umzuorientieren, dass es aber keine stichhaltigen Beweise gibt, die einen Zusammenhang zwischen dem und seinem Tod herstellen."

Offensichtlich eignen sich die Redakteure des *Washington Report* nicht für die Veröffentlichung von *Judgement Final*, obwohl viele ihrer Leser *Judgement Final* offensichtlich gelesen oder von dem Buch gehört haben. Ich zweifle an ihrem Urteil, aber die Entscheidung liegt bei ihnen.

Im März 2003 hatte ich die einmalige Gelegenheit, vor einem führenden arabischen Think Tank im Nahen Osten, dem Zayed, dem Internationalen Koordinations- und Überwachungszentrum, einen Vortrag zu halten - sehr zum Missfallen der Anti-Defamation League, die großen Unmut über meinen Auftritt dort äußerte -, doch das Thema *Endgericht*, wurde nur beiläufig im Rahmen meines Vortrags über die Voreingenommenheit der US-Medien zugunsten Israels erwähnt.

Gab es in Israel eine Reaktion auf Ihr Buch?

Bisher hielt sich die Reaktion in Israel in Grenzen. Die erste Reaktion war eine recht interessante Internetanalyse von *Final Judgement*, geschrieben von Barry

Chamish, dem israelischen Dissidentenjournalisten, der erklärte, *Final Judgement* „beweist, dass der Mossad die treibende Kraft hinter der Ermordung von JFK ist". Chamish, der als „Zionist" beschrieben wird, der von sich sagt, dass er „der Stärke und dem Überleben Israels verpflichtet ist", half kürzlich dabei, einen Sturm in Israel zu verursachen, indem er zur Zufriedenheit vieler nachwies, dass der israelische Geheimdienst in die Ermordung des israelischen Premierministers Yitzhak Rabin verwickelt war.

In seiner Analyse von *Final Judgement* sagt er, dass er mein Argument akzeptiert, dass die Firma Permindex tatsächlich eine Fassade des Mossad für verdeckte Operationen war. Dies ist in der Tat ein wichtiges Zugeständnis angesichts der Debatte unter Wissenschaftlern darüber, was Permindex war oder nicht war.

Chamish hatte mehrere Kritikpunkte, aber keiner davon war schädlich für die Grundthese, die Chamish im Wesentlichen vertrat. Er sagte, dass seiner Meinung nach „Piper Recht und Unrecht hat... störend ist, dass es nicht viel von dem, was er richtig gefunden hat, braucht, um den Beweis für die israelische Beteiligung an der Ermordung von JFK zu erbringen".

Chamish erklärte, dass eines der Dinge, in denen ich mich geirrt habe, darin bestand, dass ich den ehemaligen israelischen Premierminister Menachem Begin (den Chamish bewundert) als ehemaligen „Terroristen" bezeichnet hatte. Diese Beschreibung ist Ansichtssache und unterliegt der Diskussion. Begin hatte in Palästina britische Offiziere getötet. Er sprengte sie mit Bomben in die Luft. Das ist Terrorismus nach meiner Definition.

Chamish stimmt jedoch zu, dass meine Vermutung, dass der israelische Premierminister David Ben-Gurion (der wütend auf JFK war, weil dieser versucht hatte, Israel vom Bau der Atombombe abzuhalten) damit, wie Chamish es ausdrückt, beschlossen hätte, „die Expertise des Mossad in die Ermordung von [JFK] einzubringen", eine vernünftige Spekulation ist. Chamish erklärte, dass seiner Meinung nach „die Hauptverschwörung zum Attentat amerikanisch war und dass ihre Entstehung vor jeder möglichen israelischen Beteiligung lag". Er glaubt, dass „Amerika Israel korrumpiert hat und nicht umgekehrt".

Chamish erklärte, dass er früher geneigt gewesen wäre, meine These als „eine fantastische Geschichte" abzutun, außer dass er bei seinen Nachforschungen über die Ermordung von Yitzhak Rabin „unabhängig voneinander zu viele gemeinsame Fakten mit Piper entdeckt hat".

Mit der Feststellung, dass ich ein Korrespondent von *Spotlight* war (über den Chamish wahrscheinlich einige Gerüchte über seine Wahl gehört hatte), erklärte Chamish: „Das ist nicht wirklich aufregend für mich", aber er betonte, dass „etwa die Hälfte von Pipers Quellen jüdisch sind" und dass „alles in allem Piper nicht wie ein Antisemit klingt und ich sie auf eine Meile Entfernung ausmachen kann. Ich glaube, dass er ein aufrichtiger Wahrheitssucher ist".

Chamish sagt, dass „das Gewicht von [Pipers] Beweisen „umstandsbedingt", aber dennoch „beeindruckend" ist, wenn auch „weit davon entfernt, schlüssig zu sein". Ich war jedoch der Erste, der darauf hingewiesen hat, dass die in *Final Judgement* vorgelegten Beweise zwar Indizien sind, aber nicht weniger Indizien als die Beweise, die von denjenigen vorgelegt werden, die beispielsweise behaupten, dass „die Mafia JFK getötet hat".

Chamish ging auch so weit, eine Verbindung zwischen *Final Judgement* und dem Tod von JFK Jr., dem Sohn des verstorbenen Präsidenten, herzustellen. Chamish wies darauf hin - wie ich in der vierten Ausgabe von *Judgement Final* ein Jahr vor dem Tod des jungen Kennedy feststellte -, dass JFK Jr. in der Märzausgabe 1997 seines Magazins *George* einen ausführlichen Bericht veröffentlicht hatte, in dem behauptet wurde, dass der israelische Geheimdienst hinter der Ermordung Rabins steckte. Chamish schlussfolgert daher: „Wir wissen nicht, was [JFK Jr.] dazu veranlasste, allein nach der Wahrheit über Rabin zu suchen, aber vielleicht hat es viel mit den Informationen in *Final Judgement* zu tun". Für einen Israeli ist das natürlich eine sehr starke und ehrliche Unterstützung.

In jüngerer Zeit zitierte der international bekannte israelische Dissident Israel Shamir in einer seiner Schriften das *Jüngste Gericht*. Shamir - nicht zu verwechseln mit dem israelischen Premierminister Yitzhak Shamir - kritisierte scharf die anhaltende israelische Gewalt und die internationale Verschwörung gegen seine Feinde.

In *Final Judgement* beschuldigen Sie den langjährigen israelischen Premierminister Yitzhak Shamir, direkt in das Mordkomplott gegen JFK verwickelt gewesen zu sein. Haben Sie keine Angst vor einer Verleumdungsklage von Shamir?

Shamir war zum Zeitpunkt der Ermordung von JFK Leiter des offiziellen Mossad-Teams, daher ist es unwahrscheinlich, dass er durch eine Verleumdungsklage gegen mich auf diese Tatsache aufmerksam machen will. Das würde eine unangenehme Büchse der Pandora öffnen, die die Israelis einfach lieber unter Verschluss halten würden.

Sie sagen nie wirklich, wen Sie für die wahren Mörder von Präsident Kennedy in Dallas halten. Wer waren sie?

Ich weise in dem Buch darauf hin, dass es mehrere Namen gab, die als möglicher „französischer" Attentäter in Dallas hervorgehoben wurden, darunter ein gewisser Michael Mertz. Er hatte nicht nur Verbindungen zum französischen Geheimdienst und zu den Anti-De-Gaulle-Kräften der OAS, sondern auch zum Drogenhandelsnetz von Lansky und Trafficante und zur sogenannten korsischen Mafia, deren Mitglieder wiederum die OAS bekämpften. Sie sehen also, dass dieser mögliche Attentäter Verbindungen in viele Richtungen zu verschiedenen Fraktionen des französischen Geheimdienstes und zu all den eben nicht französischen Elementen hatte, die gegen JFK arbeiteten.

Es gibt starke Beweise dafür, dass exilkubanische Anti-Castro-Kämpfer in irgendeiner Weise in die Ereignisse auf der Dealey Plaza verwickelt waren. Wir haben die Novo-Brüder (Guillermo und Ignacio), die die ehemalige CIA-Agentin Marita Lorenz am Tag vor dem Attentat nach Dallas begleitet haben will. Man darf nicht vergessen, dass die Person, die der „Vorgesetzte" von Miss Lorenz und den Novos war, Frank Sturgis war, der jahrelang für die CIA und den Mossad gearbeitet hatte, und Sturgis selbst erzählte Lorenz später, dass sein Team in das Attentat verwickelt war, obwohl er nie sagte, dass sie die eigentlichen Schützen waren. Miss Lorenz bezeugte, dass Sturgis ihr gesagt hatte, dass sie bei der Operation als „Lockvogel" fungieren würde, und dass ihr erst nach dem Attentat klar wurde, dass ihre Aktivitäten sie in den Bereich der Attentatsverschwörung geführt hatten.

Es gab wahrscheinlich viele Menschen, die im Rahmen potenzieller oder möglicher Mordteams nach Dallas gebracht wurden und die tatsächlich nie eingesetzt wurden oder die in irgendeiner Weise eine Rolle gespielt haben könnten, bevor oder nachdem das Verbrechen stattgefunden hatte. Letztendlich waren die eigentlichen Attentäter nur „Auftragskiller" für Menschen auf viel höheren Ebenen. Entscheidend ist, wer den Mord geplant hat. Das ist das, was wirklich zählt.

Warum werden Fragen wie der Ort, von dem aus die Schüsse abgefeuert wurden, der Ort, an dem die Schüsse landeten, oder welche Art von Kugeln oder Waffen verwendet wurden, nicht angesprochen? Helfen diese Elemente zusammengenommen nicht dabei, das Rätsel um die Ermordung von JFK zu lösen?

Die Hauptsache ist: „Wer hat John F. Kennedy ermordet und warum?". In *End Judgement* zitierte ich den langjährigen JFK-Attentatsforscher Vincent Salandria mit den Worten: „Während sich die Forscher an der mikroanalytischen Suche nach Fakten darüber beteiligten, wie das Attentat ausgeführt wurde, gab es fast keine methodischen Überlegungen dazu, warum Präsident Kennedy getötet wurde." Ich denke, das fasst es ziemlich gut zusammen.

John F. Kennedy starb an diesem Tag in Dallas. Als direkte Folge seines Todes änderte sich die amerikanische Außenpolitik nicht nur in Bezug auf Vietnam, sondern machte auch eine 180-Grad-Wende im Bereich der amerikanischen Politik gegenüber Israel und der arabischen Welt. Ich denke, das große Problem vieler Forscher in Bezug auf die Ermordung von JFK ist, dass sie nicht in Richtung der Kontroverse im Nahen Osten gesucht haben und dass dies ein großes Problem ist, das sie nicht überwinden konnten.

Diejenigen, die für den Mord an John F. Kennedy verantwortlich sind, finden nichts amüsanter als das Schauspiel „seriöser Forscher", die sich gegenseitig auf die Füße treten und Informationen aus zweiter, dritter und vierter Hand ausspucken, während sie versuchen, herauszufinden, woher die Schüsse 30 Jahre nach dem Verbrechen kamen. Die Kontroverse wird dadurch nicht gelöst.

Mark Lane bewies in *Rush to Judgment*, dass es viel mehr an der Geschichte gab, und nachfolgende Bücher wie insbesondere Josiah Thompsons *Six Seconds in Dallas* analysieren die forensischen Aspekte auf überzeugende Weise. Die Frage nach Verschwörung und Vertuschung stand nach dem Erscheinen solcher Bücher jedoch nicht mehr in Zweifel.

Deshalb wissen wir seit dreißig Jahren, dass es eine Verschwörung gab und dass mehrere Mörder beteiligt waren. Es spielt letztlich keine Rolle, wie sie das

Verbrechen begangen haben, da das Verbrechen erfolgreich war. Die bei dem Verbrechen verwendeten Waffen wurden nie gefunden und ein Großteil der vorhandenen Autopsie- und ballistischen Beweise könnten Fälschungen sein. Es ist unwahrscheinlich, dass wir jemals eine „Tatwaffe" finden werden, die von einem dem Mossad bekannten Attentäter gekauft wurde.

Hören wir also auf, Fragen beantworten zu wollen, die nie beantwortet werden, und beginnen wir damit, die Verbindungen derjenigen zu untersuchen, die auf die eine oder andere Weise in die Verschwörung verwickelt waren: Clay Shaw, David Ferrie, Guy Banister, Carlos Marcello, Santo Trafficante, die französischen Attentäter und viele andere. Wenn wir die Verbindungen zwischen diesen wohlbekannten Namen untersuchen, wie ich es in „*Judgement Final*" getan habe, kommen Sie nicht umhin, über die israelische Verbindung zu stolpern. Es ist eine Verbindung, die allgegenwärtig ist.

Warum ist niemand vor der Veröffentlichung von „Judgement Final" auf die israelische Verbindung zum Mord an JFK gestoßen?

Wie ich bereits betont habe, wurde die schwierige Beziehung zwischen John F. Kennedy und Israel erst vor relativ kurzer Zeit weitgehend in der Öffentlichkeit aufgedeckt. Die meisten Menschen wussten also nicht einmal, dass man zuerst in die israelische Richtung schauen sollte. Als der liberale Autor Richard Reeves in der Radiosendung Pat Buchanan auftrat und seine neue Geschichte über die Kennedy-Regierung anpries, rief ich an und stellte Fragen über JFKs Nahostpolitik im Zusammenhang mit einer möglichen israelischen Beteiligung an der Ermordung von JFK. Reeves gab kurz zu, dass JFK in eine weniger als freundschaftliche Situation mit Ben-Gurion verwickelt war, aber bevor ich die Frage vertiefen konnte, unterbrach mich Buchanans Co-Moderator Ben Wattenberg, ein Israel-Fanatiker, indem er mich von der Sendung abschnitt, wie ich hinzufügen möchte, und das Thema der Diskussion auf JFKs Gesundheit umstellte. So viel zu JFKs Nahostpolitik!

Warum hat der Staatsanwalt von New Orleans, Jim Garrison, Clay Shaws Verbindungen zu den Israelis und zu Lanskys Verbrechersyndikat über seine Mitgliedschaft im Vorstand der Permindex nie aufgedeckt? Garrison wusste über die Permindex Bescheid.

Ich denke, das liegt daran, dass Garrison selbst offensichtlich ursprünglich nichts von der Beziehung zu Israel wusste und keinen Grund hatte, eine israelische Beteiligung zu vermuten, da zu diesem Zeitpunkt, in den späten 1960er Jahren, JFKs Konflikt mit Israel wirklich ein tiefes und dunkles Geheimnis war.

Wie wir heute wissen, hat jedoch laut dem Forscher A. J. Weberman, kam Garrison später offensichtlich zu dem Schluss, dass es eine Verbindung zum Mossad gab, die durch seine Verbreitung eines Manuskripts für einen (nie veröffentlichten) Roman deutlich wurde, in dem er den Mossad als die treibende Kraft hinter der Mordverschwörung identifizierte.

Wie ich in *Final Judgement* hervorgehoben habe, hielt Garrison (zumindest anfangs) Shaws Verbindungen zu Permindex nicht für den Kern der Ereignisse in Dallas. Dies deutet darauf hin, dass Garrison wirklich den Anschluss verpasst hat, da er über den Schlüssel zu Clay Shaws Geheimdienstverbindungen gestolpert war und diese offensichtlich nicht verstanden hat. Eines meiner größten Bedauern ist, dass Jim Garrison nicht mehr lange genug gelebt hat, um „*Judgement Final*" zu lesen.

Wie ich bereits erwähnt habe, konnten diejenigen, die die Verbindung zu Permindex erkannten, wie Dr. John Coleman und der *Executive Intelligence Review*, jedoch nicht genau feststellen, warum die Israelis selbst ein Interesse daran hatten, JFK auszuschalten. Sie untersuchten nicht JFKs Nahostpolitik und wie diese Politik nach JFKs Tod umgestoßen wurde, ganz zu schweigen von der Tatsache, dass JFK versuchte, Israel am Bau der Atombombe zu hindern, was letztlich fast sicher die treibende Kraft hinter Israels Beteiligung an der Mordverschwörung war.

Tatsächlich fand ich nach dem Schreiben von „*Judgement Final*" zwei sehr alte und relativ obskure Artikel, die tatsächlich die Rolle des Mossad und Lanskys Verbrechersyndikat in der Verschwörung aufzeigten.

Der Artikel war irgendwann in den 1980er Jahren im Bericht der in Metairie, Louisiana, ansässigen Christian Defense League erschienen, und dieser Artikel fasste im Grunde die Grundidee der in *Judgement Final* dargelegten Theorie etwa zehn Absätzen zusammen, in denen es im Wesentlichen hieß, dass es wahrscheinlich war, dass die Israelis an der Ermordung von JFK beteiligt waren, weil JFK Probleme mit den Israelis und der sogenannten „Mafia" hatte, die oft des Mordes an JFK beschuldigt wurde und die in Wirklichkeit von dem Israel-Jünger Meyer Lansky beherrscht wurde.

Ich sprach darüber mit Dr. James K. Warner von der Christian Defense League und sagte ihm, dass ich dem Kaiser geben müsse, was dem Kaiser zustehe. Zu diesem Zeitpunkt hatte Warner sogar vergessen, dass der Artikel veröffentlicht worden war! Interessanterweise hat dieser kurze Artikel das Thema jedoch sehr gut abgedeckt.

Ich muss auch den verstorbenen Ned Touchstone würdigen, der ebenfalls aus Louisiana stammte und Herausgeber einer Zeitung namens *The Councilor* war. *Touchstone* hatte tatsächlich die Ermordung von JFK untersucht und ich habe nun erfahren, dass es Touchstone war, der als einer der ersten auf den CIA-Agenten David Ferrie stieß, was in Anhang 3 ausführlich beschrieben wird.

Zu Ehren von Touchstone betonte er tatsächlich die hochrangigen Verbindungen zur Israel-Lobby der mächtigen Stern-Familie aus New Orleans, die die Eigentümer des WDSU-Radios und -Fernsehens in New Orleans sowie enge Freunde von Clay Shaw waren. Wie ich in *Final Judgement* ausführlich beschrieben habe, waren es die Presseorgane des WDSU, die maßgeblich zu den Medienanstrengungen beitrugen, die den Grundstein für Lee Harvey Oswalds Profil als „Pro-Castro-Agitator" im Vorfeld des Mordes legten. Es war Touchstone, der andeutete, dass die Sterns auf die eine oder andere Weise der Schlüssel zum Rätsel des JFK-Mordes gewesen sein könnten, aber offensichtlich hatte er keine stichhaltigen Beweise, vielleicht wiederum, weil niemand genau wusste, wie sehr sich vor dem Attentat ein Problem zwischen JFK und den Israelis entwickelt hatte.

Touchstone entdeckte das Foto von Clay Shaw zuerst auf einer Party, die vom WDSU-Netzwerk der Familie Stern in New Orleans gesponsert wurde. Viele Jahre lang wurde angenommen, dass auch Ferrie auf dem Foto zu sehen war. In letzter Zeit wurden ernsthafte Zweifel daran geäußert, ob Ferrie tatsächlich die Person auf dem Foto mit Shaw war, aber es gab auch andere Quellen, die behaupteten, dass Shaw und Ferrie sich kannten. Ob Ferrie auf dem Foto zu sehen ist oder nicht, ist derzeit also völlig irrelevant.

Es gibt noch viel mehr über JFKs Beziehungen zu Israel zu sagen. Erst vor kurzem, genauer gesagt 1995 - nach der Veröffentlichung von *Judgement Final* - veröffentlichte das Außenministerium ein massives Werk mit bisher unveröffentlichten Dokumenten über die Beziehungen der USA zu Israel während der Kennedy-Regierung. Und es sind Dokumente, die bestätigen, dass JFK und der israelische Premierminister Ben-Gurion hinter den Kulissen in einen erbitterten Konflikt über Israels Bestreben, eine Atomwaffe zu bauen, verwickelt waren.

Das Werk des Außenministeriums, das über das Government Printing Office veröffentlicht wurde, ist *Foreign Relations of the United States (1961-1963) Volume XVII - Near East (1961-1962)*. Eine Auswahl dieser Dokumente wird in dieser Ausgabe von *Judgement Final* zitiert und liefert stichhaltige Beweise für den erbitterten Konflikt zwischen JFK und Ben-Gurion über das israelische Atombombenprogramm.

Darüber hinaus hat natürlich Avner Cohens neues Buch *Israel and the bomb* eine Menge neuer Informationen über JFKs inoffiziellen Krieg mit Israel geliefert. Cohen hat erzählt, dass er meine Theorie der israelischen Beteiligung an der JFK-Verschwörung ablehnt. Es besteht kein Zweifel daran, dass sein Buch (ob er es will oder nicht) meiner These Glaubwürdigkeit verleiht, ob Cohen das nun gefällt oder nicht.

In „Final Judgement" gab es viele Wiederholungen. Sehr oft sagen Sie, was Sie in späteren Kapiteln sagen werden oder was Sie in früheren Kapiteln erläutert haben. Wäre das Buch nicht viel effektiver, wenn Sie einen Verleger hätten, der diese sich wiederholenden Verweise aus dem Buch entfernt hätte?

Das ist eine interessante Frage. In meinem unmittelbaren Bekanntenkreis, der das Buch vor oder nach der Veröffentlichung gelesen hat, war die Wiederholung etwas, das sie fast immer hervorhoben, als ich sie fragte, was ihnen an dem Buch gefiel oder nicht gefiel. Tatsächlich sagten etwa sieben von zehn von ihnen, dass sie die Wiederholung mochten, und erklärten, dass sie alle komplexen Themen miteinander verbinde.

Das Buch selbst ist recht ausführlich und versucht, Themen miteinander zu verbinden, die zunächst nicht miteinander verbunden zu sein scheinen (obwohl sie es sehr wohl sind). Im Schreibprozess des Buches habe ich also die bewusste Entscheidung getroffen, zu versuchen, all diese Dinge so oft wie möglich miteinander zu verknüpfen. Es würde das Buch kürzer machen, wenn diese wiederholten Verweise bearbeitet worden wären, aber für jemanden, der nicht viele Details über die Ermordung von JFK, die Geschichte von JFKs Beziehungen zu Israel und das organisierte Verbrechen kannte, wäre es vielleicht schwieriger für sie gewesen, die gesamte These zu verstehen, wenn sie nicht auf wiederholte Weise verknüpft worden wäre, wie ich es getan habe.

Auf jeden Fall freue ich mich über kritische Kommentare von Lesern, denn es ist immer interessant zu sehen, wie andere meine Arbeit wahrnehmen. Doch auch im Nachhinein, trotz der Kritik einiger Personen, die ich gut kenne und deren Meinungen ich respektiere, glaube ich, dass mein Urteil in dieser Sache richtig war.

In Final Judgement geben Sie nie genau an, ob die CIA oder der Mossad der Hauptanstifter für die Ermordung von JFK war. Anders ausgedrückt: Wer war Ihrer Meinung nach der „Hauptpartner" bei der Verschwörung zur Ermordung von JFK? Sie können nicht beide haben. War es die CIA oder der Mossad?

Ich weiß nicht, ob die CIA oder der Mossad die treibende Kraft hinter der Verschwörung war. Ich möchte betonen, dass im Bereich der amerikanischen Nahostpolitik die CIA und der Mossad, wie ich bereits erwähnt habe, praktisch die zwei Seiten derselben Medaille waren. James J. Angleton, der Verbündete des Mossad bei der CIA, verwandelte viele CIA-Agenten im Wesentlichen in Mossad-Agenten, die im Namen der Interessen Israels nicht nur im Nahen Osten, sondern weltweit arbeiteten.

In vielen Fällen gab es zweifellos viele CIA-Agenten - und z. B. Vertragsagenten der CIA -, die die Arbeit des Mossad erledigten und es nicht wussten, nicht nur in Bezug auf die Ermordung von JFK, sondern auch bei verschiedenen verdeckten Aktivitäten weltweit.

Ich glaube, dass das Mordkomplott größtenteils eine Kooperationsbemühung war, aber ich glaube, dass die Verbindung zum Mossad im Zentrum der Verschwörung stand und dass sie auf Drängen von Angleton bei der CIA in Washington aktiv unterstützt und umgesetzt wurde.

Das Attentat wäre ohne die aktive Mitarbeit der CIA wahrscheinlich nie durchgeführt worden und es ist offensichtlich, dass die CIA-Mitarbeiter, die aktiv an dem Mordkomplott beteiligt waren (insbesondere Angleton), dem Mossad nahe standen oder in einer Reihe von Bereichen in seinem Einflussbereich arbeiteten.

Beispielsweise war E. Howard Hunt, der CIA-Mitarbeiter, der in New Orleans eng mit den Kubanern und Guy Banister zusammenarbeitete, auch ein Verbindungsmann der CIA zur französischen OAS, die ihrerseits eng mit den Israelis zusammenarbeitete. Ähnlich verhielt es sich mit Banister, einem weiteren wichtigen Akteur in mindestens einem Aspekt der Verschwörung: insbesondere dem Prozess der Legendenbildung von Lee Harvey Oswald als „Pro-Castro-Agitator", während er in New Orleans lebte. Dann ist da natürlich noch Frank Sturgis, der für die CIA und den Mossad gearbeitet und zugegeben hat, an dem Attentat beteiligt gewesen zu sein.

In vielen Schlüsselfällen, in denen man eine „CIA-Verbindung" zum JFK-Mordkomplott zu finden scheint, stellt man also auch fest, dass es sich auch um eine sehr wichtige israelische Verbindung handelt: ob es sich um Banister, Sturgis, Hunt oder, auf einer höheren Ebene, James Angleton handelt.

Ganz zu schweigen von dem langjährigen CIA-Agenten Clay Shaw, der über die vom Mossad gesponserte Permindex mit den Israelis verbunden war. In gewissem Sinne trugen all diese wichtigen Akteure zwei Hüte. Wenn man in diesem speziellen Bereich der Geheimdiensthandlung (der Ermordung von JFK) auf die CIA schaut, schaut man auch auf den Mossad.

In einer Situation wie dieser, in der verschiedene Machtgruppen interagieren - in diesem Fall eine Verschwörung zur Ermordung des US-Präsidenten -, könnte man sehen, wie Ben-Gurion in Israel zu James Angleton von der CIA in Washington sagt (natürlich direkt oder indirekt): „JFK ist nicht nur eine Bedrohung für Israel, sondern er wird auch die CIA in tausend Stücke zerschlagen und sie in den Wind werfen. Er wird ihre Pläne für weitere Schritte in Vietnam ruinieren".

Gleichzeitig könnten die Ben-Gurion-Lobbyisten den Lobbyisten der Rüstungsunternehmer in Washington ins Ohr flüstern und beispielsweise sagen: „Ihr werdet eure großen Profite nicht bekommen, wenn JFK aus Vietnam kommt. Und wenn LBJ ins Amt kommt, wissen wir in gutem Glauben, dass er einen großen und sehr profitablen Prozess der Aufrüstung Israels einleiten wird. Aber nichts davon wird passieren, wenn JFK länger bleibt". Die Rüstungsunternehmer drehen sich um und sagen zu ihren Freunden bei der CIA und im Pentagon: „Dieser Kennedy-Scheißkerl muss weg."

Das ist natürlich sehr vereinfacht, aber es ist eine sehr aufschlussreiche Art zu sehen, wie sich der Prozess des Mordkomplotts zu entwickeln begann.

Offensichtlich brauchten Angleton und seine Partner bei der CIA Ben-Gurion nicht, um ihnen zu sagen, was JFKs Problem mit der CIA war. Aber es schadete Angleton sicherlich nicht, zu wissen, dass er den politischen Einfluss und Schutz, ganz zu schweigen von der Hilfe, Israels und seines weltweiten Netzwerks und seiner Unterstützung in den amerikanischen Medien haben würde, wenn er und die CIA sich dazu entschlossen, gegen Präsident Kennedy vorzugehen.

Insgesamt hatten Sie eine Gruppe sehr eng verbundener Personen - sowohl reine Verschwörer als auch mächtige Sympathisanten -, die alle regelmäßig auf einer intimen und sehr geheimen Basis miteinander zu tun hatten.

Ich habe wiederholt darauf hingewiesen, dass die Verschwörung zum Mord an JFK zwar auf den ersten Blick aus vielen verschiedenen, sich überschneidenden Kreisen zu bestehen scheint, es aber angemessener wäre, die Verschwörung als einen sehr großen Kreis zu betrachten, der sich immer weiter nach innen ausdehnt, bis er in einen sehr engen Strudel gerät. Sie haben nicht „eine große glückliche Familie", sondern stattdessen „eine sehr kleine glückliche Familie", die an der JFK-Verschwörung mitarbeitet. Mit nur wenigen Kontakten konnten diese Personen diese Verschwörung, die natürlich über mehrere Kontinente hinweg ging, in Gang setzen, finanzieren und orchestrieren.

Wir werden nie erfahren, wer gesagt hat: „Töte JFK". Es wäre anmaßend, wenn ich versuchen würde, dazu etwas zu sagen, und offensichtlich sind keine

Dokumente über diese Verschwörung erhalten geblieben. In Oliver Stones *JFK* sagt der von Donald Sutherland gespielte Charakter, der als „Mister X" bekannt ist, er habe gespürt, dass die Verschwörung „in der Luft" begonnen habe. Kennedy, sagt er, war wie Cäsar, von Feinden umgeben. Irgendetwas war im Gange. Dennoch wusste jeder in der Schleife, was passieren würde - dass JFK ermordet werden sollte. Es war ein Staatsstreich, und so funktionieren sie. So kann man am besten sehen, wie sich die Verschwörung entwickelt hat.

Laut Pierre Neuville, meiner französischen Quelle, hat Yitzhak Shamir, der Chefmörder des Mossad, mindestens einen Attentäter oder ein Attentatsteam über Colonel Georges De Lannurien an den französischen Geheimdienst untervertraglich gebunden. Und weil De Lannurien am Tag des Attentats mit Angleton im CIA-Hauptquartier in Langley war, scheint es wahrscheinlich, dass De Lannurien genau wusste, wen diese Auftragsmörder im Visier hatten. Er scheint nicht „aus dem Schneider" gewesen zu sein. Meiner Meinung nach gab es also eine affirmative Geste seitens des Mossad mit dem Ziel, John F. Kennedy zu töten. Vielleicht tat Shamir dies auf Angletons Bitte hin.

Es besteht kein Zweifel daran, dass JFKs angespannte Beziehung zu Israel eine der Hauptmotivationen hinter der finalen Verschwörung war, wenn man die Rolle des israelischen CIA-Mitarbeiters James Angleton bei der Verschwörung bedenkt. Angleton hatte mehrere Motive, die Beteiligung der CIA an der Verschwörung in die Wege zu leiten, und eines der Hauptmotive war sicherlich seine Position als Leiter und engagierter Verteidiger Israels bei der CIA in Washington.

Ich denke, meine Schlussfolgerung in *Judgement Final* ist, dass man das Mordkomplott gegen JFK absolut nicht untersuchen kann, ohne die Rolle des Mossad zu berücksichtigen, ungeachtet anderer Faktoren, auch wenn diese wichtig sind.

In Final Judgement sagen Sie sehr wenig über die Rolle des militärisch-industriellen Komplexes und seiner Verbündeten im Pentagon bei der Verschwörung zum Mord an JFK.

Ehrlich gesagt habe ich die Theorie, dass „der militärisch-industrielle Komplex JFK getötet hat", immer als eine Ausweichtheorie betrachtet. Wenn Sie den (sogenannten) militärisch-industriellen Komplex beschuldigen, beschuldigen Sie gesichtslose Industrielle, gesichtslose Militärs und gesichtslose Finanziers. Es ist eine wolkige Grauzone mit wenigen Details. Wenn Sie jedoch die Terminologie des „militärisch-industriellen Komplexes" verwenden wollen, der immer noch eine große Vielfalt an Machtgruppen umfasst, sind sie alle voneinander abhängig. Tatsache ist, dass die Israel-Lobby ein Schlüsselelement des militärisch-industriellen Komplexes ist, heute ganz besonders. Als direkte Folge von JFKs Tod begann der militärisch-industrielle Komplex mit der Herstellung der Waffen, die Israel in großen Mengen erhielt, als LBJ JFKs Nahostpolitik umkehrte.

LBJ begann nicht nur, Israel bis an die Zähne zu bewaffnen, sondern auch massive Auslandshilfe zu leisten, die der jüdische Staat zum Kauf der Kriegswaffen verwendete, die von den gesichtslosen Dämonen des „militärisch-industriellen Komplexes" gebaut wurden. Ich kenne mindestens einen Lobbyisten der israelischen Rüstungsindustrie, der in dieser Zeit auch für einige große US-amerikanische Rüstungsunternehmen - und für die CIA - lobbyierte. Und er ist nicht der Einzige. Der militärisch-industrielle Komplex hat also nicht nur enorm vom Vietnamkrieg profitiert. Diese gesichtslosen Industriellen hatten auch ein großes Interesse an der Aufrüstung Israels, wie auch immer man das sehen mag.

Diejenigen, die den „militärisch-industriellen Komplex" für den Tod von JFK verantwortlich machen wollen, sollten besser damit beginnen, auf die Tatsache hinzuweisen, dass Israel und seine US-Lobby Teil dieses sehr beliebten Schwarzen Mannes in der Legende vom JFK-Mordkomplott sind. Es gibt viele unter den Forschern, die vielleicht davor zurückschrecken, die Rolle Israels im militärisch-industriellen Komplex zu erwähnen, aber dieses Element ist da, ob sie es wollen oder nicht.

Ist die Verschwörung, die Sie in „Endgericht" beschreiben, eine „rechte Verschwörung" oder eine „linke Verschwörung"?

Ich glaube nicht, dass die Begriffe „rechts" und „links" noch viel Sinn machen, und ich glaube auch nicht, dass Sie diese Terminologie in Bezug auf die Ermordung von JFK verwenden können. Es gibt viele andere Faktoren, die bei der Verschwörung am Werk sind. Die CIA-Mitarbeiter, die sich auf die eine oder andere Weise gegen JFK verschworen, insbesondere James Angleton, David Atlee Phillips, Leiter der CIA-Abteilung für die westliche Hemisphäre, E. Howard Hunt, Frank Sturgis und kleinere Figuren wie Guy Banister und David Ferrie in New Orleans, ganz zu schweigen von den vielen Exilkubanern, die für die CIA arbeiteten, waren „rechts" und „antikommunistisch" eingestellt. Tatsache ist jedoch, dass die Regierung des israelischen Premierministers David Ben-Gurion ein linkssozialistisches Regime unter der Herrschaft der Arbeitspartei war. Sie finden also rechte CIA-Anhänger, die mit den Linken in Israel zusammenarbeiten.

Was Sie hatten, war eine Verschwörung der politischen Mächte: eine Vielzahl von Sonderinteressen, die zusammenarbeiteten. Sie hatten auch die Mitglieder der von Lansky dominierten „Mafia", die sich über den von der Kennedy-Regierung geführten Krieg gegen das organisierte Verbrechen sorgten und auch dabei halfen, die kubanischen Anti-Castro-Exilanten an verschiedenen Fronten zu finanzieren. Und wie viele wissen, hatte sogar „die Mafia" Castro anfangs finanziert, in der Hoffnung, in seiner Gunst zu stehen, falls und wenn er an die Macht kommen würde. Es waren also sicherlich viele widersprüchliche Kräfte am Werk. Ich würde auch hinzufügen, dass selbst innerhalb der kubanischen Exilgemeinschaft der Castro-Gegner, die unter vielen Wissenschaftlern als „rechts" galt, es in Wirklichkeit viele „Linke" gab, die Castro ablehnten.

Innerhalb der kubanischen Gemeinschaft gab es viele verschiedene Fraktionen. Tatsächlich nahmen viele Veteranen der Anti-Castro-Kriege der frühen 1960er Jahre sogar wahr, dass E. Howard Hunt mit den Linken unter den Anti-Castro-Kubanern sympathisierte. Die liberale Ausrichtung der Forschungsgemeinschaft in Bezug auf das JFK-Attentat versteht das nicht, aber es ist sicherlich ein Faktor, der in Betracht gezogen werden muss. Man kann die CIA also nicht einmal wirklich als „rechts" oder „links" identifizieren, wenn man wirklich anfängt, die

Situation zu analysieren. Es gibt auch heute noch viele alte Hasen in der CIA, die immer noch voller Bitterkeit über den Einfluss der „Liberalen" in den Streitigkeiten zwischen den CIA-Fraktionen über den Krieg gegen Fidel Castro sind.

Entfernen wir uns von Begriffen wie „links" und „rechts" und betrachten wir die JFK-Mordverschwörung als ein Bündnis zwischen verschiedenen Interessen (von denen sich viele überschneiden), die aber alle von der Ermordung Präsident Kennedys profitierten.

Ist es nicht letztlich möglich, dass der sowjetische KGB - oder eine Fraktion innerhalb des KGB - tatsächlich hinter dem Mordkomplott gegen JFK steckte, die „rechten" Leute in der CIA und die Exilkubaner der Anti-Castro-Bewegung manipulierte und sogar in der Mafia und im Mossad aktiv war?

Ja, das ist durchaus möglich, aber sehr unwahrscheinlich. In der Welt des Geheimdienstes ist alles möglich. Die Dinge sind nicht immer so, wie sie zu sein scheinen. Aber schauen wir uns die sowjetische Motivation im Allgemeinen an. Welche Motivation hatten die Sowjets, JFK zu töten und Lyndon Johnson als amerikanischen Präsidenten zu ersetzen? In gewissem Sinne hatte LBJ den Ruf, noch antikommunistischer als JFK zu sein. Es ist sehr unwahrscheinlich, dass sie LBJ seinem Vorgänger vorgezogen hätten. Ich habe noch nie jemanden gesehen, der auch nur den Anschein von Glaubwürdigkeit hatte, etwas vorzulegen, das dies belegt. Es ist möglich, dass es irgendwo inmitten der Verschwörung zur Ermordung von JFK jemanden gab, der in gewisser Weise ein Doppelagent des KGB war, aber es gab bei dieser Verschwörung offensichtlich so viele Überschneidungen zwischen den verschiedenen Geheimdiensten, dass es sogar möglich ist, dass ein irischer Geheimagent absichtlich oder unabsichtlich in die Verschwörung verwickelt gewesen sein könnte.

Wie Mark Lane in *Plausible Denial* hervorhob, war das Bemühen, die Schuld für das Attentat dem KGB in die Schuhe zu schieben, eine der vielen Inszenierungen, die von den echten Verschwörern angeboten wurden. Vielleicht war die Ausrede des KGB eine der vielen Geschichten, die sich die Verschwörer für den Fall aufbewahrten, dass sie eine Mastercard brauchten. Und Sie werden sich erinnern, dass es James Angleton war, der CIA-Beamte, der die Theorie, dass Lee Harvey Oswald, gelinde gesagt, ein „Pro-Castro-Agitator" war, der damit beschäftigt war, sich mit einem KGB-Mordexperten in Mexiko zu treffen, am vehementesten verteidigte.

In seinem Buch *The Man Who Knew Too Much* schildert der Autor Dick Russell einen sehr plausiblen Fall, in dem ein langjähriger US-Geheimdienstmitarbeiter, Richard Case Nagell, unter der Leitung des KGB versucht haben könnte, das Mordkomplott zu infiltrieren. Nagell scheint in verschiedene Aspekte der Verschwörung verwickelt gewesen zu sein, aber das bedeutet nicht, dass der KGB die Verschwörung manipuliert hat, sondern dass er vielmehr eine Verschwörung oder Verschwörungen überwacht hat - und möglicherweise wusste er anfangs nicht einmal, dass es sich um eine Mordverschwörung handelte.

Sind Sie absolut gegen jede Beteiligung des kubanischen Diktators Fidel Castro an dem Attentat?

Das ist absolut richtig. Ich glaube nicht, dass es auch nur den geringsten Zweifel daran gibt, dass Castro selbst erkannt hätte, wie radikal er einen Fehler begangen hätte, wenn er in irgendeinem Aspekt der Verschwörung verwickelt gewesen wäre, der auch nur vage mit der Ermordung oder dem versuchten Mord an John F. Kennedy in Verbindung gebracht wird. Fidel Castro ist nicht dumm. Hätte man es jemals Castro in die Schuhe geschoben, hätte es wahrscheinlich eine nationale und internationale Forderung nach Castros Kopf gegeben. Castro hatte also offensichtlich kein Interesse daran, John F. Kennedy einen Pflock ins Herz zu rammen.

Viele Jahre später wissen wir nun, dass JFK auf eine Form der Entspannung mit Castro zusteuerte, aber gleichzeitig scheint es, dass JFK sich zweifellos Optionen gegenüber dem kubanischen Führer offen hielt. Es ist jedoch sehr klar, dass die wahren Verschwörer hinter dem Attentat, die Lee Harvey Oswald manipulierten, dies auf eine Weise taten, dass er den Eindruck erweckte, ein „pro-Castro-Agitator" zu sein. Was sagt das aus? Wenn Castro hinter der Verschwörung steckte, hätte er Oswald sicherlich nicht auf diese Weise manipuliert. Wenn Castro auch nur die geringste Ahnung gehabt hätte, dass ein Mordkomplott im Gange war, wäre es in Castros Interesse gewesen, JFK darüber zu informieren. Castro wusste nichts von einer Verschwörung. Wir können eine Beteiligung Castros ausschließen.

Ist es nicht möglich, dass „korrupte Elemente" der CIA und des Mossad in die Ermordung von JFK verwickelt waren und dass die hohen Beamten der CIA und des Mossad nichts mit der Verschwörung zu tun hatten?

Nein, es ist nicht möglich, dass die Ermordung von JFK von „verbrecherischen Elementen" der CIA und des Mossad inszeniert wurde. Die fadenscheinige Ausrede der „verbrecherischen Elemente" ist müde und abgenutzt. Wenn man sich die CIA-Mitarbeiter anschaut, die in seltsame Aktivitäten im Zusammenhang mit dem Attentat verwickelt waren, insbesondere die Bemühungen, zu suggerieren, Lee Harvey Oswald habe sich mit einem KGB-Mord-Spezialisten in Mexiko-Stadt getroffen, stößt man nicht nur auf David Atlee Phillips, den Leiter der CIA-Abteilung für die westliche Hemisphäre, sondern natürlich auch auf Angleton, den Direktor der Spionageabwehr für die CIA. Es sind keine „niederen" Angestellten, die sich verirrt haben. Es sind Männer in hohen Positionen. Daran gibt es keinen Zweifel. Was ist mit jemandem wie E. Howard Hunt? Obwohl Hunt in der Hierarchie der CIA sicherlich unterhalb von Phillips oder Angleton stand, war er immer noch eine langjährige CIA-Figur, die eine wichtige Rolle in den geheimen Angelegenheiten der CIA gespielt hatte. Auch Hunt war kein „korrupter" Agent.

Es gibt keine Beweise dafür, dass John McCone - ein alter Freund der Kennedy-Familie -, der von JFK zum Direktor der CIA ernannt wurde (als Nachfolger des von JFK entlassenen Allen Dulles), etwas mit der Verschwörung zu tun hatte. Tatsächlich war McCone, wie in *Final Judgement* festgestellt wurde, ein bitterer Kritiker des israelischen Atombombenprogramms, und früher, am Ende der Eisenhower-Regierung, als er Mitglied der Atomenergiekommission war, war es McCone, der zum ersten Mal die Wahrheit über Israels nukleare Absichten enthüllte.

Es ist interessant, dass, als die Kennedy-Regierung die CIA anwies, mit der Spionage des geheimen israelischen Atomentwicklungsprogramms zu beginnen, die Spionage von McCones Büro aus erfolgte. Mit anderen Worten: JFK vertraute der Spionageoperation von Angleton nicht, von dem jeder wusste, dass er ein von Israel kooptierter Agent der CIA war, aber JFK vertraute McCone. Obwohl McCone also nichts mit der Ermordung von JFK zu tun hatte, hatten diejenigen, die ihn auf höchster Ebene umgaben, sicherlich etwas mit dem Attentat zu tun.

Man darf auch nicht vergessen, dass viele CIA-Mitarbeiter zum Zeitpunkt des JFK-Mordes dem langjährigen Direktor Allen Dulles, der von Kennedy entlassen worden war, treu geblieben waren. Die Beteiligung der CIA an der Ermordung war eine institutionelle Antwort auf JFK, der gedroht hatte, die CIA zu zerschlagen und in den Wind zu schießen.

All das bedeutet nicht, dass es an einem Tag, an dem John McCone mit einer Erkältung herausgekommen war, eine Generalstabssitzung bei der CIA gab, bei der Angleton ankündigte:" Wir werden den Präsidenten töten. „Lassen Sie uns zusammenarbeiten, um zu verhindern, dass Mr. McCone davon erfährt." So funktionieren die Dinge nicht. Die wahren Verschwörer der Schleife waren eine eng zusammengeschweißte Gruppe, der immense Ressourcen zur Verfügung standen, darunter nicht nur die Bürokratie der CIA und ihr berüchtigtes Schwarzbudget, sondern auch die Fähigkeiten des Mossad-Netzwerks auf Abruf.

Mehr noch: Durch die Interaktion der CIA mit Randgruppen wie den gegen Castro eingestellten Exilkubanern, ganz zu schweigen von den Kontakten im organisierten Verbrechen, gab es genügend Leute, die manipuliert werden konnten, die nicht unbedingt wussten, dass sie manipuliert und involviert waren. Und sobald diese Leute involviert waren, war es in ihrem Interesse, nicht nur zu schweigen, sondern auch bei der Vertuschung zu helfen. Es gab zweifellos viele Leute bei der CIA und anderswo, die in einen Aspekt der Verschwörung verwickelt waren, die keine Ahnung hatten, dass sie benutzt wurden, um das ultimative Ziel zu erreichen, JFK auszuschalten.

Was den Mossad betrifft, so hätten die Mossad-Agenten ohne die direkten Befehle des Premierministers David Ben-Gurion und des Mossad-Chefmörders Yitzhak Shamir nicht handeln können. Der Mossad ist in der Tat eine sehr kleine institutionelle Organisation, wie der ehemalige Mossad-Agent Victor Ostrovsky betonte. Er ist sogar noch enger vernetzt als die CIA.

Tatsächlich gibt es laut Ostrovsky innerhalb des Mossad etwas, das man als „Verwaltungsrat" für Attentate bezeichnen könnte, und kein Attentat kann vom

Mossad inszeniert werden, ohne dass ein formelles Votum zur Genehmigung durch diesen Rat vorliegt.

Hier ist noch ein weiterer wichtiger Punkt zu beachten: Es ist sehr unwahrscheinlich, dass der Mossad - zumindest zu diesem Zeitpunkt der Geschichte - jemals in Erwägung gezogen hätte, den US-Präsidenten zu töten, es sei denn, er hätte gewusst, dass er zumindest die institutionelle Zustimmung der CIA hatte. Israels Position war 1963 sehr prekär und für den Mossad - oder auch für die sogenannten „zwielichtigen Elemente" des Mossad - wäre der Versuch, den US-Präsidenten zu ermorden, ohne die Gewissheit, dass er beispielsweise die Unterstützung der CIA gehabt hätte, ein unüberlegter Schritt gewesen. Es gab also keine „verbrecherischen" Elemente innerhalb des Mossad, die in die Ermordung von JFK verwickelt waren.

An dieser Stelle ist es wohl angebracht, noch einmal genauer auf James Jesus Angleton einzugehen. Obwohl es keinen Zweifel daran gibt, dass Angleton aus persönlicher Entscheidung (aus welchen Gründen auch immer) ein glühender Freund des Zionismus und des Staates Israel war und alle ihm zur Verfügung stehenden Ressourcen nutzte, um Entscheidungen der CIA im Namen Israels zu beeinflussen.

Doch unabhängig davon, ob er erpresst wurde oder nicht, bleibt es dabei, dass Angleton der Hauptverteidiger Israels bei der CIA war. Er war ein mächtiger und diskreter Mann, der auch eine Schlüsselrolle bei einem Großteil der weltweiten CIA-Verschwörung in verschiedenen Bereichen spielte, wo er eng und dauerhaft mit Persönlichkeiten zu tun hatte, die wiederum mit dem Mossad und dem Lansky-Verbrechenssyndikat verbunden waren. Angleton war kein Krimineller. Er war der einflussreichste, wenn auch umstrittene CIA-Master und eine der bemerkenswertesten Persönlichkeiten in der bizarren und faszinierenden Geschichte dieser Behörde. Er war auch eine der Personen, die am direktesten für die Initiierung und Organisation der Ermordung von Präsident John F. Kennedy verantwortlich waren.

Wo stehen die kubanischen Anti-Castro-Exilanten in der JFK-Verschwörung?

Die Kubaner waren am unteren Ende der Skala. Sie waren untergeordnete Beamte, vielleicht die niedrigsten von allen. Vielleicht gab es einen Kubaner, der in Dallas den Abzug drückte. Die ehemalige CIA-Agentin Marita Lorenz (die kurz vor dem Attentat mit einem Konvoi ankommender Kubaner nach Dallas fuhr) bemerkte, dass ihr von ihrem CIA-Vorgesetzten in Dallas gesagt wurde, sie solle als „Lockvogel" fungieren, und es scheint mir wahrscheinlich, dass viele der Kubaner, die in das Attentatsszenario verstrickt waren, als solche fungierten. Die Kubaner erwiesen sich als ausgezeichnete „falsche Fahne" für die wahren Verschwörer, denn es wurden viele falsche Fährten gelegt, um Lee Harvey Oswald als „pro-Castro-Agitator" erscheinen zu lassen. Wer wäre besser geeignet, Oswald auf diese Weise zu manipulieren und Oswalds Rolle zu spielen, als die Anti-Castro-Kubaner, die natürlich die Vorteile einer solchen Maßnahme sehen würden?

Wie ich in *Final Judgement* hervorhebe, hatte der CIA-Agent Jerry Patrick Hemming, der den Anti-Castro-Kubanern nahestand, schon vor langer Zeit erklärt, dass die Kubaner manipuliert wurden und dass sie dies erkannt hatten. Ich behaupte natürlich, dass sie von der CIA und dem Mossad manipuliert wurden, die sie glauben ließen, sie spielten eine Rolle bei JFKs Rache für die Schweinebucht, zum Beispiel, obwohl viel, viel mehr auf dem Spiel stand.

Es sollte auch erwähnt werden, dass der französische Geheimdienst zu dieser Zeit eng in die kubanische Situation involviert war, auch wenn dies nicht so genau bekannt ist. Es gab Franzosen auf beiden Seiten des Konflikts. Es ist daher denkbar, dass der Mossad in dieser Zeit auch seine Verbündeten im französischen Geheimdienst nutzte, um die kubanischen Untergetauchten zu manipulieren. Dies ist ein Thema, das einige Forscher vielleicht gerne weiter untersuchen würden. Es könnte Wasser auf die Mühlen eines sehr interessanten Buches bringen.

Wenn jemand unwiderlegbare Beweise dafür finden würde, dass Lee Harvey Oswald tatsächlich der einzige Attentäter von Dallas war, der alle Schüsse abfeuerte, die abgefeuert wurden, würde das Ihre Theorie nicht völlig zerschlagen?

Wenn jemand solche „Beweise" produzieren würde, würde ich sagen, dass sie gefälscht sind. Wie dem auch sei, niemand wird jemals solche Beweise finden. Wenn man jedoch das Argument zulässt, dass Oswald beispielsweise der einzige Schütze war, würde dies meine grundlegende Theorie keinesfalls diskontieren. Denken Sie daran, dass es keinen Zweifel daran gibt, dass Lee Harvey Oswald mit Personen in Verbindung stand (und von ihnen manipuliert wurde), die Verbindungen zur CIA und zum Mossad hatten. Im Fall von Oswalds Partner in New Orleans, Guy Banister, der Oswald als Pro-Castro-Agitator „verkleidete", hatte Banister Verbindungen zur französischen OAS, die von Israel unterstützt wurde. Wie dem auch sei, selbst wenn Oswald der „Einzelschütze" gewesen wäre und es ihm gelungen wäre, das Attentat selbst zu begehen, ist es eine Tatsache, dass Oswald damals ein Einzelschütze war, der von seinen übergeordneten Manipulatoren, die im Namen der CIA und des Mossad handelten, erfolgreich eingesetzt wurde. So einfach ist das.

Ist es möglich, dass Lee Harvey Oswald einer Gehirnwäsche unterzogen wurde und in gewisser Weise ein „Mandschu-Kandidat" und ein Opfer der Gedankenkontrolle war?

Das ist durchaus möglich. Dies ist kein Bereich, den ich bis ins kleinste Detail erforscht habe, und ich habe auch nicht die Absicht, dies weiter zu tun. Ich glaube auch nicht, dass es für die Lösung des Rätsels, wer JFK getötet hat und warum, von entscheidender Bedeutung ist. Letztendlich war Oswald, wie auch immer, der „Sündenbock", wie er sich selbst beschrieb, als er sich in Polizeigewahrsam befand.

Ich denke, an dieser Stelle ist es wichtig zu erwähnen, dass die CIA-Mind-Control-Programme, die zum Zeitpunkt der Ermordung von JFK eingesetzt wurden, in der Tat unter der direkten Kontrolle von James J. Angletons Abteilung für Spionageabwehr standen. Wenn Oswald also ein Mandschu-Kandidat (ein Mandschu-Kandidat ist eine Person, die einer Gehirnwäsche unterzogen wurde) im Rahmen der Disziplinarmaßnahmen der CIA-Mind-Control-Operationen war, führt uns das wieder einmal zu dem sehr gut situierten israelischen Jünger bei der CIA.

Obwohl Dr. Sidney Gottlieb, der Cheftechniker für die Bewusstseinskontrollprogramme der CIA war, der Öffentlichkeit vorgestellt wurde, arbeitete Gottlieb selbst direkt unter Angleton. Wenn Oswald ein Mandschu-Kandidat war, dann war er Angletons Mandschu-Kandidat.

Welche Rolle hat Oswald Ihrer Meinung nach (außer der des „Sündenbocks") bei der Ermordung von JFK gespielt? Wusste Oswald im Voraus von einer Verschwörung, JFK zu töten? Ist es möglich, dass er bei der Verschwörung geholfen hat, vielleicht als loyaler Mitarbeiter der CIA, z. B. weil er nicht wusste, dass er der Sündenbock sein sollte? War er ein CIA- oder FBI-Agent oder was?

Das sind Fragen, die wahrscheinlich nie geklärt werden. Oswald war in der Tat der Sündenbock. Ich war jedoch immer der Meinung, dass es am 22. November 1963 in Dallas wahrscheinlich noch andere Personen gab, die Ersatz-Sündenböcke waren - andere, die bereits „verkleidet" worden waren, wie es mit Oswald geschehen war. Die Personen, die für die Einsetzung dieser anderen Sündenböcke verantwortlich waren, waren vielleicht die gleichen, die Oswald eingesetzt hatten - oder vielleicht auch nicht.

War Oswald einer der Schützen von Dallas? Ich glaube nicht, dass Oswald eine Kugel auf John F. Kennedy oder John Connally abgefeuert hat, falls er an diesem Tag tatsächlich geschossen hat. Mein allgemeiner Eindruck ist, dass Oswald möglicherweise in die Verschwörung verwickelt war, als er erfuhr, dass es sich um einen „fiktiven" Mordversuch handelte, der dem amerikanischen Volk Angst einjagen sollte, indem er es glauben machte, man müsse gegen Fidel Castro vorgehen.

Oswald könnte angewiesen worden sein, ein Gewehr in das Buchlager in Dallas zu bringen (von wo aus Oswald laut Warren-Kommission die tödlichen Schüsse abgegeben haben soll). Ob es sich dabei um sein eigenes oder ein anderes Gewehr handelte oder ob mit dieser Waffe irgendwelche der Schüsse abgefeuert wurden, werden wir wahrscheinlich nie erfahren (es gibt einige, die sich fragen, ob Oswald tatsächlich derjenige ist, der die angebliche Mordwaffe ursprünglich per Post erhalten hat!).

Ich halte es für wahrscheinlich, dass Oswald wusste, dass an diesem Tag auf der Dealey Plaza etwas vor sich ging, was zumindest das Abfeuern von Gewehren hätte beinhalten können. Ich bezweifle, dass Oswald wirklich glaubte, dass die Gewehre auf JFK oder John Connally gerichtet werden würden. Ich vermute, dass Oswald ein wenig überrascht war, um es einfach auszudrücken, als er erfuhr, dass der Präsident von Schüssen getroffen worden war.

War er sich einer Verschwörung zum Mord an JFK bewusst? Wie ich bereits angedeutet habe, glaube ich nicht, dass er von einer solchen Verschwörung wusste. Stattdessen glaubte er wahrscheinlich, dass er Teil eines „abgekarteten Spiels" war, das von JFK selbst inszeniert wurde. Oder, wie ich vorgeschlagen habe, glaubte er vielleicht, dass die CIA dafür sorgte, dass JFK Zweifel an Castro hegte. Wer weiß?

Das neue Buch von Professor John Newman, *Oswald and the CIA*, erzählt uns viel über Oswald und die CIA, indem es zahlreiche Geheimdienstdokumente zitiert, aber es erzählt uns auch sehr wenig. Alles, was er uns wirklich erzählt, ist, dass die CIA und andere Regierungsstellen schon seit einiger Zeit an Lee Harvey Oswald interessiert waren. Das ist keine Überraschung. Wie Newman jedoch sehr deutlich macht, war es Angletons Abteilung bei der CIA, die anscheinend allgegenwärtig war, als die CIA Informationen über Oswald sammelte. Kurzum: Angleton wusste lange vor dem Attentat, wer Lee Harvey Oswald war. (Rückblickend betrachtet war es vielleicht sogar Angleton, der sich die Idee ausgedacht hat, Lee Harvey Oswald als Sündenbock zu wählen. Höchstwahrscheinlich, würde ich sagen).

Immerhin war Oswald ein ehemaliger US-Marine, der offenbar zur Sowjetunion „übergelaufen" war - was, gelinde gesagt, kein alltägliches Unterfangen war. Offensichtlich war die CIA also an Oswald interessiert, unabhängig davon, ob er zu diesem Zeitpunkt ein echter Deserteur war oder nicht. Und wenn Oswalds Desertion echt war, ist es durchaus denkbar, dass er umkehrte und anschließend für die CIA arbeitete, anstatt sich ihr zu widersetzen.

So leid es mir tut, das zu sagen, aber ich glaube nicht, dass John Newman mit seinem neuen Buch irgendeinen substanziellen Beitrag geleistet hat. Alles, was er uns erzählt hat, wissen wir seit Jahren. Die Leute sagen seit Jahren, dass Oswald als Marine rekrutiert wurde, um bei der CIA zu arbeiten. Und einige sagen, dass er nicht als falscher „Deserteur" von der CIA rekrutiert wurde, sondern vielmehr vom Büro des Marinegeheimdienstes. Aber auch hier ist es durchaus möglich, dass er für eine andere geheime Regierungsbehörde arbeitete, die Agenten in der UdSSR leitete.

War Oswald ein FBI-Agent? Aufgrund seines Profils als „Deserteur" - ob wahr oder nicht - ist es nicht überraschend, dass das FBI an Oswald interessiert war. Wenn Oswald ein von der CIA gesponserter „Deserteur" gewesen wäre, hätte das FBI dies vielleicht nicht unbedingt gewusst und hätte Oswald sozusagen für „seriös" gehalten und ihn nach seiner Rückkehr aus diesem Grund unter Beobachtung gestellt. Und wenn Oswald ein echter Deserteur gewesen wäre, der bei seiner Rückkehr in die USA schließlich seine Aussage widerrufen hätte, wäre es möglich, dass er dem FBI seine Dienste angeboten hätte oder vom FBI angeworben worden wäre.

Kurz nach dem Attentat kursierte ein Artikel, wonach Mr. Oswald möglicherweise als Informant beim FBI angestellt war, aber es gibt viele Beweise, die darauf hindeuten, dass diese Geschichte einfach überhaupt nicht wahr ist. Wenn die Geschichte jedoch nicht wahr ist, hat sie sich dennoch verselbstständigt und taucht häufig in der Dokumentation über das JFK-Attentat auf.

Allein die Tatsache, dass Oswald für Guy Banister in New Orleans arbeitete, bringt ihn in die Einflusssphäre des FBI, insofern als Banister seit langem ein hoher Beamter des FBI war. Die Verbindung zu Banister bringt Oswald auch in den Einflussbereich der CIA, ganz zu schweigen vom Marinegeheimdienst (ONI), insofern Banister nicht nur ein CIA-Agent, sondern auch ein ehemaliges ONI-Mitglied war.

Einige haben angedeutet, dass Oswald vielleicht sogar als Informant für das Finanzministerium arbeitete und zwischenstaatliche Waffenverkäufe untersuchte. Einige haben diesem Thema viel Forschungsarbeit gewidmet.

Ich für meinen Teil neige dazu, die Verbindung zur CIA (über Banister) als den Bereich anzusehen, auf den wir uns konzentrieren müssen, und ich werde gleich noch weiter darauf eingehen. Es ist jedoch wahrscheinlich, dass, wenn Oswalds Arbeit für Banister von der CIA koordiniert wurde, Oswald selbst davon nichts wusste.

Letztendlich stellen wir fest, dass Oswald in vielen verschiedenen Einflusssphären tätig war und allein aus diesem Grund ein idealer Sündenbock war, da er mit einer oder allen verschiedenen Gruppen in Verbindung gebracht werden konnte, die dann wiederum Gründe hätten, ihre Verbindung zu einem mutmaßlichen Präsidentenmörder verbergen zu wollen.

Ich glaube wirklich, dass es starke Beweise dafür gibt, die in einer Vielzahl von Büchern über das JFK-Attentat aufgetaucht sind, dass Menschen sich als Lee Harvey Oswald ausgegeben haben. Es scheint jedoch unwahrscheinlich, dass diese Betrüger wussten, dass sie dies taten, um einen Aspekt des Mordkomplotts zu begünstigen. Die Verschwörung war viel zu stark unterteilt, als dass jeder Teilnehmer an irgendeinem Aspekt des Komplotts genau gewusst hätte, wie er manipuliert oder in Bezug auf die Falle, die Oswald gestellt wurde, benutzt wurde. Einige dieser Betrüger hatten Oswald wahrscheinlich nie gesehen und wussten wahrscheinlich nicht, wer er war, bis der echte Oswald von der Polizei in Dallas festgenommen wurde.

In *Final Judgement* habe ich wohl eine ernsthafte Neuerung vorgenommen, als ich darauf hinwies, dass Oswalds Verbindung mit Guy Banister durchaus auf eine mögliche Rolle der Anti-Defamation League (ADL) der B'nai B'rith (ein Zweig des israelischen Mossad) bei der „Verkleidung" Oswalds als Pro-Castro-Agitator hindeuten könnte. Angesichts Banisters enger Beziehung zu A. L. (Bee) Botnick vom New-Orleans-Büro der ADL müssen wir ernsthaft darüber nachdenken, ob Banisters Einsatz von Oswald von der ADL organisiert worden war, die häufig private Detekteien wie Banisters Büro in New Orleans beauftragte.

Das ist eine Frage, mit der wir uns auseinandersetzen sollten. Obwohl Banisters historisches Profil das eines „rassistischen antikommunistischen Rechtsextremisten" usw. usw. ist (ein Profil, das „liberale" Forscher gerne zeichnen), ist es eine Tatsache, dass Banister eng mit dem Büro der ADL in New Orleans zusammenarbeitete. Allen Zeugenaussagen zufolge war A. L. Botnick ein „antikommunistischer Extremist" mit einer bekannten Feindseligkeit gegenüber der schwarzen Bürgerrechtsbewegung, trotz der öffentlichen Position der ADL als „Bürgerrechtsgruppe".

Obwohl Botnick 1963 nicht im ADL-Büro in New Orleans war (er wurde in sein Büro in Atlanta versetzt und kehrte 1963 nach New Orleans zurück), behielt Banister sicherlich seine sehr wertvollen Verbindungen zur ADL bei.

Meine Vermutung zu Oswalds „Verkleidung" durch Banister ist, dass Oswalds Partner in der ADL nach linken Gruppen wie dem Kuba-Hilfskomitee suchten und Oswald deshalb in der Pro-Castro-Bewegung einsetzen konnten, als Teil eines bewussten Versuchs, Oswald als Castro-Anhänger darzustellen. Kurz gesagt, Oswald dachte, er arbeite für Banister, obwohl er in Wirklichkeit als „Ermittler" für die ADL tätig war.

Vielleicht wurde Banister gesagt, dass die ADL „Fakten" über die Pro-Castro-Bewegung haben wollte und dass Oswald der richtige Mann für diese Aufgabe sei. Banister wusste vielleicht nicht einmal, dass Oswald für seine ultimative Rolle bei der Ermordung Kennedys verkleidet worden war. Es muss für Banister eine Überraschung gewesen sein, als Oswald als der Attentäter bezeichnet wurde.

Rückblickend und vor diesem Hintergrund glaube ich nicht, dass Banister eine so zentrale Rolle in dem Mordkomplott gespielt hat, wie viele seit Jahren glauben. Banister war aus dieser Perspektive ein „nützlicher Idiot" im Dienste der ADL und des Mossad und seiner Verbündeten in der CIA. Ich würde sogar so weit gehen zu sagen, dass es wahrscheinlich erscheint, dass selbst Banisters Freunde in der ADL keine Ahnung hatten, dass Oswald als Sündenbock für das Attentat auserkoren worden war.

Peter Dale Scott, der führende Forscher in Sachen JFK-Attentat, hat darauf hingewiesen (wie ich in *„Final Judgement"* bemerkt habe), dass Sie Oswalds Rolle als Angestellter von Banister untersuchen und verschiedene Erklärungen dafür finden können: Einerseits können Sie Oswald als Beamten der Geheimdienstgemeinschaft betrachten (angesichts der Verbindungen zu Banister), andererseits können Sie Oswald auch als Sündenbock der „Mafia" sehen angesichts der Tatsache, dass Carlos Marcello, der Mafiaboss von New Orleans, über Banister und seine CIA-Operationen die kubanischen Anti-Castro-Exilanten finanzierte.

Scott erkennt jedoch, dass die gesamte Interaktion zwischen diesen Interessengruppen durch die Verbindung zu Banister Teil einer „dunklen" Zone ist, die den Bauch der Finanzwelt, der Politik und der internationalen Intrigen zur damaligen Zeit in New Orleans darstellt.

Ich bin der festen Überzeugung, dass die wahrscheinliche Beteiligung der ADL an der Manipulation Oswalds durch Banister eines der unerforschten Gebiete des JFK-Mordes ist - ein Gebiet, das leider wahrscheinlich nie von Forschern weiter erforscht werden wird, als es bereits in *Judgement Final* erforscht wurde. Wir sollten nicht erwarten, dass wir ADL-Dateien über Lee Harvey Oswald finden werden.

Tatsache ist, dass Lee Harvey Oswald selbst wahrscheinlich nicht genau wusste, für wen er arbeitete, und genau das wollten die Organisatoren des Attentats. Oswald ist wahrscheinlich eine der am meisten analysierten und diskutierten Personen in der Geschichte, aber wir werden nie erfahren, wer er wirklich war und was seine Motive waren. Es ist denkbar, dass Oswald dachte, er spiele ein doppeltes oder dreifaches Spiel und täusche alle und sei noch mehr ein

Sündenbock, als man denkt. Auf jeden Fall ist er eine tragische Figur und ein idealer Sündenbock.

In diesem Zusammenhang gibt es eine interessante Parallele, die nur am Rande erwähnt werden sollte. Es wird berichtet, dass Oswald von der Fernsehserie I Led Three Lives aus den 1950er Jahren, der Geschichte eines verdeckten FBI-Agenten in der Kommunistischen Partei, fasziniert und inspiriert gewesen sein soll. Dies inspirierte offenbar auch einen anderen verdeckten Ermittler des Geheimdienstes, Roy Bullock, der 1993 als langjähriger Agent der ADL entlarvt wurde.

Inspiriert von dem Buch meldete sich Bullock freiwillig, um Hassgruppen zu infiltrieren. Auch für das FBI widmete er sich ähnlichen Tätigkeiten. Er arbeitete auch für die Polizei von Indianapolis. 1957 reiste Bullock tatsächlich als Spionageinformant zu den Sechsten Weltfestspielen der Jugend und Studenten in Moskau und erstattete dem FBI Bericht. Folglich ist es durchaus möglich, dass es eine CIA-Akte über Bullock als möglichen „Kommunisten" gibt, wenn das FBI die CIA nie wissen ließ, dass Bullock einer ihrer Leute war.

Wenn man also bedenkt, dass Bullock seit Jahren sowohl „linke" als auch „rechte" Gruppen infiltrierte, wäre Bullock ein idealer Sündenbock gewesen. In *The Man Who Knew Too Much* enthüllte Dick Russell die Möglichkeit, dass es eine Reihe von Personen gab, die aufgrund ihrer Verbindung zum Kuba-Hilfskomitee, das Oswald offensichtlich von New Orleans aus leitete, als mögliche Sündenböcke für den Mord an JFK vorbereitet waren.

Ein anderer jahrelanger Abenteurer des internationalen Geheimdienstes, Oberst Robert K. Brown (heute besser bekannt als Herausgeber der Zeitschrift *Soldier of Fortune*), soll selbst als Undercover-Agent des Chicago Police Department in der Chicagoer Sektion des Kuba-Hilfskomitees tätig gewesen sein, etwa zur gleichen Zeit, als Lee Harvey Oswald in New Orleans herumlungerte. Es ist auch insofern interessant, als Brown langjährige Verbindungen zum israelischen Geheimdienst hatte. Ich würde mich freuen, wenn jemand diesem kleinen Klatsch nachgehen würde, der bei den Forschern in Sachen JFK-Attentat offenbar gut funktioniert hat.

Dieses Thema der „Deserteure", „verdeckten Ermittler" und „Undercover-Agenten" ist sehr komplex und man kann nicht immer die Motive von jemandem, der in dieser speziellen Unterwelt tätig ist, feststellen. Es ist eine Kombination aus persönlicher Psychologie in Verbindung mit der Fähigkeit von Manipulatoren, die Aktivitäten einer Person zu manipulieren, ohne sie wissen zu lassen, für wen sie arbeitet und warum.

Welche Rolle spielte George De Mohrenschildt, der russische Adlige, der oft als „CIA-Babysitter" von Lee Harvey Oswald in Dallas bezeichnet wird, bei der Verschwörung zum Attentat?

Der unnachahmliche De Mohrenschildt ist wahrscheinlich eine der interessantesten Figuren, die in dem Drama, das als Kontroverse um die Ermordung von JFK bekannt ist, die Bühne betreten. Ich bin nicht davon überzeugt, dass De Mohrenschildt eine bewusste Rolle in irgendeinem Mordkomplott gespielt hat.

Es ist offensichtlich, dass De Mohrenschildt im Laufe der Jahre ziemlich viele Kontakte und Interaktionen mit der CIA und anderen Geheimdiensten hatte, und er sprach offensichtlich mit einem CIA-Beamten, der ihn bat, ein Auge auf Oswald zu haben, als dieser nach seiner Rückkehr aus der Sowjetunion in Dallas ankam. In diesem speziellen Fall hätte es sich jedoch um eine Routineangelegenheit ohne große Konsequenzen handeln können, die letztlich absolut nichts mit dem Attentat selbst zu tun hatte.

Wie wir festgestellt haben, hatte der Geheimdienst aufgrund von Oswalds Status als „Deserteur" - ob dies nun stimmt oder nicht - ein klares Interesse an Oswald. Ich habe keine Beweise gesehen, die darauf hindeuten, dass De Mohrenschildt im Voraus von jeglicher Verschwörung zur „Verschleierung" von Lee Harvey Oswald für die Zwecke der eigentlichen Mordverschwörung gewusst hätte. Es ist jedoch wahrscheinlich, dass De Mohrenschildt tatsächlich in gewissem Maße als einer derjenigen gearbeitet hat, die Teil der Verschwörung waren, um Oswald in die Rolle des Sündenbocks zu manipulieren. In diesem Sinne war er also Oswalds „Babysitter", aber auch andere hatten die gleiche Verantwortung.

Denken Sie daran, dass Oswald im Sommer 1963 von Dallas nach New Orleans gezogen war und dass die Verbindung zwischen Oswald und De Mohrenschildt noch früher endete, als De Mohrenschildt das Land verließ, angeblich um Geschäfte in Haiti zu tätigen. Einige haben angedeutet, dass De Mohrenschildts Aktivitäten in Haiti vielleicht etwas mit der Ermordung von JFK zu tun hatten, aber ich habe dafür noch keine stichhaltigen Beweise gesehen. Offensichtlich war jedoch, als De Mohrenschildt nach Haiti reiste, seine Kontrolle und/oder Aufsicht über Oswald beendet. Andere übernahmen diese Verantwortung.

Ich finde es jedoch interessant, dass Forscher zwar über DeMohrenschildts Verbindungen zur CIA hinwegsehen, aber oft die Tatsache verschweigen, dass er auch mit dem französischen Geheimdienst verbunden war. Angesichts der französischen Verbindung, die ich in *Final Judgement* dokumentiere, hätte dies also tatsächlich dazu führen können, dass De Mohrenschildt in den Einflussbereich des Mossad gelangt.

Ein weiterer Punkt, der erwähnt werden sollte, ist, dass ich gesehen habe, wie „Autoritäten" in Bezug auf den JFK-Mord De Mohrenschildt als eine Art „antikommunistischen Extremisten" dargestellt haben, vermutlich aufgrund seiner weißrussischen Herkunft. Ganz im Gegenteil: Trotz seines Hintergrunds scheint es, dass De Mohrenschildt in keiner Weise viel mit Kommunismus oder Antikommunismus am Hut hatte und in der Tat ein Außenseiter in der weißen russischen Gemeinschaft war. Diejenigen, die ihn in eine „rechte, antikommunistische Verschwörung" einbinden wollen, liegen also daneben.

De Mohrenschildt hat viele Hüte getragen, aber es gibt keinen wirklichen Beweis für irgendeine Mitschuld von De Mohrenschildt an der Ermordung von JFK. Vielleicht wusste er etwas - oder er hatte es zufällig herausgefunden, vor oder nach dem Attentat, oder er hatte vielleicht im Nachhinein festgestellt, dass er tatsächlich etwas gewusst hatte, was er eigentlich nicht hätte wissen dürfen.

Aus der historischen Darstellung, die von denjenigen zusammengestellt wurde, die mit De Mohrenschildt Kontakt hatten, geht hervor, dass er nach dem Mord erkannte, dass auch er in irgendeiner Weise benutzt worden war, um Oswald zu „kontrollieren" oder zu „manipulieren". Vielleicht, dass De Mohrenschildts „Selbstmord" wirklich ein Mord war. Vielleicht wurde er getötet, weil er etwas wusste.

Und ich muss betonen, dass die letzte Person, die De Mohrenschildt vor seinem Tod angeblich gesehen hatte, niemand anderes als Edward Jay Epstein war, ein Student, der Journalist wurde und James Jesus Angleton, dem Mossad-Mann der CIA, nahestand (Epstein war, wie ich in *„Judgement Final"* bemerkte, der wichtigste Schriftsteller, der Angletons Inszenierung unterstützte, dass die Sowjets etwas mit der Ermordung von JFK zu tun hatten).

Seien Sie versichert, dass ich nicht vorschlage, dass Epstein den Abzug von De Mohrenschildt betätigt hat. Aber ich finde es interessant, dass er die letzte Person war, die öffentlich zugegeben hat, De Mohrenschildt gesehen zu haben. Ein Autor von Spionage-Fiktion könnte eine faszinierende Geschichte aus diesem Szenario erzählen.

Ich möchte zum Schluss noch etwas hinzufügen. Ich denke, dass die Forscher am Ende wahrscheinlich mehr darüber erfahren könnten, wer Oswald wirklich manipulierte, wenn sie Michael und Ruth Paine, das junge Paar aus Dallas, bei dem die Familie Oswald in der Zeit vor dem Attentat lebte, untersuchen würden.

Es gab einige Forscher, die Gerüchte über die Paines in die Welt gesetzt haben, aber ich denke, wenn man tiefer in die Materie eindringen würde, würde man letztlich herausfinden, dass die Paines - letztlich mehr als der allgegenwärtige und rätselhafte DeMohrenschild - als „Oswalds Babysitter" für die CIA gearbeitet haben. Ich neige zu der Ansicht, dass die Geschichte der Paines eine Geschichte ist, die noch vertieft werden muss, und ermutige einige junge, dynamische Forscher, noch weiter zu gehen.

Ich sollte wahrscheinlich anmerken, dass biografische Informationen über Frau Paine, die von Priscilla Johnson McMillan in ihrem Buch *Marina and Lee* bereitgestellt wurden, beschrieben, dass Frau Paine zu einem bestimmten Zeitpunkt in die Aktivitäten eines jüdischen Gemeindezentrums involviert war, so dass Frau Paine, diese nichtjüdische Quäkerin, selbst solche Verbindungen hatte. Es wäre interessant, genau zu beschreiben, welche Ansichten Frau Paine über Israel hatte. Einige haben Frau Paine verdächtigt, Verbindungen zur CIA zu haben. Ist es möglich, dass sie auch Beziehungen zum Mossad unterhielt? Wer weiß das schon? Das sind alles nur Spekulationen.

Hat Lee Harvey Oswald tatsächlich (vor dem Attentat auf JFK) einen Schuss auf Major-General Edwin Walker abgegeben, der selbst ein prominenter Kritiker der „rechten" Seite von Präsident Kennedy war? War General Walker an dem Attentat beteiligt?

General Walker war ein scharfer Antikommunist, und „liberale" Forscher haben versucht - und sind gescheitert -, Walker irgendwie mit der Verschwörung zum JFK-Attentat in Verbindung zu bringen. Walkers „Rolle" in dem Fall ergibt sich aus der Tatsache, dass der Warren-Bericht behauptete, Oswald habe kurz vor dem Attentat auf Walker geschossen, und dass dies dem Bericht zufolge ein „Beweis" für Oswalds kriminelle Neigungen war. Wenn Oswald jedoch nie mit diesem Angriff auf General Walker in Verbindung gebracht worden wäre, wäre der Name des guten Generals wahrscheinlich nie in irgendeiner Weise mit der JFK-Kontroverse in Verbindung gebracht worden! Die Leute scheinen das zu vergessen.

In seinem Buch *The Man Who Knew Too Much* hat Dick Russell einige seltsame Aktivitäten von Leuten in der Umgebung von General Walker aufgezeichnet, die vielleicht sogar mit Oswald in Verbindung stehen. Es scheint, dass General Walker in eine Falle gelockt wurde und eine Art „rechter Sündenbock" im JFK-Attentat war.

Ich erwähne es nur ungern, aber die Clique junger Soldaten um Walker, die sich zu einer Gruppe namens „Conservativism USA" zählte, bestand aus fünf jüdischen Jungen, die aus der US-Armee in Europa hervorgegangen waren. Dies schreibt Dick Russell in seiner gigantischen Studie *The Man Who Knew Too Much*.

Wie ich angemerkt habe, gab es wahrscheinlich eine Reihe von Sündenböcken, die in Dallas in eine Falle gelockt wurden, und die Leute, die sie aufgestellt hatten, wussten wahrscheinlich nicht, dass das Attentat auf JFK unmittelbar bevorstand. Es scheint, zumindest nach dem, was Dick Russell geschrieben hat, dass diese Clique um Walker Oswald möglicherweise in gewisser Weise manipuliert hat. Obwohl viele Wissenschaftler und andere von dem „rechten" Juden Bernard Weissmann gehört hatten, der am 22. November in der Zeitung von Dallas eine ganzseitige Anzeige geschaltet hatte, in der Präsident Kennedy angegriffen wurde, fiel - außer Russell - niemandem auf, dass diese jungen „rechten" Militärs Juden waren. Hier haben wir also eine weitere „jüdische Verbindung", die in der Masse untergegangen zu sein scheint. Verlassen Sie sich darauf, dass ich dies im Zusammenhang mit dem, was ich herausgefunden habe, erwähnen werde. Ich tue das nur ungern.

Oswald bewegte sich offensichtlich in Kreisen, die mit Walker in Verbindung standen, aber nur diejenigen, die das Verbrechen als „rechte Verschwörung" darstellen wollen, glauben, dass Walker einen Anteil an dem Attentat hatte. Walker erzählte später, dass es um ihn herum seltsame Dinge gab, die er nicht ganz verstand und die wahrscheinlich genau auf das hindeuteten, was ich angedeutet habe: dass er und seine Partner potenzielle Sündenböcke bei dem Attentat waren. Wer hat Walker also eine Falle gestellt?

Wie steht es um die Rolle der Minutemen und anderer „Rechtsextremisten" bei der Verschwörung? Guy Banister war den Minutemen verbunden. Und stimmt es nicht, dass der Rechtsradikale Joseph Milteer im Voraus wusste, dass JFK von einem hohen Gebäude aus erschossen werden sollte, und dass Milteer wegen des Attentats in Dallas war?

Dies war eine weitere der beliebten Ablenkungen, die die Forscher auf Trab hielten. Milteer war weder einer der Drahtzieher der Verschwörung zur

Ermordung von JFK, noch war er an der tatsächlichen Verschwörung zur Ermordung von JFK beteiligt, die schließlich erfolgreich war. Es ist denkbar, dass Milteer von einem angeblichen Komplott zur Ermordung JFKs in Miami Kenntnis hatte. Möglicherweise wurden Milteer von einem der niederen Verschwörer Informationen über eine Verschwörung zugespielt und er wollte vielleicht als Kennedy-Feind glauben, dass er „im Inneren" einer Verschwörung war, aber Sie können sicher sein, dass er es nicht war.

Milteer prahlte gegenüber einem Informanten der Polizei mit seinem „Wissen" und diese „Informationen", waren in Wirklichkeit vielleicht Desinformationen, die an Milteer weitergegeben wurden, um von der wahren Verschwörung abzulenken. Vielleicht wurde Milteer zum Zeitpunkt der Ermordung von JFK aus einem anderen Grund unter einem anderen Vorwand nach Dallas gebracht, z. B. in der Annahme, er sei Teil eines „fiktiven" Mordversuchs, mit dem eine Reaktion gegen Fidel Castro provoziert werden sollte. Auch hier werden wir es nie erfahren. Man kann sich eine ganze Reihe von Szenarien vorstellen. Ich persönlich bin nicht davon überzeugt, dass die Fotografien, die Milteer angeblich am 22. November in Dallas zeigen, Fotografien von Milteer sind.

Der ehemalige CIA-Agent Gerry Patrick Hemming sagte aus, dass er selbst beinahe an dem Treffen teilgenommen hätte, bei dem Milteer die Bemerkungen über den bevorstehenden Angriff auf JFK machte, und dass er (Hemming) das Treffen vermied, weil er spürte, dass eine Falle gestellt wurde; Hemming nahm an, dass er (Hemming) dachte, dass auch er als möglicher „Sündenbock" hereingelegt wurde. Dies ist also ein echter Denkanstoß.

Zu den Minutemen und Guy Banister: Es ist mittlerweile allgemein bekannt, dass die Minutemen jahrelang von Regierungsgeheimdienstlern infiltriert wurden, und es gibt eine Vielzahl von Verdachtsmomenten, dass sogar der Gründer der Minutemen, Robert De Pugh, eine Art Regierungsagent gewesen sein könnte.

Wie ich in Anhang 2 zu *Judgement Final* anmerke, war Roy Frankhauser ein langjähriger Informant der Regierung bei den Minutemen und anderen „rechten" Gruppen, der behauptet, mit Oswald in Kontakt gestanden zu haben, als er (Frankhauser) eine linke Gruppe infiltrierte, der sich Oswald angeblich angeschlossen hatte. Und wir erinnern uns: Dan Burros, der ehemalige Offizier der amerikanischen Nazipartei, starb unter mysteriösen Umständen in Frankhausers Haus in Pennsylvania. Obwohl der Name Burros in Oswalds Adressbuch auftaucht, hat nicht ein einziger Forscher diese mögliche seltsame Verbindung zwischen Oswald und einem langjährigen verdeckten Informanten für den Bundesnachrichtendienst untersucht.

Wie ich bereits betont habe, könnte es dafür einen Grund geben: In mindestens einem Fall, der hervorgehoben wurde, wurden Frankhausers Undercover-Aktivitäten für die Regierung tatsächlich von einer jüdischen Organisation finanziert, und es scheint wahrscheinlich, dass viele seiner anderen Aktivitäten ebenfalls von einer jüdischen Organisation finanziert wurden. Es ist offensichtlich, dass viele Forscher vorsichtig vorgehen, wenn es darum geht, die Frage einer möglichen Verbindung zwischen Gruppen wie der Anti-Defamation League und Mitgliedern von Oswalds Partnerkreis zu untersuchen.

Letztendlich ist es, wenn es tatsächlich eine „rechte" Verbindung zum JFK-Attentat gab, immer noch möglich, dass diese rechten Anhänger vom ADL-Netzwerk des Mossad manipuliert wurden, das sicherlich eine Rolle bei der Manipulation der Rechten in Amerika gespielt hat. Wenn es also „rechte" Personen gab, die in irgendeiner Weise in die Mordverschwörung verwickelt waren, ist es durchaus denkbar, dass sie in gewisser Weise den Regeln des Mossad und seiner ADL unterworfen waren. Und das macht einigen JFK-Attentatsforschern natürlich große Angst.

Was ist mit den Behauptungen, dass H. L. Hunt, ein „rechter" Milliardär aus Texas, soll eine der Personen gewesen sein, die an dem Mordkomplott beteiligt waren?

Trotz der entschlossensten Bemühungen einer Handvoll Verfechter der Theorie gibt es absolut keine Beweise dafür, dass H. L. Hunt irgendetwas mit dem Mordkomplott gegen JFK zu tun hatte, noch dafür, dass Hunt Geld investiert hat, um die Verschwörung voranzutreiben. Er war, wie viele andere auch, ein Kritiker von JFK, aber Hunt ist einfach eine praktische Bestie. Diejenigen, die „texanische Ölbarone" wie Hunt beschuldigen, hinter der Verschwörung von JFK zu stecken, weisen nicht darauf hin, dass es selbst bei Hunt eine sehr wichtige israelische Verbindung gibt, die in Anhang 2 von *Judgement Final* ausführlich analysiert wird.

Es ist durchaus denkbar, dass H. L. Hunt Geld für Bestechungsgelder zahlte, die Teil eines Aspekts der Ermordung von JFK waren, und dass er selbst nicht wusste, wofür das Geld verwendet wurde. Es könnte sogar sein, dass er absichtlich und unabsichtlich auf diese Weise in die Verschwörung hineingezogen wurde, gerade weil dies den wahren Verschwörern einen Vorteil gegenüber Hunt verschaffte, der in Dallas einflussreich war und auf den man sich verlassen konnte, um bei der Vertuschung zu helfen oder seinen Einfluss zu nutzen, um bei der Vertuschung zu helfen, wenn nötig. Vielleicht wurde Hunt gesagt, dass das Geld dazu diene, „die patriotische Bewegung" voranzutreiben.

Der Punkt ist: Wenn H. L. Hunt in irgendeinen Aspekt der Ermordung von JFK verwickelt war - wissentlich oder unwissentlich -, dann ist es eine Tatsache, dass es eine sehr starke Verbindung zwischen Israel und Hunts Imperium genau in dem Bereich gibt - der nuklearen Entwicklung -, der ein so wichtiger Faktor in dem Konflikt zwischen JFK und Israel war. Forscher, die Hunt wegen seiner Beteiligung an der Verschwörung anklagen wollen, wären klug, diese israelische Verbindung zu untersuchen, obwohl ich ehrlich gesagt nicht glaube, dass sie das tun werden. Auch hier ist es „zu kontrovers".

Gibt es jetzt keine stichhaltigen Beweise dafür, dass Lyndon Johnson hinter der Ermordung von Präsident Kennedy stand?

LBJ war der erste Nutznießer des Mordes an JFK. Ob er wusste, dass es dazu kommen würde, oder ob er eine Rolle bei der Organisation des Mordes spielen würde, ist eine ganz andere Geschichte. Die Tatsache, dass er der Nutznießer des

Mordes war, ist jedoch kein ausreichender Beweis, um ihn zu verurteilen. Craig Zirbels Buch *The Texas Connection*, das den Mord an JFK ausschließlich LBJ in die Schuhe schob, irrte. LBJ war nicht der Drahtzieher des JFK-Attentats. Das 2003 erschienene Buch von Barr McClellan, *Blood, Money & Power*, erhielt weitaus mehr Aufmerksamkeit als das Buch von Zirbel. McClellans Buch ist nichts anderes als ein langes (schlecht geschriebenes und manchmal unleserliches) Sammelsurium texanischer Aberrationen über LBJ mit einem hochspekulativen Szenario, sozusagen, in dem eine Verschwörung zum Mord an JFK inszeniert wird, die vollständig in Texas angesiedelt ist.

Der Autor behauptet nicht ein einziges Mal, dass die CIA eine Rolle in diesem Fall gespielt hat, und behauptet sogar, dass Oswald einer der Attentäter war - was im Wesentlichen eine Behauptung des Warren-Berichts ist!

Obwohl es möglich ist, dass Mac Wallace, einer von LBJs alten Freunden in Texas, tatsächlich in die Verschwörung verwickelt war und Teil des Buchlagers war - wie McClellan behauptet, Beweise dafür zu haben -, beweist dies nicht die Gesamtheit von McClellans „Theorie": dass LBJs Anwalt Ed Clark die JFK-Verschwörung entwickelt hat. In Wahrheit war es von Seiten des Mossad und der CIA klug, eine von Johnsons Händen in das Attentat zu verwickeln, sei es Wallace oder Clark, um eine nachträgliche Vertuschung durch LBJ zu gewährleisten. Ich scheine jedoch der einzige Kritiker McClellans zu sein, der sich die Mühe gemacht hat, diese Möglichkeit zu erwähnen.

McClellan kreiert sogar - sehr detailliert - angebliche Gespräche zwischen LBJ und den Verschwörern, Gespräche, die seine Theorie „beweisen" sollen. Das Buch, das von unglaublichen Qualifikationen strotzt und feststellt, dass Gespräche und Ereignisse „zweifellos" oder „mit ziemlicher Sicherheit" stattgefunden haben, ist ziemlich schlecht, trotz all der Publicity, die es in den „Mainstream"-Medien erhalten hat. Von ganz offensichtlich sind die Medienkontrolleure zu dem Schluss gekommen, dass „der kleinste gemeinsame Nenner"- die Idee, dass ein Vizepräsident hinter dem Mord an einem Präsidenten steckt - die einzige Theorie ist, die alle zufrieden stellt.

Noch ein Punkt: Der Autor (McClellan) ist ausgerechnet der Vater des Pressesekretärs von Präsident George W. Bush, Sohn des ehemaligen Präsidenten (und CIA-Direktors) George H. W. Bush. Könnte das erklären, warum McClellans Buch nichts über all die bekannten und gut dokumentierten Machenschaften der CIA aussagt, in die Oswald verwickelt ist? Oder bin ich einfach nur einer dieser „Verschwörungstheoretiker", wenn ich diese Frage aufwerfe?

Final Judgement scheint sich größtenteils um die Tatsache zu drehen, dass Clay Shaw, der vom Staatsanwalt von New Orleans, Jim Garrison, wegen seiner Beteiligung an der Ermordung von JFK verfolgt wurde, über die Firma Permindex Verbindungen zum Mossad hatte. Was ist, wenn Shaw nichts mit der Verschwörung zu tun hat? Bedeutet das nicht, dass Ihre These falsch ist?

Ganz und gar nicht. Tatsächlich könnte *Judgement Final* völlig allein mit der intakten These stehen, selbst wenn Clay Shaw nie gelebt hätte. Es gibt so viele

Mehrfachverbindungen zum Mossad durch so viele andere Personen, die in die Verschwörung verwickelt sind, dass Clay Shaw auf lange Sicht nur eine Randfigur ist. Und ich glaube nicht, dass sich das Buch wirklich um die Verbindung zu Shaw dreht, obwohl sie sicherlich bedeutsam ist.

Aufgrund der Tatsache, dass Garrison potenziell die israelische Verbindung (über Shaw) ausgraben würde, war es notwendig, dass Garrisons Ermittlungen abgebrochen wurden. Ich hatte zuvor angemerkt, dass die tatsächlichen Versuche, Garrison zu verhaften, bereits begannen, bevor er Shaw überhaupt kennenlernte. Der Mann, der tatsächlich versuchte, Garrison zu bestechen, um die Ermittlungen zu stoppen, der internationale Ölmann John King, war eng mit dem Mossad und dem Permindex-Netzwerk verbunden.

Die Verbindung zum Permindex ist wichtig, aber ich behaupte nicht, dass ich genau weiß, welche Rolle Shaw in der Verschwörung gespielt hat. Es ist durchaus möglich, dass Shaw nie von dem Attentat wusste und dass seine Verbindungen zu seinem CIA-Kollegen Guy Banister und zu Lee Harvey Oswald für Shaw völlig unschuldig erschienen (natürlich nur in dem Maße, in dem geheimdienstliche Machenschaften jeglicher Art als „unschuldig" bezeichnet werden können).

Garrisons Untersuchung wies in vielerlei Hinsicht natürlich zahlreiche Lücken auf, und zum Teil ist dies vielleicht sogar Garrisons Schuld. Es ist jedoch sehr klar, dass Garrison ein Mann mit einer Mission war und dass er sich vielleicht in einigen seiner Vermutungen und Behauptungen verrannt hat. Es ist jedoch klar, dass er mit der Shaw-Untersuchung zu kämpfen hatte.

Shaw kannte den CIA-Agenten David Ferrie und log während des Prozesses im Zeugenstand, er habe ihn nicht gekannt. Einige wollten Shaw verteidigen und sagten, er habe vielleicht gelogen, weil er nicht mit einem bekannten und ziemlich überschwänglichen Homosexuellen wie Ferrie in Verbindung gebracht werden wollte (Shaw war selbst homosexuell), aber das ist eine schwule Ausrede, kein böses Wortspiel. Noch wichtiger ist jedoch, dass Shaw eine langjährige Beziehung zur CIA hatte, wie wir heute wissen, aber Garrison konnte diese Verbindung damals nie beweisen. Hätte er dies getan, wäre es wahrscheinlich, dass Shaw verurteilt worden wäre. Die Geschworenen kamen jedoch zu dem Schluss, dass es nicht genügend Beweise gab, um Shaw mit irgendeiner Verschwörung in Verbindung zu bringen.

Vergessen Sie nicht, dass einer von Garrisons Hauptzeugen, ein Polizist aus New Orleans namens Aloysius Habighorst, nie über die Tatsache aussagen durfte, dass Shaw dem Polizisten gegenüber zugegeben hatte, dass er manchmal den Decknamen „Clay Bertrand" benutzte. Dies war insofern bedeutsam, als es ein „Clay Bertrand" war, der Dean Andrews, einen Anwalt aus New Orleans, angerufen und Andrews gebeten hatte, Oswald nach seiner Verhaftung in Dallas zu vertreten.

Andrews sagte, er habe in der Vergangenheit mit „Clay Bertrand" zu tun gehabt, so dass, als er den Anruf nach dem Mord erhielt, der Name „Clay Bertrand" nicht unbekannt war. Und es war offensichtlich, dass Shaw tatsächlich „Clay Bertrand" war. Wenn die Jury die Aussage des Polizisten gehört hätte, hätte dies natürlich wahrscheinlich Shaws Schicksal während des New-Orleans-Prozesses besiegelt.

Ich bin daher der festen Überzeugung, dass die These vom *Jüngsten Gericht* mit oder ohne den Fall Clay Shaw Bestand haben würde. Die Shaw-Untersuchung, so vermute ich, wäre sozusagen das Sahnehäubchen auf dem Kuchen.

Offen gesagt denke ich, dass es gute Gründe für die Annahme gibt, dass Shaw trotz seiner langjährigen Verbindungen zur CIA auch ein Mossad-Agent gewesen sein könnte. Mir ist klar, dass dies riskant ist, aber ich habe es nie ganz ausgeschlossen.

Beim Schreiben von *„Judgement Final"* habe ich lange darüber nachgedacht. Schließlich war Shaw in Amerika nicht gerade ein geläufiger Name, aber er wurde ausgewählt, um im Vorstand der vom Mossad beherrschten und in Europa ansässigen Firma Permindex zu sitzen. Wie kam es, dass Shaw - mehr als jeder andere - in den Aufsichtsrat kam? Hier ist die Frage: War Shaw mehr „CIA" als „Mossad" oder umgekehrt oder trug er mehrere Kappen?

G. Robert Blakey, der ehemalige Direktor des Ausschusses des Repräsentantenhauses, und David Scheim, Autor von Contract on America, behaupten beide: „Die Mafia hat JFK getötet" und legen nahe, dass Carlos Marcello, der Mafiaboss von New Orleans, der Drahtzieher des Attentats war. Ist es nicht durchaus möglich, dass Marcello der Hauptanstifter des Verbrechens war und keine Hilfe vom Mossad oder der CIA hatte und dass CIA-Mitarbeiter wie Guy Banister, David Ferrie und Clay Shaw sich in Marcellos Einflussbereich in New Orleans befanden?

Das ist absolut unwahrscheinlich. Marcello war natürlich ein Schützling des organisierten Verbrechens und ein Untergebener von Meyer Lansky und herrschte als Boss der New Orleans Mafia, eben weil Lansky ihn dorthin gebracht hatte. Das ist eine einfache Tatsache, die Blakey und Scheim nie erwähnen. Selbst John Davis, Marcellos Biograf, weist in *Mafia Kingfish* darauf hin (obwohl Davis selbst behauptet, dass Marcello der Drahtzieher des JFK-Attentats war).

Obwohl Marcello allein einer der mächtigsten „Mafiabosse" des Landes war, verdankte er seinen Status der Begünstigung durch Lansky, und Marcellos Geschäfte in New Orleans und ihre Ausweitung auf Texas gehörten zu den lukrativsten des Lansky-Syndikats. Marcello hätte den Mord am Präsidenten der Vereinigten Staaten also nicht allein inszeniert, wenn Meyer Lansky nicht zugestimmt hätte.

Lansky war natürlich eng mit dem Mossad und der CIA verbunden (und wir dürfen nicht vergessen, dass Marcello selbst zumindest insofern mit der CIA verbunden war, als er half, den Krieg der CIA gegen Castro zu finanzieren, was natürlich auch Guy Banisters Operationen in New Orleans einschloss. Und angesichts der feststehenden Tatsache, dass Marcellos eigene internationale Geschäftsbeziehungen ziemlich weit voneinander entfernt waren, ist es unvermeidlich (wenn man seine Verbindungen zu Lansky betrachtet), dass er selbst Beziehungen zum Mossad gehabt hätte.

Aber Carlos Marcello war nicht der Kopf und die treibende Kraft hinter dem JFK-Attentat. Marcello ist eine schillernde Figur und ein leichtes Ziel für die Studenten der JFK-Attentatsverschwörung, aber trotz der Tatsache, dass Marcello allein eine sehr mächtige Figur war, war die Verschwörung von viel zu großem Ausmaß (ganz zu schweigen von der Vertuschung), als dass sie einfach nur das Produkt von Marcellos Organisation gewesen sein könnte.

Die Theorie „Die Mafia hat JFK getötet" ist zwar verlockend, aber in Wirklichkeit liegt sie völlig daneben. Ich muss hinzufügen - und nennen Sie es „antisemitisch", wenn Sie wollen -, dass meine wahre Überzeugung ist, dass, weil David Scheim, der Autor von *Contract On America*, Jude ist, er so darauf ist, die Bedeutung von Meyer Lansky für das organisierte Verbrechen herunterzuspielen (das tut Scheim in seinem Buch, indem er Marcello des Mordes an JFK beschuldigt).

Im Laufe der Jahre hat sich die jüdische Gemeinschaft sehr mit den Darstellungen über den jüdischen Einfluss (ich würde sagen: die Vorherrschaft) im organisierten Verbrechen beschäftigt, aber man kann Marcellos Rolle bei dem Mord nicht ernsthaft untersuchen, ohne zu erkennen, dass er ein Protegé von Lansky war. Ich kann Scheims Ängste verstehen, dass er durch die Aufdeckung von Lanskys herausragender Rolle im organisierten Verbrechen den Antisemitismus schüren könnte, aber wenn er ein seriöser Forscher ist, wie er behauptet, wäre er bereit, sich den Tatsachen zu stellen und sie nicht zu verschleiern, wie er es tut.

War Jack Ruby ein CIA-Agent oder ein Informant des FBI? Welche Rolle spielte er bei der Planung des Attentats auf JFK, wenn er überhaupt eine Rolle spielte?

Es gibt keinen Zweifel in meinem Kopf, dass Ruby Lee Harvey Oswald vor dem Attentat gekannt hat. Wenn er ihn auch nicht wirklich persönlich kannte, so hatte er doch von ihm gehört. Allerdings gibt es zu viele Geschichten über wahrscheinliche persönliche Verbindungen zwischen den beiden, um die Tatsache außer Acht zu lassen, dass die beiden sich kannten und gemeinsam an einer Art Verschwörung arbeiteten.

Es gibt sehr überzeugende Geschichten, dass Ruby durch ihre Tätigkeit als Waffenhändlerin sowohl für Fidel Castro (vor Castros Machtübernahme) als auch später für exilierte Castro-Gegner Kontakt mit der CIA hatte. Die ehemalige CIA-Agentin Marita Lorenz sagte natürlich aus, dass Ruby am Tag vor dem Attentat im Motel in Dallas auftauchte, wo sie und Frank Sturgis, der mit dem Mossad verbundene CIA-Mitarbeiter, und eine Gruppe kubanischer Exilanten wohnten. Ihre Geschichte ist nur eine von vielen, die Ruby auf die eine oder andere Weise nicht nur mit der CIA, sondern auch mit den Ereignissen, die zu dem Attentat führten, verbinden.

Ruby gehörte natürlich nicht zur „Mafia". Ruby war jüdisch. Lassen Sie uns direkt zur Sache kommen. Die Anwesenheit von Jack Ruby im JFK-Attentatsszenario weist nicht auf „Die Mafia" hin. In „Judgement Final" gehe ich ausführlich darauf ein. Ruby gehörte eher zu Lanskys jüdischem Aspekt innerhalb des Verbrechersyndikats. Es gibt natürlich viele Menschen, die Angst davor haben, in diesen Bereich zu gehen, weil sie befürchten, als „Antisemiten" bezeichnet zu werden.

Ein weiterer Punkt, den man im Hinterkopf behalten sollte: Leute wie David Scheim und Robert Blakey, die behaupten, „Die Mafia tötete JFK", weisen auf die Tatsache hin, dass Ruby kurz vor der Ermordung JFKs mit vielen Personen in Kontakt stand, die mit dem organisierten Verbrechen in Verbindung standen, und sie sagen, dies beweise, dass Ruby mit „der Mafia" handelte. Das große Problem hierbei ist, dass diese sogenannten „Mafiosi", mit denen Ruby in Kontakt stand, größtenteils Juden waren. Wenn ich hier also die ethnische Terminologie verwenden darf: Worüber auch immer Ruby mit diesen Leuten sprach, es ging eher um Bagels als um Nudeln.

In Final Judgement habe ich über den Anwalt Luis Kutner (Rubys langjähriger Freund in Chicago) fest eine Verbindung zwischen Ruby, Israel und dem Mossad hergestellt und auch andere zuvor ignorierte Verbindungen Rubys zum Waffenschmuggel nach Israel und Rubys Verwicklung mit sogenannten „Journalisten" israelischer Zeitungen in Dallas beschrieben.

Die israelischen Verbindungen sind für diejenigen da, die sie finden wollen - und für diejenigen, die es nicht tun.

Was Rubys Mord an Oswald betrifft, so scheint es mir, dass es etwas war, das Ruby „musste" - etwas, das ihm befohlen wurde, zu tun. Wahrscheinlich dachte er, dass er als freier Mann damit durchkommen würde.

In *Judgement Final* suggerieren Sie tatsächlich, dass Jack Ruby nicht gestorben ist, als sein Tod gemeldet wurde, und dass er später nach Israel ging. Diese Geschichte erscheint weit hergeholt und stellt die Glaubwürdigkeit des Buches insgesamt in Frage.

Ich sage nicht, dass sie wahr ist. Ich zitiere lediglich eine Quelle, die diese Geschichte erzählt hat. Die Geschichte wurde von einer Frau erzählt, die Jack Ruby kannte und vor vielen Jahren in San Francisco mit ihm zusammengearbeitet hatte. Die Frau, die die Geschichte erzählte, Grace Pratt, war offensichtlich eine zuverlässige Frau, die nicht dafür bekannt war, solche Geschichten zu erfinden, und sie hatte so viel Angst vor dem, was sie zu wissen glaubte - nämlich dass Ruby noch am Leben war -, dass sie darum bat, dass die Geschichte zu ihren Lebzeiten nie wiederholt werden sollte. Ich zögerte ehrlich gesagt, diese Geschichte zu veröffentlichen, da ich erkannte, wie sensationell die Geschichte ist, und ich zögerte lange, bevor ich die Pille schluckte und beschloss, die Geschichte in das Buch zu packen. Ich war der Meinung, dass die Geschichte von Frau Pratt zur Erinnerung erzählt werden sollte, da sie definitiv eine weitere Möglichkeit einer israelischen Verbindung eingeführt hat, die es der These vom Jüngsten *Gericht* ermöglichte, den Kreis zu schließen.

Gerade die Tatsache, dass die Geschichte nie anderswo berichtet wurde - trotz vieler anderer bizarrer Legenden über die Ermordung von JFK, die weit verbreitet wurden - verleiht der Geschichte von Frau Pratt tatsächlich eine gewisse Glaubwürdigkeit.

Bedenken Sie: Wenn Ruby nicht gestorben ist, als er hätte sterben sollen - und wenn ich mich völlig irre und Israel nichts mit der Ermordung von JFK zu tun hat -, ist es durchaus möglich, dass Jack Ruby aus den USA entfernt wurde, und sei es nur aus humanitären Gründen. Es kann sein, dass es Juden in den USA und in Israel gab, die für Ruby empfänglich waren und sagten, dass er eine „patriotische" Tat begangen habe - den Präsidentenmörder zu töten - und dass er die Möglichkeit haben sollte, ein neues Leben zu beginnen. Das ist völlig logisch. Viele Menschen haben gefordert, dass der jüdisch-amerikanische Verräter Jonathan Pollard, der für Israel spionierte, aus dem Gefängnis entlassen wird und in Israel ein neues Leben beginnen darf. Warum sollte das bei Ruby nicht möglich sein? Die Idee ist nicht so sensationell.

Mehr noch, man könnte argumentieren, dass die Ankündigung von Rubys Tod und die Erlaubnis, das Land zu verlassen, mit der Begründung gerechtfertigt worden wäre, dass sie „das Land von der Aufregung eines weiteren Prozesses verschont" hätte. Und Ruby sollte tatsächlich ein weiteres Mal vor Gericht gestellt werden. Ich weiß, dass Grace Pratt glaubte, Jack Ruby auf einem Foto gesehen zu haben, als er in ein Flugzeug nach Israel stieg, und ich weiß, dass sie die Geschichte nie öffentlich erzählte oder nach Anerkennung suchte. Sie hatte einfach Angst. Daher schließe ich die Geschichte nicht aus.

Es ist übrigens sehr interessant, dass Beverly Oliver nach der Veröffentlichung von *Judgement Final* ein Buch mit dem Titel *Nightmare in Dallas* veröffentlichte, in dem sie schlicht und einfach erklärt, dass sie vor einigen Jahren mit einer Person in Kontakt stand, von der sie glaubt, dass es sich um Jack Ruby handelte. Ihre Geschichte ist, dass „Ruby" behauptete, einer chirurgischen Maskierung und einer gewissen Form von Hypnose unterzogen worden zu sein, und sie stellt diese Geschichte so dar, als sei sie glaubwürdig.

Heute erscheint diese Geschichte manchen vielleicht genauso seltsam wie die Geschichte von Grace Pratt, aber ich schließe diese Möglichkeit nicht aus und glaube auch nicht, dass sie mit der Geschichte von Frau Pratt in Konflikt steht. Beide Dinge hätten passieren können: Ruby hätte nach Israel gehen können und er hätte sich einer plastischen Operation unterziehen können. Angesichts all der Geschichten, die wir über das Bundeszeugenschutzprogramm hören, warum können wir nicht die Möglichkeit in Betracht ziehen, dass zum Zeitpunkt von Rubys Tod etwas Ungewöhnliches passiert ist?

Es ist also eine weitere Geschichte im Umlauf, die darauf hindeutet, dass hinter Rubys Tod viel mehr steckte, als man annehmen könnte. Ich fordere einige Forscher dringend auf, sich mit dieser Kontroverse auseinanderzusetzen und der Sache auf den Grund zu gehen. Ich selbst habe nicht die Absicht, dies zu tun. Auf jeden Fall möchte ich abschließend betonen, dass die Frage, ob Jack Ruby zum Zeitpunkt seines angeblichen Todes starb - oder nicht - für die These vom *Jüngsten Gericht* keine Bedeutung hat. Jeder, der versucht, *Judgement Final* zu diskreditieren, indem er Grace Pratts Geschichte zitiert und suggeriert, sie spiegele den Ton oder die allgemeine These des Buches wider, ist unehrlich.

Was ist Ihrer Meinung nach der größte Fehler der weit verbreiteten Theorie „Die Mafia hat JFK getötet"?

Jeder hätte JFK töten können, sogar ein einzelner Verrückter, wie die Warren-Kommission behauptete. Die große Frage bei der Mordverschwörung lautet: Wer hatte die Macht, die Verschwörung zu verschleiern? Die Mafia hatte diese Macht nicht, trotz ihrer weitreichenden nationalen und internationalen Verbindungen. Und es war auch nicht die Mafia, die die Warren-Kommission einberief und ihre Handlungen von Grund auf diktierte. Es besteht kein Zweifel daran, dass es während des gesamten JFK-Mordkomplotts immer wieder Verbindungen zur Mafia gab, selbst unter denjenigen, die Verbindungen zur CIA hatten. Die Mafia hatte jedoch nicht die Macht, die seltsamen Aktivitäten der CIA in Mexiko-Stadt zu manipulieren, die darauf abzielten, Lee Harvey Oswald mit einem angeblichen sowjetischen Attentatsexperten des KGB in Verbindung zu bringen. Auf den Seiten von *Final Judgement* habe ich wohl jede Vermutung, dass die Mafia letztlich für die Ermordung von JFK verantwortlich war, entschieden zerschlagen. Jetzt, mit der Enthüllung, dass der mit dem Mossad verbundene Hyman Lamer der wahre „Boss" von Sam Giancana, dem berüchtigten Chef der „Mafia" in Chicago, war, ist die alte Legende, dass „die Mafia JFK getötet hat", in eine sehr bedeutsame Verbindung mit dem Mossad verstrickt, die ein neues Licht auf die geheime Geschichte des organisierten Verbrechens wirft.

War der Direktor des FBI J. Edgar Hoover an der Planung des Attentats auf JFK beteiligt? Wusste Hoover, dass JFK ermordet werden sollte? War Hoover an der Vertuschung beteiligt? In „Judgement Final" werden Sie diese Fragen nie genau beantworten.

Ich würde dazu neigen, anzunehmen, dass Hoover wahrscheinlich im Voraus wusste, dass es eine Verschwörung oder Verschwörungen gegen JFK gab - vielleicht sogar diejenige, die schließlich erfolgreich war -, und sei es nur aufgrund seines umfangreichen Geheimdienstnetzes, das Verbindungen zu denselben Verschwörern hatte, die eng in die tatsächliche Planung des Attentats involviert waren. Ich möchte hinzufügen, dass er das Attentat wahrscheinlich zuließ und nichts unternahm, um den Fortschritt der Verschwörung zu behindern. Hoover hätte kein Interesse daran gehabt, das Attentat zu verhindern. Es ist höchst unwahrscheinlich, dass Hoover eine Rolle bei der Planung des Attentats gespielt hat, und niemand konnte jemals auch nur den geringsten Beweis dafür finden, dass er es getan hat. Hoovers tatsächliche Beteiligung war natürlich nicht wesentlich für die tatsächliche Durchführung der Tat.

Offen gesagt wäre es (aus Sicht der Verschwörer) besser gewesen, wenn Hoover kein Vorwissen gehabt hätte oder dieses Wissen nicht vermittelt bekommen hätte. Das hätte Hoover nur mehr Einfluss verschafft und je weniger Leute davon wussten, desto besser.

Ich habe gehört, dass Hoover am Abend vor dem Attentat angeblich auf einer Party in Dallas auf der Ranch seines guten Freundes Clint Murchison, dem texanischen Ölbaron, gewesen sein soll, wo er sich in Gesellschaft von LBJ und offenbar sogar Richard Nixon vergnügte, aber mir scheint, dass dies nur ein weiteres dieser aufregenden Gerüchte ist, die ihre eigene Dynamik haben.

Die Leute lieben diese Art von Geschichten, aber selbst wenn Hoover am Tag vor dem Attentat in Dallas war (und ich habe nie wirklich bestätigt gesehen, dass er es war, und ich bezweifle es ehrlich gesagt), heißt das nicht, dass er etwas mit dem Attentat zu tun hatte.

Ob Hoover an der Vertuschung beteiligt war, ist insofern eine andere Geschichte, als es das FBI war, das Informationen für die Ermittlungen der Warren-Kommission lieferte. In diesem Sinne war Hoover an der Vertuschung beteiligt. Hoover ist ein großer Bösewicht, aber sein einziges Verbrechen in Bezug auf die Ermordung von JFK, so nehme ich an, ist, dass er J. Edgar Hoover war.

Wie steht es mit Richard Nixon und George Bush? Glauben Sie, dass einer von ihnen etwas mit irgendeinem Aspekt der Mordverschwörung zu tun hat? Es gibt Geschichten, die seit Jahren im Umlauf sind.

Richard Nixon ist zu einem weiteren schwarzen Tier unter den Theoretikern des JFK-Attentats geworden, aber es gibt nicht mehr Beweise, um Nixon mit dem Attentat in Verbindung zu bringen, als es Beweise gibt, um Hoover in Verbindung zu bringen. Es ist eine spannende Theorie, aber mehr ist es nicht und das sollten wir im Hinterkopf behalten.

Der Name George Bush wird ebenfalls häufig mit dem Attentat in Verbindung gebracht und in *Final Judgement* habe ich das ausführlich untersucht, aber auch hier scheint es höchst unwahrscheinlich, dass Bush an der Planung des Attentats beteiligt war, aber offenbar hatte Bush im Rahmen seiner Arbeit für die CIA - obwohl er bestreitet, 1963 für die CIA gearbeitet zu haben - Verbindungen zu kubanischen Anti-Castro-Exilanten, und es ist wahrscheinlich, dass Bush zu irgendeinem Zeitpunkt auf Leute gestoßen sein könnte, die vielleicht direkt an der Manipulation eines Teils der globalen Verschwörung beteiligt waren.

George Bush könnte wahrscheinlich für eine Reihe von Verbrechen angeklagt und verurteilt werden, aber die Verschwörung zur Ermordung von JFK ist wahrscheinlich keines davon. Die ganze Geschichte von George Bush und seinem Dossier über die Machenschaften der CIA wurde noch nicht erzählt - und leider wird sie wahrscheinlich auch nie erzählt werden -, aber ich dachte, es wäre angebracht, zur Erinnerung Bushs mögliche Verbindungen zum Attentat auf den Seiten von *Judgement Final* zu erforschen.

Und nur zur Information: Ich möchte meine eigene kleine Theorie über Bushs Verbindung zum JFK-Fall in den Raum werfen. Sie ist sicherlich umstritten und ich habe keine Beweise, um sie zu belegen, aber ich werde sie auf den Tisch legen, damit andere darüber nachdenken können. Obwohl die meisten Forscher in Sachen JFK-Attentat davon überzeugt sind, dass die mysteriöse CIA-Figur „Maurice Bishop" (angeblich einmal in Texas in Begleitung von Lee Harvey Oswald gesehen) in Wirklichkeit schon lange die CIA-Figur David Atlee Phillips war, habe ich persönlich immer gedacht, dass das berühmte Porträt von „Bishop", das nach Meinung vieler eine starke Ähnlichkeit mit Phillips hat, genauso gut George Bush sein könnte.

Und wenn man die Fotos von Bush und Phillips vergleicht, ist es denkbar, dass einige Leute finden könnten, dass die beiden ähnlich aussehen. Ist es möglich, dass „Maurice Bishop" wirklich ein Deckname von George Bush von der CIA während Bushs Verschwörung mit den Kubanern zur Zeit der Ermordung von JFK war? Ist es möglich, dass der Deckname „Maurice Bishop" von mehreren Personen, darunter auch Bush, verwendet wurde? Ist es möglich, dass die CIA, seit David Atlee Phillips als CIA-Figur bekannt wurde, die Geschichte, dass Phillips wirklich „Bishop" war, veröffentlicht hat, um Bushs Verbindung zur CIA unter der Decke zu halten? Wie ich bereits sagte, ist das alles reine Spekulation und ich behaupte nicht, dass es dafür Beweise gibt. Allerdings

Lange vor der Veröffentlichung von Mark Lanes Buch *Plausible Denial* (ganz zu schweigen von der Geschichte in The Spotlight, die den Verleumdungsprozess gegen den ehemaligen CIA-Angehörigen E. Howard Hunt, der in Lanes Buch beschrieben wird), gab es viele Spekulationen, dass Hunt in die Ermordung von JFK verwickelt war und dass er einer der berüchtigten „Penner" gewesen sein könnte, die kurz nach der Ermordung des Präsidenten auf der Dealey Plaza fotografiert wurden. Glauben Sie, dass Hunt einer dieser „Penner" war oder dass diese „Penner" in die Mordverschwörung verwickelt waren?

Zunächst einmal bin ich mit allen Forschungen und Schriften über die sogenannten „Tramps" sehr gut vertraut. Allerdings bin ich nicht davon überzeugt, dass E. Howard Hunt einer dieser Penner war. Ich habe sogar ein anderes Foto gesehen, das in einer der Boulevardzeitungen veröffentlicht wurde und angeblich zeigt, wie Hunt unmittelbar nach dem Attentat eine Kugel in der Dealey Plaza aufhebt (Tatsächlich ähnelt die Person, die Hunt sein soll, eher dem ehemaligen Präsidenten Gerald Ford, der in der Warren-Kommission saß, und ich glaube nicht, dass es Ford war). Hunt ist eine verdächtige Person und er war in die Intrigen rund um das Attentat verwickelt, wie *Plausible Denial* und *Judgement Final* beweisen. Das Buch *Coup d'État in America* von A. J. Weberman und Michael Canfield behauptet, Hunt sei einer der Penner gewesen, aber wie gesagt, ich glaube nicht daran.

Nun gibt es neue Informationen, die von der Polizei von Dallas in den letzten Jahren veröffentlicht wurden und die zeigen, dass es Penner gab, die am Dealey Plaza aufgegriffen wurden, und dass sie fest als Penner identifiziert wurden - nicht als Mörder oder Verschwörer. Dennoch gibt es immer noch Forscher, die sich darüber streiten und sagen, dass die vollständige Geschichte noch nicht erzählt worden ist. Eine der jüngsten Geschichten, die ans Licht gekommen sind, ist die von Chauncey Holt erzählte Geschichte, der behauptet, er sei der „Penner" gewesen, von dem alle sagen, er sei E. Howard Hunt, und es stellt sich heraus, dass Holt nicht einer der Penner ist, deren Namen in den Polizeiakten von Dallas auftauchen. Es gibt also viele Forscher, die Holts Geschichte nicht glauben, und wiederum gibt es diejenigen, die sie glauben.

Wenn diese Männer in das Attentat verwickelt waren, ist es unwahrscheinlich, dass sie die eigentlichen Auslöser waren. Robert Groden, ein Forscher im Bereich des JFK-Attentats, hat verbesserte Fotos veröffentlicht, auf denen wahrscheinlich ein bewaffneter Mann vom Hügel aus schießt, und dieser Attentäter scheint die Uniform eines Polizisten zu tragen. Er ist definitiv keiner dieser Penner. Ich glaube wirklich nicht, dass die sogenannten Penner am Ende wirklich wichtig sind, aber es ist eine nette Ablenkung. Die Männer, die auf der Dealey Plaza fotografiert wurden, waren wahrscheinlich das, was sie zu sein schienen. Es wäre schön, das Problem zu lösen, nur um alle glücklich zu machen.

Welche Rolle spielte E. Howard Hunt bei der JFK-Verschwörung?

Das ist eine sehr interessante Frage und die Antwort ist komplex. Ich habe das Thema in Kapitel 16 von *„Judgement Final"* angesprochen, möchte es aber hier weiter diskutieren. Wir wissen nicht genau, wo sich Hunt zum Zeitpunkt der Ermordung von JFK aufhielt. Das ist etwas, das selbst während Hunts Verleumdungsprozess nie fest stand, und Hunts Antworten während des Kreuzverhörs von Mark Lane waren nicht wirklich schlüssig.

Hunt bestand darauf, dass er sich in der Gegend von Washington D. C. (entweder zu Hause in einem Vorort oder im Büro oder im Stadtzentrum, wo er im Laufe des Tages an einem oder mehreren Orten einkaufte) am 22. November, dem Tag des Attentats, befand. Er ging jedoch nie auf die im zweiten Prozess von seiner ehemaligen CIA-Partnerin, der Agentin Marita Lorenz, unter Eid vorgebrachte Behauptung ein, dass sie und der CIA-Agent Frank Sturgis und eine Gruppe von Exilkubanern sich am 21. November, dem Tag vor dem Attentat, mit Hunt in Dallas getroffen hätten (und das hätte Hunt natürlich genug Zeit gelassen, um nach Washington zurückzukehren und am Tag des Attentats in der Hauptstadt zu sein).

Außerdem sagte Miss Lorenz, dass Jack Ruby, der Lee Harvey Oswald einige Tage später erschoss, sie ebenfalls in dem Motel besucht habe. Es besteht also kein Zweifel daran, dass es eine Verschwörung gab, in die Hunt in Dallas verwickelt war und die ihn mit einer Verschwörung in Verbindung brachte, die Personen mit CIA-Verbindungen betraf, die in irgendeiner Weise mit der Mordverschwörung in Verbindung standen.

Ich sage nicht - und Mark Lane übrigens auch nicht -, dass Hunt am 22. November auf John F. Kennedy oder auch nur in seine Richtung geschossen hat. Ich glaube, dass Hunt zumindest kurz vor dem Attentat in Dallas war. Was er dort tat, ist die interessante Geschichte, über die wir so wenig wissen.

Wie wir in Kapitel 16 gesehen haben, war es eindeutig James Angleton von der CIA, der für das Durchsickern des internen CIA-Memos verantwortlich war, das Hunt zum Zeitpunkt des Attentats in Dallas verortete und damit die Grundlage für die Geschichte legte, die schließlich zu Hunts Verleumdungsklage gegen *The Spotlight* führte.

Nach Ansicht des investigativen Journalisten Joe Trento (der übrigens ein Erzfeind der Zeitung *The Spotlight* ist, nachdem er von Willis Carto, dem Herausgeber von *The Spotlight*, gezwungen wurde, eine Verleumdungsklage gegen ihn beizulegen*)*, ist es wahrscheinlich, dass Hunt nicht nur tatsächlich in Dallas war, sondern dass Angleton ihn dorthin geschickt hat. Hunt gibt jedoch nichts zu.

Mir scheint, dass Hunt in dem Mordkomplott gegen JFK eine, wenn ich so sagen darf, Vermittlerrolle spielte, indem er in Dallas (und New Orleans) mit anderen Personen, die sich um Lee Harvey Oswald bewegten, involviert war. Es ist durchaus denkbar, dass Hunt keine Ahnung hatte, dass sein Auftrag in Dallas ein echtes Mordkomplott beinhaltete - vielleicht war er nur in ein „fiktives" Mordkomplott verwickelt, das von äußeren Kräften manipuliert und überholt wurde und dann real wurde - und ich habe diese Möglichkeit in Kapitel 16 untersucht.

Beachten Sie Folgendes: Obwohl Hunt sich mit Miss Lorenz und Frank Sturgis traf und das Geld von Hunt zu Sturgis floss, deutet dies nicht unbedingt darauf hin, dass Hunt wusste, dass ein echtes Attentat bevorstand, auch wenn Sturgis Lorenz später erzählte, dass sein Team in den Mord am Präsidenten verwickelt gewesen war. Vielleicht wusste er es, aber nicht unbedingt. Allerdings brachte er sich selbst in die Lage, dass er im Nachhinein angesichts der späteren Aussage von Lorenz verdammt schuldig erschien.

Wir müssen jedoch berücksichtigen, dass, was auch immer in Dallas geschah, Hunt sich während des Watergate-Fiaskos, das zur „Ermordung" eines anderen Präsidenten führte, erneut mit Frank Sturgis verbündete, und im Fall Watergate gab es, wie wir gesehen haben, auch eine klare israelische Verbindung, in die auch Angleton involviert war.

Denken Sie an die Tatsache - wie wir inzwischen wissen -, dass Frank Sturgis nicht nur ein CIA-Agent war, sondern auch seit langem in die Verschwörung des Mossad verwickelt war, und wir finden sozusagen ein sehr komplexes Räderwerk.

Aber Hunt war und ist ein loyaler Mann der CIA und würde nichts auf die eine oder andere Weise zugeben. Und als Hunt in seinem Verleumdungsprozess einen CIA-Zeugen brauchte, war es Newton „Scotty" Miler, Angletons langjähriger Stellvertreter, der ihm zu Hilfe kam. Ich glaube nicht, dass dies eine Überraschung ist.

Obwohl es also so aussieht, als hätte die CIA 1978 ursprünglich geplant, Hunt fallen zu lassen und ihm über seine ehemaligen CIA-Vorgesetzten eine Beteiligung an dem Attentat anzuhängen - indem sie ihn als „korrupten" Agenten darstellten -, hatten er und die CIA zu dem Zeitpunkt, als seine Verleumdungsklage gegen *The Spotlight* stattfand, eine Einigung erzielt und boten ihm ihre Hilfe an. Es scheint, dass genau weil der Artikel in *The Spotlight* die gegen Hunt gerichtete „begrenzte Situation" enthüllt hat, die Operation auf Eis gelegt wurde. Erinnern wir uns: Ein Brief mit dem Titel „Lieber Mr. Hunt", angeblich von Lee Harvey Oswald, tauchte zu der Zeit auf, als diese Operation der „begrenzten Situation" noch in den Kinderschuhen steckte, während der Ausschuss des Repräsentantenhauses mit seinen Ermittlungen begann. Ich glaube, dass dies ein weiterer schmutziger Trick von Angleton war, obwohl ein neues Buch eines mit der CIA verbundenen Autors behauptet, dass es sich um ein Strategem des KGB handelte. In „Ein letztes Wort?" von *„Final Judgement"* werde ich näher darauf eingehen.

Wenn es jemanden gibt, der heute lebt und weiß, was wirklich in Dallas geschah, dann ist es Hunt. Sollte Hunt jedoch jemals das Bedürfnis oder einen Grund finden, mit seinem Wissen „an die Öffentlichkeit zu gehen", sollten wir das, was er sagt, meiner Meinung nach mit Vorsicht genießen. Hunt ist ein sehr begabter und produktiver Autor von Spionageromanen, und wenn ihm ein

Verleger ein paar Millionen Dollar anbieten würde, um „alles zu erzählen", wäre es denkbar, dass Hunt - in Zusammenarbeit mit der CIA oder vielleicht auch ganz allein - eine fantastische Geschichte erfinden würde, die das Verlangen der Öffentlichkeit befriedigt und die er folglich als *das* endgültige Urteil über die Geschehnisse in Dallas festlegen würde. Und das könnte dazu führen, dass die Wahrheit für immer begraben wird. Ich befürchte, dass zu viele Menschen bereit sind, alles zu glauben, was Hunt sagt, nur weil er ist, was er ist. Seien wir also misstrauisch gegenüber dem, was Hunt sagen könnte.

Aber ich mache diese Vorhersage: Wenn es Hunt gelingt, eine „Endlösung" für das Rätsel zu finden, dass das Attentat eine Verschwörung des KGB - mit Verbindungen zu Castro - gewesen sei und dass einige „zwielichtige" CIA-Agenten mittendrin steckten. Dies könnte der Schlüssel zu einem Angriff auf Castro in letzter Minute sein, und da sich die Sowjetunion aus dem Geschäft zurückgezogen hat, spielt es keine Rolle, ob Hunt sie beschuldigt oder nicht.

Ist Jim Marrs' Buch *CrossFire* nicht das Buch, das mehr noch als *Final Judgement* alle JFK-Theorien zusammenfasst und den Leser in die Lage versetzt, selbst ein endgültiges Urteil zu fällen?

Crossfire ist ein wunderbares Buch und gibt einen vollständigen Überblick über alle Bücher über das JFK-Attentat, die zum Zeitpunkt der Drucklegung des Buches verfügbar waren. Ich bin zuversichtlich, dass Marrs, wenn er *Crossfire* in einer aktualisierten Ausgabe neu herausgibt, die Theorie, die in *Final Judgement* auftaucht, erwähnen wird, und sei es nur, um zu versuchen, sie zu zerschlagen. Aber ich glaube nicht, dass er das kann. Wenn er dazu in der Lage ist, hoffe ich, dass er versuchen wird, es auf verantwortungsvolle Weise zu tun.

Insgesamt glaube ich nicht, dass Marrs in irgendeiner Weise zu wirklichen Schlussfolgerungen kommt. Er deutet an, dass LBJ möglicherweise für das Attentat verantwortlich ist, und zeigt mit dem Finger auf den „militärisch-industriellen Komplex", aber das war es dann auch schon.

Ich schlage vor, dass die Leute *Crossfire* lesen, bevor sie überhaupt *Final Judgement* lesen, weil es eine bemerkenswerte Sammlung der grundlegenden Theorien und Schlussfolgerungen zum Mord ist, und wenn Sie erst einmal die Essenz dieser Theorien verstanden haben, werden Sie sehen, wie *Final Judgement* sie tatsächlich in einer relativ einfachen Theorie verbindet, die einen ultimativen Sinn hat.

Viele Leute sagten mir, dass sie praktisch jedes andere Buch über das Attentat gelesen hätten, dass es aber mein Buch sei, das wirklich eine Verbindung zwischen den beiden herstelle und die umfassendste Erklärung dafür liefere, was wirklich passiert sei.

Inwiefern widerspricht die in *Doomsday* vorgestellte These der in einer Reihe von Büchern vorgestellten Theorie, die nahelegt, dass es eine Art Verschwörung zwischen der CIA und der Mafia war, die zur Ermordung von JFK geführt hat?

Ich glaube nicht, dass die in *Final Judgement* vorgestellte Theorie im Wesentlichen der Grundthese widerspricht, dass eine Kombination aus Elementen der CIA und der Mafia hinter dem Mord am Präsidenten steht. Im Gegenteil, die Grundthese fügt sich nahtlos in das in *Endgericht* dargestellte Szenario ein. Mein Buch jedoch geht von der israelischen Verbindung aus, die bisher noch niemand thematisiert hat, und erklärt, dass die sogenannte „französische Verbindung", die andere als eine Art Beweis für die Beteiligung der CIA oder sogar der „Mafia" nachzuweisen versuchten, deutlicher auf die israelische Verbindung hinweist.

Es ist mir sehr klar, dass die anderen Theoretiker die Bedeutung der „French Connection" nicht offen verstehen - dass es sich um die israelische Connection handelt. Die „French Connection" ist darüber hinaus direkt mit der CIA und der Mafia verbunden und sogar direkt mit dem Büro des CIA-Agenten Guy Banister in New Orleans. *Final Judgement* ist daher insofern einzigartig, als es erklärt, wie all diese scheinbar unterschiedlichen Elemente durch die israelische Verbindung miteinander verknüpft sind.

Jeder, der ein Buch gelesen hat, das nahelegt, dass es sich um eine Art Verschwörung zwischen der CIA und der Mafia handelte, und diese These akzeptiert, kann nun *Final Judgement* lesen und feststellen, dass es in *Final Judgement* nichts gibt, was dieser Grundthese widerspricht. Ich möchte hinzufügen, dass *Final Judgement* auch insofern lehrreich ist, als es ein genaueres Bild von der Realität der wahren Natur des Syndikats des organisierten Verbrechens und der Hauptrolle, die Meyer Lansky in der Unterwelt gespielt hat, vermittelt. *Final Judgement* ist in diesem Sinne das erste Buch, das Lanskys Verbindung zum Jahrhundertverbrechen erforscht hat.

Ich bin fest davon überzeugt, dass *„Judgement Final"* ein Argument präsentiert, das kein Mensch, der an die grundlegende Verschwörung „CIA-Mafia" glaubt, von vornherein ablehnen kann. Diejenigen, die es ablehnen, würde ich eher vermuten, sind diejenigen, die Angst vor dem Gesamtbild haben. Das Buch zeigt, dass Israel nicht nur die Mittel und das Motiv, sondern auch die Gelegenheit hatte - alles Elemente, die ein guter Anwalt braucht, um eine Verurteilung wegen Mordes zu erreichen. Tatsächlich schlug ein Leser vor, dass *„Final Judgement"* sich wie eine Anklageschrift lesen lässt. Und es ist definitiv eine Anklageschrift.

Könnten Sie uns einen Überblick über die Ihrer Meinung nach grundlegende Struktur des JFK-Attentatskomplotts geben? Sind an der riesigen internationalen Verschwörung, die in *„Judgement Final"* beschrieben wird, nicht zwangsläufig so viele Personen beteiligt, dass es unmöglich gewesen wäre, ein solches Komplott all die Jahre lang geheim zu halten?

Zunächst einmal ist die Verschwörung kein Geheimnis mehr. Ich habe sie in *„Judgement Final"* erwähnt. Und ich sage das nicht im Scherz. Immerhin konnte ich dank meiner französischen Quelle die geheimen Rollen von Yitzhak Shamir, einer Figur des israelischen Mossad, und Georges De Lannurien, einem französischen Offizier des SDECE, in der Verschwörung identifizieren. Also **hat** jemand irgendwo mit „Insider"-Informationen **gesprochen**, und so fiel mir die Information über diese beiden Verschwörer in die Hände, während ich *End Judgement* schrieb.

Die Frage ist jedoch richtig gestellt. Aber was ich wiederholt gesagt habe, oft als Antwort auf Anfragen, ist, dass das Einzigartige an „*Judgement Final*" - neben vielen anderen Dingen, nehme ich an - meiner Meinung nach ist, dass es eine Verschwörung darstellt, an der tatsächlich nur eine kleine Anzahl von Personen beteiligt ist. Mit anderen Worten: Nur eine Handvoll Menschen hätte gewusst, dass der Präsident getötet werden sollte. Alle anderen Personen, die auf die eine oder andere Weise in die Verschwörung verwickelt waren, hätten nicht einmal gewusst, welche Rollen sie in dieser Verschwörung spielten.

Ich denke, dies ist ein wichtiger Aspekt der Theorie, die ich in „*Judgement Final*" vorstelle. Die Zahl der an der Verschwörung beteiligten Personen, die tatsächlich wussten, dass JFK ermordet werden sollte, war wahrscheinlich sehr gering - aber denjenigen, die „Bescheid wussten", standen umfangreiche Ressourcen zur Verfügung, um eine weitaus größere Zahl von Personen zu beeinflussen, die nie notwendigerweise erfahren würden, dass sie an einer auf Präsident Kennedy gerichteten Mordverschwörung beteiligt waren.

Meiner Meinung nach gab es sechs Stufen des eigentlichen Mordes:
1) der Beginn der Verschwörung: Wer hat sie durchgeführt?
2) Planung und Koordination: z. B. die Einstellung von Attentätern;
3) Finanzierung - wer hat das Geld für die Durchführung bereitgestellt?
4) die Erleichterung (des Mordes) - dem Sündenbock eine Falle stellen, dafür sorgen, dass alles für den 22. November vorbereitet ist;
5) die Ausführung des Mordes; und
6) die Tarnung.

Was den eigentlichen Auslöser der Verschwörung angeht, so scheint es, wie gesagt, offensichtlich, dass dies durch die Interaktion zwischen dem israelischen Mossad und den führenden Köpfen der CIA geschah, als Folge ihrer eigenen Reaktion auf die Politik von JFK. Ganz zu schweigen natürlich von der Interaktion der CIA und des Mossad mit anderen Machtgruppen, die im Visier der Kennedy-Regierung standen, insbesondere dem organisierten Verbrechen.

Ich habe bereits klar James Angleton von der CIA und dem israelischen Premierminister David Ben-Gurion die Schuld dafür gegeben, dass sie die Verschwörung initiiert haben, aber es gab noch andere, die vielleicht auch „mit von der Partie" waren.

Nachdem beschlossen worden war, dass JFK „erschossen" werden sollte, waren in der zweiten Phase der Verschwörung Planung und Koordination erforderlich. Jemand musste damit beauftragt werden, die Attentäter anzuwerben, die allgemeinen Grundlagen festzulegen, zu bestimmen, wo das Attentat stattfinden sollte und wie es finanziert werden sollte.

Ich neige zu der Annahme, dass dies wahrscheinlich von Yitzhak Shamir, dem Leiter des Mossad-Attentatsteams, durchgeführt wurde. Er hätte natürlich eng mit Angleton zusammengearbeitet und wir wissen, dass er mindestens einen Attentäter oder ein Attentäterteam über seinen Verbündeten beim französischen Geheimdienst, Oberst Georges De Lannurien, unter Vertrag genommen hat.

Die Finanzierung all dessen hätte aus sehr unterschiedlichen Quellen stammen können. Obwohl natürlich sowohl die CIA als auch der Mossad über immense Budgets verfügen (einschließlich des berüchtigten „Geheimbudgets" der CIA), ganz zu schweigen von einer Vielzahl von Scheinfirmen, die als Properties bekannt sind, scheint es wahrscheinlich, dass das Geld, das zur Finanzierung der Operation verwendet wurde, sorgfältig gewaschen wurde und vielleicht sogar von Quellen außerhalb der CIA und des Mossad stammte, um sicherzustellen, dass das Geld niemals zurückverfolgt werden konnte.

Die CIA und die Mossad-Verbündeten in Lanskys Verbrechersyndikat waren sicherlich eine leicht zugängliche Quelle für schnelles, großes und unauffindbares Geld. Lansky selbst, ganz zu schweigen von seinen Mafia-Partnern, sowie die Scheinfirma Permindex des Mossad, hatten alle Bankkonten bei der Banque de Crédit Internationale des Rabbiners Tibor Rosenbaum in Genf. Es ist möglich, dass Rosenbaum Geld über Clay Shaw, ein Vorstandsmitglied von Permindex, überwies, der wiederum eine Art „Schatzmeister" in New Orleans war und Geld an Guy Banister und damit auch an Lee Harvey Oswald verteilte, der gerade von Banisters Büro als Sündenbock in die Falle gelockt wurde.

Und dann noch einmal: Wenn Banisters Operation, in die Oswald verwickelt war, tatsächlich vom ADL-Büro in New Orleans ins Leben gerufen und koordiniert worden wäre, was wahrscheinlich erscheint, wäre das von Banister gezahlte Geld für Oswalds Gehalt buchstäblich direkt (oder indirekt) von der ADL subventioniert worden. Und es wurde in den offiziellen Gerichtsunterlagen enthüllt, dass die ADL tatsächlich Mittelsmänner einsetzt, um ihre „Ermittler" wie Banister und Co. zu bezahlen, um die Quelle der Gelder zu verschleiern.

Dies verdeutlicht also, wie eine große Bandbreite an scheinbar getrennten Einrichtungen zur Finanzierung der Operation genutzt werden konnte, ohne dass eine Spur direkt zur CIA oder zum Mossad zurückverfolgt werden konnte. Obwohl die ADL beispielsweise dem Mossad Bericht erstattet, ist es unwahrscheinlich, dass das Geld des Mossad an sich auch nur auf das Bankkonto der ADL überwiesen wurde.

Die Gelder für einen oder mehrere Teile der Organisation des Attentats hätten auch aus anderen Quellen stammen können. Es gibt Geschichten, wonach Jack Ruby kurz vor dem Attentat das Büro des texanischen Ölbarons H. L. Hunt aufgesucht hat. Vielleicht stellte Hunt Geld zur Verfügung, das von Ruby für irgendeine Funktion verwendet wurde, die Ruby vor dem Attentat ausübte.

Vielleicht wurde Hunt versichert, dass das Geld für eine „anti-kommunistische" Demonstration am Tag des Attentats bestimmt war. Ruby könnte Hunt sogar erzählt haben, dass eine Gruppe von Anti-Castro-Kubanern, die sich als Pro-Castro-Kubaner verkleidet hatten, eine Art „Zwischenfall" veranstalten würden, um Castro zu diskreditieren, während JFK in Dallas war. Ruby selbst hätte glauben können, dass dies der aktuelle Plan war! (Ich persönlich glaube, dass Ruby den „zweiten Oswald" oder die „Oswalds", je nachdem, was zutrifft, in eine Falle locken wollte. Mit anderen Worten: Ruby arrangierte „Vorfälle" rund um Dallas, um den Eindruck zu erwecken, der echte Lee Harvey Oswald sei ein „Pro-Castro-Agitator" und ein bewaffneter Extremist)

Nun ist das alles natürlich reine Spekulation, aber ich glaube nicht, dass es sehr weit von der Realität entfernt ist. Ich versuche, die Sache in eine logische Perspektive einzuordnen.

Wir haben über Auslösung und Planung, Koordination und Finanzierung gesprochen. Die vierte Ebene des Mordkomplotts wäre die „Ermöglichung". Dabei ging es insbesondere um Bereiche wie die Aktionen in New Orleans und Dallas, wo Lee Harvey Oswald in eine Falle gelockt wurde und/oder sich versehentlich selbst eine Falle stellte, je nachdem, was zutraf. In dieser Phase operierten Clay Shaw, Guy Banister, David Ferrie und Jack Ruby, obwohl Shaw vielleicht nie direkten Kontakt mit dem echten Lee Harvey Oswald hatte. Es gab natürlich auch Anti-Castro-Exilkubaner, die in dieser Phase eingesetzt wurden.

Es ist auch wahrscheinlich, wie ich bereits angemerkt habe, dass eine Reihe von potenziellen Sündenböcken in verschiedenen Städten des Landes angesiedelt waren. Die Vermittler in diesen Städten hatten keine Ahnung, dass sie für ein Mordkomplott missbraucht wurden, das den Sündenbock in die Falle lockte. Wahrscheinlich gab es im ganzen Land mehrere Personen mit ähnlichen Profilen wie Lee Harvey Oswald, die für den Fall, dass das Attentat in ihrer Stadt ausgeführt werden sollte, eingesetzt wurden: Miami, Chicago, Los Angeles, Billings, Montana.

Es erscheint unwahrscheinlich, dass die Verschwörer bereit waren, Lee Harvey Oswald durch das ganze Land zu tragen und auf den richtigen Moment zu warten, um zuzuschlagen. Nein, stattdessen waren in diesen Städten andere „Oswalds" - andere Tauben - in Stellung gebracht worden. Und da das Attentat nicht an diesen Orten stattfand, würden die Vermittler nicht unbedingt die wahre Motivation hinter den Dingen erkennen, um die man sie gebeten hatte. Wie ich bereits sagte, ist es auch möglich, dass es in Dallas oder an anderen Orten in Texas noch weitere Sündenböcke gab.

Es gab jedoch nicht nur „Fazilitatoren" um Lee Harvey Oswald und auf seiner Ebene. Es gab auch Vermittler, die um das bevorstehende Opfer des Mordkomplotts herum arbeiteten. In den Kreisen um John F. Kennedy gab es diejenigen, die mit großer Wahrscheinlichkeit der CIA von JFKs Plänen berichteten, und zwar sowohl in Bezug auf kritische internationale Fragen auf hoher Ebene, die die CIA und den Mossad unmittelbar betrafen, als auch in Bezug auf so konkrete Fragen wie die, wohin JFK während seiner Reise nach Texas zu reisen gedachte.

Das war natürlich Routine, denn die CIA hatte ihre Agenten längst in der gesamten Exekutive angesiedelt, und diese kooptierten (durch Erpressung und Bestechung) Leute, die nicht direkt bei der CIA angestellt waren. Offensichtlich waren sich diese Leute nicht bewusst, dass sie für die anschließende Mordverschwörung benutzt wurden. Letztendlich bin ich mir sicher, dass es Angleton bei der CIA war, der die Informationen über die Aktivitäten von JFK beschafft hat. Es wurde wahrscheinlich täglich buchstäblich auf Angletons Schreibtisch abgelegt.

Vielleicht hat die CIA sogar auf die eine oder andere Weise dazu beigetragen, die Pläne des Präsidenten zu formen: indem sie zum Beispiel dafür sorgte, dass sein Autokorso eine bestimmte Route durch Dallas nahm. Ich verwende dies als einfaches Beispiel, um zu zeigen, wie einfach der Prozess war. Und die Person oder Personen, die ausgenutzt wurden, wussten nicht unbedingt, dass sie manipuliert wurden, und rückblickend auch nicht, dass sie manipuliert worden waren.

Wir könnten hinzufügen, dass es auf der Ebene der Vermittlung ein weiteres unverzichtbares Element gab. Es handelte sich um das CIA-Team unter der Leitung von David Atlee Phillips, dem Leiter des CIA-Büros in der westlichen Hemisphäre, das im Monat vor dem Attentat dafür verantwortlich war, die „Beweise" vorzulegen, dass Lee Harvey Oswald sich mit einem sowjetischen Attentatsexperten in Mexiko-Stadt getroffen hatte. Dies war ein weiterer wichtiger Baustein im Fundament der Verschwörung - die Ausarbeitung der Sündenbockfalle wurde auf einem besonders hohen Niveau durchgeführt.

Ohne die Hilfe all dieser Personen konnte das Attentat und die Vertuschung nicht stattfinden. Dennoch konnten alle ihre Aktionen durchgeführt werden, ohne dass diese Personen ahnten, was gerade geschah. Und in vielen Fällen waren ihre Handlungen routinemäßig und alltäglich.

Und dann gibt es natürlich noch die Attentäter. Es kann sein, dass diese Attentäter nicht einmal den Standort (oder die Identität) der anderen Schützen kannten. Vielleicht war die Koordination des Attentats so stark unterteilt, dass die Operationen der verschiedenen Teams auf streng vertraulicher Basis durchgeführt werden konnten. Es könnte sogar sein, dass weitere Attentatsteams nach Dallas geschickt und für den Fall eingerichtet wurden, dass der Anschlag auf die Dealey Plaza abgesagt wird. Diese Teams hätten nicht unbedingt gewusst, dass die anderen Teams in Stellung gebracht wurden. Natürlich werden wir nie die ganze Geschichte erfahren.

Interessant ist auch die Tatsache, dass der CIA-Mann Frank Sturgis (auch ein langjähriger Mossad-Agent) Marita Lorenz gegenüber später erklärte, sein Team sei in das Attentat verwickelt gewesen. Sturgis hatte offenbar nie behauptet, einer der Schützen zu sein, aber der kubanische Geheimdienst sagte, wie wir gesehen haben, dass er an der Organisation der Kommunikation zwischen den Killerteams beteiligt war.

Personen auf der Ebene der Vermittler konnten auch dazu genutzt werden, den eigentlichen Attentätern zur Flucht zu verhelfen. Jack Ruby war ein idealer Vermittler, um die Mitglieder der Polizei von Dallas zu manipulieren. Ein paar große Gewinne hier und da würden den Zweck erfüllen. Der Polizist J. D. Tippit war wahrscheinlich beteiligt und ich glaube, er wurde getötet, als er sich weigerte, seinen Job zu machen. Und dann noch einmal: Vielleicht sollte Tippit hingerichtet werden, um Oswald die Schuld an dem Verbrechen in die Schuhe zu schieben.

Die letzte Ebene ist die der Vertuschung und der Schadensbegrenzung. Viele der an der Erleichterung des Attentats beteiligten Personen hätten ein Interesse daran, nicht nur ihre eigene Rolle, sondern auch die ihrer Partner in der Verschwörung zu verschleiern (sobald ihnen klar geworden wäre, dass sie, wenn auch unbeabsichtigt, eine Rolle bei der Förderung der Verschwörung gespielt hatten). Daran waren mit Sicherheit Leute von der CIA und dem FBI beteiligt, ganz zu schweigen von anderen Regierungsstellen, einschließlich der Polizei von

Dallas. Die meisten Beteiligten waren sich vielleicht nicht einmal bewusst, dass sie an Aktionen zur Vertuschung der Wahrheit beteiligt waren.

Wir wissen, dass James Angleton am Tag des Attentats einen interessanten Gast in seinem Büro in Langley hatte. Es war der französische Verbündete des Mossad, Oberst Georges De Lannurien von der SDECE. Es ist offensichtlich, dass sie für eine konkrete Schadenskontrolle von Angesicht zu Angesicht zusammen waren. Es handelte sich um eine größere Operation und es war von entscheidender Bedeutung, dass diese beiden großen Schlüsselverschwörer zusammen waren, falls etwas schiefgehen sollte. Es ist klar, dass in dieser kritischen Zeit die Kommunikation per Telefon oder Brieftaube nicht ideal war.

Letztendlich wäre natürlich die Vertuschung nicht so weit verbreitet gewesen und hätte nicht so lange gedauert, wenn es nicht die mächtige korrupte (und korrumpierende) Kraft der amerikanischen Medien gegeben hätte - die ihrerseits so stark von der proisraelischen Lobby und der CIA (einzeln und zusammen) beeinflusst wird. Ich glaube wirklich, dass die Art und Weise, wie die Medien auf die Kritik der Warren-Kommission reagiert haben, ein aufschlussreiches Zeichen dafür ist, dass Israel eine Rolle bei der Mordverschwörung gespielt hat.

Praktisch alle wichtigen Forscher zum JFK-Attentat haben sich zu dem Phänomen der Zusammenarbeit der Medien bei der Vertuschung geäußert.

Dennoch erwähnt niemand jemals den Einfluss der Israel-Lobby auf die amerikanischen Medien. Sie können sich die Ermordung von JFK nicht ansehen, ohne ernsthaft die Rolle der Medien bei der Vertuschung zu untersuchen. Das ist von entscheidender Bedeutung - und es zeigt deutlich die Verbindung zu Israel, ob die Leute das zugeben wollen oder nicht.

Warum können sich nicht alle Forscher zusammentun und zusammenarbeiten, um die Lösung des Rätsels zu finden? Wäre das nicht produktiver, als gegen den Strom zu arbeiten?

Zunächst einmal, ehrlich gesagt, glaube ich, dass ich die Lösung gefunden habe - und wie gesagt, sie beinhaltet alle wichtigen Überlegungen zu dem, was in Dallas wirklich passiert ist. Ich habe die bisher verschwiegene israelische Verbindung eingeführt, da diese ja alle anderen Theorien verbindet.

Tatsache ist jedoch, dass aufgrund der großen Anzahl von Personen mit so vielen Interessensgebieten und Fachkenntnissen diese unweigerlich irgendwann miteinander in Konflikt geraten. Dies ist einer der Gründe, warum ich mich nie direkt an der Seite von Forschern engagiert habe, die kontinuierlich Konferenzen und Treffen abhielten. Insgesamt bin ich versucht zu sagen, dass das Rätsel in dem Maße gelöst wurde, wie es nie gelöst werden wird.

Es ist ironisch, aber es gibt mehrere Gruppen, die sich mit dem JFK-Mord beschäftigen, und sie funktionieren im Wesentlichen in der einen oder anderen Form als „Rivalen", die sich untereinander streiten und zanken.

Ein weiterer Faktor ist, dass es viele Menschen gibt, die besondere Fachgebiete haben: sei es die Ballistik, die Pathologie oder die Fotografie. Ich behaupte nicht, dass ich in diesen Bereichen über Fachwissen verfüge. Ich habe umfangreiche Erfahrungen in einer Reihe von Bereichen, aber ich würde mich in keinem dieser

Bereiche als Experte rühmen. Ich habe gute praktische Kenntnisse nicht nur über die Geschichte der CIA und des israelischen Mossad, sondern auch über die Geschichte des organisierten Verbrechens. Ich kenne die US-Politik im Nahen Osten und die außenpolitischen Konflikte der JFK-Administration gut. Und während der Arbeit an *Final Judgement* habe ich die veröffentlichten Recherchen zum französischen Algerienkonflikt herangezogen, der, wie ich angemerkt habe, letztlich eine entscheidende Rolle bei der Entwicklung der Verschwörung zum Mord an JFK gespielt hat.

Ehrlich gesagt würde ich sagen, dass es eine sichere Wette ist, dass Sie keinen anderen Schriftsteller in Sachen JFK-Attentat finden werden, der all diese Bereiche so gründlich untersucht hat wie ich es getan habe. Genau aus diesem Grund war ich in der Lage, *„Final Judgement"* so zu organisieren, wie ich es getan habe.

Schließlich, ganz ehrlich, wie viele der Forscher in Sachen JFK-Attentat haben wirklich Kenntnisse über die Geschichte von JFKs Beziehungen zu Israel? Stattdessen konzentrierten sie sich auf Vietnam und den Kuba-Konflikt und verpassten folglich den Blick auf das große Ganze. Ich kritisiere sie nicht. Ich berichte nur über eine Tatsache. Ich persönlich bin bereit, mit anderen Wissenschaftlern zusammenzuarbeiten, soweit es mir möglich ist, aber wie ich bereits erwähnt habe, haben sich viele dieser „Experten" geweigert, meine Arbeit anzuerkennen (aus Gründen, die, wie ich annehme, offensichtlich sind).

Ich schließe gar nichts aus und habe immer gesagt, dass es durchaus möglich ist - und ich verstelle mich nicht -, dass ich bereit sein könnte, es zu glauben, wenn mir jemand beweisen kann, dass der Vatikan hinter dem Mordkomplott gegen JFK steckte und beispielsweise die CIA und den Mossad manipulierte. Alles, was ich verlange, ist, dass man mir die Beweise zeigt. So einfach ist das. Und wenn ich falsch liege, möchte ich, dass man mir zeigt, wo ich falsch liege. Das ist nicht zu viel verlangt. Am besten wäre es, wenn alle zusammenarbeiten könnten, aber das wird nie passieren.

Auch hier wird viel Politik gemacht. Viele Forscher sind von einer liberalen Voreingenommenheit geblendet und verfolgen persönliche Interessen. Aus diesem Grund scheinen sie JFK als Opfer einer republikanischen Verschwörung zu sehen, einer rechtsextremen Verschwörung, die von Richard Nixon inszeniert wurde (auch wenn echte „rechte" Anhänger sicherlich nicht glauben, dass Nixon selbst einer der ihren ist). Diese Forscher hängen an dem Bild von JFK als einer Art liberaler Ikone.

Ironischerweise war jedoch eine der bevorzugten liberalen Ursachen - die Unterstützung des Staates Israel und seine Forderungen an die amerikanischen Steuerzahler - nicht etwas, das JFK während seiner Präsidentschaft förderte. Stattdessen führte JFK hinter den Kulissen Krieg mit Israel. Das ist natürlich alles dokumentiert, aber diese Forscher geben es nur ungern zu. Außerdem könnte ich hinzufügen, dass sie ihre Freunde in der Israel-Lobby haben, die ihnen ins Ohr flüstern: „Achten Sie nicht auf diesen Mann hinter dem Vorhang".

Aber es ist nun einmal so, dass in all dem Geld steckt. Das Attentat auf JFK hat eine blühende Mini-Industrie entstehen lassen, und Autoren und Verleger führen Krieg gegeneinander im Kampf um Anerkennung und Respektabilität. Ich nehme an, dass ich in beiden Fällen ausgeschlossen wurde, aber andere Forscher haben eine Chance auf Erfolg und sie werden niemals großen finanziellen Erfolg haben, wenn sie den Fehler begehen, die Rolle Israels bei dem Attentat zu identifizieren.

Der Filmemacher Oliver Stone spielt nun eine wichtige Rolle in dieser Mini-Industrie, wie ich bereits betont habe. Schriftsteller treten sich gegenseitig auf die Füße, wenn sie versuchen, Stones Zustimmung zu ihren Büchern zu erhalten, und Stone wird angesichts der Fakten, die wir über Stone und seine israelischen Partner kennen, nichts fördern, das es wagen würde, auf die israelische Beteiligung hinzuweisen. Stone verteilte großzügig Geld in den Reihen der Wissenschaftler, die er als „Berater" für seinen Film einsetzte, und auch dies wirkte sich auf das Wachstum der unabhängigen Forschung aus.

Parallel dazu findet sich ein weiterer Faktor. Die (inzwischen aufgelöste) Firma Shapolsky Publishers, die mehrere Bücher über die Ermordung von JFK veröffentlichte, war mit einer israelischen Verlagsgesellschaft verbunden. Die Menschen, die auf eine Veröffentlichung ihrer Bücher hoffen, wollen keine Meinungen äußern, die verhindern könnten, dass ihre Werke in die Regale kommen. Die Leute wissen, was in ihrem Interesse liegt.

Ich habe zweimal versucht, die Aufmerksamkeit der Firma Carroll & Graf auf *Final Judgement* zu lenken, sowohl vor der Erstveröffentlichung als auch nach der Veröffentlichung der zweiten Auflage. Beim ersten Mal schickten sie mir nicht einmal ein Ablehnungsschreiben. Sie schickten das Manuskript einfach zurück. Beim zweiten Mal schrieb ich ihnen und erhielt einen Brief von Mr. Carroll selbst, nachdem ich darauf hingewiesen hatte, dass ich nicht einmal ein offizielles Ablehnungsschreiben erhalten hatte. Seine Notiz war sehr deutlich: „Wir können Ihr Manuskript derzeit nicht verwerten", obwohl er seitdem eine Reihe von Büchern über das Attentat auf JFK veröffentlicht hatte.

Carroll & Graf kennt sich mit Büchern über JFK aus. Das meistverkaufte Buch von Jim Marrs *Crossfire* ist ein Produkt von Carroll & Graf. Sie haben auch die Bücher eines recht ungewöhnlichen Schriftstellers namens Harrison Livingstone (den ich in *Final Judgement* erwähnt habe) herausgebracht, und diese Bücher waren Bestseller. Aber Carroll & Graf interessierte sich nicht für *Judgement Final*. Und ich bin mir sicher, dass dies nicht daran lag, dass das Buch ein Analphabetenwisch war.

Also gibt es am Ende
1) Persönlichkeitskonflikte,
2) politische Konflikte und
3) finanzielle Sorgen, die all die verschiedenen Theoretiker des JFK-Mordes daran hindern, zusammenzuarbeiten oder - in meinem Interessensbereich - die in *End Judgment* dargelegte These zu erforschen.

Viele halten die Geschichte von JFKs Affäre mit der Schauspielerin Marilyn Monroe für einen Mythos. Dennoch haben Sie in „*Judgement Final*" ein ganzes Kapitel diesem Thema gewidmet. Gehen Sie nicht in die Falle, die von den Medien gestellt wurde, die den Mythos Marilyn Monroe wieder aufleben lassen?

Das Kapitel über die Verbindung Cohen-Monroe-JFK war für die in *Final Judgement* zum Ausdruck gebrachte These nicht wesentlich. Das Buch hätte auch ohne dieses Kapitel veröffentlicht werden können und es hätte der gesamten These in keiner Weise geschadet.

Ich habe das Kapitel aus einer Reihe von Gründen aufgenommen:

1) hebt er die Tatsache hervor, dass es diesen starken jüdischen und pro-israelischen Einfluss in der Arena des organisierten Verbrechens gibt, und zwar insbesondere unter denen, die unter dem Einfluss von Meyer Lansky stehen.

2) Cohen hatte eine langjährige Verbindung zu Marilyn Monroe und es ist interessant, dass seine Memoiren, die voller Namen sind, ihren Namen nie erwähnen. Erwähnenswert ist auch, dass Cohens Co-Autor John Peer Nugent angeblich ein CIA-Agent war und dass Cohen selbst erwähnt wurde, dass er in Anti-Castro-Operationen der CIA verwickelt gewesen sein soll.

3) Cohen und Jack Ruby standen sich sehr nahe und hatten viele gegenseitige Geschäftspartner, darunter auch ein gewisser Al Gruber.

Es war Gruber, mit dem Ruby nach zehn Jahren zum ersten Mal in Kontakt kam, kurz nach dem Attentat auf JFK. Gary Wean glaubt, dass Gruber derjenige war, der Ruby den Befehl gab, Oswald zu „erschießen".

Ich war ehrlich gesagt überrascht, wie viele Leute mir sagten, dass sie die Geschichten über Marilyn Monroe und John Kennedy nicht glaubten, insofern als ich die Geschichten immer selbst geglaubt habe. Ich kenne jedoch Gary Wean (meine Hauptquelle für die Marilyn-JFK-Cohen-Verbindung) und halte ihn für eine zuverlässige Quelle, weshalb ich es für angemessen hielt, seine Informationen in das Buch aufzunehmen.

Mir wurde gesagt, dass Jim Marrs, der Autor von *Crossfire*, die Zuverlässigkeit von Gary Wean in Frage gestellt und angedeutet hat, dass seine Behauptungen nicht glaubwürdig sind. Mein eigener Verdacht ist, dass Marrs zögert, Garys Behauptungen Glauben zu schenken, weil Gary selbst nicht zögerte, eine israelische Beteiligung an der Ermordung von JFK anzudeuten.

Ich finde es etwas ironisch, dass Marrs sich für Wean entschieden hat, denn es gibt so viele Quellen, die von Marrs und anderen benutzt wurden, dass ich nicht weiß, auf welcher Grundlage man bestimmt, welche Quelle zuverlässig ist und welche nicht. Unnötig zu sagen, dass Marrs Gary Wean nicht gerecht wird.

Interessanterweise haben die Medien die Monroe-Affäre und andere angebliche Affären fortwährend dazu benutzt, JFKs Ruf zu untergraben. Sogar Jacqueline Kennedy Onassis wurde nach dem Tod ihres Mannes und ihrer Wiederverheiratung mit Aristoteles Onassis von den Medien zerlegt. Diese Ehe wurde als etwas Unanständiges dargestellt.

Andererseits hatte Jacqueline zwar eine zehnjährige ehebrecherische Beziehung mit einem verheirateten Mann, dem jüdischen Diamantenhändler belgischer Abstammung Maurice Tempelsman, doch all dies wurde in diesen zehn Jahren diskret und sorgfältig verschwiegen. Erst nach ihrem Tod wurde allgemein (und nur beiläufig) erwähnt, dass die beiden zusammenlebten, und Tempelsman wurde als nichts anderes als ein Heiliger gemalt.

Dies könnte etwas damit zu tun haben, dass Tempelsman aufgrund seiner Aktivitäten in Afrika, wo beide Geheimdienste in den letzten Jahren eine wichtige Rolle gespielt haben, langjährige Verbindungen zur CIA und zum Mossad hatte. Die Medien hoben daher keine Augenbrauen über die Affäre der Witwe mit Tempelsman.

Warum erwähnen Sie nicht die Rolle der Freimaurer bei der Ermordung von JFK und deren Vertuschung? Ist es nicht wahr, dass alle Mitglieder der Warren-Kommission Freimaurer waren?

Ich weiß nicht, ob alle Mitglieder der Warren-Kommission Freimaurer waren. Einige von ihnen, insbesondere Michael A. Hoffman II, ein sehr brillanter Forscher, haben jedoch bei den Ereignissen rund um das Attentat viel freimaurerische Bildersprache an den Tag gelegt. Ich bestreite dies nicht. Es ist wahrscheinlich, dass es eine große freimaurerische Unterstützung für das Attentat gab, insbesondere da JFK katholisch war. Sowohl der Zionismus als auch die Freimaurerei sind aufrichtig anti-katholisch und überschneiden sich in vielen Bereichen der Verschwörung. Daran besteht kein Zweifel. Um das Attentat in seiner elementarsten Form zu verstehen, muss man sich nur JFKs Konflikte mit Israel, dem organisierten Verbrechen und der CIA ansehen. Es ist alles gesagt.

Der größte Verfechter der Idee, dass ich die Freimaurer beschuldigen sollte, ist eine Figur, die Gary Wean, eine meiner Quellen, heftig angegriffen hat und nach dem Angriff auf Wean dann eine Internetkampagne gestartet hat, um mich ebenfalls zu beschmutzen. Diese Figur behauptet unter anderem, dass mein „richtiger" Name „Bernard" Piper sei - nicht wahr - und dass JFK nie außereheliche Affären gehabt habe. (Ernsthaft.) Nun, in Anbetracht all dessen ist es interessant, dass diese Figur mir in einem Brief offenbarte, dass sie mit Ferenc Nagy verbunden war, dem Ungarn, der an der Operation Permindex in Israel beteiligt war, die definitiv ein Teil der JFK-Verschwörung war. Dies erklärt vielleicht zumindest teilweise die öffentlichen Debatten über diese Person.

Warum berichten Sie nicht über die Rolle der britischen Krone bei der Ermordung von JFK?

Die Lyndon-LaRouche-Organisation hat bemerkenswerte Arbeit geleistet, indem sie die Rolle der britischen Krone bei dem Versuch, die amerikanische Souveränität zu untergraben, untersucht hat. Sie veröffentlichten einen Bericht mit dem Titel *Why the British Kill U. S. Presidents* as well as *Dope, Inc.* (den ich in *Final Judgement* zitiert habe) beschreiben sie die Verbindungen des britischen Geheimdienstes zu Personen wie z. B. Oberst Louis M. Bloomfield, dem Geschäftsführer der Firma Permindex, sowie dem Handelsdirektor von New Orleans Clay Shaw, einem alten Anglophilen.

Ich bestreite diese Verbindungen nicht. Doch bei allem Respekt für die Arbeit der Leute von LaRouche (die ich für sehr wertvoll halte), glaube ich nicht, dass sie die Verbindung zu Israel ausreichend vertieft haben. Aber sie betonen dies sicherlich in ihren Recherchen.

Die LaRouche-Gruppe schlägt vor, dass der Mossad ein Zweig der britischen Krone ist. Ich glaube das nicht, aber gleichzeitig glaube ich nicht, dass ich genügend Informationen habe, um das zu bestreiten. Ich denke jedoch, dass es gute Gründe dafür gibt, dass der Mossad an sich als Zweig der israelischen Regierung (in ihren Augen) gute Gründe hatte, sich an der Verschwörung zur Ermordung von JFK zu beteiligen, eben wegen JFKs inoffiziellem Konflikt mit Israel. Wenn die Briten also wirklich wollten, dass JFK das Weiße Haus verlässt, und wenn sie Mitglieder der CIA, des Mossad und des organisierten Verbrechens einsetzten, um das Verbrechen zu begehen, hatten sie sicherlich Teilnehmer, die ihre eigenen Gründe hatten, sich daran zu beteiligen, unabhängig davon, ob der Befehl von Königin Elizabeth kam oder nicht.

Ich stimme nicht immer mit den Interpretationen der LaRouche-Organisation überein, aber ihre Forschungen sind bei einer Vielzahl von Themen immer eine Untersuchung wert. Ich möchte darauf hinweisen, dass mehrere andere Forscher sich im Rahmen ihrer eigenen Forschung auf die Schriften von LaRouche gestützt haben: Jim Marrs zitiert LaRouches Arbeit in *Crossfire*, James Di Eugenio zitiert sie in *Destiny Betrayed* und einschließlich Oliver Stone selbst in seinem veröffentlichten Drehbuch zum Film *JFK* (einschließlich Kommentar und Anmerkungen), der die LaRouche-Organisation für einen Teil der Daten über Permindex zitiert. Wenn mich also jemand dafür kritisieren möchte, dass ich Daten von LaRouche als Quelle verwende, sollte er bereit sein, das Gleiche mit diesen anderen „vertrauenswürdigen" Forschern zu tun.

Wie steht es um den Rat für Auswärtige Angelegenheiten (CFR)? Waren nicht viele CFR-Mitglieder in der Warren-Kommission vertreten? Der CFR ist eine der wichtigsten Machtgruppen der herrschenden Klasse. Wie konnten Sie vergessen, den CFR zu erwähnen? Sie haben wahrscheinlich die Ermordung von JFK in Auftrag gegeben.

In der Warren-Kommission waren auch Mitglieder des CFR vertreten. Es besteht kein Zweifel daran, dass der CFR ein wichtiges Organ der herrschenden Klasse ist. Manche würden ihn sogar als Die herrschende Klasse des Landes bezeichnen. Er wird größtenteils von den Rockefeller-Interessen und ihren Konzernverbündeten finanziert. Sie ist eine exklusive außenpolitische Lobbygruppe, die praktisch alle Schlüsselpositionen in allen Präsidentschaftsverwaltungen seit Herbert Hoover, einschließlich der JFK-Administration, besetzt hat. Und, was vielleicht noch wichtiger ist, die Figuren des CFR haben seit langem Verbindungen zur CIA. Ich habe im Laufe der Jahre in anderen Zusammenhängen viel über den CFR geschrieben.

Was die Quelle des Mordkomplotts gegen JFK betrifft, glaube ich jedoch nicht, dass das Attentat auf einer Konferenz des CFR in ihrem Hauptquartier in New York angeordnet wurde. Es gab wahrscheinlich CFR-Mitglieder, die von dem Attentat wussten, aber nicht unbedingt im Zusammenhang mit ihrer CFR-Mitgliedschaft. Ich bezweifle beispielsweise ernsthaft, dass David Rockefeller, der Chef des Rockefeller-Imperiums und Aushängeschild des CFR, nicht wusste, dass Kennedy kurz vor seiner Ermordung stand. Das Komplott zur Ermordung von

JFK war ein Komplott der herrschenden Klasse und Rockefeller war ein Teil davon. Ich selbst habe die CIA bereits als den „ausführenden Arm" des Rockefeller-Imperiums bezeichnet. Der Mossad funktioniert auf ähnliche Weise.

Die großen Finanzkräfte, die hinter dem CFR stehen, sind sehr eng mit der europäischen Rothschild-Familie verbunden, die eine wichtige Kraft hinter dem Staat Israel war. Dasselbe gilt für die Bronfman-Familie, die aus dem Lansky-Verbrechenssyndikat hervorgegangen ist. Heute weitet die Bronfman-Familie ihren Einfluss in den amerikanischen Medien aus, und dies wäre ohne die Zustimmung des Rockefeller-Imperiums nicht möglich.

Einige haben angedeutet, dass die Rockefeller-Familie die potenzielle Kennedy-Dynastie als Rivalen um ihren Einfluss betrachtete, und auch das muss berücksichtigt werden. In diesem Sinne besteht also kein Zweifel daran, dass die Rockefellers und ihre Partner im CFR sich einem Plan zur Ermordung von John F. Kennedy nicht widersetzen würden. Es lag in ihrem Interesse, dass dies geschah. Letztendlich sind der Mossad und die CIA, wenn man der Wahrheit glaubt, nichts weiter als die ausführenden Waffen dieser mächtigen Finanzinteressen, die auch den Rat für Auswärtige Angelegenheiten unterstützen. Ich finde jedoch nicht, dass sich die Idee, dass der CFR hinter der Ermordung von JFK steckt, so genau belegen lässt, wie Sie die Verbindungen der CIA und des Mossad zu den an der Verschwörung beteiligten Akteuren nachweisen können.

Warum berichten Sie nie über die Erkenntnisse des ehemaligen britischen Geheimdienstmitarbeiters Dr. John Coleman, der die Existenz einer hochrangigen Gruppe enthüllte, die als Komitee der 300 bekannt ist und laut Coleman die Ermordung von JFK angeordnet hat? Coleman sagt, dass die Permindex, die Sie in *„Judgement Final"* erwähnen, der Attentatszweig des Komitees der 300 war.

Zunächst einmal muss ich sagen, dass ich zum allerersten Mal einen Hinweis auf das Komitee der 300 in den Arbeiten von Mr. Coleman gefunden habe. Danach fand ich alle Hinweise, die ich gesehen habe, in Büchern, die von denjenigen verfasst wurden, die Colemans Schriften über das Komitee der 300 wiedergegeben haben. Coleman ist also im Grunde die einzige Hauptquelle für die Existenz dieser Gruppe. Nur weil viele Menschen Colemans Schriften zitiert haben, heißt das nicht, dass die Gruppe existiert. Das ist sehr wichtig zu beachten.

Ich bestreite nicht die Möglichkeit, dass es ein solches Komitee gibt. Es gibt große internationale Machtblöcke wie die Bildeberg-Gruppe (die gemeinsam von den Familien Rockefeller und Rothschild finanziert wird) und die Trilaterale Kommission. Ich habe viel über beide Gruppen geschrieben, darunter auch einen weit verbreiteten Bericht über die Trilaterale Kommission. Es ist daher denkbar, dass das geheime Komitee, von dem Coleman spricht, tatsächlich existiert. Meines Wissens hat Dr. Coleman jedoch nie ein Dokument gezeigt, das die Existenz eines solchen Komitees belegt, obwohl es Dokumente über die Bilderberg-Gruppe gibt.

Offen gesagt glaube ich, dass die Verwicklung in eine Debatte über das sogenannte Komitee der 300 die Aufmerksamkeit von den grundlegenden Elementen ablenkt, die die Menschen verstehen können: dass die CIA, der Mossad und das organisierte Verbrechen alle ein unterschiedliches Interesse daran hatten, JFK aus dem Amt zu entfernen, und dass, wie ich in *Final Judgement* nachgewiesen habe, die drei Gruppen in einer Reihe von Bereichen eng miteinander verflochten waren und die Mittel und die Gelegenheit (natürlich ohne das Motiv zu erwähnen) hatten, das Verbrechen des Jahrhunderts und dessen Vertuschung zu begehen.

Dies sind alles Interessen, die offensichtlich sind, die dokumentiert werden können und die die Menschen leicht verstehen. Die Einführung eines 300-köpfigen Komitees in die Gleichung hebt die Ermordung von JFK aus dem Bereich des durchschnittlichen Verständnisses heraus und trägt nichts zur Lösung des unmittelbaren Problems bei.

Ich kenne die Arbeit von Dr. Coleman gut und finde sie faszinierend. Ich muss jedoch darauf hinweisen, dass Coleman in seinem Bericht über die Ermordung von JFK, den ich vorhin anerkannt habe, leider falsche Aussagen gemacht hat, die seine Glaubwürdigkeit untergraben.

So behauptet er beispielsweise, wenn einer der Hauptzeugen des Staatsanwalts von New Orleans Jim Garrison gegen Clay Shaw, ein gewisser Perry Raymond Russo, vor der Grand Jury hätte aussagen dürfen, hätte dies den Fall JFK auffliegen lassen. Tatsächlich sagte Russo aus und es war seine Aussage, die zu Shaws Anklage führte. Coleman legt nahe, dass Garrisons Anklage gegen Shaw eingestellt wurde, bevor sie jemals zu einer Anklage durch eine Grand Jury geführt hätte. Das stimmt einfach nicht und ist ein Fehler, der dazu führen könnte, dass Menschen seine Glaubwürdigkeit anzweifeln, wenn man bedenkt, dass es sich um eine grundlegende Tatsache handelt, die sehr gut bekannt ist. Außerdem sagt Coleman, dass Russo nach Kalifornien gegangen sei, bevor seine Aussage gehört wurde. Das ist nicht geschehen. Was geschah, war, dass Leute, die versuchten, Garrisons Ermittlungen zu sabotieren, Russo einen Job in Kalifornien anboten, den er jedoch ablehnte und sie bei Garrison anschwärzte, der daraufhin Anklage wegen Zeugenfälschung gegen sie erhob! Wieder einmal irrt sich Coleman.

***Final Judgement* erwähnt nie auch nur ein einziges Mal den Beweis, dass es auf dem berühmten Zapruder-Film des Attentats einen sichtbaren Beweis dafür gibt, dass Präsident Kennedys Geheimdienstfahrer William Greer sich umdrehte und JFK mit einer Pistole eine tödliche Kugel in den Kopf schoss. Diese Pistole ist auf dem Zapruder-Film deutlich zu sehen und wurde in der ganzen Welt weit verbreitet. Wie konnten Sie diesen lebenswichtigen Beweis ignorieren? Haben Sie versucht, die Wahrheit zu verbergen, die mittlerweile so viele Menschen kennen?**

Ich halte die Behauptung, William Greer habe den tödlichen Schuss in den Kopf abgegeben, nicht nur für eines der lächerlichsten Dinge, die ich je gehört habe, sondern auch für eine unverschämte Diffamierung und reine Verleumdung Greers. Mir wurde gesagt, Greer sei nach der Ermordung des Präsidenten absolut am Boden zerstört gewesen und habe sich Vorwürfe gemacht, weil er die Limousine des Präsidenten nicht rechtzeitig aus der Schusslinie gebracht hatte, um JFK vor der Ermordung zu bewahren. Tatsächlich war Greer wahrscheinlich ein wenig für den Tod des Präsidenten verantwortlich, denn seine Reaktionszeit war, gelinde gesagt, langsam; vielleicht hätte er genug Zeit gehabt, das Auto aus der Schusslinie zu räumen. Aber wer bin ich schon, um zu spekulieren?

Wie dem auch sei, was auf Zapruders Film (den ich in verschiedenen Versionen gesehen habe) zu sehen ist, ist nicht - ich wiederhole: IST NICHT - William Greer oder sein Geheimdienstkollege Roy Kellerman (der auf dem rechten Beifahrersitz der Kennedy-Limousine saß), die sich umdrehen und auf den Präsidenten schießen.

Denken Sie einen Moment darüber nach: Wenn Greer dies tatsächlich getan hätte, hätte er sich selbst in eine Position gebracht, in der er von mehreren hundert Zuschauern gesehen werden konnte, von denen viele nur sechs Meter von der Limousine entfernt waren. Zweitens wurde Greer zu diesem Zeitpunkt von mehr als einer Handvoll Menschen fotografiert. Es ist unvermeidlich, dass mindestens einer der Zeugen am Tatort mitbekommen hätte, wie Greer so handelte.

Hätte Greer dies getan, wäre er auch vom Gouverneur und von Mrs. John Connally gesehen worden, die weniger als einen Meter von ihm entfernt standen und ihm förmlich ins Gesicht starrten. Sie wären praktisch in die Schusslinie geraten, wenn Greer den tödlichen Schuss in den Kopf abgegeben hätte. Und sie sahen den Präsidenten höchstwahrscheinlich nicht an, als sein Kopf explodierte.

Ich habe die Wiedergabe des Zapruder-Films durch den Verfechter dieser Theorie gesehen. Ich habe den Lichtblitz gesehen, der wie eine Pistole aussieht, und ich kann verstehen, wie jemand, der sich den Film ansieht, glauben kann, dass er sieht, was ihm gesagt wird, dass er sieht. Allerdings ist es ein Lichtblitz. Es ist offensichtlich, dass Mr. Greer seinen Kopf dreht und den Präsidenten kurz vor dem tödlichen Schuss ansieht, aber Sie sehen sicherlich nicht, wie er den Präsidenten erschießt.

Denken Sie daran, dass Zapruders Film zunächst einmal kein Film von guter Qualität ist. Er ist in einem schiefen Winkel gedreht; er ist hastig mit einer sehr zittrigen Hand gedreht und es gibt viel Bewegung auf dem Film selbst. Allerdings schildert der Film nicht, wie Greer auf Kennedy schießt.

Ich habe den Film vor Jahren gesehen und habe wesentlich verbesserte Versionen gesehen, mit und ohne die Erzählung und die Grafiken, die von der Person, die diese Theorie vertritt, hinzugefügt wurden. Und es ist sehr klar, dass das, was Sie wirklich sehen, ein Lichtblitz ist. Es ist die Reflexion der Sonne auf dem Haar von Mr. Kellerman, dem Geheimdienstmitarbeiter. Es ist nicht Greer, der eine Waffe benutzt. Ich habe diese Theorie selbst mit wesentlich vergrößerten Bildern aus Zapruders Film getestet, und es ist ganz klar, wenn Sie diese Bilder nebeneinander gegen den Film halten, dass es wirklich das ist, was Sie sehen: ein Lichtreflex auf dem Kopf des Agenten.

Wenn sich jedoch jemand den Film ansieht und eine Audioerzählung hört, die von einem Kreis um die „Pistole" begleitet wird, scheint es, als sei es genau das, was die Erzählung sagt: Greer schießt mit einer Waffe. Ich beeile mich jedoch, Ihnen zu versichern, dass dies nicht der Fall ist.

Diejenigen, die diese Theorie vertreten, sind entweder bemerkenswert dumm oder sie fördern absichtlich Desinformationen, um die Forscher noch mehr zu verwirren und in diesem Fall seriöse Forscher als verrückt hinzustellen. Sowohl vor der Veröffentlichung von *Judgement Final* als auch danach - ich habe überraschend viele Anfragen zu diesem Thema erhalten und bin erstaunt, dass das Gerücht immer noch weit verbreitet ist.

Ich muss jedoch darauf hinweisen, dass eine Person, die diese Theorie ursprünglich propagiert hatte, ein gewisser Lars Hansen, zunächst an die Wahrheit der Geschichte glaubte. Er selbst hat jedoch seine eigene Position in dieser Frage öffentlich zurückgewiesen und nach weiteren Untersuchungen erklärt, dass er nicht daran glaube. Hansen, der verschwunden ist, ist wütend auf William Cooper, die bekannteste Person, die diese Theorie vertreten hat, der weiterhin für die Theorie wirbt und eine Kopie des Films Zapruder (unter Verwendung von Hansens Erzählung) verteilt hat, ohne die Menschen darüber zu informieren, dass Hansen die Theorie abgelehnt hat.

(Ich könnte nebenbei erwähnen, dass Hansen nach dem Golfkrieg eine Erkundungsmission im Irak durchführte, die teilweise von meiner eigenen Zeitung, *The Spotlight*, in Auftrag gegeben wurde*)*.

Es ist also William Cooper, der diese Theorie, die Hansen ablehnte, propagiert. Cooper behauptet, er sei ein ehemaliger Geheimdienstmitarbeiter und habe von dem Attentat gewusst. Das mag stimmen, aber wenn sein „Tipp" die Geschichte ist, dass William Greer den tödlichen Schuss abgegeben hat, dann sind das Desinformationen und falsche Informationen, die von jemand anderem geliefert wurden, vielleicht sogar von den wahren Verschwörern.

Sich von diesem Fall ablenken und darin verstricken zu lassen und zu recherchieren, ist reine Zeitverschwendung. Ich habe viel Zeit darauf verwendet, diese lächerliche Geschichte zu diskutieren, allein schon deshalb, weil es zu meiner Überraschung immer noch viele Menschen gibt, die daran glauben. Ich könnte noch hinzufügen, dass die Geschichte, selbst wenn sie wahr wäre (was sie nicht ist), die grundlegende Theorie des Jüngsten *Gerichts* nicht ausschließen würde, da Greer Teil der von mir beschriebenen Verschwörung hätte sein können. Aber, unnötig zu sagen, dass ich das nicht glaube.

All das bedeutet nicht, dass es nicht eine Art Komplizenschaft des Geheimdienstes gegeben hat oder dass einige Geheimdienstmitarbeiter vor oder nach dem Attentat kompromittiert worden sind. Ich habe keine stichhaltigen Beweise in irgendeiner Weise, aber ich weiß, dass die Medienpräsenz des Präsidenten so groß war, dass selbst JFK selbst sagte, wenn jemand ihn wirklich töten wolle, könne er das tun. Insgesamt waren die Verschwörer nicht wirklich auf die Mithilfe des Geheimdienstes angewiesen, um ihre Ziele zu erreichen.

Warum haben Sie in *„Judgement Final"* nicht enthüllt, dass JFK kurz davor stand, dem amerikanischen Volk die Wahrheit über die Existenz außerirdischer Kräfte von anderen Planeten, die diese Welt besucht hatten, zu enthüllen? Es gibt viele Beweise dafür, dass die Regierung dieses Geheimnis jahrelang gehütet hat und dass JFK alles über diese Vertuschung auf höchster Ebene enthüllen würde, was zu seiner Ermordung führte.

Diese Frage wurde mir immer wieder gestellt. So sehr, dass ich mich zu fragen beginne, warum Theorien wie diese so breit diskutiert werden, während bodenständigere Theorien wie die, die ich in *Endgericht* vorstelle, nicht viel Anerkennung zu finden scheinen. Ich beeile mich hinzuzufügen, dass ich nie bestritten habe, dass es noch viel mehr über UFOs und andere seltsame Phänomene zu lernen gibt, die nicht von unserer Welt oder dieser Erde stammen. Ich persönlich glaube, dass ich zweimal Objekte am Himmel gesehen habe, die nicht mit den offiziellen Erklärungen der Regierung erklärt werden können (oder keine Erklärungen, je nachdem, was zutrifft). Auch Mitglieder meiner Familie haben UFOs gesehen. Außerdem habe ich viel über dieses Thema gelesen und weiß, dass es in diesem Bereich Untersuchungen (und Vertuschungen) seitens der Regierung gegeben hat.

Allerdings muss ich Interessierte darauf hinweisen, dass es viele angesehene UFO-Forscher gibt, die eine weit verbreitete Geschichte über einen hochrangigen geheimen Regierungsbericht über UFOs als Hoax beschrieben haben. Und diese Geschichte ist die Grundlage für die Behauptung, JFK sei kurz davor gewesen, die Existenz außerirdischer Besuche von anderen Welten zu enthüllen, und sei deshalb erschossen worden. Trotzdem haben viele ehrliche Menschen nie erfahren, dass die Geschichte pauschal als Hoax abgetan worden war, und deshalb halten viele ehrliche Menschen sie weiterhin für glaubwürdig. Natürlich gibt es, wie ich bereits angedeutet habe, meiner Meinung nach noch andere, bodenständigere Gründe (kein Wortspiel), die das Attentat auf JFK ausgelöst haben.

Ich möchte nun klarstellen, dass ich es für möglich halte, dass JFK, wenn er tatsächlich Zugang zu geheimen Regierungsinformationen zu diesem Thema gehabt hätte, vielleicht die Absicht gehabt hätte, sie dem amerikanischen Volk mitzuteilen. Aber wenn man über die Ermordung von JFK spricht und anfängt, solche Geschichten zu erzählen, die nicht nur die Dinge verwirren, sondern auch dazu führen, dass die Menschen mit Verachtung auf die Forscher blicken, dann verleiht das vor Ort nicht viel Glaubwürdigkeit. Es war ziemlich schwer, die Menschen davon zu überzeugen, dass JFK Opfer einer Verschwörung geworden war, und es war ziemlich schwer, zu versuchen, herauszufinden, wer hinter der Verschwörung steckte. Warum sollte man einen völlig anderen und umstrittenen Bereich wie die UFO-Forschung einführen und versuchen, beides zu kombinieren? (Ich selbst habe mit *„Judgement Final"* genug Wirbel verursacht, indem ich das Mossad-Element eingeführt habe, und ich habe solide und zuverlässige Beweise dafür!)

Ich denke, dass es Leute gibt, die diese UFO-Kontroverse absichtlich in den Bereich der JFK-Mordforschung einfügen, mit dem absichtlichen Ziel, die Forscher lächerlich zu machen - und das ist das Ergebnis, es tut mir leid, das sagen zu müssen. Bekanntlich war es besagter William Cooper (der der Hauptverfechter der Theorie ist, dass „der Fahrer JFK getötet hat"), der auch eine wichtige Kraft hinter der Förderung der Theorie war, dass JFK getötet wurde, weil er kurz davor stand, die Existenz außerirdischer Lebenskräfte, die diesen Planeten besuchen, zu enthüllen.

Cooper erklärte, dass seine „internen" Quellen während seiner Zeit als Geheimdienstler erzählen, dass dies der Grund für JFKs Ermordung war und dass

William Greer, der Fahrer des Geheimdienstes, von den Verschwörern angeworben wurde, die wollten, dass JFK sich bezüglich ausländischer Besucher ruhig verhält. Und es gibt viele Menschen, die diesen Unsinn als Wahrheit akzeptieren. Ich bedauere ehrlich gesagt, dass Herr Cooper eine so breite Öffentlichkeit erhalten hat. Diese Geschichten tragen nichts dazu bei, herauszufinden, wer hinter dem Mordkomplott gegen JFK steckte, und geben den Menschen nur Grund, an seriösen Recherchen jeglicher Art zu zweifeln. Nachdem Cooper nach einer Konfrontation mit Polizisten in seiner Heimatstadt erschossen worden war, nahmen viele Menschen dies als „Beweis" dafür, dass Cooper von Anfang an Recht hatte, aber es war alles andere als das. Das Einzige, was Cooper erreicht hat, war, die Erzählungen über die Ermordung von JFK noch verwirrender zu machen.

In *Endgericht* haben Sie nie JFKs Rede an der Columbia University zehn Tage vor seiner Ermordung erwähnt, in der er sagte: „Das hohe Amt des Präsidenten der Vereinigten Staaten von Amerika wurde benutzt, um eine Verschwörung zur Zerstörung der Freiheit Amerikas anzuzetteln, und bevor ich mein Amt verlasse, muss ich die Bürger über ihre Situation informieren." In zahlreichen Publikationen wird diese Rede seit Jahren zitiert.

Ich habe dieses Zitat in den letzten 20 Jahren in Dutzenden, wenn nicht Hunderten von Nachrichtensendungen erscheinen sehen. Ich wurde immer wieder gefragt, warum ich dieses berühmte Zitat nicht erwähnt habe. Dafür gibt es einen ganz einfachen Grund: Ich habe nie eine einzige Quelle gesehen, die verifiziert hätte, dass JFK tatsächlich so etwas gesagt hat, und ich habe nie einen dokumentierten Beweis dafür gesehen, dass JFK zu diesem Zeitpunkt eine Rede an der Columbia University gehalten hat.

Ehrlich gesagt klingt diese Art von Rhetorik nicht einmal nach JFK, und wenn JFK die Absicht gehabt hätte, eine solche Verschwörung aufzudecken und die Bürger über ihre Situation zu informieren, erscheint es mir logisch, dass JFK mit einer solchen Initiative gewartet hätte, um die Verschwörung zu stoppen, bis er in seine zweite Amtszeit eingetreten wäre. Wenn JFK es tatsächlich gesagt hat (was ich nicht glaube), scheint es außerdem unwahrscheinlich, dass die Verschwörer innerhalb von zehn Tagen losgelegt hätten, um JFK ins Jenseits zu befördern, nur weil er diese zweideutige Bemerkung gemacht hat. Niemand zitiert jemals etwas anderes als den Satz aus dieser angeblichen Rede. Ich würde diese Leute daher bitten, die Quelle anzugeben. Eine Kopie der Rede zur Verfügung zu stellen. Was war der Kontext des Zitats, und noch mehr, was war der Kontext der gesamten Rede?

Letztendlich glaube ich nicht, dass die Aussage jemals in einer öffentlichen Rede von Präsident Kennedy gemacht wurde. Und dieses Zitat trägt nichts - absolut nichts - dazu bei, die Forschung über die Ermordung von JFK voranzutreiben, und ich wünsche mir, dass die Leute es ganz aufgeben. Mit solchen Dingen wird so viel Geld verdient. Es gibt wahrscheinlich mehr Menschen, die von diesem Zitat (oder „Nicht-Zitat", je nachdem) wissen, als es

Menschen gibt, die von den Behauptungen wissen, die ich auf den Seiten von *Final Judgement* aufstelle.

Der Sohn des inzwischen verstorbenen ehemaligen Polizisten Roscoe White aus Dallas hat Beweise gefunden, die darauf hindeuten, dass sein Vater einer der Mörder in Dallas war. Was halten Sie von seinen Behauptungen?

Ich halte nicht viel von den Behauptungen in der einen oder anderen Weise. Wenn Mr. Whites Vater in die Mordverschwörung verwickelt war, hat das keine unmittelbaren Auswirkungen auf die These vom Jüngsten *Gericht*. Roscoe White hätte sehr wohl ein CIA-Agent sein können, wie sein Sohn behauptet, und er hätte einer der Attentäter sein können, und ich habe keine Beweise, die einer dieser Behauptungen widersprechen würden.

Er hätte einer der Attentäter sein können, die von den wahren Verschwörern angeworben wurden. Ich verstehe, dass einige Forscher die von Whites Sohn erzählte Geschichte anzweifeln, aber es gibt viele Menschen, die ihm glauben und glauben, dass er aufrichtig ist. Wenn White für die CIA gearbeitet hätte, würde dies auf eine Komplizenschaft der CIA hindeuten. Allerdings bedeutet das natürlich, weil zufällig jemand für die CIA arbeitete, nicht unbedingt, dass er von der CIA für das Verbrechen rekrutiert wurde. Schließlich hätte auch ein CIA-Agent vom isländischen Geheimdienst für das Verbrechen angeworben werden können, wenn ich das ironisch formulieren darf. Langfristig gesehen ist das Roscoe-White-Puzzle jedoch nur ein winziges Teil des großen Puzzles.

In Ihrer Analyse des JFK-Attentats behaupten Sie, dass ein französischer Attentäter (oder Attentäter) an dem Verbrechen beteiligt war. Waren diese Attentäter Mitglieder der Organisation der französischen Geheimarmee (OAS) oder gehörten sie der korsischen Mafia an? In „*Final Judgement*" sind Sie diesbezüglich nicht eindeutig.

Zunächst einmal muss ich sagen, dass die französische Verbindung zum JFK-Mordkomplott in der Tat sehr komplex ist. Wie ich bereits angedeutet habe, habe ich die französische Verbindung nicht richtig verstanden, bis ich den ersten Entwurf des Buches fertiggestellt hatte, in dem ich auf die Behauptungen einer solchen Verbindung hingewiesen hatte. Um die Fakten, die wichtig sind, zu analysieren, um jegliche Verwirrung zu beseitigen, ist es wichtig zu analysieren, was die „French Connection" ist."

Anfang der 1960er Jahre beschloss der französische Präsident Charles De Gaulle, Algerien, der französischen Kolonie auf der anderen Seite des Mittelmeers, die Unabhängigkeit zu gewähren. Viele französische Siedler in Algerien (ganz zu schweigen von den Franzosen zu Hause) widersetzten sich De Gaulles Entscheidung und betrachteten sie als Verrat. Sie befürchteten, dass die einheimische arabisch-muslimische Bevölkerung die französischen Algerier unterdrücken würde, und betrachteten De Gaulles Maßnahme als einen Schlag gegen die nationale Würde Frankreichs. Unabhängig vom Verdienst entwickelten sich bestimmte Fraktionen. Obwohl De Gaulle die französische Regierung leitete, war sein eigener Geheimdienst SDECE in der Algerienfrage sehr gespalten. Ähnlich verhielt es sich mit der französischen Armee.

Die radikalsten Kritiker von De Gaulles Algerienpolitik gründeten die OAS. Es gab viele öffentliche OAS-Sympathisanten, aber auch eine diskrete Unterstützung für die OAS innerhalb der SDECE. Gleichzeitig war Israel gegen die algerische Unabhängigkeit - aus Angst vor einem weiteren arabischen Feind - und viele französische und israelische Juden unterstützten die OAS. In Algerien wurden sogar jüdische paramilitärische Einheiten zur Unterstützung der OAS ausgebildet. Und viele De-facto-Israelis schlossen sich den Reihen der OAS an.

In den Reihen der SDECE unterhielten viele enge Verbindungen zum israelischen Mossad, angesichts der alten engen Beziehungen zwischen SDECE und Mossad, die aus der engen Beziehung entstanden waren, die De Gaulle anfangs zu Israel unterhielt. Wie ich in *Final Judgement* hervorhebe, war es tatsächlich Georges De Lannurien, ein hochrangiger Beamter, der auf Wunsch des Mossad-Chefmörders Yitzhak Shamir einen oder mehrere der Attentäter, die am 22. November 1963 in Dallas eingesetzt wurden, unter Vertrag genommen hat.

Dies könnte die Quelle der Verwirrung sein. Die SDECE nutzte die Talente der korsischen Mafiafiguren, um die OAS zu bekämpfen (die korsische Mafia ist nicht zu verwechseln mit der viel bekannteren sizilianischen Mafia, aus der einige der als „die Mafia" bekannten italienisch-amerikanischen Verbrecherfamilien stammen). Die Korsen waren ihrerseits stark in den internationalen Drogenhandel aus Südostasien involviert und spielten eine Schlüsselrolle bei der Konsolidierung des Drogennetzwerks, das von Meyer Lansky aufgebaut wurde, der persönlich führende Persönlichkeiten der korsischen Mafia besuchte, um die notwendigen Vorkehrungen zu treffen.

Diese Frankokorsen wurden später von De Gaulles Geheimdienst eingesetzt, um die Rebellen der OAS zu bekämpfen. Darüber hinaus wurden diese Franco-Korsen auch von der CIA eingesetzt, um den französischen kommunistischen Einfluss in der Nachkriegszeit in Europa zu bekämpfen. Und das war kein anderer als James Angleton, der Mossad-Mann der CIA, dessen Mossad-Büro für die Koordination der CIA-Beziehungen zu diesen Figuren der korsischen Mafia zuständig war.

Auch hier findet man wieder die OAS. Die OAS bestand aus loyalen Franzosen, die jedoch Charles De Gaulle gegenüber illoyal waren. Darüber hinaus leistete die CIA selbst der OAS geheime Unterstützung (obwohl die CIA dies bis heute bestreitet). Dies verweist unweigerlich auf James Angleton, der seit langem enge Verbindungen zum französischen Geheimdienst unterhielt.

Sie hatten also eine besondere Konstellation, in der Israel sowohl mit der Anti-De-Gaulle-OAS (die gegen die algerische Unabhängigkeit war) als auch mit der korsischen Mafia (die Teil des mit Israel verbundenen Lansky-Syndikats war), die daran arbeitete, die OAS im Namen De Gaulles zu bekämpfen, Verbindungen hatte. Natürlich war die CIA mit beiden verbunden. Das ist in der Tat kompliziert! Fügen Sie noch ein weiteres Element hinzu: Es gibt Beweise dafür, dass die OAS selbst in den Drogenhandel des Lansky-Syndikats verwickelt war, um ihre Bemühungen im Kampf gegen De Gaulle zu finanzieren. Sie hatten also sowohl die OAS als auch die Korsen in Geschäfte mit den Drogenhändlern des Lansky-Syndikats verwickelt, die mit der CIA und dem Mossad verbunden waren. Schließlich kam es zu einem Waffenstillstand zwischen De Gaulle und der OAS und De Gaulles Geheimdienst organisierte eine internationale Geheimoperation für die Männer der OAS, die sich damals im Exil befanden. Einige von ihnen wurden sogar im Rahmen von CIA-Operationen in der Karibik eingesetzt, die kubanische Anti-Castro-Aktivitäten beinhalteten. Dies macht die Situation vielleicht noch komplizierter.

Allerdings finden sich die Spuren der CIA, des Mossad und des Lansky-Syndikats nicht nur in den Aktivitäten der OAS (vor und nach dem Konflikt mit De Gaulle), sondern auch in den Aktivitäten der korsischen Mafia. Es handelt sich um eine Reihe miteinander verknüpfter Ereignisse und Persönlichkeiten, die sich direkt aus dem innerfranzösischen Konflikt um Algerien ergeben. Daher weiß niemand, ob es sich um einen OAS-Attentäter oder einen frankokorsischen Attentäter handelt, der schließlich in Dallas eingesetzt wurde. Ihre Vermutung ist genauso gut wie meine. Es gibt so viele französische Verbindungen in Dallas, darunter natürlich auch Thomas Eli Davis III, ein amerikanischer Waffenhändler, der nicht nur Verbindungen zur OAS, sondern auch zu Jack Ruby hatte.

Die Intrige des französischen Konflikts in Bezug auf Algerien und die französischen Geheimdienste zu studieren, bedeutet, einen Morast der schlimmsten Art zu studieren. Ich glaube jedoch, dass ich auf den Seiten von *Final Judgement* einen umfassenderen Einblick in die Realität dessen, was die französische Intrige wirklich war und wie sie tatsächlich mit der Ermordung von JFK zusammenhing, zusammengetragen habe. Die genauen Details werden wir wahrscheinlich nie erfahren, aber absolut kein anderer Forscher hat die französische Verbindung so gründlich untersucht wie ich. Aber die französische Verbindung vollständig zu untersuchen, bedeutet, die israelische Verbindung zu definieren.

Irgendwann während der Arbeit an „*Endgericht*" war ich von dem Versuch, all diese komplexen Daten verständlich zu machen, so frustriert, dass ich überlegte, ob ich sie überhaupt nicht erwähnen sollte. Allerdings wurde mir klar, dass ich damit nicht nur den Lesern, sondern auch mir selbst keinen Gefallen getan hätte. Ich würde wissen, dass ich einen wesentlichen Teil der Geschichte ausgelassen habe. Aber es passt alles zusammen. Wie viele Leser bereits angedeutet haben, ist das Detail der „French Connection" das Sahnehäubchen auf dem Kuchen.

Sie erwähnen die Gemstone-Akten in „*Judgement Final*" nie, dennoch ist diese Theorie über die Ermordung von JFK seit Jahren im Umlauf.

Ehrlich gesagt glaube ich nicht, dass die Gemstone-Akten es wert sind, dass man darüber spricht, aber da so viele Leute das Thema angesprochen haben, fühle ich mich zu einem Kommentar verpflichtet. Die Geschichte der Gemstone-Akten ist kompliziert, und obwohl die Akten offensichtlich von einigen wenigen Personen gesehen wurden - im Gegensatz zu dem, was ich in früheren Ausgaben von *Final Judgement* vorgeschlagen habe, ist die Geschichte der Akten kompliziert. Trotzdem gab es mehrere Bücher über die Gemstone-Akten, die alle in dem Versuch geschrieben wurden, diese Dokumente zu analysieren. Ich muss betonen, dass sich diese Bücher jedoch mit der Analyse des sogenannten „Skeleton Key" der Gemstone-Dateien beschäftigen - und nicht mit den Dateien selbst. Es ist „Der Schlüssel", den die meisten Menschen gesehen haben und über den sie sprechen, und nicht die Dateien selbst. Es ist wichtig, sich daran zu erinnern.

Der sogenannte „Schlüssel" ist eine fantasievolle Bestandsaufnahme einer großen Anzahl von miteinander verbundenen Verschwörungstheorien, die sich um die Ermordung von JFK drehen und vor Dingen überquellen, die entweder offensichtlich falsch oder so extravagant sind, dass sie nicht der Mühe wert sind, kommentiert zu werden. Vielleicht steckt in „The Skeleton Key" ein Körnchen Wahrheit, aber nichts so Bedeutendes, dass es die Aufmerksamkeit verdient, die ich ihm hier widme.

Interessant an „The Skeleton Key" ist, dass eine Version, die ich erhalten habe, tatsächlich eine Verbindung des Mossad zum JFK-Attentat erwähnte. Wer das dort hineingeschrieben hat - oder die andere Version gewaschen hat, um die Hinweise auf den Mossad zu löschen, ist eine gute Frage. Andererseits könnten einige „Verschwörungstheoretiker", die aus Angst vor Antisemitismusvorwürfen den Mossad nicht erwähnen wollten, dafür verantwortlich gewesen sein, dass der Hinweis entfernt wurde.

Ich wurde zum ersten Mal auf „The Skeleton Key" aufmerksam, als ich vor vielen Jahren eine Fotokopie einer Fotokopie einer Fotokopie auf meinem Schreibtisch sah. Es handelte sich um ein etwa 20 Seiten langes, maschinengeschriebenes Dokument mit einfachem Zeilenabstand, eine Erzählung, die nahelegte, dass der wahre Anführer des Weltverbrechenssyndikats Aristoteles Onassis war und dass die Kennedy-Familie mit dem Verbrechersyndikat zusammengearbeitet hatte.

Letztendlich, so will es die Geschichte, haben die Bosse des Verbrechens JFK getötet und waren für den Chappaquiddick-Skandal, in den Teddy Kennedy verwickelt war, für Watergate und andere Affären verantwortlich.

Wie ich bereits erwähnt habe, wurde „The Skeleton Key" später in mehreren Auflagen nachgedruckt, die zahlreiche „Dokumente", zusätzliche Zeitungsartikel, die sich auf den Inhalt von „The Skeleton Key" beziehen, verschiedene Analysen und Kommentare usw. enthielten. Eines dieser Werke, das vor mehreren Jahren (in bestimmten Kreisen mit großem Pomp) erschien, nimmt The Skeleton Key Zeile für Zeile auseinander und liefert Nachdrucke von Zeitschriften- und Zeitungsartikeln, die sich auf den Inhalt „des Schlüssels" (The Skeleton Key) beziehen. Wenn es zum Beispiel einen Hinweis auf eine der Geschäftsbeziehungen von Aristoteles Onassis gibt, kann es einen Artikel darüber geben. Das gesamte Werk ist von dieser Art. Und das beweist absolut nichts, außer dass ein Haufen alter Artikel neu gedruckt wird.

Dennoch gibt es, wie ich bereits sagte, diese unglaubliche Begeisterung für The Skeleton Key. Ich fordere diejenigen, die so viel Zeit in dieses Thema investiert haben, heraus, das Gleiche mit *Judgement Final* zu tun. Ich würde eine intellektuelle Herausforderung dieses Kalibers begrüßen. Ich habe gesehen, wie Theoretiker auf den Seiten verschwörungstheoretischer Publikationen den Inhalt von Gemstone fast bis zur Übelkeit diskutiert haben.

Die berühmte Grande Dame der Verschwörungstheoretiker, Mae Brussell, trug dazu bei, den Schlüssel populär zu machen, und sie hatte eine Art Fanclub. Frau Brussell schien unter jedem Felsen einen Nazi zu finden, was in manchen Kreisen interessant ist. Einer ihrer Anhänger ist eine Figur namens Dave Emory. Ich habe seine Theorie „Die Nazis haben JFK getötet" in Kapitel 15 besprochen.

Eine der jüngsten Klarstellungen zu den Gemstone-Akten beinhaltete die offensichtlich lächerliche Behauptung, Mark Lane sei in Wirklichkeit ein CIA-Agent, der versuchte, eine ehrliche Untersuchung des JFK-Mordes zu vereiteln, obwohl es natürlich Lane war, der die Öffentlichkeit zuerst darauf aufmerksam machte, dass der Bericht der Warren-Kommission betrügerisch war, und daher die von der CIA unterstützte Vertuschung öffentlich aufdeckte.

Diese falsche Behauptung über Lane (die inzwischen zurückgezogen und vom Verlag zurückgewiesen wurde) basierte auf Fehlinformationen (von denen ein Großteil von der CIA selbst generiert wurde), die über die Jahre hinweg absichtlich verbreitet wurden, um die Spuren bei der Erforschung des JFK-Mordes zu verwischen. Wie dem auch sei, wenn es sich dabei um die Art von „Forschung" handelt, die rund um die Gemstone-Akten betrieben wird, habe ich wie jeder ernsthafte Student Bedenken, ihnen irgendeine Art von Glaubwürdigkeit zuzusprechen.

Die Sache mit den Gemstone-Dateien ist, wie gesagt, wirklich eine müßige Übung hauptsächlich aufgrund der Tatsache, dass niemand jemals solche Dateien gesehen hat, trotz all der literarischen (und ich will nicht sagen „schriftlichen") Aufhänger im Zusammenhang mit den angeblichen Dateien. Ich neige dazu, die Gemstone Files - oder besser gesagt „The Skeleton Key" (da niemand die Files gesehen hat) - für einen der hartnäckigsten Hoaxes zu halten, die der Forschung zum JFK-Attentat je aufgezwungen wurden.

Da aber darüber hinaus viele einigermaßen intelligente Menschen viel Zeit und Energie in das Thema investiert haben (und dabei sogar ein bisschen Geld verdient haben), hat es ihm Leben eingehaucht. Allerdings habe ich noch nicht gesehen, dass sich aus den Gemstone-Dossiers eine ernsthafte Diskussion entwickelt hat. Kurz gesagt, es ist eine große Zeitverschwendung. Verschwenden Sie nicht **Ihre** Zeit mit diesem Thema.

Enthält das mysteriöse Torbitt-Dokument, das in den letzten 25 Jahren weit verbreitet war, nicht wertvolle Informationen über die Ermordung von JFK? Sie erwähnen es nie in *„Judgement Final"*, **dabei berührt dieses Dokument die Permindex-Verbindung!**

Das Torbitt-Dokument - so etwas wie der Schlüssel zu den Gemstone-Akten - wurde über viele Jahre hinweg kopiert, umkopiert und im ganzen Land verbreitet. Das Dokument wurde angeblich von einem Anwalt aus Texas verfasst, der mit hochrangigen Politikern in Verbindung stand, und wurde in der Tat von vielen Menschen gelesen. Es handelt sich um ein informatives Dokument, das sich mit Clay Shaws Verbindungen zu Permindex befasst, obwohl es die israelische Verbindung nie auch nur ein einziges Mal erwähnt. Ich muss jedoch sagen, dass das Dokument gerade genug irreführende Informationen enthält (oder relevante

Informationen weglässt), um mich glauben zu lassen, dass a) die Person, die es erstellt hat, bei ihren Recherchen geschlampt hat oder nicht weit genug gegangen ist; oder b) es als bewusste Desinformation vorbereitet wurde. Ich neige dazu, Letzteres anzunehmen.

Es heißt, das Dokument sei Jim Garrison bei seinen Ermittlungen gegen Clay Shaw übergeben worden und könnte einer der Gründe dafür gewesen sein, dass Garrisons Ermittlungen manchmal in verschiedene Richtungen zu gehen schienen - was einer der häufigsten Kritikpunkte an Garrison war, die seine Kritiker in den Medien der herrschenden Klasse an ihm übten. *Das Torbitt-Dokument* scheint auch die besagte Mae Brussell beeinflusst zu haben - oder umgekehrt. Das Dokument legt auch nahe, dass es sich bei Permindex um einen „Nazi"-Betrieb gehandelt haben könnte, aber natürlich könnte nichts weiter von der Wahrheit entfernt sein.

Ein hervorragendes Beispiel dafür, wie sehr Teile des Dokuments daneben liegen - und allein deshalb bin ich manchmal verblüfft, wie sehr an diesem Dokument festgehalten wird - ist die Behauptung, Jack Ruby sei russischer Abstammung gewesen, womit angedeutet wird, dass die antikommunistischen Russen (die sich später in vielen Fällen mit den Nazis verbündet hatten) hinter dem Mord und der Ermordung von Lee Harvey Oswald steckten. Jack Ruby war rein jüdischer Abstammung. Es besteht in der Tat ein sehr großer Unterschied. Die Frage, wie die Anhänger dieses Dokuments das übersehen und die Zuverlässigkeit des Dokuments nicht in Frage stellen konnten, ist in der Tat interessant!

Es gibt einen anderen, noch größeren Fehler in dem Dokument (und ich denke, dass er wahrscheinlich absichtlich gemacht wurde), der im Wesentlichen dazu führt, dass die israelische Verbindung völlig reingewaschen wird. In einer Ausgabe des Dokuments aus dem Jahr 1996, die von Adventures Unlimited Press unter dem Titel „NASA, NAZIS & JFK" veröffentlicht wurde, behauptet das Torbitt-Dokument auf den Seiten 62 bis 66 kategorisch, dass das Mafia-Geld von der Bank „Credit Suisse" gewaschen wurde, und nennt Ed Reids Buch „*The Grim Reapers*" als Quelle. Zunächst einmal wird in Ed Reids Buch die Credit Suisse überhaupt nicht erwähnt.

Stattdessen bezieht sich Reids Buch (Seiten 130-132 in den Bantam-Taschenbuchausgaben von 1970) auf die International Credit Bank, die natürlich die englische Version der Banque De Credit Internationale (BCI) von Tibor Rosenbaum, einer Figur des Mossad, ist. *Tatsache ist, dass die Credit Suisse und die BCI zwei völlig unterschiedliche Banken waren. Weder die eine noch die andere war eine Zweigstelle der anderen, und Reid scheint dies auch nicht anzudeuten.*

Allerdings bewirkt die Falschinformation des *Torbitt-Dokuments* (und die Falschaussagen von Reids tatsächlichen Aussagen), dass genau verschleiert wird, welche Bank die Hauptfinanzierungsagentur der Permindex-Gruppe war. Indem das *Torbitt-Dokument* die Aufmerksamkeit von Rosenbaums BCI ablenkt, lenkt es somit von der israelischen Verbindung ab, während es gleichzeitig versucht, eine gewisse „Nazi"-Verbindung zu finden. Mir ist klar, dass all diese Fakten Leute wie Kenn Thomas und Dave Emory und andere nicht davon überzeugen werden, dass hinter dem Mord an John F. Kennedy nicht wirklich eine Nazi-

Verschwörung steckte; es könnte den wenigen ehrlichen Forschern klarmachen, dass das *Torbitt-Dokument* einfach nicht so zuverlässig ist. Aber es hält die Amateure auf jeden Fall auf Trab!

Ich muss sagen, dass ich verblüfft war, dass Kenn Thomas in seiner Einleitung zum *Torbitt-Dokument* von 1996 in einer Fußnote *Final Judgement* zitierte, als er sagte, dass „Major Louis Bloomfields Verbindungen zu Meyer Lanskys Verbrechersyndikat und seine Mehrheitsbeteiligung an der Permindex-Firma Gegenstand einer neueren Untersuchung waren". Das ist ja alles schön und gut - und auch völlig richtig -, aber Thomas hat sich nicht ein einziges Mal (nicht ein einziges Mal) auf den eigentlichen Gegenstand meiner Analyse bezüglich der Permindex bezogen: ihre israelische Verbindung.

Da das ursprüngliche Torbitt-Dokument also zur Zeit von Garrisons Ermittlungen auftauchte, habe ich das Gefühl, dass, sobald die Ermittlungen liefen und klar wurde, dass Garrison Shaws Verbindungen zur Permindex zu nahe berührte, jemand beschloss, dass es an der Zeit war, ein „mysteriöses Dokument" vorzubereiten und es in Garrisons Händen zirkulieren zu lassen, um ihn in die falsche Richtung zu lenken, indem er genügend reale Fakten vermischte. Wir sprechen hier von Desinformation der alten Schule.

Das *Torbitt-Dokument* war in Mode. Es tauchte in Computernetzwerken auf. Und weil es eines dieser „heimlichen" Dokumente ist, scheint es leider bei manchen Menschen eine höhere Glaubwürdigkeit zu haben als Dinge, die ehrlicher sind.

In seinem Buch *Called to Serve* stützt sich Oberst Bo Gritz auf dieses Dokument, und daher haben viele, die das Buch gelesen oder Gritz sprechen gehört haben, ihre Ansichten durch dieses Dokument unbekannter Herkunft geformt gesehen.

Die Tatsache, dass das Dokument einen so weit verbreiteten Hype hat, erstaunt und überrascht mich weiterhin zur gleichen Zeit. Ich fordere die Menschen jedoch nachdrücklich auf, sich nicht auf dieses Dokument zu verlassen. Das ist einer der Gründe, warum ich es nie auf den Seiten von *„Judgement Final"* erwähnt habe.

Gibt es Verbindungen zwischen der Ermordung von Martin Luther King und der Ermordung von John F. Kennedy?

Ich möchte betonen, dass ich mich nicht eingehend mit der Ermordung von Dr. King befasst habe. Wer sich für das Thema interessiert, sollte zumindest die folgenden Bücher konsultieren:

1) *Murder in Memphis* von Mark Lane und Dick Gregory. Mark vertrat den mutmaßlichen Mörder von Dr. King, James Earl Ray, in mehreren seiner juristischen Auseinandersetzungen, und Gregory untersuchte wie Mark die Morde an JFK und King;

2) *Order To Kill* von William Pepper, einem Anwalt, der Ray seit einigen Jahren vertritt. Dieses Buch (und seine Fortsetzung, *An Act of State*) zeigt, dass viel, viel mehr hinter dem Fall King steckt, als es den Anschein hat; und nicht zuletzt :

3) Das Buch von James Earl Ray, *Who Killed Martin Luther King*?

Ich habe jahrelang mit Ray korrespondiert und hatte in der Vergangenheit die Gelegenheit, mit ihm in einer Radiosendung zu sprechen. Ray ist ein erstklassiger Autor und sein Buch ist absolut faszinierend. Es ist eines der bewegendsten Bücher, die ich je gelesen habe, da es in einer Prosa verfasst ist, die nur Ray gehört.

Was irgendeine Verbindung zwischen dem Mord an King und dem Mord an JFK betrifft, so scheint es Verbindungen zwischen den Leuten, die mit Carlos Marcello, dem Mafiaboss von New Orleans, in Verbindung stehen, und dem Mord an King zu geben. Selbstverständlich gibt es auch Anzeichen dafür, dass der US-Geheimdienst auf vielen Ebenen involviert ist.

Wenn man bedenkt, dass die Anti-Diffamierungs-Liga (ADL) der B'nai B'rith, der amerikanische Vermittler des israelischen Mossad, Dr. King ausgiebig bespitzelt hat, kann man sich des Eindrucks nicht erwehren, dass es in den oberen Rängen der jüdischen Gemeinschaft der USA eine intensive (geheime) Feindseligkeit gegenüber Dr. King gegeben hat. Die ADL leitete die illegal erlangten Informationen über Dr. King an das FBI weiter, sodass ein Großteil des Medienrummels, von dem wir über die Verfolgung Dr. Kings durch das FBI hören, in Wirklichkeit ein Beweis für seine Verwicklung in diesen Skandal ist. Wir sollten den Gedanken nicht ausschließen, dass die Israelis angesichts der Komplizenschaft der ADL im Krieg gegen den schwarzen Führer auch eine Rolle bei der Ermordung Kings gespielt haben.

King war sicherlich kein Opfer eines Ku-Klux-Klans oder einer Verschwörung einer „hasserfüllten Gruppe". Er war das Opfer einer Verschwörung der herrschenden Klasse und wahrscheinlich aus dem einfachen Grund, dass er die herrschende Klasse aufmischte. King (zusammen mit einem anderen schwarzen Führer, Malcolm X, der ebenfalls wie King unter mysteriösen Umständen ermordet wurde) drohte, die schwarze Gemeinschaft der Unterdrückung durch die mächtigen Kräfte der herrschenden Klasse zu entziehen, die es vorzogen, die Schwarzen unter Kontrolle - sozusagen in einem Käfig - zu halten.

Nicht wenige vermuten, dass auch das organisierte Verbrechen eine Rolle bei der Verschwörung zum Mord an King gespielt haben könnte, denn die Unterwelt, am besten verkörpert durch Meyer Lansky, den Baron der internationalen Mafia, verdiente auf Kosten der schwarzen Bevölkerung Milliarden mit Drogen, Glücksspiel, Prostitution, Schutzgelderpressung und anderen lukrativen Geschäften.

Kings Drängen auf die Selbstbehauptung der Schwarzen stellte eine Bedrohung für Lansky und seine Freunde dar, ebenso wie für ihre Komplizen beim Federal Bureau of Investigation und bei der CIA, den beiden Einheiten, die wir heute kennen, unter der Korruption der Mafia litten. Darüber hinaus bedrohte der wachsende Respekt für King seitens der Führer der Dritten Welt eindeutig die internationalen Machenschaften der CIA. Tatsächlich stammen die meisten Behauptungen, King und einige schwarze und weiße Führer der Dritten Welt seien „Kommunisten" oder stünden unter dem Einfluss des Kommunismus, direkt aus den Propagandafabriken des FBI und der CIA. All diese Elemente sollten diejenigen im Hinterkopf behalten, die dazu neigen, eine negative Meinung über Martin Luther King zu haben. Man kann einen Menschen in der Tat nach seinen Feinden beurteilen.

Ich möchte jedoch hinzufügen, dass ich in der Tat interessante Elemente in William Peppers Büchern entdeckt habe, die vielleicht darauf hindeuten, dass es eine Art Verbindung zu Israel gibt, oder zumindest, dass es Spuren gibt, die noch nicht verfolgt wurden (die wiederum auf irgendeine israelische Verbindung hindeuten). Ich möchte gleich zu Beginn sagen, dass mir klar ist, dass diese Aussage viele Leute dazu bringen wird, zu sagen: „Oh, komm schon, komm schon. Piper ist nicht damit zufrieden, eine israelische Verbindung zum JFK-Attentat zu finden. Jetzt versucht er, die Israelis mit der Ermordung von King in Verbindung zu bringen" Aber seien Sie nachsichtig mit mir. Hören Sie mir gut zu.

Zunächst einmal hat William Pepper, wie wir bereits im Kapitel über Jack Ruby festgestellt haben, in seinem Buch *An Act of State* Verbindungen zwischen Jack Ruby und „Raul", dem allgegenwärtigen Kontaktmann von James Earl Ray, zu einer Waffenschmuggeloperation festgestellt, die mit dem Mossad in Verbindung stand, der zum Zeitpunkt der Ermordung von JFK aktiv war. Es handelt sich also in jedem Fall um eine Verbindung zum Mossad.

In seinem ersten Buch *Order to Kill* beschreibt William Pepper auf Seite 435 seine Ermittlungen in der Vergangenheit des Kanadiers Eric S. Galt, wobei James Earl Ray die Identität war, die er auf seinen zahlreichen Reisen durch die ganze Welt annahm. Pepper schreibt Folgendes:

„Ich erfuhr, dass Galt, der, wie wir wissen, für die Verwaltung der Lagerhäuser im Union Carbide-Werk in Toronto zuständig war, eine Berechtigung für streng geheime Informationen besaß. Das von ihm geleitete Lagerhaus beherbergte ein extrem geheimes Munitionsprojekt, das von der CIA, dem Zentrum für Luftabwehrwaffen der US-Marine und dem Kommando für Forschung, Entwicklung und Technik der US-Armee finanziert wurde. Die Arbeit umfasste die Herstellung und Lagerung von „Annäherungszündern", die in Flugabwehrraketen, Artilleriegeschossen und LAW-Raketen (Antipanzerwaffe) verwendet wurden... Das Unternehmen war an Hochsicherheitsforschungsprojekten beteiligt, die von der US-Muttergesellschaft kontrolliert wurden... Die Nuklearabteilung von Union Carbide leitete das Oak Ridge National Laboratory in Oak Ridge, Tennessee."

(Vergessen Sie übrigens nicht, in Bezug auf die Atomprogramme in Oak Ridge, Tennessee, dass laut Dick Russell in *The Man Who Know Too Much* auf Seite 361 am 26. Juli 1963 jemand mit „Lee H. Oswald, UdSSR, Dallas Road, Dallas, Texas" in das Register des Atomenergiemuseums in Oak Ridge, Tennessee, eingetragen hat. Laut Russell stellte das FBI jedoch später fest, dass es sich dabei nicht um Oswalds Unterschrift handelte. Ich stelle daher die Frage: Besteht eine Verbindung zwischen dem Attentat auf JFK und dem Attentat auf King- oder nicht?

Im August 1967, so Peppers Berichte, „kooperierte Galt bei einer weiteren Operation der 902 [Military Intelligence Group], die den Diebstahl einiger dieser Annäherungsraketen und ihre geheime Lieferung an Israel beinhaltete". Laut Pepper erhielt er „eine vertrauliche Mitteilung, die von der 902. MIG am 17. Oktober 1967 herausgegeben wurde und diese Operation, das MEXPO-Projekt, bestätigte und diskutierte, das als ein" Projekt zur Ausbeutung von militärischem

Material der wissenschaftlich-technischen Abteilung (S&T)"... in Israel definiert wurde."

Hier ist also der Link. In gewisser Weise wurde James Earl Ray dazu gebracht, die Identität einer realen Person zu verwenden, die tatsächlich Verbindungen zu Israel und seiner „wissenschaftlichen und technischen" Forschung hatte - was natürlich in Richtung nukleare Entwicklung geht. Beachten wir auch, dass der echte Galt mit der „wissenschaftlichen und technischen Abteilung" in Israel verbunden war. Beachten wir auch, dass Galts Firma in der Tat mit der Atomabteilung von Union Carbide verbunden war.

Wir finden also nicht nur eine israelische Verbindung zu Kings Ermordung (wenn auch nur flüchtig), sondern auch eine israelische nukleare Verbindung. Und das ist natürlich sehr interessant angesichts dessen, was wir über JFKs Konflikt mit Israel über die Entwicklung von Atomwaffen wissen.

Und ob Sie es glauben oder nicht, es gibt sogar eine „französische Verbindung" - wiederum zu den Israelis -, die Pepper beschreibt. Pepper berichtet (auf Seite 234), dass er sich mit Pierre Marion, dem ehemaligen Chef des französischen Geheimdienstes SDECE, getroffen habe, um Frankreich um Hilfe bei der Aufdeckung von Informationen über Kings Ermordung zu bitten. Laut Pepper: „Marion bestand auf strikter Vertraulichkeit. Er stimmte zu, seine Quellen aus dem französischen und israelischen Geheimdienst zu beziehen. An einem Punkt sagte er: „Du bist in großer Gefahr". Auf dieser Grundlage kam Pepper zu dem Schluss, dass der französische Offizier zu dem Schluss gekommen war, dass ein Teil der amerikanischen Geheimdienstgemeinschaft in den Mord an King verwickelt war, obwohl Pepper offenbar nie die Möglichkeit in Betracht gezogen hatte, dass der französische und der israelische Geheimdienst tatsächlich etwas mit dem Mord zu tun haben könnten (was natürlich gerade bei der Ermordung von JFK der Fall ist).

Wie dem auch sei, laut Pepper: „Frankreich erlebte in der Folge einen turbulenten Regierungswechsel. Marions interne Quellen wurden in Bezug auf jedes sensible Thema sehr angespannt. Ihre israelischen Quellen behaupteten, keine Informationen zu haben". Ehrlich gesagt bin ich immer noch erstaunt, dass Leute, die Schuld an was haben, der Theorie zustimmen, dass die Israelis behaupten, sie hätten „keine Informationen „, obwohl der israelische Geheimdienst „der bestinformierte der Welt" ist (wie so viele Verteidiger und Freunde Israels behaupten). Offen gesagt hätte Pepper mehr Informationen über Kings Ermordung erhalten können, wenn er seine Freunde vom französischen Geheimdienst gebeten hätte, ihre Freunde vom israelischen Geheimdienst zu bitten, ihre Agenten von der Anti-Diffamierungs-Liga zu bitten, ihre Akten über Dr. King an Pepper zu übergeben. Wenn die ADL so bereit war, Informationen über Dr. King (und andere Bürgerrechtler) an das FBI weiterzugeben, warum konnten sie das nicht auch für Pepper tun?

Auf jeden Fall ist das eine Frage, die Pepper beantworten muss. Ich recherchiere nicht über die Ermordung von Dr. King - Pepper schon. Wenn Pepper also ein Interesse daran hat, diesen Spuren nachzugehen (vor allem vor dem Hintergrund der israelischen Atomverbindung), sage ich: Schön für ihn. Aber erwarten Sie nicht, dass er diese Frage weiterverfolgt.

Es sei darauf hingewiesen, dass in seinem Buch *Who Killed Martin Luther King?* Ray fragt sich, warum „Raul", sein mysteriöser Vorgesetzter, in Begleitung einer Person reiste, die laut Ray der Finanzier David Graiver hätte sein können. Ray erwähnt Graivers Beteiligung an der Plünderung der American Bank and Trust Company (ABT) in New York, erwähnt aber nicht etwas, das er höchstwahrscheinlich ebenfalls wusste: die Tatsache, dass die ABT die umstrukturierte Swiss-Israel Trade Bank war, die ursprünglich von Tibor Rosenbaum, einer Figur des Mossad, gegründet worden war. Nach seinen eigenen Recherchen und als regelmäßiger Leser von *The Spotlight* (die Zeitung, für die ich arbeite) wusste Ray, dass Graivers Plünderung der ABT ein „Ausbruch" im klassischen Mafia-Stil war, bei dem die von der ABT gestohlenen Gelder zur Finanzierung des geheimen israelischen Atomwaffenprogramms verwendet wurden.

Wenn man der Wahrheit glaubt, waren laut Quellen wie J. Orlin Grabbe und anderen viele der Spar- und Kreditpannen der 1980er Jahre in Wirklichkeit Geheimoperationen, die darauf ausgelegt waren, Israels Atom- und Verteidigungsprogramme mit zweckentfremdeten Geldern zu versorgen.

Während der New Yorker Verlag Shapolsky (eine Tochtergesellschaft der israelischen Firma Steimatsky) Pete Brewtons umfassendes Buch *The Mafia, CIA and George Bush* veröffentlichte, das die Verbindungen der CIA zu den Problemen des Spar- und Kreditwesens hervorhob, definierte das Buch nicht die diesbezüglichen Verbindungen des Mossad. Wie auch immer, es ist ein Thema, das andere weiterverfolgen sollten, aber es ist interessant angesichts der Tatsache, dass Ray David Graiver mit dem Mordkomplott gegen Martin Luther King in Verbindung brachte.

Es ist auch eine feststehende Tatsache (die von den Forschern, die Kings Ermordung untersuchten, jedoch selten erwähnt wurde), dass James Earl Ray vor Kings Ermordung zwei Nummern von „Raul" erhalten hatte, die Ray bei Bedarf kontaktieren konnte, wie Raul ihm mitteilte. Eine der Nummern in New Orleans endete nach Rays Erinnerung mit den Ziffern „8757" und er erinnerte sich vage daran, dass sie mit „866" begann, war sich aber nicht sicher.

Tatsächlich stellte Ray (zum Zeitpunkt der Tat) selbst fest, dass die Nummer 866-3757 in New Orleans die Nummer der Firma Laventhal Marine Supply war, und er gab in seiner ersten Berufung gegen seine Verurteilung, die von ihm selbst verfasst und kaum erwähnt wurde, an, dass „der in New Orleans gelistete Einwohner unter anderem ein Agent einer Organisation im Nahen Osten war, die wegen Kings angeblicher öffentlicher Unterstützung für die arabisch-palästinensische Sache in Not geraten war". (Es ist nicht spekulativ zu vermuten, dass es sich bei der Organisation, auf die Ray sich bezog, um die Anti-Diffamierungsliga der B'nai B'rith handelte).

Später, als Ray vor dem Ausschuss des Repräsentantenhauses aussagte, bezog er sich erneut auf diese mysteriöse Nummer und sagte: „Ich möchte nicht in den Bereich der Diffamierung gehen - das heißt, einer Gruppe oder Organisationen zu schaden... er (King) hatte die Absicht, wie Vietnam, die arabische Sache zu unterstützen... und etwas zu sagen, das für jemanden in seiner Organisation, der mit den Palästinensern Kontakt aufnimmt, um ein Bündnis zu schließen, unangenehm sein könnte." Auch hier meinte Ray offensichtlich, dass King eine Position einnimmt, die die ADL verärgern würde, auch wenn er um den heißen Brei herumredete, ohne es direkt anzusprechen.

Auf seiner Website schlug der Attentatsforscher A. J. Weberman - der mit der pro-israelischen Jewish Defense League (die eigentlich ein „bewaffneter Arm" der ADL ist) in Verbindung gebracht wurde - vor, dass dies Rays „Hass auf die Juden" (in Webermans Worten) widerspiegele, doch Weberman kam zu dem Schluss, dass Ray „den Mossad beschuldigte", King ermordet zu haben, eine Tatsache, die nur sehr wenigen Forschern bewusst zu sein scheint. Ray war sicherlich nicht bereit, darüber zu sprechen, da er genau wusste, dass er genug in der Hand hatte, um mit den Anschuldigungen gegen den Mossad zu beginnen, aber die Tatsache, dass er diese Behauptungen tatsächlich aufstellte, muss Teil der Berichterstattung sein.

Weberman machte sich selbst die Mühe, Rays Schlussfolgerungen zu diskreditieren, indem er sagte, er (Weberman) habe festgestellt, dass eine andere „3757" in der Gegend von New Orleans, die mit „833" beginnt - eher als die „866", an die Ray sich vage erinnerte - einem Motel zugeordnet war, in dem Mafiaboss Carlos Marcello aus New Orleans ein Büro hatte. Ray erinnerte sich jedoch nicht an die „833" als Nummer. Er erinnerte sich (wenn auch nur vage) an die Nummer „866".

David Ferrie, der mit den Umständen rund um die Ermordung von JFK in Verbindung stand, hatte jedoch die Nummer des Motels angerufen, was in der Tat zumindest eine besondere Verbindung zwischen den beiden Morden herstellte, die weitgehend unbemerkt geblieben zu sein scheint. Und angesichts der Verbindungen des Mossad zum JFK-Attentat, die die Aktivitäten von David Ferrie, Guy Banister und Clay Shaw in New Orleans umgeben, deutet dies auf eine weitere „Mossad-Verbindung" zum Fall Martin Luther King hin.

Wir wissen, dass die Familie King das Ziel zahlreicher harscher Medienangriffe war, weil sie es gewagt hatte, James Earl Ray zu verteidigen, was an sich schon ungewöhnlich ist, wenn man bedenkt, dass die Familie zuvor eine günstige Berichterstattung in den Medien hatte. Wir müssen den erheblichen Einfluss der Israel-Lobby auf die US-Medien nicht neu bewerten, aber im Zusammenhang mit den hier vorgestellten Informationen über mögliche Verbindungen zwischen Israel und dem Mord an King könnten wir logischerweise zu dem Schluss kommen, dass diese Medienangriffe auf Kings Familie genau damit in Verbindung stehen könnten.

Welche Schlussfolgerungen ziehen Sie in Bezug auf den Tod von John F. Kennedy Jr. Gab es eine Verbindung zum Mossad, wie viele vermutet haben?

Die Umstände, unter denen John F. Kennedy Jr. am 16. Juli 1999 bei einem seltsamen Flugzeugabsturz ums Leben kam, gossen Öl in das Feuer, das durch *Final Judgement*, das den Mossad in den Tod von Kennedys jungem Vater verwickelte, entfacht worden war. Ich selbst war sehr überrascht, als eine echte „Mossad-Verbindung" zur Tragödie von JFK Jr. in der Presse sehr offen zutage trat.

Laut einem weit verbreiteten Bericht in der Ausgabe der *New York Post* vom 19. Juli wollte JFK Jr. einen Artikel über den Mossad in seinem Magazin veröffentlichen. Daraufhin vermuteten einige Verschwörungstheoretiker sofort - ich allerdings nicht, muss ich sagen -, dass der Mossad die Ermordung Kennedys angeordnet hatte, um die Veröffentlichung des Artikels zu verhindern.

Diese Theorie ist interessant, aber unwahrscheinlich. Viele Zeitungen (auch die Mainstream-Medien) haben kritische Artikel über den Mossad veröffentlicht. *Nun gibt es ein weiteres Element in Bezug auf die Perspektive des Mossad, das viel provokativer ist und das die meisten übersehen haben. Hier ist die vollständige Geschichte.*

Der in der *New York Post* veröffentlichte Bericht wurde von der People-Journalistin Cindy Adams verfasst und später in der nationalen Presse weit verbreitet, u. a. in der Ausgabe von *USA Today* vom 21. Juli. Adams berichtete, der Schriftsteller C. David Heymann habe ihr erzählt, dass er und JFK Jr. zehn Tage vor dem tödlichen Unfall miteinander gesprochen hätten und dass JFK Jr. Vorbehalte gegen den künftigen Flug mit dem Flugzeug geäußert habe (obwohl der junge Kennedy allen anderen Erzählungen zufolge von seiner neuen Beschäftigung ganz begeistert war).

Was die Aufregung über eine mögliche Beteiligung des Mossad auslöste, war ein Bericht der *New York Post* und der *USA Today*, wonach Heymann ein israelisch-amerikanischer Doppelbürger war, der erklärte, er habe dem jungen Kennedy vor einigen Jahren erzählt, dass er in den 1980er Jahren für den Mossad gearbeitet habe. Aus diesem Grund sei Kennedy an Heymann herangetreten, um für den *George* eine Geschichte über den Mossad zu schreiben - so Heymann.

Doch während sich die Verschwörungstheoretiker im Internet und anderswo auf die Idee konzentrierten, dass JFK Jr. dabei war, die Katze aus dem Sack zu lassen", was den Mossad betraf, entging ihnen, was eigentlich am wichtigsten war: dass die weithin bekannten Behauptungen dieser Mossad-Figur die wichtigste mediale Grundlage dafür waren, darauf zu bestehen, dass Kennedys Tod ein Unfall war, der latent vorhanden war, ob nun seine Schuld oder in Wirklichkeit die seiner Frau Carolyn.

Die *New York Post* betitelte den Artikel mit „John Jr. fürchtete, nach Vineyard zu fliegen" und enthielt Heymanns detaillierte Abschrift ihres Gesprächs. Die *USA Today* berichtete, dass Heymann behauptete, er habe sich zahlreiche Notizen zu seinen Gesprächen mit Kennedy gemacht, um sie in möglichen zukünftigen Büchern zu verwenden. Laut Heymann fühlte sich JFK Jr. in Bezug auf den Flughafen Martha's Vineyard nicht sicher; er wollte nicht fliegen; und er hatte das Gefühl, dass er es tun musste, weil seine Frau darauf bestand, dass er seine Schwester dort absetzte, bevor er zum Flughafen Hyannis fuhr.

Die Geschichte des ehemaligen Mossad-Mitarbeiters ist, dass JFK Jr. sich offenbar nicht wohl dabei fühlte, zwei Landungen (auf Martha's Vineyard und dann in Hyannis) durchzuführen, weil - oder zumindest laut Heymanns Erzählung über Kennedys Aussage - „ich nicht wirklich ein erfahrener Pilot bin".

Es stellte sich also heraus, dass es ein zufällig sehr gut platzierter Mossad-Agent war, der die weithin bekannte Geschichte in die Welt setzte, dass JFK Jr.

anfangs nicht auf dem Pilotensitz hätte sitzen dürfen und mit dem Feuer spielte: dass die Tragödie definitiv ein - fast unvermeidlicher - Unfall war.

Tatsächlich betonte die *New York Post* sorgfältig (und geschickt) „die Verbindung zum Mossad", die Zeitung (die eine Stimme für die Interessen Israels ist) sagte der Welt tatsächlich: „Das ist es, was der Mossad will, dass Sie über den Tod von JFK Jr. glauben. Es war ein Unfall. Es war die Schuld von JFK Jr. Es war ein bevorstehender Unfall. Fall abgeschlossen".

Folgendes geschah: Cindy Adams von der *New York Post*, die Heymanns Geschichte zum ersten Mal veröffentlichte, distanzierte sich von Heymann, indem sie sagte, sie zweifle an seiner Geschichte. Und der investigative Journalist Andrew Goldman vom *New York Observer* veröffentlichte eine verheerende Reportage, in der er sich fragte, ob Heymann jemals auch nur den geringsten Kontakt zu JFK Jr. gehabt habe.

Tatsächlich scheint es, dass Kennedy seine Flugpläne zu dem Zeitpunkt, als Heymann behauptet, er habe mit Kennedy gesprochen, noch nicht einmal fertiggestellt hatte. Fazit: Heymanns Geschichte war von Anfang an Desinformation. Weder Adams noch Goldman wagten es jedoch, anzudeuten, dass Heymanns Behauptungen eine vom Mossad gesponserte Desinformation gewesen sein könnten.

Es bleibt also die Frage: Als dieser „ehemalige" Mossad-Agent diese falsche Geschichte über die letzten Tage von JFK Jr. in die Welt setzte, tat er dies aus perversen Motiven oder war es Teil einer vom Mossad angeordneten Desinformationskampagne?

Es ist vielleicht auch kein Zufall, wie der israelische Journalist Barry Chamish bemerkte, dass Yoel Katzavman, ein israelischer Fahrer, der JFK Jr. vor der Tragödie in New York herumkutschierte, ebenfalls auftauchte und beschrieb, dass die körperliche Verfassung des jungen Kennedy (aufgrund eines gebrochenen Beins) so schlecht war, dass es in Katzavmans Worten „wirklich selbstmörderisch" von JFK Jr. war, seinen letzten Flug zu wagen, der ihm zum Verhängnis wurde. Tatsächlich passt die Version des israelischen Chauffeurs gut zu der Geschichte des Mossad-Mitarbeiters David Heymann. Ist das ein Zufall oder eine Verschwörung?

Wie wir angemerkt haben, deutete Chamish an, dass John Jr. möglicherweise von *Judgement Final* gehört hatte und dass dies sein Interesse am Mossad angeregt habe. Wir werden es wahrscheinlich nie mit Sicherheit wissen, obwohl Chamish, wie wir gesehen haben, eine sehr lobende Rezension von *Judgement Final* verfasst hat, was vielleicht viele der JFK-Verschwörungstheoretiker verunsichert hat, die viel Energie darauf verwendet haben, meine Theorie anzugreifen, nur damit ein israelischer Journalist kommt und sagt, dass die Theorie Sinn macht.

Chamish seinerseits hat in Israel mit seiner faszinierenden und gut recherchierten Studie über die Ermordung von Yitzhak Rabin viel Aufsehen erregt und in seinem Buch *Who Murdered Yitzhak Rabin?* hat er ein faszinierendes Bild gezeichnet, das stark darauf hindeutet, dass der israelische Geheimdienst in den Mord an Rabin verwickelt war.

Gleichzeitig war es vielleicht nicht so überraschend, dass *Forward* - eine der einflussreichsten jüdischen Zeitungen Amerikas - in ihrer Ausgabe vom 16. Juli, die an den Kiosken lag, als JFK Jr. starb, einen Artikel über die Machenschaften (50 Jahre zuvor) des Großvaters des jungen Kennedy, des verstorbenen US-Botschafters in Großbritannien, Joseph P. Kennedy, brachte.

In diesem Zusammenhang ist anzumerken, dass Heymann, besagtes Mossad-Mitglied, so etwas wie ein Experte für den angeblichen „Antisemitismus" der Kennedy-Dynastie und die Unterstützung der Familie für die amerikanische Neutralität und Nichteinmischung in den Tagen vor dem Zweiten Weltkrieg ist.

Aufmerksame Leser von *Judgement Final* werden feststellen, dass in dieser Ausgabe (und in früheren Ausgaben, die vor dem Verschwinden von JFK Jr. erschienen sind) Heymanns Berichte aus seinem Buch über Jacqueline Kennedy (in Kapitel 4 angegeben) zitiert werden, die sich auf die kollektive Kriegsablehnung der Kennedy-Familie beziehen.

Darüber hinaus wirft derselbe Heymann in seiner größtenteils kritischen Biografie des verstorbenen Senators Robert F. Kennedy mit dem Titel *RFK* „einer Reihe von Personen vor, RFK beschuldigt zu haben, eine [antisemitische] Terminologie zu verwenden, wenn er privat über Juden diskutierte". Heymann behauptete auch, dass RFKs Frau Ethel, jetzt regierende Matriarchin des Kennedy-Überlebenden-Clans, einmal zu einem jüdischen Publizisten gesagt habe: „Wissen Sie, es sind Ihre Leute, die uns das Leben schwer machen; es sind Ihre Leute, die uns das Leben schwer machen", als ihr Mann 1964 für den Senat kandidierte.

In Anbetracht der giftigen Feindseligkeit gegenüber der Kennedy-Familie in einigen einflussreichen Kreisen ist es interessant, dass am 21. Juli 1999 John Podhoretz, Sohn von Norman Podhoretz, Leiter des Komitees der amerikanischen Juden (und langjähriger CIA-Mitarbeiter) und Chefredakteur der redaktionellen Seite der *New York Post* (die die Desinformation des Mossad-Mitglieds David Heymann in erster Linie veröffentlicht hatte), eine Kolumne mit dem Titel „A Conversation in Hell" (Ein Gespräch in der Hölle) schrieb, in der er seine Sicht der Dinge darstellte.

Der Essay von Podhoretz, der sehr schwer zu finden ist - er wurde als Reaktion auf die öffentliche Empörung über Podhoretz' viszerales Gift zurückgezogen, nachdem die erste Ausgabe der *Post* in Druck gegangen war - spricht für sich selbst und wird hier (unten) in seiner historischen und aufschlussreichen (und ziemlich schockierenden) Vollständigkeit veröffentlicht. Dieser Aufsatz von Podhoretz sagt in der Tat, was viele Israel-Verteidiger wirklich über die Kennedy-Familie denken.

Entscheiden Sie selbst.

Ein Gespräch in der Hölle
New York Post
- 21. Juli 1999
John Podhoretz

JOE! Joe Kennedy! Komm rein, komm rein. Schön, dich zu sehen. Wie gefällt dir die Klimaanlage? Ich weiß, dass es hier ziemlich heiß ist.

Wo bist du in diesen Tagen, im achten oder im neunten Kreis? Das ist eine schwierige Entscheidung, was dich betrifft. Schließlich ist der achte Kreis für die Betrüger und der neunte für die Verräter. Du hast wirklich betrogen, als du Bürgermeister Daley gebeten hast, die Wahlen von 1960 für deinen Sohn Jack zu arrangieren, nicht wahr? Und die meiste Zeit deines Lebens warst du ein ziemlicher Verräter, mit deiner zwanghaften Untreue und deinem Doppelspiel.

Aber hör zu, das ist es, was ich an dir liebe. Ich kann dir gar nicht sagen, wie sehr es mich mit Stolz erfüllt hat, dich zu kennen, als du Botschafter der Vereinigten Staaten in England warst, all diese schönen Dinge über Hitler erzählt hast und alles getan hast, um die jüdische Auswanderung nach Nazi-Deutschland zu verhindern. Wegen dir sind Tausende Juden gestorben. Was für eine dämonische Leistung!

Ich habe immer gewusst, dass du sie in dir hast. Ich kann mich nicht erinnern, dass ich so glücklich war, eine Seele zu bekommen, als du mich im, was, 1912 zurückgerufen hast? Du wusstest genau, was du wolltest. Du wolltest Reichtum, Ruhm und Macht, und du wolltest, dass dies von Generation zu Generation weitergeführt wird. Du wolltest der Schöpfer einer Dynastie sein, die Amerika regieren würde...

Es hat meinem alten Herzen gut getan, zu hören, wie rücksichtslos du sein konntest. Und du warst ein so zäher Verhandler, dass es Spaß machte, mit dir Geschäfte zu machen.

Es schien, als hättest du an alles gedacht. Du wolltest an die Macht kommen und das bedeutete für dich, die Tochter des Bürgermeisters von Boston zu heiraten. Gesagt, getan; du und Rose Fitzgerald habt euch zwei Jahre später vereint. Du wolltest für die glamourösesten Frauen der Welt attraktiv und verführerisch bleiben. Gesagt, getan; du wurdest Filmdirektor und hattest Affären mit Gloria Swanson und vielen anderen Stars und Sternchen.

Du wolltest Reichtum jenseits der wildesten Träume aller Iren in Boston. Das hast du erreicht; du warst mehrfacher Millionär und hast nichts davon verloren, als die Große Depression zuschlug. Du wolltest eine gesellschaftliche Stellung. Erledigt; dir wurde der damals prestigeträchtigste Posten in der Regierung anvertraut - der des Botschafters am St. Jakobshof.

Und du wolltest, dass dein Sohn Präsident wird. Du hast die Punkte auf die „i" gesetzt, die Balken auf die „t", du hast alles in deiner Macht stehende getan, um deinen Anteil zu maximieren und meinen zu minimieren. Wie alle Sterblichen, deren markanteste Eigenschaft ihr unerschöpflicher Sinn für Selbstachtung ist, glaubtest du, dass deine Seele so wertvoll sei, dass sie sich lohne.

Du hast alles bekommen, was du wolltest. Aber wenn ich einen Deal für eine Seele wie die deine eingehe, so unnachgiebig in ihrem Rechtsempfinden, so sicher, dass die Welt sich vor ihr beugen sollte, so zäh, dann ist das hart für mich, wie rohes Fleisch. Ich muss es würzen, es ein wenig hämmern, damit es zart wird, es ein wenig auf dem Feuer bräunen, bevor ich es in den Höllenofen stecke.

Hätte ich also zugelassen, dass dein Sohn, den du dir als Präsident gewünscht hast, das Weiße Haus erreicht, hätte das bedeutet, dass das Abendessen, das ich mit deiner Seele zubereiten wollte, unverdaulich gewesen wäre. Er hätte einfach gehen müssen.

Und es hat dir wehgetan, nicht wahr, Joe, als das Flugzeug deines Namensvetters während des Zweiten Weltkriegs abgestürzt ist?

Du hast deine Töchter im Vertrag so wenig erwähnt, dass ich mich frei fühlte, ein wenig mit ihnen zu spielen. Ich habe Rosemary ein bisschen langsam gemacht, aber verdammt, du hättest sie nicht lobotomisieren müssen, Joe!

Das ist alles deine Schuld! Und du schienst den Tod des jungen Joe so gut verkraftet zu haben, dass ich das Bedürfnis hatte, dich daran zu erinnern, indem ich deine Tochter Kathleen ein paar Jahre später in einen weiteren Flugzeugabsturz schickte.

Oh, diese Trauer ist schmerzhaft. Aber er hat dich auch wütend gemacht, weil du dachtest, ich hätte meine Verpflichtung nicht eingehalten! Erinnerst du dich noch an das Gespräch am Strand in Hyannis Port? Ich erinnerte dich daran, dass da Jack war, der schöne Jack, den du so hart erzogen hast. Er war so sehr wie du so hungrig nach Hollywood-Schönheit, so motiviert - wäre es nicht noch besser, wenn er Jack wäre?

Du warst so triumphierend mit Jacks Sieg und alles, was ich versucht habe, dir klarzumachen, war, dass die Dinge nicht so funktionieren würden, wie du es dir vorgestellt hast. Du hattest einen Enkel, der im August 1963 im Weißen Haus geboren wurde, erinnerst du dich? Der kleine Patrick? Ich habe ihn nach zwei Tagen abgeholt, nur um dich auf den 22. November vorzubereiten.

Ich habe gesagt, dass ich Jack zum Präsidenten machen würde. Ich habe nicht gesagt, dass er seine Amtszeit beenden wird. Und ich habe auch nicht gesagt, dass du eine neue bekommen wirst. Das war dein Fehler, als du es mit Bobby noch einmal versucht hast.

Das war ein Vertragsbruch. Du hattest nur einen.

Und du hast nicht zugehört, du wolltest nicht zuhören, du warst immer auf den Gedanken konzentriert, dass Teddy es tun könnte - Teddy, der jüngste deiner Jungs. Aber ich habe Neuigkeiten für dich. Dieser Fall mit Chappaquiddick? Er hat mich gebeten, ihn vor einer Anklage wegen fahrlässiger Tötung zu retten. Er wird dir Gesellschaft leisten, wenn seine Zeit gekommen ist.

Nach Chappaquiddick war deine Zeit abgelaufen, nicht wahr? Du bist ein paar Monate später gestorben und hierher gekommen. Aber weißt du was? Deine Seele war noch nicht bereit. Du warst noch ein bisschen zu hart.

Also, wann immer du denkst, dass das Geschäft abgeschlossen ist, wann immer du denkst, dass deine Familie auf dem Weg zurück zum Ruhm ist, muss ich etwas tun. So wie an diesem Wochenende mit deinem Enkel John.

Das verstehst du doch, nicht wahr, Joe? Das liegt daran, dass ich Hunger habe. Und wenn ich hungrig bin, Joe, heiligt der Zweck die Mittel. Siehst du, warum wir uns so ähnlich sind?

Ja, ja. Oh, ja. Ich denke, du bist jetzt bereit.

Sie können Ihre Kommentare an John Podhoretz unter podhoretz@nypost.com senden.

DAS LETZTE WORT?

Das Buch, das sie verbieten wollten
Reflexion über die Vergangenheit, Gegenwart und Zukunft von *Final Judgement* und seine umstrittene These

Dieses Buch hat mit einem langen Text über die Kontroverse um das Jüngste *Gericht* begonnen, daher ist es vielleicht angebracht, dass es mit einem ausführlichen Text zum selben Thema endet.

Wie der Eröffnungstext bezieht sich auch dieses „letzte Wort" eher auf das, was Michael Collins Piper nach dem Schreiben von „*Judgement Final*" widerfahren ist, als auf das, was John F. Kennedy widerfahren ist.

Ich denke jedoch, dass die Leser dies trotzdem lehrreich finden werden, da es wirklich zeigt, dass es Grenzen gibt, was man in der Debatte über kontroverse Themen wie die Ermordung von JFK sagen darf - oder auch nicht.

Es gibt noch viel mehr zu sagen. Das Wichtigste ist jedoch, dass das Jüngste *Gericht* noch nicht zu Ende sein wird. Auch wenn die Israel-Lobby es nur ungern zugibt, der Geist ist aus seiner Lampe gekommen.

Die Zukunft von *Doomsday* wird zum großen Teil aus einer Reihe von Bemühungen bestehen, seine These zu widerlegen, aber nach den bisherigen Bemühungen scheint es unwahrscheinlich, dass jemand dazu in der Lage sein wird - und der Grund dafür könnte sein, dass das Buch den Nagel auf den Kopf getroffen hat.

Final Judgement ist keinesfalls eine Zerschlagung des Berichts der Warren-Kommission. Die Warren-Kommission wurde schon vor langer Zeit diskreditiert. *Final Judgement* besteht lediglich darin, die fehlenden Teile des Puzzles zu füllen - das fehlende Glied zu liefern - und zu zeigen, was hinter dem Puzzle verborgen ist.

Die Metaphern sind endlos, aber die Dinge sind klar. Wir wussten schon lange, dass es bei der Ermordung von JFK eine Verschwörung gab - eine große Verschwörung - und dass diese Verschwörung sehr hohe Ebenen erreicht hat. Nun wissen wir, welche *horizontalen* Richtungen die Verschwörung erreicht hat.

Der Forscher Vincent Salandria ging sogar so weit zu vermuten, dass von Anfang an „die Schlussfolgerung des Einzelkillers der Warren-Kommission dazu bestimmt war, zusammenzubrechen, unvorstellbar zu sein, sich selbst zu zerstören"...

„Täuschen Sie sich nicht, die Warren-Kommission und ihre Mitarbeiter bestanden aus sehr fähigen Männern. Wenn diese Männer die Verschwörung effektiver hätten verbergen wollen, hätten sie es tun können...

„Er legt nahe, dass die Verschwörer, die hinter dem Attentat steckten, letztlich wollten, dass das amerikanische Volk demoralisiert wird und weiß, dass es die Macht über sein Schicksal verloren hat. Und ehrlich gesagt, wenn ich die Gesamtsituation betrachte, befürchte ich, dass Salandria Recht hat.

„DAS VERBORGENE GELÄNDE"

Und obwohl einige versuchen, sich mit dem Erbe des JFK-Mordes auseinanderzusetzen und sich bemühen zu verstehen, wie dieses Verbrechen unsere Nation beeinflusst hat, lässt das Gesamtbild, das in *Judgement Final* gezeichnet wird (und das von einer wachsenden Zahl von Menschen akzeptiert wird), viele der ansonsten großmäuligen Regierungskritiker verstummen. Sie weigern sich schlicht, sich mit der Tatsache auseinanderzusetzen, dass es tatsächlich stichhaltige Beweise (auf vielen Ebenen) dafür gibt, dass „Klein-Israel" und sein Geheimdienst, der seine eigenen Ressourcen einsetzte und mit seinen Verbündeten von der CIA zusammenarbeitete, eine große Rolle bei dem Verbrechen des Jahrhunderts spielten.

Ich kenne einen scheinbar nonkonformistischen und unabhängigen Chefredakteur einer in Oregon erscheinenden progressiven Zeitschrift, der den Autor eines ihm angebotenen Artikels anwies, seinen Hinweis auf Jack Ruby als „Auftragskiller der jüdischen Mafia" dahingehend zu ändern, dass Ruby lediglich als „Auftragskiller der Mafia" bezeichnet wurde.

Der Autor des zensierten Artikels (ein Leser von *Final Judgement*) antwortete dem Chefredakteur jedoch mit einem sehr interessanten Brief, von dem ich einen Teil mit den Lesern von *Final Judgement* teile, ebenso wie der Autor des Briefes mir gegenüber. In seinem (privaten) Brief an den Chefredakteur fasst er die Dinge recht gut zusammen:

> Jeder, der einen Großteil seiner Zeit mit der Ermordung von John F. Kennedy verbracht hat, weiß drei Dinge mit Sicherheit: Oswald war es nicht; es gibt überall am Tatort jüdische Fingerabdrücke; und die beteiligten Juden konnten und haben nicht allein gehandelt, sondern waren Teil einer viel größeren Verschwörung, an der Teile des Geheimdienstes, der CIA, des FBI, des Justizministeriums, der Polizei von Dallas, der herrschenden Klasse in Texas und der kubanischen Exilgemeinde beteiligt waren.
>
> Es ist genau diese jüdische Beteiligung, die meiner Meinung nach die Erforschung des Verbrechens behindert hat... Das Ergebnis war eine weit verbreitete und anhaltende Leugnung der jüdischen Beteiligung an dem Attentat, die sich so weit ausgedehnt hat, dass sie heute auch die brutalen Angriffe auf die Kennedy-Familie umfasst.
>
> Es gibt auch ein verborgenes Terrain unter dem Attentat, über das niemand spricht - das geheime Terrain, die dunkle und unbekannte Landschaft hinter den Kennedy-Attentaten. Sobald es beleuchtet ist, wird es viele scheinbar unnötige Debatten und Verwirrungen erklären, die die

Forschung zu den Attentaten ernsthaft behindert, wenn nicht sogar völlig verwirrt haben...

Meiner Meinung nach sind es Rubys Verwicklung in den Mord und die jüdischen Ängste vor einem Pogrom in Amerika, die wie ein Korken im Rektum der Nation stecken.

Es wird uns nicht erlauben, uns von diesem Verbrechen reinzuwaschen und nach vorne zu schauen.

... Die blinde Angst, Rubys Jüdischkeit zu erwähnen und ihre Beziehungen zu Israel und internationalen kriminellen Syndikaten sowie zur Polizei von Dallas und zu Richtern und Politikern zu verfolgen, hat von Anfang an für Verwirrung gesorgt und die Forschungsgemeinschaft gespalten.

Ich hätte es nicht besser sagen können. Und tatsächlich stellt dieser (hier zitierte) Brief die Frage wahrscheinlich aus einem vielleicht noch besseren Blickwinkel (und einer lebhafteren Prosa) als *„Judgement Final"*.

So war die Situation. Der Kampf um die Unterdrückung des *Jüngsten Gerichts* wird nicht nur von der Israel-Lobby und ihren Frontschocktruppen der Anti-Defamation League (ADL) geführt. Tatsächlich richten auch die sogenannten „Forscher" in Sachen JFK-Mordkomplott ihr Fachwissen in diese Bemühungen.

EIN „FORSCHER" BEKÄMPFT DIE FORSCHUNG

Auf dem Höhepunkt der Kampagne der ADL, mich daran zu hindern, an der Saddleback University in Orange County, Kalifornien, zu kandidieren (ausführlich beschrieben im Vorwort), war Debra Conway eine der enthusiastischsten Anhängerinnen der ADL, eine Forscherin in Sachen JFK-Attentat, die eine Organisation leitet, die als JFK Lancer bekannt ist. Am 7. September 1997 postete sie in einer Internet-Newsgroup zum Thema JFK eine Nachricht, in der sie ihre Bemühungen, mich am Reden zu hindern, lobte. Ihre Nachricht lautete:

„Ich habe die Universität, den Journalisten und andere Leute angerufen, um gegen das Seminar zu protestieren. Ich habe einen Brief an den Chefredakteur der *Times* [in Los Angeles] geschrieben, mit Kopien an den Präsidenten der Universität und den Vorstand, aber er wurde nicht veröffentlicht. Ich habe jüdische Freunde angerufen und ihnen geschrieben, um ihnen meine Haltung gegen dieses Seminar zu erklären und warum... Ich lebe in Orange County, Kalifornien, und ich habe auch versprochen, zusammen mit den Universitätsprofessoren und der Anti-Jüdischen Verteidigungsliga [sic] gegen das Seminar zu streiken. Ich werde Antisemitismus nicht unter dem Deckmantel der Forschung über die Ermordung von JFK unterstützen".

Conway postete auch seinen unveröffentlichten Brief, in dem er teilweise hinzufügte: „Ich habe nie glaubwürdige Informationen über eine Verschwörung gesehen, in die Israel oder die Nazis verwickelt sind. In Anbetracht der Tatsache, dass Präsident Kennedy uns durch diese turbulenten Zeiten geführt hat, könnten viele Gruppen, Länder und Personen für seine Ermordung verantwortlich gemacht werden. Sie könnten zu ihren Gunsten argumentieren, wenn Sie sich nicht alle verfügbaren Fakten ansehen". Natürlich hat Miss Conway noch nie etwas gesehen, das Israel betrifft. Und dabei müssen wir es belassen. Erst als *Judgement Final* alle Daten sammelte, begannen die Leute zu denken, dass eine israelische Beteiligung eine reale Möglichkeit sei. Es ist daher interessant, dass Debra Conway in gewisser Weise indirekt zugibt, dass es ein israelisches Motiv in dem Sinne geben könnte, wie sie selbst sagte, dass es „viele Gruppen, Länder und Personen" gäbe, die dafür in Frage kämen. Aber glauben Sie mir, Debra Conway würde Israel niemals beschuldigen.

Debra Conways Reaktion auf *Judgement Final* (von dem ich nicht einmal sicher bin, ob sie ihn gelesen hat) ist ein Beispiel für die Anstrengungen, die selbst einige sogenannte „Forscher" unternommen haben, um zu versuchen, *Judgement Final* und seine These zu unterdrücken. Ich habe jedoch die Genugtuung, mit Sicherheit zu wissen, dass viele Anhänger von Conways JFK-Lancer-Operation sie kontaktiert und ihr das Leben zur Hölle gemacht haben, weil sie Stellung bezogen hat, und ich bin denjenigen dankbar, die so freundlich waren, mir das mitzuteilen. Es gibt also einige Wissenschaftler, die trotz Debra Conway an den Ersten Verfassungszusatz glauben.

Am Ende gab es jedoch trotz der kleinlichen Demagogie von Debra Conway auch tröstliche Aspekte in dieser schmutzigen Orange-County-Kontroverse. Inmitten der Bemühungen der ADL, mich zum Schweigen zu bringen und Steve Frogue zu vernichten, haben sich viele gute Bürger für uns eingesetzt. Die große Mehrheit von ihnen habe ich nie getroffen und werde es auch nie tun.

Vor kurzem erfuhr ich jedoch, wer einer von ihnen war. Ich hatte gehört, dass ein bestimmtes Ehepaar, „Joe" und Ethel Hunt, die Machenschaften der ADL scharf kritisiert hatte, indem sie bei öffentlichen Sitzungen des Universitätsrats auftraten, um den Ersten Verfassungszusatz zu verteidigen und gegen die Zensur vorzugehen.

Es stellt sich heraus, dass „Joe" Hunt kein Geringerer ist als der pensionierte Marineoberst Forest J. Forest. (Joe) Hunt - ein Veteran aus drei Kriegen und ehemaliger Kommandant aller Marineinfanteriewachen in den US-Botschaften auf der ganzen Welt sowie der Schule, die sie in Virginia ausgebildet hat!

Das ist das Kaliber von Leuten, die ich stolz darauf bin, auf meiner Seite zu haben. Die ADL ist mehr als willkommen, Debra Conway auf ihrer Seite zu haben. Oberst Hunt schuldet niemandem etwas. Aber die Amerikaner schulden Menschen wie Joe Hunt und seiner charmanten Frau, die für die Freiheit kämpfen, viel.

Wie dem auch sei, die besagten Bemühungen von Debra Conway waren nur die Spitze des Eisbergs in Bezug auf die Bemühungen der sogenannten „Wahrheitssucher", die versuchten, mich zu diskreditieren.

Später, als ich mich kaum darum bemühte, eine Debatte über die These *des Final Judgement* in Bezug auf verschiedene Internet-Newsgroups zum Thema JFK-Attentat in Gang zu bringen, wurde ich ständig mit „Antisemitismus"-Vorwürfen überschüttet, die alle von sogenannten „Forschern" kamen, die mein Buch ohnehin nicht gelesen hatten.

DIE RICHTUNG DER DISKUSSION ÄNDERN

Mein engagiertester Kritiker war zweifellos ein gewisser Robert Harris, der seine eigene Website zum JFK-Attentat betreibt. Obwohl Harris den Ruf hat, „stur" zu sein, würden selbst seine Kritiker zustimmen, dass Harris im Großen und Ganzen sehr aufrichtig in seiner Hingabe war, die Wahrheit über den Mord am Präsidenten herauszufinden. Als er jedoch auf die mögliche Beteiligung des Mossad zu sprechen kam, verlor Harris (dem nachgesagt wird, er sei Jude) jegliche Objektivität.

Harris wiederholte wiederholt den falschen und bösartigen Vorwurf, das Jüngste *Gericht* habe „die Juden" für die Ermordung Kennedys verantwortlich gemacht, obwohl das Buch diese These, wie jeder Leser sehr wohl weiß, in Wirklichkeit völlig zurückweist.

Mich ständig mit Fragen zu JFK belästigt wie: „Glauben Sie, dass die führenden Historiker Recht haben, wenn sie sagen, dass die Nazis (mehr oder weniger 5%) 6 Millionen Juden abgeschlachtet haben?". Er nahm auch Bezug auf die sogenannten „Skinheads", die, wie er sagte, die Leute waren, die die These vom Jüngsten *Gericht* für glaubwürdig hielten. An einer Stelle fragte er sogar „Ich frage mich genau, wie viele schwarze und jüdische Freunde Herr Piper insgesamt hatte" und war empört darüber, dass ich mich geweigert hatte, sie namentlich aufzuzählen, als ob ich sie seinen Diffamierungen aussetzen müsste. *Schließlich war ich jedoch so frustriert, dass ich zusammenbrach und Harris erzählte, dass eines meiner beiden Patenkinder ein afroamerikanisches Kind war. Er reagierte nie darauf.*

Irgendwann, kurz nach der Schießerei in Columbine, versuchte Harris, mich mit dieser Tragödie in Verbindung zu bringen, indem er vorschlug, dass die beiden verstörten jungen Männer von „Antisemiten" wie mir inspiriert worden waren, da er zu diesem Zeitpunkt nicht wusste, dass der Schütze Jude war.

Harris' ständige und ziemlich frenetische Beschimpfungen erreichten ein Stadium, in dem Dave Reitzes, ein jüdischer Teilnehmer eines Diskussionsforums - der keineswegs zu meinen Befürwortern gehörte - Harris herausforderte, indem er betonte, dass Kritik an Israel kein Antisemitismus sei.

Keith Bruner, ein anderer Teilnehmer eines Diskussionsforums, verteidigte mich in Missachtung von Harris, indem er sagte: „Piper behauptet nicht, einen unumstößlichen Beweis dafür zu haben, dass der Mossad beteiligt war, aber er hat aus bestimmten Fakten Schlussfolgerungen gezogen, die sicherlich ein glaubwürdiges Bild der Beteiligung des Mossad zeichnen", und fuhr fort: „Ob Piper ein [Antisemit] ist oder nicht, er wirbt für sein Buch und seine Schlussfolgerungen und sollte von diesem Standpunkt aus angefochten werden „ anstatt mit unbedachten Beschimpfungen.

In einer anderen Nachricht erklärte Bruner: „Lesen Sie sein Buch und greifen Sie ihn dann wegen seiner Schlussfolgerungen und der Beweise an, die er vorlegt. Debattieren Sie mit ihm. Lassen Sie uns über den Mord an JFK sprechen" (statt über den Holocaust). Bruner fügte hinzu: „Jede Information, die zur Aufklärung des Verbrechens beiträgt, ist eine gute Information, selbst wenn sie vom Teufel kommt".

Tatsache ist, dass ich Harris eine kostenlose Kopie des Buches geschickt habe - trotz all seiner Angriffe auf mich - und trotzdem hat er bislang noch keinen einzigen Artikel gepostet, in dem er versucht, alles zu widerlegen, was ich in dem Buch gesagt habe.

„DAS WINZIGE KLEINE ISRAEL WÜRDE SO ETWAS NICHT TUN!"

Nachdem er Harris schließlich direkt gefragt hatte: „Warum glauben Sie, dass die Theorie, dass der Mossad in die Ermordung von JFK verwickelt gewesen sein könnte, „lächerlich", „weit hergeholt" und „absurd" usw. ist? antwortete er am 10. April 1999 mit den Worten:

> **Selbst wenn Israel den Tod von JFK gewollt hätte, hätten sie nicht das Risiko eingehen müssen, aktiv daran beteiligt zu sein... Wäre es zu einem Fehltritt gekommen und ihre Beteiligung aufgedeckt worden, wäre Israel sozusagen verurteilt worden. Sie hätten ihre Glaubwürdigkeit unter den zivilisierten Nationen verloren, ebenso wie ihren stärksten Verbündeten. Es ist nicht auszuschließen, dass wir ihnen sogar den Krieg hätten erklären können. Sie hätten riskiert, viel mehr zu verlieren, als sie jemals gewinnen konnten.**

Offensichtlich ist dieses Argument gegen die Beteiligung des Mossad an der Verschwörung schlichtweg nicht stichhaltig. Wie ich in *Final Judgement* wiederholt betont habe, war der Mossad nicht nur aufgrund seiner zahlreichen Kontakte zu den Medien, sondern auch aufgrund seiner Zusammenarbeit mit der CIA vor jeglicher Bloßstellung geschützt, ganz zu schweigen von den sehr offensichtlichen Bemühungen der Johnson-Regierung und der Warren-Kommission, die Wahrheit unter Kontrolle zu halten.

Mehr noch, unter LBJ hatte Israel einen alten, ergebenen Verbündeten im Weißen Haus, einen Verbündeten, der direkt von der Ermordung von JFK profitiert hatte. Es stand also nie zur Debatte - wenn ich mit meiner Behauptung, dass der Mossad involviert war, richtig liege, was ich glaube -, dass die Wahrheit über die Komplizenschaft des Mossad durch eine offizielle Untersuchung der USA ans Licht kommen würde.

Trotz all seines Ärgers ging Harris schließlich in die Geschichte ein, als er wegen seiner Angriffe auf andere Ziele seines Zorns verklagt wurde. Die *New York Times* vom 11. Juni 1999 veröffentlichte einen Artikel, in dem beschrieben wurde, wie Harris wegen einer hetzerischen Äußerung verklagt wurde, die er gegen eine Person gemacht hatte, mit der er im Internet eine Debatte geführt hatte. Dennoch ist Harris unerschütterlich und lässt seine Präsenz weiterhin spüren. Das ist gut für ihn. Er wird sich wahrscheinlich freuen, wenn er erfährt, dass er in dieser neuen Ausgabe von *Final Judgement* erwähnt wurde.

Ein anderer meiner Kritiker, Clint Bradford, der eine sehr gute Website mit Daten im Zusammenhang mit JFK betreibt, erklärte in einem am 16. März 1999 veröffentlichten Artikel förmlich: „Persönlich glaube ich, dass Ihr Buch nichts als antijüdische Hass-Prosa ist". Bradford zog es vor, mich als Fanatiker zu bezeichnen, anstatt auf eine der präzisen Behauptungen in *Judgement Final* einzugehen.

UND DA SIND WIEDER DIE NAZIS

John Bevilaqua, ein weiterer Teilnehmer einer ziemlich turbulenten Internetdiskussionsgruppe, erhob den erstaunlichen Vorwurf, dass das Gebäude auf dem Capitol Hill, in dem sich mein Verlagsbüro befindet, während des Zweiten Weltkriegs der Sitz des Deutsch-Amerikanischen Bundes war.
Tatsächlich gehörte das Gebäude damals einem chinesisch-amerikanischen Geschäftsmann, aber Bevilaquas Behauptungen spiegeln die Art des Versuchs wider, meine These durch den verdrehten Prozess der Schuldzuweisung durch Assoziation zu widerlegen, obwohl es in diesem Fall keine solche Assoziation gegeben hat!
Bevilaqua verwendete auch viel Energie darauf, zu suggerieren, dass das Jüngste *Gericht* eine moderne Manifestation der Aussage des Georgiers Joseph Milteer gegenüber dem Polizeispitzel Willie Somersett sei, wonach in den Tagen nach der Ermordung von JFK ein „internationaler Widerstand", dem Milteer angeblich angehörte, „eine Propagandakampagne" inszenieren würde, um „dem christlichen Volk der Welt zu beweisen", dass „die zionistischen Juden Kennedy getötet haben".
Eine derartige Propagandakampagne hat es nie gegeben. Das Letzte, was ich hörte, war, dass der Welt erzählt wurde, dass ein einzelner Stalker - und zum einen ein Pro-Castro-Kommunist - für dieses Verbrechen verantwortlich war. Kurzum, Bevilaqua drehte sich im Kreis.
Bevilaqua - der eine Vorliebe für eine angebliche „Nazi"-Rolle bei der Ermordung von JFK hat - glaubt, dass der pro-israelische Fanatiker James J. Angleton in Wirklichkeit antijüdisch und pro-nazistisch war, aber ich werde nicht einmal versuchen, dieses Argument zu analysieren!
Ich muss jedoch sagen, dass Bevilaqua ein seltsames kleines Element in die JFK-Debatte eingebracht hat, als er seine These präsentierte (die offensichtlich von mehreren Wissenschaftlern geteilt wird), dass Robert Morris, ein langjähriger „Konservativer", der berüchtigte „Maurice Bishop" (oft als David Atlee Phillips von der CIA angesehen) gewesen sei, der kurz vor der Ermordung des JFK mit Lee Harvey Oswald gesehen wurde.
Tatsache ist, dass, wenn Morris tatsächlich „Maurice Bishop" war, dies - wieder einmal - auf eine mögliche Rolle des Mossad bei der Ermordung von JFK hinweisen würde, denn während seiner Karriere wurde Morris von vielen in „konservativen" Kreisen als Wasserträger für israelische Interessen und als Agent innerhalb der „Rechten" für die Anti-Defamation League der B'nai B'rith angesehen. Morris' wichtigste Förderer waren berühmte Persönlichkeiten, die für ihre Affinität zu israelischen Interessen bekannt waren, darunter Roy Cohn (Miteigentümer der Lionel Corporation, die wiederum Anteile an der vom Mossad kontrollierten Permindex hielt), Alfred Kohlberg, Gründer der American Jewish League Against Communism, George Sokolsky, Kolumnist, und Marvin

Liebman, ein ehemaliger Waffenhändler für Israel, der später der Mentor des israelischen Cheerleaders William F. Buckley, Jr. war.

Also ist da vielleicht doch etwas dran, aber Bevilaqua versteht es wahrscheinlich nicht. Ein dreifaches Hoch auf den armen Bevilaqua, weil er es trotzdem VERSUCHT hat.

ISRAELS PROBLEM MIT DEM PERMINDEX

Professor John McAdams - der eine Website betreibt, die sich mit der Entlarvung der Verschwörungstheorien zum Mord an JFK befasst - versuchte, meine (und andere) Anschuldigungen, dass Clay Shaws Beteiligung an der Permindex alles andere als unschuldig sei, zu entkräften, indem er einen Artikel über die Permindex ins Internet stellte, der nahelegte, dass die Behauptungen über die Permindex nichts weiter als „kommunistische Desinformation" seien. (Und das klingt für mich nach „McCarthyismus"!).

Wie dem auch sei, wenn es stimmt, dass die italienische Zeitung, in der einige der ersten Daten über Permindex auftauchten, tatsächlich eine kommunistische Zeitschrift war, reicht das natürlich nicht aus, um die Wahrheit der Details über Permindex und seine umstrittenen Verbindungen auszuschließen.

Doch selbst der Artikel, den McAdams veröffentlichte, machte eine faktisch unkorrekte Aussage, dass die Ursprünge der Permindex tatsächlich mit Clay Shaw verbunden waren und bis ins Jahr 1948 zurückreichten. Trotzdem förderten McAdams und seine Cheerleader den Artikel als ultimative Widerlegung der Theorie, dass die Permindex in die Verschwörung des internationalen Geheimdienstes verwickelt war, unabhängig davon, ob sie mit der Ermordung von JFK in Verbindung stand oder nicht.

In ähnlicher Weise verwies der langjährige Forscher George Michael Evica auf meine Daten über die Mossad-Verbindungen der Permindex als Teil der falschen „kommunistischen" Auftraggeber der Desinformation beim JFK-Mord und beschrieb das Jüngste *Gericht* als „selbst eine wertvolle Übung in 'falschen Fahnen', Sündenböcken und umgekehrten Verschwörungen, aber ähnlich wie Garrisons Untersuchung ein wichtiges Ventil für falsche Auftraggeberspuren".

Evica argumentiert zu Recht, dass im Laufe der Jahre ziemlich viele Fehlinformationen über die Ermordung von JFK im Umlauf waren, aber er ist natürlich nicht bereit, die Möglichkeit zuzugeben, dass diese wunderbaren Agenten des Geheimdienstes Mossad etwas damit zu tun hatten.

Offensichtlich ist der Mossad nach Evicas Meinung der einzige Geheimdienst der Welt, der seine Hände in Bezug auf die Ermordung von JFK sauber gehalten hat. Wie ich den Leuten immer wieder sage: „Wenn der Mossad und Israel JFK so sehr geliebt haben, warum gehen die Forscher dann nicht zum Mossad und bitten sie, herauszufinden, was wirklich mit JFK passiert ist, und das Problem ein für alle Mal zu lösen?".

Aber das würde den ganzen Spaß verderben, denn wie wir in Kapitel 16 von *Final Judgement* gesehen haben, behauptet der Mossad bereits, dass die Mafia JFK versehentlich bei einem Schuss auf John Connally getötet hat! Dennoch scheinen die Verteidiger Israels unter den Forschern immer noch nicht mit ihrer wunderbaren Endlösung des Mossad zufrieden zu sein. Ich frage mich, warum?

„DIE VERWAHRERIN" VS. „DIE AUTORIN".

Eine gewisse Virginia McCullough, die sich selbst als „Treuhänderin und Kuratorin der Mae Brussell Collection" bezeichnet, bestritt meine Beschreibung von Miss Brussell als „exzentrisch" und erklärte in einem am 17. Dezember 1999 im Internet veröffentlichten Artikel, dass „Piper ihr eigenes Ziel verfolgte und ein Teil dieses Ziels darin bestand, jeden anderen Forscher oder Autor als sie selbst zu diskreditieren", aber dann gab sie widersprüchlich zu, dass „parallel dazu Piper ihre unerschütterliche Bewunderung für Leute wie Mark Lane, Seymour Hersh, Andrew und Leslie Cockburn, Stephen Green usw. zeigt.

Nachdem McCullough dann meine „unerschütterliche Bewunderung" für diese anderen Autoren beschrieben hatte, widersprach sie sich erneut, indem sie sagte, dass auf den Seiten von *Endgericht* „Mr. Piper, natürlich der einzige Autor ist, der nach Rosen duftet und rein und sauber ist." (McCullough ist auch darüber besorgt, dass ich mich ihrer Meinung nach „ständig" auf mich selbst als „den Autor" beziehe. Sie fügt auch hinzu, dass sie mein Buch als „zu Zwecken der Selbstdarstellung und Desinformation geschrieben" ansieht. McCullough hat jedoch noch nicht alles widerlegt, was in „*Final Judgement*" auftaucht.

McCulloughs Heldin Miss Brussell behauptete, dass Ex-Nazis an der Ermordung von JFK beteiligt gewesen seien und dass einer der vermeintlichen Bösewichte der ehemalige Nazi-General Reinhard Gehlen gewesen sei, der nach dem Zweiten Weltkrieg im Dienste des Westens gegen die Sowjets angetreten war.

Was McCullough jedoch nicht gerne erwähnt, ist die - von israelischen Schriftstellern wie Uri Dan und anderen dokumentierte (und in *End Judgment* erwähnte) - Tatsache, dass Gehlen in den Nachkriegsjahren auch eng mit dem Mossad zusammenarbeitete, trotz seines früheren Dienstes für das verhasste Nazi-Regime. Dies ist, gelinde gesagt, eine kleine, unangenehme Tatsache in der Geschichte, vor allem für Israel und seine Anhänger, aber es ist ein gutes Beispiel für viele der unangenehmen Fakten über Israel, die immer wieder auftauchen, wenn man die Regierung von Präsident Kennedy, seine Beziehungen zu Israel und die Umstände um seine Ermordung untersucht.

HAT SHERMAN DAS BUCH GELESEN?

Sherman Skolnick, der bekannte, in Chicago ansässige Forscher, verwies in einem Bericht mit dem Titel „Attentate des 20. Jahrhunderts - Warum?" auf *Judgement Final* und kommentierte dann: „Das Buch weist von vornherein zurück, was andere allerdings behaupten, nämlich dass Nazi-Kriegsverbrecher beteiligt waren (wie von der verstorbenen Forscherin Mae Brussell dokumentiert). Und das Buch erklärt nicht, wie der amerikanische Geheimdienst, das FBI, und die CIA, da die protestantische und katholische herrschende Klasse, wie und warum diese Spionageinstanzen all dies *zum Wohle der Juden* hätten vertuschen können." [Hervorhebung durch Skolnick].

Ehrlich gesagt war ich von Shermans Kommentaren ein wenig enttäuscht. Im Laufe der Jahre habe ich festgestellt, dass Skolnick bei einer Reihe von kontroversen Themen auf dem richtigen Weg war, oft Risiken einging und es wagte, sich mit Themen (einschließlich des Mossad) zu beschäftigen, vor denen andere Forscher zurückschrecken. Daher war ich überrascht, dass Sherman beispielsweise das FBI und die CIA als „die protestantische und katholische herrschende Klasse" beschreibt - wenn es sehr klar ist, dass das FBI und die CIA mehr als einmal im Dienste des Mossad kooptiert waren - und dann weiterhin meine Schlussfolgerung in Frage stellt, dass sie eine Rolle gespielt haben, um seinen Ausdruck zu verwenden, indem sie die Rolle des Mossad bei der Ermordung von JFK „zum Wohle der Juden" verschleiert haben. (Und natürlich ist der Ausdruck „die Juden" sein Ausdruck - und nicht meiner). Im Gegenteil, ich denke, dass *„Judgement Final"* völlig klar ist, und ich denke, dass die meisten Leser dem zustimmen würden. Aber das ist Shermans Meinung.

DIE BLINDGÄNGER DER GROSSEN ARTILLERIE

Meine größte Enttäuschung war in gewisser Weise vielleicht, dass der einzige Kritiker, der meiner Meinung nach wahrscheinlich am besten geeignet und in der Lage war, *Final Judgement* zu widerlegen, dies nicht getan hat.

Von allen, die ich getroffen habe, die beim Zusammentragen von Fakten und Informationen, um zumindest einige Aspekte einer Reihe von Verschwörungstheorien zur Ermordung von JFK zu widerlegen, ums Leben gekommen sind, gibt es in meinem Kopf keinen Zweifel daran, dass Dave Reitzes bei weitem der intelligenteste und eloquenteste ist. Reitzes ist in den Kreisen, die sich mit dem Fall JFK im Internet befassen, zu einer kleinen Berühmtheit geworden, wo er mit großer Energie daran gearbeitet hat, Jim Garrison zu zerlegen und insbesondere Clay Shaw gegen Garrisons Behauptungen zu verteidigen, der leitende Angestellte aus New Orleans sei in die Verschwörung zum Mord an JFK verwickelt gewesen.

Einige haben Reitzes als CIA-Sprecher bezeichnet - unter anderem -, aber ob er es nun ist oder nicht, Tatsache ist, dass Reitzes mehr als jeder andere (meiner Meinung nach) ein nachdenklicher und aufmerksamer Kritiker Garrisons war. Ich hatte mir gesagt, dass Garrisons Untersuchung in vielerlei Hinsicht unvollkommen war, und ich wäre der Erste, der das zugeben würde. Daher hatte ich schon bei meiner ersten Begegnung mit Reitzes in einem Internet-Diskussionsforum das Gefühl, dass, wenn jemand in meinem Kopf Fragen zu meiner eigenen Dissertation aufwerfen könnte, es Reitzes sein würde. Aber letztendlich habe ich mich geirrt.

Ich hatte Reitzes ein Exemplar von *Endgericht* geschickt und wartete gespannt (wenn nicht sogar ein wenig nervös) auf seine öffentliche Kritik des Buches. Dave hatte mich bereits (dankenswerterweise) gegen Antisemitismusvorwürfe verteidigt (die zumindest auf dem beruhten, was er von meinen im Internet-Diskussionsforum veröffentlichten Schriften gesehen hatte) und behielt sich ein

„endgültiges Urteil" erst vor, nachdem er das Buch wirklich gelesen hatte. Ich habe es genossen.

Nachdem Reitzes jedoch seine Rezension über das Buch geschrieben hatte, atmete ich erleichtert auf, dass die einzige Person, die mir meiner Meinung nach einen Grund hätte geben können, meine Schlussfolgerungen aus *Final Judgement* zu überdenken, dies nicht getan hatte.

Reitzes, der das Buch als einen „Morast unwichtiger Dinge" bezeichnete, überraschte mich, als er meine Behauptung bestritt, dass die von mir so genannten „staatlich kontrollierten Medien" eine große Rolle bei der Vertuschung der Wahrheit über das JFK-Mordkomplott gespielt hätten. Er bezeichnete sie als „reine Fantasie" und wies damit offensichtlich selbst die Vorstellung zurück, dass die Medien eine Rolle bei der Förderung der Theorie des „Einzeltäters" und der Verteidigung des Berichts der Warren-Kommission gespielt hätten.

Daves Kritik war ziemlich lang und ich werde ihr in dieser kurzen Darstellung niemals gerecht werden können, aber im Wesentlichen lief es auf Daves größten Feind hinaus: seine Verteidigung von Clay Shaw und seine These, dass Shaws Verbindung zu Permindex nicht nur völlig unschuldig war, sondern dass es auch keine Beweise dafür gab, dass Permindex Verbindungen zum Mossad oder zur CIA oder zu irgendwelchen Geheimdienstverschwörungen gehabt hätte.

Er zitierte aus dem Interview mit Clay Shaw in *Penthouse*, in dem Shaw behauptet: „Ich hatte nie eine Verbindung zur CIA". Die Tatsache, dass Reitzes sogar Shaws Behauptung wiederholt, er habe „nie eine Verbindung zur CIA gehabt", ist schon deshalb auffällig, weil in nicht als geheim eingestuften CIA-Akten vollständig belegt ist, dass Shaw tatsächlich - gelinde gesagt - über einen Zeitraum von mindestens acht Jahren, der angeblich um 1956 endete, rund 30 Berichte an die CIA geliefert hat. Shaw hatte also eine „Verbindung" zur CIA. Nun hat Shaw *Penthouse* offensichtlich belogen, obwohl die Fakten über Shaws Verbindung zur CIA natürlich erst einige Jahre nach Shaws Tod ans Licht kamen.

Jedenfalls vertrat Reitzes eindeutig den Standpunkt, dass man alles, was Shaw erzählte, ungeachtet der Beweise glauben müsse. Shaw erzählte *Penthouse*, dass er nichts von den Aktivitäten der Permindex wusste, und Reitzes glaubt ihm, aber wie ich sarkastisch zu Reitzes sagte: „Natürlich. Clay Shaw würde zugeben, dass die Permindex in alle möglichen Verschwörungen verwickelt war".

Ich nehme an, Reitzes möchte uns glauben machen, dass die Permindex bestenfalls eine hübsche kleine Firma war, die italienischen Alabaster exportierte, den Shaw zur Renovierung der Häuser im französischen Viertel verwendete, und dass all ihre Verbindungen zum Mossad und zur Bronfman-Familie nur unbedeutende Details ohne Folgen waren.

Reitzes führte dann eine bemerkenswerte Zauberübung durch, bei der er seine Leser anschließend mit einer ausführlichen Exposition blendete, in der er eine Reihe verschiedener Berichte über internationale Finanztransaktionen, an denen Permindex beteiligt war, zusammenfasste. In seiner Untersuchung und an anderer Stelle im Rahmen der Diskussion über die Permindex im nternet zitierte Dave eine Vielzahl von Quellen, die unterschiedliche Geldbeträge (100.000 $ oder 200.000 $) behaupteten, die zwischen den Konten der Permindex und einer Reihe anderer

Unternehmen, einschließlich der israelischen Hapoalim-Bank, transferiert worden seien.

Obwohl die von Reitzes unternommene Mikroanalyse eines beweisen konnte, nämlich dass irgendwo jemand die Taste „1" auf seiner Schreibmaschine getippt hat, obwohl er die Taste „2" hätte tippen müssen, als er über Geldtransfers schrieb, widerlegte Reitzes nicht die Tatsache, dass der Permindex tatsächlich Teil der weltweiten Rüstungs- und Geldwäscheoperationen des Mossad war.

Dave war an einer Stelle tatsächlich etwas verzweifelt, als er meinen Vorschlag bestritt, es sei „allgemein bekannt", dass die Bank Hapoalim (auf die in *Final Judgement* verwiesen wird) mit der Histadrut, der israelischen Arbeitergewerkschaft, verbunden sei. Vielleicht ist es dem Mann auf der Straße nicht „wohlbekannt", aber Reitzes weiß sehr wohl, dass jeder, selbst mit minimalen Recherchefähigkeiten, diese völlig unschuldigen Tatsachen leicht dokumentieren kann - auch wenn die Tatsache ihre Unschuld verliert, wenn man beginnt, die vielfältigen Verbindungen des israelischen Mossad mit den Kreisen um Lee Harvey Oswald in New Orleans im Sommer vor der Ermordung von John F. Kennedy zu untersuchen.

CLAY SHAW - MEHR MOSSAD ALS CIA...

Wie ich Reitzes als Antwort darauf sagte: „Letztendlich kann man argumentieren, dass Clay Shaw 1963 ein Mossad-Agent war, während man nicht argumentieren kann, dass Clay Shaw in diesem Jahr ein CIA-Agent war. Sie zitieren ständig CIA-Dokumente, die besagen, dass die CIA die Beziehungen zu Shaw beendet hat, aber", fügte ich hinzu, „Sie können keine Mossad-Dokumente zitieren, oder?".

Kurz gesagt", sagte ich den Lesern meiner Antwort, „während Dave sagt, dass niemand behaupten kann, dass Clay Shaw 1963 Verbindungen zur CIA hatte, kann Dave auch nicht beweisen, dass Clay Shaw 1963 keinen Kontakt zum Mossad hatte, es sei denn, er legt Mossad-Dokumente vor, in denen es heißt: „Wir haben keinen Kontakt zu Clay Shaw" (als ob sie ohnehin verfügbar wären).

Das wirft einen weiteren Punkt auf: Reitzes verteidigt kategorisch nicht nur Clay Shaw, sondern auch Guy Banister und David Ferrie (ebenfalls aus New Orleans) von jeder Rolle im Fall JFK, trotz einer Fülle von Informationen (die Reitzes willkürlich zurückweist), wonach diese drei tatsächlich nicht nur miteinander, sondern auch mit dem Verschwörungsgeflecht um Lee Harvey Oswald in jenem schicksalhaften Sommer verbunden waren.

WIEDER EINMAL - DAS WINZIGE, KLEINE, WEHRLOSE ISRAEL...

Das Sahnehäubchen auf dem Kuchen war, als Reitzes kläglich versagte, genauso wie besagter Robert Harris es zuvor getan hatte. Als Antwort auf meine Nachricht an Reitzes, in der es hieß: „Egal, wie sehr es Ihnen gelingt, Garrison zu diskreditieren und Clay Shaw (und sogar die Permindex) reinzuwaschen, Sie können nicht von der Tatsache ablassen, dass Israel das Motiv und die Mittel hatte und dass der CIA-Schlüsselakteur bei der Ermordung und Vertuschung der Mossad-Mann innerhalb der CIA war" (bezogen auf James J. Angleton), antwortete Reitzes:

„Das ist völliger Unsinn. Selbst wenn Israel „das Motiv" hätte, hätte es durch die USA die totale Vernichtung riskiert, wenn seine Rolle aufgedeckt worden wäre." Bei einer anderen Gelegenheit erklärte Reitzes: „Das ist völlig absurd. Kleine Länder, die in prekären Situationen leben, arbeiten nicht daran, die Führer der globalen Supermächte zu ermorden... Israel hätte keine solche Ausrede gehabt. Sie töten nicht den progressiven Führer einer globalen Supermacht, der einer Ihrer wichtigsten politischen Verbündeten ist. Punkt."

Ich sagte zu ihm: „Also gut, Dave, das ist der Punkt, an dem du versagst. Ich hätte nicht gedacht, dass das passiert. Aber Sie versuchen nun, die Möglichkeit einer israelischen Beteiligung zu diskreditieren".

Zuvor hatte Reitzes nicht wirklich versucht, die israelische Beteiligung zu widerlegen. Sein Ansatz bestand lediglich darin, Clay Shaw zu rächen und zu suggerieren, dass Shaws Verbindung zu Permindex weder mit dem Mord an JFK noch mit irgendeiner geheimdienstlichen Verschwörung zu tun hatte.

Bemerkenswerterweise behauptete Reitzes sogar: „Angleton hingegen hätte für Pipers Drehbuch kaum weniger wichtig sein können. Was hat er in der Geschichte zu suchen?", ohne die sorgfältig dokumentierte Tatsache zu berücksichtigen, dass Angleton tatsächlich, gelinde gesagt, eine Schlüsselfigur bei der Vertuschung der Warren-Kommission war!

Ich fuhr fort und sagte zu Reitzes: „Sie sind logischerweise so weit wie möglich gegangen, als Sie sagten, dass Israel ein so winziges kleines Land sei, dass es niemals so etwas Schreckliches hätte tun können... Jetzt zeigen Sie der gesamten Internetwelt gewisse Schwächen. Israel wusste, dass es den JFK-Fall (mit Hilfe der CIA) durchführen konnte, genauso wie die CIA wusste, dass sie es mit Israels Hilfe tun konnte, eben weil ein alter Verbündeter der CIA und des Mossad, LBJ, die Sache in die Hand nehmen würde".

DARÜBER DISKUTIEREN, WORÜBER DAS BUCH NICHT SPRICHT

Dave hat es vermasselt. Er beendete seine Kritik mit dem Vorschlag, dass „Piper sich wohler fühlt, wenn sie die möglichen Verbindungen des JFK-Mordes zu UFOs, Freimaurern, der britischen Krone, den Gemstone-Akten und dem Tod von Marilyn Monroe diskutiert".

Das würde natürlich für die meisten Leser von Reitzes' Kritik, die „*Judgement Final*" nicht gelesen hatten, völlig überwältigend klingen, aber Tatsache ist, dass ich in „*Judgement Final*" vier dieser Theorien widerlegt habe, und im Fall von Marilyn Monroe (die tatsächlich ein Jahr vor JFK starb) habe ich nur die Behauptung berichtet, dass Mickey Cohen, der mit Israel verbundene Tricknd aus Los Angeles, ihren Tod orchestriert habe. Was Reitzes also tat, war zu versuchen, die Leser seiner Kritik von dem abzulenken, was ich wirklich über die Ermordung von JFK sage, und sie dazu zu bringen, zu glauben, dass ich glaube, dass Marsmenschen JFK wahrscheinlich getötet haben.

Schließlich konnte Dave, obwohl er sich ziemlich bewundernswert zurückhalten konnte, letztlich doch nicht anders. Nachdem er sich - zunächst - auf eine ernsthafte Debatte eingelassen hatte, begann er schließlich, eine Vielzahl von Dokumenten zu posten, die die politischen Ansichten meines Arbeitgebers angriffen, anstatt auf die Details in meinem Buch einzugehen.

EINE ANGEMESSENE KRITIK....

Ich würde es bereuen, wenn ich nicht die ausführliche Kritik von Clark Wilkins an *Judgement Final* erwähnen würde, die in mehreren Teilen im Internet veröffentlicht wurde. Seine Kritik war im besten Sinne des Wortes objektiv, und obwohl er nie zu dem Schluss kam, dass er mit meiner These übereinstimmte, machte er an einer Stelle die Bemerkung, dass „ein Neuling mit dem Glauben nach Hause gehen konnte, dass Piper Beweise gegen Israel hatte". Und genau das ist es, was die Israel-Lobby stört.

Wilkins warf die sehr gute Frage auf, warum der israelische Waffenhändler Arnon Milchan Oliver Stones Film *JFK* finanziert haben sollte, der im Ergebnis „das öffentliche Bewusstsein und den Verdacht" über die Ermordung von JFK schärfte, wenn der Mossad tatsächlich in die Ermordung von JFK verwickelt war, und kommentierte: „Ich denke, sie waren gewillt, die schlafende Katze nicht zu wecken".

Ich antwortete jedoch: „Mein Gefühl ist, dass der *JFK-Film* dazu gedacht war, der Öffentlichkeit einen 'Konsens' über das Attentat zu vermitteln - eine Art vager Konsens - und dass er wie ein Befreiungsventil wirkte, damit alle Forscher endlich eine 'große Theorie' auf die Leinwand gebracht sehen."

Wilkins hält die JFK-Attentatsverschwörung offenbar für ein Szenario, das eher von Geld als von Politik diktiert wird, wie sein Kommentar zeigt, in dem es heißt: „Ein Punkt, der Piper völlig entgangen ist, ist, dass diese mächtige Bewegung nicht von der Politik gespeist wird, und das verwischt die Karten noch mehr. Sie wird von Geld angetrieben. Sie wird schlicht und einfach von der Politik gesteuert. Piper hat den Tiger am Schwanz gepackt und ich verstehe, warum er gebissen wurde. Er hat sich an Orte gewagt, an die sich nur wenige trauen würden zu gehen".

Zu Tibor Rosenbaum, einer Figur des Mossad, äußerte sich Wilkins klug: „Tibor Rosenbaum ist kein Verbrecher. Er ist kein Mann der Mafia. Was unser Verständnis der Sache angeht, ist er wie Benjamin Franklin, als er nach Frankreich ging, um militärische Unterstützung gegen die Briten zu suchen. Rosenbaum ging wie Franklin auf die Suche, um Israel militärische Unterstützung gegen die Araber zu verschaffen - und wie Franklin war er dabei erfolgreich... Dieser Mann ist ein Held in Israel und er verdient es, ein Held zu sein". Wilkins fügte jedoch die folgende Warnung hinzu: „Was niemand weiß oder worüber zumindest niemand spricht, ist, wie Rosenbaum an das Geld gekommen ist."

Als Wilkins etwa ein Viertel von *Doomsday* gelesen hatte, kommentierte er als Reaktion auf Behauptungen, das Buch sei antisemitisch: „Zu diesem Zeitpunkt hat mich Piper immer noch nicht von einer Verschwörung überzeugt, in die Israel oder der Mossad verwickelt ist. Selbst wenn das Buch jedoch in seiner Prämisse versagt, wird es mich von etwas anderem überzeugt haben: Und es ist die enorme Macht, die der Vorwurf des Antisemitismus in Amerika besitzt, dass er so viel Empörung gegen ein Buch hervorrufen kann, das wirklich wie jedes andere geschrieben ist."

Wilkins merkte an: „Ich habe das in diesem Nachrichtenforum miterlebt. Sobald das Thema seines Buches angesprochen wurde, folgten Vorwürfe des Antisemitismus sowie das Argument oder die Behauptung oder was auch immer, dass er eine Art Holocaust-Revisionist sei. Piper beschreibt denselben Versuch, ihn in seinem Buch zu diskreditieren, mit peinlicher Genauigkeit".

Clark Wilkins hat meine These über die Beteiligung des Mossad am Mordkomplott gegen JFK nie unterstützt, aber zumindest hat er anerkannt, dass die immer noch umstrittene Firma Permindex tatsächlich mit den internationalen Verschwörungsoperationen des Mossad und Israels verbunden war - und das ist weit mehr, als irgendjemand jemals erreichen wird. In diesem Zusammenhang sagte Wilkins, an James Olmstead gewandt, einen meiner Kritiker, der gesagt hatte, *Final Judgement* beruhe allein auf dem, was Olmstead als meinen „Hass auf den Staat Israel" bezeichnete: „Sie werden sehen, dass Piper Recht hat. Ich weiß, dass Sie ihn für Darth Vader halten, aber er kennt sich aus".

Dank an Clark Wilkins für sein ehrliches und aufrichtiges Bemühen um die Wahrheit, wohin auch immer sie führt.

EINIGE FREUNDLICHE KRITIKEN....

All das oben Gesagte bedeutet nicht, dass die Kritiker von *Endgericht* einheitlich zwielichtig oder aggressiv waren. Ganz im Gegenteil. Wir haben bereits die sehr positive Kritik des israelischen Journalisten Barry Chamish zur Kenntnis genommen. Tatsächlich erschienen darüber hinaus an mehreren Stellen freundliche Kritiken, die es wert sind, zur Kenntnis genommen zu werden.

Eine dieser Rezensionen erschien in *Psychotropedia: A Guide to Publications on the Periphery*, einem Kompendium „alternativer" und „heimlicher" Bücher und Literatur, die im sogenannten „Mainstream" oft schwer zu finden sind. Unter der Leitung von Russ Kick wurde *Psychotropedia* 1998 in Buchform von Headpress/Critical Vision of Manchester in England herausgegeben und enthielt diese eminent treffende Kritik, die sich wie folgt liest:

> ***Judgement Final*** **ist ein Buch über das JFK-Komplott, das Sie wahrscheinlich nie erwähnt sehen werden, auch nicht von anderen Attentatsforschern. Michael Pipers These ist, dass Israel - insbesondere sein Geheimdienst Mossad - die Ermordung Kennedys inszeniert hat.**
>
> **Piper ist ein langjähriger Mitarbeiter von Liberty Lobby, einer sehr konservativen und populistischen Organisation, die die Wochenzeitung *The Spotlight* herausgibt. Seine Kritiker behaupten, Liberty Lobby sei antisemitisch, aber es wird gesagt, dass es einfach sehr kritisch gegenüber**

Israel ist. Ich erwähne dies als Hintergrundinformation und nicht, um in dieser Frage Partei zu ergreifen. Sie können selbst entscheiden.

Eine x-te Internetkritik zu *Judgement Final* stammt aus einer durchaus interessanten Quelle: Daniel Brandt, Veteran und berühmte Figur der sogenannten „Neuen Linken"-Bewegung der 1960er Jahre.

In jüngerer Zeit war Brandt am Newsletter NameBase Newsline und an Public Interest Research beteiligt, das einen Hauptindex veröffentlichter Daten klassifiziert und computerisiert, die für Forscher von Interesse sind, die sich mit Themen wie Militär und Geheimdienst, politische Geschichte usw. beschäftigen.

Die Rezension von *Final Judgement* lautet (in voller Länge) wie folgt:

> **Als unser zweijähriges Abonnement der Zeitung *Spotlight* der Liberty Lobby endete, tauchte dieses Buch von Michael Collins Piper, dem Autor von *Spotlight*, auf. Wir übernahmen in dieser Zeit viele ihrer investigativen Artikel für NameBase und fühlten uns nicht mehr in der Defensive, wenn unsere linken Kritiker *Spotlight* als antisemitisch verurteilten. Die seltenen Fälle von *Spotlights* übertriebenem antizionistischem Eifer werden durch ihre zuverlässigen und konstanten Informationen zu anderen Themen mehr als ausgeglichen.**
>
> **Als wir die vorgezogene Werbung für *Judgement Final* sahen, in der behauptet wurde, das Buch würde „verblüffende Beweise" dafür liefern, dass der Mossad eine Rolle bei der Ermordung von JFK gespielt hatte, waren wir ein wenig nervös. Wie sich herausstellte, sind die von Piper dargestellten Verbindungen des Mossad eher umständlich als schlüssig, aber sicherlich eine Überlegung wert. Andere Aspekte des JFK-Sumpfes wie die Mafia-CIA-Israel-Verbindung (mit Meyer Lansky und James Angleton in den Hauptrollen), Charles De Gaulle und seine Probleme mit der OAS und die erschreckende Permindex-Affäre, die Piper erwähnt, werden in anderen Publikationen über JFK nur selten behandelt.**
>
> **Daher haben wir dieses Buch gerne in NameBase aufgenommen, zumal es keinen Index hat.**

[Anmerkung: Die erste und zweite Ausgabe von *Judgement Final* wurde nicht indiziert. Die nachfolgenden Ausgaben sind indiziert.

Allein die Tatsache, dass Herr Brandt (der von der sogenannten „Linken" kommt) etwas geschrieben hat, was natürlich und fairerweise eine aufgeschlossene Kritik ist, ist an sich schon interessant und entspricht dem, was ich von Anfang an gesagt habe: Dieses abschließende Urteil hat keine „rechte" These oder Ausrichtung.

Die jüngste Kritik an *Judgement Final* erschien in *Amok Fifth Dispatch: Sourcebook of the Extremes of Information* (Los Angeles, Amok Books, 1999). Unter der Leitung von Stuart Swezey beschreibt sich *Amok* selbst als Führer zu „den seltsamsten, kontroversesten und provokantesten Büchern, die bei Hunderten von Verlagen auf der ganzen Welt erhältlich sind". Die Rezension von *Final Judgement* liest sich in voller Länge wie folgt:

Dieses Buch gibt selbst den ältesten Anhängern der Unordnung und des Mysteriums zu denken. In dieser seltsamen Wendung der Ereignisse liegt der Schwerpunkt auf der Rolle Israels bei der Ermordung von JFK. Der Autor führt den Leser direkt in das Reich von Meyer Lansky, Mickey Cohen und dem Mossad und argumentiert, dass Israel und seine Geheimdienste einen Grund hatten, sich gegen JFK zu stellen; und dass Israels Verbündete in der Unterwelt und der CIA ihrerseits miteinander interagierten und sich gegen JFK stellten; so waren diese Kräfte gemeinsam in der JFK-Verschwörung verbündet.

Obwohl also einige Leute mich weiterhin beschmutzen und *Final Judgement* für ihre eigenen Zwecke angreifen werden, gibt es einige mutige Seelen, die bereit sind zu sagen, dass das Buch mehr Vorzüge hat, als einige meiner Kritiker bereit sein könnten, zuzugeben. Ich weiß das zu schätzen.

GARRISON WIRD WEITERHIN VERUNGLIMPFT.

Seit der Veröffentlichung von Oliver Stones *JFK* (der dem öffentlichen Interesse an den Verschwörungstheorien zum JFK-Mord neuen Auftrieb gab), gibt es neue Bemühungen, alle Verschwörungen zum JFK-Mord, die auf eine Beteiligung der CIA hindeuten, zu diskreditieren - und Jim Garrisons Untersuchung im Besonderen.

Die bemerkenswerteste Anstrengung, Garrison zu diskreditieren, erfolgte mit der Veröffentlichung von Patricia Lamberts Buch *False Witness* im Jahr 1998, das sich weitgehend der Vorstellung widmet, Jim Garrison sei ein verantwortungsloser Wahnsinniger und Clay Shaw nur ein unschuldiger Mann von Welt, der das Opfer eines gefährlichen Demagogen geworden sei.

Obwohl es viele bemerkenswerte Kritiken zu Lamberts Buch gab, fasst die am 14. März 1999 in *The Baltimore Sun* veröffentlichte Kritik von Joan Mellen - Autorin von 12 Büchern und Professorin im Programm für kreatives Schreiben an der Temple University - Lamberts Arbeit gut zusammen, indem sie sagt, dass das Buch „die Tatsachen verdreht, eine riesige Menge an Daten unterdrückt und ein so verzerrtes Bild bietet, dass es kaum historische Verdienste hat". Mellen weist außerdem darauf hin, dass Lamberts Buchcover sie zwar als „Schriftstellerin/Herausgeberin" beschreibt, jedoch nie ein von Lambert verfasstes Buch, eine Zeitschrift oder ein Zeitungsartikel zitiert wird.

Es würde ein weiteres Buch erfordern, um Miss Lamberts zahlreiche Ausflüchte zu behandeln, aber ihr denkwürdigster ist es wert, hier erwähnt zu werden. In ihren Bemühungen, die Tatsache zu widerlegen, dass Clay Shaw tatsächlich ein CIA-Agent war, unternahm Lambert auf den Seiten 204 und 205 ihres Buches eine Reihe von bemerkenswerten Wendungen und Umdrehungen, um zu versuchen, die CIA-Akten zu erklären und zu rechtfertigen, die Shaws langjährige Verbindungen zur CIA dokumentieren. Lamberts erstaunliche Verrenkung liest sich wie folgt (mit zusätzlicher Betonung):

„Dennoch ist das wahre Ausmaß der Verbindung [von Shaw] mit der Agentur *derzeit unklar*. Was den Fisch ertränkt, ist ein CIA-Projekt aus den 1960er Jahren, das unter dem Namen QK/ENCHANT bekannt ist. Die CIA genehmigte Shaw *offenbar* (*vielleicht* ohne sein Wissen) für dieses Projekt, das laut einer *inoffiziellen* Darstellung nichts weiter als ein Programm zur routinemäßigen Berichterstattung von Personen war, die am internationalen Handel beteiligt waren. Zum jetzigen Zeitpunkt *bleibt ebenfalls unbekannt*, was QK/ENCHANT wirklich war, *ob* es überhaupt zustande kam und was Shaw gegebenenfalls darüber wusste. Shaws Arbeit für die CIA, was auch *immer* sie war, beweist jedoch nichts. Da Garrison ihn nie mit dem Attentat in Verbindung gebracht hat, bedeutete es vor dreißig Jahren nichts, ihn mit der CIA in Verbindung zu bringen, und es bedeutet auch heute nichts".

Beachten Sie das Wortspiel: „Das wahre Ausmaß... ist derzeit unklar... was den Fisch ertränkt... anscheinend... vielleicht... nach einem inoffiziellen Bericht... oder nicht... bleibt ebenfalls unbekannt... was auch immer es ist."

Dann sagt uns Lambert, dass, da (seiner Meinung nach) Garrison Shaw nicht mit dem Attentat in Verbindung bringen konnte, Shaws Verbindung zur CIA ohnehin nichts bedeutete.

Lambert enthüllt unbeabsichtigt, dass Shaw nicht einfach nur ein weiterer amerikanischer Geschäftsmann war, der im Rahmen seiner internationalen Reisen eine kurze Verbindung mit der CIA hatte. Auf Seite 325 seines Buches betont Lambert, dass die CIA-Dokumente offenbaren, dass Shaw 1948 zum ersten *Mal* von der CIA kontaktiert wurde und in den folgenden acht Jahren insgesamt *dreißig Mal* von der CIA kontaktiert wurde. Lambert erwartet, dass wir davon ausgehen, dass alle CIA-Dokumente, die sie zitiert, die *einzigen* CIA-Dokumente sind, die sich auf Shaws Arbeit für die Agentur beziehen - das ist in der Tat ein Glaubensakt.

Trotz all dessen geht Miss Lambert (natürlich) nicht auf die Möglichkeit ein, dass Shaw im selben Zeitraum auch mit dem israelischen Mossad zusammengearbeitet hat. Miss Lambert zitiert keine diesbezüglichen Dokumente des Mossad. Tatsache ist jedoch, dass wir wissen, dass Shaw über den Permindex tatsächlich eng mit dem Mossad verbunden war.

Auf Seite 285 seines Buches fügt Lambert hinzu: „Es gibt keinen Beweis dafür, dass Shaws Verbindung zu [der Permindex] Teil eines geheimen Lebens als hochrangiger internationaler Geheimdienstler war... Shaw hat sicherlich keine Anstrengungen unternommen, um seine Verbindung mit der Gruppe geheim zu halten: 1962 listete er sie in den biografischen Informationen auf, die in *Who's Who* veröffentlicht wurden. Wenn er sich der Geheimdienstverbindung mit der Gruppe bewusst gewesen wäre, scheint es unwahrscheinlich, dass er dies getan hätte. „

Das setzt natürlich zunächst einmal voraus, dass Shaw 1962 wusste, dass die Permindex eine Rolle bei der Ermordung von JFK spielen würde, und dass die Permindex 1963 de facto mit dem Verbrechen in Verbindung gebracht wurde. Schließlich war es nicht die Absicht der Verschwörer, Shaw - oder die Permindex

- mit der Verschwörung zur Ermordung von JFK in Verbindung zu bringen. Für Lambert bedeutet das jedoch nicht viel.

Es ist nicht überraschend, dass Lambert sich auch bemüht, die Vorstellung zu widerlegen, dass Lee Harvey Oswald irgendeine Verbindung zu dem CIA-Agenten David Ferrie gehabt habe. Auf Seite 61 ihres Buches beschreibt sie ein Foto von Oswald und Ferrie zusammen bei einem Grillfest der zivilen Luftpatrouille als etwas, das „nur eine überlappende Verbindung zu dieser Organisation herstellte"- ein weiteres bemerkenswertes sprachliches Zaudern in der Tat. Aufgrund einer Vielzahl von langjährigen Forschungen, gepaart mit den neuen Erkenntnissen des unabhängigen Produzenten Daniel Hopsicker (siehe Anhang 3), wissen wir jedoch, dass Oswald und Ferrie eng miteinander verbunden waren.

Lambert behauptet auch, dass es keine „zuverlässigen" Zeugenaussagen gibt, die eine Affäre zwischen Oswald und dem CIA-Agenten Guy Banister darstellen. Seine Verwendung des Begriffs „zuverlässig" ist nur eine andere Art zu sagen, dass denjenigen - einschließlich Banisters eigener Geliebter Delphine Roberts und seiner Tochter, unter anderem -, die Oswalds Verbindung mit Banister bezeugt haben, einfach nicht geglaubt werden kann. Letztendlich kann man Lamberts Buch einfach nicht glauben.

DIE GANZE NEUE DESINFORMATION NACH ART DES CIA-MOSSAD.

Die Medien auf der ganzen Welt gaben der Veröffentlichung eines neuen Buches große Bedeutung, das angeblich „beweisen" sollte, dass der sowjetische KGB die Geschichte ausgeheckt hatte, dass die CIA hinter der Ermordung von John F. Kennedy steckte.

Das Buch behauptet, die interne Geschichte der geheimen Geheimdienstoperationen des KGB in den Vereinigten Staaten zu sein. Schwert und Schild von Professor Christopher Andrew aus Cambridge, der als „eine der weltweit führenden Autoritäten auf dem Gebiet der Geheimdienstgeschichte" beschrieben wird, basiert auf angeblich (heimlich über einen Zeitraum von 12 Jahren zusammengestellten) Notizen und Abschriften einer großen Anzahl von Akten aus den Archiven des KGB. Die Notizen selbst wurden angeblich aus dem KGB-Hauptquartier herausgeschmuggelt und nach Großbritannien geschickt.

Laut Andrew ist sein Buch eine kommentierte und ergänzte Zusammenfassung der Akten, wie sie von dem ehemaligen KGB-Archivar Vasili Mitrokhin zur Verfügung gestellt wurden, der 1984 aus dem KGB ausschied und dann 1992 nach Großbritannien floh, nachdem er von der CIA abgelehnt worden war.

Mitrochin soll seine Notizen aus den Akten des KGB-Büros in seinen Schuhen und Taschen herausgeschmuggelt und dann - bis zu seiner Desertion - unter dem Fußboden seines Landhauses vergraben haben.

Doch selbst die *Washington Post,* die selten die CIA oder den britischen Geheimdienst kritisiert, veröffentlichte am 6. Dezember 1999 eine Zusammenfassung von Andrews Buch, herausgegeben von David Wise, einem kritischen Veteranen der Geheimdienste, der Folgendes erklärt: „Ein Buch, das von einem Geheimdienst gesponsert wird, sollte mit Vorsicht angegangen werden."

Eines der Hauptprobleme in Andrews Buch besteht darin, dass es zwar recht ausführliche Fußnoten mit Hunderten von Verweisen auf einen sehr umfangreichen Datenkörper enthält, es aber nicht immer (eigentlich meistens) klar ist, ob Andrew vorgibt, Mitrochins Archiv als seine Quelle zu zitieren, oder ob die von ihm präsentierten Informationen Andrews eigene Interpretation sind, die auf den Daten anderer beruhen. Während das Buch also aus dieser Sicht sehr geschickt so geschrieben ist, dass es die dargestellten Informationen als aus der angeblich gefälschten KGB-Akte stammend zu präsentieren scheint, ist dies nicht unbedingt der Fall. Der Leser sollte daher darauf hingewiesen werden.

Es scheint, dass Andrews Buch das Mitrochin-Archiv als eine Art Initiative gegen die neuen offiziellen KGB-Geschichten präsentiert, die vom SVR, dem Nachfolger des KGB aus der postsowjetischen Ära, herausgegeben werden. So greift Andrew beispielsweise Lolly Zamoysky, den SVR-Redakteur der neuen mehrbändigen offiziellen Geschichte, als im KGB „wohlbekannt" dafür an, „an eine freimaurerische und zionistische Weltverschwörung zu glauben", und dafür, dass er zuvor 1989 ein Buch mit dem Titel *Behind the Facade of the Masonic Temple* veröffentlicht hatte, „das die Freimaurer für den Ausbruch des Kalten Krieges beschuldigte".

Laut Andrew behauptete Zamoysky: „Die Freimaurer haben in den westlichen Ländern immer die oberen Regierungsebenen kontrolliert... Tatsächlich lenkt die Freimaurerei die bürgerliche Gesellschaft, „kontrolliert sie aus der Ferne"... Das wahre Zentrum der weltweiten Freimaurerbewegung befindet sich im „freimaurerischsten" Land von allen, den Vereinigten Staaten...".

So ist Andrews Buch tatsächlich ein Versuch, die Behauptungen über hochrangige zionistische Verschwörungen zu entkräften, die von den offiziellen russischen Geheimdiensten der Nach-KGB-Zeit beschrieben wurden.

WO IST ANGLETON? WO IST ISRAEL?

In diesem Zusammenhang ist es äußerst bemerkenswert, dass in dem gesamten 700-seitigen, umfassend dokumentierten und indexierten Werk nur ein einziger Hinweis auf Israel und kein einziger Hinweis auf den Mossad verzeichnet ist, und das trotz der allgemein bekannten Tatsache, dass der Mossad während des gesamten Zeitraums, den Andrew angeblich anhand von Mitrochins Akten beschrieben hat, neben der CIA eine zentrale Rolle bei deren Operationen in Westeuropa gespielt hat.

Im gleichen Register gibt es nur zwei aufgelistete Hinweise auf James Jesus Angleton, den langjährigen Leiter der Spionageabwehr der CIA. Angleton, der vor allem für seine vehemente antisowjetische Haltung bekannt war und Jahrzehnte damit verbrachte, in den oberen Etagen der CIA nach einem „KGB-Maulwurf" und in den Geheimdiensten der westlichen Alliierten nach KGB-Maulwürfen zu suchen, war auch ein glühender israelischer Loyalist, der seine Rolle als CIA-Kontaktperson zum Mossad eifersüchtig bewachte.

Doch trotz alledem beziehen sich Andrews Andeutungen über Angleton auf ein Thema, das in Dutzenden, wenn nicht Hunderten von anderen Büchern über Geheimdienstverschwörungen behandelt wurde. In gewisser Weise blieb die Rolle des Mossad und seines CIA-Verbündeten Angleton in dieser riesigen Erzählung über KGB-Verschwörungen unbemerkt, die, wie uns die offiziellen Geschichten glauben machen wollten, direkt zu Angletons täglichen Spionageabwehroperationen bei der CIA gehörten.

Der eklatanteste Beweis für einen streng genommen charakterisierten Betrug in Andrews und Mitrochins Inszenierung ist wohl der dürftige und ziemlich klare Versuch, die CIA von jeder Beteiligung am Mord an John F. Kennedy freizusprechen und gleichzeitig den Eindruck zu erwecken, die sogenannten „Theorien", die die CIA mit dem Verbrechen in Verbindung brachten, seien ausschließlich Desinformationen des KGB gewesen.

Als die Ankündigung von Andrews Buch zum ersten Mal in den Mainstream-Medien erschien, konzentrierten sich die meisten Berichte - manchmal ausschließlich - auf die angebliche Enthüllung, dass es in Wirklichkeit der KGB war, der hinter der Theorie stand, dass die CIA in die Ermordung des Präsidenten involviert gewesen sei. Die meisten Menschen, die die Nachrichten über das Erscheinen des Buches lasen, hatten angesichts der Art der betreffenden Berichte wahrscheinlich nicht viel mehr erfahren.

Andrews Buch behauptete, dass die von Mitrokin unterschlagenen KGB-Daten enthüllten, dass ein Brief, der angeblich von Lee Harvey Oswald vor dem Attentat geschrieben und an einen „ Mr. Hunt" (wahrscheinlich E. Howard Hunt von der CIA) adressiert war, in Wirklichkeit eine Fälschung des KGB war. Laut Andrew wurde der Brief Mitte der 1970er Jahre hergestellt, nachdem Hunts Name wegen seiner Verwicklung in den Watergate-Skandal die öffentliche Aufmerksamkeit auf sich gezogen hatte, und dann an unabhängige Forscher geschickt, die den Mord an JFK untersuchten.

Im Rahmen dieser Bemühungen, die CIA zu verteidigen und sich dabei auf die Geschichte der angeblichen Fälschungen des KGB zu stützen, wendet Andrew viel Energie auf, um ein literarisches Netz um den Vorwurf zu spinnen, dass der Pionier der Untersuchung des JFK-Mordes, Mark Lane, bei der Abfassung von *Rush to Judgment*, Lanes bahnbrechender Kritik am Bericht der Warren-Kommission über die Ermordung von Präsident Kennedy, ein unfreiwilliges oder unfreiwilliges Werkzeug des KGB gewesen sei.

Andrew verbindet Lane mit der Theorie, dass „die CIA JFK getötet hat", versäumt es aber, seine Leser darauf hinzuweisen, dass Lane in *Rush to Judgment* niemals behauptet, dass die CIA an der Ermordung des Präsidenten beteiligt war.

Und in Lanes Buch wurde nie in irgendeiner Weise auf den offenbar gefälschten Brief „Sehr geehrter Herr Hunt" Bezug genommen, der in den Pressemitteilungen zu Andrews Buch so breit angekündigt wurde.

Während Lanes These über die Beteiligung der CIA in seinem Buch *Plausible Denial* aus dem Jahr 1993 unterstrichen wurde, das teilweise auf Informationen aus Lanes Verteidigung im Jahr 1985 für die Zeitung *The Spotlight* gegen eine Verleumdungsklage von E. Howard Hunt basierte, spielte der Brief „Lieber Herr Hunt" auch in dem in *Plausible Denial* beschriebenen Szenario *keine Rolle*.

Darüber hinaus entwickelt Lane in *Plausible Denial* stichhaltige Beweise dafür, dass die CIA selbst ein Szenario konstruiert hat, das Oswald mit einem KGB-Offizier in Mexiko in Verbindung bringt.

Da diese CIA-Operation mehr als einen Monat vor Präsident Kennedys Tod stattfand, belegt allein dieser Beweis, dass die CIA nicht nur an der Vertuschung nach dem Attentat beteiligt war, sondern auch an der Planung des Verbrechens selbst und an der Sündenbock-Masche. Unnötig zu erwähnen, dass Andrew auf keine dieser Fragen eingeht.

Tatsächlich war der Brief „Sehr geehrter Herr Hunt" höchstwahrscheinlich eine Fälschung, aber die Frage, „wer" die Fälschung ausgeheckt hat, bleibt ungeachtet der Behauptungen von Christopher Andrew offen.

Andrew behauptet natürlich, dass der KGB verantwortlich war, aber in *Final Judgement* deute ich ganz klar an, dass der Brief eine Fälschung war und dass die Beweise tatsächlich den hochrangigen CIA-Beamten James J. Angleton als mutmaßlichen Verantwortlichen bezeichnen, wobei er anmerkt, dass Angleton auch eine wichtige Rolle bei der Offenlegung (um denselben Zeitraum herum) dessen spielte, was angeblich ein internes CIA-Memorandum war, das nahelegte, dass Hunt am Tag der Ermordung des Präsidenten in Dallas gewesen sei.

All das erklärt vielleicht, warum Andrew so entschlossen ist, die Fakten zu vertuschen, indem er Mark Lane ins Visier nimmt, der ausgerechnet so viel getan hat, um die Wahrheit über die Komplizenschaft der CIA ans Licht zu bringen.

Andrew behauptet kategorisch, Lane habe während der Zeit, in der er *Rush to Judgment* schrieb, Geld vom KGB erhalten, und lässt die Leser so zu dem Schluss kommen, dass seine Arbeit im Wesentlichen Teil einer Desinformationsinitiative des KGB war.

Doch zur gleichen Zeit, begraben in der riesigen Fußnote des Buches, gibt Andrew selbst zu, dass, als Lane angeblich eine magere Summe von 1.500 Dollar vom KGB-Büro in New York erhielt, „es keinen Beweis dafür gibt, dass Lane sich bewusst war, woher die Finanzierung stammte", obwohl Andrew im Text des Buches selbst behauptet, dass der KGB „vermutete, dass er hätte erraten können, woher er kam".

Tatsächlich hat Lane nie von irgendjemandem und zu keinem Zeitpunkt im Zusammenhang mit seiner Arbeit über das JFK-Attentat eine substanzielle Spende in dieser Größenordnung erhalten. Sein größter Beitrag zu dieser Zeit war eine einmalige Spende von 50 Dollar des berühmten Komikers Woody Allen.

Andrew behauptet, dass „derselbe Mittelsmann" 500 $ für eine Reise gezahlt hat, die Lane 1964 nach Europa unternommen hat. Das stimmt nicht.

Darüber hinaus behauptet Andrew, dass Lane, während er in Europa war, versucht habe, nach Moskau zu reisen, um seine Erkenntnisse über den JFK-Fall zu besprechen. Auch dies ist nicht wahr. Während dieser Reise sprach sich Lane bei einem Besuch in Bulgarien, wo er als Redner auf einer internationalen Anwaltskonferenz eingeladen war, offen gegen die sowjetische Zensur und die Menschenrechtsverletzungen aus. Lane beleidigte seine Gastgeber mit seinen antisowjetischen Bemerkungen so sehr, dass sie ihm sagten, seine beste Option sei es, das Land sofort zu verlassen - was selten die Art von Rat ist, die jemandem vorbehalten ist, der vom KGB geschätzt wird.

Am aufschlussreichsten für Andrews offensichtliche Desinformationskampagne gegen Lane (die der besten des KGB würdig ist) ist die Tatsache selbst, dass keines von Lanes Büchern (über die Ermordung von JFK oder irgendein anderes Thema) jemals unter sowjetischer Ägide übersetzt und veröffentlicht wurde.

Dutzende amerikanische Autoren haben buchstäblich riesige Gewinne aus den von der Sowjetunion gesponserten Veröffentlichungen ihrer Bücher hinter dem Eisernen Vorhang erhalten, aber nicht Mark Lane. Wenn die Sowjets wirklich an Lanes Förderung interessiert gewesen wären, hätten sie jedes von Lanes sieben Büchern (von denen zwei Bestseller waren) genauso offen veröffentlichen können, wie sie andere Bücher veröffentlichten, ohne mit der Wimper zu zucken.

Christopher Andrew stellte jedoch falsche Behauptungen über Lanes angebliche „KGB-Connection" auf. Die Behauptungen sind ein bewusster Versuch, Lanes Ruf zu beschmutzen, und ein Versuch, die Beweise für die Mitschuld der CIA an der Ermordung von Präsident Kennedy zu widerlegen.

Daher ist es nicht unfair, darauf hinzuweisen, dass Andrews Unterricht und seine Vorträge in der Tat teilweise von der CIA subventioniert wurden - eine Tatsache, die im Klappentext von Andrews Biografie nicht erwähnt wird, die aber in den Werbematerialien, die von seinem Verleger verteilt wurden, in höchsten Tönen gelobt wird. Andrews Motive (und seine Verbindungen zur Geheimdienstgemeinschaft) müssen angesichts der hier besprochenen Elemente sicherlich aufhorchen lassen.

DAS VERGNÜGEN DER KRUMMEN DINGER

Am 21. Dezember 1998 gab die ADL eine Pressemitteilung heraus (die auch im Internet veröffentlicht wurde), in der sie eine Gruppe angriff, die als Council of Conservative Citizens (CCC) bekannt ist. Die Pressemitteilung der ADL stellte fest, dass ich auf dem Treffen der CCC-Sektion der Landeshauptstadt in Washington D.C. gesprochen hatte, und beschuldigte mich dann, in meiner Rede „antisemitische Kommentare" gemacht zu haben (was übrigens schlichtweg nicht stimmt). Wie dem auch sei, hier sind die Fakten:

Am 12. Dezember 1998 wurde ich eingeladen, auf einem öffentlichen Forum in Arlington, Virginia, zu sprechen, das von der CCC gesponsert wurde. Ich hatte keine früheren Verbindungen zur CCC, weder damals noch im Nachhinein. Kurz darauf geriet der CCC jedoch landesweit in die Schlagzeilen, weil sich auch mehrere republikanische Kongressabgeordnete an die Gruppe gewandt hatten und ihre Kritiker sie als „rassistisch" bezeichnet hatten.

Die Wahrheit ist, dass der CCC meiner Meinung nach von Rassenfragen besessen ist, aber das war nicht das Thema meiner Rede vor dem CCC, genauso wenig wie ich geplant hatte, über „den Holocaust" zu sprechen, als die ADL dieses Thema benutzte, um meine geplante Rede in Kalifornien im Herbst 1997 zu sabotieren. Meine Position ist, dass ich vor *jeder* Gruppe sprechen werde, die mich dazu einlädt.

Jedenfalls war, als ich vor dem CCC sprach, ein „Ermittler" des Southern Poverty Law Center (SPLC) - das mit der ADL verbündet ist - (undercover) bei der Sitzung anwesend, und kurz darauf veröffentlichte das SPLC einen Bericht über die Veranstaltung, der folgende Kommentare zu meinem Auftritt an diesem Tag enthielt:

> Der nächste ist Michael Collins Piper, Korrespondent des antisemitischen Boulevardblatts *The Spotlight*, der erklärt, dass Israel in Wirklichkeit hinter dem Mord an Kennedy steckte. Piper wird allmählich wütend, als er über die Juden spricht, die angeblich Hollywood kontrollieren... Piper wird von einem schwarzen Bodyguard begleitet, einem Mitglied der Black Supremacist Nation of Islam, der ruhig im Hintergrund sitzt und seine Augen und seine Identität mit einer dunklen Sonnenbrille schützt. Piper sagt dem Publikum, dass er nicht antischwarz ist, und macht dabei eine Geste in Richtung seines Leibwächters, der im richtigen Moment lächelt und nickt. Er ist die einzige anwesende farbige Person... Piper erklärt abschließend, wie sehr er es leid ist, vom Holocaust zu hören, und dass es ihm egal ist, wie viele Juden gestorben sind.

Als ich beim SPLC anrief und ihnen anschließend einen Brief schrieb, in dem ich sie darüber informierte, dass sie mehrere dreiste Lügen über meine Handlungen und Worte an diesem Tag veröffentlicht hatten, kann ich Ihnen versichern, dass es ihnen besonders unangenehm war zu erfahren, dass ich ein Video von der Veranstaltung hatte, das bewies, was für Lügner sie waren.

Erstens war mein Leibwächter - mein afroamerikanischer Freund - kein Mitglied der Nation of Islam und war es auch nie gewesen, und weder ich noch er haben jemals gesagt, dass er es war. Tatsächlich war mein Leibwächter der Vater eines kleinen Jungen, der zufällig mein Patenkind ist. Zweitens: Obwohl mein Bodyguard eine Sonnenbrille trägt, liegt das daran, dass er chronisch schläft und seine Augen deshalb anfällig für helles Licht sind. Drittens habe ich dem Publikum nie gesagt, dass ich „nicht anti-schwarz" sei. Tatsächlich war es eine andere Person in der Sitzung, die diese Worte benutzte und meinem Bodyguard eine Geste machte. Das war überhaupt nicht ich. Die SPLC ließ ihre Leser jedoch glauben, dass mein Leibwächter eine Art „Stepin Fetchit" war, der das Publikum wie ein einfältiger Onkel Tom ansah.

Abschließend möchte ich sagen, dass ich mich nicht allmählich darüber aufgeregt habe, dass „die Juden Hollywood kontrollieren". In der Tat habe ich nicht wirklich darüber diskutiert. Wie auf dem Videoband der Veranstaltung zu sehen ist, wurde ich allmählich wütend, als ich darüber diskutierte, wie die mit dem JFK-Fall befassten Wissenschaftler versucht hatten, mein Buch zu unterdrücken. Als jedoch ein Zuhörer einen Kommentar über den jüdischen Einfluss in Hollywood abgab, überging ich den Kommentar und bemerkte lachend: „Das sagen *Sie*. Nicht ich." *Es ist wahrscheinlich kein Zufall, dass die Person, die den Kommentar über den jüdischen Einfluss in Hollywood abgegeben hatte, sich später als Informant des SPLC und des FBI herausstellte.*

Der Bericht der SPLC wurde jedoch anschließend ins Internet gestellt - damit die ganze Welt ihn sehen konnte -, und zwar nicht nur von der SPLC, sondern auch von anderen Parteien, die daran interessiert waren, mich zu diffamieren. Interessant ist, dass sie, nachdem ich es gewagt hatte, das SPLC mit den Fakten zu konfrontieren, ihre Behauptungen schnell änderten.

Zu Recht fürchtete das SPLC den offensichtlichen Zirkus, der ausgebrochen wäre, wenn mein Leibwächter sie in Washington vor Gericht gebracht hätte, wo diese selbsternannte „antirassistische" Gruppe gezwungen gewesen wäre, einer mit ziemlicher Sicherheit überwiegend schwarzen Jury zu erklären, warum sie einen unschuldigen Afroamerikaner böswillig missbraucht hatten, dessen einziges Verbrechen darin bestand, als Leibwächter für seinen Freund (den Patenonkel seines Sohnes) zu fungieren, der von der Jewish Defense League bedroht worden war.

Besonders faszinierend an dieser vom SPLC so fälschlich begangenen CCC-Veranstaltung ist, dass einer der nationalen CCC-Führer, Jared Taylor, die Veranstaltung boykottierte, da er offensichtlich durch meine Vorschläge, dass Israel und die CIA etwas Unangenehmes getan hätten, beleidigt war.

Das hat mich nicht überrascht. Gegen Ende August 1993 erzählte mir Taylors Freund Theodore J. O'Keefe, dass die Taylors einmal, als er Herrn Taylor und seine Frau in ihrem Haus besuchte, einen Anruf von Irwin Suall, dem damaligen Leiter der ADL-Ermittlungen, erhalten hatten. Das durchschnittliche CCC-Mitglied sollte sich fragen, warum Taylor in seinem Haus Anrufe von der ADL erhielt, was im Übrigen *das durchschnittliche CCC-Mitglied* in *den* Schmutz zieht.

Zusammenfassend: Mir scheint, dass die ADL zwar inoffiziell mit Personen handelt, die als „Rassisten" wahrgenommen werden, es sie aber nicht wirklich stört, „Rassisten" zu sein, solange sie die Propagandalinie der ADL in Bezug auf Israel unterstützen.

Vielleicht hat die ADL (die sich ebenso wie der CCC ebenfalls gegen positive Maßnahmen ausspricht) ein größeres Projekt am Laufen. Schließlich ist seit Jahren bekannt, dass das FBI seinen Ku-Klux-Klan-Informanten erlaubt hat, gegen Schwarze zu agitieren, aber gleichzeitig gab es seit langem eine Anweisung, dass sie Juden oder Israel nicht kritisieren durften. Es ist also sehr aufschlussreich.

Als die CCC-Zeitung eine sehr kurze Rezension von *Judgement Final* veröffentlichte, erwähnte die Zeitung jedenfalls mit keinem Wort, dass das Buch den Mossad mit der Ermordung von JFK in Verbindung bringt, sondern machte nur einen düsteren Hinweis auf „andere Agenturen" neben dem Lansky-Syndikat, die möglicherweise beteiligt gewesen sein könnten.

Hier ist die Pointe: *Seitdem habe ich erfahren, dass der CCC-Organisator, der das Treffen, bei dem ich gesprochen habe, organisiert hat, höchstwahrscheinlich eine Art Geheimdienstmitarbeiter war, wahrscheinlich beim britischen Geheimdienst, was Fragen darüber aufwirft, warum ich eingeladen wurde, das Wort zu ergreifen.*

DIE AKTUELLE MEDIENUMKEHR

Wie die Medien in den letzten Jahren über den Fall JFK berichtet haben, lässt sich gut an zwei ähnlichen Berichten ablesen, die am 5. Juni 1998 in der

„konservativen" Zeitung *Washington Times* und einen Tag später in der *Washington Post*, dem „liberalen" Gegenstück der *Times* in der Landeshauptstadt, erschienen sind.

Der *Times-Artikel* mit dem Titel „Garrisons Idee eines Komplizen wurde von der Oswald-Witwe zurückgewiesen" wurde von Hugh Aynesworth verfasst, einem alten Enthusiasten der Warren-Kommission, der jetzt für die *Times* arbeitet. Der Artikel berichtete, dass eine 79-seitige Abschrift der Aussage von Frau Oswald aus dem Jahr 1968 vor einer Grand Jury, die von Jim Garrison, dem Staatsanwalt von New Orleans, einberufen worden war, gerade von der Washingtoner Kommission zur Überprüfung von Mordakten veröffentlicht worden war und dass die Abschrift enthüllte, dass Frau Oswald glaubte, dass ihr Mann bei dem Mord allein gehandelt hatte.

Am nächsten Tag, dem 6. Juni 1998, berichtete die *Washington Post* unter der Überschrift „Oswalds Witwe weist Verschwörung zurück, Dokumente belegen" im Wesentlichen die gleiche Geschichte. Der zufällige Leser schloss daraus, dass Frau Oswald die Behauptung der Warren-Kommission akzeptierte, dass ihr Mann tatsächlich der Mörder von JFK war und allein gehandelt hatte.

Von den beiden Artikeln war der Bericht der *Post* jedoch technisch gesehen der ehrlichere. Der letzte Absatz des *Post-Berichts* ließ die Katze aus dem Sack: „Im Laufe der Jahre änderte sie jedoch ihre Meinung über Oswalds Schuld und akzeptierte schließlich Verschwörungstheorien."

Im selben Zeitraum schloss sich die Zeitschrift *Parade* dem alten Glauben an, dass das organisierte Verbrechen für die Ermordung von JFK verantwortlich sei. Eine *Parade-Pressemitteilung* vom 4. Juni 1998 verkündete, dass „Bobby Kennedy glaubte, die Mafia habe JFK getötet", und nannte Jack Newfield, einen alten Geschäftspartner von RFK, als Quelle.

Es sei daran erinnert, dass Newfield den Artikel vom 14. Januar 1992 in der *New York Post* (abgebildet im Fototeil von *Judgement Final*) schrieb, in dem er die höchst unwahrscheinliche Geschichte hervorhob, dass der Teamster-Boss Jimmy Hoffa seine „mafiösen" Beziehungen genutzt habe, um die Ermordung von JFK zu arrangieren.

Dass *Parade* sich dem Maskeradezug angeschlossen hat, ist keine Überraschung. Die Sonntagsbeilage ist eine mediale Stimme der mächtigen Newhouse-Familie (unter der Leitung von S.I. „Si" Newhouse) und der Gesellschaftskolumnist Stephen Birmingham behauptet, dass sie die zweitreichste jüdische Familie in Amerika ist. In seiner Ausgabe vom März/April 1995 veröffentlichte das inzwischen eingestellte Magazin *Spy* einen erstaunlichen Artikel mit dem Titel „Spy deckt Verbindung zwischen Kennedy und Newhouse auf", der von John Klotz, einem Anwalt in New York, verfasst wurde. Hier ein Auszug daraus:

Wenn Newhouse etwas über das Attentat auf Kennedy weiß?
Seit über 30 Jahren spielen Newhouse und sein Medienimperium eine einzigartige Rolle in der Kontroverse um die Ereignisse auf der Dealey Plaza...

Eine Untersuchung der Ermordung von Bobby Kennedy wurde auf kuriose Weise vom Newhouse-Imperium unterschlagen. In *The Assassination of Robert F. Kennedy* präsentieren die Autoren überzeugende Beweise für eine Verschwörung. Laut dem Co-Autor und ehemaligen FBI-Agenten William Turner ergriff das Unternehmen, nachdem der Verlag des Buches, Random House, von Newhouse übernommen worden war, harte Maßnahmen, um die Veröffentlichung zurückzuziehen...

In jüngerer Zeit veröffentlichte Random House *Case Closed*, das die Theorie der Warren-Kommission stützt, dass Oswald allein gehandelt hat. Angesichts der Tatsache, dass sich der Autor Gerald Posner auf „vertrauliche Geheimdienstquellen" verlässt, haben einige angedeutet, dass es sich bei *Case Closed* um typische CIA-Propaganda handelt.

Schließlich soll Random House im Juni [1995] ein neues Buch von Norman Mailer veröffentlichen, in dem er seine wiederholt geäußerte Überzeugung, dass JFK durch eine Verschwörung getötet wurde, widerrufen soll.

Laut Newhouse-Biograf Thomas Maier war der Mann, der Mailer zuerst bei Newhouse und Random House vorstellte, Roy Cohn. Was war der Grund für Newhouse' Schwärmerei für Kennedy?

„Was weiß Si Newhouse und wann hat er es erfahren?"

Tatsächlich könnte „Newhouse' Begeisterung für die Kennedy-Vertuschung" durch seine alte Freundschaft mit Roy Cohn angeregt worden sein, der, wie bereits erwähnt, ein privater Investor von Permindex, der Ausbeutung des Mossad, war.

Und wir wären fahrlässig, wenn wir nicht bemerkten, dass es eine Zeitung aus Newhouse, *The New Orleans Times-Picayune*, war, die die Presse in der Heimatstadt von Clay Shaw, einem Vorstandsmitglied der Permindex, beherrschte, die Jim Garrisons Kopf auf einem Tablett forderte, als der Bezirksstaatsanwalt von Crescent City es versäumte, Shaw wegen seiner Rolle im JFK-Mordkomplott zu verurteilen.

Es ist daher nicht überraschend, dass die Newhouse-Presse sich darauf stürzte, Jack Newfields neueste Version der Theorie „Die Mafia tötete JFK" zu präsentieren, und damit andeutete, dass dies Robert Kennedys Ansicht war.

Newfield tauchte auch als eine der Stimmen auf, die die Idee förderten, dass die Kennedy-Brüder in Israel verliebt waren. Gerade als *Parade* Newfields „*Bobby and the Mafia*" hervorhob, veröffentlichte das *Jewish Bulletin of Northern California* am 29. Mai 1998 einen Artikel, in dem verkündet wurde: „Dem Journalisten zufolge hat der pro-semitische RFK seine Erziehung überwunden".

Der Artikel zitierte Newfield mit der Aussage, dass die Ermordung von JFK RFK so sehr betroffen habe, dass er „sich mit jeder anderen Person, die in irgendeiner Weise geschlagen, verletzt oder in Trauer versetzt wurde, identifizierte... [und dass RFK] einen besonderen Platz in seinem Herzen für die Juden und Israel hatte...". Im Laufe der Zeit wurde Bobby sehr pro-semitisch und bemühte sich, sich mit Juden zu umgeben".

In seiner kritischen Biografie über RFK hatte David Heymann, der sich selbst als ehemaliger Mossad-Agent bezeichnete, eine andere Ansicht: „Eine Reihe von Personen beschuldigten RFK, [antisemitische] Terminologie zu verwenden, wenn er privat über Juden diskutierte. Laut Truman Capote: „Er bezeichnete Juden oft als 'Jugos' oder 'Feujs'.

Laut einer meiner Quellen, die enge Arbeitsbeziehungen zu einem engen Freund und politischen Freund der Kennedy-Familie unterhielt, hatte RFK den Ruf, wenn er in Restaurants und an anderen Orten, an denen man ihn hören konnte, über Juden sprach, die Juden als „die Liberalen" zu bezeichnen.

In jedem Fall lässt es darauf schließen, dass es von nun an - seit der Veröffentlichung von „*Judgement Final*" und dem wachsenden Wissen um dessen Enthüllungen über JFKs schwierige Beziehung zu Israel - ein konzertiertes Vorgehen der Medien gibt, die Kennedy-Brüder als glühende Zionisten darzustellen, obwohl nichts weiter von der Wahrheit entfernt ist.

Diese Propagandakampagne erreichte ihren Höhepunkt, als am 3. Juni 1998 während einer Woche der Feierlichkeiten zum 50. Jahrestag der Geburt Israels in der Union Station in Washington D. C., eine Sondersendung lief: „In Erinnerung an Robert Kennedy", gesponsert von der Anti-Defamation League. In der Sendung hieß es: „Diese Veranstaltung ist eine Hommage an die starke Verbindung zwischen der Familie Kennedy und dem Staat Israel."

Man ist versucht, sich über die Dreistigkeit und die revisionistische Geschichte, die hier am Werk sind, lustig zu machen, aber es ist klar, dass die Fakten über die Kennedy-Familie und Israel für Israel wirklich unbequem sind.

DIE KENNEDYS, DIESE SCHRECKLICHEN KINDER

Gleichzeitig bringen die Medien eine neue Wendung im Kennedy-Attentat ins Spiel und legen nahe, dass Jack und Bobby Kennedy grundsätzlich für ihre eigenen Morde verantwortlich waren, weil sie es gewagt hatten, sich während JFKs Amtszeit an der CIA-Verschwörung gegen Castro und andere zu beteiligen.

Die Kennedy-Familie wird auch beschuldigt, dazu beigetragen zu haben, die Verschwörungstheorien im Zusammenhang mit JFK in der Zeit nach dem Attentat anzuheizen.

In einem Meinungsartikel in *Newsweek* vom 12. Oktober 1998 erklärte Gerald Posner, der Lieblingskritiker der CIA, dass „die Kennedys versehentlich die Verschwörungsmaschinerie angeheizt haben", indem er sagte, dass das Hauptergebnis der Veröffentlichung von Tausenden von Dokumenten über die Ermordung von JFK durch die Kommission zur Überprüfung von Mordakten „beweist, dass es tatsächlich eine Vertuschung gab, aber keinen Mord." Die Vertuschung, so Posner, sei auf die Untaten der Kennedy-Brüder vor der Ermordung von JFK zurückzuführen.

Ähnlich argumentierte Max Holland, Autor einer neuen (relativ günstigen) Geschichte der Warren-Kommission, in der Ausgabe des Boston Sunday Globe vom 6. Dezember 1998: „Die CIA war kein einsamer Elefant, sondern vielmehr Präsident Kennedys persönliches Instrument, ob mit Glück oder Unglück, während des Kalten Krieges".

Das erste Werk, in dem die Theorie hervorgehoben wurde, dass die Manipulation der CIA durch die Kennedy-Brüder letztendlich für die Tragödie der Ermordung von JFK verantwortlich war, erschien in Gus Russos Buch *Live by The Sword* aus dem Jahr 1998. Russos These, wenn sie sich so zusammenfassen lässt, ist im Wesentlichen folgende:

- John F. Kennedy und sein Bruder, der Generalstaatsanwalt Robert Kennedy, waren miteinander verbunden und entschlossen, Fidel Castro zu töten. Die Kennedy-Brüder übernahmen die vollständige Kontrolle über die CIA, und die Behörde wurde zu einer wahren Hochburg der Kennedy-Familie, wobei Bobby selbst als Chefmörder agierte, der für die Verschwörungen zur Ermordung Castros verantwortlich war.
- Russo zufolge arbeiteten die mit der CIA verbundenen Anti-Castro-Elemente in New Orleans um Oswalds Partner David Ferrie in Wirklichkeit für Bobby Kennedy - ein in der Tat faszinierender Schachzug!
- Währenddessen war Lee Harvey Oswald - der ein engagierter Anhänger des kubanischen Diktators Castro war und in keiner Weise unter der Kontrolle der CIA stand - damit beschäftigt, für Castros Sache zu werben.
- Dann entschied sich seltsamerweise Oswald, der Marxist, dazu, Oswald, der Mörder, zu werden. Ob Oswald im Namen Castros (oder mit stiller Hilfe des kubanischen Diktators) gehandelt hat, ist Russo nicht ganz sicher.
- Dann, nach JFKs Tod, taten Bobby Kennedy und die CIA alles, um ihre Spuren zu verwischen und die Tatsache zu vertuschen, dass Jack und Bobby Kennedy sich verschworen hatten, Castro zu töten.
- John Foster Dulles - der CIA-Direktor, der von JFK nach dem Fiasko in der Schweinebucht entlassen wurde - erscheint in Russos Buch als anständiger Mann, dessen Hauptinteresse an der Vertuschung der Wahrheit über das Attentat darin bestand, seine guten Freunde Jack und Bobby Kennedy und ihren geheimen Krieg gegen Fidel Castro zu schützen (Das ist kein Witz. Russo malte Dulles als Kennedy-Loyalisten!)
- Aufgrund all dieser Gerüchte seitens der CIA und der anschließenden Vertuschung durch die Warren-Kommission, so Russo, liefen die Verschwörungstheoretiker Amok und nahmen an, dass die Vertuschung eine Initiative der CIA war, um ihre eigene Mitschuld an dem Verbrechen zu verschleiern, während die CIA in Wirklichkeit versuchte, die Kennedys zu schützen.

Insgesamt lebte Jack Kennedy aus Russos Sicht durch das Schwert und starb folglich auch durch das Schwert, daher der Titel von Russos verworrener Fantasie. „Wenn Präsidenten sich dafür entscheiden, gefährlich zu leben, wie es John F. Kennedy tat", so Russos Schlussfolgerung, „könnte sie das das Leben kosten."

Letztendlich hat JFK also genau das bekommen, was er verdient hat - oder besser gesagt, Russo möchte, dass wir das glauben. Und das ist die Linie der ständigen Propaganda über JFK (und auch über Bobby), die uns die „Mainstream-Medien" vorhalten, die sich so sehr über die Untaten der Kennedy-Familie freuen.

Aufschlussreich an Russos Buch ist jedoch, dass es ihm offenbar gelungen ist, lange Zeit verborgene „Zeugen" zu finden (insbesondere CIA-Agenten, deren

Namen anonym bleiben), die auf die eine oder andere Weise von keinem Autor zuvor kontaktiert worden zu sein scheinen. Und das erinnert an sich schon an den anderen liebgewonnenen Verteidiger der Warren-Kommission, Gerald Posner. Wir müssen uns also fragen, ob Russos Buch nicht in Wirklichkeit eine sorgfältig ausgearbeitete CIA-Desinformation der allerbesten Sorte ist.

Ich beeile mich, eine Anmerkung zu Russos Buch zu machen, da er behauptet, dass Bobby (und Jack) Kennedy in Wirklichkeit die Anstifter der Anti-Castro-Machenschaften von David Ferrie und anderen CIA-Agenten waren, die um Lee Harvey Oswald in New Orleans zirkulierten:

Das Einzige, was Russo nie angesprochen hat, ist die Möglichkeit, dass Bobby Kennedy selbst eine Provokation gegen Castro in Form eines „fiktiven" Mordversuchs (möglicherweise durch Lee Harvey Oswald, einem „Pro-Castro-Agitator") gegen seinen eigenen Bruder (unter Verwendung von CIA-Agenten, die laut Russo für Bobby arbeiteten), und dass dieser „fiktive" Versuch von anderen usurpiert wurde - und ich beziehe mich auf Mossad-Verbündete innerhalb der CIA wie James Angleton und Frank Sturgis - und dass am Ende dieses „fiktive" Attentat vielleicht in die Realität umgesetzt wurde.

In Anbetracht all dessen, was wir auf den Seiten von *Judgement Final* entdeckt haben, ist dieses beängstigende Szenario gar nicht so weit vom Bereich des Möglichen entfernt. In diesem Sinne könnte Bobby Kennedy also am 22. November 1963 eine echte Überraschung erlebt haben.

DIE OFFIZIELLE VERSION

Wie dem auch sei, der Krieg zur Verteidigung des Berichts der Warren-Kommission ist noch nicht beendet. Der Startschuss für die Verteidigung gegen diesen Schwindel fiel am 22. November 1964, als die *Washington Post*, wie in Anhang 4 vermerkt, eine lobende Kritik des Berichts der Warren-Kommission veröffentlichte, die von negativen Analysen mehrerer Bücher begleitet wurde, die den Bericht kritisierten. Der Autor war Eugene Rostow, der damalige Dekan der juristischen Fakultät von Yale - und eine wichtige Figur im israelischen Lobbyismus -, der schrieb:

> **Der Bericht ist ein meisterhaftes und überzeugendes Staatsdokument. Er hat den großen Lack des juristischen Schreibens in seiner ganzen Pracht: sorgfältig komponiert, lapidar, nüchtern und akribisch. In einem distanzierten und klugen Tonfall behandelt er alle Aspekte des Falles, wobei er die Grundlagen der Schlussfolgerungen, zu denen die Kommission gelangt ist, untersucht und bewertet und die verschiedenen gegenteiligen Theorien, die vorgebracht wurden, zurückweist.**

Trotz all dieser Liebeskompressen erwähnten weder die *Washington Post* noch Rostow, dass *es Rostow selbst war, der Präsident Johnson als erste Person vorschlug, dass eine Kommission wie die Warren-Kommission eingerichtet werden sollte!*

Wie bereits erwähnt, konnten Rostow und die *Post* zumindest damals mit diesem Schwindel durchkommen, denn Rostows zentrale Rolle bei der Schaffung der Warren-Kommission wurde erst viele Jahre nach der Ermordung JFKs vertieft. Es sagt jedoch viel darüber aus, wie die Presse die „offizielle" Linie zur Ermordung von JFK hervorhebt, insbesondere wenn man Rostows hochrangige Rolle in der Israel-Lobby in Amerika bedenkt, die einen erheblichen Einfluss auf die amerikanischen Medien hat.

Dies ist hier umso relevanter, als die Israel-Lobby, wie wir bereits betont haben, konzertierte Anstrengungen unternahm, um *Final Judgement* zu unterdrücken, während die großen US-Medien - soweit möglich - entschlossen waren, der These des Buches nicht mehr Resonanz als nötig zu verschaffen.

In der Tat hat eine kürzliche Kontroverse um das Jüngste *Gericht* die Buch-Theorie wieder in den Mainstream zurückgebracht, und sie hat auch einen mühsamen (wenn auch gescheiterten) Versuch entlarvt, die Buch-Theorie zu widerlegen.

DER FALL SCHAUMBURG

In den ersten fünf Monaten des Jahres 2000 wurde der ansonsten ruhige Nobelvorort Schaumburg in Chicago von einer hitzigen Debatte über Zensur und Meinungsfreiheit erfasst, in deren Mittelpunkt das Buch „*Judgement Final*" stand und die an den Streit erinnerte, der über ein Jahr lang im kalifornischen Orange County tobte (beschrieben im Vorwort), nachdem ich eingeladen worden war, bei einem Universitätsseminar über die Ermordung von JFK über mein Buch zu sprechen.

Die Schaumburger Raserei begann im Januar, als ein Förderer der örtlichen Bibliothek, Christopher Bollyn, von dem Buch so beeindruckt war, dass er es sich zur Aufgabe machte, der Schaumburg Township Library (STDL) ein Exemplar zu schenken. Er war der Meinung, dass das Buch eine bewundernswerte Ergänzung für die Bibliothek wäre, die bereits mehrere Exemplare eines weit verbreiteten Buches von Gerald Posner besaß, in dem es heißt, dass es keine „Verschwörung" gab, und das an die lange Zeit diskreditierte Theorie des Berichts der Warren-Kommission anknüpft, dass Lee Harvey Oswald ein „einsamer Verrückter" gewesen sei.

Bollyns Unterstützung war bedeutend: Ausgebildet in Nahoststudien und früher in Israel ansässig (wo er mit einer Israelin verheiratet war), spricht Bollyn fließend Hebräisch und Arabisch. Darüber hinaus war seine verstorbene Mutter eine der Gründerinnen der Bibliothek, seine Frau arbeitete ehrenamtlich in der Bibliothek und Bollyn selbst hatte als junger Mann tatsächlich in der Bibliothek gearbeitet.

Trotzdem lehnte die Bibliothek die Spende mit der Begründung ab, dass sie keine „professionelle" Kritik des Buches finden konnte. Ich wage jedoch zu behaupten, dass die Bibliothekare, wenn sie geprüft hätten, ob es eine Rezension des Berichts der Warren-Kommission gibt, die von Eugene Rostow in der *Washington Post* gefunden hätten.

Ich vermute, dass dies die Aufnahme des Warren-Berichts in die Bibliothek gerechtfertigt hätte. Mein Buch hat jedoch keine derartigen positiven Kritiken erhalten, und das ist nicht wirklich überraschend.

DIE ADL, WIEDER EINMAL

Jedenfalls kam es bei einer Anhörung des Bibliotheksvorstands zu einem Skandal, als Bollyn darauf hinwies, dass mehrere Direktoren Anhänger Israels waren, und damit andeutete, dass das Buch aufgrund der heftigen Einwände der Israel-Lobby gegen das Buch abgelehnt worden war.

Als Bollyn seine Bedenken bezüglich des ersten Verfassungszusatzes äußerte, wurde er von der pro-israelischen Unterstützerin Debbie Miller entlassen, die ziemlich offen erklärte: „Der erste Verfassungszusatz gehört uns", aber nicht sagte, wer „uns" ist, obwohl jeder, der irgendein Verständnis für die Realitäten der modernen „Meinungsfreiheit" in Amerika hat, seine eigenen Schlüsse hätte ziehen können.

Inoffiziell bereits involviert, schaltete sich das Büro der ADL in Chicago öffentlich ein, wobei ADL-Sprecher Richard Hirschhaut erklärte: „Wir glauben, dass dies eine zynische Masche ist, ein Versuch, ein Problem um den Ersten Verfassungszusatz als Vorwand zu schaffen, um den guten Willen und die Unparteilichkeit des öffentlichen Bibliothekssystems auszunutzen. Die Bibliothek sollte nicht gezwungen sein, sich in die Lage zu versetzen, ein Lagerhaus oder eine zentrale Adresse für jeden Bigotten mit einer Mission zu sein."

Hirschhaut, der zuvor im Büro der ADL in San Francisco tätig war, erwähnte gegenüber der Presse nicht, dass er mit mir und meinem damaligen Arbeitgeber *The Spotlight* noch eine Rechnung offen hatte. Hirschhaut war in der Tat einer der ADL-Beamten gewesen, gegen die das FBI und die Polizei von San Francisco 1993 wegen illegaler Inlandsspionage strafrechtlich ermittelt hatten.

Damals enthüllte der ADL-Großspion Roy Bullock, dass ein *Spotlight-Artikel* vom 30. Juni 1986, den ich geschrieben hatte, die Ereignisse ausgelöst hatte, die zum ADL-Skandal führten. Hirschhaut wurde von der ADL nach Chicago versetzt, als die Spionageagentur mit dem Versuch beschäftigt war, das durch die Affäre verursachte Chaos zu beseitigen.

Wie dem auch sei, das daraus resultierende Tohuwabohu zog die Aufmerksamkeit der Medien auf sich und nicht weniger als fünf Regionalzeitungen und der angeschlossene Radiosender PBS berichteten über die Kontroverse, die sich in den nächsten fünf Monaten hinzog.

Bollyn versuchte, das sogenannte „Büro für geistige Freiheit" (OIF) der American Library Association (ALA) zu einer Stellungnahme zu bewegen, doch die Direktorin des OIF, Judith Krug, weigerte sich, die Zensur zu verurteilen.

Das überraschte mich nicht. Sieben Jahre zuvor hatte sich Krug auf die Seite der ADL geschlagen, als die Israel-Lobby Proteste erhob, nachdem ein Bibliothekar aus Chicago eine - vom ALA-Nationalkongress gebilligte - Resolution gesponsert hatte, in der die israelische Zensur verurteilt wurde. Mit der Unterstützung von Krug wurde die Resolution fallen gelassen.

Während kleinere Lokalzeitungen mich kontaktierten, weigerte sich Carri Karuhn, die Reporterin der „großen" *Chicago Tribune*, mich zurückzurufen. Die *Tribune* weigerte sich auch, einen Brief zu veröffentlichen, den ich als Antwort auf ihre Berichterstattung an den Herausgeber geschrieben hatte.

Trotz des Drucks änderte Bollyn seine Meinung nicht. Dies war ein Problem für den Vorstand der STDL (Schaumburg Township District Library), der ein neues Buchauswahlverfahren anordnete, aufgrund dessen der Bibliotheksdirektor ein Team aus drei Bibliothekaren ernannte, das sich mit *Judgment Final* befassen sollte. Der Vorstand hatte dann die Möglichkeit, der Empfehlung des Trios Folge zu leisten.

Die Frage war bereits geklärt: Das Team wurde von Uri Toch geleitet, dem Übersetzer der STDL ins Hebräische, der offiziellen Sprache Israels. Toch heckte eine fünfseitige, äußerst hetzerische Schmähkritik über *„Judgement Final"* aus.

Diese „Kritik" wurde zusammen mit der scheinbar widersprüchlichen Ankündigung, dass die Bibliothek das Buch trotz der negativen Kritik dennoch in die Regale stellen würde, an die Presse weitergegeben.

Das STDL-Trio erklärte, da die Debatte über das Buch „größtenteils eine politische Frage" sei, empfahlen sie, das *Jüngste Gericht* in die Bibliothek aufzunehmen, obwohl sie sagten, das Buch sei unter anderem „schlecht geschrieben, repetitiv[und] auf fragwürdigen Forschungsmethoden und Quellen beruhend". Sie warfen Piper vor, aus dem Zusammenhang gerissene Quellen zu zitieren und erklärten, dass er selektiv Quellen zitiere, die zu seiner These passten, und Quellen ignoriere, die nicht dazu passten.

Das Trio bestätigte die These der Warren-Kommission, dass nur „Amateure" glauben, dass es bei der Ermordung von JFK eine Verschwörung gegeben habe.

Obwohl ich über die Behauptung, das Buch sei „schlecht geschrieben „, amüsiert war, waren die anderen Anschuldigungen viel schwerwiegender, und als Reaktion darauf stellte ich eine gut dokumentierte 88-seitige Antwort zusammen (und ich denke, sie war verheerend), in der die bösartige Kritik ausgeweidet wurde.

In der Überschrift meiner Antwort habe ich (zu Recht) die Bibliothekskritik „Das Urteil der Inquisition" getauft und mich damit auf die englischen Gerichte des 17. Jahrhunderts bezogen, die im Geheimen tagten und gewaltsame Mittel der willkürlichen Bestrafung für diejenigen erforschten, die es wagten, die Macht der britischen Krone in Frage zu stellen. Die Analogie traf den Nagel auf den Kopf.

Interessant (aber nicht überraschend) ist, dass der Übersetzer für die israelische Sprache und sein Team sich viel Mühe gegeben haben, um zu versuchen, die These des Buches zu widerlegen.

METHODEN DES POLIZEISTAATS

Währenddessen veröffentlichten die pro-israelischen Unterstützer des Bibliotheksvorstands eine Erklärung, in der sie behaupteten, die Bibliothekare seien „professionell" und „elegant" gewesen, was ihren bösartigen Angriff auf mich und das Buch betraf.

Dann, irgendwann, versuchte der israelische Übersetzer, Bollyn zum Aufhören zu bewegen. Als er mit Toch telefonierte, fragte Bollyn Toch (auf Hebräisch), wo

Toch in Israel gelebt habe. Toch rief die Polizei an und schrie, dass er sich „bedroht" fühle.

Das war genug. Am 21. Mai 2000, nachdem ich mich erneut dazu entschlossen hatte, meine Kritiker zu konfrontieren, fuhr ich nach Schaumburg und sprach in der Bibliothek vor etwa 150 anwesenden Personen.

Es ist anzumerken, dass die drei Bibliothekare nicht anwesend waren, aber sie hatten zumindest einen glühenden Sympathisanten, der erschienen war. Als Christopher Bollyn das Treffen für eröffnet erklärte, kam es zu einem kleinen Tumult, als eine als Mitglied der örtlichen jüdischen Gemeinde identifizierte Person versuchte, die Veranstaltung zu stören, indem sie wütend rief: „*Case Closed* von Gerald Posner sagt die Wahrheit über die Ermordung von JFK. Es ist hier in der Bibliothek erhältlich". Der Posner-Verehrer verließ die Veranstaltung stolz und zufrieden, obwohl er nie geblieben war, um sein Postulat zu verteidigen oder meine Thesen zu diskutieren.

Es stellte sich heraus, dass die ADL bereits die Polizei in Schaumburg kontaktiert hatte, um sie über mich zu „informieren". Als Reaktion auf das Briefing der ADL teilte der Polizeichef von Schaumburg, Richard Casler, mit, dass einer der besten Nazis Amerikas in die Stadt käme und dass dieser Nazi-Bonze „seine Anhänger" zu seiner Kundgebung eingeladen habe. Um den Frieden zu wahren, befahl Chef Casler fünf zusätzlichen Polizisten im Dienst, die mich daran hindern sollten, den kleinen Schaumburg zu stören und vielleicht einen weiteren Holocaust zu provozieren.

Als ich erfuhr, dass dieser knallharte Polizist der ADL in den Hintern kriecht, rief ich in seinem Büro an, um mit ihm zu sprechen, aber Casler wollte mir nicht antworten. Stattdessen schickte er seinen Stellvertreter, Hauptmann Thomas Ostermann, der sich weigerte, zuzugeben oder zu leugnen, dass ihr Büro mit der ADL in Kontakt stand, und sagte, ich sei „nur eine Stimme am Telefon". „Richard Hirshhaut von der ADL war auch nur eine Stimme am Telefon, und Sie haben sich alles angehört, was er über mich zu sagen hatte."

Zweifellos war Ostermann, der es gewohnt war, die widerspenstigen Fußgänger in Schaumburg zu befehligen und von diesen Ungläubigen „Herr" genannt zu werden, ein wenig überrascht und verärgert über die Art und Weise, wie ich mich um ihn kümmerte, und sagte schließlich, er sei „nur ein gewöhnlicher Polizist, der hart arbeitet".

Ich sagte ihm, dass ich das nicht bezweifle, aber dass er den Schaumburgern einen viel besseren Dienst erweisen würde, wenn er auf Vergewaltiger und Mörder aufpasst, als wenn er „einen dicken Mann mit Brille verfolgt, dessen einziges Verbrechen es ist, ein Buch zu schreiben". Der Polizist antwortete nicht, und ich verstehe, warum.

Wann (und von wem) wurde festgelegt, dass die ADL nicht nur der letzte Schiedsrichter ist, der entscheidet, wer irgendwo zu einem bestimmten Thema sprechen darf, sondern auch der offizielle Ansprechpartner der Polizeibehörden, der entscheidet, welche Methoden die Polizei anwenden sollte, um die Gemeinschaften, für die sie verantwortlich ist, zu schützen? Wenn jemand eine Antwort auf diese Frage hat, würde ich sie jetzt gerne hören.

Wie dem auch sei, im Gespräch mit der Bibliothek ging ich mit folgenden Punkten nach Hause:
- Die Kritik der Bibliothekare war tatsächlich die energischste Initiative, die je unternommen wurde, um die These vom Jüngsten *Gericht* zu zerschlagen, doch sie fiel erbärmlich flach, da die Bibliothekare auf armselige Lügen und Täuschungen zurückgriffen.
- Die Steuerzahler in Schaumburg sollten sich fragen, warum ihre Bibliothekare so enthusiastisch waren und eindeutig den Befehlen der ADL folgten.
- Die ADL weigert sich, mit mir zu debattieren, aber sie haben sich auf die Bibliothekare verlassen, um zu versuchen, das Buch zu widerlegen, aber das Trio hat die Arbeit verpfuscht.

Ich habe auch darauf hingewiesen, dass Sie trotz meiner Widerlegung der Kritik der Bibliothekare sicher sein können, dass die ADL diese bösartige Kritik in Zukunft als „Beweis" dafür anführen wird, dass „seriöse Bibliothekare" in einer der angesehensten Bibliotheken des Landes das Buch für „zweifelhaft", „verlogen", „geschmacklos" und „uninteressant" hielten - je nachdem, welche Worte man wählt.

Die STDL-Bibliothekare haben offensichtlich erkannt (zu Recht, wie ich hinzufügen möchte), dass die Frage des Konflikts zwischen JFK und Ben-Gurion über Israels nukleare Ambitionen in der Tat ein sehr heikles Thema ist, und haben daher in ihrer Kritik auf klägliche Weise versucht, die allgemeine These meines Buches zu diskreditieren, indem sie versuchten, den Konflikt als weniger wichtig darzustellen, als er tatsächlich war. Die Bibliothekare schrieben Folgendes:

> **Piper behauptet, der „Hauptgrund" für den Rücktritt David Ben-Gurions als Premierminister Israels sei dessen „Unfähigkeit, JFK unter Druck zu setzen, damit er Israels Forderungen akzeptiert". Als Beweis führt er Seymour Hershs „The Samson Option" an. Wie Hersh deutlich macht, und das wird auch in dem Zitat deutlich, das Piper produziert, um zu beweisen, dass die „nukleare Option" der „Hauptgrund" war, war sie nur „ein weiterer Faktor „.**

Für Uneingeweihte - zu denen die meisten derjenigen gehören, die die Bibliothekskritik lesen, ohne das Jüngste *Gericht* (oder Hershs Buch) gelesen zu haben - mag dies wie eine vernichtende Anklageschrift klingen.

Die Wahrheit ist jedoch, dass zwar andere Faktoren bei Ben-Gurions Rücktritt eine Rolle spielten, die letzte Konfrontation mit JFK über die Atombombe jedoch der berühmte „Tropfen, der das Fass zum Überlaufen brachte" und eindeutig der „Hauptgrund" hinter Ben-Gurions Rücktritt war.

Wie in allen „seriösen" und „Mainstream"-Berichten über das israelische Atombombenprogramm bestätigt wird, war der Wunsch, eine Atombombe zu bauen, nicht nur ein wichtiges Ziel der israelischen Verteidigungspolitik (vielleicht sogar ihre Grundlage), sondern auch ein besonderes Interesse Ben-Gurions.

Tatsache ist, dass Seymour Hershs Enthüllungen über JFK und Ben-Gurion leicht von einem neueren Werk zum selben Thema - dem des israelischen Gelehrten Avner Cohen - in den Schatten gestellt wurden.

Als Cohen 1999 sein Buch *Israel and the Bomb* (New York: Columbia University Press) veröffentlichte, erregte das Buch in Israel so viel Aufsehen, dass der Journalist Tom Segev, der für die israelische Zeitung *Ha'aretz* schrieb, erklärte, dass „Cohens Buch die Umschreibung der gesamten israelischen Geschichte erfordern wird".

An dieser Stelle, bevor ich darauf eingehe, was Cohen zu sagen hat, ist es meine Pflicht, die Leser darauf hinzuweisen, dass Cohen einem Interviewer (der es mir später erzählte) privat sagte, er (Cohen) sei schockiert gewesen, als er *Endgericht* entdeckte, während er im Internet nach Informationen über sein eigenes Buch suchte.

Herr Cohen erzählte auch einer anderen Person, meinem oben erwähnten Kritiker James K. Olmstead - der Herrn Cohens Kommentar im Internet in einem JFK-Diskussionsforum gepostet hatte -, dass er (Cohen) es „unvorstellbar" finde, dass der israelische Premierminister David Ben-Gurion irgendetwas mit dem Tod von JFK zu tun gehabt habe.

Nach diesen Ausführungen werfen wir einen Blick darauf, was Cohen über Ben-Gurion und seine äußerst schwierige Beziehung zu JFK in der Frage der israelischen Atombombe sagt.

Auf den ersten Seiten seines Buches schreibt Cohen ausführlich über Ben-Gurions besonderes Interesse am Bau einer israelischen Atombombe und die dahinter stehende Argumentation.

Im Folgenden werden relevante Zitate aus den Seiten 10 bis 14 von Cohens Buch wiedergegeben. Bitte beachten Sie, dass ich die Zitate neu geordnet habe, damit sie im Kontext dessen, was Cohen geschrieben hat, flüssiger zu lesen sind. Cohen schreibt:

> **Geprägt von den Lehren des Holocaust, wurde Ben-Gurion von der Angst um die Sicherheit Israels verzehrt...**
>
> **In seinen öffentlichen Reden und Schriften als Premierminister sprach Ben-Gurion nur selten über den Holocaust. In Gesprächen und privater Kommunikation mit ausländischen Staatsoberhäuptern kam er jedoch immer wieder auf die Lehren aus dem Holocaust zurück. In seinem Briefwechsel mit Präsident John F. Kennedy im Jahr 1963 stellte er eine Verbindung zwischen der arabischen Feindseligkeit gegenüber Israel und Hitlers Hass auf die Juden her :**
>
> **„Als Jude kenne ich die Geschichte meines Volkes und trage die Erinnerungen an alles, was es in den letzten dreitausend Jahren erduldet hat, und an die Anstrengungen, die in den letzten Generationen in diesem Land unternommen wurden, mit mir... Herr Präsident, mein Volk hat das Recht zu existieren, sowohl in Israel als auch überall, wo es leben kann, und diese Existenz ist in Gefahr...".**
>
> **Die Angst vor dem Holocaust reichte über Ben Gurion hinaus und hatte das israelische militärische Denken durchdrungen. Die Zerstörung**

Israels definierte den ultimativen Horizont der Bedrohung Israels. Die israelischen Militärplaner hatten stets ein Szenario vor Augen, in dem eine vereinte arabische Militärkoalition einen Krieg gegen Israel mit dem Ziel der Befreiung Palästinas und der Zerstörung des jüdischen Staates führt. Dies wurde Anfang der 1950er Jahre als mikre hkol oder „Katastrophenszenario" bezeichnet. Diese Art der Planung war nur in Israel üblich, da nur wenige Länder über militärische Notfallpläne zur Verhinderung der Apokalypse verfügen.

Ben-Gurion hatte keine Skrupel, wenn es darum ging, ob Israel Massenvernichtungswaffen benötigte... Ben-Gurion betrachtete die arabische Feindseligkeit gegenüber Israel als tiefgreifend und dauerhaft... Ben-Gurions Pessimismus... beeinflusste Israels Außen- und Verteidigungspolitik über Jahre hinweg. Ben-Gurions Weltanschauung und sein entschlossener Regierungsstil prägten seine kritische Rolle bei der Einleitung des israelischen Atomprogramms...

Ben-Gurion glaubte, dass Wissenschaft und Technologie bei der Verwirklichung des Zionismus zwei Aufgaben haben: den Staat Israel geistig und materiell voranzubringen und eine bessere Verteidigung gegen seine äußeren Feinde zu gewährleisten...".

Ben-Gurions Entschlossenheit, ein Atomprojekt zu starten, entsprang strategischer Intuition und obsessiven Ängsten und nicht einem gut durchdachten Plan. Er war der Ansicht, dass Israel Atomwaffen als Versicherung brauchte, wenn es nicht mehr mit den Arabern in einem Wettrüsten konkurrieren konnte, und als Waffe der letzten Instanz im Falle eines extremen militärischen Notstands. Atomwaffen könnten auch die Araber davon überzeugen, die Existenz Israels zu akzeptieren, was zu Frieden in der Region führen würde.

Am 27. Juni 1963, elf Tage nach der Ankündigung seines Rücktritts, richtete Ben Gurion eine Abschiedsrede an die Mitarbeiter der Behörde für Rüstungsentwicklung, in der er, ohne auf Atomwaffen Bezug zu nehmen, das Atomprojekt rechtfertigte :

„Ich kenne keine andere Nation, deren Nachbarn erklären, dass sie dem ein Ende setzen wollen, und dies nicht nur erklären, sondern sich mit allen ihnen zur Verfügung stehenden Mitteln darauf vorbereiten. Man sollte sich nicht der Illusion hingeben, dass das, was jeden Tag in Kairo, Damaskus und im Irak erklärt wird, nur Worte sind. Es ist dieses Denken, das die arabischen Führer leitet... Ich bin zuversichtlich... die Wissenschaft ist in der Lage, uns die Waffe zu liefern, die den Frieden sichern und unsere Feinde abschrecken wird".

Um dieses sehr lange Zitat zusammenzufassen: *„Die nukleare Option" war nicht nur das Herzstück von Ben-Gurions **persönlicher** Weltanschauung, sondern auch die Grundlage der israelischen Politik der nationalen Sicherheit.* Die Israelis waren grundsätzlich bereit, notfalls „die Welt in die Luft zu sprengen" - sie selbst eingeschlossen -, wenn sie das tun mussten, um ihre verhassten arabischen Nachbarn zu vernichten.

Seymour Hersh stellt fest, dass dies von den israelischen Atommanagern als „Samson-Option" angesehen wurde - wie der Samson aus der Bibel, der nach seiner Gefangennahme durch die Philister den Dagon-Tempel in Gaza zum Einsturz brachte und sich mit seinen Feinden selbst tötete. Wie Hersh auf Seite 137 seines Buches sagte: „Für die Befürworter der israelischen Atomwaffen wurde die Samson-Option zu einer anderen Art zu sagen „Nie wieder"(gemeint ist die Verhinderung eines weiteren Holocausts).

Dann kamen die STDL-Bibliothekare, die darüber diskutieren wollten, ob JFKs Druck auf Israel wegen der Atomwaffen „der" Hauptgrund oder „ein" Hauptgrund oder „einer" (von mehreren) Gründen für Ben-Gurions Rücktritt war. Sie ließen durchblicken, dass ich Hersh aus dem Zusammenhang gerissen (und absichtlich zitiert) habe, weil sie wissentlich erkannten, dass alle Beweise zusammengenommen eindeutig belegen, dass JFKs entschlossenes Bemühen, die „Samson-Option" zu entschärfen, der Hauptgrund für Ben-Gourions Rücktritt war.

Was wir uns merken müssen, ist, dass 1963 die Frage von JFKs Konflikt mit Ben-Gurion ein Geheimnis für die israelische und die amerikanische Öffentlichkeit war, und das blieb es für mindestens mehr als 20 Jahre und ist es größtenteils immer noch, trotz der Veröffentlichung von Hershs Buch, gefolgt von *Judgement Final* und dann Avner Cohens Buch.

In der Tat beschrieb Ethan Bronner in der *New York Times* vom 31. Oktober 1998 Cohens Buch über den Konflikt zwischen JFK und Ben-Gurion und die allgemeine Frage des israelischen Atombombenprogramms als „ein heftig verborgenes Thema".

Jetzt, da die Wahrheit ans Licht kommt, kommen einige im Wesentlichen zu derselben Interpretation wie ich. Die Bibliothekare möchten die Leute glauben machen, dass ich der Einzige bin, der diese Interpretation hat. Das ist aber überhaupt nicht der Fall. Beispielsweise schrieb Dr. Gerald M. Steinberg, Professor für Politikwissenschaft am BESA-Zentrum für Strategische Studien der Bar-Ilan-Universität in Tel Aviv, über den Konflikt zwischen JFK und Ben-Gurion über Israels nukleare Ambitionen.

Sein Essay „*Israel and the United States: Can the Special Relationship Survive the New Strategic Environment"* wurde in der Dezemberausgabe 1998 der in Bar-Ilan herausgegebenen *The Middle East Review of International Affairs* veröffentlicht. Steinberg schrieb:

> **Zwischen 1951 und 1963 übte die Kennedy-Regierung großen Druck auf Ben-Gurion aus, um die Zustimmung zu einer internationalen Inspektion von Dimona und den israelischen Verzicht auf die Atomwaffenoption zu erreichen. Dieser Druck änderte offenbar nichts an der israelischen Politik, trug aber dazu bei, dass Ben-Gurion 1963 zurücktrat. [Hervorhebung durch Michael Collins Piper].**

Ich habe gelesen, was Dr. Steinberg behauptet: JFKs Druck auf Israel wegen der Atombombe sei ein „Faktor, der zu Ben-Gurions Rücktritt beitrug" gewesen. Um mich jedoch zu wiederholen: JFKs „großer Druck auf Ben-Gurion" (nach

Steinbergs Worten) war der breiten Öffentlichkeit (weder in Israel noch in den USA) vor dem Erscheinen von Seymour Hershs Buch, das sich recht umfassend auf den Konflikt konzentrierte, nicht bekannt. Aber das ist noch nicht alles.

Avner Cohens neues, sehr ergreifendes Buch bestätigte im Wesentlichen alles, was Hersh geschrieben hatte, in der einen oder anderen Weise, aber es ging noch weiter, und wir werden Cohens Ausführungen später noch einmal im Detail durchgehen. Doch jetzt wollen wir erst einmal weiter sezieren, was die STDL-Bibliothekare taten, um die Worte von Seymour Hersh zu verdrehen. Sie schrieben:

> **Tatsächlich behauptet Hersh, dass nationale Faktoren... mehr als ausreichend schienen, um Ben-Gurion davon zu überzeugen, aus dem öffentlichen Leben auszuscheiden... und Ben-Gurions Gesundheit... war genauso wichtig oder wichtiger.**

Die Kritiker der STDL unterstellten Hersh Aussagen, die er nicht gemacht hatte! Hersh hatte nie gesagt, dass die genannten nationalen Faktoren „genauso wichtig oder wichtiger" seien. Die Art und Weise, wie die Bibliothekare diesen Satz in ihrer Kritik strukturierten, gab dem, was Hersh wirklich gesagt hatte, eine andere Wendung. Hersh hatte nie gesagt, dass diese anderen Faktoren „genauso wichtig oder wichtiger waren". Dies waren die Worte der Bibliothekare und nicht die von Seymour Hersh.

ISRAEL „BEDROHT" VON JFK

Hier ist, was Avner Cohen der Geschichte von Ben-Gurions Rücktritt in *Israel and the Bomb* hinzufügt. Cohen beschreibt, wie der Konflikt zwischen JFK und Ben-Gourion 1963 seinen Höhepunkt erreichte und wie JFK am 16. Juni jenes Jahres einen Brief an den israelischen Führer schickte, der laut Cohen auf Seite 134 seines Buches „die härteste und expliziteste Botschaft" bis heute war. Cohen fügte hinzu:

> **Der Zweck des Schreibens bestand darin, die Bedingungen der US-Besuche [in Dimona] so zu verfestigen, dass die Mindestanforderungen, auf denen die Geheimdienstgemeinschaft bestand, erfüllt werden.**
> **Um Ben-Gurion zur Annahme der Bedingungen zu zwingen, setzte Kennedy den nützlichsten Hebel ein, den ein US-Präsident im Umgang mit Israel zur Verfügung hat: die Drohung, dass eine unbefriedigende Lösung das Engagement und die Unterstützung der US-Regierung für Israel gefährden würde...**
> **Der Showdown, den Ben-Gourion zu vermeiden versucht hatte, schien nun unmittelbar bevorzustehen. Ben-Gurion hat den Brief nie gelesen. Er wurde am Samstag, den 15. Juni, an [Den Botschafter der Vereinigten Staaten in Israel, Walworth Barbour] telegrafiert, mit der Anweisung, ihn Ben-Gurion am nächsten Tag persönlich zu übergeben, aber an diesem Sonntag kündigte Ben-Gourion seinen Rücktritt an.**

Beachten Sie Cohens Worte: „Eine Konfrontation [zwischen JFK und Israel] schien unmittelbar bevorzustehen." Cohen geht dann auf die Frage ein: „Hat Kennedys Druck auf Dimona eine Rolle bei Ben-Gurions Rücktritt gespielt?". Auf Seite 135 schreibt er:

> **Ben-Gurion lieferte nie eine Erklärung für seine Entscheidung, mit Ausnahme von „persönlichen Gründen". Gegenüber seinen Kabinettskollegen erklärte Ben-Gurion, dass er zurücktreten „musste" und dass „kein Problem oder staatliches Ereignis der Grund dafür war".**

Das ist an sich schon interessant, denn - wenn Cohens Erzählung korrekt ist - hat Ben-Gurion nie irgendwelche besonderen ausländischen oder nationalen Gründe angegeben. Das widerlegt das Jüngste *Gericht* nicht, aber es führt dazu, dass das Argument der STDL-Bibliothekare, der Konflikt mit JFK über die Bombe sei nur ein „anderer Faktor" gewesen, geschwächt wird. Cohen fügte hinzu:

> **Ben-Gurions Biograf deutete an, dass es keinen bestimmten politischen Grund gab, sondern dass sein allgemeiner mentaler Zustand - manifestiert in einer Reihe von alarmierenden, ja paranoiden Handlungen - in den zehn Wochen zuvor den sechsundsiebzigjährigen Führer zum Rücktritt veranlasst hatte.**

Die Tatsache, dass Cohen, wie ich es in „*Endgericht*" getan habe, über Ben-Gurions scheinbare Paranoia spricht, ist interessant. Paranoide Menschen tun unerklärliche Dinge. Sie begehen sogar Morde.

An dieser Stelle sei angemerkt, dass Avner Cohen auf der Grundlage dessen, was wir gerade betrachtet haben, sehr deutlich sagte, dass der Bau einer Atombombe für Israel tatsächlich viele Jahre lang ein sehr persönliches Problem von David Ben-Gurion gewesen sei.

Ben-Gurion war der Ansicht, dass Israels Zugang zu Atomwaffen entscheidend für Israels Überleben sei - und Ben-Gurion war Israels „großer Mann". Cohen merkt an, dass mehrere enge Vertraute Ben-Gurions der Meinung waren, dass der Rücktritt nichts mit der Atomfrage zu tun hatte. Doch Cohen fährt fort und betont, dass :

> **Andere jedoch, einschließlich der Minister in Ben-Gurions Kabinett... glaubten, dass Ben-Gurions Entscheidung zum Teil mit Kennedys Druck auf Dimona zusammenhing. Israel Galili, der Leiter der Fraktion „Einheit der Arbeit" von *Achdut Ha-Avodah*, war davon überzeugt, dass Ben-Gurions Gefühl des Versagens und der Frustration in seiner Beziehung zu Kennedy in der Dimona-Frage einer der Gründe für seinen Rücktritt war.**
>
> **Dies ist auch die Ansicht von Yuval Ne'eman, [Israels führendem Nuklearexperten], der 1963... an den Beratungen über die Antworten auf Kennedys Forderungen beteiligt war. Botschafter Barbour deutet auch an, dass Kennedys Briefe und Ben-Gurions Rücktritt in Zusammenhang**

stehen könnten. In seinem Telegramm zu Ben-Gourions Rücktritt bemerkte er: „Obwohl es sich wahrscheinlich nicht um einen Hauptgrund für Meinungsverschiedenheiten handelte, war diese Frage nicht unumstritten, als Ben-Gourion sie seinen Kollegen vorlegte, bevor er seinen Brief am 27. Mai abschickte."

Seite 136 Cohen fügte hinzu, Ben-Gurion sei „zu dem Schluss gekommen, dass er den amerikanischen Führern nicht die Wahrheit über Dimona sagen könne, nicht einmal unter vier Augen". Und das spricht Bände, wenn man bedenkt, wie sehr sich die Kritiker von *Judgement Final* bemühen, zu behaupten, Israel und die USA seien „so enge Verbündete", dass die Israelis niemals daran denken würden, einem amerikanischen Präsidenten etwas Gemeines anzutun, selbst wenn er fest entschlossen wäre, Israel daran zu hindern, ein nukleares Verteidigungssystem zu errichten, das die Führung der Nation als überlebenswichtig ansah.

Leider waren unsere Freunde, die Bibliothekare der STDL, mit diesem Punkt noch nicht fertig. Machen wir weiter mit dem, was die Bibliothekare sagten

Hersh betont außerdem, dass „Kennedys anhaltender Druck auf Israel aus seiner Überzeugung resultierte, dass Israel noch keine Atomwaffen entwickelt hatte. Es gibt Beweise dafür, dass der Präsident, sobald Israel mit dem Bau von Bomben begann - wie es die Franzosen getan hatten -, bereit war, so pragmatisch zu sein, wie es nötig war".

Es besteht kein Zweifel daran, dass JFK aufgrund der massiven Datenmenge in Hershs Buch (und der neueren Studie des besagten Avner Cohen) vor allem darauf aus war, Israel am Bau einer Atombombe zu hindern.

Die Bibliothekare der STDL versuchten vorherzusagen, was JFK getan hätte, wenn er noch gelebt hätte. Im Wesentlichen sagten sie, dass, weil JFK in der Atomfrage gegenüber den Franzosen nachsichtig war, er sicherlich auch gegenüber den Israelis nachsichtig sein würde, sobald sie den Franzosen bei der Produktion von Atombomben folgen würden (gegen JFKs Widerstand). Doch wie wir sehen werden, stimmt das nicht.

JFK KONZENTRIERTE SICH AUF ISRAEL...

In *Final Judgement* habe ich darauf hingewiesen, dass JFK gegenüber der französischen Atomwaffenkampagne eine neue Politik verfolgte, die in einem damals „streng geheimen" Memo vom 22. November 1963 beschrieben wurde.

Die Bibliothekare haben jedoch keine Möglichkeit zu suggerieren, dass, nur weil JFK seine Politik gegenüber Frankreich geändert hat, er auch seine Politik gegenüber Israels nuklearen Ambitionen ändern würde.

Vielleicht wäre JFK „pragmatisch" gewesen (wie Hersh sagt), aber das bedeutet nicht, dass er nicht versucht hätte, Israel am Bau einer Atombombe zu hindern - *und um diese Sorge ging es ursprünglich bei Ben-Gurion und Israel.*

Tatsache ist, dass alle Beziehungen, die JFK mit Frankreich in der Atomfrage hatte, unbedeutend waren im Vergleich zu der Bitterkeit zwischen JFK und Israel in derselben Frage. Indem sie diese Frage der Franzosen einbrachten, versuchten die STDL-Bibliothekare, die Spuren zu verwischen.

Tatsache ist, dass Israel ein bevorzugtes Ziel von JFK war, wenn es um die Verbreitung von Atomwaffen ging. Auf Seite 99 seines Buches weist Avner Cohen auf den besonderen Druck hin, den JFK auf Israel ausübte:

> Kein US-Präsident war mehr über die Gefahr der Verbreitung von Atomwaffen besorgt als John Fitzgerald Kennedy. Er war davon überzeugt, dass die Verbreitung von Atomwaffen die Welt gefährlicher machen und den Interessen der Vereinigten Staaten schaden würde. Er sah es als seine Aufgabe an, die nukleare Rüstungskontrolle und die Nichtverbreitung von Kernwaffen in den Mittelpunkt der amerikanischen Außenpolitik zu stellen... Kennedy erinnerte seine Berater daran, dass mehr auf dem Spiel stand als ein Stück Papier - ohne ein Abkommen würde das Wettrüsten weitergehen und die Atomwaffen würden sich in andere Länder ausbreiten. *Das einzige Beispiel, das Kennedy zu nennen pflegte, war Israel.* [Hervorhebung von Michael Collins Piper]

Achten Sie genau auf Cohens Worte: „Das einzige Beispiel, das Kennedy zu geben pflegte, war Israel." Nicht die Franzosen oder die Araber. *Nur Israel.*

Cohens Buch zeigt auch sehr deutlich, dass die Franzosen, die die wichtigsten ausländischen Vermittler des geheimen israelischen Atomwaffenprogramms gewesen waren, ihre Unterstützung zurückgezogen hatten, nachdem der ehemalige französische Präsident Charles De Gaulle 1958 an die Macht zurückgekehrt war. Cohen schreibt auf den Seiten 73-74:

> Im Juni war sich De Gaulle dessen bewusst geworden, was er später „die unangemessene militärische Zusammenarbeit, die nach der Suez-Expedition zwischen Tel Aviv und Paris etabliert wurde und die Israelis endgültig auf allen Ebenen der französischen Dienste platzierte" nannte, und er war entschlossen, dem ein Ende zu setzen. De Gaulle war verblüfft, als er von der unorthodoxen Art und Weise erfuhr, wie die Beziehungen geführt wurden... Es dauerte fast zwei Jahre, um De Gaulles Entschlossenheit in eine neue französische Atompolitik gegenüber Israel umzusetzen.

Cohen weist jedoch darauf hin, dass Israels Freund in Frankreich, der Minister für Atomenergie Jacques Soustelle, zurücktrat und De Gaulle daraufhin erfuhr, dass die französische Hilfe für Israel trotz seiner Befehle fortgesetzt worden war. So kam es, dass „De Gaulle 1960 erneut die Beendigung dieser Zusammenarbeit forderte", fügt Cohen hinzu:

> Die französische Entscheidung löste unter den Angehörigen Ben-Gurions Bestürzung aus. Das Ende der französischen Hilfe gefährdete das gesamte Dimona-Projekt. De Gaulles Entscheidung war eine radikale Abkehr von den geschriebenen und ungeschriebenen Verpflichtungen

seiner Vorgänger... De Gaulle erkannte, wie beispiellos das Abkommen [zwischen Israel und Frankreich] war, und weigerte sich aus diesem Grund, es zu akzeptieren, da er nicht gewillt war, Israel eine nukleare Option anzubieten. *Frankreich versuchte, seinen Platz in der arabischen Welt wieder einzunehmen, und die nukleare Zusammenarbeit mit Israel war in dieser Hinsicht nicht hilfreich.* [Hervorhebung durch den Autor]

Laut Cohen wurde ein Kompromiss geschlossen. Israel verkündete formell „friedliche Absichten" (obwohl Israel eindeutig die Absicht hatte, eine Atombombe zu bauen) und De Gaulle erlaubte französischen Unternehmen, weiterhin mit den Israelis zusammenzuarbeiten, aber die französische Regierung zog ihre direkte Unterstützung zurück.

Natürlich ist De Gaulles Kehrtwende in der Frage, was eindeutig die unverzichtbare französische Unterstützung für Israels nukleare Ambitionen war, sehr bedeutsam, insbesondere angesichts dessen, was in *End Judgement* über die vom Mossad gesponserte Permindex dokumentiert ist, die bei der Untersuchung des Mordes an Jim Garrison ans Licht kam und die öffentlich mit mindestens einem Mordversuch an De Gaulle vor der Ermordung von Präsident Kennedy in Verbindung gebracht worden war.

JFKS DRUCK AUF ISRAEL GEHT WEITER...

Ben Gurions Rücktritt beendete jedoch nicht den Konflikt zwischen JFK und Israel. Was zwischen JFK und dem neuen israelischen Premierminister Levi Eshkol geschah, ist vielleicht sogar noch interessanter.

Unmittelbar nach Eshkols Nachfolge schrieb JFK einen Brief an den neuen Premierminister, der offensichtlich (zumindest aus israelischer Sicht) noch virulenter war als JFKs frühere Kommunikation mit Ben Gurion. Auf Seite 155 schreibt Avner Cohen:

> Niemals seit Eisenhowers Botschaft an Ben-Gurion inmitten der Suezkrise im November 1956 war ein US-Präsident so brutal mit einem israelischen Premierminister umgegangen. Kennedy sagte Eshkol, dass das Engagement und die Unterstützung der Vereinigten Staaten für Israel „ernsthaft gefährdet sein könnten", wenn Israel nicht zuließe, dass die Vereinigten Staaten „zuverlässige Informationen" über seine im Nuklearbereich durchgeführten Aktionen erhielten... Kennedys Forderungen waren beispiellos. Sie stellten in der Tat ein Ultimatum dar. [Hervorhebung durch den Autor]

Cohen stellte auf Seite 159 fest, dass aus [Eshkols] Sicht Kennedys Forderungen diplomatisch unangemessen erschienen; sie waren unvereinbar mit der nationalen Souveränität. *Es gab weder eine rechtliche Grundlage noch einen politischen Präzedenzfall für solche Forderungen"*, (Hervorhebung durch Michael Collins Piper.) Cohen betont auch, dass „Kennedys Brief eine Krisensituation im Büro des Premierministers herbeiführte".

Kennedys Druck auf Israel endete also nicht mit dem Rücktritt Ben-Gurions. So waren die Bemühungen der STDL-Bibliothekare, festzustellen, ob JFKs Druck auf Ben-Gurion der „Haupt"-Grund für den Rücktritt des israelischen Führers war oder nur ein Faktor unter vielen, im Großen und Ganzen unbedeutend. *Im Gegenteil, JFKs Druck auf Israel wurde immer stärker.*

Auf Seite 172 beschreibt Cohen ein „Geheimtreffen" in Washington D.C., das acht Tage vor der Ermordung von JFK (vom 13. bis 14. November) zwischen Israelis und Amerikanern stattfand, und stellt fest, dass Israel „ein ehrgeizigeres Ziel hatte"... als das, was die USA zu besprechen bereit waren." Doch, so stellt Cohen auf Seite 173 fest, „Dimona wurde bei diesen Gesprächen nie erwähnt. Beide Seiten verhielten sich so, als ob das Dimona-Problem nicht existierte".

Kurzum, die Atomfrage war so heikel, dass bei geheimen Treffen zwischen amerikanischen und israelischen Beamten, wenn sie andere Themen zwischen den beiden Ländern besprachen, das Thema der israelischen Atombombe nicht angesprochen wurde. Die Frage war an diesem Punkt strittig. Sie wurde beiseite gelassen - in der Tat wurde sie nie angesprochen -, um sie für zukünftige Diskussionen vorzubereiten. Doch JFK wurde acht Tage später ermordet, und die Dynamik der amerikanisch-israelischen Beziehungen änderte sich infolgedessen radikal.

Cohen schließt seine Analyse der JFK-Jahre auf Seite 174 wie folgt ab:

> **Wie dem auch sei, Ende 1963 stolperten Israel und die USA, Kennedy und Eshkol, auf dem Weg zur nuklearen Undurchsichtigkeit. Hätten die beiden Länder unter Kennedy genauso weitergemacht wie unter Johnson? Was hätte Kennedy in Bezug auf das israelische Atomprogramm getan, wenn er gelebt hätte und wiedergewählt worden wäre, und inwiefern wäre die israelische Atomgeschichte anders verlaufen? Diese Fragen werden nie mit Gewissheit beantwortet werden.**

Weder Avner Cohen noch Michael Collins Piper oder die Bibliothekare der STDL können diese Fragen mit Sicherheit beantworten. Aber die Reaktion in Israel auf Cohens Enthüllungen über JFKs geheimen Krieg mit Israel in der Atomfrage war in der Tat interessant.

„ WENN KENNEDY ÜBERLEBT HÄTTE..."

Die israelische Zeitung *Ha'aretz* veröffentlichte am 5. Februar 1999 eine Rezension von Cohens Buch und bezeichnete es als „eine Buchbombe". (Und diese Rezension kann auf Englisch in voller Länge auf Cohens Website im National Security Archive der George Washington University eingesehen werden. Die Rezension in *Ha'aretz* von Reuven Pedatzur ist recht interessant. Sie liest sich zum Teil wie folgt:

> **Die Ermordung von US-Präsident John F. Kennedy setzte dem massiven Druck der US-Regierung auf die israelische Regierung, das Atomprogramm einzustellen, ein abruptes Ende.**

Cohen belegt ausführlich den Druck, den Kennedy auf Ben-Gurion ausübte. Er bringt den faszinierenden Briefwechsel zwischen den beiden, in dem Kennedy dem israelischen Premierminister klarmacht, dass er unter keinen Umständen zustimmen werde, dass Israel ein Atomstaat wird. Das Buch implizierte, dass, wenn Kennedy überlebt hätte, es unwahrscheinlich ist, dass Israel heutzutage eine nukleare Option gehabt hätte. Cohen kommt auch zu dem Schluss, dass *Ben Gurions Entscheidung, 1963 zurückzutreten, größtenteils vor dem Hintergrund des enormen Drucks getroffen wurde, den Kennedy in der Nuklearfrage auf ihn ausübte.* [Hervorhebung durch Michael Collins Piper]

Ich hätte es nicht besser machen können. Der israelische Journalist Reuven Pedatzur hat die explosiven Enthüllungen in Avner Cohens Buch gut zusammengefasst. Wenn dies ein Gerichtsverfahren wäre, könnte ich an dieser Stelle sagen, dass die Verteidigung sich zurückzieht".

LÜGENDE BIBLIOTHEKARE

Doch die STDL-Kritiker begnügten sich nicht damit, *„Judgement Final"* aus dem Zusammenhang zu zitieren (oder Seymour Hersh aus dem Zusammenhang zu zitieren). Die Bibliothekare haben regelrecht gelogen, als sie feststellten: „Piper erklärt auch, dass Johnson nach der Ermordung von Kennedy Kennedys Position zum israelischen Bombenprogramm 'sofort' umkehrte."

Die Aufzeichnungen zeigen, dass die Kritiker gelogen haben. Auf Seite 59 von *Final Judgement* schrieb ich, Johnson habe „Kennedys Nahostpolitik schnell rückgängig gemacht". [Die Betonung liegt hier, nicht in *Final Judgement*]. Ich habe in *Judgement Final* nicht, wie Kritiker behaupten, gesagt, dass Johnson Kennedys Position zum israelischen Bombenprogramm „sofort" umgeworfen hat.

Präsident Kennedys Haltung gegen die israelischen Atomwaffen war nur eine von vielen politischen Positionen, die von Israel als gegen seine Interessen gerichtet wahrgenommen wurden, und dies wird in *Judgement Final* dokumentiert. Kennedys Nahostpolitik war viel wichtiger als das israelische Atombombenprogramm und *Final Judgement* zeigt dies trotz der Kritik der STDL deutlich.

Dies wird auch durch die Tatsache bestätigt, dass bei dem oben beschriebenen Geheimtreffen Mitte November die Atomfrage nicht einmal angesprochen wurde. Es gab viele andere Themen, die besprochen werden mussten. Die Kritiker der STDL sind also tatsächlich die Lügner, die ich beschrieben habe.

Die Kritiker versuchten auch zu suggerieren, dass Lyndon Johnson genauso viel Druck auf die Israelis ausgeübt habe, damit sie ihr Atombombenprogramm einschränkten, und zitierten dabei einen Verweis von Seymour Hersh. *Was sie jedoch nicht betonten, war, was Hersh in seinem Buch* auf Seite 143 in Bezug auf LBJs Haltung gegenüber Israel und Atomwaffen *ebenfalls sagte:*

Mitte der 60er Jahre war das Spiel entschieden: Präsident Johnson und seine Berater behaupteten, die amerikanischen Inspektionen [der

Atomwaffenanlage Dimona in Israel] seien der Beweis dafür, dass Israel die Bombe nicht baue, und hinterließen Amerikas neu bekräftigte uneingeschränkte Unterstützung für die Nichtverbreitung von Atomwaffen.

Auf den Seiten 188 und 189 liefert Hersh außerdem einen aufschlussreichen Bericht, der Johnsons entschlossenes Bemühen, die Auseinandersetzung mit der Frage zu vermeiden, verdeutlicht. Hersh beschreibt, wie der CIA-Psychoanalytiker Carl Duckett zu dem Schluss kam, dass Israel schließlich eine Atombombe gebaut hatte, und diese Tatsache dem CIA-Direktor Richard Helms zur Kenntnis brachte, der Duckett antwortete, dass er die Information persönlich an Präsident Johnson weiterleiten würde. Laut Hersh

> Helms schleuste Ducketts Informationen in das Oval Office ein und lieferte sie dem Präsidenten. Später erzählte Helms Duckett, Johnson sei explodiert und habe verlangt, dass das Dokument vergraben werde: „Sagen Sie es niemandem sonst, weder dem [Außenminister] Dean Rusk noch dem [Verteidigungsminister] Robert McNamara". Helms tat, wie ihm geheißen, aber nicht ohne Befürchtungen: „Helms wusste, dass er mit Rusk und McNamara in Schwierigkeiten geraten würde, wenn sie erfuhren, dass er es versteckt hatte."
>
> Johnsons Ziel, Helms - und seinen Geheimdienst - zu vertreiben, war klar: Er wollte nicht wissen, was die CIA ihm zu sagen versuchte, denn wenn er diese Informationen erst einmal akzeptiert hatte, sollte er entsprechend handeln. 1968 begriffen Helms, Duckett... und einige andere Mitglieder der Regierung der USA schließlich, dass der Präsident nicht die Absicht hatte, etwas zu unternehmen, um die israelische Bombe zu stoppen.

Präsident Johnson wusste offensichtlich, wie brisant das Thema des israelischen Atombombenprogramms war - und er wollte nicht zu Maßnahmen gezwungen werden, die ihn in die gleiche Position wie seinen Vorgänger JFK bringen würden. Laut Hersh „explodierte" Johnson bei dem Thema und verlangte, dass es sogar von zwei Kabinettsmitgliedern geheim gehalten werden sollte.

LBJ war der ultimative politische Unterhändler, der Politiker des Politikers, aber er hatte eindeutig Angst vor der Frage einer Konfrontation mit Israel über die Atombombe. Obwohl das israelische Atombombenprogramm ein großes Anliegen war (wie es hätte sein sollen), unternahm die von Johnson geführte US-Regierung nie konkrete Schritte, um Israel von seinem alten Ziel abzuhalten, eine Massenvernichtungswaffe zu schaffen. Zwar gab es private Erklärungen, aber KEINE HANDLUNG. Ausgehend von dem, was wir wissen, was in *„Judgement Final"* dargestellt wurde, können wir sicherlich verstehen, warum.

Wir könnten auch eine gute Vorstellung davon haben, was ein weiterer Grund dafür war, dass Lyndon Johnson sich entschied, bei den Wahlen 1968 nicht zu kandidieren. Vielleicht war die israelische Atomfrage - ich wage es zu sagen - „ein weiterer Faktor", vielleicht sogar der „Hauptgrund", warum LBJ sich zum Rücktritt entschied. Vielleicht waren „nationale Faktoren" wie die durch den Vietnamkrieg verursachten Unruhen nur die Fragen des öffentlichen Interesses, von denen wir in der Presse gehört hatten - denn von Israel und der Bombe hatten wir sicherlich noch nie etwas gehört. Das ist natürlich Spekulation, aber eine durchaus vernünftige Spekulation.

ISRAEL UND DIE BOMBE: VON JFK BIS LBJ

Aber lassen wir die Spekulationen. Schauen wir uns an, was der israelische Schriftsteller Avner Cohen in jüngerer Zeit über den Übergang von JFK zu LBJ und seine Auswirkungen auf das israelische Atomwaffenprogramm gesagt hat: Auf Seite 195 schreibt Cohen :

> Am 22. November 1963 wurde John F. Kennedy ermordet und Lyndon B. Johnson wurde Präsident. Der Übergang von Kennedy zu Johnson erinnerte die Israelis an den Übergang von Ben-Gurion zu [seinem Nachfolger] Eshkol... Er kam auch dem israelischen Atomprogramm zugute".

Auf Seite 196 fügte Cohen hinzu, dass Johnson „nicht Kennedys Interesse an der Verbreitung von Atomwaffen hatte, zusätzlich zu seinen persönlichen und politischen Gründen, Israel zu unterstützen", und betonte, dass „eine Konfrontation mit Israel in der Atomwaffenfrage daher weniger wahrscheinlich war, als sie es während der Kennedy-Jahre gewesen war". Cohen betonte auf Seite 177 außerdem: „Der Übergang von der Kennedy- zur Johnson-Regierung veränderte den Charakter und die Funktion der [Inspektionen des Atomkraftwerks Dimona in Israel] erheblich". Auf Seite 193 beschreibt er dies ausführlicher:

> Präsident Johnson war auch bei den Regeln für die Dimona-Inspektionen flexibler als Kennedy. Die Israelis konnten die Regeln für die Besuche festlegen, und die Regierung Johnson entschied sich dafür, Israel in dieser Frage nicht zu konfrontieren, da sie befürchtete, dass Israel die Vereinbarung aufkündigen würde. [Inspektor] Culler erinnert sich, dass er damals davon ausging, dass die Beschränkungen auf höchster Ebene in beiden Ländern vereinbart worden waren. Kennedy drohte sowohl Ben-Gurion als auch Eshkol, dass die Nichtbeachtung seiner Forderung „das amerikanische Engagement für die Sicherheit und das Wohlergehen Israels gefährden könnte", aber Johnson wollte keine israelisch-amerikanische Krise in dieser Frage riskieren... Im Gegensatz zu Kennedy suchte Johnson nach einem Kompromiss, der den Interessen beider Nationen dienen würde." [Hervorhebung durch Michael Collins Piper].

Wie bereits erwähnt, steht das, was Hersh behauptete (und von den STDL-Bibliothekaren zitiert wurde), nicht im Widerspruch zu der These vom Jüngsten *Gericht*. Andere in Hershs Buch veröffentlichte Dokumente stimmen sicherlich mit Fakten überein, die der israelische Historiker Avner Cohen herausgefunden hat, und widersprechen in keiner Weise dem, was die Bibliothekare als meine „Verschwörungstheorien" bezeichneten.

Kurz gesagt: JFK war vehement entschlossen, Israel am Bau der Atombombe zu hindern. LBJ hat einfach die Augen verschlossen. JFKs Tod war für Israels nukleare Ambitionen tatsächlich von Vorteil, und die Beweise belegen dies.

So viel zu den Bemühungen der Bibliothekare, das zu widerlegen, was sie zu Recht als Grundlage der These *des Endgerichts* ansahen - nämlich dass JFKs Weigerung, Israels Bemühungen um die Atombombe zu unterstützen, dazu führte, dass der Mossad an der Verschwörung zur Ermordung JFKs beteiligt war. Die einzige energische Aktion zur Widerlegung der These fiel kläglich ins Leere.

Obwohl Tom Holmberg, einer der STDL-Kritiker, später auf amazon.com eine gemeine anonyme Verleumdung über den Autor postete, hatte er schließlich den Mut, die Rezension mit seinem Namen zu unterzeichnen. Dennoch überwogen die positiven Kritiken zu *Endgericht* bei weitem die Verwüstungen, die Holmberg, Uri Toch und seine Freunde angerichtet hatten.

NICHT KORRUPTE GEISTER WIEGEN SCHWER

Mit all dem im Hinterkopf können wir verstehen, warum die Israel-Lobby so entschlossen ist, *Judgement Final* zu unterdrücken. Es ist wirklich ein „gefährliches" Buch, zumindest aus ihrer Sicht. Die Israel-Lobby ist besorgt darüber, dass die Menschen glauben könnten, dass die in *Judgement Final* dargestellte Theorie Sinn macht.

Tatsache ist, dass die Leute, wenn ich meine These ungehindert denjenigen vorstellen konnte, die das Buch nicht gelesen hatten, sagen, dass die Theorie Sinn macht. Ein gutes Beispiel dafür ist, dass ich im Frühjahr 1999 (ein Jahr vor der Schaumburg-Affäre) eingeladen wurde, vor einem Crash-Ehrenkurs in Politikwissenschaft für ältere Menschen an der Thomas Worthington High School in der Nähe von Columbus, Ohio, zu sprechen. Obwohl Tom Molnar, der Lehrer, der mich eingeladen hatte, sich der vorangegangenen Raserei, die in Südkalifornien ausgebrochen war, bewusst war, blieb Molnar, zu seiner Ehre, unbeeindruckt. Trotz all dieser Kontroverse - oder vielleicht gerade wegen ihr - lud Molnar mich dennoch ein, das Wort zu ergreifen.

In den vergangenen Jahren hatte sich die ADL gegen die anderen Redner ausgesprochen, die Molnar eingeladen hatte. Als Molnar der ADL jedoch die Möglichkeit bot, sich an der Debatte mit diesen Rednern zu beteiligen, lehnten sie die Debatte ab. Auch eine „Ausladung" der Redner lehnte er ab. Die ADL gab auf.

Die schriftlichen Kritiken der Schüler zu meiner Präsentation standen in krassem Gegensatz zu dem antiintellektuellen Gezeter und den Wahnvorstellungen der ADL und ihrer Kumpane in der Stadtbibliothek des Landkreises Schaumburg. Hier eine Auswahl dessen, was vier dieser intelligenten, jungen, aufrichtigen und integren Geister sagten:

Michael Piper... wirkt kultiviert und ist ein Experte für Geschichte. Er hat seine Überzeugungen von Verbindungen übernommen, die er im Laufe seiner Ermittlungen aufgestellt hat.
Herr Piper scheint ein guter Mensch zu sein, und er scheint keine bösen Absichten gegenüber Juden oder Ausländern zu haben. Viele seiner Ideen scheinen einen Sinn zu ergeben, aber ich denke, dass einige seiner Verbindungen zu kompliziert erscheinen, um wahr zu sein. Er gibt auch zu, dass es keine stichhaltigen Beweise gibt und dass wir die Wahrheit hinter der berühmtesten amerikanischen Verschwörung vielleicht nie erfahren werden.

Michael war offensichtlich gut informiert, um in seinem Buch eine so gründliche, umfassende und glaubwürdige Sammlung von Ereignissen zu erstellen. Michaels Rede und seine Ideen interessierten mich sehr. Allein der Gedanke, dass seine Geschichte wahr sein könnte, ließ mich an allen anderen Versionen, die ich gehört hatte, zweifeln. Ich mochte seinen Versuch, die Wahrheit zu enthüllen, ohne den Ruf der Menschen in unvernünftiger Weise zu schädigen. Ich hoffe, das Buch „Endgericht" zu lesen und es aufmerksam zu lesen.

Herr Piper war sehr ehrlich und sagte, dass seine ganze Theorie nur eine Theorie sei und dass wir wahrscheinlich nie die ganze Wahrheit erfahren würden. Tatsächlich hatte ich das Gefühl, dass es eine Möglichkeit geben könnte, dass der Mossad schuldig ist, weil sie so eng mit allen verbunden sind, die offenbar in das Attentat verwickelt waren.

Anfangs fiel es mir schwer, seine Argumentation bezüglich der Mossad-Anklage zu verstehen, aber ich begann schnell, die Möglichkeit seiner Interpretation des Mordes an JFK zu sehen. Er erklärte, wie viele Menschen das Ereignis interpretiert hatten und warum seine Version relevanter war, und ich stimmte ihm zu. Ich mochte Herrn Piper. Er war sehr intelligent und seine Theorie war durchaus möglich und nachvollziehbar.

Gerade wegen der freundlichen Kritik von intelligenten Schülern wie diesem war die ADL so entschlossen, mich zum Schweigen zu bringen. Und ich freue mich, sagen zu können, dass laut Herrn Molnar mehrere der Schüler das Buch trotz der Einwände der ADL tatsächlich gelesen haben.
Letztendlich ist diese sehr unbequeme Frage nach den israelischen Atomwaffen eine Frage, die nie verschwinden wird. Am 2. Mai 2000 berichtete Hugh Dellios, der Auslandskorrespondent der *Chicago Tribune*, dass „müde davon, das Ausmaß der israelischen Atomwaffenkapazität zu erraten, Ägypten und andere arabische Länder eine entschlossene Kampagne gestartet haben, um das geheime Atomprogramm Israels endgültig zu entlarven. In New York drängen die Verantwortlichen des Nahen Ostens auf eine UN-Konferenz über nukleare Abrüstung in dieser Woche, um Israel offiziell Atommacht zu identifizieren und es zu zwingen, seine Anlagen für internationale Inspektoren zu öffnen."

Die *Tribune* bezeichnete die Situation als „unbequem" für die USA, die versucht hätten, das Wettrüsten zwischen Indien und Pakistan zu entmutigen, dabei aber Israels Anhäufung von Atomwaffen ignoriert hätten, und stellte fest, dass die Angelegenheit „Israel als das einzige Land in der Region, das sich weigert, den Vertrag [über die Nichtverbreitung von Atomwaffen] zu unterzeichnen, in Verlegenheit bringen könnte. " Die *Tribune* erklärte, dass „israelische Beamte, die sich zum ersten Mal weigerten, als Beobachter an der Konferenz teilzunehmen, sagen, dass sie ihre Politik nicht ändern werden, die sie als Grundstein für Israels Überleben in einer feindlichen Region aufrechterhalten".

Im *Bulletin of Atomic Scientists* vom September / Oktober 1998 (vor der Veröffentlichung seines Buches, *Israel and the bomb*) fasste Avner Cohen das Wesen des israelischen Nuklearwillens mit folgenden Worten zusammen: „Das Nuklearprogramm war wahrscheinlich Israels kompliziertestes Projekt. Das Atomprogramm war das zionistische Projekt par excellence, das darauf ausgelegt war, die physische Existenz des Staates Israel zu sichern. "

Jetzt jedoch steht „dieses ultimative zionistische Projekt" (das bei der Verschwörung zur Ermordung von JFK eine so wichtige Rolle gespielt hat) im Mittelpunkt der weltweiten Aufmerksamkeit.

BILL CLINTON GREIFT EIN - IN DER ART VON JFK

JFKs alter Bewunderer, Präsident Bill Clinton, wagte es seinerseits, im Frühjahr 1999 den Zorn der Israel-Lobby auf sich zu ziehen, als er Israels „geheime" Bombe öffentlich ansprach.

Am 14. Mai 1999 veröffentlichte die einflussreiche jüdische Wochenzeitung *Forward* einen Artikel, in dem sie ihre Empörung und Besorgnis zum Ausdruck brachte: „Präsident Clinton wirft zum ersten Mal Fragen von öffentlichem Interesse bezüglich des israelischen Atomprogramms auf. Der Artikel hob hervor, dass etwa 35 Mitglieder des US-Kongresses einen Brief an Clinton geschrieben hatten, in dem sie ihre Besorgnis über den inhaftierten israelischen Atomingenieur Mordechai Vanunu zum Ausdruck brachten, der als erster das israelische Programm zur Herstellung von Atombomben öffentlich dargelegt hatte.

In seiner Antwort in einem Brief vom 22. April 1999 an die Abgeordnete Lynn Rivers (D-Mich.) brachte Präsident Clinton mehr als nur seine eigene Besorgnis über Vanunus Notlage zum Ausdruck. Clinton sagte auch, dass „ich"... Ihre Besorgnis über das israelische Atomprogramm teile. Wir haben Israel und andere Nichtvertragsstaaten des Atomwaffensperrvertrags wiederholt aufgefordert, dem Vertrag beizutreten und die umfassenden Sicherungsmaßnahmen der Internationalen Atomenergiebehörde zu akzeptieren".

Forward berichtete, dass „jüdische Führer schockiert waren, als sie hörten, dass Clinton wegen Herrn Vanunu und dem israelischen Atomprogramm interveniert hatte", und zitierte die Reaktion des ADL-Direktors Abe Foxman (ein scharfer Kritiker von *Endgericht*), der Clinton ebenfalls angriff und sagte: „Ich kann nicht glauben, dass der Präsident einen solchen Brief schicken würde. Das sind sehr heikle Themen. Das ist so tadelnd".

Foxmans Abneigung gegen Präsident Clinton war jedoch nicht einzigartig. Malcolm Hoenlein, geschäftsführender Vizepräsident der Konferenz der Präsidenten der wichtigsten jüdischen Organisationen der USA, sagte: „Der Hinweis des Präsidenten auf das israelische Atomprogramm ist überraschend und besorgniserregend, soweit wir wissen, dass er beispiellos ist.

Nie zuvor gesehen - in der Öffentlichkeit. Aber nicht privat. Weil er eine ähnliche private Haltung einnahm, bezahlte Clintons Held John F. Kennedy mit seinem Leben.

DER FALL LEWINSKY

Ironischerweise ist es eine Tatsache, dass Bill Clinton selbst während der berühmten Lewinsky-Affäre, die zu seiner Amtsenthebung führte, möglicherweise Opfer der Mossad-Verschwörung wurde.

Viele amerikanische Konservative, die Bill Clinton hassten, waren ehrlich gesagt verwirrt, als ich in der Ausgabe des Wochenmagazins *Spotlight* vom 23. Februar 1998 schrieb: „Hillary Clinton mag Recht haben, es gibt eine „rechte Verschwörung", um ihren Mann zu zerstören.

Allerdings habe ich die Anhänger Israels sicherlich verärgert, als ich hinzufügte: „Aber erwarten Sie nicht, dass Hillary Ihnen sagt, welche „Rechte" hinter dieser Verschwörung steckt - und wie der Skandal benutzt wird, um die US-Politik im Nahen Osten zu manipulieren."

Hillary Clintons Argument, dass eine „rechte Verschwörung" in Amerika hinter dem Sex- und Meineidskandal steckte, der ihren Mann stürzen könnte, hatte einen großen Fehler: Schließlich waren es die wichtigsten Medien Amerikas - unter der Führung der *Washington Post* und *Newsweek*, zu denen sich auch die *New York Times* und das *Time* Magazine sowie die großen Fernsehnetze gesellten -, die den Skandal verursachten und andeuteten, dass dies Bill Clintons Ende sein würde.

Newsweek warb George Stephanapolous, Clintons langjähriger Vertrauter, an, um über Clintons „Verrat" zu schreiben, und der junge Stephanapolous, jetzt ein gut bezahlter Kommentator für ABC, ging sogar auf Sendung, um die Möglichkeiten von Resignation und Amtsenthebung aufzuwerfen.

Und niemand hatte jemals eine dieser großen Medienstimmen beschuldigt, die Stimme der „Rechten" - oder zumindest der „Rechten" in Amerika - zu sein.

DIE „RECHTE" VON WEM?

Dennoch hat die First Lady vielleicht etwas auf den Punkt gebracht, als sie behauptete, dass eine „rechte Verschwörung" den Skandal um „Monica-gate" anheizte. Die First Lady wagte es jedoch nicht (zumindest nicht öffentlich), den Verdacht aufkommen zu lassen, dass es nicht nur Teile der amerikanischen Rechten waren, die dazu beigetragen hatten, den Skandal einer breiten Öffentlichkeit bekannt zu machen.

Tatsächlich konnte man inmitten des Lewinsky-Skandals leicht eine Verbindung finden, die die extremistische „Rechte" in Israel mit dem „Monicagate" in Washington D. C.

Es ist also vielleicht kein Zufall, dass, während die rechtsgerichteten amerikanischen Anhänger Israels - der Likud-Block - eine große (und bittere) PR-Kampagne gegen Präsident Clinton starteten, die großen amerikanischen Medien die Initiative ergriffen und plötzlich Behauptungen über eine weitere „Sexcapade" Clintons aufstellten.

Hier sind einige wesentliche Fakten (die von den Mainstream-Medien selbst berichtet wurden), die inmitten der ganzen Aufregung um die viel diskutierten Behauptungen irgendwie untergegangen sind.

Erstens: Obwohl sich die Medien auf die ehemalige Mitarbeiterin des Weißen Hauses Linda Tripp und ihre New Yorker Aktivistenfreundin Lucianne Goldberg als Hauptanstifter des „Monica-gate" konzentrierten, wies die *Washington Post* am 28. Januar in einem am Ende der Zeitung versteckten Artikel ziemlich umständlich darauf hin, dass die Anwälte von Paula Jones, der jungen Frau, die den Präsidenten wegen sexueller Belästigung verklagte] „mehrere anonyme Hinweise erhalten hat, dass Lewinsky eine sexuelle Beziehung mit dem Präsidenten gehabt hätte."

Offenbar erst danach nahmen Paula Jones' Anwälte Kontakt zu Miss Lewinsky auf und informierten den Präsidenten darüber, dass ihre Beziehung zu Lewinsky aufgedeckt worden war.

Es ist anzunehmen, dass weder die besagte Tripp noch die besagte Goldberg die Quellen waren, da sie andere Interessen in der Clinton-Lewinsky-Sache zu nutzen hatten. Vielmehr wandte sich Tripp direkt an den Sonderstaatsanwalt Kenneth Starr. Daher lautete die große Frage: Wer informierte die Anwälte von Paula Jones darüber, dass es einen „unwiderlegbaren Beweis" für die Beziehung des Präsidenten zu Monica Lewinsky geben könnte?

Monica Lewinsky war eine Clinton-Loyalistin und es war natürlich nicht Miss Lewinsky, die die Geschichte an die Anwälte weitergegeben hat. *Also muss jemand, der dem Präsidenten nahestand - oder der ihm nahestehende Personen ausspionierte -, Jones' Anwälten erzählt haben, dass die Beziehung des Präsidenten zu Miss Lewinsky den Anwälten von Jones offenbart worden war.*

Obwohl Michael Isikoff von *Newsweek* (herausgegeben vom Meyer-Graham-Imperium, dem auch die *Washington Post* gehört*)* der erste Journalist war, der offiziell in der Geschichte „herumschnüffelte", stellt sich nun heraus, so die *Post*, die am 28. Januar beiläufig berichtete, dass William Kristol - allgemein als „Chefredakteur des *Weekly Standard* „beschrieben - einer der ersten war, der die Behauptungen „öffentlich erwähnte".

Kristols Rolle als einer der „Ersten", die die Geschichte in die Öffentlichkeit tragen, sehen Sie, ist für das Verständnis der Gesamtsituation von entscheidender Bedeutung. Kristol ist nicht nur der führende Kopf des milliardenschweren Medienmoguls Rupert Murdoch, eines wichtigen Verbündeten des radikalen israelischen Likud, sondern Kristol ist auch der Sohn des Journalisten Irving Kristol und der Historikerin Gertrude Himmelfarb, zwei selbsternannten „Ex-Marxisten", die seit langem als „neokonservative" Figuren mit engen

Verbindungen zu Israels „antikommunistischem Recht" in Erscheinung getreten sind".

Der junge Kristol ist wie seine Eltern ein „Likudnik" und hat Präsident Clintons Entscheidung, Israel „den Rücken zu kehren", scharf kritisiert. Es ist auch wichtig zu beachten, dass Kristol, wie Clinton, in die Bilderberg-Gruppe eingeweiht wurde, das hochrangige Elitekonklave der Außenpolitik, das von den Rockefeller- und Rothschild-Familien dominiert wird, obwohl Kristol (offensichtlich) mit der „republikanischen" Bilderberg-Partei identifiziert wird.

Und am 26. Januar, als die Lewinsky-Affäre begann, sich auszuweiten und Clinton zu verschlingen, veröffentlichte Kristol einen Brief an Clinton, in dem er den Präsidenten drängte, einen Militärschlag gegen Israels verhassten Feind, den Irak, zu starten. Eine ganze Reihe anderer berühmter amerikanischer Anhänger der israelischen „Rechten" hatte den Brief zusammen mit Kristol unterzeichnet.

Angesichts der Verbindung zwischen Kristol und Murdoch ist es daher interessant, dass Murdochs Fox-Kanal im Wesentlichen derjenige war, der das Spiel in den Medien der herrschenden Klasse anführte, indem er die anderen Kanäle zwang, miteinander zu konkurrieren.

Der Fox News Channel strahlte die Geschichte fast ohne Unterbrechung rund um die Uhr aus. Selbst wenn andere Berichte ausgestrahlt wurden, konnten sie aufgrund der Entwicklungen im Clinton-Skandal unterbrochen werden, unabhängig davon, wie banal sie waren.

DER DRUCK DER MEDIEN AUF CLINTON

Einmal ließ eine Fox-Sendung sogar einen Spezialisten für „Körpersprache" einfliegen, um ein Video von Clintons Treffen mit Miss Lewinsky in einer Empfangsleitung anzuschauen, woraufhin der sogenannte Spezialist erklärte, Clinton behandle das Mädchen, als sei sie „die First Lady".

Außerdem ist es nicht überraschend, dass einige der schmutzigsten Geschichten, die den Skandal ins Rollen brachten, in der *New York Post* sowie in anderen Murdoch-Zeitungen erschienen sind. Tatsache ist jedoch, dass es nicht nur die „Skandalpresse" war, die Druck ausübte. Auch die „verantwortlichen" Elemente der „Mainstream"-Presse - einschließlich der *New York Times* und der *Washington Post* - waren Teil des Kampfes gegen Clinton.

Währenddessen nannte die First Lady in ihrem Bemühen, „an der Seite ihres Mannes zu bleiben", den Fernsehprediger Jerry Falwell und dessen Freund, Senator Jesse Helms (R. N. C.), als Teil der „rechten Verschwörung", die ihren Präsidenten zu Fall bringen wollte.

Was Hillary nicht erwähnte, war, dass sowohl Falwell als auch Helms - wieder einmal - dem Likud, dem „rechtsradikalen" Block in Israel, besonders nahe standen und beide kategorisch gegen Präsident Clintons angebliche Unterstützung der israelischen Arbeitspartei sind, die dem Friedensprozess weitaus mehr zugeneigt ist.

Clinton war bei den israelischen Wahlen, die die extremistische Likud-Koalition an die Macht brachten, kein Anhänger von Binjamin Netanjahu vom Likud und geriet daher politisch in Verlegenheit, als Netanjahu gewann, indem er die Liberalen unter der Führung des scheinbar gemäßigteren Shimon Peres besiegte. Letzterer predigte Frieden; Netanjahu hingegen war unnachgiebig. Tatsächlich hatte sich der israelische Premierminister bereits vor seinem offiziellen Treffen mit Präsident Clinton mit Reverend Jerry Falwell, einem der vehementesten Kritiker Clintons, getroffen und mit ihm zusammen an einer Pro-Likud-Kundgebung teilgenommen. Sogar die *Washington Post* hatte am 22. Januar enthüllt, dass „ein hochrangiger Netanjahu-Vertreter erklärt hatte, dass der israelische Führer bereit sei, auf den Widerstand des Weißen Hauses zu reagieren, indem er seine „eigene Munition" in den politischen Kreisen der USA" - nämlich Falwell und die laute pro-zionistische „Christliche Rechte" - demonstriere.

In Israel selbst hatte die Presse laut der *Post* vom 24. Januar „über Clintons Behauptungen berichtet". Die *Post* behauptet, dass „das Interesse besonders groß zu sein schien, weil Monica Lewinsky Jüdin ist".

In der Ausgabe der israelischen Tageszeitung *Yedioth Aharonoth* vom 22. Januar 1998 kommentierte Nahum Barnea ironisch: „Wir dachten, das Schicksal des Friedensprozesses liege in den Händen einer in Prag geborenen Jüdin, Madeleine Albright. Offenbar liegt das Schicksal des Friedensprozesses in nicht geringerem Maße in den Händen einer anderen Jüdin, der 24-jährigen Monica Lewinsky aus Beverly Hills, die vor drei Jahren einen fröhlichen Sommer als Praktikantin im Weißen Haus verbracht hat."

Interessant ist, dass zu dem Zeitpunkt, als Barneas Äußerungen in der *Newsweek-Ausgabe* vom 2. Februar 1998 abgedruckt wurden, die dem Skandal eine Sonderausgabe widmete, *Newsweek* Barneas Äußerungen sorgfältig so redigiert hatte, dass sie wie folgt lauteten: „Es stellt sich heraus, dass das Schicksal des Friedensprozesses von einer anderen Frau abhängt".

Tatsächlich zwang der Skandal den Präsidenten dazu, sich in Bezug auf Israel zurückzuziehen. Am 27. Januar 1998 ließ die *Washington Post* wieder einmal die Katze aus dem Sack, als sie berichtete: „Letzte Woche hat Clinton gezeigt, dass er die Israelis nicht dazu zwingen kann, ihre Verantwortung für einen weiteren militärischen Rückzug zu übernehmen. Diese Woche [nach dem Skandal] ist er dazu noch weniger in der Lage, allein schon deshalb, weil die Leute in seiner eigenen Partei, ganz zu schweigen von den Republikanern, eine Politik des stärkeren Drucks auf Israel nicht unterstützen werden."

ERPRESSUNG DURCH DEN MOSSAD?

Es war vielleicht nicht wirklich überraschend, als am 3. März 1999 - als der Lewinsky-Skandal gerade aufflog - die radikale zionistische *New York Post* einen Skandal ausrief und titelte: „Monica's Rose Phone Scoop" und verkündete, dass ein neues Buch, *Gideon's Spies*, von Gordon Thomas, einem angesehenen und kampferprobten Autor, enthüllt habe, dass „Israel Bill mit Monica's Videos erpresst".

Die Geschichte, die in Thomas' Buch steht, behauptet, der Mossad habe Zugang zu auf Video aufgezeichneten Sexsessions zwischen dem Präsidenten und Miss Lewinsky gehabt und die Informationen benutzt, um Clinton zu zwingen, eine vorrangige FBI-Untersuchung über einen Mossad-Maulwurf auf höchster Ebene der nationalen Sicherheit abzubrechen.

Wahr oder falsch, die Veröffentlichung der Geschichte wurde von Clintons Kritikern (viele zur Freude ihrer Feinde in Israel) dazu benutzt, die Behauptung zu rechtfertigen, dass Clintons persönliche Kavaliersdelikte eine potenzielle Bedrohung für die nationale Sicherheit und ein weiterer Grund für ihre Absetzung seien.

HILLARY'S CUT?

Ist es angesichts all dessen wirklich außergewöhnlich, sich mitten in der Lewinsky-Kontroverse zu fragen, ob der Grund, warum First Lady Hillary Clinton die Gründung eines palästinensischen Staates forderte, ihre Art war, die Israelis davor zu warnen, was passieren könnte, wenn sie nicht aufhören, die Elemente zu unterstützen, die versuchten, ihren Mann von der Macht zu vertreiben?

Die Welt der politischen Hardliner ist in der Tat eine schmutzige Welt, und Hillary kann mit den besten von ihnen spielen, was ihre offensichtliche Herausforderung Israels gut belegt. Es war fast so, als würde Hillary in einer grässlichen (und sehr öffentlichen) Straßenschlacht einen Zapfenstreich ziehen.

Letztendlich hat Bill Clinton natürlich das Amtsenthebungsverfahren überlebt, aber es besteht kein Zweifel daran, dass die israelische Verschwörung hinter den Umständen stand, die zu seiner Amtsenthebung führten. Wir haben also gesehen, wie ein weiterer US-Präsident, in diesem Fall Bill Clinton, einer anderen Form von „Mord" durch Israel gegenüberstand.

Dies ist keineswegs eine Verteidigung Clintons, sondern eine Zusammenfassung der relevanten Fakten, die einen interessanten Einblick in die Modi der Machtpolitik in Washington in Bezug auf den Einfluss Israels geben.

CLINTONS MENTOR

Bill Clinton selbst war ein Schützling des Senators J. William Fulbright aus Arkansas, und das allein kann uns schon einiges über Clinton verraten. Als Fulbright gegen den Vietnamkrieg Stellung bezog, lobten die Mainstream-Medien Fulbright für seine „Offenheit". Als er jedoch eine ähnliche Position gegen die israelische Aggression im Nahen Osten einnahm, wurde er als „Antisemit" beschimpft. Am 15. April 1973 erklärte Fulbright in *Face the Nation* auf CBS :

> **Israel kontrolliert den US-Senat. Der Senat ist versklavt, viel zu sehr; wir sollten uns mehr um die Interessen der Vereinigten Staaten kümmern, anstatt Israels Befehle zu befolgen. Die große Mehrheit des US-Senats - etwa 80 Prozent - ist voll und ganz für Israel; was immer Israel will, bekommt Israel auch. Das wurde immer wieder bewiesen und hat die [Außenpolitik] für unsere Regierung schwierig gemacht.**

Nach einem großen Medienrummel um die Äußerungen des Senators flossen große Mengen jüdischen Geldes nach Arkansas und Fulbright wurde bei der Wiederwahl besiegt. Und es ist - alles in allem - wahrscheinlich kein Zufall, dass 1) die größten jüdischen Spendensammler Hillary Clintons republikanischen Gegner im Rennen um die Senatskandidatur im Jahr 2000 mitfinanzierten und dass 2) Hillary die jüdische Stimme knapp gewann, zur gleichen Zeit, als ihr demokratischer Parteifreund Al Gore die jüdische Stimme mit einer überwältigenden 80%igen Mehrheit gegen George W. Bush gewann. *Seien Sie versichert, dass die Israel-Lobby Hillary Clinton niemals vertrauen wird.*

Doch gleichzeitig ist das wachsende Bewusstsein für die Macht Israels unter einfachen Amerikanern, die sich nicht scheuen, das Thema zu diskutieren, eine Realität, mit der sich Israel und seine amerikanische Lobby auseinandersetzen müssen. Die Tatsache, dass *Judgement* Day nun „erschienen" ist und eine wachsende Zahl dieser Amerikaner - und viele andere - erreicht, ist eine weitere Zutat in der Mischung.

DER RABBIN gegen DEN GENERAL

Es besteht kein Zweifel daran, dass die Nachricht über das Jüngste *Gericht* immer weiter verbreitet wird. Am 29. Oktober 1998 berichtete die *Washington Jewish Week*, dass Rabbi Abraham Cooper, selbsternannter „Associate Dean" des Simon-Wiesenthal-Zentrums in Los Angeles, sich in einer seiner endlosen Pressemitteilungen darüber beschwert hatte, dass „in einem Interview mit dem syrischen Fernsehen der syrische Verteidigungsminister, General Mustafa Tlas, behauptete, der „internationale Zionismus" sei für die Ermordung des amerikanischen Präsidenten John F. Kennedy verantwortlich".

Der Rabbiner verlangte von den Syrern eine offizielle Klarstellung „darüber, ob diese von einer der mächtigsten Figuren Syriens geäußerten Ansichten die offizielle syrische Sicht der amerikanischen Geschichte widerspiegeln oder nicht", obwohl die Syrer sich bislang noch nicht mit einer Entschuldigung beeilt haben. Wie dem auch sei, einer meiner syrischen Freunde teilte mir mit, dass General Tlas ihm gesagt habe, dass er (der General) *„Final Judgement"* gelesen habe und mit den Schlussfolgerungen einverstanden sei.

Zuvor hatte Rabbi Cooper diejenigen angegriffen, die zu meiner Verteidigung gekommen waren, als ich von der Anti-Defamation League in Südkalifornien angegriffen worden war. Cooper sagte: „Sie müssen nicht beweisen, dass die Israelis an der Ermordung von JFK beteiligt waren; sie müssen nur den Verdacht säen, dass es so hätte sein können."

Endgericht hat Misstrauen gesät, aber nur, weil die in diesem Buch zusammengetragenen Fakten ein plausibles Szenario zeichnen, das genauso glaubwürdig ist wie andere Thesen, die zu diesem höchst umstrittenen Thema aufgestellt wurden. Das ist der Grund, warum Rabbi Cooper, die ADL und andere sich so unwohl fühlen.

DER LETZTE BRUDER

Gerade als die fünfte Auflage von *Judgement Final* für die Druckerei fertig war, passierte etwas Seltsames. Ich war eigentlich gerade dabei, an der Endfassung zu arbeiten, und spät in der Nacht des 14. Juni 2000 (gegen 23.30 Uhr) erhielt ich einen Anruf von einem Freund, der mir mitteilte, dass Senator Edward M. Kennedy und eine Gruppe von Leuten an den Außentischen des Hawk & Dove, eines beliebten Nachtclubs in der Nähe meines Büros auf Capitol Hill in Washington, „herumalbern" würden. Mein Freund bot mir an, dem Senator ein Exemplar von „*Judgement Final*" zu geben. „Warum nicht?", dachte ich. „Er hat wahrscheinlich auf die eine oder andere Weise davon gehört".

Ich signierte das Buch für Senator Kennedy und übergab es meinem Freund, der sich dann vorsichtig an den Senator wandte. Als Kennedy den großen Afroamerikaner mit der dunklen Sonnenbrille betrachtete, der sich ihm näherte, fragte er ihn: „Kann ich Ihnen helfen, Sir?". Mein Freund überreichte Kennedy das Buch und sagte: „Ein Freund von mir hat mich gebeten, Ihnen dieses Buch zu geben. Es geht um den Mossad". Der letzte Kennedy-Bruder hielt das Buch in den Händen und betrachtete den Einband (während seine Begleiter sich bemühten, zu sehen, worum es ging).

Als ich meinem Freund nach einer Weile das Buch überreichte, sagte Kennedy: „Danke, aber nein danke. Gott segne Sie und einen schönen Abend". Mein Freund nahm das Buch mit den Worten „Gott segne dich auch" entgegen und ging. Diese traurige kleine Geschichte sagt so viel aus, dass ich mich ein wenig schuldig fühle, den Senator diesem Experiment unterzogen zu haben, denn schließlich geht es hier um den Mord an seinem älteren Bruder.

Aber Tatsache ist, dass *Final Judgement* tatsächlich eine These aufstellt, die viele Amerikaner für richtig halten - und das ist etwas, was der Senator und seine Familie akzeptieren müssen.

Wenn es jemanden gibt, der weiß, wie plausibel das Szenario ist, dann ist es Ted Kennedy. Er kann uns einfach nicht erzählen, dass er die Bemühungen seines Bruders, Israel am Bau der Atombombe zu hindern, ignorierte oder dass er die Verbitterung, die sich zeigte, nicht kannte. Egal, wie sehr Ted Kennedy verkündet, dass er und seine Familie glühende Anhänger Israels gewesen seien, die Tatsachen beweisen das Gegenteil. Und auch die Israelis wissen das sehr genau.

Wir verstehen, warum Senator Kennedy sich gezwungen sieht, diese Dinge zu sagen und zu tun, aber wir hoffen auch, dass der Senator versteht, warum wir nicht wirklich glauben, dass er es ehrlich meint.

Aber ich lasse Sie hiermit allein: Einer der enthusiastischsten Befürworter von *Judgement Final* ist ein gewisser Gentleman, der ein enger Freund der Familie einer der bekanntesten Figuren aus dem inneren Zirkel des Weißen Hauses um JFK ist. Und auch wenn ich seinen Namen nicht preisgeben kann, sagt er viel aus.

DAS BUCH, DAS NICHT VERSCHWINDEN WIRD

Wie lautet meine eigene abschließende Analyse von *Final Judgement?* Ich hoffe insbesondere, dass *„Judgement Final"* die verdiente Anerkennung erfährt und dass die Menschen, die das Buch gelesen haben, sich mehr Mühe geben, die darin enthaltenen Behauptungen zu untersuchen. Ich hoffe, dass die Menschen in der Lage sein werden, Dokumente oder andere Informationen zur Verfügung zu stellen, die Dinge bestätigen, über die ich nur spekulieren konnte.

Vielleicht bringt die Veröffentlichung von *Endgültiges Urteil letztlich* neue Zeugen hervor, die uns Dinge erzählen können, die wir noch nie zuvor erfahren haben. Ich behaupte nicht, dass ich der letzte Schiedsrichter des JFK-Attentats bin (trotz des vielleicht anmaßenden Titels meines Buches), aber ich glaube, dass es sich allem annähert, was geschrieben wurde, um die gesamte Verschwörung zusammenzufassen. Ich bin gespannt, wie sich das, was ich in *Endgültiges Urteil* beschrieben habe, auf künftige Ermittlungsbemühungen zu diesem Thema auswirken wird.

Ich habe es schon einmal gesagt, aber es verdient, wiederholt zu werden. Ich glaube, ich habe einen neuen Blick auf ein sehr großes Puzzle geworfen, das ein bemerkenswert komplexes und etwas verschwommenes Bild zeigt. Was das Puzzle betrifft, so sehen Sie vor sich all die verschiedenen Gruppen und Einzelpersonen, die an dem Mordkomplott gegen JFK beteiligt waren - ein äußerst verwirrendes Bild.

Wenn Sie das Puzzle jedoch umdrehen, finden Sie ein vollständiges Bild - und das ist ein großes, klares Bild der israelischen Flagge. Alle anderen Flaggen auf der Vorderseite des Puzzles sind im Geheimdienstjargon „falsche Banner", und *Judgement Final* ist der Beweis dafür.

Final Judgement kann zu Recht als „das Buch, das sie zu verbieten versuchten" bezeichnet werden. Aber was noch wichtiger ist: Letztendlich fasst *Endgericht* eine These zusammen, die sie nicht diskreditieren können. Der Geist ist aus der Lampe gekommen und weder *Final Judgement* noch die These, die es aufstellt, stehen kurz davor, sich in Luft aufzulösen.

- **MICHAEL COLLINS PIPER**

Hier ist eine Vorlage für einen Brief, den Sie an Ihre Lokalzeitung schreiben können, um bei der Werbung für *„Judgement Final"* zu helfen.
An die Redaktion :
Ein neues brisantes Buch beschuldigt den israelischen Geheimdienst Mossad, bei der Ermordung von John F. Kennedy mit der CIA und der Unterwelt zusammengearbeitet zu haben, weil JFK sich gegen Israels Bemühungen um den Aufbau eines Atomwaffenarsenals gestellt hatte.

Das Buch „Endgericht" von Michael Collins Piper ist nicht im Buchhandel erhältlich, wurde aber immer wieder als „heimlicher Bestseller" bezeichnet. Der Inhalt von „Judgement Final" ist wie folgt:

Als der Staatsanwalt von New Orleans, Jim Garrison, den Geschäftsmann Clay Shaw wegen Beteiligung am JFK-Mordkomplott anklagte, stieß Garrison auf die Verbindung zwischen dem Mossad und der Ermordung von Präsident Kennedy.

Shaw saß im Vorstand einer Schattenfirma, die unter dem Namen Permindex bekannt war und als Mossad-Fassade für die „Waffenbeschaffung" fungierte, die mit den Geldwäscheoperationen von Meyer Lansky mit Sitz in der Schweiz verbunden war, dem Chef des internationalen Verbrechersyndikats, der an vielen Fronten eng mit der US-amerikanischen CIA zusammenarbeitete.

In „Endgericht" wird die Verbindung zwischen Israel und der Ermordung von JFK auf erschreckende Weise dargelegt - und vollständig dokumentiert. Wussten Sie zum Beispiel, dass :

- JFK in einen erbitterten geheimen Konflikt mit Israel über die amerikanische Nahostpolitik verwickelt war und dass der israelische Premierminister angewidert von JFKs Haltung, die das Überleben Israels selbst bedrohte, zurücktrat?
- JFKs Nachfolger Lyndon Johnson die US-Politik gegenüber Israel sofort umkehrte?
- die größten Mafia-Größen, die oft beschuldigt werden, hinter der Ermordung von JFK zu stecken, nur Strohmänner für Meyer Lansky waren?
- War James Angleton, der Verbindungsmann der CIA zum Mossad, der Initiator der Vertuschung des JFK-Attentats?

Warum hat Oliver Stone dies in seinem Film „JFK" nicht erwähnt? Es stellte sich heraus, dass der wichtigste finanzielle Unterstützer von Stones Film Arnon Milchan war, Israels größter Waffenhändler und langjähriges Mitglied des Mossad.

Ein jüdisch-israelischer Friedensaktivist approved *Final Judgement*

Dies ist die bemerkenswerte und eindeutig aufrichtige Unterstützungsbotschaft zu *Judgement Final*, die am 5. September 2000 von David L. auf *amazon.com* veröffentlicht wurde. Rubinstein, dem Israeli-Amerikaner aus Tel Aviv in Israel, veröffentlicht wurde.

Rubinsteins wunderbare Kritik zerstört den alten, müden Mythos - propagiert von der radikalen Anti-Defamation League (ADL) der B'nai B'rit -, dass *Judgement Final* in gewisser Weise „antisemitische Hasspropaganda" sei. Die Kritik wird im Folgenden dargestellt:

Israels Staatsterrorismus entlarvt - Ein erstaunliches Buch

„Ein Standardwerk zur modernen amerikanischen Geschichte, das in der Bibliothek jedes ernsthaften Historikers sowie aller betroffenen Amerikaner stehen sollte. Erlauben Sie mir, meine Gründe zu nennen.

„Dieses Buch ist eine außergewöhnliche Leistung des investigativen Journalismus. Die Informationen und Fakten, die Piper aufdeckt, werden auf äußerst wirkungsvolle Weise eingesetzt, um eine ganze Reihe von israelisch-jüdischen Aktionen aufzudecken, die zur Ermordung von JFK führten (der ein unerbittlicher Gegner des israelischen Atomwaffenprogramms in den frühen 60er und 50er Jahren war).

„Die Tiefe und Gründlichkeit von Pipers investigativem Journalismus sind atemberaubend. Das Buch ist gleichzeitig sehr leicht zu verfolgen und zu verstehen, da Piper seine vernichtende These methodisch aufbaut, um die Tiefe der israelischen Verwicklung in die Ermordung von JFK aufzuzeigen.

„Sobald ich angefangen hatte, dieses Buch zu lesen, konnte ich buchstäblich nicht mehr aufhören, bis ich es beendet hatte. Ich empfehle dieses Buch wärmstens als eine Möglichkeit, seinen Geist über die Grenzen der modernen Medien hinaus zu erweitern, die dieses Buch streng unterdrückt haben, es ist tatsächlich fast ein Tabu für Mainstream-Buchhändler, es auf Lager zu haben.

„Als israelisch-amerikanischer Friedensaktivist begrüße ich dieses Buch. Dieses Buch ist heute, da die Suche nach Frieden im Nahen Osten weitergeht, umso aktueller. Als Israelis und Juden in der Welt, denen unser Land am Herzen liegt, halte ich es für richtig und angemessen, eine aufgeklärte und energische Debatte über die Fehlhandlungen unserer Regierung in einer offenen und aufgeklärten Weise zu führen. Nur so können wir die schlimmsten Auswüchse des Zionismus bremsen. Dieses Buch bietet uns allen eine solche Gelegenheit".

David L. Rubinstein
Tel Aviv, Israel

Warum verwirft die Israel-Lobby vierzig Jahre gut gemeinte Untersuchungen durch von Forschern in Bezug auf die Ermordung von JFK?

Obwohl einige JFK-Mordforscher wie Debra Conway und John Judge das Jüngste *Gericht* schnell verurteilten und die Bemühungen der Anti-Defamation League (ADL) der B'nai B'rith, so zu handeln, persönlich unterstützten, ist es eine Tatsache, dass die ADL von aufrichtigen Forschern, die daran arbeiteten, die Wahrheit über das Attentat ans Licht zu bringen, nur sarkastische Bemerkungen zu hören bekam.

In einem Bericht vom Herbst 2003 mit dem Titel *Unraveling Anti-Semitic 9-11 Conspiracy Theories (Entwirrung antisemitischer 9/11-Verschwörungstheorien)* - der nichts mit der Ermordung von JFK zu tun hatte - verglich die ADL beispielsweise die aktuellen Fragen, die im Zusammenhang mit den Anschlägen vom 11. September aufgeworfen werden, mit den Fragen, die im Zusammenhang mit der Ermordung von JFK aufgeworfen werden. Die ADL bezeichnete die Forscher als einen der „Verschwörungstheoretiker" - ein lächerlicher Begriff im Lexikon der ADL -, die die Gesellschaft stören. Laut der ADL

> **Eine anfänglich fehlerhafte Berichterstattung, die später korrigiert wurde, wird zu einer „wahren Geschichte", die später „vertuscht" wurde. Darüber hinaus kann praktisch jeder unerklärte oder widersprüchliche Aspekt eines Ereignisses als „Beweis" dienen. Im Fall der Ermordung von John F. Kennedy waren die Verschwörungstheoretiker der Ansicht, dass die Schüsse auf JFK zu schnell gemeinsam abgegeben wurden, um von einer einzigen Person abgefeuert worden zu sein.**

Kurz gesagt, in wenigen (aber sehr ernst gemeinten) Sätzen verwirft die ADL 40 Jahre harte Arbeit von vielleicht Hunderten - oder sogar Tausenden (Debra Conway und John Judge eingeschlossen) - von Menschen, die es gewagt haben, die Linie der Warren/ADL-Kommission zum JFK-Fall in Frage zu stellen.

In der verdrehten Version der ADL-Geschichte rühren die einzigen Zweifel an der Ermordung JFKs daher, dass „die Verschwörungstheoretiker der Meinung waren, dass die Schüsse auf JFK zu schnell aufeinander folgten, um von einer einzigen Person abgefeuert worden zu sein". Das ist beleidigend und absurd - ein bösartiger Angriff sowohl auf aufrichtige Forscher als auch auf die Millionen von Menschen, die davon überzeugt sind, dass die offizielle Theorie der Warren-Kommission/ADL vom „isolierten Spinner" eine Lüge ist.

Für die durchschnittliche Person, die den Lügen der ADL ausgesetzt ist - darunter viele Journalisten, Sekundarschullehrer, Bürgerführer und andere -, könnte die falsche Darstellung der sehr realen Beweise für die Ermordung von JFK durch die ADL jedoch sehr irreführend sein.

Und das wirft natürlich die Frage auf, warum die ADL so entschlossen ist, die Vertuschung der Ermordung von JFK zu unterstützen. *Debra Conway und John Judge sollten herausfinden, warum.*

„Ein weiterer Zufall" mit Beteiligung Israels? Jack Rubys Rabbiner und die Warren-Kommission.

Wie sich herausstellte, war Jack Rubys Rabbi Hillel Silverman die wichtigste „Quelle" in Bezug auf das endgültige Urteil der Warren-Kommission, dass Jack Ruby ein einfacher - etwas verrückter - Nachtclubwächter gewesen sei, der Lee Oswald aus Mitleid mit JFKs Familie getötet habe. Und wir wissen jetzt, warum sich die Warren-Kommission Silvermans Behauptungen zu Herzen nahm.

Die Geschichte der Verbindung zwischen der Warren-Kommission und Silverman wird von Dave Reitzes erzählt, der am 28. November 2003 von der angesehenen jüdischen Zeitung *Forward* dafür gelobt wurde, dass er geholfen habe, das, was *Forward* als „verrückte" Theorien über den Mord an JFK bezeichnete, zu etablieren, wobei er die Theorie des *Jüngsten Gerichts* - obwohl er dieses Buch nicht beim Namen nannte - als eine der „unheimlichsten" beschrieb.

Auf seiner Website **jfk-online.com** zitiert Reitzes die Seiten 35 bis 37 von *Final Disclosure*, den Memoiren von David Belin, dem besten Anwalt der Warren-Kommission und Hauptverteidiger der Theorie, dass Oswald ein „einsamer Stalker" war und Ruby nicht Teil einer Verschwörung war. Laut Reitzes

> **Rabbi Silverman war einer von Rubys Vertrauten nach ihrer Verhaftung. Er traf sich zum ersten Mal am 25. November mit ihr und danach etwa ein- bis zweimal pro Woche, bis Silverman im Juli 1964 nach Los Angeles zog.**
>
> *Silverman freundete sich auch mit David W. Belin an, einem jungen Anwalt der Warren-Kommission. Die beiden Männer lernten sich im Sommer 1963 während einer Studienreise nach Israel kennen.*
>
> Auf einer von Belins ersten Reisen nach Dallas im Auftrag der Kommission fragte er Silverman nach seiner Meinung zu der Frage, ob Ruby Teil einer Verschwörung sei. 'Jack Ruby ist absolut unschuldig an einer Verschwörung', antwortete Silverman ohne zu zögern. [Hervorhebung durch Michael Collins Piper].

Diese „Merkwürdigkeit" „beweist" nichts. NACHDEM: Wie wahrscheinlich ist es, *dass in einer Zeit, in der nur wenige Amerikaner nach Israel reisen*, ein Rabbiner aus Dallas und ein jüdischer Anwalt aus Des Moines sich gemeinsam in Israel zu einer „Studienreise" treffen und dass innerhalb von sechs Monaten eines der Mitglieder der Rabbinerkongregation den mutmaßlichen Mörder eines amerikanischen Präsidenten ermordet und dass einer der Anwälte, die dieses Verbrechen untersuchen, von all den Anwälten, ganz zu schweigen von den jüdischen Anwälten, im Land - der Anwalt aus Des Moines ist?

Kritiker werden sagen, dass das Aufwerfen dieses Themas „antisemitisch" ist, aber Tatsache ist, dass niemand es jemals gewagt hat (aus Angst, als „antisemitisch" bezeichnet zu werden), auf den offensichtlichen Interessenkonflikt für David Belin aufgrund seiner religiösen Beziehung vor der Ermordung mit dem persönlichen religiösen Berater einer der Schlüsselfiguren in der JFK-Kontroverse hinzuweisen.

Wie der Mossad sich geschickt vor aller Augen versteckte: „Der unübersehbare Fingerabdruck" in der JFK-Verschwörung

Der verstorbene G. K. Chesterton (1874-1936) lieferte einen Weg, die Rolle des Mossad innerhalb der JFK-Verschwörung zu verstehen, in der Geschichte seines fiktiven Detektivs *Father Brown,* der während eines Abendessens in einem eleganten Hotel ein Verbrechen vereitelt. In *The Queer Feet* infiltrierte der Bösewicht die Party und verschwand mit dem Tafelsilber, während eine Handvoll Kellner und vornehme Gäste anwesend waren. Da die Kellner und Gäste in Abendgarderobe gekleidet waren, zog sich auch der Dieb entsprechend an. Seine Fähigkeit, trotz seines einzigartigen Kostüms entsprechend zu handeln und zu posieren, machte sein Verbrechen möglich.

Im Speisesaal nahm der Verbrecher die Pose eines geschickten Kellners ein, der sich schnell und präzise bewegte - ein „unterwürfiger Angestellter" -, der Abstand hielt und die Augen schweifen ließ. Als er sich anderswo bewegte, nahm der Dieb die einfachen Gesten, die lässigen Manieren - „die zerstreute Frechheit"- eines Plutokraten der Gesellschaft an und ignorierte den Diener, während er sich unter ihnen bewegte.

Glücklicherweise befand sich Pater Brown im Hotel, und während das Verbrechen im Gange war, hörte er „die seltsamen Schritte", d. h. den plötzlichen Wechsel des Schrittgeräuschs des Banditen, der sich in den Speisesaal schlich und ihn wieder verließ und dabei blitzschnell seinen Charakter von einem schnell gehenden „Kellner" zu einem ruhigen Aristokraten wechselte. Pater Brown fing den Verbrecher und war der Held des Tages.

Pater Brown erklärte: „Ein Verbrechen ist wie jedes andere Kunstwerk. Jedes Kunstwerk, ob göttlich oder teuflisch, hat ein unumstößliches Kennzeichen - das Zentrum des Kunstwerks ist einfach, egal wie kompliziert die Ausführung sein mag. Jedes intelligente Verbrechen beruht letztlich auf einer ziemlich einfachen Tatsache - einer Tatsache, die selbst nicht geheimnisvoll ist. Die Mystifikation kommt dadurch, dass man sie verbirgt, indem man die Gedanken der Menschen davon entfernt".[335] *So verhält es sich auch mit dem Mord an JKF.*

Aufgrund seiner Fähigkeit, so unterschiedliche Gruppen wie die CIA, das organisierte Verbrechen, bestimmte Personen und Organisationen der „Rechten" in den USA und Exilanten der Castro-Bewegung zu infiltrieren und/oder zu manipulieren oder mit ihnen zusammenzuarbeiten, hat der Mossad eine schützende Rolle gespielt, indem er hinter den anderen Verschwörern agiert und dennoch effektiv in der Öffentlichkeit agiert, versteckt vor aller Augen, wie sie sagen.

---

[335] Ich schließe mich George O'Toole an, der als Erster Pater Browns Bemerkungen im Zusammenhang mit der JFK-Verschwörung zitiert hat, obwohl O'Toole sich natürlich nicht auf den Mossad bezogen hat.

Als solches gingen die Rolle des Mossad und sein Motiv für die Aktion gegen JFK - seine Bemühungen, Israel am Bau von Atomwaffen zu hindern - in den zahlreichen scheinbar unzusammenhängenden und scheinbar konkurrierenden Verschwörungstheorien unter, die nach dem Attentat auftauchten.

Nennen wir es das „fehlende Glied" oder „das verborgene Bild auf der Rückseite des Puzzles" oder den „unumgänglichen Fingerabdruck", der auf den Täter hinweist, die Schlussfolgerung, so unbequem sie für manche auch sein mag, ist, dass bei der Ermordung von JFK die Verbindung zum Mossad unausweichlich ist.

Die folgenlose Gruppe von Exilkubanern war sie eine Fassade des Mossad? Die seltsame Geschichte von Paulino Sierra und Peter Dale Scott

Die *eingehende* Untersuchung des Exilkubaners Paulino Sierra, der im April 1963 mit vollen Taschen auftauchte und anbot, die Exilfraktionen unter dem Banner einer neuen, von ihm selbst geschaffenen Organisation, der Junta der kubanischen Exilregierung (JGCE), zu „vereinen", könnte eine mögliche Erklärung für das Rätsel sein, wie der Mossad die „falschen Banner" der Exilkubaner in der JFK-Verschwörung benutzte. Viele Forscher haben sich auf Sierras Machenschaften bezogen, ebenso wie die Kommission zur Untersuchung der Attentate in den 1970er Jahren. Wie wir sehen werden, gibt es noch viel mehr zu berichten.

Eines ist sicher: Laut Warren Hinckles Buch *Deadly Secrets* war der Chicagoer Sierra „ein unbekannter Wert für die Exilanten in Miami". Laut Sierra „finanzierten ihn die Glücksspielkreise von Las Vegas und Cleveland" und tatsächlich wurde ein „beträchtlicher" Geldbetrag über Sierras Arbeitgeber in Chicago, die Union Tank Car Company, geleitet, obwohl die Union die Kenntnis der *tatsächlichen* Quelle der Gelder verneinte.

Während das FBI wenig Interesse an dem reichen Sierra zeigte, stellte die CIA *zwei Tage vor der Ermordung von JFK* fest, dass Sierra „ein mysteriöser Mann bleibt, was seinen Lebensunterhalt, aber auch seine langfristigen Ziele betrifft. Vielleicht versorgen ihn seine mysteriösen finanziellen Unterstützer mit genug Geld, um den Topf vorerst am Kochen zu halten." [Hervorhebung durch den Verfasser].

Obwohl Sierra Gelder an viele Exilanten verteilte, hieß es, dass „das Geld in Rauch aufging, ohne dass man genau wusste, wohin". Dies war nicht unbedingt wahr. Tatsächlich finanzierten Sierra und seine „mysteriösen Auftraggeber" das von Frank Sturgis, einem alten Mossad-Agenten, geleitete Trainingslager für kubanische Exilanten in New Orleans, in dem 1963 die JFK-Attentäter Guy Banister, David Ferrie und Lee Oswald und/oder sein „Doppelgänger" gesehen wurden. Letztendlich schloss Sierra, kaum mehr als einen Monat nach den Ereignissen in Dallas, im Januar 1964 seinen Laden und, wie Hinckle es ausdrückt, „man sollte nichts mehr von ihm hören". Es scheint, dass Sierras Ziel erreicht wurde.

Tatsächlich war es Sierra, der den - auf der ersten Seite des Vorworts zu *Judgement Final* erwähnten - Waffenverkauf finanzierte, über den ihm ein Bundesinformant innerhalb der kubanischen Gruppen (ein gewisser Thomas Mosley) gesagt hatte: „Wir haben jetzt viel Geld - unsere neuen finanziellen Unterstützer sind die Juden - sobald sie sich um JFK gekümmert haben".

Heute haben die meisten Schriftsteller, wie wir in *Judgement Final* gezeigt haben, den Ausdruck „die Juden" sorgfältig gestrichen, wenn sie den Vorfall beschrieben, und/oder das Wort „sie" in „wir" geändert oder das Thema umgangen, indem sie feststellten, dass es nicht klar war, ob „wir" oder „sie" sich um Kennedy „kümmern" würden, die Gesamtheit der Geheimnisse um Sierra - gepaart mit den Dokumenten in *Judgement Final* - deutet wieder auf ein wahrscheinliches „wir" hin. Hier sind die Gründe dafür:

Angesichts der Tatsache, dass Sierra von „den Glücksspielkreisen in Las Vegas und Cleveland" finanziert wurde, führt uns das unzweifelhaft zu Morris Dalitz (früher in Cleveland ansässig), Lanskys Hauptkontaktmann in Las Vegas, der ein Anteilseigner von Mossad-Agent Tibor Rosenbaum von Permindex war, der, wie wir gesehen haben, eine zentrale Rolle in der JFK-Verschwörung spielte.

Mit anderen Worten: Wenn - wie wir hier behaupten - Sierras No-Name-Organisation eine „Fassade" des Mossad war, um die Operationen in New Orleans, die zur Orchestrierung des JFK-Mordes genutzt wurden, über die Aktivitäten von Frank Sturgis, Guy Banister und David Ferrie zu finanzieren und zu manipulieren, ganz zu schweigen von Clay Shaw, einem Mitglied des Permindex-Vorstands, wurde das Geld von den Glücksspielunternehmen des Lansky-Syndikats bereitgestellt, die, wie erwähnt, mit der Permindex des Mossad verbunden waren.

Wie der ehemalige Mitarbeiter des Nationalen Sicherheitsrats Roger Morris in *The Money and the Power*, seiner Geschichte der Machenschaften in Las Vegas - in der er insbesondere die zahlreichen israelischen Verbindungen der in das Verbrechen verwickelten Personen hervorhebt - aufzeigt, waren die Kasinos von Lansky und Dalitz zudem stark in die Geldwäsche involviert, die mit den geheimen Aktivitäten der CIA und auch - obwohl Morris dies sicherlich nicht erwähnt - des Mossad in Verbindung stand, die in vielen Ländern des Nahen Ostens die Machenschaften der CIA kreuzten.

Peter Dale Scott scheint besonders besorgt über die Umstände rund um die Geschichte, dass „unsere neuen Auftraggeber die Juden sind", und behauptet, dass dies als Teil eines Aktionsplans der wahren Verschwörer hinter dem Attentat (die Scott nie nennt) ausgeheckt wurde, um eine PR-Kampagne zu starten, die „die Juden" für die Ermordung von JFK beschuldigt. *Das Problem ist natürlich, dass selbst wenn Antisemiten solche Behauptungen aufstellten, ihre Bemerkungen nicht ein einziges Mal außerhalb antisemitischer Kreise glaubwürdig waren oder gefördert wurden! Die Theorie, dass „die Juden" hinter dem Attentat steckten, hatte keinerlei öffentliches Interesse.* Es versteht sich von selbst, dass Scott - und andere Personen, die diese Behauptung aufstellen - diese völlig relevante Tatsache ignorieren.

Allerdings wird, wie man so schön sagt, die Verschwörung immer dicker. Es gibt noch viel mehr zu erzählen. Scott behauptet außerdem, dass die Geschichte, die nahelegt, dass Sierras Gruppe - angeblich von „Juden" finanziert - an dem Mord beteiligt war, Teil einer subtileren Verschwörung der wahren Verschwörer (die Scott nie nennt) war, um Robert Kennedy zu zwingen, jede ernsthafte Untersuchung des Mordes an seinem Bruder zu blockieren.

In diesem Zusammenhang behauptet Scott, dass Sierra in Wirklichkeit ein Vermittler der Anti-Castro-Operationen war, die Robert Kennedy „parallel" (im Namen seines Bruders) durchführte, während JFK Castro Empfehlungen für gutes Benehmen aussprach. Tatsächlich war Sierras Operation *möglicherweise* Teil der durchgeführten Aktion - ein gewisser Enrique Ruiz Williams, soll die Kontaktstelle zwischen RFK und Sierra gewesen sein. Das Wesentliche an Scotts Szenario ist, dass die Möglichkeit, dass Sierras Gruppe in das Attentat verwickelt war, RFK dazu zwang, die Untersuchung des Mordes an JFK aufzugeben, weil dies nach hinten losgehen und die Verschwörungen der Kennedy-Familie gegen Castro aufdecken könnte.

Wie Scott jedoch betont, traf sich Sierra im April 1963, als er seine verdächtige „Junta" aufbaute, mit Allen Dulles, dem ehemaligen Direktor der CIA, Lucius Clay, dem Seniorpartner von Lehman Brothers, der berühmten jüdischen Bankkanzlei „Our Crowd" und dem Anwalt Morris Liebman. Was Scott nicht erwähnt, ist, dass Liebman eine wichtige Rolle in mehreren großen, mit dem Geheimdienst verbundenen Institutionen spielte, die integraler Bestandteil dessen sind, was man heute das „neokonservative" Netzwerk nennt, das für seine Entschlossenheit bekannt ist, die Sicherheit Israels in den Mittelpunkt der gesamten US-Außenpolitik zu stellen. Sierras Kontakte gingen also weit über seine Rolle als Agent für RFK hinaus.

Was Scott unbedingt vermeiden möchte, ist die Wahrscheinlichkeit, dass der Mossad der eigentliche Drahtzieher von Sierra war oder dass der Mossad in einem von Kennedy in Auftrag gegebenen geheimen Mordkomplott gegen Castro niederrangige Agenten kooptierte und sie für das Ziel des Mossad, nämlich die Ermordung von John F. Kennedy, einsetzte.

Der Mossad hätte sicherlich die Brillanz darin gesehen, ein streng geheimes (und potenziell skandalöses) Unternehmen der Kennedy-Familie als „Tarnung" für seinen eigenen Plan, JFK aus dem Weißen Haus zu entfernen, zu nutzen.

Peter Dale Scott soll in seinem Beisein gegen jeden, der es wagte, das *Jüngste Gericht* zu erwähnen, erbittert vorgegangen sein. Wir können verstehen, warum. *Endgericht* bringt die fehlenden Teile des JFK-Puzzles zusammen - jene Aspekte, die Scott (und andere wie er) *aus Gründen, die nur ihnen bekannt sind,* lieber vermeiden oder unterdrücken würden.

Die Verbindung des Mossad zum Geheimdienst von New Orleans; die lange vertuschte Geschichte von Fred (Efraim) O'Sullivan

Kritiker, die behaupten, das *Jüngste Gericht* sei „antisemitische und antiisraelische Propaganda", werden Schwierigkeiten haben, die Enthüllungen zu erklären, die in der internationalen Ausgabe der *Jerusalem Post* vom 3. Dezember 2004 in einem Artikel von Arieh O'Sullivan, Militärkorrespondent der *Post,* einer der prominentesten Zeitungen Israels, erschienen sind. In seinem Artikel „Die Geheimnisse von Dallas: 41 Jahre nach JFK, was mein Vater mir immer noch nicht sagen will" erfahren wir, dass der Autor der Sohn von Fred O'Sullivan ist, der am 7. April 1964 als 26-jähriger Detective des Sittendezernats der Polizei von New Orleans vor der Warren-Kommission aussagte.

Der ältere O'Sullivan war einen Block von Lee Harvey Oswald entfernt aufgewachsen und hatte Oswald im Unterricht gegenüber gesessen, ihre Nachnamen begannen beide mit dem Buchstaben „O", und später hatte er Oswald rekrutiert, um sich einer zivilen Luftpatrouilleneinheit (CAP) in New Orleans anzuschließen, zu einer Zeit, als David Ferrie bei der CAP operierte.

Rückblickend erscheinen O'Sullivans Aussagen und Erklärungen gegenüber dem FBI und der Warren-Kommission sowie den Ermittlern der Morduntersuchungskommission in mancher Hinsicht etwas (und vielleicht absichtlich) vage, was die genauen Verbindungen zwischen Ferrie und Oswald betrifft. Und wir werden gleich verstehen können, warum das so ist.

In der *Jerusalem Post* behauptet der junge O'Sullivan, dass sein Vater - der jetzt in einem Pflegeheim in Mississippi lebt und dessen Gehirn durch Schlaganfälle geschwächt ist - die Meinung geäußert habe, dass „Lee" JFK „ganz allein" getötet habe, aber er fügte hinzu: „Nun gut, ich habe meine eigene Vermutung, wer ihm dabei geholfen hat". O'Sullivan behauptet: „Mein Vater hat immer angedeutet, dass es eine lange Geschichte ist und dass sich die Verschwörungen zum Mord an JFK und dem schwarzen Bürgerrechtler Martin Luther King Jr... in New Orleans kreuzten." Hier wird die ganze Sache interessant, zumindest was die Wahrscheinlichkeit einer Verbindung des Mossad mit der Ermordung von JFK und deren Vertuschung betrifft.

Es stellt sich heraus, dass Detective Fred O'Sullivan als Kommandant des polizeilichen Nachrichtendienstes in New Orleans endete und später, wie der junge O'Sullivan schreibt, „unseren Weihnachtsbaum wegwarf, die große Messingmenora anzündete und in das Land Zion flog". Mit anderen Worten: O'Sullivan konvertierte zum Judentum und zog mit seiner Familie nach Israel, wo er zu „Efraim"- und nicht mehr zu „Fred" wurde.

Der junge O'Sullivan beschreibt, wie sein Vater „Geheimnisse besser als jeder andere bewahrt" hätte. Er schreibt: „Einmal stieß ich in der Schublade seines Schreibtischs auf einen libanesischen Führerschein, der auf seinen Namen ausgestellt war und sein Foto enthielt. Er ignorierte ihn und sagte mir, dass es zu meinem Besten sei, dass ich es nicht weiß. Ich wurde dazu erzogen, es nicht zu wiederholen".

Offensichtlich ist der ehemalige Leiter der New Orleans General Intelligence Squadron, Fred O'Sullivan, für den israelischen Mossad tätig geworden. O'Sullivan erklärt uns das, ohne es uns direkt zu sagen. Und heute ist der Sohn von diesem zuverlässigen irisch-katholischen amerikanischen Polizisten, der zum Judentum konvertiert ist, sich in Israel niedergelassen hat und für den israelischen Geheimdienst arbeitet, zum Militärkorrespondenten - ohne jegliche dunkle Position - für die angesehenste Zeitung des Landes geworden.

Ist das alles ein „Beweis" für irgendetwas? Nein, aber es ist ein weiteres seltsames Stück des JFK-Puzzles, das eine besondere Verbindung zu Israel hat. Die Frage ist, inwieweit O'Sullivan dem Mossad wohlgesonnen war und/oder vom Mossad angeworben wurde und was er gegebenenfalls als hochrangiger Agent des Generalgeheimdienstes tat, um beispielsweise Jim Garrisons Ermittlungen gegen David Ferrie und Clay Shaw mit Verbindungen zum Mossad zu behindern.

Die Tatsache, dass genau die Person, die Lee Harvey Oswald für die zivile Luftpatrouille rekrutierte (wo Oswald David Ferric, seinen ersten wichtigen Kontakt in der Geheimdienstgemeinschaft, kennenlernte), für den israelischen Geheimdienst arbeiten ging, ist in der Tat provokativ.

Penn Jones, ein erfahrener und angesehener Forscher, sagte: Der Mossad „ein völlig übersehenes Thema" im Fall JFK

Der verstorbene texanische Journalist Penn Jones, ein knallharter und schnörkelloser Herausgeber *des Midlothian Mirror* und einer der ersten und schärfsten Kritiker des Berichts der Warren-Kommission, wurde von vielen unabhängigen Wissenschaftlern lange Zeit als Turm der Integrität verehrt. Selbst der allgegenwärtige Richter John - der ein abscheulicher Kritiker von *Judgement Final* und dessen Autor war - bezeichnete Jones als „ehrlichen Journalisten", der „viel Neues über den Fall recherchiert hat".

Die Wahrheit ist, dass Penn Jones bereits 1968, also 16 Jahre vor der Erstveröffentlichung von *Judgement Final*, vorschlug, dass die mit dem JFK-Fall befassten Wissenschaftler damit beginnen sollten, die Verbindungen des Mossad in Bezug auf das JFK-Komplott zu untersuchen.

Ja, das ist richtig. *Penn Jones* - nicht Michael Collins Piper - hat es gesagt. Das ist ein Punkt, den diejenigen, die Jones bewundern - aber davor zurückschrecken, „den Mossad" im Zusammenhang mit der Ermordung von JFK zu erwähnen - nur schwer anerkennen werden, denn es könnte schließlich darauf hindeuten, dass das Jüngste *Gericht* auf dem richtigen Weg sein könnte.

In einer Kolumne im *Midlothian Mirror* (datiert vom 18. Januar 1968), die auf Seite 51 der 1969er Ausgabe von Band III der Jones-Serie '*Forgive My Grief*' abgedruckt ist, schrieb Jones:

> **Jack Ruby stand Mitgliedern der Polizei von Dallas und anderen US-amerikanischen Strafverfolgungsbehörden sowie der israelischen Gegenspionageorganisation nahe. Seine ehemalige Mitarbeiterin Nancy Zeigman Perrin Rich stand denselben Kräften ebenfalls nahe. Die Identifizierung von Ruby und Nancy als Beteiligte des israelischen Geheimdienstes eröffnet einen völlig vernachlässigten Bereich in Bezug auf die Ermordung von Präsident Kennedy.**

Jones' Enthüllung scheint irgendwie in all den Details rund um die Ermittlungen zu JFKs Ermordung untergegangen zu sein Einige Jahre später schrieb Jones in einer Kolumne *im Midlothian Mirror* (datiert vom 24. Februar 1972), die auf Seite 54 der 1974er Ausgabe von Band IV von Jones' '*Forgive My Grief*'-Serie wiederveröffentlicht wurde, weiter:

> **Ruby wurde zwar vom FBI im Rahmen einer kleineren Informationsbeschaffung eingesetzt, doch scheint er ein wichtigerer Agent für eine andere Behörde oder ein anderes Land gewesen zu sein...**
>
> **Es gibt zahlreiche Hinweise in den Anhörungen der Warren-Kommission und anderswo, dass Ruby, und „Honest Joe" Goldstein in gewisser Weise als Geheimdienstagenten für jemanden tätig waren. Und Abe Weinsteins Colony Club scheint manchmal als „Versteck" für Agenten gedient zu haben.**

Und angesichts dessen, was wir jetzt über die zahlreichen israelischen Verbindungen in Dallas und Texas wissen (wie in den neuen Daten auf den ersten Seiten von *Judgement Final* angegeben), ist es sehr wahrscheinlich, dass diese drei jüdischen Unternehmer tatsächlich für den Mossad gearbeitet haben, so wie Jones es in Bezug auf Ruby angedeutet hat.

Wir haben dem verstorbenen Penn Jones viel zu verdanken, einem unerschrockenen Forscher, der es nicht wagte, „Israel" in einem eher negativen Kontext zu erwähnen, in diesem Fall die Beteiligung an der Ermordung von John F. Kennedy. Auch hier finden wir in den Büchern über JFK eine wenig beachtete „israelische Verbindung", die gewissermaßen „fehlgeleitet" wurde. „Und das erinnert uns daran, dass sogar der Staatsanwalt von New Orleans, Jim Garrison, ebenfalls auf die Mossad-Verbindung gestoßen war, aber selbst Garrisons Bewunderer geben das nicht gerne zu.

Wenn es scheint, dass wir immer wieder über die israelische Verbindung sprechen, dann deshalb, weil wir das tun. *Das* liegt *daran*, dass *es niemand sonst tun wird, trotz aller Beweise, die es gibt.*

EINE HERAUSFORDERUNG AN DIE LESER....

Nachdem alle Hinweise vor den Lesern verstreut worden waren, stellten die Autoren der Ellery-Queen-Krimis „die Herausforderung an den Leser", die Lösung des Verbrechens zu finden, bevor der Detektiv alle Verdächtigen im Wohnzimmer versammelte, um den Mörder zu enthüllen.

Meine Herausforderung an die Leser ist ein wenig anders. Jetzt, da Sie das Buch gelesen haben und mit meiner gesamten Rede vertraut sind, fordere ich die Leser heraus, mir jeden sachlichen Fehler oder jede verdrehte Argumentation oder jedes aus dem Zusammenhang gerissene Zitat oder jede Fehlinterpretation aufzuzeigen, die (einmal dargelegt) die in diesem Band dargelegte Theorie widerlegen könnte.

Bis heute sind mir die folgenden fünfzehn sachlichen Fehler oder Ungenauigkeiten bekannt, die in früheren Ausgaben von *Endgericht* erschienen sind und inzwischen berichtigt wurden. Diese früheren Fehler waren (zur Erinnerung) :

(1) In der ersten und zweiten Auflage habe ich eine Quelle zitiert, die fälschlicherweise berichtete, dass keine Juden starben, als der israelische Mossad am 9. August 1982 die Bombardierung des Restaurants Goldenberg in Paris inszenierte. Dieser Fehler wurde in der dritten Auflage korrigiert. Zu diesem Zeitpunkt stellte ich fest, dass ich von einer Freundin (die zufällig Jüdin ist) auf den Fehler aufmerksam gemacht worden war, deren Tante zur Zeit des Mossad-Verbrechens in Paris zu Besuch war und die dem Verbrechen nur knapp entgangen war. Während ihr Begleiter (der Jude war) in ein Restaurant gegangen war und bei dem Bombenanschlag starb, war die Tante meiner Freundin woanders hingegangen und hatte so überlebt. Dieser Fehler wurde also korrigiert, auch wenn er nichts mit der These vom Jüngsten *Gericht* oder gar mit dem Attentat auf JFK selbst zu tun hatte.

(2) In der dritten Ausgabe von *Judgement Final* habe ich das Buch des ehemaligen FBI-Mitarbeiters William Roemer, *War of the Godfathers*, als Quelle für meine Behauptung angeführt, Morris Dalitz, ein ehemaliger Lansky-Gewerkschafter, sei auf den Straßen von Las Vegas erschossen und in seinem Krankenhauszimmer zu Tode vergiftet worden. Tatsächlich starb Dalitz nicht so, wie es in Roemers Buch beschrieben wird. Dalitz starb offenbar eines natürlichen Todes.

Zur Erklärung: Obwohl Roemer einige „Sachbücher" über die Geschichte des organisierten Verbrechens geschrieben hat, scheint es, dass sein Buch, das diese (falsche) Beschreibung von Dalitz' Tod enthielt, auch eine literarische Freiheit von Roemer beinhaltete. Roemer zufolge war *War of the Godfathers* „ein Werk, das hauptsächlich aus Fakten besteht", aber dass „in den begrenzten Anteilen, die romantisiert werden, die zugrunde liegende Basis entweder eine Realität oder eine inferentielle Projektion davon ist".

Wie dem auch sei, als ich mich daran erinnerte, dass Dalitz tatsächlich gestorben war - und als ich mich bei der Vorbereitung der dritten Auflage von

Judgement Final daran erinnerte, dass Roemers Buch eine grafische Beschreibung seines Todes geliefert hatte -, verließ ich mich fälschlicherweise auf einen Teil des Buches, den Roemer als „romantisiert" bezeichnen würde. Ich entschuldige mich dafür, dass ich mich auf Roemers Ruf als Autorität auf dem Gebiet der Mafia verlassen habe. Allerdings wurde mein Fehler (der auf Roemers Phantasie beruhte) ab der vierten Auflage von *Endgericht* korrigiert. Ich beeile mich jedoch hinzuzufügen, dass dieser Fehler nichts mit der These von *Judgement Final* oder der Ermordung von JFK selbst zu tun hatte.

(3) und (4) Der dritte und vierte offensichtliche Fehler (den ich selbst entdeckt habe) betrifft die Aussage (in den ersten drei Ausgaben von *Judgement Final*), dass der texanische Waffenhändler Thomas Eli Davis III, ein Geschäftspartner von Jack Ruby, im Besitz von Dokumenten gefunden wurde, die den Namen Lee Harvey Oswald auf seine Person lauteten, als er (Davis) in Algerien wegen Beteiligung am Waffenschmuggel an die französische OAS inhaftiert wurde.

Tatsächlich stellte sich laut einer neuen Studie, die 1996 in *Oswald Talked* von Ray und Mary LaFontaine veröffentlicht wurde, heraus, dass der Hinweis auf „Oswald" in Davis' Besitz ein Empfehlungsschreiben an den in Madrid ansässigen Waffenhändler Victor Oswald war. Es scheint auch, dass Davis in einem marokkanischen Gefängnis inhaftiert war und nicht in einem algerischen Gefängnis, wie ich bereits erwähnt habe. Meine Quelle für die unkorrekten Angaben zu Davis' Missgeschicken war Jim Marrs in *Crossfire*.

Ungeachtet der beiden Fehler ist es eine Tatsache, dass Davis mit Jack Ruby verbunden war und dass er tatsächlich in die israelischen Geschäfte der französischen OAS in Nordafrika verwickelt war. Daher sage ich noch einmal Folgendes: Diese Fehler widerlegen nicht die These vom Jüngsten *Gericht*. Wie auch immer, es war Jim Marrs' Fehler, nicht meiner.

(5) Im ersten Druck der vierten Auflage habe ich John Foster Dulles versehentlich als den von JFK entlassenen CIA-Direktor bezeichnet. Ich wusste natürlich, dass sein Bruder Allen Dulles der besagte CIA-Direktor war.

(6) Im ersten Druck der vierten Auflage habe ich gesagt, dass John Connally, der ehemalige Gouverneur von Texas, 1995 verstorben ist. Tatsächlich starb er 1993.

(7) In den beiden Auflagen der vierten Auflage habe ich gesagt, dass ein Skandal Senator Gary Hart dazu gezwungen hatte, sich aus dem Rennen um die demokratische Präsidentschaftsnominierung 1984 zurückzuziehen. In Wirklichkeit war es der Wahlkampf von 1988.

(8) In früheren Ausgaben bei der Erörterung der engen Beziehung zwischen dem CIA-Agenten Guy Banister und A. I. Botnick, der sich selbst als „Super-Kommunistenjäger" beschreibt, vom Büro der Anti-Defamation League (ADL) in New Orleans, wusste ich nicht, dass Botnick New Orleans verlassen hatte, um eine Stelle im Büro der ADL in Atlanta anzunehmen (bevor Oswald nach New Orleans kam), und bis 1964 nicht in das Büro der ADL in New Orleans zurückkehrte. Darauf wurde ich von Jerry Shinley, einem meiner Kritiker, aufmerksam gemacht.

Dies hat keinen Einfluss auf die Grundthese von *Final Judgement* und ändert auch nichts an meiner Spekulation (die klar als solche vermerkt ist), dass es möglich ist, dass Lee Harvey Oswalds Aktivitäten als Banisters Ermittler für

Botnicks Partner in der ADL von Banister kontrahiert worden sein könnten, der sich der ADL in der „Untersuchung" über linke Gruppen wie Fair Play for Cuba anschloss, dem Kuba-Hilfskomitee, mit dem Oswald angeblich in Verbindung stand.

(9) In früheren Ausgaben habe ich berichtet, dass sich der ehemalige Detektiv Gary Wean aus Los Angeles in Dallas mit dem ehemaligen Senator John Tower (R-Texas) getroffen hat. Das Treffen fand in Ruidoso, New Mexico, statt.

(10) In der vierten Auflage sagte ich bei der Erörterung von Clay Shaws Beziehung zur CIA: „Da Shaw später zweifellos als bevorzugter internationaler Kontaktmann der CIA diente und der Behörde über ihre Auslandsoperationen berichtete, ist es sicher, dass Shaws Berichte schließlich auf dem Schreibtisch von James J. Angleton gelandet wären."

Das ist absolut richtig. Ich habe jedoch übertrieben, als ich behauptete, dass „Shaw in Wirklichkeit einer von Angletons Agenten war „. Obwohl es keinen Beweis dafür gibt, dass Shaw an sich „einer von Angletons Agenten" war, ist es fast sicher, dass Shaws Berichte irgendwann durch das Büro von Angleton oder seinen Untergebenen gingen. Ich freue mich, diese Klarstellung vornehmen zu können, nachdem mich der JFK-Attentatsforscher Clark Wilkins auf diese Übertreibung hingewiesen hatte.

(11) In der vierten Auflage bezog ich mich auf ein (in der Forschung zum JFK-Fall breit diskutiertes) Foto, das angeblich Clay Shaw mit David Ferrie zeigte. Seitdem haben andere (zu meiner Zufriedenheit) festgestellt, dass die Person mit Shaw nicht Ferrie ist. Es gibt jedoch weitere Beweise dafür, dass die beiden sich kannten. Also noch einmal: Dieser Fehler hat keinen Einfluss auf die These vom Jüngsten *Gericht*.

(12) In früheren Ausgaben habe ich Robert Morrows falsche Behauptung zitiert, dass ein Pakistani die „zweite Waffe" beim Mord an Robert F. Kennedy gewesen sei. Der Angeklagte hat unbestreitbar seine Unschuld bewiesen, aber das stellt Morrows grundlegende These, dass die iranische SAVAK (eine Schöpfung der CIA und des Mossad) den Mord an RFK begangen habe, nicht in Frage.

(13) In früheren Ausgaben habe ich Behörden zitiert, die nahelegen, dass der CIA-Auftragsmörder QJ/WIN der Franzose Michael Mertz gewesen sein könnte. Seitdem wurde QJ/WIN identifiziert, und dies wurde präzisiert. Dennoch hat diese Tatsache natürlich keinen Einfluss auf die Grundthese von *Final Judgement*.

(14) In früheren Ausgaben, einschließlich des Erstdrucks dieser sechsten Ausgabe, habe ich angedeutet, dass niemand die berühmten Gemstone-Ordner je gesehen hat und dass die Leute nur den „Skeleton Key" (den Schlüssel) der Dateien gesehen haben. Tatsächlich haben einige Leute die Dateien gesehen. Dieser Fehler hat jedoch - wieder einmal - absolut nichts mit der These vom *Jüngsten Gericht zu* tun.

(15) Im ersten Druck dieser 6. Auflage schrieb ich in der Rubrik „Bric à Brac" über Jack Ruby, dass die Stadt Dallas „kaum ein Vorposten der jüdischen Kultur" sei. Stattdessen war Dallas, wie die neuen Daten in der zweiten Ausgabe der 6. Auflage zeigen, 1963 ein wichtiger Vorposten jüdischer Macht, ein kritischer Punkt, der die These vom Jüngsten *Gericht* bestätigte und die anderen Theorien rund um die Ermordung von JFK schwächte.

Dies sind also die (und die kleineren) Fehler, die in früheren Ausgaben auftauchen. Gibt es noch andere? Habe ich veröffentlichte Quellen falsch zitiert oder sie aus dem Zusammenhang gerissen? Habe ich mich verdrehter Argumentation schuldig gemacht? Habe ich die Meinungen von jemandem oder die von anderen dargestellten Fakten verzerrt wiedergegeben? Bitte sagen Sie es mir. Ich möchte es wirklich wissen.

Wie im Epilog vermerkt, warf mir die *Washington Jewish Week* in ihrer Ausgabe vom 28. April 1994 vor, „Sekundärquellen aus dem Zusammenhang gerissen zu zitieren, unwahrscheinliche dünne Verbindungen herzustellen und wiederholt Unwahrheiten zu behaupten, als ob ihre Wiederholung ihnen auf magische Weise Gültigkeit verleihen würde". Ein israelischer Diplomat nannte meine Theorie „absurd". Andere finden sie „skandalös" und eine Frau, Marcia Milchiker, ging sogar so weit, meine Theorie als „wissenschaftlich unmöglich" zu bezeichnen, als hätte ich angedeutet, dass sie wissenschaftlich bewiesen werden könnte. Das sagen die Kritiker.

Daher meine Herausforderung an die Leser: Zeigt mir, wo ich falsch liege.

MICHAEL COLLINS PIPER

Nun ist es an Ihnen zu entscheiden...

Lieber Leser,

Die Enthüllungen in „*Judgement Final*" sind zum Entsetzen der Israel-Lobby ans Licht gekommen. Das Buch und seine These werden nicht verschwinden. Die Aufmerksamkeit der ganzen Welt richtet sich nun auf die israelischen Atomwaffen, und „*Judgement Final*" hat dabei eine Rolle gespielt.

Obwohl es viele öffentliche Bemühungen gab, mich zum Schweigen zu bringen oder mich zu denunzieren, können Sie sicher sein, dass meine Feinde hinter den Kulissen böswillig und geschickt gegen mich gearbeitet haben.

Irgendwann setzten „sie" einen Trumpf ein, um das Büro meines Verlegers zu infiltrieren: um mich persönlich zu vernichten, den berühmten Forscher, Mark Lane (Anwalt meines Verlegers), zu untergraben und die Kontrolle über den Verlag selbst zu erlangen! Die Geschichte wurde nie erzählt, obwohl sie vielleicht eines Tages erzählt werden wird.

Angesichts dessen, was geschehen ist, komme ich nicht umhin, zu dem Schluss zu kommen, dass ich mit *Endgericht* etwas Wichtiges erreicht habe, denn diese korrupten, perversen und bösartigen Kräfte waren so entschlossen, mich zu verletzen und zu versuchen, die Verbreitung dieses Buches zu vereiteln.

Sie können also verstehen, warum ich mich über anhaltende Unterstützungserklärungen von guten Menschen freue.

Ich freue mich immer auf Briefe und konstruktive Kritik von meinen Lesern. Machen Sie weiter!

Sincerely,

[Unterschrift: Mike]

MICHAEL COLLINS PIPER

ANDERE PUBLIKATIONEN

DAS TRAGISCHE UND DEMÜTIGENDE SCHICKSAL DER AMERIKANISCHEN MEHRHEIT

LICHTTRÄGER DER FINSTERNIS

Dieses Buch ist ein Versuch, durch dokumentarische Beweise zu zeigen, dass die gegenwärtigen Weltverhältnisse unter dem Einfluss von mystischen und geheimen Gesellschaften stehen, durch die das Unsichtbare Zentrum versucht, die Nationen und die Welt zu lenken und zu beherrschen.

DIE SPUR DER SCHLANGE

Ein Versuch, die Verehrung der alten Schlange, des schöpferischen Prinzips, des Gottes aller Eingeweihten der Gnostiker und Kabbalisten, die von den hellenisierten Juden in Alexandria ausging, nachzuzeichnen.

OMNIA VERITAS LTD PRÄSENTIERT:

"TÖTET DIE BESTEN NICHTJUDEN!"

"Tob Shebbe Goyim Harog!"

Wir erleben eine Tragödie von gigantischem Ausmaß: die kalkulierte Zerstörung der weißen Rasse und der unvergleichlichen Kultur, die sie repräsentiert...

Die FRAU, Ihr Sex und LIEBESLEBEN

Omnia Veritas Ltd präsentiert:

DER KLASSIKER VON WILLIAM ROBINSON

"Die Liebe ist etwas ganz Besonderes im Leben eines Mannes, Aber sie ist das ganze Dasein einer Frau." Byron

Das Buch, das jede moderne Frau lesen sollte...

Die Frau von heute hat andere Interessen als die der Liebe...

Omnia Veritas Ltd präsentiert:

Die Zeit ist reif für ein Buch wie dieses, das die Aufmerksamkeit der Mediziner auf sich zieht...

EIN GESUNDES UND AUSGEGLICHENES SEXUALLEBEN

... sie haben nie Sex gelernt. Sie haben nie dessen Grundlagen erkannt...

www.ingramcontent.com/pod-product-compliance
Lightning Source LLC
Chambersburg PA
CBHW071950220426
43662CB00009B/1076